Enjeux et défis du développement international

Enjeux et défis du développement international

Acteurs et champs d'action

Édition nouvelle et actualisée

Sous la direction de Pierre Beaudet, Dominique Caouette,
Paul Haslam et Abdelhamid Benhmade

Les Presses de l'Université d'Ottawa
2019

Les **Presses** de l'Université d'Ottawa
University of Ottawa **Press**

Les Presses de l'Université d'Ottawa (PUO) sont fières d'être la plus ancienne maison d'édition universitaire francophone au Canada et le seul éditeur universitaire bilingue en Amérique du Nord. Depuis 1936, les PUO «enrichissent la vie intellectuelle et culturelle» en publiant, en français ou en anglais, des livres évalués par les pairs et primés dans le domaine des arts et lettres et des sciences sociales.

Catalogage avant publication de Bibliothèque et Archives Canada
Titre : Enjeux et défis du développement international : acteurs et champs d'action /
    sous la direction de Pierre Beaudet, Dominique Caouette, Paul A. Haslam et Abdelhamid Benhmade.
Noms : Beaudet, Pierre, 1950- éditeur intellectuel. | Caouette, Dominique, 1962- éditeur intellectuel. |
    Haslam, Paul Alexander, éditeur intellectuel. | Benhmade, Abdelhamid, 1988- éditeur intellectuel.
Collections : Études en développement international et mondialisation.
Description : Édition nouvelle et actualisée. | Mention de collection : Études en développement international
    et mondialisation | Comprend des références bibliographiques et un index.
Identifiants : Canadiana (livre imprimé) 20190151404 | Canadiana (livre numérique) 2019015148X |
    ISBN 9782760330580 (couverture souple) | ISBN 9782760330597 (PDF) | ISBN 9782760330603 (EPUB) |
    ISBN 9782760330610 (Kindle)
Vedettes-matière : RVM : Développement économique—Manuels d'enseignement supérieur. | RVMGF : Manuels
    d'enseignement supérieur.
Classification : LCC HD83 .E55 2019 | CDD 338.91—dc23

Dépôt légal : 2019
Bibliothèque et Archives Canada
Bibliothèque et Archives nationales du Québec

© Les Presses de l'Université d'Ottawa 2019

Imprimé au Canada

Révision linguistique	Carine Paradis, Amélie Cusson
Lecture d'épreuve	Caroline Lavoie, Sabine Cerboni
Mise en page	Édiscript enr.
Maquette de la couverture	Édiscript enr.
Ilustration de la couverture	iStock

Les PUO reconnaissent l'aide financière du gouvernement du Canada par l'entremise du Fonds du livre du Canada pour leurs activités d'édition. Elles reconnaissent également l'appui du Conseil des arts du Canada et de la Fédération canadienne des sciences humaines par l'intermédiaire des Prix d'auteurs pour l'édition savante. Nous reconnaissons également avec gratitude le soutien de l'Université d'Ottawa. Les PUO reconnaissent aussi tout particulièrement le soutien des Affaires francophones de la Faculté de médecine de l'Université d'Ottawa.

uOttawa

Table des matières

Liste des figures   xxxi

Liste des tableaux   xxxv

Liste des encadrés   xxxvii

Liste des sigles   xxxix

Comment utiliser l'ouvrage   xliii
Pierre Beaudet, Dominique Caouette, Paul Haslam et Abdelhamid Benhmade

Introduction générale   1
Dominique Caouette

Partie I   Les grands enjeux

Introduction à la première partie   7

Section 1   L'histoire longue du développement

CHAPITRE 1   Du colonialisme à l'impérialisme   11
Éric Allina

CHAPITRE 2   L'impérialisme et l'empire américain : crises et transformations   19
Leo Panitch

CHAPITRE 3   L'invention du développement   27
Thomas Chiasson-LeBel

CHAPITRE 4   Le défi de la dépendance   35
Thomas Chiasson-LeBel et Emilio Taddei

Section 2   Le développement aujourd'hui

CHAPITRE 5   Le développement en crise   45
Thomas Chiasson-LeBel

CHAPITRE 6   Des Objectifs du Millénaire pour le développement à l'Agenda 2030   53
Matthieu Boussichas

CHAPITRE 7   Les Objectifs du développement durable : quoi de neuf ?   63
Jean-Philippe Thérien

CHAPITRE 8   La fracture Nord-Sud   73
François Polet

CHAPITRE 9 **La mondialisation et le développement** **81**
Mathieu Perron-Dufour

Section 3 Points de tension

CHAPITRE 10 **La crise du multilatéralisme** **91**
David Sogge

CHAPITRE 11 **La guerre au Moyen-Orient** **101**
Michel Warschawski et Pierre Beaudet

CHAPITRE 12 **La crise économique et les désordres mondiaux** **109**
Michel Husson

CHAPITRE 13 **La finance mondiale et l'instabilité globale** **117**
Walden Bello

CHAPITRE 14 **Les pays émergents en Amérique latine** **127**
Mylène Gaulard

CHAPITRE 15 **Genre et développement** **135**
Nora Nagels

CHAPITRE 17 **Les migrations et le développement** **145**
Hélène Pellerin

CHAPITRE 17 **Les défis environnementaux** **153**
Jean-Philippe Leblond

CHAPITRE 18 **La bataille pour l'eau** **163**
Sylvie Paquerot

CHAPITRE 19 **Le Sud face au défi climatique** **169**
Étienne Hainzelin

Section 4 Les nouveaux chemins du développement

CHAPITRE 20 **Le post-développement et la transition** **179**
Raphaël Canet

CHAPITRE 21 **La décroissance soutenable comme voie de sortie du capitalisme ?** **185**
Yves-Marie Abraham

Partie 2 Acteurs

Introduction à la deuxième partie **195**

Section 1 Les acteurs étatiques

CHAPITRE 22 **L'État** **199**
Pierre Beaudet et Abdelhamid Benhmade

CHAPITRE 23 **L'ONU** **207**
Flora Pidoux

CHAPITRE 24 **Les institutions financières** **215**
Dominique Plihon

CHAPITRE 25 **Les grandes tendances de l'aide bilatérale** **223**
Stephen Brown

CHAPITRE 26 **Les États-Unis et le développement** **233**
Philippe Fournier

CHAPITRE 27 **La Chine et le développement international** **241**
Roromme Chantal

CHAPITRE 28 **L'aide canadienne au développement** **249**
Stephen Brown

Section 2 **Les acteurs non étatiques**

CHAPITRE 29 **Le secteur privé** **257**
Abdelhamid Benhmade, Philippe Régnier et Florent Song-Naba

CHAPITRE 30 **Les entreprises privées et la responsabilité sociale** **267**
Paul Alexander Haslam

CHAPITRE 31 **Société civile et mouvements sociaux** **275**
Pascale Dufour

CHAPITRE 32 **Altermondialismes** **283**
Gustave Massiah

CHAPITRE 33 **Forum social mondial** **289**
Raphaël Canet avec Dembélé Demba Moussa

CHAPITRE 34 **Les ONG** **295**
Charmain Levy

CHAPITRE 35 **La marche des femmes** **303**
Carmen Díaz Alba

CHAPITRE 36 **Les Autochtones et le développement à travers le monde** **309**
Marie-Pierre Bousquet et Laurence Hamel-Charest

Partie 3 **Champs d'action**

Introduction à la troisième partie **319**

Section 1 **Pouvoir et politique**

CHAPITRE 37 **Autoritarismes, démocraties et démocratisations** **323**
Cédric Jourde

CHAPITRE 38 **Droits humains et développement** **333**
Lucie Lamarche

CHAPITRE 39 **La construction de la paix : l'exemple de la Colombie** **341**
Leila Celis

CHAPITRE 40 **Ordre et désordre humanitaire** **347**
François Audet, Diane Alalouf-Hall et Marie-Pierre Leroux

CHAPITRE 41 **Les dynamiques territoriales** **357**
Maristella Svampa

Section 2 **Économie et environnement**

CHAPITRE 42 **Économie sociale et solidaire : une dynamique en transformation** **367**
Juan-Luis Klein

CHAPITRE 43 **La lutte contre la dette** **375**
Éric Toussaint

CHAPITRE 44 **Que faire face aux paradis fiscaux ?** **383**
Ghislaine Raymond

CHAPITRE 45 **La lutte contre la pauvreté** **391**
Francine Mestrum

CHAPITRE 46 **Villes durables et migrations environnementales** **401**
Gustave Massiah

CHAPITRE 47 **Les défis du développement rural en Afrique** **407**
Deogratias Niyonkuru

CHAPITRE 48 **La terre et le monde paysan** **415**
Dominique Caouette

CHAPITRE 49 **Quelle justice écologique pour construire un autre monde ?** **421**
Geneviève Talbot

Section 3 **Culture et société**

CHAPITRE 50 **La lutte pour la culture : être autochtone à Ixtacamaxtitlán** **431**
Pierre Beaucage et Alejandro Marreros Lobato

CHAPITRE 51 **La lutte pour la santé** **441**
Sanni Yaya, Albert Ze et Mamadou Barry

CHAPITRE 52 **L'éducation et le développement : un enjeu contesté** **451**
Mamadou Ndoye et Rino Levesque

CHAPITRE 53 **Le développement et la science** **463**
Lauchlan T. Munro

Partie 4 **Passer à l'action**

Introduction à la quatrième partie **471**

Section 1 **Agir sur les structures**

CHAPITRE 54 **Pour une autre mondialisation** **475**
Arnaud Zacharie

CHAPITRE 55 **Militarismes et antimilitarisme** **481**
Pierre Jasmin

CHAPITRE 56 **Démocratiser la démocratie** **489**
Jonathan Durand Folco

CHAPITRE 57 **Développement participatif : pour qui et par qui ?** **495**
Françoise Montambeault

CHAPITRE 58 **L'*empowerment* : autonomisation économique ou émancipation ?** **501**
Maïka Sondarjee

CHAPITRE 59 **Le commerce équitable** **507**
Manon Boulianne

CHAPITRE 60 **Agir collectivement pour un changement social** **515**
Amélie Nguyen

CHAPITRE 61 **La révolution numérique peut-elle être utile au développement ?** **521**
Christophe Aguiton

Section 2 **Agir sur les agents**

CHAPITRE 62 **Les syndicats dans le développement et la coopération internationale** **529**
Thomas Collombat

CHAPITRE 63 **Les femmes contre le faux développement** **535**
Alexa Conradi

CHAPITRE 64 **Femmes autochtones et québécoises solidaires : ensemble pour changer le monde** **541**
Aurélie Arnaud

CHAPITRE 65 **Travailler auprès des personnes réfugiées** **547**
Samantha McGavin

CHAPITRE 66 **Quand le choléra rencontre Thomas : l'humanitaire à ras de terre** **553**
Marie-Ève Bertrand

Section 3 **Agir sur les méthodologies**

CHAPITRE 67 **Nouvelles approches dans la recherche pour le développement** **561**
Jean-François Rousseau

CHAPITRE 68 **Les défis de la gestion de projet** **567**
Sophie Brière et Stéphanie Maltais

CHAPITRE 69 **Où sont les résultats sur le terrain ?** **577**
Robert M. David et Nailya Okda

CHAPITRE 70 **Stages d'initiation à la solidarité internationale** **585**
Katina Binette, Marie Brodeur-Gélinas et Sarah Charland-Faucher

CHAPITRE 71 **Enjeux éthiques du développement international** **591**
Ryoa Chung

Partie 5   Conclusion

CHAPITRE 72   **Du « développement » à l'action politique   599**
Gilbert Rist

CHAPITRE 73   **Tout doit changer   605**
Naomi Klein

CHAPITRE 74   **Repenser la coopération internationale   611**
Maïka Sondarjee

CHAPITRE 75   **Pour ne pas conclure : le développement international... dans tous ses états   615**
Pierre Beaudet

Liste des collaborateurs et collaboratrices   619

Index   623

Table des matières détaillée

Liste des figures **xxxi**

Liste des tableaux **xxxv**

Liste des encadrés **xxxvii**

Liste des sigles **xxxix**

Comment utiliser l'ouvrage **xliii**
Pierre Beaudet, Dominique Caouette, Paul Haslam et Abdelhamid Benhmade
Un seul monde fragile **xliii**
La structure **xliv**
Un ouvrage pour vous **xlv**

Introduction générale **1**
Dominique Caouette
L'invention du développement **1**
Le « développement » et la coopération internationale **3**

Partie I Les grands enjeux

Introduction à la première partie **7**

Section 1 L'histoire longue du développement

CHAPITRE 1 **Du colonialisme à l'impérialisme** **11**
Éric Allina
Introduction **11**
Colonialisme et impérialisme dans la tourmente européenne **12**
Civiliser les sauvages **14**
Pillages et prédations **14**
Du colonialisme au néocolonialisme en Afrique **16**
Le « développement » et le « progrès » **16**
Objectifs d'apprentissage **17**
Questions de réflexion **17**
Pour en savoir davantage **17**

CHAPITRE 2 **L'impérialisme et l'empire américain : crises et transformations** **19**
Leo Panitch
À l'origine **19**
L'ascension du néolibéralisme **20**

Un espace légal, financier et politique *made in the USA*   **21**

Les États-Unis, toujours au sommet   **22**

Une crise américaine, mais un problème mondial   **23**

Dans le monde de l'austérité   **24**

Objectifs d'apprentissage   **24**

Questions de réflexion   **24**

Pour en savoir davantage   **24**

CHAPITRE 3   **L'invention du développement**   **27**

Thomas Chiasson-LeBel

Le grand débat sur le capitalisme   **27**

Aux origines de la modernisation   **28**

La théorie états-unienne   **31**

Les limites de la théorie de la modernisation   **31**

Conclusion   **32**

Objectifs d'apprentissage   **32**

Questions de réflexion   **33**

Pour en savoir davantage   **33**

CHAPITRE 4   **Le défi de la dépendance**   **35**

Thomas Chiasson-LeBel et Emilio Taddei

Le structuralisme et la modernisation : le balbutiement d'un grand
    débat   **35**

La théorie structuraliste   **36**

Radicaliser l'émancipation, sortir de la dépendance   **36**

La dépendance et le colonialisme interne   **38**

Le déclin des théories de la dépendance   **39**

De la dépendance à la colonialité   **39**

Conclusion   **40**

Objectifs d'apprentissage   **41**

Questions de réflexion   **41**

Pour en savoir davantage   **41**

Section 2   Le développement aujourd'hui

CHAPITRE 5   **Le développement en crise**   **45**

Thomas Chiasson-LeBel

De la crise au « consensus » de Washington   **45**

Le modèle asiatique   **47**

Reconsidérer le rôle de l'État dans le processus   **48**

Conclusion   **50**

Objectifs d'apprentissage   **50**

Questions de réflexion   **50**

Pour en savoir davantage   **51**

CHAPITRE 6   **Des Objectifs du Millénaire pour le développement à l'Agenda 2030   53**

Matthieu Boussichas

À l'origine, les OMD   **53**

Un bilan mitigé pour les OMD   **54**

La transition vers les ODD   **56**

La portée des ODD aujourd'hui   **58**

Conclusion   **59**

Objectifs d'apprentissage   **60**

Questions de réflexion   **60**

Pour en savoir davantage   **60**

CHAPITRE 7   **Les Objectifs du développement durable : quoi de neuf ?   63**

Jean-Philippe Thérien

Introduction   **63**

L'adoption de l'Agenda 2030   **64**

Un débat de valeurs   **67**

Conclusion   **70**

Objectifs d'apprentissage   **70**

Questions de réflexion   **70**

Pour en savoir davantage   **71**

CHAPITRE 8   **La fracture Nord-Sud   73**

François Polet

Aux sources du dialogue Nord-Sud   **73**

La mise au pas néolibérale   **74**

La remise en cause de l'ordre occidental   **75**

Les clivages Nord-Sud et l'Agenda de l'environnement   **76**

Conclusion   **78**

Objectifs d'apprentissage   **78**

Questions de réflexion   **78**

Pour en savoir davantage   **79**

CHAPITRE 9   **La mondialisation et le développement   81**

Mathieu Perron-Dufour

Introduction   **81**

Les flux financiers   **82**

Le commerce international   **83**

Les migrations   **85**

Conclusion   **86**

Objectifs d'apprentissage   **86**

Questions de réflexion   **86**

Pour en savoir davantage   **87**

Section 3   Points de tension

CHAPITRE 10   **La crise du multilatéralisme**   **91**

David Sogge

Introduction   **91**

De quoi s'agit-il ?   **91**

Le système des Nations unies   **92**

Les agences des Nations unies   **93**

Les tendances et les perspectives de l'ONU   **95**

Les institutions multilatérales des pays riches   **95**

Les institutions multilatérales de caractère régional   **96**

Les organisations multilatérales non occidentales   **96**

Conclusion   **97**

Objectifs d'apprentissage   **97**

Questions de réflexion   **97**

Pour en savoir davantage   **98**

CHAPITRE 11   **La guerre au Moyen-Orient**   **101**

Michel Warschawski et Pierre Beaudet

À l'origine   **101**

Une stratégie à géométrie variable   **102**

La Palestine, un maillon de la chaîne   **103**

L'enlisement   **104**

Une région fragilisée   **105**

Conclusion   **105**

Objectifs d'apprentissage   **105**

Questions de réflexion   **105**

Pour en savoir davantage   **106**

CHAPITRE 12   **La crise économique et les désordres mondiaux**   **109**

Michel Husson

Le grand basculement   **109**

Les États et les capitaux   **109**

La maîtrise des matières premières   **110**

L'épuisement de la mondialisation   **110**

La dislocation sociale   **111**

L'effet Trump   **112**

Le redéploiement chinois   **112**

Conclusion   **113**

Objectifs d'apprentissage   **114**

Questions de réflexion   **114**

Pour en savoir davantage   **114**

CHAPITRE 13   **La finance mondiale et l'instabilité globale**   **117**

Walden Bello

Introduction   **117**

Les voies parallèles de la finance et de la production   **118**

À l'origine de la financiarisation   **119**

La crise financière mondiale, phase 1 **121**

La crise financière mondiale, phase 2 **121**

L'échec de la réforme **122**

Que faire? **123**

Conclusion **124**

Objectifs d'apprentissage **125**

Questions de réflexion **125**

Pour en savoir davantage **125**

CHAPITRE 14 **Les pays émergents en Amérique latine 127**

Mylène Gaulard

Les faiblesses structurelles du sous-continent **127**

La «vague rose» de la décennie 2000 **129**

La redistribution sans transformation **130**

Conclusion **131**

Objectifs d'apprentissage **132**

Questions de réflexion **132**

Pour en savoir davantage **132**

CHAPITRE 15 **Genre et développement 135**

Nora Nagels

Introduction **135**

De l'intégration des femmes puis du genre au développement **136**

Le féminisme décolonial **139**

Conclusion **141**

Objectifs d'apprentissage **141**

Questions de réflexion **141**

Pour en savoir davantage **141**

CHAPITRE 16 **Les migrations et le développement 145**

Hélène Pellerin

Le complexe migration-développement **145**

Les envois de fonds des travailleurs migrants et le développement **146**

Les conditions imposées aux travailleurs migrants **148**

Le travail précaire **148**

Quelle migration pour quel développement? **149**

Conclusion **150**

Objectifs d'apprentissage **151**

Questions de réflexion **151**

Pour en savoir davantage **151**

CHAPITRE 17 **Les défis environnementaux 153**

Jean-Philippe Leblond

Introduction **153**

Les trois grandes positions **154**

La pollution de l'air, de l'eau et des sols **154**

La destruction des habitats **157**

La surutilisation des ressources **157**

Les problèmes mondiaux **158**

Conclusion **158**

Objectifs d'apprentissage **160**

Questions de réflexion **160**

Pour en savoir davantage **160**

CHAPITRE 18   **La bataille pour l'eau**   **163**

Sylvie Paquerot

Introduction **163**

Retour sur la lutte pour le droit à l'eau **164**

L'eau au cœur de la contestation de nos modes de développement **165**

Conclusion **167**

Objectifs d'apprentissage **167**

Questions de réflexion **167**

Pour en savoir davantage **167**

CHAPITRE 19   **Le Sud face au défi climatique**   **169**

Étienne Hainzelin

Introduction **169**

Le défi climatique, c'est quoi ? **169**

Les interactions entre climat et développement **171**

Un enjeu spécifique : l'agriculture **172**

Comment construire ensemble des solutions ? **173**

Conclusion **173**

Objectifs d'apprentissage **173**

Questions de réflexion **173**

Pour en savoir davantage **174**

Section 4   Les nouveaux chemins du développement

CHAPITRE 20   **Le post-développement et la transition**   **179**

Raphaël Canet

Introduction **179**

Du développement au post-développement **180**

La transition pour sortir du mal-développement **180**

Conclusion **182**

Objectifs d'apprentissage **182**

Questions de réflexion **182**

Pour en savoir davantage **183**

CHAPITRE 21   **La décroissance soutenable comme voie de sortie du capitalisme ?**   **185**

Yves-Marie Abraham

Pourquoi faire « objection de croissance » ? **185**

Sur quoi repose cette course à la croissance ? **187**

Comment sortir des sociétés de croissance ? **188**

La décroissance, une utopie pour gens riches ? **189**

Conclusion **190**

Objectifs d'apprentissage **190**

Questions de réflexion **190**

Pour en savoir davantage **191**

Partie 2 Acteurs

Introduction à la deuxième partie **195**

Section 1 Les acteurs étatiques

CHAPITRE 22 **L'État** **199**

Pierre Beaudet et Abdelhamid Benhmade

L'État, ses origines et ses évolutions **199**

L'État providence **199**

L'État développeur **200**

L'État néolibéral **201**

Quel État pour quel développement ? **202**

L'enjeu démocratique **203**

Conclusion : l'État et la mondialisation **203**

Objectifs d'apprentissage **204**

Questions de réflexion **204**

Suggestions de lecture **204**

CHAPITRE 23 **L'ONU** **207**

Flora Pidoux

Introduction **207**

L'ONU et la décolonisation dans les années 1960 **207**

De la CNUCED au G-77 **208**

La montée du néolibéralisme **208**

Lutter contre la pauvreté **209**

Le développement humain **209**

L'ONU au xxie siècle **211**

Objectifs d'apprentissage **212**

Questions de réflexion **212**

Pour en savoir davantage **213**

CHAPITRE 24 **Les institutions financières** **215**

Dominique Plihon

Introduction **215**

Le FMI, gendarme du système monétaire international (SMI) **216**

La Banque mondiale et le financement du développement **216**

Les organismes affiliés à la Banque mondiale **217**

La Banque mondiale et le FMI, institutions jumelles et peu
démocratiques **217**

Consensus de Washington et dérive néolibérale des IFI **218**

Les IFI face aux crises financières **219**

Que faire du FMI et de la Banque mondiale ? **220**

Objectifs d'apprentissage **221**

Questions de réflexion **221**

Pour en savoir davantage **221**

CHAPITRE 25 **Les grandes tendances de l'aide bilatérale 223**

Stephen Brown

Questions de terminologie **223**

Qui sont les bailleurs de fonds bilatéraux ? **224**

Les pays récipiendaires et l'aide **228**

Objectifs d'apprentissage **230**

Questions de réflexion **231**

Pour en savoir davantage **231**

CHAPITRE 26 **Les États-Unis et le développement 233**

Philippe Fournier

À l'origine **233**

Moderniser **233**

Les intérêts stratégiques **235**

Le tournant des années 1980 **235**

Dans le contexte des nouveaux conflits **235**

Bilan critique **236**

La diminution de l'aide au développement **237**

Objectifs d'apprentissage **238**

Questions de réflexion **238**

Pour en savoir davantage **238**

CHAPITRE 27 **La Chine et le développement international 241**

Roromme Chantal

Qu'est-ce que le «consensus de Beijing»? **241**

Une Chine qui dérange **242**

Une aide non «politisée», mais «liée» **242**

Des institutions multilatérales coordonnées par la Chine **243**

L'influence croissante de la Chine en Afrique **243**

Conclusion : le «*soft power*» de la Chine **245**

Objectifs d'apprentissage **246**

Questions de réflexion **246**

Pour en savoir davantage **246**

CHAPITRE 28 **L'aide canadienne au développement 249**

Stephen Brown

L'évolution du niveau d'aide au développement du Canada **249**

Les récipiendaires de l'aide canadienne **251**

Politiques et priorités **252**

Objectifs d'apprentissage **253**

Questions de réflexion **253**

Suggestions de lecture **253**

Section 2 Les acteurs non étatiques

CHAPITRE 29 **Le secteur privé 257**

Abdelhamid Benhmade, Philippe Régnier et Florent Song-Naba

Le secteur privé : une notion aux contours flous **257**

Le rôle économique du secteur privé **258**

Le rôle social du secteur privé **258**

Le rôle écologique du secteur privé **259**

Le secteur privé dans les pays en développement **260**

Les firmes multinationales **260**

Les grandes entreprises privées nationales **261**

Les PME : le chaînon manquant **263**

Les microentreprises informelles **263**

Conclusion **264**

Objectifs d'apprentissage **264**

Questions de réflexion **265**

Pour en savoir davantage **265**

CHAPITRE 30 **Les entreprises privées et la responsabilité sociale 267**

Paul Alexander Haslam

Qu'est-ce que la RSE ? **267**

L'État et la RSE **269**

La RSE et la réduction de la pauvreté **269**

RSE et droits humains **271**

Objectifs d'apprentissage **272**

Questions de réflexion **272**

Pour en savoir davantage **272**

CHAPITRE 31 **Société civile et mouvements sociaux 275**

Pascale Dufour

Qu'est-ce que la société civile ? **275**

Au niveau mondial **276**

À quoi ça sert ? **277**

La solidarité internationale **279**

Conclusion **281**

Objectifs d'apprentissage **281**

Questions de réflexion **281**

Suggestions de lecture **281**

CHAPITRE 32 **Altermondialismes 283**

Gustave Massiah

Quelle crise ? **283**

Les nouveaux monstres **283**

Cinq révolutions en cours **284**

L'invention du nouveau monde **285**

Objectifs d'apprentissage **286**

Questions de réflexion **286**

Pour en savoir davantage **286**

CHAPITRE 33   **Forum social mondial   289**

Raphaël Canet avec Dembélé Demba Moussa

Avancées et limites   **289**

De la politique de la peur à la politique de l'espoir   **290**

Objectifs d'apprentissage   **291**

Questions de réflexion   **292**

Pour en savoir davantage   **292**

CHAPITRE 34   **Les ONG   295**

Charmain Levy

À l'origine   **295**

Les années 1990 : la consolidation   **297**

Critiques des ONG   **298**

Le déclin   **298**

Pistes pour l'avenir   **299**

Objectifs d'apprentissage   **300**

Questions de réflexion   **300**

Pour en savoir davantage   **300**

CHAPITRE 35   **La marche des femmes   303**

Carmen Díaz Alba

L'influence de la perspective féministe   **303**

L'initiative de la Marche mondiale des femmes   **303**

Jusqu'à ce que nous soyons toutes et tous libres   **305**

Objectifs d'apprentissage   **306**

Questions de réflexion   **306**

Pour en savoir davantage   **306**

CHAPITRE 36   **Les Autochtones et le développement à travers le monde   309**

Marie-Pierre Bousquet et Laurence Hamel-Charest

Introduction   **309**

Peuples autochtones dans le monde   **310**

Les Autochtones face au développement   **310**

Développement communautaire   **311**

Économies autochtones   **312**

L'après-développement   **312**

Conclusion   **313**

Objectifs d'apprentissage   **313**

Questions de réflexion   **313**

Pour en savoir davantage   **314**

Partie 3   Champs d'action

Introduction à la troisième partie   **319**

Section 1   Pouvoir et politique

CHAPITRE 37   **Autoritarismes, démocraties et démocratisations**   **323**

Cédric Jourde

Introduction   **323**

Clarifier les concepts   **323**

Expliquer la réussite et les échecs des transitions démocratiques   **326**

Approches structurelles   **326**

Approche par les acteurs   **327**

Conclusion   **329**

Objectifs d'apprentissage   **329**

Questions de réflexion   **330**

Pour en savoir davantage   **330**

CHAPITRE 38   **Droits humains et développement**   **333**

Lucie Lamarche

Le droit international des droits humains   **333**

Le siècle des droits humains?   **334**

Le XXIᵉ siècle: siècle de la justice ou siècle des droits?   **336**

Conclusion   **337**

Objectifs d'apprentissage   **338**

Questions de réflexion   **338**

Pour en savoir davantage   **338**

CHAPITRE 39   **La construction de la paix: l'exemple de la Colombie**   **341**

Leila Celis

Un pays marqué par la guerre   **341**

Comment rétablir la paix?   **342**

Comment parvenir à une paix durable?   **343**

Des revendications pour une paix durable   **343**

Conclusion   **344**

Objectifs d'apprentissage   **344**

Questions de réflexion   **344**

Pour en savoir davantage   **344**

CHAPITRE 40   **Ordre et désordre humanitaire**   **347**

François Audet, Diane Alalouf-Hall et Marie-Pierre Leroux

Introduction   **347**

Brève genèse   **348**

L'action humanitaire: une notion polysémique et polémique   **349**

Les acteurs   **350**

Les normes et les réformes de l'humanitaire   **351**

Conclusion: quel avenir pour l'humanitaire?   **353**

Objectifs d'apprentissage   **353**

Questions de réflexion **353**

Pour en savoir davantage **353**

CHAPITRE 41 **Les dynamiques territoriales 357**

Maristella Svampa

Nouveaux acteurs **357**

Partout des luttes **358**

Le tournant écoterritorial **359**

Vers la construction d'une alternative **360**

Tension des territorialités **361**

Conclusion : le moment féministe **362**

Objectifs d'apprentissage **362**

Questions de réflexion **362**

Pour en savoir davantage **362**

Section 2 Économie et environnement

CHAPITRE 42 **Économie sociale et solidaire : une dynamique en transformation 367**

Juan-Luis Klein

Introduction **367**

Le parcours de l'ÉSS : des aspirations anciennes, mais toujours
actuelles **367**

Des concepts pour expliquer l'ÉSS **369**

Comment l'ÉSS prend-elle sa place dans la société ? **370**

L'ÉSS et le développement international **370**

Le développement des collectivités locales **371**

Les limites de l'ÉSS **371**

Conclusion **372**

Objectifs d'apprentissage **372**

Questions de réflexion **372**

Pour en savoir davantage **373**

CHAPITRE 43 **La lutte contre la dette 375**

Éric Toussaint

Un peu d'histoire **375**

La crise des années 1980 et l'ajustement structurel **376**

L'évolution récente **377**

En Afrique subsaharienne **378**

En Amérique latine et dans les Caraïbes **378**

L'impact du paiement de la dette sur l'utilisation des ressources
publiques **379**

Conclusion : que faire ? **379**

Objectifs d'apprentissage **380**

Questions de réflexion **380**

Pour en savoir davantage **380**

CHAPITRE 44   **Que faire face aux paradis fiscaux ?   383**

    Ghislaine Raymond

    Introduction   **383**

    Des législations de complaisance   **384**

    Les paradis fiscaux dans l'économie mondiale   **384**

    Un réseau de boutiques multifonctions   **384**

    Spécificité des paradis fiscaux   **385**

    Contrecoups des paradis fiscaux   **386**

    Services publics, programmes sociaux, infrastructures publiques mises
       à mal   **386**

    Que faire ?   **387**

    Objectifs d'apprentissage   **389**

    Questions de réflexion   **389**

    Pour en savoir davantage   **389**

CHAPITRE 45   **La lutte contre la pauvreté   391**

    Francine Mestrum

    Le développement et la pauvreté   **391**

    Qu'est-ce que la pauvreté ?   **391**

    Comment mesurer la pauvreté ?   **392**

    Comment lutter contre la pauvreté ?   **393**

    L'inégalité   **394**

    La protection sociale   **396**

    Conclusion   **397**

    Objectifs d'apprentissage   **398**

    Questions de réflexion   **398**

    Pour en savoir davantage   **398**

CHAPITRE 46   **Villes durables et migrations environnementales   401**

    Gustave Massiah

    Introduction   **401**

    Ville, migration et environnement   **401**

    Migrations climatiques : un enjeu mondial à nos portes   **403**

    Comment réagir à l'explosion des migrations climatiques ?   **404**

    Conclusion   **404**

    Objectifs d'apprentissage   **405**

    Questions de réflexion   **405**

    Pour en savoir davantage   **405**

CHAPITRE 47   **Les défis du développement rural en Afrique   407**

    Deogratias Niyonkuru

    Introduction   **407**

    Bâtir les programmes dans la durée, sur les opportunités et non sur
       les besoins   **407**

    Le renforcement des capacités paysannes   **408**

    Quelle est la place des organisations paysannes ?   **409**

    Du microcrédit à l'autocrédit   **409**

Des activités non agricoles et entrepreneuriales en milieu rural **410**

Pour une meilleure protection sociale des ruraux **410**

Le contrôle des facteurs de production **411**

Pour des politiques en faveur des petits paysans **411**

Quelles pistes pour la dignité paysanne? **412**

Objectifs d'apprentissage **413**

Questions de réflexion **413**

Pour en savoir davantage **413**

CHAPITRE 48 **La terre et le monde paysan 415**

Dominique Caouette

Introduction **415**

L'enjeu alimentaire **415**

Comment comprendre le phénomène? **416**

Conflits, tensions et vulnérabilité **417**

Un noyau complexe de relations **418**

Conclusion **418**

Objectifs d'apprentissage **419**

Questions de réflexion **419**

Pour en savoir davantage **419**

CHAPITRE 49 **Quelle justice écologique pour construire un autre monde? 421**

Geneviève Talbot

Introduction **421**

Justice écologique et justice environnementale du pareil au même? **422**

Que faire de la Nature? **424**

Être partie intégrante d'un tout **424**

Conclusion **426**

Objectifs d'apprentissage **426**

Questions de réflexion **427**

Pour en savoir davantage **427**

Section 3 Culture et société

CHAPITRE 50 **La lutte pour la culture: être autochtone à Ixtacamaxtitlán 431**

Pierre Beaucage et Alejandro Marreros Lobato

Introduction **431**

Almaden Minerals, une compagnie minière canadienne au Mexique **432**

L'identité autochtone à Ixtacamaxtitlán **433**

La culture mexicanera – nahua de Ixtacamaxtitlán **434**

Le maïs et la milpa **434**

Le maguey et le pulque **435**

La culture non matérielle ou symbolique **435**

La toponymie mexicanera **435**

Les fêtes religieuses **436**

L'organisation politique locale **436**

Conclusion **437**

Objectifs d'apprentissage **437**

Questions de réflexion   **437**

Pour en savoir davantage   **438**

CHAPITRE 51   **La lutte pour la santé   441**

Sanni Yaya, Albert Ze et Mamadou Barry

La santé face à la mondialisation   **441**

L'état de santé dans le monde: des inégalités persistent en dépit des progrès   **442**

La santé dans les politiques de développement   **444**

L'assistance technique   **444**

L'aide projet   **445**

L'aide programme   **445**

Conclusion   **446**

Objectifs d'apprentissage   **447**

Questions de réflexion   **447**

Pour en savoir davantage   **447**

CHAPITRE 53   **L'éducation et le développement: un enjeu contesté   451**

Mamadou Ndoye et Rino Levesque

L'éducation, pièce centrale sur l'échiquier du développement   **451**

Un problème multiforme   **452**

Infrastructures délabrées, professeurs en détresse   **454**

Les enfants de la guerre   **454**

Le financement de l'éducation n'est pas à la hauteur   **455**

Situation dramatique en Afrique   **456**

Le combat continue   **458**

Des écoles qui changent   **459**

Objectifs d'apprentissage   **460**

Questions de réflexion   **460**

Pour en savoir davantage   **460**

CHAPITRE 54   **Le développement et la science   463**

Lauchlan T. Munro

Introduction   **463**

Le défi de l'innovation   **464**

Les technologies perturbatrices   **465**

Conclusion   **467**

Objectifs d'apprentissage   **467**

Questions de réflexion   **467**

Pour en savoir davantage   **467**

Partie 4　Passer à l'action

Introduction à la quatrième partie　**471**

Section 1　Agir sur les structures

CHAPITRE 54　**Pour une autre mondialisation**　**475**
Arnaud Zacharie

L'agenda altermondialiste pris entre deux feux　**475**

Réguler la mondialisation　**476**

Conclusion : pour un nouveau récit　**477**

Objectifs d'apprentissage　**478**

Questions de réflexion　**478**

Pour en savoir davantage　**478**

CHAPITRE 55　**Militarismes et antimilitarisme**　**481**
Pierre Jasmin

Un processus de longue durée　**481**

Armes nucléaires　**482**

OTAN et OCS　**483**

L'enjeu des ressources　**483**

Diabolisation de l'ennemi　**483**

Antimilitarisme　**484**

Conclusion　**485**

Objectif d'apprentissage　**486**

Questions de réflexion　**486**

Pour en savoir davantage　**486**

CHAPITRE 56　**Démocratiser la démocratie**　**489**
Jonathan Durand Folco

Gouvernement représentatif et démocratie participative　**489**

La participation et ses ambivalences　**490**

Démocratiser par le bas ?　**491**

Objectifs d'apprentissage　**492**

Questions de réflexion　**492**

Pour en savoir davantage　**493**

CHAPITRE 57　**Développement participatif : pour qui et par qui ?**　**495**
Françoise Montambeault

Aux origines du développement participatif　**495**

Sur l'ambiguïté de la participation　**496**

Conclusion : (Re)politiser le développement ?　**498**

Objectifs d'apprentissage　**499**

Questions de réflexion　**499**

Pour en savoir davantage　**499**

CHAPITRE 58   **L'*empowerment*: autonomisation économique ou émancipation ?   501**

Maïka Sondarjee

Qu'est-ce qu'est l'*empowerment* ?   **501**

Trois visions   **502**

Conclusion   **503**

Objectifs d'apprentissage   **503**

Questions de réflexion   **503**

Pour en savoir davantage   **504**

CHAPITRE 59   **Le commerce équitable   507**

Manon Boulianne

Qu'est-ce que le commerce équitable ?   **507**

Des filières aux histoires et aux visées distinctes   **508**

Origine, évolution et principales organisations parapluies   **509**

Les débats : retombées et limites du CE   **510**

Conclusion   **511**

Objectifs d'apprentissage   **512**

Questions de réflexion   **512**

Pour en savoir davantage   **512**

CHAPITRE 60   **Agir collectivement pour un changement social   515**

Amélie Nguyen

Lutter contre l'injustice   **515**

Prendre des risques   **516**

Valeurs et principes, mission, devoir et responsabilité   **516**

L'héritage   **516**

Qu'est-ce qu'une relation solidaire ?   **516**

Apprentissage et éducation   **517**

Alliances et pouvoir d'agir   **517**

Organisations ou individus ?   **517**

Conclusion   **518**

Objectifs d'apprentissage   **518**

Questions de réflexion   **518**

Pour en savoir davantage   **518**

CHAPITRE 61   **La révolution numérique peut-elle être utile au développement ?   521**

Christophe Aguiton

Changement sociétal   **521**

Bouleversements économiques   **522**

Un impact partout   **522**

Des initiatives «de la base»   **523**

Les grands opérateurs   **523**

Conclusion   **524**

Objectifs d'apprentissage   **524**

Questions de réflexion   **524**

Pour en savoir davantage   **524**

Section 2 Agir sur les agents

CHAPITRE 62 **Les syndicats dans le développement et la coopération internationale** **529**

Thomas Collombat

Les syndicats dans le Sud **529**

L'assaut néolibéral contre les syndicats **531**

Syndicalisme et coopération internationale **531**

Objectifs d'apprentissage **533**

Questions de réflexion **533**

Pour en savoir davantage **533**

CHAPITRE 63 **Les femmes contre le faux développement** **535**

Alexa Conradi

Introduction **535**

Bref retour sur la Marche mondiale des femmes **536**

Face au faux développement **536**

Conclusion : changer de voie **537**

Objectifs d'apprentissage **537**

Questions de réflexion **538**

Pour en savoir davantage **538**

CHAPITRE 64 **Femmes autochtones et québécoises solidaires : ensemble pour changer le monde** **541**

Aurélie Arnaud

Solidaires, mais différentes **541**

Un rapport de nation à nation **541**

Un féminisme autochtone **542**

Les enjeux linguistiques et culturels **542**

Travailler ensemble **542**

Conclusion : aujourd'hui comme hier **543**

Objectifs d'apprentissage **543**

Questions de réflexion **543**

Pour en savoir davantage **544**

CHAPITRE 65 **Travailler auprès des personnes réfugiées** **547**

Samantha McGavin

Introduction **547**

La catégorisation des personnes migrantes **548**

Agir : une approche fondée sur la solidarité **549**

PCS en Amérique centrale **550**

Conclusion **550**

Objectifs d'apprentissage **551**

Questions de réflexion **551**

Pour en savoir davantage **551**

CHAPITRE 66   **Quand le choléra rencontre Thomas : l'humanitaire à ras de terre**   **553**

    Marie-Ève Bertrand

        Introduction   **553**

        Dans le chaos avec Thomas   **553**

        Conclusion   **555**

        Objectifs d'apprentissage   **555**

        Questions de réflexion   **555**

        Pour en savoir davantage   **555**

Section 3   Agir sur les méthodologies

CHAPITRE 67   **Nouvelles approches dans la recherche pour le développement**   **561**

    Jean-François Rousseau

        Les approches sur les moyens d'existence   **561**

        Impacts sur le milieu du développement   **562**

        Conclusion : désengagement, et retour en force   **563**

        Objectifs d'apprentissage   **564**

        Questions de réflexion   **564**

        Pour en savoir davantage   **564**

CHAPITRE 68   **Les défis de la gestion de projet**   **567**

    Sophie Brière et Stéphanie Maltais

        Introduction   **567**

        Un environnement complexe   **567**

        La conception   **568**

        La planification   **570**

        Mise en œuvre   **572**

        Clôture et évaluation   **573**

        Conclusion   **573**

        Objectifs d'apprentissage   **573**

        Questions de réflexion   **573**

        Pour en savoir davantage   **574**

CHAPITRE 69   **Où sont les résultats sur le terrain ?**   **577**

    Robert M. David et Nailya Okda

        La gestion axée sur les résultats (GAR)   **577**

        Le cadre de mesure de rendement (CMR)   **579**

        Le suivi, l'évaluation, l'ajustement   **580**

        Limites et contradictions de la gestion axée sur les résultats   **580**

        Conclusion   **582**

        Objectifs d'apprentissage   **582**

        Questions de réflexion   **582**

        Pour en savoir davantage   **582**

CHAPITRE 70   **Stages d'initiation à la solidarité internationale**   **585**

    Katina Binette, Marie Brodeur-Gélinas et Sarah Charland-Faucher

        Introduction   **585**

        Les stages d'initiation : un engagement citoyen   **586**

Conclusion **588**

Objectifs d'apprentissage **588**

Questions de réflexion **588**

Pour en savoir davantage **589**

CHAPITRE 71 **Enjeux éthiques du développement international 591**

Ryoa Chung

La question des obligations morales **591**

Politique et moralité sont-elles conciliables? **592**

Les perspectives critiques **593**

Conclusion **593**

Objectifs d'apprentissage **594**

Questions de réflexion **594**

Pour en savoir davantage **594**

Partie 5 Conclusion

CHAPITRE 72 **Du «développement» à l'action politique 599**

Gilbert Rist

De l'idéologie du développement **599**

Enfer ou paradis? **600**

Que faire? **601**

Tout doit changer **601**

CHAPITRE 73 **Tout doit changer 605**

Naomi Klein

CHAPITRE 74 **Repenser la coopération internationale 611**

Maïka Sondarjee

Le marché va tout régler **611**

Altermondialismes **611**

Démondialisation **612**

Pour un internationalisme solidaire **612**

CHAPITRE 75 **Pour ne pas conclure: le développement international... dans tous ses états 615**

Pierre Beaudet

La première vague (les années 1950-1960) **615**

La crise globale (les années 1970-1980) **615**

À la recherche de nouveaux paradigmes (les années 1990-2000) **616**

La crise des crises (le début du millénaire) **616**

L'après-développement **617**

Liste des collaborateurs et collaboratrices 619

Index 623

Liste des figures

Figure 1.1   Traite négrière transatlantique et commerce triangulaire **12**

Figure 1.2   Empires coloniaux d'Afrique, 1895. **15**

Figure 2.1   Part de revenus des 10 % les plus aisés dans le monde, 1980-2015 **20**

Figure 5.1   Asie du Sud-Est dans le commerce international, 1970-1995 **47**

Figure 5.2   Mise en perspective historique des politiques de développement **49**

Figure 6.1   OMD 1.1, progrès par pays, 1990-2015 **55**

Figure 6.2   Objectifs du développement durable **57**

Figure 7.1   Recommandations pour la mise en œuvre des ODD **65**

Figure 8.1   Bandung, la naissance du tiers monde **74**

Figure 8.2   Protocole de Kyoto et clivage Nord-Sud **76**

Figure 9.1   Investissement direct étranger dans les pays en développement, 1990-2017 **83**

Figure 10.1   Réunion entre le président Barack Obama et les dirigeants des pays BRICS **92**

Figure 10.2   Fonctionnement de l'ONU **93**

Figure 11.1   Guerres au Moyen-Orient : chaos géopolitique **103**

Figure 12.1   Production industrielle mondiale, 1992-2018 **110**

Figure 12.2   Chine : au cœur de la mondialisation **113**

Figure 13.1   Principales places financières à l'échelle mondiale **119**

Figure 13.2   Acteurs privés dans l'engrenage de la finance **123**

Figure 14.1   Présence étatsunienne en Amérique latine, xixe et début xxe siècles **128**

Figure 14.2   Évolution du PIB et du taux de pauvreté en Amérique latine, 1990-2015 **130**

Figure 14.3   Positionnement économique de l'Amérique latine, 2013 **131**

Figure 15.1   Indice de discrimination des femmes dans le droit de la famille, 2014 **136**

Figure 16.1   Migrations économiques dans les années 1990 **146**

Figure 16.2   Défis auxquels font face les travailleurs migrants au Canada **148**

Figure 17.1   Intensité de la pollution de l'air ambiante par des particules fines **155**

Figure 17.2   Place Tiananmen sous la pollution, Pékin, Chine, 2014 **156**

Figure 17.3   En Amazonie, la déforestation gagne du terrain, 2016 **158**

Figure 17.4   Évolution de la sévérité des problèmes de pollution **159**

Figure 18.1   Accès à l'eau potable **164**

Figure 18.2   L'eau, une ressource rare à usage multiple **166**

Figure 19.1   Principales sources de GES **170**

Figure 19.2   Lien entre développement et empreinte écologique **172**

Figure 21.1   Le déficit écologique se creuse de plus en plus, 1969-2018 **186**

Figure 22.1   Du consensus de Washington à la complémentarité État et marché **202**

Figure 23.1   Le développement humain pour tous **210**

Figure 24.1   Gouvernance du FMI **216**

Figure 25.1   Aide publique au développement, 1967-2017 **225**

Figure 25.2   Aide totale par bailleur de fonds bilatéral, 2017   **226**

Figure 25.3   Générosité relative des bailleurs de fonds, 2017   **227**

Figure 26.1   Distribution de l'aide au développement américaine par région, 2014   **234**

Figure 26.2   Le soleil ne se couche jamais sur l'empire américain   **236**

Figure 27.1   Les nouvelles routes de la soie   **242**

Figure 27.2   La Chine, un acteur central du développement africain   **244**

Figure 28.1   Aide publique au développement du Canada, 1965-2017   **250**

Figure 29.1   Le développement du secteur privé (DSP)   **259**

Figure 29.2   Le secteur privé dans les pays en développement   **261**

Figure 29.3   Classement des 25 premières firmes multinationales, 2017   **262**

Figure 31.1   Manifestation des Gilets jaunes sur les Champs-Élysées, 2018   **278**

Figure 31.2   Présence mondiale de la Via Campesina   **280**

Figure 32.1   Quelques rendez-vous du mouvement altermondialiste   **285**

Figure 34.1   ONG accréditées au Conseil économique et social, 1946-2016   **298**

Figure 37.1   Régimes politiques selon Freedom House, 2018   **325**

Figure 37.2   Long processus démocratique en France, 1789-2018   **328**

Figure 38.1   Principales caractéristiques des droits humains   **334**

Figure 38.2   Manifestation de femmes de Srebrenica à La Haye aux Pays-Bas, 2011   **337**

Figure 40.1   Continuum de l'intervention humanitaire   **350**

Figure 41.1   Manifestation du 8 mars 2016 en Argentine en mémoire à Berta Cáceres   **359**

Figure 45.1   Disparités et inégalités sociales à l'échelle mondiale   **395**

Figure 45.2   Revenu mondial distribué par percentiles de population, 2007   **395**

Figure 45.3   La mondialisation n'a pas profité aux classes moyennes occidentales   **397**

Figure 46.1   Personnes déplacées à cause de catastrophes naturelles, 2008-2017   **403**

Figure 47.1   Évolution de l'extrême pauvreté dans les zones rurales et urbaines   **408**

Figure 48.1   Sous-alimentation, 2014-2016 : quels sont les pays les plus touchés ?   **416**

Figure 48.2   Investissements internationaux dans les terres agricoles, 2000-2015   **417**

Figure 49.1   Projections de migrations climatiques, 2018-2050   **422**

Figure 50.1   Les activités troublantes des entreprises canadiennes au Mexique   **433**

Figure 51.1   Principales causes de mortalité selon le niveau de revenu, 2015   **443**

Figure 51.2   Déterminants de la santé et du bien-être dans les ODD   **445**

Figure 52.1   Les enfants au primaire qui ne vont pas à l'école, 2016   **453**

Figure 52.2   Les donateurs continuent d'accorder moins d'importance à l'éducation   **456**

Figure 52.3   Nombre d'élèves qui n'atteignent pas le SMC par région   **457**

Figure 53.1   Les principaux pays bénéficiaires de l'intelligence artificielle, 2030   **466**

Figure 54.1   Acteurs d'une mondialisation sélective   **477**

Figure 55.1   Traité sur l'interdiction des armes nucléaires, 2017-2018   **482**

Figure 55.2   L'opération des Nations unies en Côte d'Ivoire, 2012   **485**

Figure 56.1   Manifestation à Hong Kong lors de la contestation des parapluies, 2014   **490**

Figure 59.1   Les 10 principes du commerce équitable   **508**

Figure 61.1   Les sept premiers géants du Web   **523**

Figure 62.1   Affaiblissement des droits syndicaux à l'échelle mondiale, 1985-1995   **530**

Figure 63.1   Manifestation féminine contre l'extractivisme en Amérique latine   **537**

Figure 65.1   Mouvements de réfugiés et demandeurs d'asile, 2016   **548**

Image 65.2   Birmanie, le nettoyage ethnique des Rohingyas se poursuit   **549**

Figure 67.1   Le pentagone des capitaux   **562**

Figure 67.2   Cadre des moyens d'existence durables   **563**

Figure 68.1   L'environnement des projets en développement international   **568**

Figure 68.2   La méthode de l'arbre à problème   **568**

Figure 68.3   Le cadre logique   **569**

Figure 68.4   Stratégie de gestion des risques   **569**

Figure 68.5   Cadre de mesure du rendement   **571**

Figure 68.6   Structure de fractionnement du travail   **571**

Figure 68.7   Tableau d'affectation des ressources   **571**

Figure 68.8   Fiche d'activité   **572**

Figure 68.9   Diagramme de Gantt – Exemple de la coopération canadienne   **572**

Figure 69.1   Chaîne de résultats 1   **578**

Figure 69.2   Chaîne de résultats 2   **578**

Figure 69.3   Exemple d'une chaîne de résultats   **579**

Figure 69.4   Modèle SMART pour l'impact et les effets   **579**

Figure 69.5   Approche du cycle de vie de la gestion axée sur les résultats   **581**

Liste des tableaux

Tableau 1.1   Nombre d'esclaves déportés d'Afrique vers les Amériques, 1450-1900   **14**

Tableau 2.1   Effets de la crise de 2008 sur les principaux secteurs en Afrique   **23**

Tableau 3.1   Étapes de la croissance selon Rostow   **30**

Tableau 7.1   Comparaison entre les OMD et les ODD   **67**

Tableau 16.1   Part des envois de fonds dans le PIB, 2017   **147**

Tableau 22.2   L'État et le développement : deux « modèles »   **203**

Tableau 24.1   Évolution des droits de vote au FMI, 1945-2016   **218**

Tableau 25.1   Pourcentage de l'APD totale par région, 2015-2016   **228**

Tableau 25.2   Principaux récipiendaires d'APD, 2016   **229**

Tableau 25.3   Les pays les plus dépendants de l'APD, 2016   **229**

Tableau 28.1   Distribution de l'aide canadienne par région, 2015-2016   **251**

Tableau 28.2   Principaux pays récipiendaires de l'aide canadienne, 2015-2016   **251**

Tableau 30.1   L'évolution de la RSE   **269**

Tableau 36.1   Populations autochtones par région   **310**

Tableau 36.2   Population d'identité autochtone au Canada, 2016   **311**

Tableau 43.1   La dette externe par régions   **377**

Tableau 43.2   La dette et son remboursement en Amérique latine et dans les Caraïbes   **378**

Tableau 43.3   La répartition des dépenses dans les budgets nationaux en Amérique latine   **379**

Tableau 44.1   Cartographie des paradis fiscaux   **384**

Tableau 44.2   Certaines spécialités des paradis fiscaux   **385**

Tableau 45.1   La population extrêmement pauvre par régions   **393**

Tableau 49.1   Les fondements du *Sumak Kawsay* et ceux du développement durable   **425**

Tableau 53.1   Nombre de demandes de brevets déposées dans certains pays   **465**

Tableau 57.1   Typologie de la participation   **497**

Tableau 59.1   Parts de marché des principaux produits certifiés équitables   **510**

Liste des encadrés

Encadré 1.1   Expérience du néocolonialisme français : l'Office du Niger   **17**

Encadré 3.1   Doctrine Truman   **29**

Encadré 4.1   Développement du sous-développement   **38**

Encadré 4.2   Contexte incandescent   **39**

Encadré 5.1   Consensus de Washington   **46**

Encadré 9.1   Investissement étranger   **83**

Encadré 9.2   Défis du modèle chinois   **84**

Encadré 11.1   États-Unis : seule et unique superpuissance mondiale   **102**

Encadré 20.1   Richesse et inégalités mondiales   **180**

Encadré 20.2   Vivre bien avec la Pachamama   **182**

Encadré 21.1   Quand la planète bleue ne suffit plus   **186**

Encadré 22.1   Qu'est-ce que l'État développeur ?   **200**

Encadré 22.2   Les échecs de l'État développeur   **201**

Encadré 22.3   Les succès de l'État développeur   **201**

Encadré 23.1   La structure de l'ONU   **208**

Encadré 23.2   Les paradigmes développementaux   **209**

Encadré 29.1   La croissance verte   **260**

Encadré 30.1   La RSE en bref   **268**

Encadré 30.2   Renforcer la RSE peut être profitable aux entreprises   **270**

Encadré 30.3   Les entreprises minières et le développement communautaire   **271**

Encadré 33.1   Chronologie des FSM   **290**

Encadré 33.2   L'expérience du Forum social africain   **291**

Encadré 34.1   Les divers rôles des ONG   **297**

Encadré 34.2   Limites et défis des ONG   **299**

Encadré 35.1   Femmes en résistance : Marche mondiale des femmes   **305**

Encadré 39.1   Répercussions du conflit armé colombien sur les droits de la personne   **342**

Encadré 40.1   Quelques grandes étapes de la normalisation   **351**

Encadré 40.2   La Syrie : un échec humanitaire ?   **352**

Encadré 40.3   Résilience   **352**

Encadré 40.4   Le sommet humanitaire mondial   **352**

Encadré 42.1   La Corporation Mondragon   **368**

Encadré 42.2   La Loi sur l'économie sociale du Québec adoptée en 2013 (extraits)   **370**

Encadré 43.1   La dette odieuse   **376**

Encadré 44.1   Les caractéristiques des paradis fiscaux   **384**

Encadré 44.2   Les transformations fiscales au Canada depuis les années 1980   **386**

Encadré 44.3   Comment l'information sur l'évasion fiscale a-t-elle fini par sortir ?   **387**

Encadré 52.1   L'éducation en quelques chiffres   **452**

Encadré 52.2 Les défis des écoles dans les pays en développement **453**

Encadré 52.3 Au Sénégal, des écoles qui fonctionnent à moitié **453**

Encadré 52.4 Les enfants non scolarisés au sein des pays en conflits **454**

Encadré 52.5 Les enfants en Syrie **454**

Encadré 52.6 L'éducation et l'aide au développement **455**

Encadré 52.7 L'aide pour l'éducation en Afrique : moins que trois avions Airbus ! **455**

Encadré 52.8 Le recul des années 1980 **457**

Encadré 52.9 Un portrait inquiétant en 2018 **458**

Encadré 52.10 Le café équitable par et pour l'école **459**

Encadré 58.1 Les cinq étapes de l'*empowerment* des femmes **503**

Encadré 61.1 Le marché de la téléphonie mobile en Afrique **522**

Encadré 64.1 Les langues autochtones au Canada **543**

Encadré 69.1 Ce que vise la GAR **580**

Encadré 70.1 En bref, comment faire un stage ? **587**

Liste des sigles

AFD	Agence française de développement
AIG	American International Group
ALÉNA	Accord de libre-échange nord-américain
ALNAP	Active Learning Network for Accountability and Performance
AMA	Argent-Marchandise-Argent
AMGI	Agence multilatérale de garantie des investissements
ANAA	Assemblée nationale des personnes atteintes de l'environnement
APD	Aide publique au développement
APE	Accords de partenariat économique
AQOCI	Association québécoise des organismes de coopération internationale
ASC	Agriculture soutenue par la communauté
BAII	Banque asiatique d'investissement dans les infrastructures
BEPS	Érosion de la base d'imposition et le transfert de bénéfices
BIT	Bureau international du Travail
BIRD	Banque internationale pour la reconstruction et le développement
BM	Banque mondiale
BRIC	Brésil, Russie, Inde, Chine
BRICS	Brésil, Russie, Inde, Chine et Afrique du Sud
CAD	Comité d'aide au développement
CAD-OCDE	Comité d'aide au développement-Organisation de coopération et de développement économiques
CADTM	Comité pour l'annulation de la dette du tiers monde
CANAFE	Centre d'analyse des opérations et déclarations financières du Canada
CCCI	Conseil canadien pour la coopération internationale
CDEC	Corporation de développement économique communautaire
CEA	Commission économique pour l'Afrique des Nations unies
CEPAL	Commission économique pour l'Amérique latine
CEPALC	Commission économique pour l'Amérique latine et les Caraïbes
CIRDI	Centre international pour le règlement des différends relatifs aux investissements
CISO	Centre international de solidarité ouvrière
CMED	Commission mondiale sur l'environnement et le développement
CMR	Cadre de mesure du rendement
CNUCED	Conférence des Nations unies sur le commerce et le développement
CRDI	Centre de recherches pour le développement international
CSI	Confédération syndicale internationale

DAWN   Development Alternatives with Women for a New Era
DFID   Department for International Development
DIH   Droit international humanitaire
DSCRP   Documents stratégiques pour la croissance et la réduction de la pauvreté
DSP   Développement du secteur privé
ECOSOC   Conseil économique et social
ESS   Économie sociale et solidaire
FAO   Organisation des Nations unies pour l'alimentation et l'agriculture
FAQ   Femmes autochtones du Québec
FARC   Forces armées révolutionnaires de la Colombie
FATCA   Foreign Account Tax Compliance Act
FED   Réserve fédérale des États-Unis
FFQ   Fédération des femmes du Québec
FIDA   Fonds international de développement agricole
FLO   Fairtrade Labelling Organizations International
FSA   Forum social africain
FSI   Fédération syndicale internationale
FSM   Forum social mondial
GAFA   Google, Apple, Facebook et Amazon
GDNU   Groupe de développement des Nations unies
GES   Gaz à effets de serre
GIEC   Groupe intergouvernemental d'experts sur l'évolution du climat
GISTI   Groupe d'information et de soutien des immigrés
GSEF   Global Social Economy Forum
HAP   Humanitarian Accountability Partnership
HCR   Haut Commissariat des Nations unies pour les réfugiés
IBSA   Inde, Brésil, Afrique du Sud
ICAN   Campagne internationale pour l'abolition des armes nucléaires
IDE   Investissement direct étranger
IDEP   Institut africain de développement économique et de planification
IDH   Indice de développement humain
IDS   Institute of Development Studies
IFAT   International Federation of Alternative Trade
IFI   Institutions financières internationales
IMDEC   Instituto Mexicano para el Desarrollo Comunitario
IPH   Indicateur de pauvreté humaine
ISI   Industrialisation par substitution aux importations
ITF   Fédération internationale des ouvriers du transport
MCC   Millennium Challenge Corporation
MNA   Mouvement des non-alignés
NOEI   Nouvel ordre économique international
NPI   Nouveaux pays industrialisés
OCDE   Organisation de coopération et de développement économiques
OCHA   Bureau de la coordination des affaires humanitaires
OCMAL   Observatoire des conflits miniers en Amérique latine
OCS   Organisation de coopération de Shanghai

OEA	Organisation des États américains
OGM	Organismes génétiquement modifiés
OIF	Organisation internationale de la Francophonie
OIG	Organisation intergouvernementale
OIT	Organisation internationale du travail
OMC	Organisation mondiale du commerce
OMD	Objectifs du millénaire pour le développement
OMS	Organisation mondiale de la santé
ONG	Organisation non gouvernementale
ONU	Organisation des Nations unies
ONUAA	Organisation des Nations unies pour l'alimentation et l'agriculture
ONU-DAES	Organisation des Nations unies-Département des affaires économiques et sociales
OSCE	Organisation pour la sécurité et la coopération en Europe
OSI	Organisations syndicales internationales
OTAN	Organisation du traité de l'Atlantique Nord
PAM	Programme alimentaire mondial
PIB	Produit intérieur brut
PME	Petites et moyennes entreprises
PNAC	Project for the New American Century
PNB	Produit national brut
PNUD	Programme des Nations unies pour le développement
PNUE	Programme des Nations unies pour l'environnement
PODER	Project on Organizing, Development, Education and Research
PPA	Parité de pouvoir d'achat
REDD	Reducing Emissions from Deforestation and Forest Degradation
RIPESS	Réseau intercontinental de promotion de l'économie sociale et solidaire
RNB	Revenu national brut
RSE	Responsabilité sociale des entreprises
SDN	Société des Nations
SEL	Système d'échange local
SEWA	Self-Employed Women's Association
SFI	Société financière internationale
SIPRI	Institut international de recherche sur la paix de Stockholm
SLA	Sustainable Livelihood Approaches
SMC	Seuil minimal de compétence
SMI	Système monétaire international
SRAS	Syndrome respiratoire aigu sévère
TBI	Traités bilatéraux d'investissement
TIC	Technologies de l'information et de la communication
TIPNIS	Territoire indigène et parc national Isidoro-Sécure
TSD	Traitement spécial et différencié
UNESCO	Organisation des Nations unies pour l'éducation, la science et la culture
UNFPA	Fonds des Nations unies pour la population
UNICEF	Fonds des Nations unies pour l'enfance
URSS	Union des républiques socialistes soviétiques

USAID	Agence des États-Unis pour le développement international
WFTO	World Fair Trade Organization
WID	Women in Development

Comment utiliser l'ouvrage

Pierre Beaudet, Dominique Caouette, Paul Haslam et Abdelhamid Benhmade

Il y a déjà 10 ans, un collectif d'auteurs publiait un ouvrage pédagogique, *Introduction au développement international*[1]. Ce recueil de textes proposait un vaste panorama du domaine du développement dans ses multiples dimensions (politiques, sociales, économiques, écologiques, etc.). À l'époque, c'était le seul ouvrage conçu pour aborder ce vaste domaine, qui est enseigné dans un grand nombre d'institutions et de programmes dans le monde francophone. C'est ce qui explique sans doute que l'ouvrage a été largement utilisé. En 2014, en continuité avec ce projet, nous avons publié une nouvelle édition totalement remaniée, qui approfondissait et actualisait les thèmes abordés précédemment[2].

Avec ce nouvel ouvrage, vous avez en mains une édition tout à fait nouvelle, actualisée, également repensée, en phase avec le contexte actuel du développement international, bref, des nouveaux défis et enjeux, et de nouvelles approches dans un domaine qui, peut-être plus qu'avant, demeure évolutif, diversifié, voire contesté.

Un seul monde fragile

Aujourd'hui, en tout cas, le paysage du monde a évidemment bien changé. Parmi plusieurs traits structurants, notons :

- La montée en force du défi environnemental, entre autres par l'urgence climatique. De plus en plus, c'est ce dossier qui se retrouve au cœur des problématiques, des politiques et des pratiques du développement international. C'est un dossier gigantesque qui se décline sur plusieurs champs : érosion systématique des ressources, épuisement de la biodiversité, problèmes de plus en plus complexes pour la santé, etc.

- L'aggravation des tensions internationales, conséquences de la persistance de foyers de conflits particulièrement complexes, ainsi que la polarisation entre les grandes puissances (principalement les États-Unis et la Chine), sur un fond de rivalités commerciales, diplomatiques et militaires prenant l'aspect de nouvelles formes de colonialisme et d'impérialisme. Cette situation exerce énormément de pression sur les institutions multilatérales, notamment l'ONU, dont le rôle de « grand médiateur » est de plus en plus débordé et bousculé.

- La crise de gouvernance, qu'on constate un peu partout, au Nord comme au Sud, dans des contextes à la fois diversifiés et marqués par le retour en force de ce qu'il convient d'appeler l'« austéritarisme », un mot un peu barbare qui conjugue la polarisation sociale (en d'autres mots, les écarts entre les plus riches, le « 1 % », et les couches moyennes et populaires,

1. Pierre Beaudet, Jessica Schafer et Paul Haslam. *Introduction au développement international : approches, acteurs et enjeux*. Ottawa, Presses de l'Université d'Ottawa, 2008.
2. Pierre Beaudet et Paul Haslam, *Enjeux et défis du développement international*, 2014, Ottawa, Presses de l'Université d'Ottawa.

le « 99 % », d'où des régressions sociales et économiques, l'essor de projets à connotation réactionnaire : racisme, xénophobie, etc.).

- Les grands bouleversements affectant la production des biens et services pour répondre aux besoins des populations, ce que Michel Husson (chapitre 12) appelle le « grand basculement », qui implique la précarisation du travail salarié, la destruction programmée des communautés rurales et l'érection d'une immense masse paupérisée dans la « planète des bidonvilles » (selon l'expression de Mike Davis). Cette situation crée, selon l'expression consacrée, un « seul » monde, mais un monde fragmenté, où presque la moitié de la population mondiale vit sous le seuil de la pauvreté et où plusieurs centaines de millions de personnes, en dépit des espoirs du programme des Objectifs du millénaire, lancé par l'ONU en 2000, n'ont pas accès à une saine alimentation, aux services de santé et d'éducation de base et, dans plusieurs cas, aux conditions permettant la sécurité humaine et le respect des droits.

Ce n'est pas un contexte particulièrement réjouissant, mais qui n'empêche pas les acteurs étatiques et multilatéraux du développement de chercher des solutions pour atténuer l'impact des crises en cours. Sur le plan multilatéral, l'ONU dans le cadre du *Programme du développement durable*, adopté en 2015, s'adresse à 17 objectifs précis qui doivent être concrétisés d'ici 2030. Parallèlement, le domaine du développement est la scène d'une grande effervescence du côté des sociétés civiles, pour, comme le dit Gilbert Rist (chapitre 72), « repenser le développement » et réconcilier développement économique, protection de l'environnement et renforcement de la démocratie.

Ce sont ces développements récents qui ont motivé un nouveau collectif à produire l'ouvrage que vous avez entre les mains. Vous pourrez noter les traits distinctifs de cette édition :

- L'ouvrage est plus diversifié, avec plus de 75 contributions, qui proviennent en majorité d'auteurs qui n'ont pas été publiés dans les précédentes éditions. Ces auteurs, par ailleurs, proviennent de plus de 15 pays dans les Amériques, en Europe et en Afrique.
- L'ouvrage présente un large éventail d'idées et de propositions, en phase avec les recherches et travaux impliquant un grand nombre de praticiens, de chercheurs, de professeurs et d'étudiants.
- C'est sans doute ce qui mène le présent ouvrage à porter davantage attention au domaine du développement conçu comme un site de pratiques et d'interventions, à partir de recherches, d'enquêtes, de bilans, lesquels émergent du va-et-vient entre les pratiques et les expérimentations sur le terrain, d'une part, et les travaux intellectuels et savants d'autre part.

La structure

L'ouvrage actuel se décline en quatre grandes sections, en sus de l'introduction et de la conclusion :

- Dans la première partie, les « Grands enjeux », les textes abordent l'histoire et les réalités contemporaines du développement international, avec des accents différenciés sur la persistance des écarts sociaux et les nouvelles fractures Nord-Sud, et les polarisations actuelles. Dans le contexte de la mondialisation accélérée, nous abordons également les questions transversales qui confrontent le monde du développement : l'inégalité des genres, les migrations, l'environnement, ainsi que les débats entre les partisans de diverses approches [la croissance économique comme socle principal, le postdéveloppement et la décroissance].

- La deuxième partie, «Acteurs», porte sur les intervenants étatiques, multilatéraux, privés et civils. Dans cette partie, nous portons attention aux systèmes diversifiés de l'aide publique au développement, de ses impacts et conséquences. Nous examinons également la place et le rôle des ONG, dont l'influence n'est pas négligeable, et qui sont également particulièrement intéressants pour des étudiants qui cherchent des points d'insertion dans le domaine. Dans les initiatives des ONG et des mouvements de base, on constate la prolifération des approches, selon Gustave Massiah (chapitre 32), «par exemple l'intersectionnalité dans la convergence des mouvements sociaux, des mouvements de femmes, des mouvements des afro-descendants».

- La troisième partie, «Champs d'action», analyse les approches en cours, les grands domaines d'intervention dans la pratique du développement international tels la démocratie, les droits, la paix, l'action humanitaire, la santé, l'éducation, la science, ainsi que les champs d'intervention économiques et environnementaux. Une dimension transversale dans les diverses contributions de cette partie est celle qui émane des perspectives féministes, qui apportent, selon Maristella Svampa (chapitre 41), de nouvelles conceptions du territoire, du bien commun, de l'éthique et, plus globalement, d'une vision «écodépendante».

- La quatrième partie, «Passer à l'action», totalement nouvelle, est davantage structurée sur le «comment» du développement international. Elle inclut des contributions de chercheurs et de praticiens «sur le terrain» à partir d'enquêtes et de témoignages sur le développement démocratique, le commerce équitable, les travaux et les projets initiés par le monde du travail, les organisations autochtones, les réfugiés, ainsi que des propositions assez élaborées sur la méthodologie des projets de développement. En passant à l'action, nos sociétés sont interpelées pour imaginer un autre mode de coopération internationale, impliquant, selon Maïka Sondarjee (chapitre 58), «moins de mondialisation [néolibérale], mais plus de mondialisation [solidaire], donc, plus de régulations, de règles et d'institutions orientées vers la solidarité internationale».

- Enfin, dans la conclusion, nous terminons par des réflexions sur l'avenir du domaine du développement. À l'origine une «bonne intention», selon l'expression de Gilbert Rist (chapitre 72), il est impératif, aujourd'hui, de passer à une autre étape : «L'injustice sociale, le respect de la biosphère, le droit à une vie décente, à l'éducation et aux soins constituent désormais un problème global. Les problèmes auxquels nous devons désormais faire face [le changement climatique, les inégalités, l'exploitation effrénée de la nature et l'effritement des relations sociales] sont désormais communs à tous les habitants de notre planète, qui sont aussi tenus de la conserver pour la transmettre, telle qu'ils l'ont reçue, à leurs descendants. Seul le combat politique pourra – s'il est généralisé – faire revivre l'espoir. Le temps presse. »

Un ouvrage pour vous

Vous pourrez constater, enfin, que le ton général de l'ouvrage est accessible au plus grand nombre, bien que les étudiants et les chercheurs y trouveront également leur compte, en utilisant les textes comme un « aide-mémoire » permanent, ou une porte d'entrée pour une multitude de thèmes. Parallèlement, pour faciliter l'utilisation dans le cadre des enseignements, chacun des chapitres suit un modèle de construction cohérent, avec un résumé, la définition des objectifs d'apprentissage, le développement du thème, une conclusion et, à la fin, des suggestions pour des questions d'approfondissement

(lesquelles peuvent servir à l'enseignement), en sus de suggestions de lectures.

Les dénominations, les frontières et toute autre information figurant sur les cartes du présent ouvrage n'impliquent de la part des éditeurs, des contributeurs et contributrices ainsi que de la part des Presses de l'Université d'Ottawa aucun jugement quant au statut juridique d'un pays, d'une région ou d'un territoire quelconque et ne signifient nullement que ces frontières sont acceptées ou reconnues.

Introduction générale

Dominique Caouette

Dix-huit ans après avoir établi les Objectifs du millénaire pour le développement (OMD), en 2000, et trois ans après avoir constaté que ceux-ci n'avaient pas été atteints, en 2015, et les voir aussitôt remplacés par 17 nouveaux objectifs de développement durable (ODD), il est permis de s'interroger sur cet état de fait. Est-ce que l'idée même de développement reste pertinente ? S'agit-il d'une grande et surprenante déception, ou plutôt d'une nouvelle manifestation du mirage du développement et de sa mythologie moderniste ? Dans cet ouvrage, nous optons pour la seconde possibilité, et nous tentons de réfléchir à l'aide de différentes lentilles (grands enjeux, acteurs, champs d'action et actions) aux défis qui marquent la planète à partir de la perspective de ceux qui les vivent souvent le plus intensément, soit le Sud globalisé.

Un bref recul historique permet de mieux saisir les paradoxes, les contradictions et les imaginaires qui ont marqué les aléas d'un concept profondément polysémique et contesté. Le développement et l'idée sous-jacente de l'aide internationale tirent leurs racines à la fois des écrits et des idées des philosophes des Lumières élaborés durant les XVIIIe et XIXe siècles, mais aussi du contexte géopolitique dans son émergence en tant que construction sémantique et institutionnelle spécifique. Tout dépassement de cette mythologie moderne nécessite une réflexion double : d'une part, comprendre les origines et l'évolution tant des discours que des pratiques institutionnalisées du développement et de ses acolytes que sont l'aide internationale et la coopération ; d'autre part, reconnaître la pluralité et l'hétérogénéité des acteurs et des défis aujourd'hui. En particulier, il est pertinent de reconnaître qu'il existe maintenant des contre-discours au projet du « développement » à l'intérieur de la mouvance altermondialiste. Celle-ci est hétéroclite, diffuse et hétérogène, et marquée par la diversité et la multiplicité de ces actions. Néanmoins, on y retrouve les premiers signes d'une redéfinition de la conceptualisation de la coopération internationale, qui pointe vers de nouvelles solidarités horizontales, post-nationales et plurielles.

L'invention du développement

Pendant longtemps, le développement a été défini comme l'ensemble des pratiques sociales dont la finalité était l'amélioration du bien-être de la société, celle-ci liée de manière inhérente à la modernisation de l'Occident. C'est ainsi que qualifier l'idée de développement, empreinte d'ethnocentrisme occidental, est un pléonasme : elle prend ses fondements dès les origines de la civilisation occidentale et se construit progressivement au fil des siècles. En effet, le développement, concept lié à l'imaginaire de la modernité, est intrinsèque à la société où cette modernité s'est en premier réalisée, à savoir l'Occident.

Durant la période des Lumières, qui consacre la domination de l'idéologie du progrès infini, l'apparition de la doctrine du développement prend véritablement corps aux XVIIIe et XIXe siècles, dans une Europe en proie au désordre social, causé entre autres par l'urbanisation rapide, l'omniprésence de la pauvreté et la révolution industrielle naissante. Le processus de développement est alors dans un premier temps entendu comme une dynamique sociale interne devant permettre la réconciliation entre progrès et ordre, comme le théorise le groupe positiviste des saint-simoniens. Le maintien de l'ordre social, généralement menacé en période de changements radicaux, comme lors de la montée du capitalisme industriel, n'est pas assuré par le laisser-faire libéral, préconisé par Adam Smith, mais se réalise dans une curatelle exercée par certains acteurs dévolus sur la société. Quelques décennies plus tard, à travers les thèses sur le protectionnisme est introduite l'idée de l'intervention étatique pour télescoper le progrès à travers l'action directe et intentionnée de l'État. Au cours de ce processus, le développement, appréhendé comme le progrès, s'impose alors non pas comme un moyen, mais une finalité. Il devient progressivement une pratique étatique volontaire et s'inscrit surtout dans un nouveau discours, celui du sous-développement.

Reposant sur une dialectique, la notion de développement appelle à une contrepartie, en l'occurrence le sous-développement. Dans une ère consacrant l'évolutionnisme social, c'est-à-dire la croyance de la supériorité occidentale sur les autres sociétés, la notion de « curatelle » est extrapolée à l'international, avec la construction d'un discours autour de l'idée du fidéicommis des pays développés sur les pays dits « du Sud ». Ainsi, très rapidement, le développement vient occuper une place centrale dans l'étaiement pour l'opinion publique d'une doctrine d'intervention basée sur une mission civilisatrice. Ceci vient présenter sous un joug philanthropique flatteur les visées économiques – obtenir de nouveaux débouchés et sources de matières premières – et politiques – compétition entre les grandes puissances – du colonialisme. Par ailleurs, ce moment colonial est aussi important parce qu'il voit, outre la construction du discours, les premières pratiques sous le couvert du développement. L'administration coloniale véhicule le modèle européen comme étant la voie « naturelle » vers le progrès, et son projet est de promouvoir la « modernité » d'alors, positiviste, dans les colonies, à grand renfort d'expertise scientifique et technique.

Cependant, le développement, défini comme un « projet » naît graduellement au lendemain de la Seconde Guerre mondiale, entre autres en 1948, après le discours du président Truman et son point IV sur l'assistance technique aux nations défavorisées, considérées sous-développées. Cette innovation terminologique va cependant au-delà de la simple transformation sémantique et inaugure une nouvelle ère dans la conception des rapports internationaux. Le paradigme du sous-développement analyse ce dernier comme un simple état de manque et forme embryonnaire du développement. Le développement prend alors un caractère transitif, puisqu'il a désormais la possibilité de provoquer activement le changement vers une situation d'abondance, ce qui consacre l'idée de la curatelle. Offrir le salut aux populations sous-développées devient ainsi la seule et meilleure politique possible. Le projet de développement ne prend l'aspect non plus d'un internationalisme généreux, mais d'une entreprise collective mondiale. En résumant le développement à un ensemble de mesures techniques visant la croissance de la production, toute considération politique est évacuée, ce qui contribue à sa légitimation normative et universelle.

Ce discours au nom du bien-être de l'humanité sert les intérêts de l'Occident. Le projet de développement s'inscrit alors dans un cadre historique particulier. Le contexte est à l'heure de la fin du colonialisme, la réorganisation du système mondial au profit d'une hégémonie étasunienne, l'avènement de la Guerre froide et l'impératif d'entraver les avancées du communisme, l'essor de l'industrialisation avec sa nécessité d'étendre le capitalisme pour maintenir les profits, et enfin la foi en le progrès, où la technologie s'impose comme véhicule des idéaux modernistes.

Le « développement » et la coopération internationale

Aujourd'hui est terminée l'époque de l'optimisme libéral, qui avait caractérisé la mise en place et l'institutionnalisation éventuelle du développement. En effet, au-delà des constats, des demandes de réformes, des débats sur l'efficacité de l'aide ou encore d'un appel pour un retour vers un certain âge d'or, il est stimulant de discerner l'ampleur possible des changements en cours. Trois axes d'engagement et de réflexions semblent être présents pour celui qui souhaite comprendre le « développement » et possiblement influer tant dans le domaine de la coopération internationale en général que dans les desseins de l'aide au développement en particulier : 1) l'émergence et la mise en place d'une nouvelle phase dans la technocratisation de l'aide et la coopération internationale ; 2) la constitution de nouvelles normes et principes internationaux qui marquent l'instauration d'un nouveau régime d'aide au développement ; 3) un changement paradigmatique dans la manière dont on conçoit le développement, appréhende le monde et agit à l'échelle internationale.

Le premier axe est marqué par une nouvelle conception de l'aide et la coopération organisée et structurée autour de pratiques de gestion dites efficaces et d'objectifs (OMD et aujourd'hui ODD). Celles-ci seraient alors guidées par les principes mis de l'avant dans la Déclaration de Paris (2005) et le programme d'action d'Accra (2008) :

> La norme pour les receveurs d'aide est désormais d'élaborer leurs propres stratégies nationales de développement avec leurs parlements et électeurs (**appropriation**) ; pour les donneurs elle est de soutenir ces stratégies (**alignement**) et de travailler à accorder leurs efforts dans les pays (**harmonisation**) ; pour les politiques de développement elle est d'être orientées vers l'atteinte de buts précis et l'amélioration du suivi de ces objectifs (**résultats**) ; et pour

les donneurs comme les receveurs d'être conjointement responsables de la réalisation de ces objectifs (**redevabilité mutuelle**)[1].

Ici, les changements actuels s'expliqueraient par des choix d'administration et de politique publique. L'accent est mis sur les éléments de mesure, d'efficacité bureaucratique et de qualité de suivi (on peut penser aux pratiques et aux protocoles imposés de la gestion axée sur les résultats). Ainsi, le développement et l'aide s'organiseraient autour des pratiques de gestion, des mesures de résultats, et des impacts des projets, des programmes et du financement des différentes agences, institutions gouvernementales et des différents ministères.

Un second niveau serait le passage du libéralisme internationaliste vers un nouveau néolibéralisme conservateur. Le premier était organisé autour de politiques néokeynésiennes, qui impliquaient que les gouvernements créent diverses institutions multilatérales et programmes d'aide internationale capables de fournir aux pays en développement les capitaux nécessaires à leur industrialisation, assurant ainsi « la stabilité des taux de change et des balances des paiements », ce qui allait permettre « une libéralisation graduelle et sélective des échanges » et « une plus juste répartition des gains du commerce entre pays industrialisés et pays en développement[2] ». Liés à cet internationalisme libéral, on voit aussi apparaître la mise en place et l'appui aux processus de paix, à la démocratie, au déploiement des casques bleus et au renforcement d'organisations internationales, mais aussi à des ONG capables de faciliter et de réduire les difficultés associées à cette libéralisation.

Par contre, le nouveau néolibéralisme conservateur cherche plutôt à structurer des

---

1. Organisation de coopération et de développement économiques. « Déclaration de Paris et le programme d'Accra ». http://www.oecd.org/fr/cad/efficacite/declarationdeparissurlefficacitedelaide.htm. Page consultée le 13 janvier 2019.
2. Diane Éthier. *Introduction aux relations internationales*. Montréal. Presses de l'Université de Montréal, 2010.

réformes en concordance avec le marché (selon l'idée qu'il est le seul mécanisme capable d'éradiquer la pauvreté), où il devient central de pousser le développement de l'entreprise privée (et son corollaire, la responsabilité sociale des entreprises) et l'intégration à l'économie mondiale, et de soutenir les ajustements structurels, les programmes d'efficacité de l'aide et la réduction du rôle de l'État.

Enfin, un troisième axe d'analyse est lié à l'émergence d'un contre-discours et de nouvelles pratiques. Si la date de naissance « officielle » de la montée de la mouvance altermondialiste, incarnée dans les mouvements et les organisations de la société civile, est souvent associée aux résistances en marge du Sommet de l'Organisation mondiale du commerce (OMC), à Seattle, en 1999, sa gestation a duré de longues années, voire de longues décennies. Certains avancent qu'elle date des crises pétrolières et économiques à répétition, dans les années 1970.

Dès les années 1980, avec la mise en place des programmes d'ajustement structurel et la prise en charge de la gestion macroéconomique étatique par le FMI et la Banque mondiale, on commence à percevoir un tournant dans les pratiques et le discours de la solidarité internationale. Cinquante-six émeutes anti-FMI ont été relevées de 1985 à 1992. Se dessinent alors quelques grandes caractéristiques des pratiques et du discours altermondialistes : l'insistance sur l'inclusion, l'équité, la participation et la dissidence directe dans la rue et non plus seulement à travers des partis politiques ou des institutions étatiques. Le soulèvement zapatiste de janvier 1994 et son appel à une résistance transcontinentale au néolibéralisme global revêtent aussi une importance particulière. La création du mouvement La Via Campesina, en 1996, marque également une étape-clé de la construction d'un espace politique transnational et d'un contre-discours sur la mondialisation. Par la suite, les forums et les rassemblements parallèles

aux rencontres de l'Organisation mondiale du commerce sont devenus des moments privilégiés d'expression de la dissidence. Les rencontres ministérielles de l'OMC qui ont suivi, les sommets du G-8 (redevenu récemment G-7), les réunions du FMI et de la Banque mondiale, et les rencontres internationales sur le climat sont ainsi devenus des occasions importantes pour les mouvements altermondialistes de se rassembler et d'agir collectivement en vue de protester contre des modes de décisions jugés non démocratiques et exclusifs. Ainsi, la montée d'une nouvelle mouvance citoyenne devient une réalité visible et tangible.

Sur le plan théorique, le constructivisme et le postcolonialisme semblent être les lentilles théoriques privilégiées pour saisir les défis actuels. D'une part, leur insistance sur le rôle de l'intersubjectivité, c'est-à-dire l'importance de la coconstitution de la réalité comme produit de l'interaction sociale, semble particulièrement pertinente pour saisir la mise en place du discours altermondialiste sur la mondialisation. D'autre part, ces approches permettent de comprendre toute une série de pratiques alternatives et de normes comme composantes de ce mouvement multiforme, pluriel et éclaté. Que ce soit le rôle grandissant des normes internationales, des idées telles la justice sociale, le commerce équitable ou encore le développement durable, l'écologie, la simplicité volontaire, la décroissance, force est de reconnaître qu'il s'agit là de constructions discursives et narratives.

L'ambition du présent ouvrage est de permettre d'appréhender un ensemble d'enjeux globaux, souvent considérés complexes, mais ici rendus accessibles tout en amenant un regard incisif sur les acteurs, les défis et les champs d'action contemporains. Il s'agit d'une invitation à amorcer une réflexion critique, capable d'amener une compréhension originale, mais aussi engagée du monde contemporain qui nous entoure.

Partie I

Les grands enjeux

Introduction à la première partie

Les dix dernières années marquent un tournant important dans les réflexions autour des enjeux de développement et de coopération internationale. En effet, la fin de la première décennie du nouveau millénaire est marquée par une trilogie de crises internationales : énergétique, financière et alimentaire. Cette dernière a remis à l'avant-plan les enjeux de production et de politiques agricoles à l'origine de deux grands maux de l'humanité, soit la pauvreté et la faim. Aujourd'hui, on parle de plus en plus d'une autre crise, soit celle des migrants, et l'on assiste à un repli identitaire dans nombre d'États avec la construction de murs, physiques et symboliques, mais aussi de nouvelles formes de populisme de droite souvent aux tendances autoritaires.

Contrairement aux prédictions optimistes de plusieurs penseurs, dont Fukuyama[1], que la fin de la Guerre froide allait marquer la fin de l'histoire, la mondialisation néolibérale des économies n'a pas mené à plus de libertés individuelles et à l'élargissement de la démocratie libérale, et encore moins à la réduction des inégalités, que ce soit au sein des États ou entre les États. De plus, la montée de la Chine vient remettre en question nombre de prédictions, car cette nouvelle superpuissance cherche à transformer sa force économique en une plus grande influence tant à l'échelle géopolitique que développementale avec son financement, mais avec aussi la création de nouvelles organisations internationales, telle la Banque asiatique d'investissement dans les infrastructures (BAII).

Enfin, la Russie tente maintenant d'exercer un rôle de plus en plus prépondérant au sein de la diplomatie internationale et la géopolitique de certaines régions. Ces crises, ces changements et ces tensions ont des impacts importants sur la manière dont on conçoit le développement et la coopération internationales.

Pour mieux les comprendre, quatre avenues sont ici présentées dans cette première partie. La première est de nature historique, et passe par un regard renouvelé sur la colonisation (Éric Allina) et l'impérialisme (Leo Panitch), ainsi qu'un retour sur le contexte particulier de l'émergence des théories du développement (Thomas Chiasson-Lebel), mais aussi des approches critiques et structuralistes quant à ces théories eurocentriques inspirées par le libéralisme des Lumières. Ces approches dites « de la dépendance » marquent les années 1970, et mettent l'accent sur les relations inégales entre les pays développés et les pays sous-développés » (Chiasson-Lebel et François Taddei). Puis, avec les années 1980, on assiste au retour du libéralisme dans une forme particulière, que l'on qualifie de « néolibérale ». Cette doctrine met de l'avant la libéralisation des marchés, la déréglementation et la diminution du rôle de l'État interventionniste au profit du secteur privé, que l'on associe au consensus de Washington. L'essor des économies de l'Asie et du « modèle » asiatique fera contrepied à ce néolibéralisme orthodoxe, et propose plutôt ceci : « L'industrialisation récente des nouveaux pays industrialisés, loin d'être un simple effet d'une levée des entraves aux forces du marché » est « plutôt le résultat d'États dotés d'une

---

1. Francis Fukuyama, *La Fin de l'histoire et le Dernier Homme*, Paris, Flammarion, coll. « Histoire », 1992, 452 p.

bureaucratie hautement qualifiée et de ressources financières.» (Chiasson-Lebel)

La deuxième avenue présente un «instantané» du développement aujourd'hui en analysant et en faisant ressortir ses modes de pensée, son institutionnalisation, ses fractures et sa mondialisation. Ainsi, Matthieu Boussichas revient sur le contexte particulier de l'émergence au tournant des années 2000 des Objectifs du millénaire pour le développement (OMD) et de la transition en 2015 vers les Objectifs de développement durable. Il souligne d'ailleurs avec lucidité que leur mise en œuvre est loin d'être acquise «dans un contexte international compliqué où le multilatéralisme est remis en cause» et «où le concept de durabilité se heurte à la préférence pour le présent de certains États». De plus, malgré l'essor économique des Dragons et Tigres asiatiques et du BRIC (Brésil, Russie, Inde, Chine), François Polet note que «la conflictualité entre Nord et Sud reprend de la vigueur au tournant du millénaire» et que celle-ci est particulièrement évidente autour des enjeux climatiques. Au fond, comme l'affirme Mathieu Perron-Dufour, il est devenu impossible de parler et d'analyser le développement sans tenir compte des processus divers, parfois contradictoires et planétaires, que l'on associe à la mondialisation. En fait, contrairement aux prophéties optimistes et utopiques liées à la fin de la Guerre froide, Dufour observe plutôt que l'on assiste «à une montée des inégalités, de l'instabilité financière et une stagnation des niveaux de vie d'une grande proportion des populations, tant au Nord qu'au Sud».

Ainsi, une troisième avenue est de saisir en quoi le «développement» est dans «tous ses états», de faire un survol des enjeux globaux présents auxquels nous faisons face, tant au Sud qu'au Nord, et de remettre en question l'idée d'un monde divisé en deux ou encore la métaphore plus ancienne d'un tiers-monde. La troisième section examine ainsi les multiples points de tension et crises qui s'imposent aujourd'hui.

Celles-ci sont nombreuses et complexes, en commençant par les dysfonctions du multilatéralisme, dont celles qui caractérisent nombre d'organisations des Nations unies (David Sogge). Mais au-delà des institutions multilatérales, les crises actuelles sont bien réelles et incarnées dans des réalités bien concrètes, telles que les conflits armés au Moyen-Orient (Michel Warschawski et Pierre Beaudet), les crises financières et spéculatives, et la consolidation du pouvoir économique des firmes multinationales (Michel Husson), ou encore les nouvelles dynamiques et tensions associées à l'essor de nouvelles puissances économiques, la Chine étant à l'avant-plan, mais suivie par d'autres nouveaux pays émergents, dont plusieurs en Amérique latine (Mylène Gaulard). Plus fondamentalement, de nouveaux défis globaux comme des migrations (Hélène Pellerin), des changements climatiques (Jean-Philippe Leblond et Étienne Hainzelin), la gouvernance de l'eau (Sylvie Paquerot) et des enjeux de genre (Nora Nagels) viennent remettre en question nombre de postulats et d'a priori du «développement».

Ce sont ces questionnements fondamentaux auxquels s'attaque Raphaël Canet en avançant l'idée de postdéveloppement pour décrire la «volonté de dépasser» la conception classique du développement qui incarnait dans son essence «un projet de domination de l'Occident sur le reste du monde». Il met également de l'avant la notion de «transition définie» comme «quête de renouveau et d'alternatives». Nulle part ailleurs, cette conception de la transition n'est aussi bien illustrée que dans l'idée d'une économie politique de la «décroissance durable», et synthétisée par Yves-Marie Abraham en trois éléments: «produire moins, partager, décider vraiment.» À la lumière de cette première section, il appert que la convivialité, le vivre-ensemble et le buen vivir (bien vivre) sont aujourd'hui au cœur d'un postdéveloppement cosmopolite et inclusif.

Section 1

L'histoire longue du développement

Du colonialisme à l'impérialisme

Éric Allina

Résumé

L'administration coloniale établie sous le système impérial européen a duré assez long-temps – plus de deux siècles dans le cas de l'Asie du Sud et une partie des Amériques, huit décennies dans le cas de l'Afrique – pour transformer d'une façon fondamentale les sociétés autochtones. La conquête brutale, au départ justifiée par la nécessité de «sauver les sauvages», a déstructuré les sociétés en créant les conditions qui permettent de comprendre la subjugation d'une grande partie du Sud encore aujourd'hui.

Introduction

Depuis toujours, les termes et les concepts sont marqués par le pouvoir et ceux qui le détiennent, que cela soit en développement ou dans n'importe quelle autre discipline. Dans l'univers du développement, on a longtemps parlé du «premier monde» et du «tiers monde», du «centre et de la périphérie», des «pays développés» ou «en développement». Plus récemment, l'expression «du Nord et du Sud global» a pris la place. Certes, chacun de ces termes a son histoire. Aujourd'hui, «sud» et «nord» ne sont plus basés sur la géographie, puisqu'une partie du «Sud» se situe en réalité au nord de l'équateur. En fait, ces différentes nomenclatures sont des euphémismes qui représentent la séparation du monde par un fossé. Or, cette séparation datant de la période contemporaine émerge de la création des empires coloniaux européens et de la colonisation de ce qui est

devenu le «Sud». Il existe naturellement des exceptions à ce principe, le plus notable étant peut-être les États-Unis, une super puissance du XXe siècle qui est issue d'anciennes colonies britanniques, françaises, hollandaises, espagnoles et russes. Les dernières décennies du XIXe siècle avaient introduit d'importantes confrontations et des débats pour les empires européens. Selon John Hobson[1] (économiste britannique) et Vladimir Lénine[2] (révolutionnaire russe), ce sont les motivations économiques liées à la révolution industrielle qui ont déclenché la période de l'«impérialisme classique». Dans cette perspective, l'expansion des empires européens a été entreprise pour créer de nouveaux marchés. Le capitalisme européen devait par définition continuer de croître et, pour cela, réaliser de

---

1. John Atkinson Hobson. *Imperialism: A Study*. Londres, James Nisbet & Co, 1902.
2. Vladimir Ilich Lénine. *L'impérialisme, stade suprême du capitalisme*. Moscou, Éditions en langues étrangères, 1916.

nouvelles opportunités d'investissement et ouvrir de nouveaux marchés, et ce, au moment où en Europe dominaient des politiques protectionnistes. C'est une explication logique, mais depuis, des historiens économiques en ont montré les limites. Le modèle de Hobson et de Lénine donne cependant trop d'importance aux structures économiques. Il ignore également le rôle des Asiatiques et des Africains dans le processus.

Selon une autre analyse, l'expansion des empires coloniaux, notamment ceux de Grande-Bretagne, de France et d'Allemagne, a été le résultat de la rivalité entre « grandes puissances ». Pour les dirigeants européens, l'expansion était une sorte de jeu à somme nulle se jouant à la lumière des tensions dans une Europe quadrillée par des États. Aucun de ces États ne permettait à l'« autre » d'agrandir « son » empire. Cette compétition s'est accrue avec la découverte des diamants et de l'or en Afrique du Sud (1867 et 1886, respectivement). Donc à la volonté de prendre le contrôle de marchés, de ressources et de territoires s'est ajoutée une course au pouvoir impérialiste.

Colonialisme et impérialisme dans la tourmente européenne

Il ne faudrait pas évacuer dans cette discussion le rôle du nationalisme, en plein essor à la fin du XIXᵉ siècle. Ainsi, l'émergence de l'Allemagne et de l'Italie (États nouvellement unifiés) a propulsé

Figure 1.1
Traite négrière transatlantique et commerce triangulaire

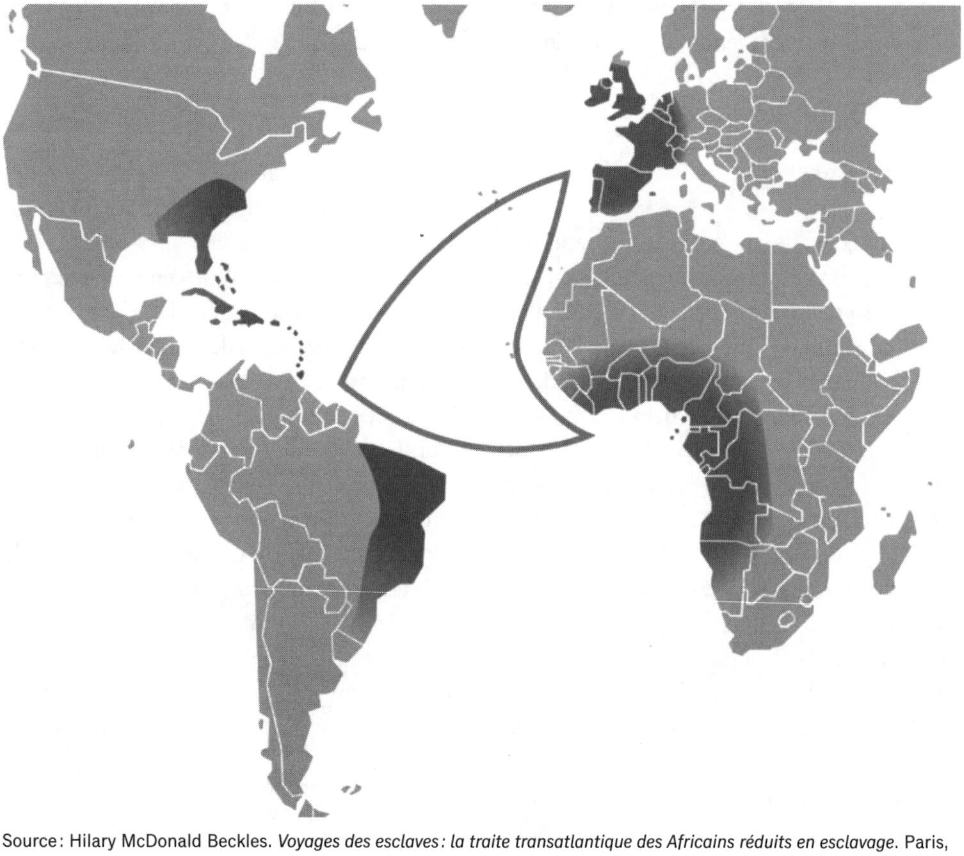

Source : Hilary McDonald Beckles. *Voyages des esclaves : la traite transatlantique des Africains réduits en esclavage.* Paris, UNESCO, 2002.

la France, une vieille puissance impériale préoccupée par les activités expansionnistes de son voisin, l'Allemagne. Presque toutes les nations européennes devaient rehausser leur prestige et leur « grandeur » par l'entreprise coloniale. C'était certainement le cas de la Belgique et du Portugal, deux petites puissances européennes qui ont obtenu de vastes colonies en se faufilant dans le jeu géopolitique de l'époque[3].

Dans cette macrohistoire, il faut aussi considérer l'importance des acteurs. Des hommes, car il s'agissait uniquement d'hommes, ont d'eux-mêmes entrepris l'expansion européenne et la conquête de territoires. Ils allaient parfois à l'encontre de leurs États et leurs gouvernements en profitant des crises et des opportunités, sans nécessairement être en phase avec l'expansion « naturelle » du capitalisme européen. Comme on le constate, la construction et l'expansion des empires coloniaux relèvent de plusieurs dynamiques, qui ne sont pas totalement captées par les théories actuelles[4]. Si les causes de l'impérialisme ou du colonialisme sont encore l'objet d'un débat, il faut également noter d'autres problématiques. Dans l'explication classique, l'impérialisme réfère à l'ère d'expansion européenne, débutant au XVIe siècle, tout d'abord avec les Portugais et les Espagnols, ensuite avec les Anglais, les Français et les Hollandais, d'où les empires d'Amérique, d'Asie et d'Afrique. Ce dernier continent n'a en fait connu la conquête qu'à la fin du XIXe siècle (sauf l'Algérie et l'Afrique du Sud), durant la période de l'impérialisme « classique » (de 1870 à 1914). Le terme « impérialisme » a d'abord été utilisé à la fin du XIXe siècle, en référence à l'expansion de l'Empire britannique. Celui-ci apparaissait comme un système politique dans lequel les colonies étaient régulées par un pouvoir central, selon des objectifs principalement,

pour ne pas dire exclusivement, économiques[5]. Cette définition de l'impérialisme décrit les premiers empires espagnols, anglais ou français (dans les Caraïbes et les Amériques), tout comme ceux qui ont dominé l'Afrique et une bonne partie du sud et du sud-est de l'Asie pendant la fin du XIXe siècle, et ce, jusqu'au milieu du XXe siècle. Cependant, l'impérialisme peut également être défini comme un système économique, et non seulement politique, par lequel un État effectue « des investissements externes, pénètre des marchés et recherche des matières premières[6] ». Cette définition est étroitement liée au concept de « néocolonialisme », et selon lequel les économies de pays formellement indépendants demeurent sous le contrôle d'un autre pays, souvent leur ancienne métropole. Un tel système peut naturellement subsister une fois la domination coloniale terminée, lorsqu'une puissance impériale étrangère continue d'exercer un fort contrôle sur une ex-colonie nominalement indépendante. Dans certains cas, une colonisation antérieure n'est pas nécessaire à la mise en place du néocolonialisme. À cet effet, on pourrait comprendre l'implication des États-Unis au Moyen-Orient depuis le milieu du XXe siècle, ou celle de la Chine en Afrique subsaharienne depuis le début du XXIe siècle. Si la colonisation est le fait de s'installer et d'occuper un territoire spécifique, ce terme peut se référer à plusieurs contextes. Selon des spécialistes du début de l'histoire africaine, l'expansion des sociétés africaines vers des régions non peuplées ou peu peuplées était un processus de colonisation. De façon similaire, les premières sociétés humaines à Madagascar ont été établies par des colons venus d'Asie du Sud-Est. Par contre, ces établissements ne faisaient pas partie d'une expansion impériale à proprement parler. Ils ne résultaient pas de rapports politiques et économiques construits et maintenus entre la société d'origine et celle de l'établissement. La fondation d'une colonie peut simplement refléter le

3. G. N. Sanderson. « The European Partition of Africa: Coincidence or Conjuncture? ». *The Journal of Imperial and Commonwealth History 3*, n° 1 (1974), 1-54 ; Paul M. Kennedy. « The Theory and Practice of Imperialism ». *The Historical Journal 20*, n° 3 (1977), 761-769.
4. *Ibid.*

5. Raymond Williams. *Keywords: A Vocabulary of Culture and Society*. New York, Oxford University Press, 1983.
6. *Ibid.*

déplacement ou la délocalisation d'une population, alors que le colonialisme implique une domination d'un peuple sur un autre[7].

Civiliser les sauvages

À la fin du XIXᵉ siècle, les partisans de l'impérialisme avaient réussi à convaincre tout le monde, incluant quelques gouvernements réticents, de se rallier à leur cause en invoquant l'infériorité des peuples et des cultures à l'extérieur de l'Europe. Fortement inspirés par ce que l'on appelle une sorte de « darwinisme social », ils pensaient que l'idée de l'évolution était applicable aux sociétés humaines. Les colonialistes croyaient en effet que les peuples européens représentaient des sociétés humaines plus évoluées. Les peuples et les sociétés à la peau foncée étaient pour eux des formes archaïques ayant survécu à l'épreuve du temps. Cette croyance a façonné les attitudes de deux façons : premièrement, en considérant les cultures asiatiques et africaines comme étant inférieures, leur subordination et même leur destruction étaient facilement justifiables au nom du progrès ; ensuite, parce que les sociétés africaines et asiatiques étaient vues comme étant en retard, leur transformation, par la force, si nécessaire, était un devoir moral pour les Européens porteurs d'une civilisation supérieure. Cette vision s'est mêlée avec une certaine approche du christianisme, dont l'objectif était de « sauver » les âmes des « sauvages païens ». En fait, la croyance en l'infériorité des peuples colonisés avait une telle emprise qu'elle ressemblait à une religion. Thomas Macaulay, un officier supérieur britannique en Inde en 1830, le disait notoirement : « L'entière littérature des Indes et d'Arabie ne vaut pas une simple étagère dans une bonne bibliothèque européenne. »

---

7. Frederick Cooper. « A Parting of the Ways: Colonial Africa and South Africa, 1946-48 ». *African Studies 65*, nᵒ 1 (2006), 27-44.

Tableau 1.1
Nombre d'esclaves déportés d'Afrique vers les Amériques, 1450-1900

Période	Volume	Pourcentage
1450-1600	367 000	3,1
1601-1700	1 868 000	16,0
1701-1800	6 133 000	52,4
1801-1900	3 330 000	28,5
Total	**11 698 000**	**100,0**

Source : Paul E. Lovejoy. « The Volume of the Atlantic Slave Trade: A Synthesis ». *The Journal of African History* 23, nᵒ 4 (1982), 473-501.

Pillages et prédations

L'expansion impériale s'est produite par étapes. Au départ, les gouvernements métropolitains n'étaient pas sûrs des bénéfices de l'expansion et se méfiaient de nouvelles aventures outre-mer. Cependant, une fois que les puissances impériales se sont engagées dans la conquête coloniale – parfois par peur d'être devancées par des rivaux européens –, elles l'ont fait avec un maximum de force. Pendant la période impériale de la fin du XIXᵉ siècle, surtout en Afrique, les ressources des États industriels modernes ont été mobilisées contre des adversaires de loin inférieurs militairement.

Des peuples se sont battus. Par exemple, Samori Touré, en Afrique de l'Ouest, a combattu avec ténacité les forces françaises pendant près de deux décennies avant de succomber à la conquête, en 1898. Il faut aussi noter la victoire décisive de l'Éthiopie contre les Italiens, en 1896, ce qui a été la seule défaite d'un empire en Afrique. Mais même lorsque les puissances impériales réussissaient à contrôler des territoires, elles demeuraient ambivalentes quant à leurs investissements.

Les attitudes et les politiques coloniales envers les peuples colonisés démontrent des différences entre les approches françaises, portugaises, ou britanniques. Par exemple, l'intention française d'assimiler les Africains pour en faire des « Français noirs » s'oppose à l'engagement

---

Encadré 1.1 Expérience du néocolonialisme français : l'Office du Niger

 L'Office du Niger, un vaste projet agricole mis en place par l'administration coloniale française au Mali, illustre les ambitions coloniales en matière de développement. Conçu dans les années 1920, le projet visait une région immense, et impliquait la construction de nombreux barrages pour irriguer la vaste région devant servir à la production de coton et de riz. Le projet impliquait aussi de déplacer plus d'un million de paysans vers cette région aride et faiblement peuplée. On comprend dès lors qu'il était voué à l'échec. Le rejet du savoir et de l'expérience paysanne allait de pair avec la nature hiérarchique du projet. Quatre-vingt-dix pour cent des populations installées dans les villages étaient l'objet d'un recrutement forcé. Dans le contexte colonial, très peu d'Africains avaient intérêt à s'insérer dans ce projet conçu et administré de manière coercitive. Comme d'autres projets coloniaux, le projet du Niger voulait bousculer les pratiques agricoles, les structures familiales, voire les valeurs des communautés en question. Au bout de la ligne, l'ensemble du projet n'a jamais pu atteindre ses objectifs, ni en termes de superficies cultivées ni par rapport au nombre de colons ou à la quantité des productions.

---

africaines. Pendant la période de l'après-guerre, cependant, les ardeurs des administrateurs coloniaux ont été ralenties par les fortes mobilisations nationalistes, comme en Inde, par exemple, où l'indépendance est devenue inévitable. Mais en Afrique, les régimes coloniaux espéraient que les plans de développement allaient contenir l'essor du mouvement nationaliste.

Objectifs d'apprentissage

- Comprendre le processus de l'expansion coloniale.
- Identifier les impacts de l'administration coloniale sur les sociétés colonisées.

Questions de réflexion

- En quoi les conditions créées sous l'administration coloniale se sont-elles perpétuées avec ce qui prévaut maintenant dans les anciennes colonies ?
- En quoi la vision coloniale des peuples d'Afrique, d'Asie et d'Amérique latine reste-t-elle présente dans la compréhension actuelle du « Sud » ?

Pour en savoir davantage

Césaire, Aimé. *Discours sur le colonialisme*. Paris, Éditions Présence africaine, 1970.

Cooper, Frederick. « La modernisation du colonialisme et les limites de l'empire ». Traduit par Pierre Savy. *Labyrinthe*, n° 35 (2010), 69-86.

Hugh, Thomas. *La traite des Noirs : histoire du commerce d'esclaves transatlantique, 1440-1870*. Paris, Éditions Robert Laffont, 2006.

Mamdani, Mahmood. *Citoyen et sujet : l'Afrique contemporaine et l'héritage du colonialisme tardif*. Paris, Éditions Karthala, 2004.

Rist, Gilbert. « Les prémices de la mondialisation ». *Le développement : histoire d'une croyance occidentale*. Par Gilbert Rist, 95-130. Paris, Presses de Sciences Po, 2015.

2 L'impérialisme et l'empire américain : crises et transformations

Leo Panitch

Résumé

Le capitalisme contemporain sous la forme du néolibéralisme implique des transformations profondes dans les sociétés, les États, les peuples, qui se produisent à la fois sur le plan local et national, et sur le plan global et international. Les rapports qui existaient entre les États les plus puissants et entre ceux-ci et le reste des sociétés humaines sont également redéfinis. Les États-Unis, qui étaient depuis 1945 le pilier du capitalisme globalisé, demeurent encore au centre du dispositif du pouvoir. Néanmoins, l'« hyperpuissance » états-unienne est confrontée à une crise systémique majeure, reliée à la fois aux contradictions internes qui secouent la société américaine, et en même temps à la reconfiguration d'un monde marqué par plusieurs turbulences économiques, politiques, environnementales. Tout cela ne signifie pas nécessairement la fin de l'« empire américain » tel qu'on l'a connu depuis le vingtième siècle, mais des mutations fondamentales qui ont un immense impact sur le reste du monde.

À l'origine

Après la Seconde Guerre mondiale, les empires capitalistes européens et japonais, au lieu de s'opposer, se sont intégrés à l'empire informel des États-Unis. C'était ce qu'on a appelé un « impérialisme par invitation » – que d'autres ont appelé la « canadianisation » – par lequel les liens entre les États capitalistes avancés sont devenus plus forts que ceux unissant les puissances à leurs ex-colonies du Sud. En effet, l'État américain a assuré la reconstruction industrielle de l'Europe et du Japon. Il est devenu le récipiendaire de leurs florissantes exportations manufacturières, tout en préparant le terrain pour l'expansion des multinationales européennes et japonaises et la création du marché des eurodollars. Entre-temps, la relation de l'empire américain avec le Sud global au sortir de la Seconde Guerre mondiale s'est réorganisée. La division internationale du travail était rigide et claire : la production manufacturière restait largement concentrée dans les anciens centres impériaux, alors que l'extraction des ressources naturelles se faisait essentiellement dans les colonies. L'effondrement de l'ancien ordre impérial et l'émergence de nouveaux États-nations n'ont pas mis fin à cette division du travail, qui s'est poursuivie à travers des moyens informels, bien que ponctuée par des interventions répétées non seulement contre les forces du tiers-monde, mais aussi contre le nationalisme économique.

Figure 2.1

Part de revenus des 10 % les plus aisés dans le monde, 1980-2015

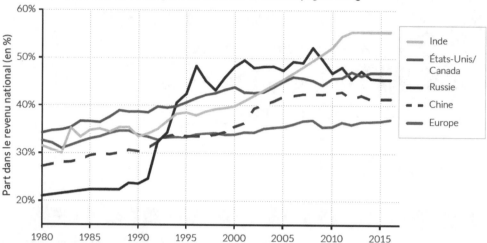

Source : Alvaredo Facundo, Lucas Chancel, Thomas Piketty, Emmanuel Saez et Gabriel Zucman. *Rapport sur les inégalités mondiales, 2018*. Laboratoire sur les inégalités mondiales, 2018.

L'ascension du néolibéralisme

Dans le dernier quart du xxᵉ siècle, plusieurs États du Sud global ont été absorbés dans le circuit de la production capitaliste et de la finance, bien souvent dans le contexte de crises économiques. Ainsi, en l'an 2000, le pourcentage du PIB occupé par la production manufacturière était plus élevé dans les pays en développement (23 %) que dans les pays développés (18 %)[1]. Aussi, certains pays « sous-développés », tels que la Corée du Sud, dont l'industrialisation orientée vers l'exportation est devenue un exemple de succès, semblaient s'être émancipés de la dépendance. La part des produits manufacturés dans les exportations y est passée de 18 % en 1962 à 77 % en 1970 pour atteindre 90 % en 1980[2].

Cette transition de biens des pays en développement vers des économies d'exportation de biens manufacturés a non seulement impliqué une transformation de la division internationale du travail, mais aussi une reconfiguration des rapports sociaux au sein de chacun de ces pays, dans un contexte où leurs classes capitalistes sont devenues de plus en plus liées à l'accumulation internationale du capital. Du même coup, cette restructuration spatiale et sociale du capitalisme a produit une expansion massive du prolétariat.

Certes, ces changements n'ont pas marqué la fin des hiérarchies globales. De nombreuses activités stratégiques (recherche et développement, ingénierie et production à haute valeur ajoutée demandant des technologies de pointe) restent concentrées dans les pays capitalistes avancés. Encore à la fin du xxᵉ siècle, les pays capitalistes avancés étaient toujours en contrôle de 90 % de tous les actifs financiers, de 85 % des investissements directs étrangers (alors qu'ils en recevaient les deux tiers), de 65 % du PIB mondial et de près de 70 % des exportations de biens manufacturés[3]. Par conséquent, la perpétuation

1. Richard Kozul-Wright et Paul Rayment. *Globalization Reloaded: An Unctad Perspectiv*e. Genève, CNUCED, 2004 ; US Bureau of Labor Statistics. « International Labor Comparisons ». https://www.bls.gov/fls/. Page consultée le 3 septembre 2018 ; Erin Lett et Judith Bannister. « China's Manufacturing Employment and Compensation Costs: 2002-2006 ». *Monthly Labor Review* 132, n° 4 (30-39), 2009.
2. Banque mondiale. « International Trade Statistics: Manufactures, Table IV.30 », 2000. https://www.wto.org/english/res_e/statis_e/tradebysector_e.htm. Page consultée le 3 septembre 2018.

3. Conférence des Nations unies sur le commerce et le développement. « Investissement étranger direct : flux et stock entrants et sortants, annuel (1970-2017) », 2018.

d'une telle domination reflète en même temps le rôle actif de ces pays avancés et leur intérêt croissant dans le développement du capitalisme partout sur la planète.

Un espace légal, financier et politique *made in the USA*

En 1977, les États-Unis ont lancé un programme de traités bilatéraux d'investissements dont l'objectif principal était d'établir fermement au sein du droit international le principe définissant les expropriations d'investissements étrangers d'illégales, à moins qu'elles n'aient été négociés, permettant aux investisseurs d'être compensés. L'objectif a connu un certain succès, puisque les expropriations de capital étranger sont devenues en grande partie chose du passé. Alors qu'elles avaient déjà décru de 83 % en 1975 à 17 % en 1979, elles sont tombées à 5 % en 1980, à 4 % en 1981, à 1 % en 1982, à 3 % en 1983, une seule par année de 1984 à 1986 et aucune pour le reste de la décennie[4]. Ce programme a été conçu pour codifier les engagements des États à protéger les investissements, notamment par des procédures quasi juridiques et « dépolitisées » de règlement des différends. Il est devenu la base pour l'extension des traités bilatéraux sur les investissements (TBI) avec dix pays déjà fortement liés aux États-Unis. Le programme des TBI a toutefois réellement pris son envol après que l'esprit de ce modèle a été intégré à l'Accord de libre-échange entre le Canada et les États-Unis. Au milieu des années 1990, alors qu'entrait en vigueur l'ALÉNA (intégrant aux États-Unis et au Canada le Mexique), pas moins de 27 nouveaux TBI avaient été signés entre les États-Unis et d'autres pays (dix de plus

ont été signés en 2005)[5]. Les garanties qu'ils fournissent contre les expropriations servent de lubrifiant pour le capitalisme mondialisé, tout comme les 700 modifications législatives favorables aux investissements étrangers effectuées par divers États de 1990 à 1997.

Ces développements s'insèrent dans un objectif beaucoup plus large d'intégration des univers politiques et légaux de chacun des États au sein d'un même processus international d'accumulation du capital. Cet objectif a trouvé son expression la plus claire dans le *Rapport sur le développement dans le monde*, en 1997, rédigé par la Banque mondiale. Joseph E. Stiglitz, qui était alors l'économiste en chef de la Banque, lançait un appel au dépassement du débat stérile opposant État et marché. Ce rapport reconnaissait que l'expansion territoriale des marchés ne se trouvait pas facilitée par une mondialisation de la production et de la finance « désencastrant » les marchés de la société, mais, au contraire, par la façon dont les lois de la valeur capitaliste étaient intégrées dans la règle de droit. Ainsi, la mondialisation est depuis le début intimement liée aux changements législatifs et administratifs qui permettent un approfondissement et une prolifération de la concurrence marchande, y compris les traités dits de « libre-échange » et d'autres mécanismes imposant une coordination interétatique largement bénéficiaire aux puissances capitalistes.

Avec le soutien des États-Unis et de l'Union européenne, la libéralisation des marchés de capitaux s'est poursuivie au début du XXIe siècle, si bien que 90 % des 2 000 changements effectués par les États en matière de régulation des investissements étrangers dans les dix années suivant la crise de 1997 leur étaient favorables. Ces mesures se sont montrées si efficaces que les investissements directs étrangers représentaient 32 % du PIB global en 2007 (contre 6,5 % en 1980)[6]. La financiarisation du Sud global a aussi

http://unctadstat.unctad.org/wds/TableViewer/tableView.aspx?ReportId=96740. Page consultée le 3 septembre 2018.
4. Michael S Minor. « The Demise of Expropriation as an Instrument of LDC Policy, 1980-1992 ». *Journal of International Business Studies 25*, n° 1 (1994), 177-188.

5. Kenneth Vandervelde. *US International Investment Agreements*. New York, Oxford University Press, 2009.
6. Banque mondiale. « Indicateurs du développement dans le monde », 2018. http://databank.banquemondiale.org/

facilité les flux de capitaux depuis ces pays, non seulement à partir des banques internationales y opérant, mais aussi directement des capitalistes locaux qui ouvraient leurs horizons.

De plus, la réorganisation de la production s'inscrit au sein de vastes efforts de coordination mondiale, qui incluent un large spectre de sous-traitants, de fournisseurs et de distributeurs. Cette transformation est devenue plus claire avec l'intégration de la Chine au sein du capitalisme mondialisé. Ses produits manufacturés comptaient pour 90 % de ses exportations[7]. Aujourd'hui, le commerce international de la Chine (exportations et importations) représente 43 % de son PIB, une proportion bien en deçà de la moyenne des pays à faible et moyen revenu (il est passé en 2007 à 68 %)[8]. Le raz-de-marée d'investissements directs en Chine qui a suivi son entrée dans l'OMC est venu de multinationales qui avaient un intérêt à utiliser ce pays comme plate-forme pour les exportations.

Les États-Unis, toujours au sommet

L'intérêt américain dans le développement du capitalisme global se manifeste également dans l'importance du commerce international. Il représentait 30 % du PIB en 2007, alors que celui-ci était sous la barre des 10 % dans les années 1960. En gros, les entreprises américaines ont été en mesure de tirer profit de la mondialisation dont elles avaient aussi été les

principales promotrices. La mesure de ce succès n'était toutefois pas dans la part de la production mondiale ayant cours directement aux États-Unis (qui a clairement chuté), mais plutôt dans la place stratégique occupée par le capital américain dans l'économie globale. De 60 à 75 % des dépenses en recherche et développement de l'OCDE étaient originaires des États-Unis pour les secteurs de pointe (comme l'aérospatiale et les instruments scientifiques). Bien que les pertes d'emplois dans le secteur manufacturier aient été très lourdes après 2001 (spécialement dans les secteurs de l'automobile, des appareils électriques, et dans le secteur agonisant du textile et des vêtements), les États-Unis produisent toujours plus de biens manufacturés que tous les pays des BRIC réunis (Brésil, Russie, Inde, Chine). Plutôt que de concevoir le déficit commercial américain comme une mesure de son déclin industriel, il est utile d'étudier les exportations séparément des importations. Le déficit commercial des États-Unis a cru durant les deux décennies menant à 2007. En même temps, le volume des exportations augmentait en moyenne de 6,6 %, une forte croissance tout juste derrière celle des plus importants pays exportateurs du monde : l'Allemagne et la Chine. C'est donc la croissance des importations qui poussait le déficit commercial à la hausse.

En d'autres mots, le déficit commercial des États-Unis provient essentiellement de la consommation interne, qui a crû plus rapidement que dans les autres pays capitalistes avancés. Celle-ci était en partie entraînée par la croissance fulgurante des revenus des segments les plus riches de la population américaine et par leur consommation ostentatoire. Ce phénomène a trouvé appui dans les flux de capitaux vers les États-Unis, qui se sont poursuivis malgré le déficit commercial. L'intégration à échelle globale du circuit industriel des multinationales américaines a sans doute contribué au déplacement des emplois aux États-Unis du secteur manufacturier vers ceux des services aux consommateurs et aux entreprises.

data/reports.aspx?source=world-development-indicators. Page consultée le 3 septembre 2018 ; Conférence des Nations unies sur le commerce et le développement. *Investissement étranger direct : flux et stock entrants et sortants, annuel (1970-2017)*, 2018. http://unctadstat.unctad.org/wds/TableViewer/tableView.aspx?ReportId=96740. Page consultée le 3 septembre 2018.
7. Martin Hart-Landsberg. « The US Economy and China : Capitalism, Class and Crisis ». *Monthly Review 61*, n° 9 (2010), 14-18.
8. Banque mondiale. « Indicateurs du développement dans le monde », 2018. http://databank.banquemondiale.org/data/reports.aspx?source=world-development-indicators. Page consultée le 3 septembre 2018 ; Organisation mondiale du commerce. *Statistiques du commerce international*, 2011. Genève, OMC, 2011.

Tableau 2.1

Effets de la crise de 2008 sur les principaux secteurs en Afrique

Secteurs	Chiffre d'affaires	Court terme	Moyen terme	Long terme
Hydrocarbures	22,2	baisse	instabilité	hausse
Télécommunications	12,5	hausse	hausse	hausse
Commerce	10,0	stagnation	hausse	hausse
Mines	8,0	forte baisse	instabilité	instabilité
Agroalimentaire	6,2	stagnation	hausse	hausse
Transports	4,9	baisse	hausse	hausse
Finances	4,9	baisse	instabilité	hausse
BTP	4,4	baisse	hausse	hausse
Industrie chimique	4,4	baisse	hausse	hausse
Eau, gaz, électricité	3,0	stagnation	hausse	hausse
Bois, forêts		forte baisse	stagnation	reprise ?
Banques, assurances		baisse	stagnation	reprise ?

Source : Philippe Hugon. « La crise mondiale et l'Afrique : transmission, impacts et enjeux ». *Afrique contemporaine 4*, n° 232 (2009), 151-170.

Une crise américaine, mais un problème mondial

La crise qui a commencé en 2007 doit être interprétée à la lumière de ce contexte. Il s'agit d'une crise *made in the USA* avec des ramifications globales. Ce n'était toutefois pas le résultat d'une baisse des profits des entreprises manufacturières ou d'un trop grand déficit commercial. En 2006, l'économie des États-Unis achevait trois années de croissance réelle, dépassant les 3 %, incluant une hausse des exportations de plus de 8 % et une baisse du chômage de 6 % à 4,6 %. La croissance de la productivité annuelle avait continué d'augmenter pendant les six premières années du nouveau siècle. Les profits des corporations ont atteint des sommets, et celles-ci affichaient de solides bilans. Ainsi, la crise a pris naissance dans le secteur en apparence banal du crédit hypothécaire, là où la finance sert d'intermédiaire pour que la classe des travailleurs puisse avoir accès au logement. Elle a ensuite incendié rapidement la flamboyante plaine des prêts interbancaires et du marché des papiers commerciaux. La finance américaine est devenue si importante pour le fonctionnement du capitalisme mondialisé du XXIᵉ siècle que la crise qui l'a affectée a profondément pénétré l'économie internationale.

Restreints à ce que leur travail leur permettait de gagner, les travailleurs américains ont été attirés vers la spéculation sur leurs actifs, non seulement de leur caisse de retraite, mais aussi sur le principal actif qu'ils pouvaient (ou rêvaient) de se payer : une maison. Avec la stagnation des salaires et l'augmentation des écarts de revenus, de plus en plus de propriétaires issus des classes populaires ont maintenu leur niveau de consommation en réhypothéquant leur maison dont la valeur augmentait au rythme de la bulle spéculative. Les grandes entreprises financières sont cependant loin d'être innocentes, puisqu'elles ont consenti des prêts pour des achats immobiliers qui avaient auparavant été rejetés par les banques. L'interpénétration des marchés financiers américains et étrangers a été particulièrement importante jusqu'à la crise financière de 2007. La crise a soulevé la crainte que les préoccupations internes des États-Unis conduisent à ce que le gouvernement américain néglige les intérêts des bourgeoisies étrangères.

Dans le monde de l'austérité

La sévérité et l'ampleur de la crise actuelle démontrent une fois de plus jusqu'à quel point les États sont immergés dans l'irrationalité du capitalisme. Alors que les États lançaient des programmes de relance économique en 2009, ils se sont tout de même sentis obligés de procéder à des mises à pied dans le secteur public ou à des réductions de salaire, et ont exigé des entreprises sauvées par l'État qu'elles fassent de même. Alors qu'ils condamnaient le commerce des dérivés pour son rôle dans la crise, ces mêmes États promouvaient une bourse du carbone pour y échanger des titres dérivés afin de faire d'une pierre deux coups : de s'attaquer au problème environnemental et à la crise économique au moyen d'un « capitalisme vert ». En face de contradictions si flagrantes, on pourrait argumenter contre l'utilisation des institutions de l'État pour renforcer le marché, sur la nécessité de rompre avec la logique du marché capitaliste pour maintenir les emplois et les communautés qui en dépendent tout en convertissant la production et la distribution afin d'assurer une plus grande durabilité écologique. En premier lieu, la finance devrait être convertie en service public afin d'en redéfinir les objectifs et le fonctionnement au sein d'un système de planification économique démocratique. Cette transformation exige à elle seule de profondes modifications de l'État et de la structure de classes. Ce processus aura besoin de l'appui de nouvelles solidarités internationales, en lien avec les nouvelles luttes de classes qui émergent de cette crise : vagues de grèves de travailleurs en Chine, croissance d'un nouveau syndicalisme militant en Inde, grèves de mineurs en Afrique du Sud et des professeurs à Chicago, etc. Le plus grand défi réside sans doute dans la construction de nouveaux partis politiques socialistes sur tous les continents, orientés vers une transformation radicale et démocratique de l'État, bref, une transformation qui n'est pas possible sous le capitalisme.

Objectifs d'apprentissage

- Être en mesure d'analyser l'impérialisme contemporain et ses caractéristiques.
- Établir un lien entre l'impérialisme américain et la globalisation du capitalisme.

Questions de réflexion

- La globalisation remet-elle en cause les théories classiques de l'impérialisme ?
- Sous la domination des États-Unis, quels sont les traits politiques, économiques et sociaux de l'impérialisme contemporain ?

Pour en savoir davantage

Amin, Samir. « Géopolitique de l'impérialisme contemporain ». *Revue internationale de sociologie 15*, n° 1 (2005), 5-34.

Husson, Michel. « De l'impérialisme à l'impérialisme ». *Nouveaux Cahiers du socialisme*, hiver, n° 13 (2015), 31-44.

Mann, Michael. *L'empire incohérent : pourquoi l'Amérique n'a pas les moyens de ses ambitions*. Paris, Éditions Calmann-Lévy, 2004.

Mann, Michael. « Impérialisme américain : des réalités passées aux prétextes présents ». *Études internationales 36*, n° 4 (2005), 445-467.

Todd, Emmanuel. *Après l'empire : essai sur la décomposition du système américain*. Paris, Éditions Gallimard, 2004.

Notes

3

L'invention du développement

Thomas Chiasson-LeBel

Résumé

Le champ qu'on appelle les «théories du développement» est né après la Seconde Guerre mondiale d'une volonté des pays capitalistes avancés de s'impliquer dans la croissance économique des pays sous-développés. Les théories du développement ont toutefois des racines en économie politique, discipline qui cherche depuis le XVIIIᵉ siècle à expliquer les particularités du capitalisme et les causes de son apparition. Le contexte d'émergence des théories du développement est aussi marqué par les échos de la crise économique des années 1930 et, par la suite, des turbulences induites par le début de la Guerre froide. La théorie de la modernisation est l'une des premières à structurer le champ. Elle présente une vision linéaire et eurocentriste des conditions permettant la transition des sociétés traditionnelles en sociétés modernes.

Le grand débat sur le capitalisme

Le champ des théories du développement a des racines qui plongent jusqu'aux balbutiements de l'économie politique. Dès le XVIIIᵉ siècle, des penseurs cherchent à expliquer les particularités du capitalisme et ce qui mène à son développement, notamment Adam Smith[1], David Ricardo[2] et Karl Marx[3]. L'avènement du capitalisme agraire en Angleterre, du XVIᵉ au XVIIIᵉ siècles, puis la révolution industrielle, de la fin du XVIIIᵉ et le milieu du XIXᵉ siècles, sont des transformations marquantes de l'histoire de l'humanité. Elles donnent lieu à une explosion des capacités productives et de l'innovation, multipliant la quantité de richesses produites dans les pays qui les vivent, tout en causant du même souffle une paupérisation accélérée. Sans reprendre tous les débats classiques, il vaut la peine de contraster la perspective de Smith, qui décrit l'émergence du capitalisme comme la réalisation d'une tendance naturelle de l'humain à l'échange, et celle de Marx, qui décrit le capitalisme comme un résultat historique contingent.

Pour Adam Smith, la propension des humains à l'échange, combinée à leur inclination pour leurs intérêts, pousse à une division du travail qui augmente la productivité, puisque chacun

---

1. Adam Smith. *Recherches sur la nature et les causes de la richesse des nations*. Paris, Éditions Flammarion, 1991.
2. David Ricardo. *Des principes de l'économie politique et de l'impôt*. Paris, Éditions Flammarion, 1971.
3. Karl Marx. *Le capital : critique de l'économie politique*. vol. 3. Paris, Presses universitaires de France, 1993 [1867].

se dévoue avec plus d'efforts aux tâches qui lui font gagner plus. Mais étant donné la confiance de Smith envers les sentiments moraux des gens riches de son époque[4], il estime que l'augmentation de la production entraînera nécessairement de meilleurs salaires et de meilleures opportunités d'emploi. Pour Smith, la poursuite de l'intérêt individuel résulte donc, par l'action d'une main invisible, en la richesse collective, car en poursuivant son désir d'accroître sa richesse personnelle, l'individu contribue à la richesse de la société dans son ensemble. Smith défend l'idée que l'allocation des richesses est bien mieux réalisée lorsque les individus poursuivent leurs intérêts que lorsque l'État s'en mêle. Il s'agit en quelque sorte de relever les barrières qui empêchent la réalisation de la nature humaine pour que l'économie croisse et la richesse se distribue.

Marx note que contrairement aux espoirs moraux de Smith, le siècle qui suit ses écrits est marqué en Angleterre, berceau du capitalisme, par des conditions de vie terribles pour les travailleurs et leur famille. Il n'est pas question chez Marx de saisir de supposées propensions naturelles ni de célébrer le doigté d'une main invisible, mais d'étudier les luttes sociales concrètes qui fondent les assises des interactions fondamentales de nos sociétés. Le capitalisme est ainsi le résultat d'un long processus d'accumulation de richesses (accumulation initiale ou primitive) fondé sur le renforcement de la propriété privée qui a permis d'ériger l'accumulation de travail passé (capital) en force sociale, dont la maximisation organise la production et domine la société. L'avènement du capitalisme, plutôt qu'une libération de la nature humaine antérieurement réprimée, comme l'avait conçu Smith, résulte d'une évolution conflictuelle contingente qui n'est pas éternelle. Alors que l'économie classique ou dominante accepte d'emblée l'existence des marchandises, de leur circulation et de leur prix, et cherche les « lois naturelles » qui déterminent leurs quantités,

Marx soutient qu'il faut comprendre d'où vient la généralisation de l'échange de marchandises pour en saisir les effets. Il conçoit ainsi que sous le capitalisme, les inégalités et la pauvreté ne sont ni anormales, ni le résultat d'erreurs individuelles, ni d'un manque de moral : elles sont un produit inévitable de l'organisation sociale.

Comme l'illustre cette brève présentation de ces auteurs, les facteurs qui expliquent que certains pays produisent plus de richesses que d'autres, que des populations sont appauvries alors que d'autres vivent dans l'opulence, sont débattus depuis longtemps. À travers ses multiples courants et disciplines, les théories du développement restent globalement partagées entre l'approche de Smith, qui privilégie les interactions au sein du marché pour produire la croissance, et celle de Marx, qui cherche à expliquer les interactions sociales qui produisent les inégalités afin de les combattre.

Aux origines de la modernisation

Les deux guerres mondiales fracturent plusieurs puissances coloniales, alors que les États-Unis en ressortent renforcés. Leur territoire et leur appareil économique sont demeurés essentiellement intouchés par les guerres. La fin de la Seconde Guerre mondiale est aussi le début de la Guerre froide (1947-1991). Le monde se réorganise alors en trois groupes de pays. Les pays occidentaux, derrière la gestion des États-Unis, s'efforcent de reproduire leur modèle capitaliste partout dans le monde, de peur que leur grand rival, l'Union soviétique, ne prenne trop de place. Cette dernière développe également son aire d'influence en Europe de l'Est, puis en Asie, en Afrique et en Amérique latine. Dans les années 1950, de nombreux pays d'Afrique et d'Asie qui amorcent un processus de décolonisation forment un troisième bloc : celui des non alignés, qu'on appellera le « tiers monde ». Au-delà de leurs différences, tous ces groupes de pays veulent à l'époque moderniser leur économie pour gagner en prospérité.

---

4. Adam Smith. *Théorie des sentiments moraux*. Paris, Presses universitaires de France, coll. « Quadrige », 2014.

Encadré 3.1 Doctrine Truman*

En 1949, le président des États-Unis, Harry Truman, lance un appel au monde. Les États-Unis, dit-il, sont prêts à aider les pays pauvres à se développer et à sortir de la pauvreté.

«Il nous faut lancer un nouveau programme qui soit audacieux et qui mette les avantages de notre avance scientifique et de notre progrès industriel au service de l'amélioration et de la croissance des régions sous-développées. Plus de la moitié des gens de ce monde vivent dans des conditions voisines de la misère [...] Leur vie économique est primitive et stationnaire. Leur pauvreté constitue un handicap et une menace, tant pour eux que pour les régions les plus prospères. [...]

Je crois que nous devrions mettre à la disposition des peuples pacifiques les avantages de notre réserve de connaissances techniques afin de les aider à réaliser la vie meilleure à laquelle ils aspirent. Et, en collaboration avec d'autres nations, nous devrions encourager l'investissement de capitaux dans les régions où le développement fait défaut.

Notre but devrait être d'aider les peuples libres du monde à produire, par leurs propres efforts, plus de nourriture, plus de vêtements, plus de matériaux de construction, plus d'énergie mécanique afin d'alléger leurs fardeaux. [...]

Avec la collaboration des milieux d'affaires, du capital privé, de l'agriculture et du monde du travail de ces pays, ce programme pourra accroître grandement l'activité industrielle des autres nations et élever substantiellement leur niveau de vie. [...]

Tous les pays, y compris le nôtre, profiteront largement d'un programme constructif qui permettra de mieux utiliser les ressources humaines et naturelles du monde. L'expérience montre que notre commerce avec les autres pays s'accroît [...] à mesure de leurs progrès industriels et économiques.»

*   Gilbert Rist. *Le développement, histoire d'une croyance occidentale*. Paris, Presses de Sciences Po, 2001.

La période de l'après-guerre met également fin à la crise économique, qui avait commencé lors de l'effondrement boursier de Wall Street, en 1929. L'investissement public dans l'industrie militaire relance l'économie américaine, ce qui semble donner raison à l'économiste John Maynard Keynes[5]. Les économistes classiques, inspirés par Adam Smith, croient au lendemain de l'écrasement de la bourse que le marché se rééquilibrerait par lui-même, notamment par une réduction des salaires qui augmenterait les profits, rendant plus de capital disponible pour créer des emplois. Or, la réduction des salaires n'a pas cet effet au début des années 1930, et la crise persiste. Pour sauver le capitalisme, Keynes avance une théorie différente basée sur la demande : par des politiques qui soutiennent la consommation des populations et

le développent des infrastructures. Si l'État stimule la demande en période de ralentissement, il est possible d'encourager la production et de combattre les cycles économiques décroissants. Progressivement, les théories de Keynes gagnent en importance, au Nord comme au Sud, où des penseurs pionniers dans le champ des études du développement, notamment Raúl Prebisch, estiment que les États des pays sous-développés doivent adopter des politiques actives pour stimuler un marché interne qui soutiendra un développement industriel local.

Au confluent de ces conjonctures politique et théorique, les États-Unis cherchent à contrer l'influence des pays se définissant comme «socialistes» alors sous l'influence de l'Union soviétique en soutenant, à travers différents programmes, la reprise économique dans l'Europe dévastée par la guerre. En 1948, cette politique prend la forme du Programme de rétablissement européen (Plan Marshall),

5. John Maynard Keynes. *Théorie générale de l'emploi, de l'intérêt et de la monnaie*. Paris, Éditions Payot, 1969 [1936].

Tableau 3.1
Étapes de la croissance selon Rostow

Sociétés traditionnelles	1. Les sociétés traditionnelles	• Valeurs prénewtoniennes et fatalisme.
		  o Peu d'espoir en l'amélioration des conditions des générations futures.
		• Système politique décentralisé et dominé par les propriétaires terriens.
		• Production presque uniquement agricole.
		• Les améliorations à la production existent, mais
		  o Elles utilisent peu la science, qui est inaccessible;
		  o Elles n'augmentent pas la productivité relative (par habitant).

	2. Les conditions préalables au décollage	• Émergence du sentiment que le progrès économique est nécessaire.
		  o Pour le bien-être individuel ou collectif.
		  o Par fierté nationale.
		• Centralisation d'un système politique soutenu par un sentiment national.
		• Expansion de la productivité agricole par l'acquisition de technologies.
		• La technologie se répand à d'autres secteurs.
		• Apparition de la mobilité sociale.
		• Apparition d'une nouvelle catégorie sociale: les investisseurs en quête de profits.

Transition	3. Le décollage	• La croissance économique devient une condition normale. • La société s'urbanise. • Les forces sociales qui soutiennent le progrès économique dominent la société. • Le taux d'investissements se situe entre 5 et 10 % du PIB. • Développement de l'industrie. • L'épargne est canalisée vers le secteur privé, car il génère des profits.

Sociétés modernes	4. La maturité	• Les investissements représentent de 10 à 20 % du PIB.
		  o Amélioration constante de la productivité.
		  o Diversification et complexification des industries.
		    – Croissance plus rapide de la population.
		    – Diversification des exportations.
		  o Les importations sont remplacées par la production locale.

	5. La consommation de masse	• L'économie est dominée par la production de biens durables et de services.
		  o Le secteur primaire perd de l'importance.
		  o Accès à des biens de consommation diversifiés de haute valeur (automobile).
		• La population s'enrichit et travaille de plus en plus dans des emplois qualifiés et des bureaux.
		• L'État investit dans les services sociaux.

par lequel les États-Unis accordent des prêts et des subventions afin de relancer la productivité de l'Europe. Les contributions versées ont pour contrepartie des conditions d'achat de produits états-uniens, mais aussi des politiques économiques visant à assurer le développement d'un capitalisme jugé convenable. Il s'agit de rebâtir les marchés afin de créer des débouchés pour la production et les investissements états-uniens, mais aussi de contenir le développement du mouvement ouvrier et des projets socialistes.

Plus tard, cette approche sera transposée dans les pays dits «sous-développés». La croissance économique, espère-t-on, pourra améliorer les conditions sociales qui motivent les paysans et les pauvres à se révolter et à adhérer à la mouvance socialiste. C'est dans ce contexte qu'il faut lire la doctrine Truman, moment fondateur du champ des études du développement.

Les réflexions sur l'économie politique deviennent alors un champ d'études du développement qui intègre parmi ses objectifs celui d'impliquer les pays capitalistes avancés dans la transformation et la croissance économique autonome des pays à l'économie moins productive. À partir de ce moment, les pays occidentaux mettent en place des programmes de développement international. D'abord fortement ancré dans les disciplines économiques, il évoluera en devenant multidisciplinaire.

La théorie états-unienne

Aux États-Unis, les idées de l'économiste Walt Whitman Rostow structurent l'intervention économique pour soutenir l'industrialisation[6]. Il défend l'idée selon laquelle le décollage d'une économie – son passage d'un stade traditionnel peu productif à un stade moderne, où l'investissement génère une forte croissance économique continue – peut être réalisé en deux ou trois décennies[7]. S'opposant à Karl Marx[8], dont il fait une lecture étroite, il étudie les conditions économiques et non économiques qui permettent l'émergence des caractéristiques d'une économie capitaliste identifiées par Adam Smith.

L'ouvrage phare de Rostow s'appuie sur la comparaison de différents processus d'industrialisation (Grande-Bretagne, Russie, Japon, Canada, États-Unis, Allemagne, Chine, Égypte) pour offrir une interprétation linéaire des points communs du développement économique à travers cinq étapes. Elles correspondent à la transition des sociétés traditionnelles, caractérisées par une faible productivité, peu d'innovations et l'adhésion à des croyances irrationnelles, en sociétés modernes, caractérisées par la consommation de masse et l'application de la science à l'amélioration constante de la production.

La thèse de Rostow connaît son époque de gloire dans les années 1960 à travers des programmes tels que l'Alliance pour le progrès, lancée par John F. Kennedy en 1961 pour l'Amérique latine. Par ce projet, les États-Unis octroient des fonds destinés à la modernisation économique de l'Amérique latine afin que la prolétarisation des paysans et la croissance industrielle empêchent le modèle de la révolution cubaine de se répandre.

Les limites de la théorie de la modernisation

La thèse de Rostow a depuis été fortement critiquée. L'idée selon laquelle les étapes franchies par une poignée de sociétés industrialisées doivent servir de modèle pose trois problèmes majeurs. D'une part, elle ignore les particularités des sociétés sur lesquelles on plaque un modèle jugé général, inspiré de l'expérience non moins particulière d'une poignée de pays. Puisque ce modèle offre de copier les expériences principalement occidentales pour les pays pauvres, on reproche à cette approche d'être « eurocentriste ». Les conditions au XVIIIe et au XIXe siècles des pays étudiés peuvent difficilement être jugées similaires à celles de pays d'Asie, d'Afrique ou d'Amérique latine dans les années 1960, qui ont des cultures et des institutions bien différentes, notamment marquées par un passé colonial.

D'autre part, le modèle de Rostow tient peu compte de l'évolution du monde du XVIIIe au XIXe siècles. Selon Alexander Gerschenkron[9], la rapidité du changement technologique dans les pays capitalistes développés fait que l'écart entre ceux-ci et les sociétés sous-développées s'accroît continuellement. Cet écart qui aurait dû être comblé, selon Rostow, continue de s'accroître, puisque la nature du capitalisme implique le changement constant, il est impossible de répéter les recettes du passé. Chaque nouveau pays qui rejoint les rangs des pays développés épuise

---

6. Walt Whitman Rostow. *Les étapes de la croissance économique. Un manifeste non communiste*. Paris, Éditions du Seuil, 1970.

7. Walt Whitman Rostow. « The Take-Off Into Self-sustained Growth ». *The Economic Journal* 66, n° 261 (1956), 25-48.

8. En anglais, son ouvrage sur les étapes de la croissance porte le sous-titre « un manifeste anti-communiste ».

9. Alexander Gerschenkron. *Economic Backwardness in Historical Perspective: A Book of Essays*. Cambridge, Belknap Press of Harvard University Press, 1962.

la recette de son succès, et chaque nouvelle tentative de développement fait face à un écart plus grand, requérant plus d'interventions et de coercition de la part d'institutions spécialisées renouvelées. Il ne peut donc y avoir un modèle reproductible de développement.

Finalement, pour Rostow, une nouvelle élite désireuse d'avancement économique est une condition non économique nécessaire à la modernisation. C'est d'ailleurs en cherchant les caractéristiques des élites qui adoptent les attitudes qui conduisent au développement, tout comme celles des institutions qui les soutiennent efficacement, que la théorie de la modernisation s'étendra à d'autres disciplines, notamment la sociologie et la science politique[10]. Il encourage d'abord, tout comme la déclaration Truman, qu'elle se forme par elle-même et accepte l'aide au développement. Toutefois, se basant sur des exemples historiques (Russie, Allemagne, Japon), il note que les intrusions étrangères ont aussi pour effet de cimenter une coalition nationaliste qui adopte pour se défendre les mesures soutenant la modernisation. Cette théorie sert ainsi de justification aux interventions impérialistes[11].

---

10. Seymour Martin Lipset et Aldo Solari. *Elites in Latin America*. Londres, Oxford University Press, 1967.
11. Rostow a d'ailleurs supporté la guerre au Vietnam alors qu'il était conseiller à la sécurité nationale du président américain.

Conclusion

Depuis le XVIIIe siècle, le débat entre différentes approches en économie politique cherche à saisir la nature du capitalisme et ce qui mène à son développement. Dès lors, un débat divise les approches qui naturalisent le fonctionnement du marché et cherchent à soutenir son fonctionnement, et celles qui cherchent à agir pour combattre les inégalités, voire à dépasser le capitalisme parce qu'il en est la cause. Ce débat va traverser le champ des études du développement faites à partir de la Seconde Guerre mondiale. Les pays du premier monde affirment alors vouloir contribuer au développement industriel autonome des pays sous-développés. Le contexte de la Guerre froide nous rappelle toutefois qu'au-delà de l'altruisme bienveillant se dissimule également des enjeux géopolitiques, dont la lutte anticommuniste. Ce contexte aide à saisir l'importance acquise par la théorie de la modernisation développée par Rostow, lui-même membre de l'administration états-unienne. Sa théorie de la modernisation, en mettant l'accent sur les conditions internes des pays qu'il juge modernes, tend à diminuer l'importance des conditions internationales changeantes et du colonialisme passé et existant. Elle a été étendue à la sociologie et à la science politique, tendant à reproduire l'eurocentrisme et le nationalisme méthodologique qu'on lui reproche. Elle n'était toutefois qu'un jalon dans un champ théorique naissant, et servira de repoussoir à bien d'autres théories plus critiques qui émergeront par la suite.

Objectifs d'apprentissage

- Comprendre le contexte d'émergence du champ des théories du développement.
- Connaître les origines de ces théories en économie politique.
- Saisir les grandes lignes et les critiques de la théorie de la modernisation.

Questions de réflexion

■ Quelles sont les limites de la théorie générale du développement proposée par Rostow, construite autour de l'idée de la reproduction du capitalisme européen et nord-américain ?

■ Le sous-développement est-il le résultat de conditions internes aux sociétés, ou l'effet des contraintes résultant d'une insertion internationale particulière ?

Pour en savoir davantage

Heilperin, Michael. « Le point IV du président Truman ». *Politique étrangère* 15, n° 2 (1950), 165-177.

Park, Taey-Gyun. « W.W. Rostow et son discours sur l'économie en Corée du Sud dans les années 1960 ». *Histoire, Économie et Société* 25, n° 2 (2006), 281-289.

Peemans, Jean-Philippe. *Le développement des peuples face à la modernisation du monde.* Paris, Éditions L'Harmattan, 2002.

Peemans, Jean-Philippe. « Modernisation, globalisation et territoires : l'évolution des regards sur l'articulation des espaces urbains et ruraux dans les processus de développement ». *Revue Tiers Monde,* Sociétés en mutation entre restructurations mondiales et initiatives locales, 36, n° 141 (1995), 17-39.

4

Le défi de la dépendance

Thomas Chiasson-LeBel et Emilio Taddei

Résumé

La Commission économique pour l'Amérique latine et les Caraïbes (CEPALC) et son fondateur, Raúl Prebisch, sont parmi les premiers à faire école en matière de développement. La théorie structuraliste qu'ils avancent est inspirée d'une perspective keynésienne de l'économie, mais sa lecture du développement comme un problème de relations entre les pays développés et les pays sous-développés ouvrira la porte à d'autres approches. On s'y réfère comme étant les approches de la dépendance et du système-monde. Elles abordent les relations de classes et les hiérarchies raciales au sein des pays sous-développés afin d'étudier le sous-développement comme une interaction entre ces tensions internes et les structures internationales.

Le structuralisme et la modernisation : le balbutiement d'un grand débat

Après la crise des années 1930 et la Seconde Guerre mondiale (1939-1945), certains pays moins développés amorcent un processus d'industrialisation accéléré par l'inaccessibilité des produits importés et la demande extérieure liée à la guerre. Raúl Prebisch, économiste argentin d'inspiration keynésienne, observe ce phénomène dans son pays alors qu'il y dirigeait la Banque centrale (1935-1943). Au sortir de la guerre, il est nommé à la tête de la CEPALC [1]

(1949), une instance de l'ONU responsable de promouvoir le développement économique et social de cette région du monde. Prebisch y développe et promeut une théorie qui propose de reproduire une telle *industrialisation par substitution des importations* (ISI) à l'aide de politiques d'État, plutôt que d'attendre les conditions géopolitiques favorables [2]. La CEPALC devient en quelque sorte la première école de pensée du développement originaire du tiers monde, qu'on appellera plus tard « école *structuraliste* [3] ».

---

1. Il est souvent fait référence à la CEPAL, sans le « C », puisque c'est l'acronyme en espagnol, langue dominante de cette organisation. L'acronyme en français comprend toutefois la première lettre du nom « Caraïbes ».

2. Raúl Prebisch. « The Economic Development of Latin America and Its Principal Problems ». *Economic Bulletin for Latin America VII*, n° 1 (1962), 1-51.
3. Anne-Sophie Savignat. « Les premiers travaux de Raúl Prebisch à la CEPAL ». *Mondes en développement 1*, n° 113-114 (2001), 13-14.

Par rapport aux théories de la modernisation avancées aux États-Unis, il y a certains points de convergence. Les propositions de Prebisch, comme celles de Rostow, s'entendent sur la nécessité de soutenir une intervention de l'État pour encourager l'industrialisation. Cependant, alors que la théorie de la modernisation de Rostow conçoit le développement économique comme un problème essentiellement interne à chaque pays, pour Prebisch, il s'agit d'un problème d'interaction internationale entre le centre (les pays capitalistes avancés) et la périphérie (c'est ainsi qu'il appelle les pays sous-développés). Cet accent de la théorie structuraliste sur l'insertion internationale alimentera alors deux autres courants théoriques au sein du champ des études du développement.

D'une part, les approches de la dépendance offrent une critique plus radicale, rompant toute association possible avec les approches de la modernisation, notamment en s'attaquant au capitalisme et au colonialisme. D'autre part, les approches du système-monde priorisent la compréhension de l'organisation du système international pour expliquer les conditions des pays sous-développés.

La théorie structuraliste

La théorie du développement de Raúl Prebisch, plus tard baptisée « structuraliste », s'appuie sur une thèse suggérant que les prix des matières premières, principales exportations des pays sous-développés, ont tendance à diminuer par rapport aux prix des produits manufacturés exportés par les centres du capitalisme mondial. Ainsi, les pays périphériques se trouvent piégés dans une situation qui reproduit leur position subalterne. Cette théorie s'oppose à la perspective classique d'Adam Smith et David Ricardo (théorie des avantages comparatifs), qui domine encore à l'époque, selon laquelle si chaque pays se spécialise dans les exportations de ce qu'il produit à moindre coût, le résultat sera positif pour tous. Or, Prebisch observe qu'au contraire,

la diminution du prix des matières premières quant aux produits manufacturés perpétue le désavantage des pays sous-développés. De plus, Prebisch affirme que la politique internationale des pays riches, et en particulier des États-Unis, ne favorise pas les transferts technologiques, mais plutôt maintient la différence économique qui organise la domination sur les pays pauvres. Bref, la situation de la division internationale du travail limite la capacité des pays périphériques à diversifier leur production.

Prebisch suggère ainsi de nouvelles politiques pour les pays périphériques, notamment pour limiter les importations de certains produits manufacturés afin de protéger les industries naissantes[4]. On s'y réfère par l'expression « industrialisation par substitution des importations » (ISI). Prebisch ne suggère pas de couper les liens avec les marchés internationaux, comme le feront d'autres théoriciens en études du développement. Il propose une stratégie pragmatique où l'État doit supporter l'augmentation de la productivité et les exportations agricoles afin de transférer des richesses depuis ce secteur vers d'autres secteurs protégés qui contribueront à l'industrialisation et à la diversification de la production. La théorie de Prebisch essaie d'identifier les politiques étatiques pouvant soutenir le développement capitaliste et permettre aux économies périphériques de rejoindre les grands centres.

Radicaliser l'émancipation, sortir de la dépendance

Avec son approche, Prebisch crée une rupture : les causes du sous-développement n'appartiennent pas principalement au maintien de valeurs traditionnelles à l'intérieur des pays périphériques, mais à leurs relations avec les

---

4. Notez que cette idée n'est pas nouvelle. Elle avait été théorisée par l'économiste allemand Friedrich List au XIXe siècle, qui l'avait lui-même apprise d'Alexander Hamilton, premier secrétaire au Trésor des États-Unis à la fin du XVIIIe siècle.

pays centraux. Cet aspect sera poussé plus loin par les approches de la dépendance. Alors que Prebisch suggère des politiques pour industrialiser les économies périphériques et, ainsi, remédier au sous-développement, les approches de la dépendance critiquent le capitalisme et le colonialisme pour chercher à s'en émanciper.

Aussi, la première étape formulée par les approches de la dépendance s'oppose à la théorie de la modernisation. En plus d'en rejeter l'eurocentrisme, elles s'opposent à l'idée qu'il existe deux mondes parallèles : l'un développé et moderne, et l'autre sous-développé et traditionnel. Elles soutiennent plutôt que le développement des centres se fait en exploitant les périphéries, comme l'explique Marini[5]. Pour les approches de la dépendance, le sous-développement est le résultat du processus de développement lui-même, qui a historiquement produit subordination et transfert de richesses depuis les pays périphériques vers les centres industriels. Le processus n'est pas linéaire, et le sous-développement succède parfois au développement lorsque les cycles économiques et les besoins des centres l'imposent[6]. Puisque cette situation est le résultat du système international, plusieurs auteurs suggèrent de couper les ponts, d'opérer une déconnexion, pour permettre un développement autocentré.

Inspirées en partie du structuralisme, les approches de la dépendance sont également critiques de certaines de ses limites. Plus influencées par la théorie de Karl Marx que par celle de Keynes, elles reprochent au structuralisme d'être trop près de la discipline économique et de ne pas avoir une théorie de la société et de l'État qui permette de bien mesurer la faisabilité des politiques que propose la CEPALC. En effet, comment espérer que les politiques d'ISI puissent fonctionner, si les élites économiques locales sont liées au capital étranger et utilisent les politiques de développement pour protéger les filiales d'entreprises transnationales qui rapatrieront l'essentiel des profits vers les centres ? Comment espérer que l'État adopte les politiques appropriées, s'il est lui-même contrôlé par de telles élites ?

Pour le Brésilien Fernando Enrique Cardoso et le chilien Enzo Faletto[7], le sous-développement est bel et bien un phénomène global, bien qu'il ne se manifeste pas partout de la même façon. Il est très différent s'il est l'œuvre de bourgeoisies nationales qui produisent des matières premières pour les vendre sur les marchés internationaux, ou s'il résulte d'enclaves contrôlées par des entreprises multinationales qui n'engendrent aucun transfert technologique et rapatrient tous les profits vers leur métropole d'origine. Bien que Cardoso et Faletto s'affichent pour une transformation radicale afin de mettre un terme à la dépendance[8], leur approche ouvre la porte à l'idée qu'un développement dirigé par une bourgeoisie nationale pourrait être orienté afin d'être autocentré, ce qui ne peut arriver si la domination extérieure via les économies d'enclaves se perpétue. Bref, une lecture sociologique et historique des rapports de classe à l'intérieur des pays étudiés raffine la lecture du sous-développement et permet des nuances entre différents pays qui partagent la condition de sous-développement.

André Gunder Frank est plus pessimiste[9]. Selon lui, la forme d'insertion internationale des pays sous-développés s'est tellement immiscée au sein de leur structure sociale que les élites économiques de ces pays sont en fait des « lumpenbourgeoisies » qui choisissent toujours de se replier vers leur subordination aux intérêts des

5. Ruy Mauro Marini. *Sous-développement et révolution en Amérique latine*. Paris, Éditions F. Maspero, 1972.
6. Rodolfo Stavenhagen. *Sept thèses erronées sur l'Amérique latine, ou Comment décoloniser les sciences humaines*. Paris, Éditions Anthropos, 1973.

7. Fernando Henrique Cardoso et Enzo Faletto. *Dépendance et développement en Amérique latine*. Paris, Presses universitaires de France, coll. « Politiques », 1978.
8. C'était du moins le cas lorsqu'ils ont écrit la préface à l'édition anglaise de *Dépendance et développement* en 1979. Plus tard, Cardoso entrera dans la politique partisane du Brésil, dont il deviendra le président. Il a alors renié son passé socialiste.
9. André Gunder Frank. *Lumpen-bourgeoisie et lumpen-développement*. Paris, Éditions F. Maspero, 1971.

Encadré 4.1 Développement du sous-développement

La formule d'André Gunder Frank, «le développement du sous-développement*», synthétise
cette perspective de coexistence historique, sociale et économique entre les deux phénomènes.
Les rapports au sein de l'économie mondiale se créent simultanément : il y a coexistence
entre développement et sous-développement. Le sous-développement de l'Amérique latine
est étroitement lié au développement d'autres régions du monde, et même à l'interne, le
développement d'une région peut dépendre du sous-développement d'une autre région. C'est ce
qui explique qu'il n'y a pas une évolution linéaire du sous-développement vers le développement, et
que le sous-développement succède parfois au développement**.

* André Gunder Frank. *Le développement du sous-développement : l'Amérique latine*. Paris, Éditions F. Maspero, 1969.
** Rodolfo Stavenhagen. *Sept thèses erronées sur l'Amérique latine ou Comment décoloniser les sciences humaines*. Paris,
Éditions Anthropos, 1973.

---

multinationales des métropoles, à moins que les
conditions cessent de les forcer à un développement autonome. Ces bourgeoisies dépendantes
encouragent ainsi un «lumpen-développement»
dont seules peuvent se sortir les économies qui
s'émancipent du capitalisme et coupent leurs
liens avec les marchés mondiaux.

Par son insistance sur la dimension internationale, Gunder Frank contribuera à la naissance
de l'école du «système-monde», auquel on
identifie notamment Samir Amin[10] et Immanuel
Wallerstein[11]. Pour ces auteurs, l'étude des
dynamiques longues et mondiales du capitalisme l'emporte sur l'étude de cas particuliers de
sous-développement. Il s'agit alors de mieux saisir l'histoire mondiale des tendances lourdes de
l'évolution du capitalisme afin de comprendre
la place que chaque pays est contraint d'occuper
dans le système global.

Pendant les années 1970, Samir Amin dirige
l'Institut africain de développement économique et de planification (IDEP), un organe de
la Commission économique pour l'Afrique des
Nations unies (CEA). Plus tard, il développe le
concept de «déconnexion», comme alternative
à la dépendance[12], c'est-à-dire qu'il encourage

les pays à utiliser leur souveraineté pour se délier
du système-monde qui les maintient dans leur
condition de subordination. Sur la base d'une
démocratisation radicale de l'État et de l'économie, les pays périphériques pourront privilégier
la souveraineté alimentaire et les secteurs économiques qu'ils jugent essentiels pour retisser
des liens internationaux sur la base d'une souveraineté et d'une redistribution locales plutôt
que d'une subordination aux forces du système
international.

La dépendance
et le colonialisme interne

D'autres auteurs développent des théories qui
expliquent le sous-développement par la persistance du passé colonial. Aux quatre coins
du globe, le colonialisme des pays européens
a laissé en héritage des hiérarchies entre les
colons, leurs descendants, souvent appelés
«créoles», les populations autochtones et les
descendants d'esclaves. Dans plusieurs pays,
l'indépendance n'a pas mis fin à ces hiérarchies ni à l'exploitation qu'elles justifient. Pour
Pablo González Casanova[13], l'indépendance de
l'Amérique latine, survenue au début du XIXe
siècle, n'a pas mis fin au colonialisme. Il appelle

---

10. Samir Amin. *L'impérialisme et le développement inégal*.
Paris, Les Éditions de Minuit, 1976.
11. Immanuel Wallerstein. *Le système du monde du XVe siècle
à nos jours*. Paris, Éditions Flammarion, 1980.
12. Samir Amin. *La déconnexion : pour sortir du système
mondial*. Paris, Éditions La Découverte, 1986.

13. Pablo González Casanova. *La sociologie du développement latino-américain*. La Haye, Éditions Mouton, 1973.

Encadré 4.2 Contexte incandescent

Ces travaux surviennent au moment où le tiers monde est embrasé par une série de soulèvements et de révolutions. En 1959, la révolution cubaine renverse le dictateur Batista, qui règne depuis 1952, avec le soutien actif des États-Unis. En 1970, une coalition de partis politiques de gauche, dirigée par Salvador Allende, gagne les élections au Chili et annonce un gouvernement socialiste. Les États-Unis dirigent une campagne internationale pour faire tomber le gouvernement, pour finalement soutenir le coup d'État en 1973 du général Augusto Pinochet, qui installe aussitôt une politique néolibérale. Ces deux événements, auxquels s'ajoutent la victoire du mouvement de libération nationale au Vietnam (1955-1975) et de nombreuses luttes de libération nationale en Afrique et en Asie, forment un contexte où se combinent les critiques contre le développement capitaliste et les thèses favorables aux tentatives socialistes.

« colonialisme interne » ces relations hiérarchiques entre les Créoles et les populations autochtones postindépendance. La persistance de ces hiérarchies permet une coexistence de différents modes de production au sein des économies sous-développées qui entremêlent exploitation raciste et exploitation de classe, permettant une surexploitation au sein des pays sous-développés. La surexploitation permet une production à moindre coût dans les pays sous-développés, et les surplus ainsi générés sont accumulés dans les métropoles plutôt que de servir au développement des périphéries. Ces théories suggèrent qu'il est nécessaire, en plus de se défaire de la dépendance internationale, de combattre les relations d'exploitation tant entre les classes qu'entre les groupes ethniques, sans toutefois assimiler les cultures des peuples colonisés et assujettis.

Le déclin des théories de la dépendance

La diffusion et l'influence politique, intellectuelle et académique des idées dépendantistes se sont sensiblement affaiblies à partir de la fin des années 1970. La défaite des expériences et des mouvements politiques porteurs des idées de la dépendance et le début de la période néolibérale en Amérique latine sous l'autoritarisme des dictatures civiques et militaires du Cône Sud y tiennent pour beaucoup. De nombreux

intellectuels progressistes ont été contraints à s'exiler. D'autres ont été victimes de la violence du terrorisme d'État. À l'aube du deuxième millénaire, les inquiétudes sur le rapport entre développement et dépendance ont réémergé pour interroger les promesses inachevées de bien-être et de croissance économique formulées par les courants néolibéraux et par la pensée économique orthodoxe. Les dérèglements climatiques provoqués par le capitalisme néolibéral, ainsi que l'approfondissement de la dépossession sociale, politique, culturelle et économique sont contestés par des puissants mouvements sociaux et populaires.

De la dépendance à la colonialité

Parmi les débats et les contributions les plus originales, il faut mentionner les débats théoriques de la (dé)colonialité du pouvoir et les contributions des courants de l'écologie politique latino-américaine, expression de la vitalité de la pensée critique latino-américaine et de sa capacité d'interroger les arguments néolibéraux sur la question du développement. Le sociologue péruvien Aníbal Quijano, l'un des représentants des courants marxistes de la dépendance, a créé le concept de la « colonialité du pouvoir[14] ». Pour lui, la colonialité est la « face cachée » de

---

14. Aníbal Quijano. « Race et colonialité du pouvoir ». *Mouvements* 3, n° 21 (2007).

la modernité occidentale, qui a commencé avec la conquête et la colonisation des Amériques. La colonialité est postulée comme un mouvement simultané (et non consécutif) de la modernité occidentale, qui organise et explique la hiérarchie des populations afin de justifier les inégalités. Le régime de pouvoir mondial bâti par la colonialité-modernité depuis cinq siècles (le capitalisme colonial-moderne) est le premier à contrôler l'ensemble des sphères de l'existence sociale humaine. La dépendance est donc conceptualisée comme un élément décisif de la reproduction historique de ce régime de pouvoir.

Bref, la dépendance n'est plus conceptualisée comme étant essentiellement économique, mais historique et structurelle. Cela veut dire qu'elle résulte des rapports d'exploitation-domination-conflit qui agissent à tous les niveaux de l'existence sociale (pas seulement quant au contrôle et l'exploitation des ressources du travail). Le dépassement de la dépendance est donc associé au travail de décolonisation des rapports d'exploitation-domination-soumission que contribue à reproduire le système de pouvoir capitaliste. Il s'agit des mouvements sociétaux capables d'éradiquer non seulement les inégalités économiques propres du système capitaliste, mais aussi de contester les rationalités et les perspectives de connaissance dominantes qui agissent pour légitimer l'oppression et la domination dans tous les domaines de notre vie.

Conclusion

La théorie structuraliste de la CEPALC a permis de replacer la question du sous-développement au sein de la dynamique internationale entre pays développés et pays sous-développés. Elle a développé des politiques d'industrialisation par substitution des importations qui ont été adoptées par de nombreux pays avec des résultats globalement positifs, bien que problématiques à certains égards. Elle a ouvert la porte aux approches de la dépendance et du

système-monde. En incluant des considérations sociologiques concernant les inégalités entre classes et interethniques entre colons, Autochtones et autres migrants, ces perspectives ont dépassé les courants antérieurs (modernisation et structuralisme) dominés par une approche strictement économique. Elles ont complexifié les lectures généralistes des causes expliquant la différence de productivité entre sociétés capitalistes avancées et sociétés dépendantes. La relation entre les élites économiques des pays sous-développés et le capital transnational permet de différencier les cas de sous-développement entre développement en enclave et développement national. De plus, la poursuite de hiérarchies raciales au sein des pays sous-développés permet d'expliquer comment ils peuvent produire à moindre coût tout en acheminant des surplus vers les centres industrialisés. Ces approches offrent un regard plus nuancé sur les facteurs historiques internes aux sociétés dépendantes et leurs interactions avec les dynamiques lourdes que fait peser l'avancée d'un capitalisme de plus en plus mondialisé.

Ce faisant, les théories de la dépendance et du système-monde soulignent que des politiques économiques ne peuvent suffire pour s'attaquer aux inégalités. Il faut également des processus sociaux en profondeur qui changent les conditions internes de façon à transformer les rapports de classes et les hiérarchies interethniques au sein des pays sous-développés afin de produire une insertion internationale différente dans un ordre international qui doit, lui aussi, être changé. Cette conception sera développée encore davantage par la critique de la colonialité du savoir et du pouvoir, affirmant que les hiérarchies sociales sont construites depuis la colonisation et entretenues jusqu'à ce jour pour justifier les inégalités.

Dans leur radicalité, ces approches offrent peu de solutions pour des gouvernements souhaitant développer leur économie au sein du capitalisme mondialisé. C'est-à-dire qu'elles proposent peu de politiques particulières pour mieux insérer les pays sous-développés dans le système capitaliste mondial. Elles alimentent cependant aux quatre coins du globe de nombreux mouvements sociaux et révolutionnaires qui veulent dénoncer d'un même souffle l'ordre géopolitique mondial maintenant les pays sous-développés dans une position subordonnée, et l'attitude néfaste d'élites économiques et politiques locales qui maintiennent et profitent des relations d'exploitation au sein de ces pays.

Objectifs d'apprentissage

- Saisir les grandes lignes et le contexte d'émergence de la théorie structuraliste.
- Mieux comprendre les approches de la dépendance et du système-monde, ainsi que quelques éléments contextuels de leur popularisation.
- Pouvoir identifier les différences entre ces théories et l'approche de la modernisation, présentée au chapitre précédent.

Questions de réflexion

- Le sous-développement est-il causé par les conditions internes des sociétés sous-développées ou par leur insertion dans le système capitaliste global?
- Les hiérarchies interethniques sont-elles l'apanage des sociétés sous-développées?
- Est-il souhaitable de soutenir l'intégration au système capitaliste mondial si les pays qui le dominent sont également traversés par de profondes inégalités?

Pour en savoir davantage

Furtado, Celso. « Le mythe du développement et le futur du Tiers Monde ». *Revue Tiers Monde 15*, n° 57 (1974), 57-68.

Galeano, Eduardo et Claude Couffon. *Les veines ouvertes de l'Amérique latine : une contre-histoire*. Paris, Éditions Plon, 2011.

Herrera, Rémy. « Les théories du système mondial capitaliste ». *Dictionnaire Marx contemporain*. Par Jacques Bidet et Eustache Kouvélakis, 201-214. Paris, Presses universitaires de France, 2001.

Peixoto, Antonio Carlos. « La théorie de la dépendance : bilan critique ». *Revue française de science politique 27*, n°s 4-5 (1977), 601-626.

Rollinat, Robert. « Analyses du Développement et Théories de la Dépendance en Amérique latine. L'actualité d'un débat. » *Cadernos PROLAM/USP 1* (2005), 97-118.

Notes

Section 2

Le développement aujourd'hui

5 Le développement en crise

Thomas Chiasson-LeBel

Résumé

Ce chapitre présente le contexte de crise des années 1980 qui a frappé le Sud global par une dette handicapante et des mécanismes qui ont forcé l'adoption de politiques d'inspiration néolibérale. Avec l'appui d'institutions internationales, la théorie néolibérale est devenue hégémonique. Celle-ci s'est notamment appuyée sur une interprétation particulière de l'industrialisation rapide de pays de l'Asie de l'Est pour justifier ses politiques. Aujourd'hui, les théories néo-institutionnalistes affirment proposer une alternative à la théorie néolibérale en attribuant un rôle beaucoup plus important à l'État et à ses relations avec les élites entrepreneuriales.

De la crise au « consensus » de Washington

Pendant les années 1960 et 1970, plusieurs États dans ce qu'on appelait alors le « tiers monde » adoptent des politiques d'industrialisation par substitution des importations (ISI), inspirées de la théorie structuraliste. Elles sont rendues possibles par la convergence avec la théorie de la modernisation états-unienne, qui préfère soutenir l'industrialisation du Sud plutôt que de risquer la montée de perspectives critiques. Toutefois, les tentatives de virage socialiste ou les affirmations de souveraineté qui nuisent trop aux intérêts économiques et politiques des puissances dominantes sont durement réprimées par les États-Unis[1]. Sur le plan économique, l'ISI donne des résultats relativement positifs. Les pays qui l'adoptent connaissent une forte période de croissance économique[2].

Cette croissance des pays qui pratiquent l'ISI est en partie financée par l'importante hausse des prix du pétrole, qui permettent à des pays producteurs d'augmenter leurs revenus (les « pétrodollars »), dont une partie est transformé en crédits pour les pays du tiers-monde, via des banques internationales privées. De nombreux pays acceptent alors ces prêts pour alimenter leur politique de développement. Mais lorsque la Réserve fédérale des États-Unis augmente radicalement les taux d'intérêt au tournant des

---

1. On n'a qu'à penser à la guerre du Vietnam, au coup d'État contre le président chilien Salvador Allende en 1973, ou aux forces paramilitaires supportées par les États-Unis en Amérique latine et ailleurs.

2. Estéban Pérez Caldentey et Matías Vernengo. *Why Latin American Nations Fail.* Oakland, University of California Press, 2017.

Encadré 5.1 Consensus de Washington*

- Réduire les déficits fiscaux.
- Réduire les dépenses de l'État et éviter d'augmenter les taxes (s'il faut augmenter les revenus de l'État, il vaut mieux augmenter les taxes de vente plutôt que les impôts sur le revenu).
- Libéraliser les taux d'intérêt pour les ajuster aux taux du marché.
- Maintenir un taux de change compétitif pour favoriser le commerce extérieur.
- Libéraliser le commerce extérieur.
- Ouvrir les économies aux investissements directs étrangers.
- Privatiser les entreprises et les services publics, l'entreprise privée étant perçue comme plus efficace.
- Déréguler afin de faciliter les actions des entreprises.
- Mieux protéger la propriété privée.

---

* John Williamson. *Latin American Adjustments: How Much Has Happened*. Washington, D.C, Peterson Institute for International Economics, 1990.

---

années 1980, ces dettes deviennent insupportables. Le problème d'endettement est ensuite utilisé pour délégitimer les théories du développement, promouvant l'intervention de l'État en soutenant que celles-ci provoquent un endettement public insoutenable. Cette critique est le marchepied qui permet l'ascension des théories néolibérales.

Pour faire face à cette crise de la dette, de nombreux pays du Sud se tournent vers les institutions financières internationales créées au lendemain de la Seconde Guerre mondiale, telles la Banque mondiale (BM) et le Fonds monétaire international (FMI). Celles-ci imposent des politiques d'ajustement structurel en contrepartie à leur soutien. Ces politiques ont été regroupées sous l'expression « consensus de Washington » par John Williamson, qui est en fait le consensus entre les décideurs qui influencent la BM et le FMI.

Ces politiques s'inspirent en bonne partie d'une relecture des économistes Frederich Hayek[3] et Milton Friedman[4]. Ces derniers sont les promoteurs de l'action privée pour stimuler la croissance économique. Ils s'opposent aux interventions de l'État qui viseraient autre chose

qu'à protéger la propriété privée et le fonctionnement des marchés. L'État doit stimuler l'investissement privé et protéger les profits, plutôt que de redistribuer les richesses et d'orienter le développement à l'aide d'investissements publics.

Ces penseurs s'appuient sur une défense particulière de la liberté : elle est un droit individuel inaliénable qui produit une meilleure distribution économique que la planification. Selon eux, il est impossible qu'une autorité centrale possède l'information nécessaire sur les préférences et les besoins de tous les individus et de toutes les entreprises pour organiser la production et la distribution économiques. Il vaut donc bien mieux laisser la liberté individuelle déterminer la production et la distribution, qu'ils conçoivent comme une forme de planification décentralisée. Ils font ainsi écho à l'idée de main invisible, avancée par Smith.

Les théoriciens néolibéraux défendent aussi une conception particulière de la dignité[5]. Ils sont conscients que la liberté qu'ils promeuvent produit des inégalités. Ils croient toutefois qu'il y aura toujours des inégalités, et ils affirment alors que celles-ci sont plus faciles à endurer lorsqu'elles sont le résultat de forces

---

3. Friedrich Hayek. *La route de la servitude*. Paris, Presses universitaires de France, coll. « Quadrige », 2002.

4. Milton Friedman et Rose D Friedman. *La liberté du choix*. Paris, Éditions P. Belfond, 1980.

5. David Harvey. *Brève histoire du néolibéralisme*. Paris, Éditions Les Prairies ordinaires, 2014.

Figure 5.1

Asie du Sud-Est dans le commerce international, 1970-1995

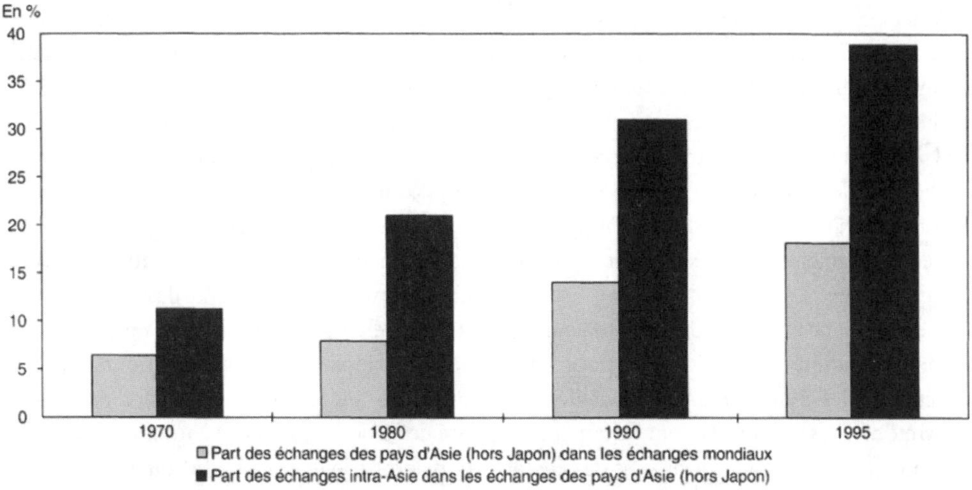

En %

Source : Jean-Marc Germain et Stéphanie Guichard. « L'Asie du Sud-Est : quelles perspectives de croissance à moyen terme ? » *Économie et statistique 311* (1998), 3-36.

impersonnelles, telles que la concurrence sur les marchés ou la malchance, plutôt que lorsqu'elles sont imposées par une autorité. Ils affirment que les arguments moraux qui justifient de prendre la propriété de quelqu'un pour la distribuer à quelqu'un d'autre sont faibles. Ainsi, il est mieux de laisser la concurrence entre les individus déterminer la distribution.

Ces bases théoriques supporteront un important virage des politiques économiques du Nord, notamment au Royaume-Uni sous Margaret Thatcher et aux États-Unis sous Ronald Reagan. Elles justifient le démantèlement des politiques sociales. Elles réorientent les actions de l'État pour favoriser la liberté des investisseurs et limiter la capacité des syndicats d'améliorer les conditions de leurs membres. Au confluent de la crise de la dette et de la montée du néolibéralisme dans les années 1980, le champ des études du développement entre en crise. Les solutions antérieures, accusées d'être responsables d'une dette étouffante, sont perçues comme inadéquates, alors que les solutions néolibérales accroissent les inégalités et la pauvreté de façon dramatique, en plus de ne pas produire la croissance promise.

Diverses approches proposent des alternatives à la théorie néolibérale. Nous n'en aborderons que deux : les théories néo-institutionnalistes et néostructuralistes, qui proposent une relecture des causes de l'industrialisation de certains pays d'Asie de l'Est.

Le modèle asiatique

Dans le champ des études du développement, les politiques néolibérales s'appuient sur une lecture particulière de l'évolution économique de certains pays de l'Est asiatique (Taïwan, Hong Kong, Corée du Sud, Japon)[6]. On réfère parfois à ces économies par l'expression « nouveaux pays industrialisés » (NPI). Ces économies connaissent une industrialisation rapide à partir des années 1960 (plus tôt dans le cas du Japon), leur permettant de prendre une place dans les exportations mondiales de produits manufacturés avant la fin du xxe siècle, et un PIB par habitant qui dépasse parfois celui de pays dits

6. Bela Balassa et John Williamson. *Les réussites du Sud-Est asiatique dans le commerce mondial : Corée, Hong Kong, Singapour, Taiwan*. Paris, Éditions Économica, 1989.

développés, notamment au sud de l'Europe. Les néolibéraux estiment que ce succès est dû à l'orientation externe des politiques de développement de ces pays. Ils utilisent donc ces exemples pour soutenir que contrairement aux politiques d'ISI, orientées vers le développement de la production pour le marché intérieur, il est souhaitable de libéraliser les échanges afin que la concurrence internationale stimule l'innovation privée et la croissance dirigées vers les marchés internationaux.

Les politiques néolibérales qui suivent ces recommandations sont critiquées pour leurs résultats. Celles-ci augmentent les inégalités et la pauvreté dans les pays où elles ont été appliquées sans pour autant remplir la promesse de générer des investissements stimulant innovation, diversification et croissance. Dès les années 1990, les recherches effectuées par la CEPAL concluent que la décennie a été « perdue » (la *dacada perdida*) pour décrire les impacts de la dette et des politiques néolibérales en Amérique latine[7]. De ces travaux critiques émerge un renouvellement théorique en réponse au néolibéralisme.

Reconsidérer le rôle de l'État dans le processus

En réponse à la lecture néolibérale de l'industrialisation en Asie de l'Est, très ancrée dans la discipline économique, les approches *néo-institutionnalistes* offrent une lecture plus complexe qui s'ouvre à la science politique et à la sociologie[8]. L'industrialisation récente des NPI, loin d'être un simple effet d'une levée des entraves aux forces du marché, est plutôt le résultat d'États dotés d'une bureaucratie hautement qualifiée et de ressources financières. À

l'aide d'informations fiables et disposant d'une autonomie par rapport aux élites économiques, l'État peut adopter des politiques visant la croissance de l'économie en tant qu'ensemble, plutôt que de simplement favoriser les secteurs ou les industries qui sont déjà les plus forts.

Selon ces approches, l'industrialisation d'un pays comme la Corée du Sud n'est pas d'abord le fruit de son entrée dans la compétition internationale, mais plutôt de l'interaction entre une bureaucratie compétente et des secteurs pouvant générer une croissance des exportations. Pour les approches néo-institutionnalistes, le succès de l'industrialisation dépend de la capacité de l'État à soutenir et à orienter la production industrielle privée afin qu'elle devienne compétitive sur les marchés internationaux.

La CEPALC produira sa version du néo-institutionalisme : le néostructuralisme[9]. Alors que les structuralistes voulaient utiliser les surplus issus du secteur des exportations de matières premières pour fortifier le marché interne, les néostructuralistes cherchent à ce que les interventions de l'État produisent un système social qui encourage la compétitivité tant à l'intérieur qu'à l'extérieur des frontières. Cette compétitivité systémique doit, en principe, reposer sur une éducation de qualité permettant de former une main-d'œuvre qualifiée et flexible, capable de se déplacer parmi les secteurs novateurs. Elle doit être également accompagnée de recherches permettant le développement d'entreprises innovantes, de sorte que les sociétés puissent surmonter leur sous-développement en entrant de façon compétitive dans les marchés internationaux.

Les approches néo-institutionnalistes proposent que l'État doit assumer un rôle de gestion pour orienter les investissements. Le défi demeure cependant entier. Alors que les théories structuralistes et de la modernisation étaient basées sur l'industrialisation, les théories plus récentes reposent sur l'idée que les pays les plus avancés dominent économiquement parce qu'ils

7. Comision Economica para América Latina y el Caribe. *Transformación Productiva con Equidad*. Santiago, CEPAL, 1990.

8. Alice Amsden et Ajit Singh. « Concurrence dirigée et efficacité dynamique en Asie : Japon, Corée du Sud, Taïwan ». *Revue Tiers Monde 35*, n° 139 (1994), 643-657 ; Philippe Hugon. « Le consensus de Washington en questions ». *Revue Tiers Monde 40*, n° 157 (1999), 11-36.

9. Ricardo French-Davis. « Dette extérieure, ajustement et développement en Amérique latine ». *Revue Tiers Monde 28*, n° 109 (1987), 79-94.

Figure 5.2
Mise en perspective historique des politiques de développement

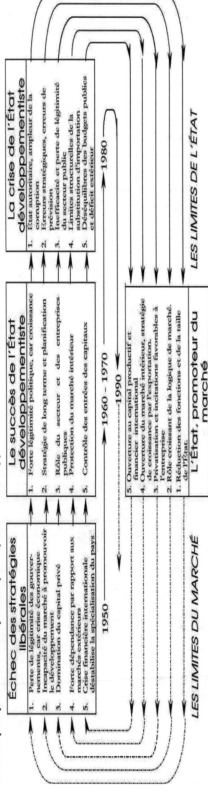

Source : Robert Boyer, . « L'après-consensus de Washington : institutionnaliste et systémique ? » Dans *L'Année de la régulation*, n° 5 (2001-2002). Économie, Institutions, Pouvoirs. 13-56. Association recherche et régulation. Paris, Presses de Sciences Po, 2001.

contrôlent la production leur permettant d'innover et de constamment dominer les secteurs les plus lucratifs dans le processus mondialisé de création-production-distribution. C'est ce qui explique qu'il soit possible de délocaliser la production industrielle vers les périphéries tout en préservant la concentration des profits dans les centres. Dans une économie de plus en plus mondialisée, où la production dépend d'intrants importés des quatre coins de la planète tout en restant compétitive sur les marchés internationaux, il est de plus en plus difficile pour les pays dont la productivité est moindre de rattraper le train en marche.

Conclusion

L'approche néolibérale est devenue hégémonique au tournant des années 1980, notamment parce qu'elle guidait l'action des grandes organisations multilatérales qui soutiennent le développement. C'est ce qu'on a appelé le « consensus de Washington ». Plus que de suggérer un retrait de l'État, ce consensus impose une réorganisation de son action pour que celui-ci protège la propriété privée et les profits, plutôt que d'œuvrer à la réorientation des investissements, au contrôle des prix et la redistribution des richesses. Après leur domination, durant les années 1980 et jusqu'au début des années 1990, ces théories ont toutefois été critiquées pour leurs conséquences sociales dévastatrices : augmentation des inégalités et de la pauvreté, perte des protections sociales, absence de croissance, etc.

En réponse à ces théories, les courants néo-institutionnalistes tirent leur importance du fait qu'elles offrent des politiques publiques pour les États désireux de s'émanciper de leur position subalterne tout en demeurant articulés à l'économie capitaliste mondiale.

Certes, les débats ne se sont pas arrêtés ici, d'où l'essor de nombreuses autres théories critiques, telles que celles du développement durable, du développement humain, ou celles dites du « post-développement ». Avec celles-ci, le champ des théories du développement continue de s'ouvrir. En outre, les perspectives disciplinaires qui traversent les débats ont également tendance à se diversifier.

Objectifs d'apprentissage

- Saisir le contexte qui a mené à l'hégémonie de la théorie néolibérale.
- Connaître les principaux éléments de la théorie néolibérale et ses principales politiques en matière de développement.
- Comprendre la réponse offerte par les courants néo-institutionnalistes à la théorie néolibérale.

Questions de réflexion

- Quel est le rapport entre les théories néolibérales et les politiques qui s'en inspirent ?
- Comment soutenir la réduction des inégalités entre les pays sans contribuer aux problèmes environnementaux ?

Pour en savoir davantage

Dioubaté, Badara. *La Banque mondiale et les pays en développement: de l'ajustement structurel à la bonne gouvernance*. Paris, Éditions L'Harmattan, 2008.

Gill, Louis. *Le néolibéralisme*. Montréal, Chaire d'études socio-économiques de l'UQAM, 2002.

Martin, Gilles. «La nouvelle économie institutionnelle». *Idées économiques et sociales 1*, n° 159 (2010), 35-40.

North, Douglass. *Le processus du développement économique*. Paris, Éditions d'Organisation, 2005.

Prévost, Benoît. «Douglass North: hétérodoxie néo-institutionnelle versus néolibéralisme?» *Revue de la régulation*, n° 7 (2010).

6 Des Objectifs du Millénaire pour le développement à l'Agenda 2030

Matthieu Boussichas

Résumé

En septembre 2015, les 193 membres de l'Assemblée générale des Nations unies adoptent à l'unanimité une déclaration présentant une vision commune du monde et de ses enjeux. Celle-ci définit des objectifs globaux à atteindre par l'ensemble des pays d'ici 2030, quel que soit leur niveau de développement. Au nombre de 17, ces Objectifs du développement durable (ODD) embrassent toutes les dimensions du développement et matérialisent ce que l'on appelle l'«Agenda» du développement durable. Ils se déclinent en 169 cibles mesurées par 232 indicateurs. Cet Agenda succède à celui des Objectifs du Millénaire pour le développement (OMD) adopté en 2000 et fondé sur 8 objectifs globaux à atteindre d'ici 2015 dans le Sud, déclinés en 21 cibles elles-mêmes mesurées par 60 indicateurs. Ce chapitre vise à présenter ce processus des OMD aux ODD en explorant quelques débats sur le sens et l'efficacité de cette initiative.

À l'origine, les OMD

Si l'expression «développement durable» est apparue dans la recherche scientifique au début des années 1980, elle a été définie et popularisée par la Commission mondiale sur l'environnement et le développement (CMED), qui a produit en 1987 le fameux Rapport Brundtland[1] où l'on trouvait exposée une réflexion critique et inquiète sur la soutenabilité de l'activité humaine. Avec les ODD[2], la réflexion s'est approfondie, et surtout, elle a débouché sur un programme d'action relativement cohérent qui incite les États membres de l'ONU à agir. Pour mieux comprendre le processus, il faut un peu revenir en arrière.

Au tournant des années 1990, nombre de pays en développement (PED), en particulier en Afrique et en Amérique latine, étaient sous l'influence du FMI et de la Banque mondiale

---

1. *Notre avenir à tous* (1987). Lire l'avant propos: https://www.diplomatie.gouv.fr/sites/odyssee-developpement-durable/files/5/rapport_brundtland.pdf.

2. Les Objectifs du développement durable se déclinent en 169 cibles mesurées par 232 indicateurs. Liste complète des indicateurs: https://unstats.un.org/sdgs/indicators/indicators-list/.

dans le cadre de la politique dite d'«ajustement structurel». Pour faire face au problème croissant de la dette, ces pays se voyaient imposer par les institutions de Bretton Woods une discipline budgétaire stricte visant à rééquilibrer leurs finances publiques et adopter des politiques économiques basées sur l'ouverture des marchés pour favoriser la compétitivité et l'ajustement des taux de change. Ce discours dominant, qu'on a baptisé «consensus de Washington», ne considérait pas le capital humain (santé et éducation) et l'État comme des facteurs essentiels d'une croissance durable et mieux partagée.

On constatait alors déjà les conséquences sociales néfastes de ces ajustements sur les secteurs sociaux, avec notamment le rapport de l'UNICEF, *L'ajustement à visage humain, protéger les groupes vulnérables et favoriser la croissance* (Cornia, Jolly et Stewart, 1987). En 1990 paraissait le premier Rapport sur le développement humain (PNUD, 1990), symbolisé par la création de l'indice de développement humain (IDH) qui introduit, à côté du sacrosaint revenu national brut, des indicateurs de capital humain pour évaluer le niveau de développement des pays.

La réflexion s'est poursuivie avec l'OCDE, qui a publié en 1996 un rapport proposant une approche du développement basée sur des résultats à atteindre mesurés par des indicateurs quantitatifs, préfigurant largement les 8 OMD adoptés 4 années plus tard par les 189 États membres des Nations unies. Les sept premiers OMD sont des objectifs de résultats, tandis que le huitième est un objectif de moyens impliquant plus particulièrement les pays riches :

- Réduire l'extrême pauvreté et la faim ;
- Assurer l'éducation primaire pour tous ;
- Promouvoir l'égalité des sexes et l'autonomisation des femmes ;
- Réduire la mortalité infantile ;
- Améliorer la santé maternelle ;
- Combattre le VIH-sida, le paludisme et d'autres maladies ;
- Préserver l'environnement ;
- Mettre en place un partenariat mondial pour le développement.

En 10 ans, on est donc passé des politiques d'ajustement structurel pour résoudre la crise de la dette à la problématique du développement humain pour laquelle les OMD constituent une grille de lecture standardisée.

Un bilan mitigé pour les OMD

Si la majorité des pays du Sud enregistrent des progrès sur la plupart des OMD, les résultats sont néanmoins très hétérogènes. Par exemple, l'objectif de diminuer de moitié le taux de personnes vivant avec moins de 1,25 \$/jour[3] de 1990 à 2015 a été globalement atteint (-52 %). Cependant, la Chine représente à elle seule une partie importante de cette diminution (500 millions de Chinois sont sortis de l'extrême pauvreté dans cette période). De plus, le ratio d'extrême pauvreté dans les pays les moins avancés (PMA) a insuffisamment baissé (-29 %), le nombre d'individus en situation d'extrême pauvreté ayant même augmenté (la population totale augmentant plus vite que la pauvreté). La figure 6.1 illustre cette hétérogénéité.

Les moins bons résultats sont d'ailleurs observés dans les pays les plus pauvres et vulnérables, même si ceux-là ont enregistré de notables progrès pour nombre d'indicateurs, notamment le taux de scolarisation primaire ou encore l'accès à l'eau potable. Ils restent aujourd'hui les pays les plus éloignés des cibles fixées en 2000, alors que l'approche OMD visait en premier lieu ces pays.

Si l'approche OMD a séduit, c'est avant tout parce que les objectifs étaient simples, faciles à comprendre, ambitieux et intégrés. Ceci leur a octroyé un pouvoir mobilisateur qui s'est traduit par une hausse de l'aide publique au développement (APD) à partir de 2000, alors que celle-ci

---

3. La Banque mondiale a révisé ce seuil à 1,90 \$/jour en 2015.

Figure 6.1

OMD 1.1, progrès par pays, 1990-2015

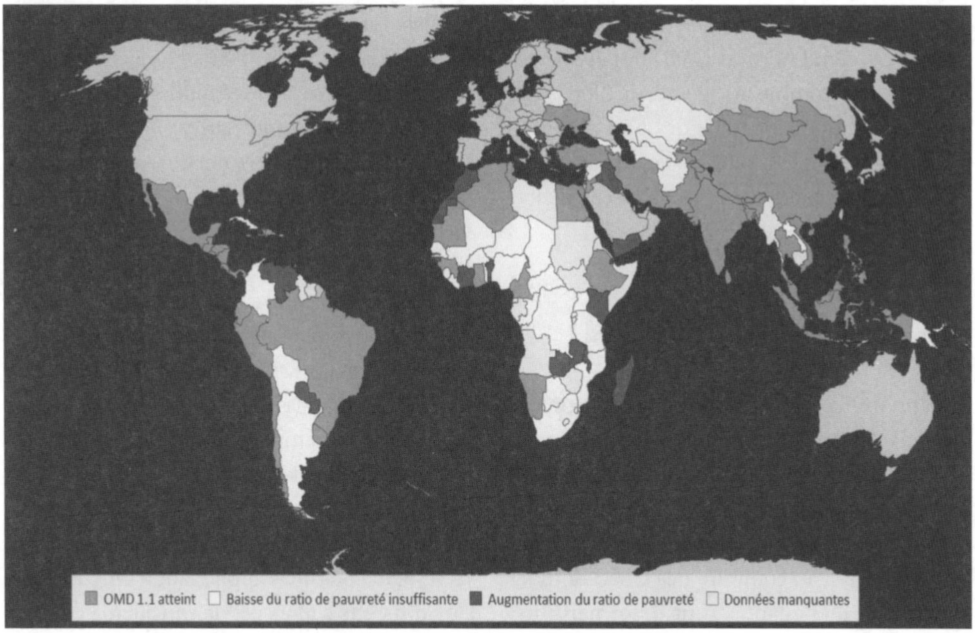

◼ OMD 1.1 atteint ☐ Baisse du ratio de pauvreté insuffisante ◼ Augmentation du ratio de pauvreté ☐ Données manquantes

Source: Matthieu Boussichas

baissait tendanciellement depuis 1990. Ils étaient également faciles à mesurer et ont ainsi constitué un thermomètre utile pour l'élaboration des politiques de développement.

Cette approche a été cependant critiquée à bien des égards: «rhétorique, consensus mou, objectifs généreux et généraux [...], pauvreté des indicateurs, empirisme face à la complexité des situations[4]».

Vue comme une grille imparfaite du développement, certains objectifs étaient trop ambitieux, d'autres faisaient défaut, comme les enjeux économiques ou environnementaux (l'OMD 7 est reconnu comme le plus faible). En effet, le renouveau de l'intérêt porté aux secteurs sociaux dans les PED à la fin des années 1990 explique que les OMD sont principalement mesurés par des indicateurs de résultats en matière de pauvreté, de santé et d'éducation. L'une des limites

des OMD est qu'ils négligent les facteurs permettant d'atteindre ces résultats, notamment économiques et environnementaux. Les OMD mettent «l'accent sur des symptômes, et non sur des causes structurelles[5]». Ils ne traitent pas du «comment», si ce n'est à travers l'OMD 8, qui préconise une aide au développement accrue, une réduction de la dette des PED et un meilleur accès de ces pays aux marchés des pays riches. Il n'est notamment fait mention d'aucun objectif en matière d'infrastructures et d'énergie, et d'aucune préconisation quant au type de politiques économiques à suivre, ou quant aux normes juridiques, cadres législatives et règles de gouvernance à promouvoir. Les OMD ne prennent pas non plus en compte les problèmes de sécurité et l'importance pour le développement que celui-ci profite d'institutions solides et compétentes pour l'accompagner. À son échéance, l'approche OMD est apparue d'autant plus obsolète que le monde du développement

---

4. Philippe Hugon. «Du bilan mitigé des Objectifs du Millénaire pour le développement aux difficultés de mise en œuvre des Objectifs de développement durable». *Mondes en développement* 2, n° 174 (2016), 15-32.

---

5. *Ibid.*

avait largement évolué en 15 ans. En outre, les cibles ont été définies identiquement pour tous les pays sans qu'il soit tenu compte des spécificités de chacun. Enfin, les OMD ont été perçus par beaucoup comme un agenda du Nord pour le Sud, conditionnant l'aide des pays riches au respect par les bénéficiaires de la mise en œuvre de politiques copiées sur sa vision de ce qu'est le « bon développement ».

La transition vers les ODD

En apparence, les ODD tiennent compte des insuffisances enregistrées durant la période 2000-2015, guidées par les OMD. Au nombre de 17, dont 16 de résultats et 1 de moyens, les ODD sont universels, s'appliquant à tous les pays, au contraire des OMD dont les dimensions manquantes sont désormais intégrées, notamment les enjeux environnementaux, économiques, migratoires, urbains, de gouvernance et de sécurité, ainsi que les inégalités. En fait, les ODD symbolisent la convergence de deux Agendas internationaux historiquement distincts : celui du développement et celui des Sommets de la Terre (le premier date de 1972 à Stockholm) sur les questions environnementales. La Déclaration officielle des chefs d'États et de gouvernements lors de l'adoption des ODD témoigne de cette volonté de considérer l'ensemble des problématiques du monde dans un seul agenda : « Nous sommes attachés à réaliser le développement durable dans ses trois dimensions – économique, sociale et environnementale – d'une manière qui soit équilibrée et intégrée. Nous tirerons également parti de ce qui a été fait dans le cadre des objectifs du Millénaire pour le développement, dont nous nous efforcerons d'achever la réalisation[6]. »

L'échéance des ODD a été fixée à 2030. Élaborés et négociés pendant plus de 2 ans de façon plus transparente et large que ne l'ont été

les OMD, ils constituent la feuille de route du développement durable pour les 15 prochaines années. La définition des ODD a posé cependant une série de problèmes conceptuels dont certains n'ont pas trouvé solution satisfaisante.

Quelle articulation entre OMD et ODD ? Fallait-il simplement ajouter de nouveaux objectifs aux anciens ou repartir d'une feuille blanche, sachant que les OMD n'étaient pas pleinement atteints ? Le choix a été de ne pas faire des ODD une simple mise à jour, mais de repenser l'Agenda du développement en intégrant le plus de dimensions possibles tout en cherchant à ne pas trop allonger la liste d'objectifs pour conserver le caractère simple et lisible des OMD.

Des objectifs pour tous les pays dans un monde très divers ? Les ODD se différencient des propositions antérieures par leur caractère « universel », c'est-à-dire s'appliquant à tous les pays. Une difficulté a alors été de concilier le concept d'universalité de l'Agenda avec la grande hétérogénéité des pays. Une façon aurait été de considérer des cibles différenciées selon les pays : par exemple, l'éradication de la pauvreté ne nécessite pas le même effort dans un pays riche et dans un pays très pauvre. Les cibles n'ont cependant pas été différenciées, ce qui pose un problème d'équité de l'Agenda. Une autre option aurait été de hiérarchiser les objectifs et les cibles, au moins selon les besoins de chaque pays, mais celle-ci n'a pas non plus été retenue.

Comment éviter l'approche en silo des OMD ? L'une des ambitions des ODD était, au contraire des OMD, de prendre en compte l'interdépendance des objectifs. Si celle-ci est maintes fois répétée dans le texte accompagnant l'adoption des ODD, elle s'est avérée très compliquée à matérialiser à travers les objectifs qui restent segmentés par secteur.

Combien d'ODD ? S'ils prennent en compte la plupart des enjeux économiques, sociaux et environnementaux auxquels les êtres humains doivent faire face, le nombre d'objectifs, de cibles et d'indicateurs finalement retenus s'avère bien plus élevé que pour les OMD, rendant ainsi le nouvel Agenda moins identifiable. Les ODD

---

6. Nations unies. *Transformer notre monde : le Programme de développement durable à l'horizon 2030*. New York, ONU, 2015.

Figure 6.2
Objectifs du développement durable

Source : Nations unies. « 17 objectifs pour transformer notre monde », 2015. https://www.un.org/sustainabledevelopment/fr/. Page consultée le 3 septembre 2018.

sont en effet le fruit d'une négociation internationale dans laquelle un grand nombre de revendications thématiques multiples ont été portées par des pays, mais aussi des acteurs de la société civile et du secteur privé. Ils sont donc un compromis entre ces revendications multiples et variées et le besoin de conserver un nombre raisonnable d'objectifs.

Les ODD reflètent-ils les enjeux actuels du développement durable ? L'une des évolutions principales des ODD par rapport à leurs aînés est la prise en compte de la durabilité et la résilience de nos modèles de production et de consommation. Les organismes bilatéraux et multilatéraux de développement international estiment qu'ils sont utiles pour étalonner les progrès de chaque pays, en constituant une unité de mesure standardisée du développement durable à partir d'un langage commun sur les enjeux du monde. Le développement durable ne peut cependant pas être apprécié sur la seule base du suivi de ces objectifs, car chaque thème aurait pour cela nécessité des milliers de cibles et indicateurs.

Les ODD doivent-ils porter sur des moyens ou des résultats ? L'exemple de l'éducation illustre cette question : la finalité de l'éducation est que les individus acquièrent un niveau minimal de connaissances pour pouvoir s'intégrer sur le marché de l'emploi. Les ODD font de cette fin un résultat à atteindre là où les OMD mettaient plutôt l'accent sur l'accès à l'éducation primaire (un moyen). Les ODD privilégient une approche par les résultats, et sont déclinés en des cibles et des indicateurs qui mélangent résultats mesurables à atteindre et moyens à mettre en œuvre pour y parvenir, d'une manière plus cohérente et structurée que pour les OMD.

Cependant, il est regrettable que les concepteurs des ODD n'aient pas poussé cette logique plus loin. En effet, les ODD contiennent relativement peu d'objectifs concrets en matière de politiques publiques, économiques ou autres. Easterly[7], assez critique à l'égard du cadre adopté pour son caractère planiste, estime à ce titre que l'adoption de politiques publiques favorisant les libertés en général, et économiques en particulier, favorisent plus le développement qu'un cadre planifié comme celui des ODD. Ces derniers ne renseignent pas vraiment

7. William Easterly. « The Trouble with the Sustainable Development Goals ». *Current History 114*, n° 775 (2015), 322-324.

sur le modèle économique à suivre pour assurer d'une part une croissance économique forte qui permette à tous d'avoir un emploi digne et d'autre part la préservation des écosystèmes et de la biodiversité : « L'ODD 12[8] a été livré sans manuel[9]. » Les questions monétaires, d'endettement des États ou de fiscalité sont notamment absentes ou négligées, alors qu'une partie des problèmes actuels de sous-développement est expliquée ou a été largement renforcée par la crise financière de 2008.

Les optimistes, comme Philippe Orliange[10], estiment qu'au contraire, les ODD sont « l'occasion de réhabiliter les politiques publiques », car « ce ne sont pas seulement des cibles, mais des processus » et que « sous la pression citoyenne mondiale [...] les États seront obligés de suivre ».

Quel niveau d'ambition ? La définition des objectifs et des cibles a été l'objet d'un arbitrage entre des ambitions fortes fédératrices et des ambitions plus raisonnables et réalistes. La raison ne l'a pas toujours emporté, comme pour la première d'entre elle à savoir, éliminer complètement d'ici à 2030 l'extrême pauvreté dans le monde, qui paraît très (trop) ambitieuse pour être réalisée d'ici cette date. Ceci pourrait à terme décrédibiliser l'exercice. En effet, les tendances de ces dernières années en matière de réduction de la pauvreté ne permettent pas de projeter un tel résultat, d'autant plus si l'on considère les projections démographiques pour l'Afrique subsaharienne[11]. Surtout, l'éradication de la pauvreté en une génération nécessiterait

une révolution dans nos modèles de consommation et de production[12]. Or, ce « changement de paradigme mondial », s'il devait se produire, semble très insuffisamment amorcé et pourrait prendre plus de 15 années avant de devenir la norme et de porter ses fruits. Il implique la mise en place de politiques publiques globales capables d'assurer la compatibilité des règles de l'économie de marché avec la poursuite de l'intérêt collectif dans tous les domaines et tous les pays. Cependant, le système de gouvernance intégré capable de faire appliquer ces objectifs n'existe pas[13].

La portée des ODD aujourd'hui

Si l'adoption et le suivi des ODD peut sembler un exercice institutionnel assez formel, la plupart des PED les incluent dans leurs stratégies de développement, et les politiques de coopération des bailleurs copient leurs discours sur les ODD. De cette évolution est né l'espoir que les considérations à long terme seront mieux prises en compte désormais. Les optimistes estiment que les ODD contribueront à élaborer des politiques publiques prenant en compte les interdépendances qui existent entre elles.

Le corollaire à cette volonté d'élargir l'Agenda du développement pour traiter la plupart des enjeux simultanément est le risque de dispersion des financements publics, autrefois octroyés aux enjeux des pays pauvres pour le bien des pays à revenus intermédiaires particulièrement concernés par les ODD. En effet, avec les OMD, les dons et les prêts subventionnés publics étaient clairement destinés au financement de la lutte contre la pauvreté dans les pays les plus vulnérables. Avec les ODD, ces

---

8. ODD 12 : Établir des modes de consommation et de production durables.

9. Stéphanie Leyronas et Alexis Bonnel. « Consommer et produire durablement ». Dans *Un défi pour la planète : les Objectifs de développement durable en débat.* Par Patrick Caron et Jean-Marc Châtaigner, 235-245. Marseille, IRD Éditions, 2017.

10. Délégué régional de l'Agence française de développement pour le Brésil et l'Argentine.

11. Jean-Pierre Cling. « L'ODD 1 et l'élimination de la pauvreté d'ici 2030 ». Dans *Un défi pour la planète : les Objectifs de développement durable en débat.* Par Patrick Caron et Jean-Marc Châtaigner, 81-92. Marseille, IRD Éditions, 2017.

12. Jean-Michel Severino et Mathilde Bouyé. « Que peut-on attendre de 2015 ? » *Revue Projet 1*, nº 338 (2014), 6-14.

13. Jean-Marc Châtaigner et Morgane Tous. « La négociation diplomatique des Objectifs de développement durable : succès ou miroir aux alouettes ? ». Dans *Un défi pour la planète : les Objectifs de développement durable en débat.* Par Patrick Caron et Jean-Marc Châtaigner, 25-37. Marseille, IRD Éditions, 2017.

ressources concessionnelles sont appelées à financer un plus grand nombre de thématiques dans un plus grand nombre de pays. Ainsi, à budgets publics constants (et de plus en plus contraints), une partie des financements concessionnels pourrait être réorientée au profit de pays à revenus intermédiaires, où les besoins en prêts concessionnels sont importants (pour des projets d'infrastructures, par exemple).

La portée des ODD concerne aussi le jugement des citoyens vis-à-vis de l'action de leurs dirigeants, dans la mesure où ils constituent un cadre de redevabilité des politiques publiques. Donc 2030 pourrait ainsi s'avérer une année de bilan des politiques publiques dans tous les pays. En cas de non-atteinte, ces objectifs pourraient servir ainsi d'argument aux revendications des sociétés civiles de chaque pays, si celles-ci estiment les politiques publiques mises en œuvre, tout sujet confondu, insuffisantes.

Il existe par ailleurs un enjeu de communication important autour des ODD, notamment pour tous ceux qui revendiquent y contribuer, comme les bailleurs de fonds et les entreprises. Il y a fort à parier que chacun s'attribuera les fruits des succès sans endosser la responsabilité des échecs. La question de l'évaluation de la contribution aux ODD est un enjeu fondamental pour les années à venir.

Enfin, se pose la question du financement des ODD. En effet, les Nations unies ont évalué le manque de financement annuel pour assurer les investissements nécessaires à l'atteinte des ODD à 2 500 milliards de dollars[14]. Vertigineux, ce chiffre est à relativiser au regard de l'épargne mondiale, estimée à 20 000 milliards de dollars[15]. Le problème du financement du développement n'est pas tant une question de volume, mais plutôt de savoir comment prioriser les budgets vers le financement des ODD.

Conclusion

Les ODD offrent une grille de lecture commune à tous les pays sur de nombreux enjeux mondiaux actuels. Prenant la forme d'objectifs standardisés à atteindre par tous les pays d'ici 2030, ils constituent un outil de promotion d'une coopération internationale en faveur du développement durable. Cependant, leur mise en œuvre intervient dans un contexte international compliqué où le multilatéralisme est remis en cause, où le concept de durabilité se heurte à la préférence pour le présent de certains États, mais où le besoin de trouver les bonnes incitations qui réuniront tous les acteurs du développement dans une même direction n'a jamais été aussi important.

Quatre ans après leur adoption, il est difficile d'affirmer que ce pari est en passe d'être réussi. Les rapports annuels des Nations unies[16] et de la Banque mondiale[17] font état de la situation statistique pour de nombreux indicateurs mesurables, mais manquent encore de recul pour apprécier la portée des ODD sur le développement et ne constituent pas des analyses de l'impact des ODD. Cependant, si l'on considère que l'ingrédient essentiel pour que les ODD progressent de façon satisfaisante est la capacité de l'ensemble des États à mettre en place un cadre de gouvernance mondiale efficace et pertinent, les difficultés actuelles rencontrées par le multilatéralisme peuvent faire craindre pour l'avenir des ODD. De plus, si mentionner les ODD dans leurs documents stratégiques est désormais devenu une nécessité pour les acteurs publics et privés du développement, force est de constater que les ODD n'ont pas encore réellement pénétré la sphère médiatique ni véritablement atteint

14. Conférence des Nations unies sur le Commerce et le Développement (CNUCED). *Rapport sur l'investissement dans le monde 2014: L'investissement au service des objectifs de développement durable: un plan d'action.* Genève, CNUCED, 2014.

15. Banque mondiale. «Indicateurs du développement dans le monde», 2018. https://databank.banquemondiale.org/data/source/world-development-indicators. Page consultée le 3 septembre 2018.

16. Nations unies. *Rapport sur les objectifs de développement durable 2018.* New York, ONU, 2018.

17. Banque mondiale. *Atlas 2018 des Objectifs de développement durable.* Washington, D.C., Banque mondiale, 2018.

le grand public (7 % des Français seulement savent ce que sont les ODD[18]). Néanmoins, la sensibilité des citoyens aux enjeux traités par les ODD semblent s'accroître dans le monde : une étude d'Ipsos menée pour Axa[19] dans 13 pays montrait en 2012 que 9 personnes sur 10 s'inquiètent du changement climatique. La disponibilité et la qualité des emplois sont des problèmes universels. Une enquête du Bertelsmann Stiftung publiée l'an passé[20]

montre les craintes de l'opinion publique mondiale quant à son manque de protection contre les effets néfastes de la mondialisation, notamment en matière d'inégalités sociale. Il reste à savoir si d'ici 2030, la sensibilité croissante des sociétés aux enjeux couverts par les ODD créera suffisamment d'espace pour une meilleure prise en compte de ces enjeux par les gouvernements et les entreprises.

Enfin, il y a un risque à penser que les ODD seraient la solution aux problèmes du monde. Ils sont plutôt un thermomètre imparfait de son état de santé. Critiquables sur bien des points, les ODD n'en demeurent pas moins une initiative internationale bienvenue permettant de sensibiliser, encore insuffisamment, les États, les entreprises et les citoyens à l'urgence de résoudre ensemble ces problèmes de manière concertée.

---

18. Amandine Lama et Fédérico Vacas. *Les Français, la jeunesse française et la politique d'aide au développement de la France*. Paris, Ipsos, 2018.
19. Axa et Ipsos. *La perception individuelle des risques climatiques*. Paris, 2012.
20. Christian Bluth. *A Safety Net to Foster Support for Trade and Globalisation: International Survey on Attitudes towards Trade and Globalisation*. Gütersloh, Bertelsmann Stiftung, 2018.

Objectifs d'apprentissage

- Comprendre le contexte qui a conduit à l'élaboration des Objectifs du Millénaire pour le développement.
- Évaluer le bilan mitigé des Objectifs du Millénaire pour le développement.
- Mieux comprendre l'évolution subséquente jusqu'à la formulation des ODD.

Questions de réflexion

- Les OMD ont-ils facilité ou ont-ils, au contraire, restreint la mise en œuvre des politiques de développement ?
- Quels changements positifs et négatifs les ODD pourraient-ils apporter aux pratiques du développement international ?
- Est-il possible de parler d'une rupture ou bien d'une continuité entre les OMD et les ODD ?

Pour en savoir davantage

Boussichas, Matthieu et Vincent Nossek. *Quoi de neuf sur les financements innovants ?* Clermont-Ferrand, Fondation pour les études et recherches sur le développement international (FERDI), 2018.

Gérardin, Hubert, Stéphanie Dos Santos et Bénédicte Gastineau. « Présentation. Des Objectifs du Millénaire pour le développement (OMD) aux Objectifs de développement durable (ODD) : la problématique des indicateurs ». *Mondes en développement* 174, n° 2 (2017), 7-14.

Nations unies. *Les Objectifs du Millénaire pour le développement*. New York, ONU, 2015.

Treillet, Stéphanie. « L'arrière-plan théorique des Objectifs du Millénaire pour le développement : une occultation de la dynamique du développement ? » *Mondes en développement* 2, n° 174 (2016), 33-48.

Notes

7

Les Objectifs du développement durable : quoi de neuf[1] ?

Jean-Philippe Thérien

Résumé

La scène du développement international est aujourd'hui plus compliquée que jamais. La raison est que les pays qu'on a baptisés «en développement» à l'époque de la décolonisation forment un groupe de plus en plus hétérogène. Le tiers monde n'est décidément plus ce qu'il était. En même temps, les pays d'Afrique, d'Asie et d'Amérique latine continuent de revendiquer une identité commune et de réclamer des droits distincts. Ainsi, malgré la diversité croissante des trajectoires économiques et sociales suivies par les pays du Sud global, la promotion du développement demeure un enjeu clé sur l'ordre du jour international. L'ONU offre un poste d'observation privilégié pour examiner la politique du développement international. C'est d'ailleurs de cette institution qu'est venue l'initiative développementale la plus importante des dernières années. L'initiative s'est concrétisée le 25 septembre 2015, quand les chefs d'État du monde ont adopté le Programme de développement durable à l'horizon 2030 – ou Agenda 2030 – lors d'un sommet organisé par l'ONU.

Introduction

L'Agenda 2030[2] a pris le relais des Objectifs du millénaire pour le développement (OMD) qui avaient guidé les politiques de développement international de 2000 à 2015. Unanimement considéré comme une entente sans précédent, l'Agenda 2030 définit 17 Objectifs de développement durable (ODD) assortis de 169 cibles spécifiques couvrant les aspects économique, social et environnemental du développement. Les ODD les plus emblématiques portent sur l'éradication de la pauvreté et de la faim, la lutte contre les changements climatiques et la mise en place d'un partenariat mondial en faveur du développement[3].

---

1. Ce texte a initialement été publié sous le titre «Développement international : quoi de neuf?» Dans *La politique en questions*. Vol.2. Par les professeurs de science politique de l'Université de Montréal, 203-212. Montréal, Presses de l'Université de Montréal, 2018. Les auteurs remercient les PUM pour la permission de le publier.
2. Nations unies. *Transformer notre monde : le programme de développement durable à l'horizon 2030.* New York, ONU, 2015.

3. Felix Dodds, David Donoghue et Jimena Leiva Roesch. *Negotiating the Sustainable Development Goals: A Transformational Agenda for an Insecure World.* New York, Routledge, 2017.

L'aspect le plus innovateur de l'accord de 2015 tient dans sa mise en avant du principe d'universalité. L'accord s'applique en principe à tous les pays, au Sud comme au Nord, dans la mesure où il postule qu'à ce jour, aucune nation n'a atteint le développement durable. Cherchant à rompre avec la mentalité qui a longtemps réduit le développement à une relation d'aide, l'Agenda du développement post-2015 propose ainsi une relecture de l'opposition traditionnelle entre pays riches et pays pauvres.

En tant que politique publique globale, l'Agenda 2030 peut être analysé comme un ensemble de pratiques animées par des débats de valeurs. L'intérêt de cette approche tient au fait qu'elle couvre les éléments matériels et idéologiques qui constituent n'importe quel type de politique publique. Ensemble, les notions de pratiques et de valeurs offrent des outils analytiques féconds pour comprendre la dynamique politique derrière l'accord de 2015.

La première partie du chapitre expose ainsi comment l'Agenda 2030 résulte d'une série de pratiques typiques de la diplomatie multilatérale. La seconde partie explique en quoi cet accord est un compromis politique traversé par de nombreux conflits de valeurs. Au final, l'analyse aidera à comprendre le contexte dans lequel prennent forme les efforts de développement international d'aujourd'hui.

L'adoption de l'Agenda 2030

Les ODD ont succédé aux OMD qui avaient été adoptés à l'ONU en 2000 lors du sommet du Millénaire. Jusqu'à récemment, les OMD ont été décrits comme le programme de lutte à la pauvreté le plus ambitieux de l'histoire. Comme l'expérience des OMD a été généralement considérée comme un succès, l'idée de reproduire – en mieux – ce type de politique publique après l'échéance de 2015 s'est imposée de manière étonnamment consensuelle. Pareil consensus n'était pas anodin. Défiant l'air du temps marqué par le néolibéralisme, il traduisait

une reconnaissance du fait que la planification du développement ne pouvait pas être laissée aux seules forces du marché.

Les ODD ont été définis à partir d'un ensemble de pratiques incluant, notamment, la tenue de rencontres de haut niveau (de ministres ou de chefs d'État), l'organisation de conférences globales, la mise sur pied d'un groupe d'experts, la création de mécanismes intergouvernementaux de négociations, la consultation du public et l'adoption d'objectifs socioéconomiques chiffrés. Comme on le verra ci-après, le bricolage politique auquel ces pratiques ont donné lieu n'a pas été programmé par un code de procédures strict. Comme le paquebot onusien ne suit pas une route prédéterminée, le script des ODD n'était pas écrit. De fait, plusieurs des décisions prises au cours des négociations étaient largement imprévisibles.

L'élaboration des ODD a commencé et a pris fin avec une réunion plénière de haut niveau de l'Assemblée générale de l'ONU. Bien que les préoccupations pour l'après-2015 aient émergé tout de suite après l'adoption des OMD, en 2000, c'est au cours de la réunion de haut niveau de septembre 2010 que les États membres ont formellement demandé au secrétaire général de formuler un nouveau cadre de développement pour l'après-2015, en coordination avec les autres initiatives onusiennes en cours. En 2015, c'est également lors d'une réunion de haut niveau de l'Assemblée générale que les ODD ont été adoptés. En plus de donner un poids symbolique particulier à la décision prise, la convocation du sommet de 2015 paraissait d'autant plus indiquée qu'elle s'appuyait sur un précédent : en 2000, ce sont les gestionnaires politiques de la planète qui ont donné le coup d'envoi aux OMD.

La résolution de 2010 a enclenché un vaste travail de remue-méninges de la part de l'ONU. À l'interne, le secrétaire général a créé en 2011 un comité interagences pour que celles-ci définissent une vision institutionnelle cohérente à propos de l'Agenda post-2015. À l'externe, plusieurs initiatives de consultation ont été entreprises. Le Groupe des Nations unies pour

Figure 7.1

Recommandations pour la mise en œuvre des ODD

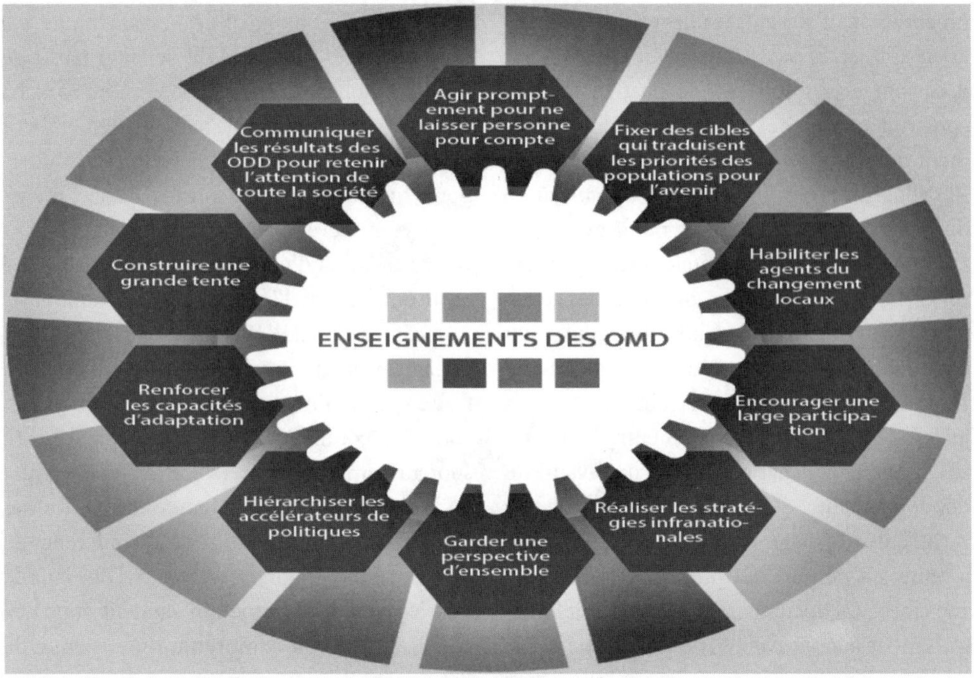

Source : Programme des Nations unies pour le développement. *Des OMD au développement durable pour tous : ce que nous avons retenu de 15 années de pratique.* New York, PNUD, 2016.

le développement – l'instance de coordination des activités de l'ONU en matière de développement – a organisé des rencontres de discussions dans des dizaines de pays. Il a aussi lancé un vaste sondage mondial pour dresser un portrait de l'opinion publique sur le sujet. Enfin, un groupe de discussion de haut niveau sur l'après-2015 a été mis sur pied en juillet 2012. Coprésidé par le président d'Indonésie, la présidente du Liberia et le premier ministre du Royaume-Uni, ce groupe a remis son rapport en mai 2013. Mettant de l'avant le principe de « ne laisser personne de côté », le rapport a formulé 12 objectifs dont plusieurs ont été repris dans la version définitive de l'Agenda 2030[4].

Comme indiqué plus haut, l'élaboration du programme de développement 2030 s'est déroulée en parallèle avec d'autres initiatives multilatérales prévues séparément. Parmi celles-ci, la plus importante a été sans contredit la conférence de Rio sur l'environnement, qui s'est tenue en 2012 en vue de marquer le 20e anniversaire du Sommet de la Terre. L'une des principales décisions de Rio+ 20 a été de proposer la création d'un groupe de travail onusien pour formuler des objectifs de développement durable. Lorsque le groupe de travail a entrepris ses pourparlers, les liens entre cette négociation et les discussions concernant l'après-2015 étaient fort nébuleux. Plusieurs craignaient que l'initiative issue de Rio et l'Agenda post-2015 restent déconnectés et génèrent de la confusion.

Ce n'est qu'à la mi-temps des activités du groupe créé à Rio qu'un rapprochement avec l'Agenda post-2015 a été établi. En effet, à l'automne 2013, un événement spécial de

---

4. Nations unies. *Pour un nouveau partenariat mondial : vers l'éradication de la pauvreté et la transformation des économies par le biais du développement durable : rapport du Groupe de personnalités de haut niveau chargé du programme de développement pour l'après-2015.* New York, ONU, 2013.

l'Assemblée générale sur les OMD et l'après-2015 a pris parti pour un cadre de développement et un ensemble d'objectifs unifiés, qui s'appliqueraient à tous les pays. À partir de ce moment, il devient clair que l'Agenda post-2015 serait construit autour des objectifs de développement durable que le groupe de travail issu de Rio allait proposer. En somme, la négociation du programme de développement 2030 s'est faite en deux épisodes, qui étaient au départ distincts. Le premier épisode concernait les activités du groupe de travail établi à Rio, qui se sont échelonnées de décembre 2012 à juillet 2014. Le second épisode, qui s'est étalé de janvier à juillet 2015, assurait la jonction entre le processus de Rio et le débat plus large sur l'avenir du développement.

À l'été 2014, le groupe de travail établi à Rio a remis un rapport qui proposait 17 ODD et 169 cibles. Ce document a été par la suite intégralement adopté par l'Assemblée générale le 10 septembre 2014. L'Assemblée générale a aussi décidé que la proposition du groupe de travail constituerait la base principale de l'Agenda 2030. Après la publication d'un rapport de synthèse par le secrétaire général[5], le comité de négociation de l'Agenda post-2015 s'est concentré sur quatre tâches : l'identification finale des ODD, la rédaction d'une déclaration politique, la définition des moyens de mise en œuvre de l'accord, et l'élaboration d'une procédure de suivi et d'examen. De façon assez surprenante, malgré des débats houleux, le comité est parvenu à un consensus en respectant l'horaire serré qui avait été établi au départ. L'Agenda a été solennellement adopté lors du sommet de septembre 2015, qui, après avoir été inauguré par le pape François, a réuni 136 chefs d'État.

Du début à la fin de la préparation du programme de développement 2030, une pratique constante a été la consultation de la société civile et des « parties prenantes ». Ce souci de consultation a été particulièrement mis en évidence avec le sondage mondial déjà évoqué, mais il a marqué toutes les étapes du débat, à partir de Rio+ 20 jusqu'au sommet de septembre 2015. La société civile a joué un rôle particulièrement actif dans les deux épisodes de la négociation intergouvernementale. De façon révélatrice, même les pays en développement traditionnellement moins en faveur d'une participation de la société civile ont reconnu l'intérêt de sa contribution.

L'élaboration de l'Agenda 2030 a aussi été largement structurée par des études comparatives. Cette situation n'est pas surprenante quand on considère comment les études comparatives se sont aujourd'hui imposées comme une technologie de gouvernance touchant toutes les formes d'activités politiques. Dès 2012, la conférence de Rio+20 s'était prononcée en faveur d'objectifs de développement durable qui seraient concrets, concis et faciles à comprendre. Le groupe de discussion de haut niveau a confirmé cette orientation en affirmant que les objectifs internationaux étaient plus efficaces lorsqu'ils étaient exprimés en termes mesurables et qu'ils étaient accompagnés d'un échéancier.

Les études comparatives des ODD ont demandé la mise en commun des compétences de multiples experts. À ce sujet, le comité interagences mis sur pied en 2011 a joué un rôle décisif en épaulant les négociateurs du groupe de travail sur les ODD. Plus tard, le rôle des experts est devenu déterminant lors de la définition des indicateurs des ODD. En effet, il a été assez tôt décidé que les diplomates définiraient les objectifs et les cibles de l'Agenda alors que l'identification des indicateurs servant à en faire le suivi serait laissée à des spécialistes. Discutable, le raisonnement était que le choix des indicateurs était un travail technique et non politique. Parallèlement au travail de définition des ODD, en août 2014, le secrétaire général a mis sur pied un groupe d'experts indépendants sur la révolution numérique au service du développement durable. Composé de chefs statisticiens nationaux, de spécialistes du secteur privé et de fonctionnaires internationaux,

---

5. Nations unies. *La dignité pour tous d'ici à 2030 : éliminer la pauvreté, transformer nos vies et protéger la planète : rapport de synthèse du secrétaire général sur le programme de développement durable pour l'après-2015.* New York, ONU, 2014.

Tableau 7.1

Comparaison entre les OMD et les ODD

OMD	ODD
Applicables de manière disproportionnée aux pays en développement.	Applicables à l'ensemble des pays, des gouvernements, de la société civile, des acteurs du développement et du secteur privé.
8 objectifs, 21 cibles, 60 indicateurs Pas de mandat/orientation clairs pour adapter le cadre au contexte local.	17 objectifs, 169 cibles, 230 indicateurs. L'adaptation des cibles au contexte national est manifestement attendue de tous les gouvernements, conformément aux ambitions mondiales ; emploi de données ventilées dans les cas appropriés.
Extrait de la Déclaration du Millénaire par les experts de l'ONU ; officiellement adoptés par les États membres de l'ONU en 2005.	Négociés par les États membres de l'ONU, éclairés par une conversation mondiale menée par l'ONU faisant intervenir 10 millions de personnes (experts, dirigeants, citoyens de tous les milieux, y compris des communautés marginalisées).
Des résultats mesurables, assortis de délais vers : • Certaines dimensions du développement humain. • Le partenariat mondial (Objectif 8) a peu de cibles quantifiables ; centré sur l'aide.	Des résultats mesurables, assortis de délais vers : • Des objectifs économiques (pauvreté de revenu, industrialisation, infrastructure, emploi). • Des objectifs sociaux (protection sociale, santé, éducation, égalité des sexes). • Des objectifs environnementaux (changements climatiques, biodiversité, océans, utilisation des terres). • Des objectifs de gouvernance (des sociétés pacifiques, ouvertes à tous et justes). • Des moyens de mise en œuvre (technologie ; politiques en matière de commerce équitable, de finance et de dette ; rôle catalyseur de l'aide au développement ; données).
OMD 7 sur la viabilité environnementale – absence de lien clair avec les autres objectifs.	Vise à améliorer les vies des personnes et la capacité de la planète à fournir les services essentiels.
Absence d'accord clair sur le suivi, le processus d'examen ou la redevabilité.	Oblige « un suivi et un examen solides, globaux, transparents à tous les niveaux » basés sur des principes communs ; mécanismes de suivi mondiaux et régionaux définis.

Source : Programme des Nations unies pour le développement. *Des OMD au développement durable pour tous : ce que nous avons retenu de 15 années de pratique.* New York, PNUD, 2016.

ce groupe d'experts est responsable de faciliter l'implantation de l'Agenda 2030.

Le programme de développement 2030 offre une large fenêtre sur les mécanismes de la politique onusienne. Sa genèse permet de voir que le multilatéralisme repose sur des manières de faire qui, tout en laissant place à l'innovation et à l'imagination politique, sont en bonne partie standardisées. Sans ces repères pratiques, il est difficile de concevoir comment une politique publique comme l'Agenda 2030 aurait pu voir le jour.

Un débat de valeurs

L'histoire de l'élaboration de l'Agenda 2030 et des ODD serait incomplète sans un examen des débats de valeurs auxquels le processus a donné lieu. En fait, la négociation des ODD a offert une excellente illustration des conflits idéologiques qui divisent aujourd'hui la communauté internationale. Au fil des discussions, des lignes de fracture complexes et parfois inattendues sont apparues, mais il est clair que, globalement, le débat sur le programme de développement 2030 a été surtout dominé par un clivage Nord-Sud.

Avant de parler de conflits idéologiques, il convient toutefois de reconnaître que la négociation de l'Agenda 2030 a permis de dégager quelques zones de consensus, plus ou moins solides. Par exemple, l'idée même de définir un Agenda international de développement pour l'après-2015, l'établissement de l'échéance de 2030 et la pratique des études comparatives sont autant d'éléments qui ont été rarement remis en question. Par ailleurs, un consensus de façade s'est développé autour de certains autres aspects de la conversation globale sur les ODD.

La vaste majorité des intervenants du débat s'est ainsi entendue pour désigner la lutte contre la pauvreté comme étant le principal défi de la communauté mondiale. Au chapitre des solutions, l'objectif de «ne laisser personne de côté» s'est imposé comme un cri de ralliement mobilisateur autant au Nord qu'au Sud. Le consensus des solutions s'est aussi étendu à l'idée que la lutte à la pauvreté passait par la promotion du développement durable et la mise en place de partenariats. Enfin, la vaste majorité des intervenants a insisté sur le fait que la conception des ODD devait être à la fois inclusive et tournée vers l'action.

Sans surprise, les points de convergence qui viennent d'être évoqués cachaient d'importantes limites qui sont apparues à mesure que les discussions avançaient. S'agissant de la nature du problème à résoudre, les participants au débat avaient de toute évidence une vision différente du rapport entre la pauvreté et les autres items de l'ordre du jour international, notamment l'environnement. En bref, la négociation des ODD a confirmé une vieille ligne de tensions selon laquelle la question environnementale a une importance plus grande pour les pays du Nord que pour les pays du Sud.

Des divergences de vues sont aussi apparues sur l'importance relative de la pauvreté et de l'inégalité. Au final, même si l'Agenda 2030 met clairement le projecteur sur les personnes les plus vulnérables, les négociations ont accordé une attention inédite au thème des inégalités. D'ailleurs, l'un des ODD porte spécifiquement sur la nécessité de combattre les inégalités à l'intérieur des États et entre les États. Cela dit, la question des inégalités a donné lieu à un clivage Nord-Sud récurrent. Pendant que les pays développés insistaient sur l'importance de combattre les inégalités intranationales, les pays en développement mettaient l'accent sur les inégalités globales, et appelaient à une restructuration des institutions économiques et financières internationales.

Par ailleurs, le consensus autour des solutions que représentent le développement durable et les partenariats reste superficiel. D'emblée, la définition même du développement durable reste très controversée. Selon une approche courante, le développement durable cherche à établir un équilibre entre les dimensions économique, sociale et environnementale du développement. Face à ce trinôme, les pays en développement ont repris leur argumentaire traditionnel qui met avant tout l'accent sur l'économie. Des pays comme la Chine, l'Inde et le Brésil ont ainsi affirmé que la réduction de la pauvreté et le développement durable étaient impossibles sans une croissance soutenue. Les pays développés, l'ONU et les ONG du Nord ont plutôt fait valoir que la croissance économique ne pouvait se poursuivre sans tenir compte des ressources limitées de la planète. En outre, malgré l'opposition des pays du Sud, les gouvernements et les ONG du Nord ont régulièrement cherché à élargir la définition du développement durable en y incluant un volet politique, soit en termes de bonne gouvernance ou de droits humains.

La négociation des ODD a fait apparaître un autre élément de divergence se rapportant à la division du travail entre acteurs publics et acteurs privés. Le consensus apparent évoqué plus haut autour de l'idée de partenariat est à cet égard trompeur. En fait, les pays développés ont souvent répété que le secteur privé doit être le moteur de la croissance durable pour la simple et bonne raison que seul le secteur privé dispose des ressources nécessaires à l'atteinte de cet objectif. Suivant cette logique, la notion de partenariat fait généralement référence à une forme de contrat entre les gouvernements nationaux, le milieu des affaires et la société civile. Pour leur part, les pays du Sud ont souligné que les partenariats public-privé ne pouvaient tout simplement pas se substituer aux partenariats de gouvernement à gouvernement. De leur point de vue, le respect du principe d'intergouvernementalisme reste la condition de base pour que la coopération internationale se réalise de manière harmonieuse.

La négociation de l'Agenda 2030 a également suscité d'importants conflits de valeurs concernant les voies et les moyens à prendre pour réaliser les ODD. Le débat le plus vif a opposé une logique de responsabilité nationale et une logique de solidarité internationale. Largement copié sur la division Nord-Sud, ce débat s'est cristallisé autour du principe de « responsabilités communes, mais différenciées ». Formalisé à Rio en 1992, ce principe voulait à l'origine établir un compromis historique entre pays du Nord et pays du Sud. Dans les faits, il n'a servi qu'à emballer les ambiguïtés traditionnelles du droit du développement dans une nouvelle formulation.

À la base, il faut rappeler qu'une des innovations de l'Agenda 2030 a été de promouvoir l'idée d'universalité. Cela dit, l'idée d'universalité a été interprétée de manière différente au Nord et au Sud. Les pays du Nord y ont surtout vu une manière d'amener les pays émergents et les autres pays à revenus intermédiaires à partager le fardeau du développement global. Pour leur part, les pays du Sud et la société civile ont plutôt envisagé la notion d'universalité comme une manière de donner plus de responsabilités aux pays riches, autant à l'échelle domestique qu'à l'échelle globale.

La thèse de l'universalité a donc donné lieu à un malentendu qui ne s'est jamais dissipé. Reprenant une idée entérinée à Monterrey en 2002, les pays du Nord ont défendu une version de l'universalité selon laquelle tous les États sont également responsables de leur destin et qu'à ce titre, le développement est d'abord une affaire de politique nationale. Par crainte que les pays du Sud n'adoptent une version sélective des ODD, ils ont aussi rappelé que tous les États devaient se sentir interpelés par tous les aspects de l'Agenda post-2015. Enfin, les pays développés ont insisté pour limiter l'application de la notion de « responsabilités communes, mais différenciées » au seul secteur environnemental.

Pour leur part, les pays en développement ont plutôt fait valoir que l'universalité de l'Agenda 2030 reposait sur la transnationalisation croissante des problèmes économiques et sociaux. Pour faire face à cette réalité, ils ont insisté pour que le principe de « responsabilités communes, mais différenciées » s'applique à tous les volets du développement durable, et non seulement au volet environnemental. En même temps, les pays du Sud ont aussi souvent répété que le programme 2030 devait tenir compte des spécificités nationales et régionales. Selon le compromis qui s'est finalement imposé, le principe des « responsabilités communes, mais différenciées » a été retenu, mais il a été relégué dans la déclaration politique qui accompagne l'accord final.

Un dernier aspect du conflit normatif entourant l'Agenda 2030 a porté sur la question de la légitimité du processus. Trois positions distinctes se sont fait entendre sur le sujet. Privilégiant une vision de la légitimité fondée sur l'expertise technique, les pays développés ont souligné le besoin de faire valider les ODD par la communauté des experts du développement. De leur point de vue, les objectifs, les cibles et les indicateurs du développement durable devaient prioritairement être déterminés en fonction de l'évidence scientifique disponible. En somme, pour les gouvernements du Nord, le succès des ODD a toujours été lié à l'établissement de critères neutres et objectifs, sanctionnés par des spécialistes reconnus.

Les pays en développement et la société civile ont défendu une approche moins technique et plus politique de la légitimité des ODD. Associant légitimité et souveraineté, les gouvernements du Sud ont ainsi soutenu que le succès des ODD dépendait de leur appropriation nationale par chaque État. Méfiants à l'égard d'une communauté d'experts dominée par les pays du

Nord, les pays du Sud ont d'ailleurs tenu à ce que l'Agenda 2030 reconnaisse explicitement le besoin de maintenir leur « marge de manœuvre nationale ».

Pour sa part, la société civile a insisté sur le critère de la démocratie pour garantir la légitimité des ODD. La plupart des ONG ont ainsi défendu l'idée que les ODD devaient être définis et implantés à partir d'une démarche participative et transparente. Dans le même esprit, les ONG ont mis de l'avant le principe selon lequel les ODD devraient être implantés en consultation avec les personnes les plus directement affectées. De façon prévisible, ces divergences de vues sur les sources de la légitimité de l'action internationale n'ont jamais été résolues.

En somme, l'Agenda 2030 présente un formidable paradoxe. D'une part, il peut être vu comme un accord qui offre une conception vraiment nouvelle du développement international. Mais en même temps, il peut être interprété comme un catalogue d'intentions vagues fondé sur les vieilles divergences Nord-Sud. Seul l'avenir dira laquelle de ces deux interprétations est la meilleure.

Conclusion

Au fil des dernières années, la mondialisation économique, la crise environnementale et la diffusion de la modernité ont transformé la dynamique du développement international. Les différences entre pays riches et pays pauvres sont ainsi devenues nettement plus floues qu'avant. Pourtant, malgré cette évolution, le volume des ressources matérielles et symboliques qui ont été consacrées à l'adoption de l'Agenda 2030 démontre bien que le développement demeure une priorité des politiques publiques globales. L'échéance de 2030 indique par ailleurs que cette priorité n'est pas sur le point de disparaître.

Au final, l'Agenda 2030 et les ODD qui l'accompagnent reflètent les tensions qui animent le débat politique sur le développement. En particulier, le développement se voit tiraillé entre deux approches : certains continuent d'y voir un marqueur de divisions entre les peuples, alors que d'autres voudraient y voir un défi collectif auquel toute l'humanité fait face. Les deux approches s'opposent dans un rapport de forces dont l'issue est incertaine. Mais quoi qu'il advienne de cette bataille politique, l'adoption de l'Agenda 2030 en constituera certainement une étape décisive.

Objectifs d'apprentissage

- Bien comprendre le contexte qui a précédé la formulation de l'Agenda 2030.
- Dresser un bilan critique des objectifs du développement durable.

Questions de réflexion

- Quels sont les acteurs engagés dans la formulation de l'Agenda 2030 ? Qu'en est-il de la société civile ? A-t-elle contribué à cette nouvelle feuille de route ?
- Quels sont les points consensuels et non consensuels qui ont émergé de cette initiative ?
- Quelles sont les principales critiques souvent évoquées pour remettre en question les ODD ?

Pour en savoir davantage

Boussichas, Matthieu et Vincent Nossek. *État des lieux des ODD dans les PMA et autres pays vulnérables*. Clermont-Ferrand, Fondation pour les études et recherches sur le développement international (FERDI), 2014.

Caron, Patrick et Jean-Marc Châtaigner. *Un défi pour la planète : les Objectifs de développement durable en débat*. Marseille, IRD Éditions, 2017.

De Milly, Hubert. « Les Objectifs de Développement Durable : éléments d'analyses et impacts possibles pour les agences d'aide ». *Techniques financières et Développement 4*, n° 121 (2015), 37-48.

Egil, François. « Les Objectifs de développement durable, nouveau palais de cristal ? » *Politique africaine 4*, n° 140 (2016), 99-120.

Thérien, Jean-Philippe, « Développement international : quoi de neuf ? » Dans *La politique en questions*. Vol.2. Par les professeurs de science politique de l'Université de Montréal, 203-212. Montréal, Presses de l'Université de Montréal, 2018.

Voituriez, Tancrède. *À quoi servent les objectifs de développement durable ?* Paris, Institut du développement durable et des relations internationales (IDDRI), 2013.

Notes

8 La fracture Nord-Sud

François Polet

Résumé

L'histoire des rapports entre pays du Nord et pays du Sud peut être décomposée en trois étapes. La première, dans la foulée des décolonisations, voit les pays du Sud s'organiser collectivement pour changer l'ordre économique international dans le sens de leur autonomie et de leur développement. Les années 1980-1990 sont celles de l'ajustement structurel, qui renforce la domination économique et politique du Nord sur un Sud dont la cohésion est de moins en moins évidente. Enfin, avec la montée des émergents, la conflictualité entre Nord et Sud reprend de la vigueur au tournant du millénaire. La nécessaire mise en place d'une gouvernance mondiale de l'environnement est le terrain le plus expressif de ce nouveau clivage Nord-Sud : pays pauvres et émergents s'y coordonnent pour imposer l'idée d'une justice climatique, donc la nécessité d'un régime de droits et de devoirs à deux vitesses distinguant pays développés et en développement.

Aux sources du dialogue Nord-Sud

Dans la foulée du mouvement de décolonisation des années 1950-1970, les ex-pays colonisés s'affirment sur la scène internationale. La solidarité entre ce que l'on appelle alors le « tiers monde » résonne alors comme une évidence : pauvres, exploitées, nations africaines, asiatiques et latino-américaines ont tout intérêt à unir leurs forces pour faire respecter leur souveraineté politique, compléter cette dernière par une véritable indépendance de leurs économies (alors que les métropoles s'efforcent de conserver le contrôle de ces dernières à distance), et revendiquer une organisation des échanges commerciaux plus favorable à leur développement économique et social.

Ces combats s'incarnent dans une série de regroupements (les Non-alignés, le Groupe des 77, la Tricontinentale), de rencontres historiques (Bandung en 1955, La Havane en 1966) et d'institutions (la CEPAL[1], la CNUCED[2]). Ils seront menés dans un environnement intellectuel où fleurissent les interprétations conflictuelles des rapports entre ex-colonisés et ex-colonisateurs. Les théories de la dépendance et de l'impérialisme démontrent que le sous-développement des pays pauvres est la résultante

---

1. La Commission économique pour l'Amérique latine, créée en 1947 par la Commission économique et sociale des Nations unies.
2. La Conférence des Nations unies sur le commerce et le développement, créée en 1964.

Figure 8.1
Bandung, la naissance du tiers monde

Source : Cécile Marin. « Naissance du tiers-monde ». *Le Monde diplomatique*. 2005.

d'un système qui les cantonne à la « périphérie » du système-monde, dans un rôle ingrat de fournisseurs de matières premières aux pays industrialisés.

Au début de la décennie 1970, la revendication d'un Nouvel ordre économique international connaît un début de concrétisation à travers la tenue d'un « dialogue Nord-Sud » au sein des Nations unies, qui débouche sur des résolutions engageant les pays du Nord à concéder une série de droits et d'aides économiques aux pays du Sud. Parmi ces droits inscrits dans la Déclaration sur le droit au développement (1986), il y a le droit de choisir le type d'organisation de son économie, celui de contrôler les multinationales étrangères, ou d'avoir une souveraineté complète, pleine et entière sur les ressources naturelles de son territoire. Quant aux aides,

elles consistent en une série de mécanismes de modulation des obligations des États en matière d'ouverture commerciale en fonction de leurs niveaux et besoins de développement, ce que synthétise l'expression « traitement spécial et différencié » encodée dans le GATT.

La mise au pas néolibérale

La dynamique s'enlise au tournant des années 1980, dans un contexte de chute des cours des matières premières et de crise de l'endettement extérieur, qui se combine à une attaque conservatrice menée sous la houlette de Ronald Reagan et Margaret Thatcher, qui sont hostiles à l'utilisation des instances des Nations unies comme tribunes par les pays du Sud. On observe alors un net recul de la souveraineté des pays du Sud. Leurs politiques sont placées sous la tutelle d'organismes internationaux (la Banque mondiale et le Fonds monétaire international), dominés par les pays occidentaux qui estiment que le seul moyen de dégager des excédents budgétaires (et de rembourser les dettes) est de réduire radicalement les dépenses publiques et de libéraliser les systèmes productifs et financiers. C'est le règne du «consensus de Washington».

La fin de la Guerre froide élargit la conditionnalité à d'autres domaines: la démocratie, l'État de droit, la protection de la nature et les droits de l'homme. Dans cette nouvelle vision, les sources des maux qui frappent les pays pauvres résident surtout dans la mauvaise gouvernance des États du Sud. Avec le recul des doctrines tiers mondistes et la montée de l'idéologie humanitaire, ces derniers n'apparaissent plus comme le visage de nations victimes d'un ordre international injuste, mais comme des instances corrompues et brutales vis-à-vis de leurs populations, une perception qui justifie la multiplication des interventions «militaro-humanitaires» dans les années 1990.

Cette phase néolibérale de la mondialisation est caractérisée par l'hégémonie d'institutions telles que le G7, la Banque mondiale, le FMI, l'OMC – au sein desquelles les représentants du Sud sont marginalisés. Quant à l'ensemble «Sud», il est marqué par une différenciation des trajectoires entre des pôles qui s'intègrent aux centres de la consommation mondiale (Asie de l'Est, du Sud-Est) et d'autres qui stagnent (Amérique du Sud) ou régressent (Afrique). L'idée d'une communauté de destin laisse la place à un grand jeu, duquel chaque pays cherche individuellement à tirer son épingle en valorisant au mieux ses avantages comparatifs.

La remise en cause de l'ordre occidental

La crise asiatique de 1997-1998 et la stabilité économique de pays comme la Chine ou la Malaisie, qui s'écartent des consignes du FMI, entament la force normative des institutions internationales associées à la mondialisation néolibérale. La mobilisation altermondialiste, qui démarre lors du Sommet de l'OMC, à Seattle à la fin 1998, se développe à la faveur des doutes sur le consensus de Washington, et offre un espace d'expression aux organisations de la société civile pour lesquelles la mondialisation est un projet destiné à renforcer l'emprise du Nord sur les ressources du Sud. Elle accompagne des dynamiques intergouvernementales Sud-Sud qui dénoncent la nature déséquilibrée des institutions et des accords qui organisent la mondialisation.

Un développement important en termes de rapports Nord-Sud à l'aube du nouveau millénaire est l'affirmation de quelques nations du Sud que l'on commence à qualifier d'«émergentes». Leur taux de croissance s'envole, de même que leur part dans le commerce international, avec un dynamisme des échanges Sud-Sud. Les pays les plus pauvres, notamment en Afrique, sont tirés par cette nouvelle demande qui entraîne une augmentation et un renchérissement de leurs exportations de matières premières. Les investissements Sud-Nord et Sud-Sud connaissent parallèlement une progression substantielle, qui se traduit par des rachats et des prises de participation dans les secteurs les plus variés, symbolisés par le règne de Mittal (Inde) sur l'acier européen. Sur le plan financier, la dépendance Nord-Sud s'est inversée: de débiteurs nets, les pays émergents sont devenus des créditeurs nets des pays industrialisés.

Ce dynamisme économique, les pays émergents s'emploient de diverses manières à le traduire en influence politique. Il s'agit d'augmenter leur puissance collective au sein des instances de négociations multilatérales, et, d'autre part, de se doter d'instruments leur permettant de réduire leur dépendance vis-à-vis des institutions dominées par le Nord. Ces orientations justifient des rapprochements stratégiques entre les grands pays du Sud, à l'instar de l'initiative IBSA (Inde, Brésil, Afrique du Sud), qui se donne

Figure 8.2

Protocole de Kyoto et clivage Nord-Sud

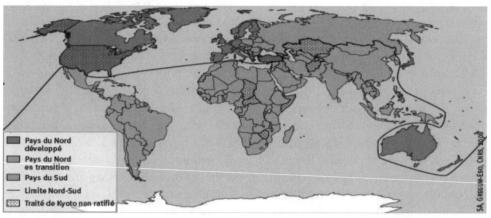

Source : Moïse tsayem Demaze. « Le protocole de Kyoto, le clivage Nord-Sud et le défi du développement durable ».
L'Espace géographique 38, n° 2 (2009), 139-156.

pour objectif de se soutenir mutuellement. Le blocage de l'OMC est une manifestation significative de la capacité de coordination entre pays du Sud – pauvres et émergents – quand les termes des accords imposés par les pays du Nord sont jugés inéquitables.

La crise financière de 2007-2008 et la quête d'une régulation globale fournissent l'opportunité aux nouveaux poids lourds de l'économie de s'inviter dans les clubs où les pays industrialisés discutent des orientations mondiales. Le G8 se transforme en G20, dont l'une des premières décisions est la réforme du FMI et de la Banque mondiale, afin de faire plus de place aux émergents. Par ailleurs, les BRICS (Brésil, Russie, Inde, Chine, Afrique du Sud) mettent en place en 2014 des mécanismes financiers répondant davantage à leurs besoins, dont une banque de développement et un fonds de réserve en devises.

S'il est guidé par des motivations pragmatiques, cet activisme des grands pays du Sud est également conçu, bien que suivant des modalités très variables, comme la pointe avancée d'un mouvement plus large, questionnant l'emprise des pays occidentaux sur les affaires du monde. À défaut d'alignement systématique, des formes de solidarité existent entre pays pauvres et émergents autour de certains grands enjeux

internationaux. Il y a par exemple convergence contre les accords commerciaux qui grignotent juridiquement les « marges de manœuvre » des États et réduisent leur potentiel d'impulsion futur de politiques industrielles. Dans le même ordre d'idée, il existe un consensus autour de l'idée selon laquelle les coopérations économiques et financières ne doivent pas servir de levier pour imposer des conditionnalités et d'autres droits de regard. En matière de sécurité collective et de droit international, on relève une réserve partagée face à l'élargissement du droit d'intervention de la communauté internationale dans les affaires internes des États. Il y a, enfin, et il s'agit peut-être du terrain sur lequel le clivage Nord-Sud est le plus décisif, la volonté de se profiler collectivement en tant que « Sud » au sein des négociations multilatérales sur l'environnement, pour ne pas subir le coût de l'ajustement écologique mondial.

Les clivages Nord-Sud et l'Agenda de l'environnement

L'environnement apparaît aujourd'hui comme l'enjeu global par excellence. Au plus haut niveau se multiplient les appels au renforcement d'une gouvernance capable d'organiser le vivre-ensemble de l'humanité présente et future à l'intérieur des limites biophysiques de la planète. Cette vision occulte les déphasages et les tensions qui existent entre pays du Nord et du Sud. Dès la première conférence onusienne sur l'environnement, à Stockholm en 1972, le multilatéralisme en matière environnementale est poussé par le volontarisme des pays occidentaux. Ce dernier reflète la diffusion de préoccupations écologiques dans cette partie du monde, dont une partie de l'opinion commence à se soucier des conséquences du modèle industriel de production et de consommation.

Les pays en développement s'engagent à reculons dans ces discussions, avec comme préoccupation principale de ne pas se voir imposer des contraintes au nom de préoccupations et d'un sentiment d'urgence qu'ils ne partagent pas. « La pauvreté est la pire forme de pollution », affirme au début des années 1970 le premier ministre indien. Quarante-cinq ans après Stockholm, ce décalage initial entre Nord et Sud a évolué, mais il n'a pas disparu et continue à structurer les négociations internationales.

Les réticences des pays du Sud face à l'Agenda environnemental global se situent à trois niveaux.

À un premier niveau, la priorité pour la majorité des gouvernements du Sud demeure le décollage de leurs économies. Au contraire de l'Occident, l'industrialisation n'y est pas conçue comme un héritage encombrant du passé. Le Sud reste en demande d'activités structurantes et créatrices de revenu, d'emplois, de développement social, ce qui est également une clé de la reconnaissance sur la scène internationale. Dans cette vision « développementaliste », la nature (terre, forêts, eau, paysages) est envisagée sous le prisme de la ressource productive à exploiter plutôt que de la « réserve de biosphère » à protéger.

Il est tentant de prêter cette orientation aux seules élites politiques et économiques, qui seraient enfermées dans un paradigme productiviste et auxquelles ferait face une population – communautés paysannes et indigènes

en tête – conquise à la cause de la nature : d'un côté, les dirigeants du Sud et les multinationales du Nord, de l'autre, les communautés du Sud et les ONG du Nord... Cette vision dichotomique trahit la réalité : dans l'ensemble, les sociétés du Sud se vivent davantage comme bénéficiaires potentielles des grands projets à venir que comme « victimes » du développement. C'est davantage le sentiment d'être exclues des avantages des nouvelles infrastructures qui mobilise les communautés directement concernées, plutôt que la conservation d'un patrimoine naturel. Cette moindre sensibilité environnementale est finalement logique au sein de pays dont les majorités demeurent plongées dans la précarité matérielle, ou viennent récemment de s'en extraire. On constate de même une moindre adhésion pour la cause écologique dans les sociétés industrielles en temps de crise économique.

Par ailleurs, les pays du Nord sont responsables de l'état de dégradation de la planète et ont davantage de moyens pour financer l'adaptation de l'économie mondiale. Il ne serait pas juste que les pays pauvres et émergents brident leurs efforts de développement du fait des niveaux de pollution causés par le mode de vie industriel du Nord. C'est un peu comme si les pays aisés repoussaient du pied l'échelle qui leur avait permis d'atteindre un niveau de vie confortable, pour reprendre l'expression d'un diplomate du Sud.

Un autre type de réticence tient à la perception d'une influence disproportionnée des Occidentaux au sein des instances où sont négociées les questions environnementales. Les traités et les mécanismes paraissent conçus et paramétrés pour permettre aux pays riches d'imposer leurs priorités en termes de conservation des ressources naturelles, en épargnant leurs intérêts stratégiques. Le rôle proéminent des ONG écologiques du Nord, dans la mise à l'agenda international des problématiques environnementales ou dans les processus de mise en conservation de la nature tropicale, est une dimension non négligeable de cette hégémonie. La crainte plus ou moins fondée de perdre le contrôle des ressources naturelles de leur territoire au profit d'agences apatrides est bien réelle, comme le montre la répugnance des Brésiliens à l'idée d'une internationalisation de la gestion de la forêt amazonienne.

Ces réticences partagées ont amené les pays du Sud à se concerter, notamment dans le cadre du G77, en amont des grandes conférences sur l'environnement. Pour Adil Najam[3], le mode d'implication de ce groupe dans les négociations environnementales est passé de la contestation (Conférence de Stockholm, en 1972), à la participation «réticente» (Sommet de Rio, en 1992), puis à l'engagement «hésitant» (Sommet de Johannesburg, en 2002). Cette participation conditionnée des pays du Sud a amené les pays du Nord à des concessions. C'est sous l'insistance de ceux-là que le concept de «développement durable» a progressivement accompagné puis supplanté celui d'«environnement». Plus important, le Sommet de Rio consacre le principe de «responsabilités communes, mais différenciées», qui institutionnalise l'existence d'un clivage Nord-Sud en matière d'environnement, donc d'un régime à deux vitesses en matière d'obligations et de charges.

Conclusion

L'environnement n'est qu'un des enjeux de la mondialisation qui forcent les États à coopérer davantage. La nécessité de venir à bout des pires formes du capitalisme financier, qui prospère sur l'absence d'entente entre les États, en est une autre. Cette réalité recompose plus qu'elle ne dissout le clivage Nord-Sud, qui est le produit d'asymétries historiques et présentes. La participation équitable, substantive des pays du Sud est néanmoins la clé de l'efficacité de la gouvernance mondiale en devenir. Elle exige des pays riches qu'ils se décentrent et renoncent à se projeter comme porteurs et garants de l'intérêt supérieur de l'humanité.

---

3. Adil Najam. «Developing Countries and Global Environmental Governance: From Contestation to Participation to Engagement». *International Environmental Agreements: Politics, Law and Economics 5*, n° 3 (2005), 303-321.

Objectifs d'apprentissage

- Comprendre ce qui amène historiquement les pays du Sud à se penser comme un collectif.
- Identifier les causes des basculements dans les rapports de force Nord-Sud.
- Cerner les points de vue des pays en développement en matière de gouvernance environnementale globale.

Questions de réflexion

- La lecture des relations internationales en termes de rapport Nord-Sud conserve-t-elle un sens à l'aube du troisième millénaire?
- Comment les émergents envisagent-ils la traduction de leur nouveau pouvoir économique en puissance politique et dans quelle mesure prennent-ils en compte les autres pays du Sud?
- Le principe de «responsabilités communes, mais différenciées» est-il légitime sur le long terme?

Pour en savoir davantage

Centre tricontinental et Groupe de recherche pour une stratégie économique alternative (GRESEA). *Coalitions d'États du Sud : retour de l'esprit de Bandung ?* 14. Alternatives Sud. Louvain-la-Neuve, Centre Tricontinental, 2007.

Duterme, Bernard et François Polet. Obsolète, le clivage Nord-Sud ? *Points de vue du Sud* 23. Alternatives Sud. Louvain-la-Neuve, Centre Tricontinental, 2016.

Hugon, Philippe. « L'éclatement des Sud et les nouvelles relations internationales ». *Revue internationale et stratégique* 3, n° 9 (2005), 83-94.

Polet, François. « Nord-Sud : une fracture périmée ? » *Politique, revue des débats* 93 (2016), 60-72.

Thomas, Frédéric. « Chine-Amérique latine : la nouvelle grande alliance ? » *Revue internationale et stratégique* 3, n° 111 (2018), 107-114.

Notes

9 La mondialisation et le développement

Mathieu Perron-Dufour

Résumé

La mondialisation, longtemps vue comme un processus inéluctable, vacille. Un peu partout s'élèvent des voix discordantes, des velléités d'érection de barrières et de repli sur soi. En même temps, les défenseurs de la mondialisation s'insurgent contre ce qu'ils perçoivent être des mouvements réactionnaires et à courte vue, risquant de mettre en péril les gains effectués grâce à celle-ci. Mais si, justement, cette résistance s'expliquait par le fait que plusieurs des gains attendus tardent à se matérialiser alors que les bouleversements sont, eux, bien réels? Cette hypothèse sera ici explorée autour de trois axes – le commerce, la finance et les migrations – en identifiant les impacts de cette mondialisation et les enjeux contemporains qui se dégagent.

Introduction

L'actuel processus de mondialisation, qui tire ses racines de la période qui a suivi la Seconde Guerre mondiale, s'est accéléré à partir des années 1970, avec la fin du système monétaire mis en place par les accords de Bretton Woods (en 1944) et la déréglementation graduelle des flux financiers, et encore davantage après l'écroulement du bloc soviétique, au début des années 1990. Aujourd'hui, cependant, on assiste à un scepticisme grandissant face aux bienfaits de l'intégration internationale sous diverses formes.

Parmi les différentes dimensions de la mondialisation, on peut ressortir trois axes qui sont particulièrement importants pour la compréhension des dynamiques de développement, notamment pour les pays du Sud: les flux financiers, le commerce international et les mouvements migratoires. La théorie standard employée par les défenseurs de la mondialisation voit les flux financiers comme un moyen de suppléer à une quantité trop limitée de capital disponible pour l'investissement, ainsi que l'occasion d'attirer des capitaux dans des secteurs-clés. On affirme également que le commerce international peut contribuer à générer des devises étrangères par l'exportation, tout en poussant les économies vers une spécialisation salutaire. Les migrations peuvent, quant à elles, être vues comme un moyen d'arrimer force de travail et moyens de production, ou simplement permettre la libre circulation des individus. Cependant, dans notre monde globalisé, chacun de ces axes recèle des réalités contrastées.

Les flux financiers[1]

Pour les tenants de la théorie économique standard, libéraliser les flux d'investissement pour permettre à l'investissement direct étranger (IDÉ) de s'installer dans les pays du Sud est un moyen de se développer. Outre l'apport en capital, l'arrivée d'une entreprise étrangère pourrait avoir plusieurs impacts positifs pour le pays d'accueil (transfert de technologies et de méthodes modernes de gestion, salaires plus élevés, augmentation du potentiel d'exportation, etc.). Plusieurs pays ont donc choisi d'effectuer une telle libéralisation dans les dernières décennies, souvent fortement encouragés par le Fonds monétaire international (FMI) ou la Banque mondiale (BM).

Comme on peut le voir, une augmentation importante de l'investissement direct étranger dans les pays en développement depuis 1990 a eu lieu, en particulier en Chine. Cependant, dans bien des cas, les effets positifs attendus n'ont pas été au rendez-vous. En réalité, une proportion non négligeable de l'IDÉ dans les pays en développement est constituée de fusions et d'acquisitions (17 % en moyenne de 1990 à 2017, selon des données de la CNUCED), ce qui n'amène pas vraiment d'investissement neuf dans l'économie.

Selon Jayadev et Lee[2], il n'y a aucun lien clair entre libéralisation des flux de capitaux et croissance économique. Pour avoir un impact intéressant sur l'économie d'accueil, l'IDÉ doit être dûment intégré dans une politique industrielle domestique cohérente contenant des mécanismes ciblant directement les effets positifs recherchés. Sinon, l'IDÉ peut même avoir des effets délétères, comme de reléguer les entreprises domestiques aux segments les moins intéressants du marché. La Chine a bien connu une croissance impressionnante dans les dernières décennies, mais justement, elle a une politique industrielle forte et une implication importante de l'État. C'était également le cas de quelques autres pays asiatiques dotés de politiques industrielles volontaristes, mais peu de pays disposent de cette cohérence et de cette capacité.

En sus des piètres résultats sur la croissance, la libéralisation entraîne une augmentation de l'instabilité économique et le risque de crise financière, les économies concernées étant vulnérables face à des arrivées ou des départs massifs et rapides de capitaux[3]. Depuis les années 1980, ce sont surtout les pays en développement qui ont subi des crises importantes, même s'il y en a eu également dans les pays du Nord, comme celle de 2007-2008, qui a eu des répercussions planétaires.

Dans tous les cas, ce sont les travailleurs qui encaissent le gros du choc quand il y a une crise financière[4]. Des entreprises domestiques peuvent également éprouver des difficultés et, si les flux restent libéralisés, se retrouver vendues à des entreprises étrangères à vil prix. Paradoxalement, l'investissement direct étranger a donc tendance à augmenter après une crise, alors que les investisseurs étrangers profitent du climat d'instabilité pour faire de bonnes acquisitions. S'ensuit alors un drain de ressources, puisque ces entreprises étrangères rapatrient une partie de leurs profits, ce qui diminue le capital pouvant être investi localement. Ainsi, le processus de libéralisation amène de l'instabilité et, en même temps, un appauvrissement de certaines couches de la société. Finalement, les crises peuvent également favoriser, voire forcer, l'ouverture de certains secteurs de l'économie concernée et une plus grande intégration de celle-ci dans le marché mondial.

---

1. Ce chapitre s'attarde surtout aux flux d'investissement, puisque l'emprunt et la question de la dette sont traités dans le chapitre 43.
2. Arjun Jayadev et Kang-Kook Lee. «Capital Account Liberalization, Growth and the Labor Share of Income: Reviewing and Extending the Cross-country Evidence». Dans *Capital Flight and Capital Controls in Developing Countries*. Par Gerald Epstein, 15-57. Cheltenham, Edward Elgar, 2005.

---

3. *Ibid.*
4. Mathieu Perrou-Dufour et Özgür Orhangazi. «International Financial Crises: Scourge or Blessings in Disguise». *Review of Radical Political Economics 39*, n° 3 (2007), 342-350.

Figure 9.1

Investissement direct étranger dans les pays en développement, 1990-2017

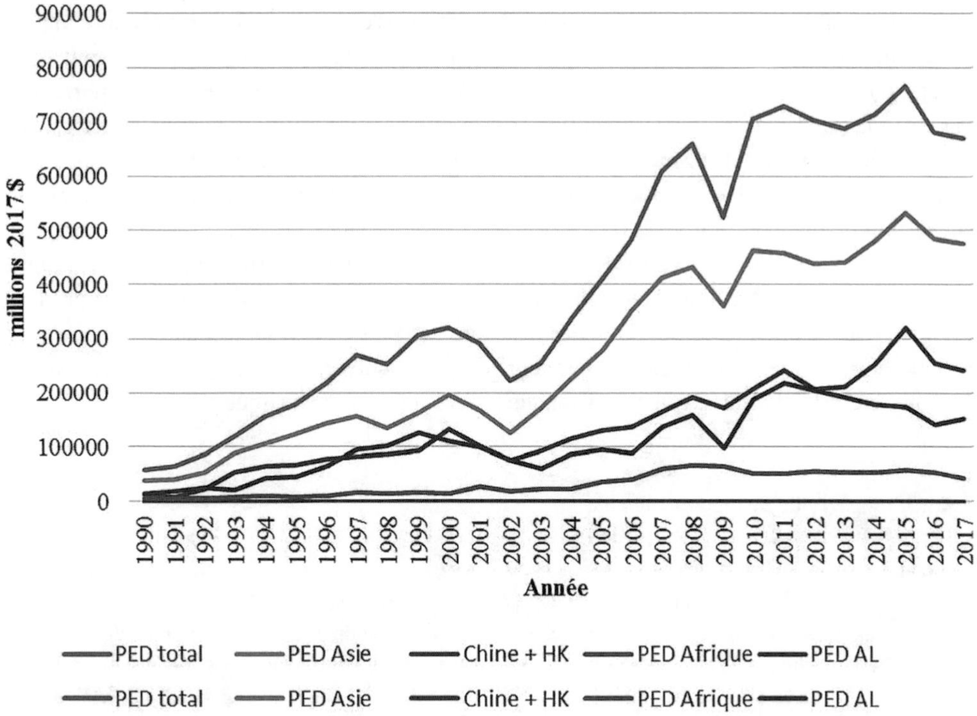

Remarque : Millions de dollars de 2017, déflateur du PIB
Source : Mathieu Perron-Dufour

Encadré 9.1 Investissement étranger

Deux catégories principales d'investissement étranger existent : l'investissement direct étranger (IDÉ) et les investissements de portefeuille. Lorsqu'on parle d'investissement pour les pays en développement, c'est surtout d'IDÉ dont il est question. Les investissements de portefeuille concernent des actifs liquides tels que des actions, des produits dérivés ou des obligations d'épargne. L'IDÉ se veut un investissement effectué dans un pays donné par une entreprise étrangère détenant une part substantielle de l'entité dans laquelle elle investit. Est donc considéré de l'IDÉ un investissement dans une filiale domestique, dans une entreprise domestique détenue à 10 % ou plus par l'investisseur, ou finalement l'achat de parts d'une entreprise domestique détenue à plus de 10 % par l'acheteur étranger à la fin de la transaction. Dans ce dernier cas, on parle de fusion et d'acquisition. Par contraste aux flux de portefeuille, qui peuvent être liquidés assez rapidement, on juge donc généralement que l'IDÉ démontre une plus grande implication dans le pays concerné.

Le commerce international

Le mouvement de libéralisation du commerce, entamé dans les années d'après-guerre, s'est lui aussi accéléré à partir des années 1980.

L'ouverture au commerce international, selon la théorie standard, est censée pousser un pays à se spécialiser dans les secteurs où il a le plus de potentiel, amenant à terme une utilisation plus efficiente des ressources disponibles et des gains en productivité. En réalité, il faut encore là constater que les résultats sont assez mitigés.

Il est possible qu'il y ait un gain d'efficience immédiat à la spécialisation, mais sur le long terme, cela peut être problématique. Par exemple, un pays s'ouvrant au commerce international pourrait se voir relégué à des secteurs à faible potentiel de croissance, comme l'extraction de matières premières ou l'agriculture. Évidemment, on ne peut pas s'attendre à ce qu'un pays en développement construise des fusées, et le commerce peut amener des ressources précieuses pour le développement économique. Mais il faut avoir une stratégie cohérente pour que cela puisse exister, comme pour l'investissement étranger. Certains pays asiatiques qui ont connu une croissance importante dans les dernières décennies ont basé une partie de leur stratégie sur l'exportation, profitant ainsi du vaste marché offert par les pays occidentaux. Toutefois, ces pays ont appliqué en même temps une stratégie consciente pour remonter les filières, c'est-à-dire réinvestir constamment une partie des ressources engrangées pour développer des secteurs de production de plus en plus sophistiqués.

Sans une telle stratégie d'industrialisation, l'économie du pays risque plutôt de se structurer

---

Encadré 9.2 Défis du modèle chinois

Le développement économique des dernières décennies en Chine a été impressionnant, ce qui explique que ce pays a su s'élever au rang de superpuissance économique, avec un PIB qui est seulement surpassé par celui des États-Unis. Le gouvernement chinois a su mettre à profit la mondialisation en reposant une bonne partie de sa stratégie d'industrialisation sur un modèle d'exportation de masse. Cependant, le succès ne s'est pas acquis simplement en libéralisant sans discernement, mais bien en s'intégrant à l'économie mondiale de manière graduelle. La devise chinoise n'est toujours pas pleinement convertible, par exemple, ce qui a permis au pays de s'en sortir relativement bien lors de crises financières internationales. Il y a aussi un ensemble de restrictions sur l'investissement étranger. Ainsi, l'exemple de la Chine illustre davantage les bienfaits d'une politique industrielle volontariste doublée d'une ouverture calculée et graduelle que d'une libéralisation à tout crin.

Toutefois, cette croissance exceptionnelle est problématique. D'une part, certains remettent en question la progression technologique des industries chinoises. Bien que les exportations chinoises soient effectivement devenues plus sophistiquées, il semble que ce soit dû en partie à une importation de produits intermédiaires à haute valeur ajoutée et au fait que la part venant de la Chine n'a pas beaucoup changé*. Par ailleurs, la croissance rapide a été basée sur un taux de réinvestissement massif de ce qui était produit et des apports d'investissement étranger, ce qui a été assuré par une répression des salaires et des conditions de travail difficiles**. Les grandes inégalités de revenu et le faible salaire de bien des travailleurs impliquent d'ailleurs que la demande intérieure a peine à suivre l'évolution de la production et que le pays dépend de ses exportations, ce qui est devenu problématique depuis la crise de 2007-2008. Les salaires dans le secteur industriel ont commencé à monter, mais seulement à travers des mobilisations de masse de la part des travailleurs, mobilisations qui ont longtemps été réprimées. La capacité du pays de se développer une classe moyenne et d'augmenter la consommation à l'interne reste à démontrer, surtout si elle implique une redistribution qui s'attaquerait aux privilèges de ceux qui ont fortement profité du modèle. Finalement, le pays fait face à d'importants problèmes environnementaux, notamment en ce qui a trait à la disponibilité d'eau pour l'agriculture et à la qualité de l'air. Le gouvernement chinois a donc devant lui de grands défis s'il veut assurer la pérennité du modèle.

---

* Michel Husson. «Le développement, la crise et la mondialisation». Dans *Enjeux et défis du développement international*. Par Pierre Beaudet et Paul Haslam, 101-121. Ottawa, Presses de l'Université d'Ottawa, 2014.
** Benjamin Selwyn. *The Struggle for Development*. Cambridge, Polity Press, 2017.

autour des secteurs primaires après la libéralisation du commerce. Lorsqu'on ajoute des pressions pour générer des devises étrangères, pour financer une dette extérieure, par exemple, ou simplement un accès plus grand pour des multinationales à ces ressources, on peut se retrouver dans une situation où la production nationale sera orientée de plus en plus vers l'exportation plutôt que vers l'usage domestique. De cultures vivrières effectuées par de petits paysans, par exemple, on pourra se retrouver avec de grandes cultures de plantation destinées à l'exportation. La tendance sera exacerbée si les consommateurs étrangers ont un plus grand pouvoir d'achat que la population locale. Si les gains ne sont pas redistribués parmi celle-ci, on peut se retrouver dans une situation paradoxale de surplus alimentaires globaux et de famine locale. Mike Davis raconte que c'est ce qui est arrivé en Inde au XIXᵉ siècle[5]. Les moyens de transport s'étaient améliorés sous l'Empire britannique, mais plutôt que de faciliter l'acheminement de denrées dans les régions qui en manquaient, cela a mis en concurrence des Indiens pauvres avec des consommateurs européens plus fortunés, entraînant des exportations en période de famine. Plus récemment, Polaski observait 10 ans après la mise en œuvre de l'ALÉNA au Mexique que l'accord avait amené le développement d'une culture dite de rente, destinée à l'exportation, poussant bien des paysans hors de leurs terres sans qu'ils puissent tous se trouver un emploi ailleurs[6].

Les migrations

Les flux migratoires sont une troisième dimension importante de la mondialisation. En 1980, il y avait un peu moins de 80 millions de migrants, c'est-à-dire des personnes vivant dans un pays où elles ne sont pas nées, soit à peu près 2,6 % de la population. En 2017, ce chiffre était passé à 258 millions, soit 3,4 % de la population, une proportion qui a connu une forte augmentation surtout à partir des années 1980.

Ce sont en grande partie la pauvreté et la misère qui perdurent dans la plupart des pays en développement[7], les bouleversements amenés par la mondialisation et les changements climatiques, ainsi que les conflits comme la guerre au Moyen-Orient qui ont poussé une quantité croissante de personnes à quitter les pays du Sud dans l'espoir d'améliorer leur sort. De l'autre côté, les pays du Nord ont une population vieillissante et des besoins de main-d'œuvre, notamment plusieurs emplois peu qualifiés ou saisonniers. En théorie, donc, la migration pourrait être positive en permettant aux populations du Sud de combler les besoins du Nord.

En réalité, l'arrimage est difficile. Au Nord, des segments importants de la population ont vu leurs revenus stagner ou décliner. Or, les processus de mondialisation ne sont pas étrangers à cet état de fait. Par exemple, une plus grande mobilité du capital et une libéralisation du commerce permettent à des entreprises de menacer leurs travailleurs de délocalisation et d'obtenir d'importantes concessions de ceux-ci. C'est l'une des raisons qui font qu'il y a une résistance grandissante au Nord à l'immigration de personnes qui sont vues comme des concurrents sur le marché de l'emploi. À cela s'ajoutent d'autres facteurs qui touchent moins l'économie, comme la stigmatisation des ressortissants musulmans en lien avec la « guerre au terrorisme » des dernières années.

Cette résistance populaire a contribué à un resserrement des barrières. La migration est plus difficile et périlleuse. Ainsi, on décompte

5. Mike Davis. *Late Victorian Holocausts: El Nino Famines and the Making of the Third World*. New York, Verso, 2000.
6. Sandra Polaski. *Mexican Employment, Productivity, and Income a Decade After NAFTA*. Rapport soumis au comité permanent du sénat canadien sur les affaires étrangères. Washington, D.C., Carnegie Endowment for International Peace, 2004.

7. Benjamin Selwyn. *The Struggle for Development*. Cambridge, Polity Press, 2017.

plus de 22 000 morts de migrants de 2000 à 2015 seulement en Méditerranée[8].

Les enjeux sont également importants pour les pays du Sud. Les revenus envoyés ou rapatriés par les travailleurs étrangers forment une part importante du revenu total de plusieurs de ces pays. Par exemple, les envois de fonds constituent près de 30 % du PIB à Haïti ou au Népal en 2016. En même temps, beaucoup de migrants sont plus éduqués que la moyenne, ce qui peut représenter une sorte de « fuite de cerveaux » pour leur pays d'origine. De la même manière, les départs massifs ont des impacts importants sur les familles et les communautés laissées derrière, pouvant saper leur dynamisme et leur vitalité.

Conclusion

La mondialisation a créé plusieurs bouleversements, sans que ne se soient matérialisés pour le plus grand nombre les gains annoncés. On a plutôt assisté à une montée des inégalités, à de l'instabilité financière et à une stagnation des niveaux de vie d'une grande proportion des populations, tant au Nord qu'au Sud. Face aux dérives de la mondialisation libérale s'expriment différents mouvements de résistance.

La réaction des élites occidentales a jusqu'à maintenant été de rejeter cette résistance en la qualifiant de « populiste et myope ». Pourtant, les problèmes sous-jacents sont bien réels. On peut donc se questionner sur ce refus apparent d'en prendre acte et de s'y attaquer de front, tout en continuant de militer pour étendre la mondialisation dans sa forme actuelle. Entre fermeture et repli sur soi d'un côté et mondialisation libérale de l'autre existe pourtant une panoplie de cadres différents, dont plusieurs seraient sûrement à même de permettre au plus grand nombre de réaliser leurs aspirations. Il y a ainsi un défi de lucidité face aux enjeux actuels, de créativité pour élaborer des alternatives et de rapports de pouvoir pour les mettre en place.

8. Camille Bordenet et Madjid Zerrouky. « Méditerranée : chiffres et carte pour comprendre la tragédie ». *Le Monde*. 2015.

Objectifs d'apprentissage

- Comprendre l'incidence de la mondialisation, notamment la libéralisation du commerce et des flux d'investissement, sur le développement et les populations des pays du Sud.
- Réfléchir sur les enjeux contemporains de développement en lien avec la mondialisation.

Questions de réflexion

- Des pays comme la Chine qui ont misé sur la mondialisation sont-ils des exceptions ou des modèles ?
- Assiste-t-on aux prémices d'un renversement des tendances de libéralisation et d'intégration observées depuis la Seconde Guerre mondiale ?
- Comment favoriser une mondialisation qui profite au plus grand nombre ?

Pour en savoir davantage

Abdelkmalki, Lahssen, Hakim Ben Hamouda, Karima Bounemra Ben Soltane, Anna Lipchitz, Nassim Oulmane, Mustapha Sadni Jallab et René Sandretto. *Mondialisation et développement durable : les effets économiques, sociaux et environnementaux de l'ouverture commerciale*. Addis-Abéba, Centre africain pour la politique commerciale, 2008.

Aglietta, Michel et Yves Landry. *La Chine vers la superpuissance*. Paris, Éditions Economica, 2007.

Gaulard, Mylène. « Les limites de la croissance chinoise ». *Revue Tiers Monde 4*, n° 200 (2009), 875-893.

Mvogo, Thomas Noah. *Mondialisation et sous-développement : la réalité des pays pauvres*. Paris, Éditions L'Harmattan, 2009.

Rordik, Dani. *Nations et mondialisation : les stratégies nationales de développement dans un monde globalisé*. Paris, Éditions La Découverte, 2008.

Notes

Section 3

Points de tension

10

La crise du multilatéralisme

David Sogge

Résumé

Des gouvernements et des acteurs non étatiques ont développé depuis la Seconde Guerre mondiale de nouvelles initiatives multilatérales pour répondre aux défis d'un monde qu'on voulait reconstruire. De ce point de départ sont nées plusieurs organisations multilatérales, notamment dans le cadre de l'ONU. C'est ce que nous allons examiner ici en tenant compte du rôle hégémonique des États-Unis, dont l'influence a été et continue d'imposer des limites sévères au multilatéralisme authentique.

Introduction

Le monde actuel devient de plus en plus un espace interconnecté et interpénétré. Les frontières nationales s'estompent devant les nombreux problèmes qui s'accumulent tels que les grandes pandémies, l'effritement du secteur public appauvri par les politiques néolibérales ou les guerres qui frappent plusieurs régions. Derrière ces défis se situent de grandes inégalités nées du mal-développement et des choix politiques qui mènent à l'injustice et à l'humiliation. Pour faire face à ces menaces, et pour promouvoir leurs intérêts nationaux, les gouvernements ont choisi d'agir collectivement à travers des conventions internationales et des pactes de défense. Ils ont mis en place des agences internationales et constitué des blocs économiques régionaux.

Après la Seconde Guerre mondiale, les gouvernements des pays riches se sont ralliés à la bannière de l'aide au développement bilatérale, mais aussi à celle de l'action multilatérale, qui compte pour environ un quart de l'aide totale destinée au Sud.

De quoi s'agit-il ?

Le multilatéralisme s'inscrit dans des accords entre plusieurs États (au moins trois), généralement présentés comme des ententes pacifiques entre divers acteurs. Ces accords ont officiellement pour but d'aider les gouvernements à améliorer leurs capacités, leur influence, leur sécurité et leurs conditions économiques à long terme. En principe, les arrangements multilatéraux favorisent la stabilité et la prévisibilité des relations internationales. Des puissances « moyennes » comme le Canada ou les Pays-Bas sont souvent les plus grands défenseurs du multilatéralisme, car ces accords leur permettent

Figure 10.1

Réunion entre le président Barack Obama et les dirigeants des pays BRICS

Réunion tenue lors de la dernière journée de la COP 15, Copenhague, 2009
Crédit : Pete Souza, Official White House Photo

d'exercer une influence dépassant leurs capacités et leur légitimité, limitées par rapport aux grandes puissances. Ces dernières comme les États-Unis sont par ailleurs portées à utiliser ce qu'on pourrait appeler un « multilatéralisme à la carte », c'est-à-dire quand c'est à leur avantage. Cela mène à la multiplication des pactes commerciaux et à la croissance de l'aide, donc à l'affaiblissement du multilatéralisme.

Le système des Nations unies

Après la Seconde Guerre mondiale, les puissances triomphantes, la Grande-Bretagne, l'Union soviétique (l'URSS) et les États-Unis, ont convenu de créer une nouvelle institution, l'Organisation des Nations unies (ONU). Le concept de départ impliquait la possibilité pour tous les États de participer, tout en reflétant les préférences stratégiques des États-Unis, la seule puissance de l'époque capable d'exercer son

influence sur tous les terrains : militaire, diplomatique et financier.

Dans les années 1960, les gouvernements des pays riches ont déplacé leurs priorités vers les pays non occidentaux, dans le contexte de l'arrivée sur la scène des nouveaux États d'Asie et d'Afrique. Les luttes pour l'autodétermination continuaient cependant, comme au Vietnam, au Mozambique et en Angola, souvent avec l'appui de l'URSS, pour affirmer leur autodétermination et liquider les séquelles du colonialisme. Dans cette première phase, l'ONU est devenue un forum utilisé par plusieurs États pour résister aux pressions des États-Unis et de ses alliés.

Dans les années 1990, l'ONU est entrée dans une nouvelle phase troublée, sous l'influence de l'implosion de l'URSS et de l'essor d'un capitalisme mondial plus agressif. Les États-Unis et leurs alliés ont appuyé l'élargissement des mandats de l'ONU dans le cadre de conflits comme en ex-Yougoslavie, en Haïti et en République démocratique du Congo, où des

Figure 10.2
Fonctionnement de l'ONU

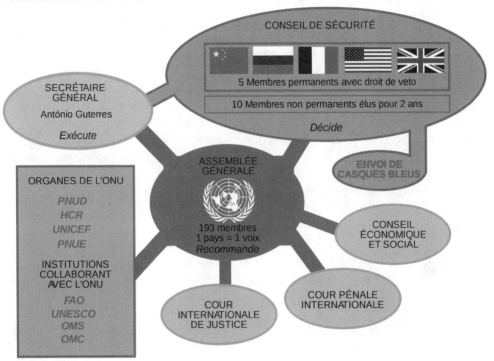

Source : Wikimedia Commons

milliers de « casques bleus » ont été déployés. Parallèlement, les puissances ont multiplié leurs actions militaires bilatérales, laissant de côté l'ONU, comme en Syrie, en Libye, en Irak et en Afghanistan. Les orientations traditionnelles du développement international ont été délaissées en faveur des politiques promues par le Fonds monétaire international (FMI), la Banque mondiale et l'Organisation mondiale du commerce (OMC), au détriment des agences et des programmes de l'ONU. Encore aujourd'hui, les pays riches préfèrent canaliser les fonds d'aide à travers leurs canaux bilatéraux, dont le mandat est souvent de promouvoir leur influence commerciale et politique auprès des gouvernements qui reçoivent l'aide.

Les agences des Nations unies

Dans sa phase initiale, l'ONU et ses agences ont été au cœur du processus du développement intentionnel. À cette époque, beaucoup de gens croyaient que la science et la technique pourraient améliorer le sort des gens, par la « modernisation », la « planification démographique » et d'autres méthodes de gouvernance qui dominaient le discours officiel. Le « développement » était essentiellement un ensemble de problèmes techniques pouvant être résolus par des experts, des médecins, des ingénieurs, des agronomes, des économistes, etc. En bref, des professionnels « neutres » devaient définir le problème et surtout la solution. Encore jusqu'à nos jours, le multilatéralisme pour le développement est resté dominé par les normes de la technocratie, derrière lesquelles la politique du pouvoir et les intérêts commerciaux peuvent opérer discrètement.

Selon sa Charte, l'ONU doit coordonner la coopération internationale tout en promouvant le respect des droits humains et des libertés fondamentales. Le Conseil économique et social de l'ONU a été désigné comme le garant de cette mission, dirigée par les représentants de 54 États membres. En réalité, cependant, le Conseil n'a jamais eu beaucoup d'autorité.

Décrivons maintenant, brièvement, les plus importantes agences spécialisées de l'ONU.

- La FAO est l'Agence sur l'alimentation, l'agriculture et le développement rural. Son mandat est de fournir aux gouvernements l'information et l'analyse adéquates concernant les questions d'agriculture et d'alimentation, et de gérer un certain nombre de projets.
- Le Programme alimentaire mondial (PAM), créé par la FAO, livre aux pays pauvres les surplus agricoles des pays riches dans le cadre de projets de développement ou d'aide humanitaire.
- L'Organisation mondiale de la santé (OMS) vise au bien-être global, physique et mental des êtres humains. Elle établit des normes pour assurer la qualité des pratiques et des produits reliés au domaine de la santé.
- Le Fonds des Nations unies pour les enfants (mieux connu sous son acronyme anglais, UNICEF) développe un vaste programme en faveur des enfants, visant la santé préventive, la nutrition et l'éducation. Le Fonds des Nations unies pour la population (UNFPA) poursuit un mandat sur les droits reproductifs des femmes, influencé par les mouvements des femmes.
- L'Organisation des Nations unies pour l'éducation, la science et la culture (UNESCO) a pour mandat de promouvoir le développement de systèmes d'éducation, l'échange des savoirs, l'élaboration de politiques culturelles, etc. Le Programme des Nations unies pour l'environnement (PNUE) analyse l'état du monde du point de vue environnemental, facilite des négociations dans le domaine et surveille la mise en œuvre de programmes.
- ONU-Habitat est une initiative axée sur les questions de développement et de pauvreté, la réhabilitation des milieux urbains et la croissance incontrôlée des bidonvilles. Parmi ses principes figure celui du droit au logement, qui contrevient à son tour à l'idée selon laquelle le logement doit être une marchandise soumise aux « lois » du marché.
- L'Organisation internationale du travail (OIT), créé à la fin de la Première Guerre mondiale, doit promouvoir des standards concernant les conditions de travail et les conditions sociales à travers des conventions intergouvernementales qui incluent la liberté d'association et de négociation collective.
- La Conférence de l'ONU sur le commerce et le développement (CNUCED) est orientée pour promouvoir un « autre » commerce international. En général, les pays riches n'ont jamais été favorables à la CNUCED, et ils ont tenté de miner sa crédibilité en déplaçant les débats vers d'autres processus, comme celui qui est présentement coordonné par l'Organisation mondiale du commerce (OMC).
- Dès sa naissance, l'ONU a fait face à plusieurs crises humanitaires. L'expulsion du peuple palestinien par le nouvel État israélien, en 1948, a été l'une de ces crises qui l'a forcée à créer l'Agence des Nations unies pour les Palestiniens (UNWRA), qui continue de porter secours aux réfugiés palestiniens.
- En 1950, l'Assemblée générale a créé le Haut-Commissariat pour les réfugiés (HCR) pour coordonner l'aide humanitaire aux réfugiés.

- Les interventions humanitaires sont souvent liées à des opérations de maintien de la paix, d'où les 71 missions de l'ONU réalisées de 1948 à 2018. Certaines missions, comme au Mozambique, ont contribué à ramener la paix. D'autres ont plutôt échoué, comme en Angola, au Congo et au Rwanda. Selon les critiques, les interventions de maintien de la paix ignorent généralement les causes sociopolitiques des conflits et, pour cette raison, sont incapables d'apporter une solution durable.
- Le Programme des Nations unies pour le développement (PNUD) est actif dans 177 pays, où il doit en principe aider les États à développer leurs capacités, ce qui est souvent entravé du fait qu'il trouve ses fonds auprès des pays riches. Néanmoins, le PNUD a permis l'expression de voix critiques dans les grands débats politiques sur le développement. Son Rapport annuel sur le développement humain propose une analyse critique qui se distingue de celles de la Banque mondiale.

Les tendances et les perspectives de l'ONU

Depuis son avènement, l'ONU est devenue une plate-forme pour discuter de la question du développement. Elle a été plutôt utile à la lutte des femmes pour l'égalité. Elle a mis au premier plan les problèmes de la pauvreté, des bidonvilles et de l'environnement, et laissait une place à plusieurs mouvements sociaux dans de cadre de forums internationaux. Aujourd'hui, cependant, le vent change. D'abord, les ressources dont dispose l'ONU ont beaucoup diminué. Elle ne dispose que de 13 % de toute l'aide multilatérale (chiffres de 2016, contre 30 % en 1990). À ces problèmes de financement s'ajoutent des déficits et des défaillances : non-transparence, coûts

administratifs élevés, cultures organisationnelles bureaucratiques, etc. Ici et là, on observe des processus pour mieux coordonner les efforts, mais la fragmentation continue, découlant de la concurrence entre les agences pour des contrats et des subventions par les pays donateurs.

Au bout du compte, l'influence des gros donateurs demeure énorme sur le système multilatéral, sur l'ONU en particulier. Ce sont eux qui définissent l'agenda et les règles, les priorités et les stratégies en dépit du fait que l'ONU est gérée en principe par l'ensemble des États membres. Les États-Unis continuent ainsi d'exercer une influence disproportionnée à travers le choix des programmes qu'ils financent, mais aussi grâce à des menaces et des coupures[1].

Une autre problématique découle de la présence croissante des sociétés transnationales. Cette influence, que certains décrient comme une privatisation en douce des institutions multilatérales, affaiblit les orientations publiques de l'ONU. C'est ainsi qu'est apparu le « Pacte mondial », inauguré en 1999 avec plusieurs grandes firmes occidentales réunies lors du Forum économique mondial de Davos, ce grand rendez-vous des élites mondiales.

Les institutions multilatérales des pays riches

Plusieurs institutions multilatérales sont établies par les pays riches en dehors du cadre de l'ONU. Ces institutions sont souvent liées aux impératifs géostratégiques des pays en question, alors en voici quelques-unes.

---

1. Bien que l'ONU soit composée des États membres qui sont acceptés par l'Assemblée générale, le pouvoir décisionnel est réservé à un petit nombre d'États. C'est en réalité le Conseil de sécurité, et non l'Assemblée générale, qui prend les grandes décisions. Cinq États sont membres permanents du Conseil de sécurité, où ils disposent par ailleurs d'un droit de veto : les États-Unis, l'Angleterre, la France, la Russie et la Chine. À ce groupe sélect s'ajoutent 10 autres États élus par l'Assemblée générale pour des mandats de deux ans : en 2017, ces 10 États étaient la Bolivie, l'Égypte, l'Éthiopie, l'Italie, le Japon, le Kazakhstan, le Sénégal, la Suède, l'Ukraine et l'Uruguay.

- L'Organisation de coopération et de développement économique (OCDE), aujourd'hui avec 35 États membres, fonctionne à titre de groupe de réflexion sur les questions économiques mondiales. L'OCDE œuvre à l'intérieur du cadre néolibéral et promeut ledit « consensus de Washington ». Elle agit, souvent derrière les coulisses, en influençant la politique des gouvernements et des acteurs privés.
- La Commission européenne, qui est située à Bruxelles, est la branche exécutive de l'Union européenne, qui comprend 28 États. La Commission est le plus grand donateur multilatéral au monde. Le système de la Commission est complexe et lourd, affecté par une culture de non-transparence et un encombrement des priorités.
- Le Conseil de l'Europe, crée en 1949 et établi à Strasbourg (France), a pour mandat de promouvoir la démocratie et les droits humains. Cette institution est composée de 47 États membres, et abrite la Cour européenne des droits de l'homme, qui lutte contre la discrimination et l'exclusion sociale.
- L'Organisation pour la sécurité et la coopération en Europe (OSCE), établie en 1973 à la fin de la Guerre froide, comprend 57 États européens, ainsi que les États-Unis et le Canada. Elle supervise les exercices électoraux des États membres, promeut le contrôle des armements, la réforme des institutions militaires et policières, la protection des minorités et la liberté des médias. Son influence réelle sur le terrain est limitée.

Les institutions multilatérales de caractère régional

Dans le sillon de la décolonisation, plusieurs pays ont créé des institutions dont le but était de maintenir des liens entre les anciennes colonies et les empires. C'est le cas notamment de trois institutions que nous décrivons brièvement.

- L'Organisation des États américains (OEA) a été mise en place par les États-Unis qui voulaient protéger leurs intérêts commerciaux en Amérique latine. Plus tard, durant la Guerre froide, l'OEA est devenue un instrument pour combattre l'influence de la gauche et des pays socialistes, notamment Cuba.
- L'Organisation internationale de la Francophonie (OIF) comprend 57 États francophones ou partiellement francophones. L'OIF, située à Paris, promeut l'utilisation de la langue française et la diversité culturelle. Elle appuie des projets dans le domaine des droits humains, de la démocratie, de l'éducation, des médias, de l'environnement et de l'économie.
- Le Commonwealth comprend 54 pays, tous d'anciennes colonies britanniques (à l'exception du Mozambique et du Rwanda). Établi à Londres, le Commonwealth promeut les activités commerciales, sportives et culturelles entre ses États membres.

Les organisations multilatérales non occidentales

Après la Seconde Guerre mondiale, l'essor des luttes de décolonisation a ouvert la porte à de nouvelles initiatives des pays autrefois dominés. Aujourd'hui, alors que se met en place une nouvelle configuration du monde, le multilatéralisme non occidental continue, bien que sous forme affaiblie.

- Une conférence convoquée en 1955 à Bandung (Indonésie) avec plusieurs pays qui venaient d'acquérir l'indépendance a donné lieu au Mouvement des pays non alignés. Cette organisation multilatérale comprend aujourd'hui 120 États membres, avec une mission de promouvoir le droit des États de se développer et leur solidarité.

- En 1964, une alliance informelle a pris forme, le Groupe des 77, pour relancer les revendications du Sud dans l'arène de l'ONU. Aujourd'hui, le G77 comprend 134 États membres et continue d'agir en tant que caucus informel au sein des institutions de l'ONU.
- Certains pays ont «émergé» économiquement en devenant des joueurs importants du système international, parmi ceux-ci le Brésil, la Russie, l'Inde, la Chine et l'Afrique du Sud (d'où l'acronyme anglais «BRICS»). Cette alliance informelle a fait sentir son influence et a fait capoter les négociations pour libéraliser le commerce international.

Conclusion

Aujourd'hui, la crise du multilatéralisme découle en bonne partie de l'influence disproportionnée des États-Unis et de ses alliés, de même que ceux des grandes entreprises privées occidentales. Ces puissances cherchent à définir les orientations macroéconomiques et à les imposer au reste du monde. Le multilatéralisme des années 1960 et 1970, avec son univers discursif du «développement» et de «l'autodétermination», est aujourd'hui éclipsé par un discours avec des termes comme «compétitivité globale» et «partenariats publics-privés». Ces formules sont devenues un nouveau «sens commun» qui limite la réflexion et entrave la souveraineté des pays sur les options de développement. En conséquence, plusieurs agences multilatérales, y compris celles de l'ONU, ont perdu beaucoup de légitimité.

Parallèlement, les chefs de file du monde non occidental n'ont pas encore réussi à forger des institutions alternatives. Certes, sur le plan économique, on peut détecter un déplacement vers une certaine multipolarité, propulsé en partie par la montée de la Chine et d'autres États surtout en Asie. Mais jusqu'à maintenant, les performances économiques de la Chine ne se sont pas vraiment traduites en un nouvel ordre géopolitique. Même si les États-Unis ne contrôlent pas tout comme avant, le système des institutions et des politiques mises en place après la Seconde Guerre mondiale demeure plus ou moins intact, permettant à l'hégémonie des États-Unis de se perpétuer dans une forme affaiblie, donc peut-être plus dangereuse.

Objectifs d'apprentissage

- Mieux comprendre le système de l'ONU.
- Comprendre les fonctions des agences multilatérales à l'intérieur et à l'extérieur de ce système.
- Contextualiser le multilatéralisme à travers les points de tensions et les changements géopolitiques et géoéconomiques du monde.

Questions de réflexion

- Considérant les énormes disparités de richesse et de pouvoir dans le monde, comment les initiatives multilatérales peuvent-elles orienter le développement vers des résultats plus équitables?

- Pourquoi certains États préfèrent-ils le «multilatéralisme à la carte» plutôt que d'accepter des cadres de travail plus globaux?
- Les Nations unies peuvent-elles être réformées? Par qui? Comment?

Pour en savoir davantage

Albaret, Mélanie. «L'ONU, entre puissance et multilatéralisme». *Ceriscope Puissance*, 2013.

Bacot-Décriaud, Michèle. *Le multilatéralisme: mythe ou réalité. Collection études stratégiques internationales*. Bruxelles, Éditions Bruylant, 2008.

Badie, Bertrand et Guillaume Devin. *Le multilatéralisme: nouvelles formes de l'action internationale*. Paris, Éditions La Découverte, 2007.

Guéhenno, Jean-Marie. «La crise du multilatéralisme». *Esprit*, août-septembre, n° 8 (2014), 49-57.

Törnquist-Chesnier, Marie. «Le multilatéralisme par le bas: l'entrée en jeu d'acteurs non étatiques». Dans *Le multilatéralisme: nouvelles formes de l'action internationale*. Par Bertrand Badie et Guillaume Devin, 166-181. Paris, Éditions La Découverte, 2007.

Notes

11

La guerre au Moyen-Orient

Michel Warschawski et Pierre Beaudet

Résumé

De nombreux conflits frappent plusieurs régions du monde en ce premier tiers du millénaire. Mais nulle part ailleurs, ces conflits n'atteignent l'intensité et la durée que l'on observe au Moyen-Orient et dans les régions adjacentes. Des guerres de grande importance continuent en Afghanistan, en Irak, en Syrie et au Yémen. Des pays sont déchirés par des confrontations à répétition, comme la Palestine, la Jordanie, le Liban et l'Égypte. Des puissances régionales se militarisent, comme Israël, l'Arabie saoudite, la Turquie et l'Iran. Enfin, de grandes puissances sont présentes sur le terrain, notamment les États-Unis, la Russie, la France et l'Angleterre. Tout cela affecte profondément plus de 200 millions de personnes directement, tout en ayant de graves répercussions sur l'Asie, l'Europe et l'Afrique. Dans ce texte, nous allons examiner les causalités et les aboutissements de ce que le président américain George W. Bush a qualifié de «guerre sans fin» dans une déclaration-choc en 2002.

À l'origine

Une nouvelle stratégie émerge dans les années 1990 aux États-Unis. À Washington, on conclut que le moment est venu pour que les États-Unis se consolident comme la seule et unique superpuissance, l'«hyperpuissance», comme le dit à l'époque le ministre français des affaires extérieures, Hubert Védrine. La guerre comme moyen stratégique d'assurer cet empire est alors redéfinie :

- La guerre est globale, et elle n'a pas de théâtre d'opérations délimité. Elle traverse toutes les frontières. Elle

n'est plus soumise aux conventions internationales. L'occupation des territoires par des forces armées américaines est présentée comme légitime et nécessaire, de même que l'utilisation d'armes de destruction massive. On légalise également des pratiques qui étaient utilisées de manière semi-clandestine, comme la torture, la détention sans procès, les assassinats, etc.

- La guerre est permanente. Elle n'a ni début ni fin. Il y aura toujours des conflits, et les États-Unis seront toujours prêts. La guerre n'est plus régie par des déclarations formelles ou

Encadré 11.1 États-Unis : seule et unique superpuissance mondiale*

Les États-Unis sont la seule superpuissance au monde, combinant une puissance militaire prééminente, une primauté technique à l'échelle mondiale et l'économie la plus puissante au monde. À l'heure actuelle, les États-Unis n'ont aucun rival. La grande stratégie de l'Amérique doit préserver et accroître cette position favorable pour une durée aussi longue que possible. Toutefois, il existe des États potentiellement puissants qui ne se satisfont pas de la situation présente et désirent la faire évoluer s'ils le peuvent dans des directions qui mettent en danger l'état de paix relative, de prospérité et de liberté dont le monde jouit aujourd'hui. Jusqu'à présent, ils ont été dissuadés d'agir par les capacités et l'étendue mondiale de la puissance militaire américaine, seulement dans la mesure où cette puissance décline, de façon relative, mais aussi dans l'absolu.

*   Thomas Donnelly. *Reconstruire les défenses de l'Amérique : la stratégie, les forces armées et les ressources pour un siècle nouveau*. Traduit par Pierre-Henri Bunel, 2000.

des processus soumis à une certaine légalité internationale. Elle fait partie du dispositif « normal » de la domination.

- La guerre est préventive. Les États-Unis se réservent le droit d'attaquer avant d'être directement menacés, donc d'agir en anticipant les actions d'adversaires réels ou présumés. La Charte des Nations unies est caduque[1].

L'un des groupes de réflexion importants à Washington – Project for the New American Century (PNAC) – propose alors un vaste « réarmement » militaire, politique et moral. Dans cette optique, les États-Unis sont la puissance indépassable, mais celle-ci est menacée par des adversaires « en émergence ». Si l'État américain ne fait rien, la domination américaine sera érodée et éventuellement vaincue.

L'occasion de tester cette hypothèse est donnée par Saddam Hussein, le dictateur irakien qui envahit le Koweït (1990). Les États-Unis mobilisent une immense armada avec l'appui de plusieurs puissances et des pétromonarchies de la région. L'armée irakienne est facilement vaincue. Des bases militaires américaines permanentes sont installées. À la suite des attaques

contre New York et Washington (2001), une immense campagne est déclenchée pour imposer l'idée que les États-Unis combattent un nouvel « axe du mal », un ennemi global qu'il faut neutraliser à tout prix, y compris par la guerre préventive. Cet ennemi, ce n'est plus le communisme, c'est le « terrorisme islamiste ». De l'Afghanistan à la Palestine, en passant par le Pakistan, l'Iran, le Liban, la Syrie et l'Irak, se constitue alors un arc de crises, une zone d'interventions militaires permanentes de la part des États-Unis.

Une stratégie à géométrie variable

Dès le début des années 2000, la guerre est relancée en Irak et en Afghanistan. En ce qui concerne l'Irak, l'objectif est d'en « finir » non seulement avec Saddam Hussein, mais de procéder à une véritable « réingénierie » de ce pays et d'autres États dans la région. En réalité, l'Irak est une sorte de « laboratoire » du point de vue des néoconservateurs, qui doit incuber d'autres interventions, notamment contre l'Iran, la Syrie, le Liban et le Yémen.

En Afghanistan, et parallèlement au Pakistan, l'opération vise à sécuriser le « centre » géographique, à cheval sur l'Europe, le Moyen-Orient et l'Asie du Sud. En dépit de son côté « périphérique », l'investissement américain en

---

1. L'article VII de la Charte des Nations unies impose aux États membres l'obligation de s'en remettre au Conseil de sécurité en cas « de menace contre la paix, de rupture de la paix et d'acte d'agression ».

Figure 11.1
Guerres au Moyen-Orient : chaos géopolitique

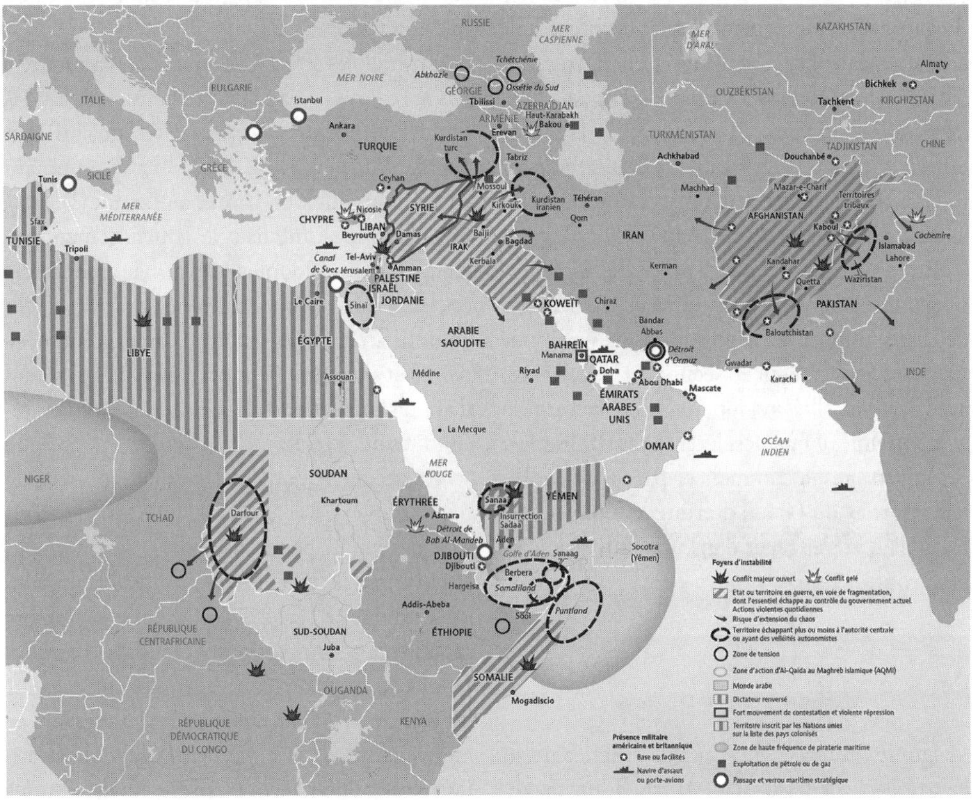

Source : Alain Gresh. « Géographie du chaos au Moyen Orient ». *Le Monde diplomatique*. 2010.

Afghanistan est énorme, incluant les milliers de militaires américains déployés sur le terrain. Avant la mise en place de la guerre « sans fin », les États-Unis, qui s'étaient contentés d'appuyer les forces se réclamant de l'islam politique, y compris les Talibans, avaient été pendant plusieurs années leurs alliés dans la lutte contre l'occupation soviétique.

La Palestine, un maillon de la chaîne

Allié-clé des États-Unis, l'État israélien promeut une stratégie offensive qui cadre bien avec les ambitions américaines. Il faut subjuguer les Palestiniens, ce qui implique de transformer l'infrastructure politique palestinienne en un appareil collaborateur de contrôle sur la population. Les États-Unis ne sont pas nécessairement contre un État palestinien semi-autonome, pour autant qu'il reste subordonné aux intérêts israéliens. La destruction totale de ce qui reste de la Palestine ne leur semble pas un impératif. C'est ainsi que, de temps en temps, se présentent entre les États-Unis et Israël des lignes de fractures, des désaccords. Cependant, sur le fond, la convergence est plus importante que la divergence. Pour préserver l'impérialisme américain, l'avenir des territoires palestiniens occupés passe loin derrière le renforcement d'un dispositif militaire régional au sein duquel Israël constitue un élément essentiel.

Essentiellement, Américains et Israéliens se rejoignent sur la nécessité de verrouiller la région, ce qui implique de subjuguer d'une manière ou d'une autre les Palestiniens et surtout de démanteler les États pouvant s'opposer à la domination impériale. La dissolution du Liban en cinq provinces sert de précédent à ce qu'il faut faire, y compris en Égypte, en Syrie, en Irak et dans les États de la péninsule. Particulièrement pour l'Irak et la Syrie, l'objectif est la fragmentation entre divers États ethniquement ou religieusement définis, ce qui anéantira la capacité militaire de ces États[2].

En 1996, le premier ministre israélien Benjamin Netanyahu propose à l'allié américain de laisser tomber les négociations de paix, inutiles à ses yeux[3]... Tout en sécurisant les relations avec certains alliés régionaux, dont la Turquie et la Jordanie, il faut accélérer la déstabilisation des adversaires, à commencer par la Syrie qu'il faut « sortir » du Liban, détruire le mouvement Hezbollah et s'engager dans une lutte jusqu'au bout contre l'Iran.

L'enlisement

Malgré les avancées, la stratégie américaine se heurte à plusieurs obstacles. Israël, en fin de compte, ne parvient pas à réaliser son objectif stratégique le plus ambitieux : effacer la Palestine comme entité politique et la remplacer par des cantons plus ou moins autogérés, comparables dans une certaine mesure aux bantoustans d'Afrique du Sud avant son émancipation du régime d'apartheid. Plusieurs facteurs expliquent cet échec, dont la résistance du peuple palestinien.

L'échec de la guerre sans fin est également observé dans le cas de l'Afghanistan. Après plus de 17 ans d'occupation, les troupes américaines ne parviennent pas à mettre fin à l'emprise des Talibans sur une partie importante du territoire. La formation et l'armement d'une armée locale par les États-Unis ont certes permis la mise

en place d'un régime allié, mais sa capacité de survivre au départ des troupes américaines est questionnable.

En Irak, les États-Unis ont réussi à mettre à bas le régime de Saddam Hussein, mais avec le retrait de leurs forces armées, les Islamistes, sous l'égide d'une nouvelle coalition, se nommant « État islamique » en Irak et au Levant (Daesh), ont réussi à déstabiliser le gouvernement irakien. Au départ cooptés par l'armée américaine, ces Islamistes se sont radicalisés et apparaissent comme un mouvement anti-impérialiste occidental et anti-Iran. Pour ces raisons, ils profitent d'appuis importants au sein des communautés sunnites de la région.

Ce retournement est parallèle aux événements en Syrie. Cet État mal-aimé des États-Unis a été déstabilisé par des Islamistes puissamment appuyés par les alliés régionaux de Washington, notamment la Turquie, la Jordanie et l'Arabie saoudite. Lors du printemps arabe, des manifestations de masse ont éclaté, demandant le départ de Bachar El-Assad, mais celui-ci a réprimé ce mouvement par la force. Par la suite, l'opposition s'est militarisée, et ce sont finalement les Islamistes qui ont pris le dessus jusqu'à temps que l'intervention militaire russe ne rétablisse un rapport de forces favorable au régime syrien. Cette impasse entraîne de nombreux autres conflits pendant que les États-Unis et leurs alliés subalternes ne semblent pas être en mesure de faire évoluer les choses en leur faveur. L'autre grand échec des États-Unis est le dossier iranien. Après avoir identifié le régime iranien comme l'ennemi principal dans la région, Washington a tout fait pour provoquer l'Iran et imposer un régime de sanctions très dur. Malgré cela, l'État iranien tient bon. Depuis l'arrivée de Donald Trump à la présidence des États-Unis, de nouveaux efforts sont consentis pour préparer de nouvelles agressions contre l'Iran.

---

2. Yinon Oded. *A Strategy for Israel in the Nineteen Eighties.* Traduit par Israel Shahak, 1982.
3. Richard Perle. *A Clean Break : A New Strategy for Securing the Realm.* Jérusalem : Institute for Advanced Strategic and Political Studies, 2006.

Une région fragilisée

Depuis les vastes mobilisations démocratiques qui ont traversé dès 2010 la région du Maghreb et du Machrek et qu'on a baptisées de «printemps arabes», les mouvements se sont étendus jusqu'au Soudan et en Algérie, tout en continuant d'affecter la Tunisie, le Maroc, l'Égypte, la Palestine occupée, le Liban, la Jordanie, et également, les pays terriblement affectés par la guerre, comme la Syrie, la Libye, le Yément et l'Irak. À travers ces crises en cascades, on observe des résistances diversifiées qui tentent parfois de converger entre les divers courants (démocratiques et de gauche, islamistes, nationalistes, etc.).

Certes, on ne peut nier dans ces mouvements populaires la centralité des partis islamistes. Aux yeux des masses, ce sont eux qui ont été pendant des décennies les seuls partis d'opposition. Ce sont eux qui ont payé le prix fort pour leur opposition aux dictatures, beaucoup plus en tout cas que les autres mouvements d'opposition, en particulier ceux de gauche. Cependant, cette convergence en 2012 s'est largement dissipée. Dans le cas égyptien, les démocrates et la gauche ont appuyé l'armée dans la violente répression du pouvoir élu des Frères musulmans, ce qui fait retomber le pays, temporairement en tout cas, à l'ère de Moubarak.

Conclusion

Est-ce à dire que la révolution arabe est définitivement vaincue? Ce serait prématurité de l'affirmer. Des historiens et des intellectuels de la région insistent sur le fait que les turbulences depuis le début du millénaire dans la région ne sont que le début d'un long processus de transformations sociale, politique, culturelle, et on constate que l'ordre ancien a été ébranlé dans ses fondations[4].

D'une part, les peuples émergent comme acteurs, après un demi-siècle durant lequel ils ont plutôt été les spectateurs d'un jeu mené par l'impérialisme, son allié israélien et diverses forces politiques à la tête des États arabes. Cette capacité des peuples de (re)devenir les sujets de leur histoire n'aurait pas été possible – et c'est là le second facteur – sans le déclin de la puissance états-unienne à l'échelle globale, donc régionale. Les États-Unis n'ont pas pu intervenir pour tenter de sauver Moubarak ou Ben Ali, de même qu'ils ne peuvent rien pour stabiliser l'Irak, à moins de s'allier à l'Iran... ce qui ne ferait que confirmer son déclin.

---

4. Hicham Ben Abdallah El-Alaoui. «Le printemps arabe n'a pas dit son dernier mot». *Le Monde diplomatique*. 2014.

Objectifs d'apprentissage

- Comprendre les conflits au Moyen-Orient dans l'environnement géopolitique mondial.
- Prendre connaissance des nouvelles formes de la guerre comme expérimentées dans cette région.
- Comprendre la place de l'occupation de la Palestine par l'État d'Israël dans le conflit global.

Questions de réflexion

- Quel est le sens de l'expression utilisée par le président George W. Bush de la «guerre sans fin» pour décrire la situation à partir du début du millénaire?

■ Comment expliquer le printemps arabe dans le contexte des régimes autocratiques de la région ?

Pour en savoir davantage

Achcar, Gilbert. *Symptômes morbides, la rechute du soulèvement arabe*. Sindbad. Paris, Éditions Actes Sud, 2017.

Banque mondiale. *Briser la spirale des conflits : guerre civile et politique de développement. Les intelligences citoyennes*. Louvain-la-Neuve, Éditions De Boeck Supérieur, 2005.

Corm, George. *La nouvelle question d'Orient*. Paris, Éditions La Découverte, 2017.

Josseran, Tancrède, Florian Louis et Frédéric Pichon. *Géopolitique du Moyen-Orient et de l'Afrique du Nord : Du Maroc à l'Iran*. Paris, Presses universitaires de France, 2012.

12 La crise économique et les désordres mondiaux

Michel Husson

Résumé

La décennie précédant la crise de 2007-2008 a été marquée par la montée des pays dits «émergents», notamment la Chine. Cette «émergence» est portée par une nouvelle organisation de la production dont les différents segments sont répartis sur plusieurs pays, du stade de la conception à celui de la production et de la livraison au consommateur final. Ces «chaînes de valeur mondiales» sont instaurées sous l'égide des firmes multinationales, qui tissent une véritable toile enserrant l'économie mondiale.

Le grand basculement

Cette nouvelle forme de mondialisation a servi d'échappatoire à la crise du début des années 1980, en ouvrant un réservoir de main-d'œuvre à bas salaires. Mais elle a conduit à un véritable basculement de l'économie mondiale, comme en fait foi la répartition de la production manufacturière mondiale (hors énergie) : elle a augmenté de 62 % de 2000 à 2018, mais la quasi-intégralité de cette progression a été réalisée par les pays émergents, où elle a bien plus que doublé (+152 %), alors qu'elle n'a que faiblement progressé dans les pays avancés (+16 %). Les pays émergents réalisent aujourd'hui 42 % de la production manufacturière mondiale, contre 27 % en 2000[1]. Dans certains pays, comme la Chine et la Corée du Sud, cette industrialisation est de moins en moins cantonnée aux industries d'assemblage (textile ou électronique), et marque une «remontée des filières» vers des produits de haute technologie, voire des biens de production.

Les États et les capitaux

Les relations de pouvoir économique sont aujourd'hui structurées selon deux axes : un axe «vertical» classique, opposant les États nationaux, et un axe «horizontal», correspondant à la concurrence entre capitaux. Les institutions internationales fonctionnent alors comme une sorte de «syndic d'États capitalistes», mais il n'existe aujourd'hui ni «ultra-impérialisme» ni «gouvernement mondial». Le capitalisme contemporain échappe au contraire à toute véritable régulation, et fonctionne de manière chaotique, ballotté entre une concurrence

---

1. Michel Husson. «Les nouvelles coordonnées de la mondialisation». *Note hussonet*, n° 125, 2018.

Figure 12.1
Production industrielle mondiale, 1992-2018

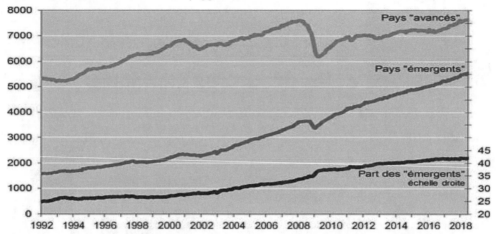

Remarque : En volume et en milliards de dollars de 2010
Source : Michel Husson

exacerbée et la nécessité de reproduire un cadre de fonctionnement commun. Les prérogatives de l'État-nation n'ont pas pour autant été supprimées, contrairement à certaines thèses unilatérales. S'agissant de l'économie mondiale, il en est une qui subsiste : le contrôle des matières premières.

La maîtrise des matières premières

La lutte permanente pour l'accès aux matières premières n'a jamais cessé et engendre déséquilibres et conflits. On pense évidemment à l'énergie : au pétrole, à l'uranium, etc. Il faut y ajouter les terres spoliées[2] au profit de l'agriculture productiviste, de l'hydroélectricité et de l'exploitation minière. L'accès à l'eau engendre aussi nombre de conflits régionaux.

La mondialisation a pour effet de déstabiliser l'agriculture paysanne, soit en inondant le pays d'importations de produits alimentaires, soit par l'accaparement des terres. En même temps, les investissements internationaux ont souvent

comme motif de délocaliser les productions les plus polluantes dans les pays aux législations peu exigeantes. Tous ces mécanismes sont encore aggravés par le changement climatique, de telle sorte que l'on peut finalement avancer l'idée que les transferts au sens large (déchets, pollution, réchauffement, sécheresses, pluies torrentielles, produits agricoles subventionnés, semences brevetées, engrais et pesticides) sont « les causes des exils forcés[3] ».

L'épuisement de la mondialisation

La première décennie de ce siècle a été dominée par un axe Chine–États-Unis, qui fonctionnait sur une logique de complémentarité. Les États-Unis vivaient à crédit avec un déficit extérieur financé par le recyclage des excédents, notamment celui de la Chine. Les investissements en Chine sous forme d'entreprises conjointes contribuaient au dynamisme de l'économie chinoise. D'autres pays s'intégraient dans cette division internationale du travail : les fameux

---

2. Michel Husson. « L'accaparement des terres, entre Monopoly et colonisation ». *Humanité Dimanche*, 2018.

3. Nicolas Sersiron. *Les transferts négatifs sont les causes des exils forcés.* Comité pour l'annulation de la dette du tiers monde (CADTM), 2018.

« émergents ». Et l'axe économique transatlantique entre Europe et États-Unis se développait. Cette mondialisation était efficace du point de vue du capital, et toute l'idéologie dominante se consacrait à en vanter les bienfaits, à convaincre de l'adaptation nécessaire à la concurrence globale, ou à brandir la menace des délocalisations.

Tout se passe comme si la dernière décennie, inaugurée par la crise de 2008, avait peu à peu fait apparaître les limites de cette organisation. Si on ne peut parler de fin de la mondialisation, il faut souligner les signes manifestes d'un épuisement qui semble durable. Le développement des chaînes de valeur mondiales était motivé non seulement par la quête de faibles coûts salariaux, mais aussi par le potentiel des pays émergents en termes de gains de productivité. Leur ralentissement au centre pouvait être compensé par leur dynamisme à la périphérie. Or, l'un des phénomènes les plus frappants de la dernière décennie est que la progression de la productivité au Sud a nettement ralenti. Dans les pays émergents, « [l]a croissance annuelle moyenne de la productivité globale des facteurs a été divisée par plus de trois, passant de +3,5 % (2000-2007) à un peu plus de 1,0 % (2011-2016)[4] ».

Si on laisse la Chine de côté, on pourrait même parler de fin de l'émergence. Les autres pays des BRICS (Brésil, Russie, Inde, Afrique du Sud) n'ont pas réussi à dépasser durablement, comme l'ont fait la Chine ou la Corée du Sud, une spécialisation initiale fondée sur la fourniture de matières premières. Pierre Salama parle de « reprimarisation[5] ». En outre, les pays émergents sont soumis aux mouvements erratiques de capitaux qui induisent une instabilité chronique de leurs balances extérieures et de leur monnaie. Les cas récents de la Turquie et de l'Argentine en sont un exemple frappant, mais on pourrait aussi citer les pays de l'Europe du Sud, désertés par les entrées de capitaux.

La dislocation sociale

La crise a servi de révélateur à un autre phénomène – que les politiques d'austérité ont par ailleurs contribué à exacerber –, à savoir celui de la dislocation sociale engendrée par la mondialisation. Dans tous les pays avancés, on observe le même phénomène : l'emploi augmente « par les deux bouts ». Les emplois très qualifiés progressent à un bout de l'échelle, et les emplois précaires à l'autre. Entre les deux, la « classe moyenne » stagne et ses perspectives d'ascension sociale s'évanouissent. Dans le même temps, les inégalités de revenus se creusent. La mondialisation n'est pas la seule responsable, et il est très difficile, voire impossible, de l'extraire d'un modèle d'ensemble où la financiarisation et la mise en œuvre des nouvelles technologies ont aussi leur part, tout comme le rapport de forces entre capital et travail.

Face à cette mise en cause, les institutions internationales font leur mea culpa sur le thème : il aurait fallu mieux redistribuer les bienfaits de la mondialisation pour la rendre plus « inclusive. » Mais ce vœu pieux est contradictoire avec l'un des ressorts de la mondialisation, qui est une concurrence fiscale exacerbée. Le taux moyen d'impôts sur les bénéfices dans les pays avancés est ainsi passé de 44 % au début des années 1990 à 33 % en 2017[6].

La contradiction est patente : l'« attractivité » implique une baisse constante des ressources fiscales qui ne peuvent donc être consacrées à une redistribution, corrigeant les effets de la mondialisation pour la rendre « inclusive ». Cette défiscalisation généralisée des profits est la porte ouverte à l'évasion fiscale, qui réduit encore plus les ressources des États : 40 % des profits des multinationales ont été localisés dans les

---

4. Amandine Aubry, Louis Boisset, Laetitia François et Morgane Salomé. *Le ralentissement de la productivité dans les pays émergents est-il un phénomène durable ?* Paris, Ministère de l'Économie et des Finances, Direction générale du Trésor, 2018.

5. Pierre Salama. *Les économies émergentes latino-américaines.* Paris, Éditions Armand Colin, 2012.

6. Patrick Artus. « Pourquoi la concurrence fiscale se fait-elle par la taxation des profits des entreprises et pas par les autres impôts ? » *Natixis Flash Economie*, n° 924 (2018).

paradis fiscaux en 2015[7]. L'État social est alors miné de l'intérieur, et il n'est pas surprenant que l'adaptation à l'économie mondialisée aille de pair avec son « dégraissage ». Les fonctions de l'État ne sont pas pour autant neutralisées par la mondialisation, mais elles sont réorientées : l'État social devient un État antisocial dont la priorité est l'attractivité et la compétitivité de son économie.

L'effet Trump

La capacité disruptive de Donald Trump semble sans limites, mais ses mesures protectionnistes ne tiennent pas compte de la manière dont fonctionne l'économie des États-Unis, ni de l'entrelacement actuel des capitaux. Par ailleurs, Donald Trump mène, avec les baisses d'impôts, une politique expansionniste qui ne peut que creuser le déficit.

Dans le cas des États-Unis, une bonne partie de ses importations correspondent à des investissements états-uniens dans des pays comme la Chine ou le Mexique. Selon le FMI, les États-Unis détenaient, en 2015, 44 % du stock d'investissements directs réalisés au Mexique, et la part des exportations chinoises vers les États-Unis provenant d'entreprises à participation étrangère était de 60 % en 2014[8].

Il n'est donc pas surprenant que le monde des affaires états-unien soit divisé, et que de nombreux secteurs redoutent le renchérissement de leurs importations de biens intermédiaires ou redoutent les mesures de rétorsion. La politique mercantiliste de Donald Trump est donc incohérente. Le déficit commercial des États-Unis correspond comptablement au fait que l'épargne nationale ne suffit pas à financer l'investissement intérieur, auquel vient s'ajouter l'impact du déficit budgétaire, creusé par les baisses d'impôts. Dans ces conditions, le déficit n'a aucune raison de se résorber en dépit des taxes sur les importations, à moins de réduire la consommation des ménages, donc la croissance des États-Unis[9].

Le redéploiement chinois

Si Donald Trump a manifestement décidé d'en finir avec l'axe États-Unis–Chine, la Chine est elle aussi en train d'emprunter une nouvelle voie fondée sur trois principes. Le premier est de recentrer son économie vers le marché intérieur. Le deuxième est que le gouvernement chinois met en avant l'objectif d'une montée en gamme de sa production, avec l'ambitieux programme « Made in China 2025 ». Enfin, la Chine développe le projet baptisé « La ceinture et la route » : il s'agit d'un programme gigantesque d'infrastructures de près de 1 000 milliards de dollars qui concerne plus de 60 pays. Branko Milanovic y voit un véritable projet de développement qui rompt avec les préceptes du consensus de Washington, selon lequel « [i]l suffit de privatiser, déréglementer et libéraliser les prix, les échanges extérieurs, etc., pour que les entrepreneurs privés se saisissent de l'occasion, et le développement adviendra de lui-même[10] ». On peut ne pas partager cette appréciation positive, qui sous-estime le risque financier énorme infligé aux pays concernés comme le Pakistan ou le Sri Lanka, menacés par le surendettement. C'est sans doute aussi l'occasion pour la Chine

---

7. Thomas Torslov, Ludvig Wier et Gabriel Zucman. *The Missing Profits of Nations.* NBER Working Papers. Cambridge, The National Bureau of Economic Research, 2018.

8. Mary Lovely et Yang Liang. *Trump Tariffs Primarily Hit Multinational Supply Chains, Harm US Technology Competitiveness.* Washington, D.C., Peterson Institute for International Economics, 2018.

9. Michel Husson. http://hussonet.free.fr/trumplimit.pdf. *Note hussonet*, n° 123, 2018.

10. Branko Milanovic. « The West Is Mired in "Soft" Development. China Is Trying the "Hard" Stuff ». *The Guardian*, 2018. Dans un tweet, Milanovic ajoute ce commentaire caustique : « Je pense que la Chine offre quelque chose de concret (des routes, des voies ferrées, des ponts) tandis que l'Union européenne offre d'interminables conférences consacrées au sujet à la mode où les consultants de l'UE empochent l'argent de l'UE. » https://twitter.com/BrankoMilan/status/.

Figure 12.2
Chine : au cœur de la mondialisation

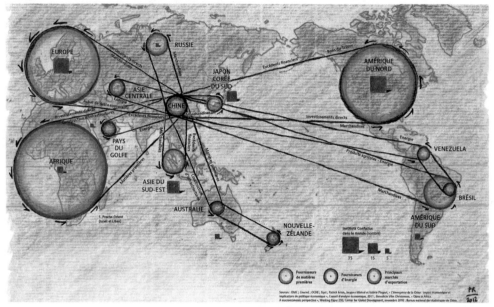

Source : Philippe Rekacewicz. « La Chine au cœur de la mondialisation ». *Le Monde diplomatique.* 2012.

d'établir son emprise sur les pays « partenaires » dans une logique qui conduit certains à évoquer un « nouvel impérialisme chinois[11] ». Il n'en reste pas moins que cette « nouvelle route de la soie » et le programme « Made in China 2025 » sont porteurs d'un redéploiement substantiel de l'économie chinoise et d'une nouvelle structuration de l'économie mondiale.

Conclusion

Le tableau de l'économie mondiale après 10 ans de crise est sombre : l'Union européenne est écartelée, entre Brexit et montée de l'extrême droite ; la zone euro se fractionne ; de nombreux pays émergents sont soumis à des mouvements de capitaux erratiques ; les dettes, et surtout les dettes privées, n'ont pas cessé de s'accumuler ; la part des richesses créées revenant à ceux qui les créent diminue à peu près partout, et les

inégalités se creusent ; l'État social est miné par la concurrence fiscale, etc. Plutôt que de se résorber, les effets de cette crise se sont aggravés. La raison de fond est qu'il n'existe pas de modèle pouvant se substituer à celui qui est entré en crise il y a 10 ans, qui soit acceptable pour l'oligarchie mondiale. Tous les principes d'organisation de l'économie mondiale se délitent peu à peu, en particulier sous les coups de boutoir de Donald Trump. Seule la Chine dispose d'un programme cohérent de restructuration d'une partie de l'économie mondiale à son profit.

Dans ces conditions, beaucoup de commentateurs annoncent aujourd'hui une nouvelle crise sans que personne ne puisse dire quel en sera l'élément déclencheur. Mais l'inquiétude dominante résulte du fait qu'il n'existe plus de munitions disponibles.

Les instruments de coordination ont perdu de leur substance ou ont été abandonnés par la puissance encore dominante. Il n'y a plus de pilote de la mondialisation. Le défi climatique impliquerait pourtant, par nature, une coopération internationale, sans même parler de la

---

11. Alice Jetin-Duceux. *Les stratégies de la Chine à l'étranger.* Comité pour l'annulation de la dette du tiers monde (CADTM), 2018.

bifurcation vers un autre modèle de développement. Mais les désordres dans l'économie mondiale, les politiques hostiles à l'investissement public, et sans doute la logique inhérente au capitalisme, font que cette perspective semble tragiquement hors de portée aujourd'hui.

Objectifs d'apprentissage

- Établir une cartographie de l'évolution de l'économie mondiale.
- Comprendre le déclin des États-Unis et la montée en puissance de la Chine.
- Identifier les impacts de ces transformations sur les peuples.

Questions de réflexion

- Pourquoi le «grand basculement» de pays comme la Chine change le monde et bouscule les États-Unis, qui ont dominé le monde depuis 50 ans?
- Quels sont les facteurs qui expliquent la dislocation sociale en cours dans plusieurs États capitalistes?
- Comment peut-on affirmer que la mondialisation est «épuisée»?

Pour en savoir davantage

Baumgarten, Jean. *L'économie mondiale à bout de souffle: l'ultime crise du capitalisme?* L'esprit économique: Monde en questions. Paris, Éditions L'Harmattan, 2011.

Derviş, Kemal. «La crise économique mondiale: enjeux et réformes». *Politique étrangère*, printemps, n° 1 (2009), 11-22.

Élie, Bernard et Claude Vaillancourt. *L'économie toxique: spéculation, paradis fiscaux, lobby, obsolescence programmée...* Saint-Joseph-du-Lac, M éditeur, 2014.

Husson, Michel. *Le capitalisme en 10 leçons: petit cours illustré hétérodoxe.* Paris, Éditions Zones, 2012.

Husson, Michel. «Le néolibéralisme, stade suprême?» *Actuel Marx 1*, n° 51 (2012), 86-101.

Notes

13 La finance mondiale et l'instabilité globale

Walden Bello

Résumé

Depuis le début des années 1980, on assiste à une libéralisation financière croissante de l'économie mondiale, et au moins 12 crises financières majeures ont eu lieu dans le monde. La dernière ayant été la crise financière de 2008, laquelle a provoqué une grande récession dont la plupart des économies ne se sont pas encore vraiment remises. On dit maintenant que l'économie mondiale est en proie à une « stagnation séculaire ». En examinant ce qui se passe, on constate que la libéralisation financière a mené à une financiarisation de l'économie mondiale. Celle-ci se caractérise par les mouvements toujours davantage autonomes des valeurs ou des prix des instruments financiers, ce qui rend l'ensemble de l'économie vulnérable et en proie aux crises.

Introduction

Depuis la libéralisation financière amorcée au début des années 1980, à l'époque de Margaret Thatcher et de Ronald Reagan, au moins 12 crises financières majeures ont eu lieu dans le monde. La dernière a été la crise financière de 2008, laquelle a provoqué une grande récession dont la plupart des économies ne se sont pas encore vraiment remises. Certains affirment que l'économie mondiale est en proie à une « stagnation séculaire », alors que d'autres affirment que le monde est entré dans une période de « faible croissance prolongée ».

En examinant attentivement ce qui se passe, on constate que le processus le plus distinctif du capitalisme aujourd'hui est la financiarisation. Cela signifie-t-il que la dynamique du secteur financier est devenue le moteur central de l'économie ? En réalité, les mouvements de la production et des prix des biens et services sont de plus en plus conditionnés non seulement par l'offre et la demande dans l'économie réelle, mais également par les mouvements toujours davantage autonomes des valeurs ou des prix des instruments financiers. Autrement dit, les transactions spéculatives marginalisent le processus de production en tant que source de profits, conduisant à une situation où l'élite financière du secteur bancaire éclipse, en pouvoir et en richesse, les élites capitalistes non financières[1].

---

1. Noah Smith. « Finance Has Always Been More Profitable ». *Noahpinion blogpost*, 2013.

Les voies parallèles de la finance et de la production

Qu'est-ce qui explique cette domination de la finance ? Dans la description classique du système financier qu'on enseigne dans les cours d'économie, la finance est un sous-système de l'économie qui canalise l'argent de ceux qui l'ont (épargnants) à ceux qui en ont besoin pour investir dans la production (investisseurs). Or, cette relation s'est perdue dans le capitalisme contemporain. Aujourd'hui, la finance est de moins en moins un support à la production et de plus en plus une fin en soi.

Cette dissociation des rapports entre créancier-débiteur, épargnant-investisseur ou financier-entrepreneur a été expliquée, de manière différente, mais complémentaire, par Marx et Keynes. Dans le volume II du Capital, Marx explique que le circuit de production normal de AMA (argent-marchandise-argent) est parfois déplacé par le circuit AA (argent-argent). Cela se produit, dit-il, parce que « [pour le possesseur du capital monétaire,] le procès de production capitaliste apparaît seulement comme un intermédiaire inévitable, un mal nécessaire pour faire de l'argent. C'est pourquoi toutes les nations adonnées au mode de production capitaliste sont prises périodiquement du vertige de vouloir faire de l'argent sans l'intermédiaire du procès de production[2] ».

Pour les keynésiens, l'hégémonie de la finance découle de ce que Keynes considérait comme des fonctions contradictoires de la monnaie en tant que capital, et de la monnaie en tant que réserve de valeur. En phase avec les divers cycles économiques, l'incertitude sur l'avenir incite les épargnants à conserver leur richesse sous forme liquide ou monétaire, plutôt que de la prêter sous forme de capital à investir dans la production. C'est le phénomène que Keynes décrit comme la « préférence en matière de liquidité ». Selon Luca Fantacci, « cela permet à

l'épargne de ne pas être liée à des biens concrets, mais plutôt de s'accumuler grâce à l'accumulation constante et indéfinie de pouvoir d'achat abstrait[3] ». Ce processus d'accumulation sans rapport avec la production entraîne une expansion déstabilisante des liquidités, rendue possible par la création de multiples instruments de crédit. Ceux-ci vont bien au-delà des marchés boursiers et obligataires, pour englober un vaste ensemble d'innovations dites d'« ingénierie financière », telles que le crédit hypothécaire, les titres adossés à des créances (MBS) et autres produits financiers dérivés. De cette manière, la finance acquiert de plus en plus d'autonomie en se détachant davantage du processus de production. Selon le célèbre économiste keynésien Hyman Minsky, c'est ce qui explique « l'instabilité fondamentale du capitalisme. Après avoir bien fonctionné pendant un certain temps, l'économie capitaliste tend à exploser, à devenir euphorique[4] ». Cette situation qui découle de la financiarisation est bien décrite par Bill Lucarelli :

> L'économie tend vers le déséquilibre, ses forces financières déstabilisatrices prenant des formes toujours plus spéculatives. L'inflation des prix des actifs au plus fort de l'expansion génère une augmentation de l'investissement et de la consommation par le biais des divers canaux de revenus et de flux de trésorerie. Lorsque le prix des immobilisations est supérieur au prix de la production actuelle, les investissements excédentaires sont canalisés vers les marchés des actions en hausse, ce qui encourage également les investisseurs à accroître leur endettement. Un gain en capital implicite est réalisé, ce qui sert simplement à attirer plus d'investissements. En d'autres termes, la hausse du prix des immobilisations par rapport au prix de la production actuelle peut

2. Karl Marx. *Le capital : critique de l'économie politique.* Vol. 2. Paris, Presses universitaires de France, 1993 [1867].

3. Massimo Amato et Luca Fantacci. *The End of Finance.* Cambridge, Polity Press, 2012.

4. Hyman P. Minsky. *Can It Happen Again?* Armonk, New York, M.E. Sharpe, 1982.

Figure 13.1
Principales places financières à l'échelle mondiale

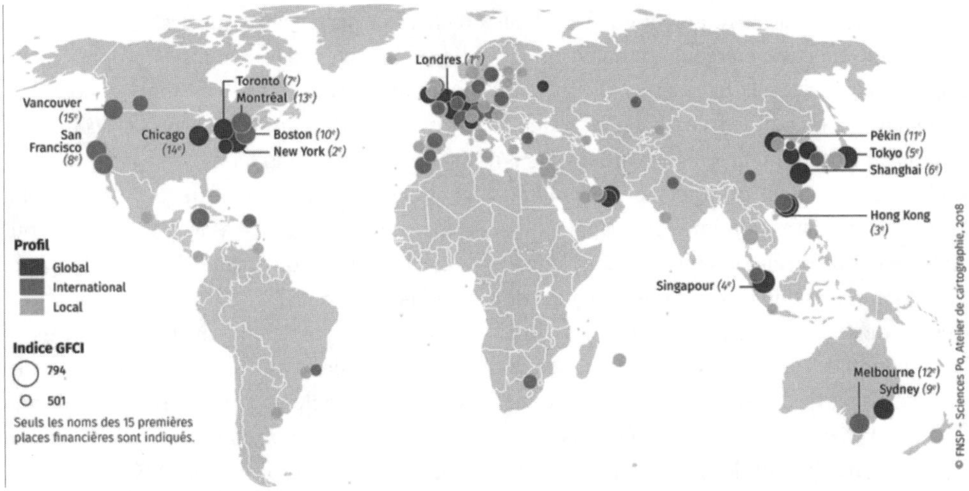

Source : Atelier de cartographie et Centre de recherches internationales, Sciences Po. *Principales places financières, mars 2018*, 2018.

déclencher des effets pervers de richesse, ce qui amplifie les augmentations de la consommation et de l'investissement[5].

Le moment critique survient quand les détenteurs de capitaux s'aperçoivent que la bulle des prix des actifs est sur le point d'éclater. Ils se précipitent alors vers des liquidités et des actifs sans risque, avant que ne survienne l'effondrement de la valeur des actifs financiers. C'est le fameux « Moment Minsky », un phénomène qui accélère la destruction des valeurs. C'est essentiellement ce qui s'est passé en 2008.

À l'origine de la financiarisation

La financiarisation origine de la crise de surproduction, qui, dans les années 1970, a submergé l'économie capitaliste mondiale après les soi-disant « trente glorieuses ». La surproduction était le résultat de la reconstruction économique rapide et réussie de l'Allemagne et du Japon, également par la rapide croissance de certaines économies industrialisées, telles que le Brésil, le Taïwan et la Corée du Sud. Cette reconstruction a ajouté de nouvelles capacités de production considérables, d'où une concurrence mondiale accrue, alors que l'inégalité des revenus au sein des pays et entre les pays limitait la croissance du pouvoir d'achat et de la demande effective. Cette crise classique de surproduction – ou de sous-consommation, selon la formulation de Paul Sweezy[6] – a entraîné une baisse de la rentabilité.

La crise de rentabilité du capital a engendré trois processus simultanés, soit la restructuration néolibérale, la mondialisation et la financiarisation. La restructuration néolibérale implique essentiellement de redistribuer les revenus de la classe moyenne vers les riches afin d'inciter ceux-ci à investir dans la production. La mondialisation de la production se traduit par la relocalisation d'installations de production dans des pays à bas salaires afin d'accroître la rentabilité. Si ces deux stratégies entraînent une

5. Bill Lucarelli. *The Economics of Financial Turbulence.* Cheltenham, Edward Elgar, 2011.

6. Paul Sweezy. *The Theory of Capitalist Development: Principles of Marxian Political Economy.* New York, Monthly Review Press, 1942.

augmentation de la rentabilité à court terme, elles se révèlent contre-productives à moyen et à long terme, car elles entraînent une baisse de la demande effective, en réduisant ou en empêchant la hausse des salaires des travailleurs.

Quant à elle, la financiarisation comprend un certain nombre d'aspects essentiels. Nous voulons en souligner quelques-uns. Premièrement, la financiarisation implique l'augmentation massive de l'endettement de la population. Cet endettement afin de créer une demande de biens et de services vise à diminuer l'impact de la stagnation des revenus. À l'échelle mondiale, une grande partie de cette dette est financée par l'injection d'argent des gouvernements asiatiques, qui récupèrent des États-Unis des liquidités tirées des excédents commerciaux dont ils profitent. Aux États-Unis, la principale source de création de dette a été l'octroi de prêts pour l'immobilier (les «subprimes») à une grande partie de la population. Il s'agissait de prêts octroyés sans discernement à des consommateurs ayant une faible capacité de remboursement.

Deuxièmement, la financiarisation implique de soi-disant innovations en ingénierie financière. L'une des plus importantes facettes de cette innovation – et finalement l'une des plus dommageables – a été la titrisation. Cette dernière implique la transformation de contrats traditionnellement immobiles, tels que des hypothèques, en produits financiers liquides, mobiles et négociables. En tant que «titres adossées à des hypothèques» (MBS), ces prêts hypothécaires peuvent être vendus et achetés comme n'importe quel autre produit financier, ce qui entraîne la disparition du rapport initial créancier-débiteur. Grâce à la titrisation des prêts hypothécaires, l'ingénierie financière permet de combiner le prêt hypothécaire à risque avec des prêts de meilleure qualité et de les vendre sous forme de paquets de titres plus complexes. Même si ces titres hypothécaires sont amalgamés, combinés, recombinés et négociés d'une institution à l'autre, plusieurs hypothèques restent à risque.

Au même moment, il y a les produits financiers dits «dérivés». Leur fonction est d'encourager un endettement massif construit sur une base fragile d'équité ou de richesse réelle. Les participants sur des marchés caractérisés par un ratio dette-fonds propres élevés sont considérés comme «fortement endettés». Ainsi, les institutions financières de Wall Street, avant la crise de 2008, ont connu une extravagante croissance de la valeur du volume total d'instruments financiers dérivés, soit 740 billions de dollars, contre un PIB brut mondial de 70 billions de dollars.

Les informaticiens et les économistes embauchés par Wall Street ont formulé des équations complexes pour masquer le fait que plusieurs de ces titres reposaient sur des actifs de valeur douteuse. Le milliardaire Warren Buffet, connu pour son franc parler, avait refusé de transiger ces produits dérivés[7], estimant qu'ils étaient impossibles à saisir et trop risqués. En fin de compte, Buffet a eu raison, car c'est ce qui s'est produit en 2008.

Comme troisième caractéristique-clé de la financiarisation, on observe que plusieurs des principaux acteurs, des institutions et des produits à la pointe du processus sont soit non réglementés, soit mal réglementés. Ainsi, un «secteur bancaire parallèle» a émergé aux côtés du secteur bancaire traditionnel réglementé, avec des institutions financières non traditionnelles, telles que Goldman Sachs, Morgan Stanley et American International Group (AIG). Ces nouvelles institutions ont acquis une importance croissante grâce à l'introduction de la titrisation, à l'ingénierie financière et à de nouveaux produits tels les MBS, les obligations garanties par des créances et les «crédits-croisés sur défaillance de crédit».

En fin de compte, l'implosion des subprimes en 2007 a révélé la dynamique essentielle de la financiarisation en tant que moteur de l'économie: une financiarisation reposant sur la création et l'inflation de bulles spéculatives. La réalisation de bénéfices dépendait de la création

---

7. Berkshire Hathaway. *Berkshire Hathaway Annual Report, 2017*. Omaha, Nebraska, Berkshire Hathaway, 2017.

d'une dette massive, reposant sur une base très faible en valeur réelle ou en fonds propres. Wall Street fonctionnait comme une sorte de casino, les investisseurs utilisant différents produits financiers pour parier sur les mouvements de la valeur des actifs et de leurs produits dérivés. Le «bon coup» voulait dire d'acheter des titres au «juste prix», au «bon moment», puis de les vendre une fois que leur prix avait augmenté, avant de baisser. Cependant, une fois que les événements ont mis en évidence les bases fragiles des titres à haute performance, les participants au marché ont paniqué et plusieurs ont tenté de se retireʀ de ce système.

La crise financière mondiale, phase 1

En 2008, les marchés des capitaux ont gelé et les banques ont même refusé de se prêter entre elles, craignant que leurs futurs débiteurs ne soient embourbés avec des actifs toxiques. Lehman Brothers, entre autres, avait accumulé des quantités énormes de MBS. Lorsque d'autres banques ont refusé de lui accorder des crédits et que Washington a également suspendu son aide, Lehman a déclaré faillite. Cette faillite a poussé le système financier au bord de l'effondrement. Le gouvernement américain a donc dû intervenir pour rétablir la confiance en renflouant les principaux acteurs financiers, avec un fonds de sauvetage initial de plus de 700 milliards de dollars, complété par un soutien financier supplémentaire et des garanties étalées sur plusieurs années. La logique du gouvernement était que Citigroup, JP Morgan, Bank of America, Wells Fargo étaient des institutions trop importantes et que le système dans son entièreté ne survivrait pas à leur effondrement. La conclusion était qu'il fallait les sauver à tout prix, et c'est ce qui a été fait.

Cette crise financière a été suivie par une grande récession, la plus importante depuis la Grande Dépression, des années 1930. Le taux de chômage est passé de moins de 5 % en 2007 à 10 % en 2010. Plus de sept ans plus tard, en 2015, le nombre de chômeurs dépassait toujours les 6,7 millions déclarés au début officiel de la récession, en 2007. Plus de quatre millions de logements ont été saisis. Des milliers d'Américains ont sombré dans la pauvreté et la précarité, alors que le gouvernement donnait la priorité à sauver les grandes banques plutôt que les propriétaires en faillite[8].

La crise financière mondiale, phase 2

Au début, la crise a été perçue par les dirigeants européens, telle la chancelière allemande Angela Merkel, comme une catastrophe limitée à Wall Street. Mais rapidement, la crise financière s'est étendue à l'Europe.

Au Royaume-Uni, la crise a suivi le «modèle» américain. L'endettement des banques privées, en grande partie grâce à la création et à l'échange de quantités massives de titres hypothécaires à risque, a démontré la défaillance du système. Lorsque les titres sont devenus toxiques, menaçant la solvabilité des banques, l'État est intervenu pour sauver le système bancaire.

En Irlande et encore plus en Grèce, la crise financière mondiale a éclaté comme une soi-disant crise de la dette souveraine. L'endettement massif des banques privées et, dans le cas de la Grèce, de l'État même, vis-à-vis des banques étrangères, a contraint ce pays, sous l'énorme pression des gouvernements étrangers, à assumer la responsabilité de rembourser toutes ses dettes, tant privées que publiques. Afin de sauver les banques allemandes et françaises très exposées, l'Union européenne et le Fonds monétaire international ont consenti des prêts aux États en crise sévère, lesquels ont ensuite été transformés en paiements aux banques privées.

Entretemps, le gouvernement allemand et d'autres gouvernements de la riche Europe du Nord ont exigé des pays de l'Europe du Sud

---

8. Atif Mian et Amir Sufi. *House of Debt: How They (and You) Caused the Great Recession, and How We Can Prevent It from Happening Again.* Chicago, University of Chicago Press, 2015.

de nouvelles mesures d'austérité, en échange de l'octroi de nouveaux prêts. Cependant, ces mesures d'austérité ont réduit à néant la capacité de ces économies de se développer et de générer l'excédent nécessaire au remboursement des emprunts, ce qui reporte le remboursement de chaque nouveau prêt consenti. L'ancien ministre grec des finances, Yánis Varoufákis, a qualifié cette relation comme en étant une « de prolonger et de prétendre » : on prolonge un prêt et on prétend qu'on peut le rembourser en fonction des conditions attachées au prêt, mais en réalité, il devient impossible de rembourser. Selon Yánis Varoufákis :

> Un investisseur avisé est attiré par un pays dont le gouvernement, les banques, les entreprises et les ménages sont insolvables. À mesure que les prix, les salaires et les revenus baissent, la dette qui sous-tend leur insolvabilité ne diminue pas, au contraire elle augmente. Réduire ses revenus et ajouter de nouvelles dettes ne peuvent qu'accélérer le processus. C'est bien entendu ce qui est arrivé à la Grèce à partir de 2010. Pour chaque tranche de 100 euros de revenu d'une société grecque, l'État devait 146 euros à des banques étrangères. Un an plus tard, les 100 euros de revenus réalisés en 2010 avaient chuté à 91 euros avant de retomber à 79 euros en 2011. Entretemps, lorsque les emprunts officiels des contribuables européens sont arrivés en Grèce avant d'être acheminés vers les banques françaises et allemandes, le même emprunt de 100 euros valait 146 euros en 2010 et 156 euros en 2011[9].

Comme Varoufákis l'avait prévu, la situation en Grèce en 2018 ne s'est pas améliorée. Le pays reste enfermé dans une situation d'austérité et d'endettement qui semble sans fin. Bien que moins grave, la situation au Portugal, en Espagne et en Italie est essentiellement la même.

9. Yánis Varoufákis. *Adults in the Room: My Battle with the European and American Deep Establishment*. New York, Farrar, Strauss, and Giroux, 2017.

L'échec de la réforme

Lorsque Barack Obama est devenu président des États-Unis, en 2008, l'une de ses priorités était de stabiliser le système financier mondial. Dix ans plus tard, il est évident qu'en raison de la timidité du gouvernement et de la résistance du capital financier, peu de changements ont été faits aux États-Unis ou ailleurs dans le monde, en dépit des promesses de procéder à une réforme financière globale lors du Sommet des États membres du G20, à Pittsburgh en 2009.

En réalité, le problème s'est aggravé. Les grandes banques sauvées par le gouvernement américain en 2008 parce qu'elles étaient considérées comme trop importantes pour faire faillite restent encore plus importantes dans le système financier. Les six grandes banques américaines – JP Morgan Chase, Citigroup, Wells Fargo, Bank of America, Goldman Sachs et Morgan Stanley – détiennent collectivement 43 % des dépôts, 84 % des actifs et le triple de la trésorerie qu'elles détenaient avant la crise de 2008. Essentiellement, ces banques ont multiplié par deux le risque d'effondrement du système bancaire[10].

Deuxièmement, les produits qui ont déclenché la crise de 2008 sont toujours commercialisés. Cela comprend environ 6,7 billions de dollars de titres adossés à des créances hypothécaires, dont la valeur n'est maintenue que parce que la Réserve fédérale américaine en a acheté 1,7 billion de dollars[11]. Les banques américaines détiennent collectivement 157 billions de dollars de produits dérivés, soit environ le double du PIB mondial. C'est 12 % de plus que ce qu'elles possédaient au début de la crise de 2008. Citigroup, à lui seul, détient 44 000 milliards de dollars de ces titres à risque, soit 50 % de plus que ses avoirs d'avant la crise[12].

10. Nomi Prins. *Collusion: How Central Bankers Rigged the World*. New York, Nation Books, 2018.
11. Wolf Richter. « The New Fed Looks Like It's Ready to Dump Mortgage-backed Securities ». *Business Insider*. 2018.
12. Ben McLannahan. « US Banks Derivatives Book Larger since Rescue of Bear Stearns ». *Financial Times*. 2016.

Figure 13.2
Acteurs privés dans l'engrenage de la finance

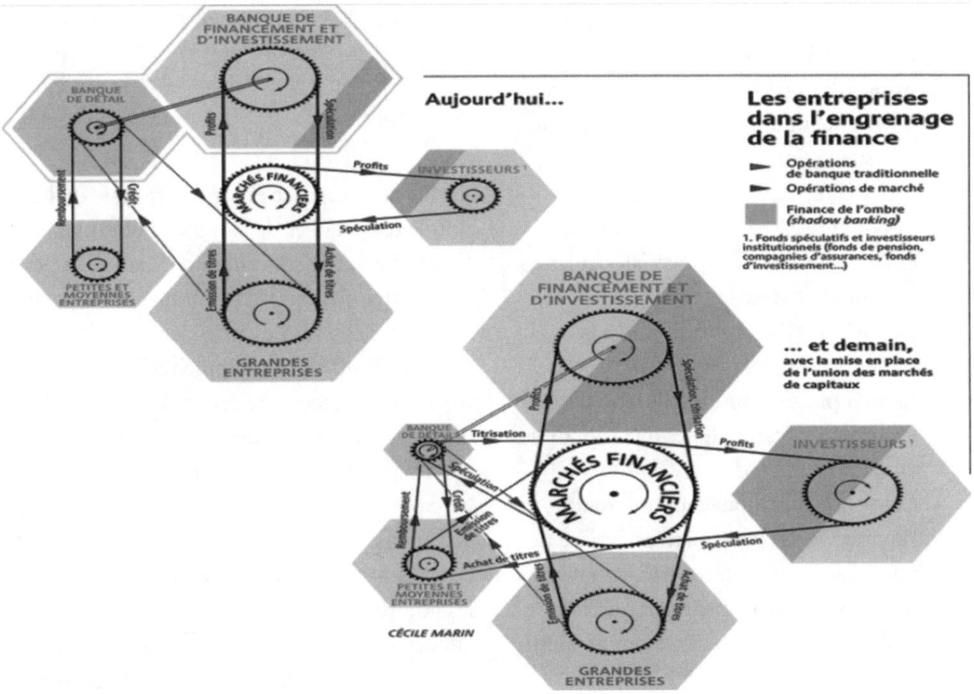

Source : Cécile Marin. «Les entreprises dans l'engrenage de la finance». *Le Monde diplomatique.* 2016.

Troisièmement, la nouvelle vedette du firmament financier, soit le consortium d'investisseurs institutionnels constitué de fonds de couverture, de fonds de capital-investissement, de fonds souverains, de fonds de pension et d'autres investissements, continue de sillonner un réseau mondial sans régulation, fonctionnant à partir de bases virtuelles appelées «paradis fiscaux», à la recherche d'opportunités d'arbitrage en devises ou en titres, ou à la hausse de la rentabilité d'entreprises pour d'éventuels achats d'actions. La propriété des quelque 100 000 milliards de dollars détenus dans ces abris fiscaux mobiles est concentrée dans une vingtaine de fonds.

Quatrièmement, les opérateurs financiers accumulent des profits dans un océan de liquidités fournies par les banques centrales, qui libèrent de l'argent bon marché pour mettre fin à la récession qui a suivi la crise financière. C'est ce qui a entraîné l'émission de milliards de dollars de dette mondiale, qui représente

maintenant 325 milliards de dollars, soit plus de trois fois le PIB mondial[13]. Les économistes s'accordent pour dire que cette accumulation de dette ne peut durer indéfiniment sans provoquer une catastrophe.

Que faire?

Dans une étude parrainée par le Transnational Institute et réalisée par l'auteur, il est proposé que cette situation pourrait changer si de sérieuses réformes étaient mises en place, incluant des mesures précises et concrètes[14] :

- Restreindre les opérations des fonds de couverture et fermer les paradis fiscaux ;

---

13. Nomi Prins. *Collusion: How Central Bankers Rigged the World*. New York, Nation Books, 2018.
14. Walden Bello. *Paper Dragons: Why Financial Crises Happen and Why China Will be Next*. Londres, Zed, 2019.

- Interdire les titres adossés à des créances hypothécaires et les dérivés ;
- Obliger les banques centrales de garantir les crédits à 100 % ;
- Nationaliser les institutions financières qui occupent une trop grande place dans le système financier ;
- Réinstaurer la loi Glass Steagall, qui imposait aux États-Unis des barrières entre les banques commerciales et les banques d'investissement ;
- Imposer des limites drastiques à la rémunération des dirigeants ;
- Limiter progressivement l'influence des agences de notation telles que Moody's et Standard and Poor ;
- Convoquer une nouvelle conférence de Bretton Woods pour mettre en place de nouvelles institutions et règles en matière de gouvernance financière mondiale. Celles-ci auraient pour mandat de mettre fin au monopole du dollar américain en tant que monnaie de réserve mondiale et d'imposer de nouveaux accords équitables pour le financement des programmes pour faire face aux changements climatiques ;
- Dans le cas de l'Europe, ou bien progresser vers une union politique, fiscale et monétaire complète dans les pays de la zone euro, ou bien permettre aux États membres de sortir de l'euro.

Il convient de souligner que ces mesures constituent un programme minimal, pour éviter un autre krach financier, sans pour autant éliminer la possibilité d'un tel événement. Le capitalisme en tant que système est structurellement enclin à générer des crises financières, et le programme évoqué ci-dessus suppose un système économique mondial qui continue de fonctionner selon les règles du capitalisme. Pour autant, la mise en œuvre de ces réformes constituerait un pas de géant dans un processus plus long de changement en profondeur. On ne peut cependant clore le débat sans aborder de manière fondamentale d'autres dimensions-clés du capitalisme, en particulier son moteur : le désir insatiable d'accroître les profits.

Conclusion

En fin de compte, c'est la dynamique de l'économie réelle qui est le véritable déterminant de l'évolution de l'économie financière. Du point de vue des économistes marxistes, les fluctuations de l'économie financière résultent des contradictions de l'économie réelle, en particulier de la tendance à la surproduction ou à une offre supérieure à la demande en raison de la persistance de fortes inégalités.

Si le problème est la faible demande dans l'économie réelle engendrée par les inégalités, il est évident que les mesures monétaires prises par les autorités financières au cours des dernières années, telles que l'assouplissement quantitatif des flux de crédit et les taux d'intérêt négatifs pour contrebalancer les pressions de la récession, ne peuvent qu'apporter un soulagement très limité et temporaire à une économie en crise. Cela pourrait même aggraver la crise à moyen terme. En effet, sans s'attaquer à la crise de la demande dans l'économie réelle, un secteur financier réformé aura des difficultés à résister aux pressions exercées sur le capital pour qu'il recherche la rentabilité dans la finance, plutôt que dans un secteur productif aujourd'hui stagnant.

Pour certains, le besoin le plus urgent est de savoir comment réformer le capitalisme. À leur avis, la réforme financière devrait être intégrée à un programme plus complet de réforme radicale du capitalisme. Cette entreprise devrait s'attaquer sérieusement au déficit de la demande, lié aux inégalités croissantes. Il faudrait alors reconnaître courageusement les racines du problème dans les rapports de pouvoir inégaux entre le capital et le travail, qui expliquent l'inégalité croissante, donc la demande anémique freinant l'expansion de la production.

Pour d'autres, il faut penser à une solution qui va plus loin que la réforme du capitalisme.

Selon cette perspective, c'est la quête incessante de profits toujours croissants qui est à la base de l'instabilité, celle-ci ayant tendance à miner les efforts pour réformer le système, comme on l'a constaté dans les années 1970 alors que le keynésianisme ne parvenait plus à réparer les dégâts. Dans ce contexte, il appert que le problème n'est pas simplement l'inégalité sociale ou la faiblesse de la demande, mais la logique d'un système basé sur une croissance sans limites, au détriment de la biosphère. Il faut

donc penser à un programme post-capitaliste, qui devient chaque jour plus urgent dans le contexte de l'imminente catastrophe climatique. C'est là que s'articule la nouvelle stratégie dite de « décroissance ».

Dans tous les cas, il existe maintenant un consensus : poursuivre sur la voie actuelle d'un capitalisme imposé par la finance, largement dérégulé, consiste à provoquer une autre catastrophe financière, peut-être pire que celle de 2008.

Objectifs d'apprentissage

- Comprendre ce qu'est la financiarisation et en quoi celle-ci marque les relations économiques internationales.
- Saisir comment la multiplication des instruments financiers marginalise et conditionne les processus de production (l'économie réelle), ce qui augmente les risques de crise financière.

Questions de réflexion

- Qu'est-ce qui a permis aux processus de financiarisation de se développer autant et, ainsi, de fragiliser l'économie ?
- En quoi les choix des gouvernements au moment de la crise de 2008 n'ont-ils fait que reculer les problèmes ?
- Comment pourrait-on mettre en place les différentes réformes proposées, ou doit-on plutôt penser dès maintenant à une économie post-capitaliste qui s'articule autour de la décroissance ?

Pour en savoir davantage

Aglietta, Michel. « Le pouvoir de la monnaie dans l'économie mondiale ». Dans *Qui gouverne le monde ?* Par Bertrand Badie et Dominique Vidal, 205-213. Paris, Éditions La Découverte, 2018.

Bazillier, Rémi et Jérôme Héricourt. « Inégalités et instabilité financière : des maux liés ? » Dans *L'économie mondiale 2016.* Par Centre d'études prospectives et d'informations internationales, 72-86. Paris, Éditions La Découverte, 2016.

Plihon, Dominique. *Le nouveau capitalisme.* Paris, Éditions La Découverte, 2016.

Serfati, Claude. « La mondialisation sous la domination de la finance : une trajectoire insoutenable ». *Mondes en développement 4,* n° 152 (2010), 129-144.

Traimond, Pierre. *Le développement aux périls de la finance : le prix de la crise.* Paris, Éditions L'Harmattan, 2010.

14 Les pays émergents en Amérique latine

Mylène Gaulard

Résumé

Il y a quelques années, le vocabulaire du développement avait intégré un nouveau concept : les pays émergents. On prévoyait alors que les États-Unis et l'Europe de l'Ouest se verraient remplacés par tout un groupe de pays, auquel appartenaient les BRICS (Brésil, Russie, Inde, Chine, Afrique du Sud), capables de maintenir durablement un taux de croissance supérieur à 5 %. Or, aujourd'hui, cette idée n'a plus tellement de mordant. Depuis 2012, le taux de croissance moyen dans les pays latino-américains est en chute. En 2016, on parlait même d'une récession de 1,5 %, son plus bas niveau depuis 30 ans. La récession affecte même le Brésil, avec des taux négatifs de -3,8 % en 2015 et -3,6 % en 2016, une situation qui n'est pas sans rappeler les débuts de la débâcle économique des années 1980, « décennie perdue » pour l'ensemble du sous-continent. Aujourd'hui, entre la multiplication des affaires de corruption dans toute la région, vécues de manière plus accentuée au Brésil, au Chili et en Argentine, la déstabilisation politico-économique d'un Venezuela aux prises avec une hyperinflation de 1 000 000 % en 2018 et les débuts d'une guerre civile au Nicaragua, l'Amérique latine s'éloigne du beau tableau dressé durant la décennie 2000 par de nombreux experts. Dans ce texte, nous allons explorer davantage l'essor et le déclin des pays latino-américains dits « émergents ». Nous commencerons cependant par un peu d'histoire.

Les faiblesses structurelles du sous-continent

Alors que la majorité des pays latino-américains acquièrent leur indépendance vis-à-vis de l'Espagne et du Portugal durant la première moitié du XIXᵉ siècle, une nouvelle forme de néocolonialisme, sur laquelle insistera longtemps la théorie de la dépendance au XXᵉ siècle, avec des auteurs comme Samir Amin, André Gunder Frank, Celso Furtado et plusieurs autres, se met progressivement en place. Dominés économiquement par la Grande-Bretagne jusqu'à la Première Guerre mondiale et par les États-Unis ensuite, tous les pays se retrouvent cantonnés dans une spécialisation agricole et minière alors même que l'Amérique du Nord et l'Europe, en pleine révolution industrielle, les approvisionnent en produits manufacturés.

Figure 14.1

Présence étatsunienne en Amérique latine, xixᵉ et début xxᵉ siècles

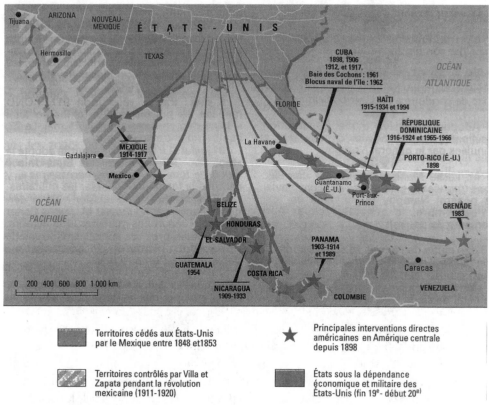

Source : Philippe Rekacewicz. « Ingérences étatsuniennes ». *Le Monde diplomatique*. 1995.

En raison d'une forte expansion de la consommation mondiale (nitrates chiliens, café brésilien, guano péruvien, etc.), ils profitent de cette manière temporairement, jusqu'à la Première Guerre mondiale, d'une amélioration des termes de l'échange : les prix des produits primaires augmentent plus rapidement que ceux des biens manufacturés, ces derniers subissant les effets d'une intensification de la concurrence entre toutes les nouvelles puissances industrielles.

Étudiée pour la première fois par les deux économistes Raul Prebisch et Paul Singer, la détérioration des termes de l'échange pour ces mêmes produits atteint pourtant près de 50 % durant la première moitié du xxᵉ siècle, évolution qui se poursuit durant tout ce siècle. Confrontés aux effets délétères de la spécialisation primaire, et surtout aux pénuries de produits industriels générées par les deux guerres mondiales ainsi que par la crise des années 1930, l'industrialisation devient pour tous ces pays un passage obligé. Le renforcement du rôle de l'État, grâce à l'arrivée au pouvoir de Getulio Vargas (1930-1945 et 1951-1954) au Brésil, Juan Perón (1936-1955 et 1973-1974) en Argentine ou Lazaro Cardenas (1934-1940) au Mexique, permet d'appuyer alors ce processus jusqu'à ce que l'industrialisation par substitution des importations (ISI), dont l'objectif est de rendre les pays indépendants de l'extérieur pour leur consommation de produits manufacturés, se révèle être un semi-échec dès la décennie 1970. Si de grands pays comme l'Argentine, le Chili, le Mexique ou le Brésil parviennent à bénéficier d'une consommation de produits manufacturés issus d'entreprises nationales, le protectionnisme qui accompagne l'ISI est responsable d'une hausse des prix et d'une piètre qualité des produits causées surtout par le manque de concurrence.

Face à des mouvements de contestation croissants, la modernisation des économies se poursuit alors sous la houlette de juntes militaires après les coups d'État de 1964 au Brésil, de 1973 au Chili et en Uruguay et de 1976 en Argentine. La crise de la dette, initiée par le Mexique en 1982, met alors un terme à la politique de l'ISI : l'ouverture économique est rendue obligatoire pour continuer à bénéficier des prêts du Fonds monétaire international et de la Banque mondiale. Ces deux institutions conditionnent leurs prêts au respect de règles très strictes réunies en 1990 sous la dénomination de « consensus de Washington », dont les maîtres mots sont ouverture financière et commerciale, restriction des dépenses publiques et privatisations. À l'origine d'une forte hausse des inégalités dans ces pays, ces politiques ne sont pourtant pas à même d'éviter les crises financières de la décennie 1990, au Mexique en 1994, au Brésil en 1999 ou en Argentine en 2000. Bien au contraire, ces dernières sont souvent perçues comme le fruit de la libéralisation financière alors exigée.

La « vague rose » de la décennie 2000

Après une histoire économique aussi chaotique, quelle ne fut pas la surprise de voir l'ensemble du sous-continent renaître de ses cendres dans les premières années du troisième millénaire. Placés aux côtés de la Chine dans la liste des pays émergents, l'Argentine, le Mexique, le Chili et le Brésil apparaissent alors comme les leaders de ce mouvement, suivis de près par des pays pétroliers comme le Venezuela ou l'Équateur.

Ce boom est lié directement à la hausse des cours des matières premières, observée jusqu'en 2013. Le soja et le café voient par exemple leur cours multiplié par 3,5 en 10 ans, celui de la canne à sucre le fut de 4,5. La hausse des prix du pétrole, de 10 $ le baril en 2002 à 140 $ 10 ans plus tard, fut longtemps désignée comme la principale raison de cette évolution, causant un essor sans précédent des biocarburants, très gourmands en matières premières comme la canne à sucre et le soja. La forte chute des prix observée depuis cinq ans est pourtant bien la preuve que le marché des matières premières faisait juste face à une bulle spéculative.

Quoi qu'il en soit, cette hausse des cours permit de redorer le blason des partis de gauche, remportant alors victoire sur victoire dans une majorité de pays latino-américains, comme au Chili avec Michelle Bachelet (2006-2010 et 2014-2018), Nestor puis Cristina Kirchner en Argentine (2003-2015), Hugo Chavez puis Nicolas Maduro au Venezuela (depuis 1999), Lula puis Dilma Rousseff au Brésil (2003-2016), Evo Morales en Bolivie (depuis 2006) et Rafael Correa en Équateur (2007-2017). Profitant de la croissance inespérée du PIB, ces gouvernements mirent en place de vastes programmes sociaux cherchant à lutter contre la pauvreté et les inégalités ravageant la région depuis des décennies. Les politiques redistributives expliquent en partie la baisse des inégalités observée alors dans toute l'Amérique latine, ainsi qu'une chute de la pauvreté extrême, définie au sens de la Banque mondiale par un revenu journalier inférieur à 1,90 $, qui passe de 20 % à 12 % de la population entre 2002 et 2012.

Adoptant souvent un discours critique du néolibéralisme, des États-Unis et des grandes institutions internationales, tous ces gouvernements en oublient pourtant de modifier substantiellement leur économie. Les grands programmes sociaux s'intègrent en effet aux recommandations des institutions de Bretton Woods, avec des politiques de transfert monétaire conditionnel, ciblant spécifiquement les catégories les plus pauvres qui s'engagent en contrepartie à scolariser leurs enfants, et à assurer un meilleur suivi sanitaire de ces derniers et des femmes enceintes. Ces politiques acceptent en effet une intervention sociale de l'État dans l'unique objectif d'accroître l'efficacité des forces

Figure 14.2

Évolution du PIB et du taux de pauvreté en Amérique latine, 1990-2015

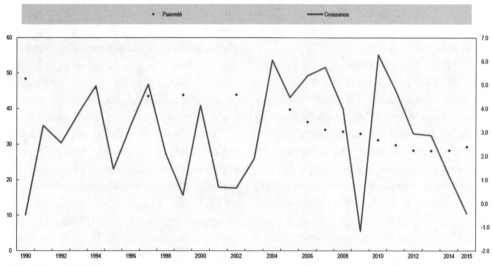

Note : En pourcentage

Source : Organisation de coopération et de développement économiques. *Latin American Economic Outlook 2017: Youth, Skills and Entrepreneurship*. Paris, OCDE, 2016

productives nationales, avec un accent mis alors sur la santé et l'éducation des plus pauvres. Le programme argentin Jefes y Jefas ou la Bolsa Familia brésilienne sont pour cette raison loin de constituer des ruptures avec les conceptions économiques néolibérales dominantes.

La redistribution sans transformation

Entretemps, aucune réforme structurelle n'est sérieusement accomplie durant la décennie 2000. La logique rentière se renforce même dans toute la région. Exceptionnellement et temporairement, la rente profite à toute la population, et non plus à une minorité. La baisse des inégalités observée alors, avec une baisse de l'indice Gini de 10 % entre 2002 et 2012, le prouve bien. Mais ce ne furent pas tant les politiques redistributives qui furent à l'origine de cette évolution que les changements structurels, profitant surtout aux travailleurs non qualifiés des secteurs agricoles et miniers. Toute la région continuait en effet à se désindustrialiser à toute

vitesse et à se spécialiser dans le secteur des matières premières. En 2016, les exportations brésiliennes étaient par exemple toujours composées à 65 % de produits agricoles et miniers, alors que cette part n'était que de 35 % en 2000.

Subissant une « désindustrialisation précoce », c'est-à-dire une baisse de la part de leur industrie manufacturière dans leur produit intérieur brut et leur population active, aucun de ces pays ne fut capable de faire face à la chute brutale des cours des matières premières subie depuis 2013. Confrontés à une diminution de leur excédent commercial, avec par exemple un déficit de 1,5 % du PIB au Mexique en 2017, de 0,7 % en Argentine en 2016 et de 2,7 % en 2014 au Brésil, une situation aggravée par la dépréciation de leur monnaie, et donc par le renchérissement du prix des produits importés, tous ces pays, à l'exception du Mexique, grand pays pétrolier dont la dépendance est aussi causée par l'assemblage à faible valeur ajoutée de produits nord-américains ensuite réexportés, revivent aujourd'hui les conséquences dramatiques d'une spécialisation primaire, déjà connues avant la mise en place des politiques de l'ISI.

Figure 14.3
Positionnement économique de l'Amérique latine, 2013

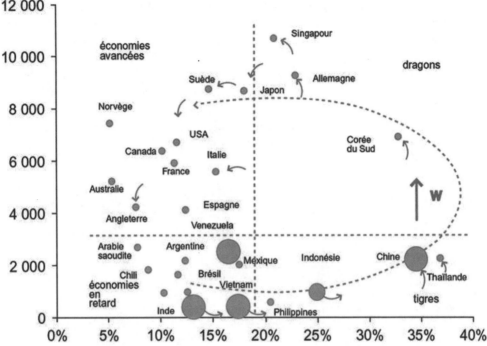

Note 1 : En abscisse, poids du secteur manufacturier par rapport au PIB
Note 2 : En ordonnée, densité industrielle, en valeur ajoutée, en dollars par habitant
Source : Pierre Salama. «Amérique latine, des années 1950 à aujourd'hui, mutations, essor et nouvelles dépendances».
Revue d'économie financière 4, n° 124 (2016), 23-44.

Déficit commercial, inflation et essor des créances douteuses font dès lors leur retour, responsables d'un ralentissement économique discréditant peu à peu toutes les politiques adoptées précédemment. Les différents gouvernements sont en effet coupables de n'avoir pas pris leçon du passé, mais également d'avoir ignoré toutes les analyses contemporaines sur le «piège des revenus intermédiaires». En 2007, un rapport de la Banque mondiale évoquait pourtant ce «middle income trap», dans lequel tombaient depuis plus de 50 ans les pays connaissant une évolution à la hausse de leurs revenus[1]. Cette analyse expliquait notamment que la perte de l'avantage comparatif de ces pays, liée à une hausse des salaires non conjuguée à un réel rattrapage technologique, provoquait inéluctablement une perte de compétitivité de ces derniers, un ralentissement de leur croissance et leur maintien dans la catégorie des revenus intermédiaires compris entre 1 025 $ et 12 075 $ par habitant.

Conclusion

Le cas latino-américain, avec l'industrialisation avortée de ces pays et le retour récent à une spécialisation primaire, est assez représentatif de ce piège lorsqu'on remarque que la majorité de la région ne parvient pas à quitter la catégorie des revenus intermédiaires depuis plus de 50 ans. Il ne fallait donc pas être grand clerc pour prédire la catastrophe économique actuelle. L'absence de vraies réformes structurelles a toujours constitué

---

1. Eva Paus. *Escaping the Middle Income Trap: Innovate or Perish.* ADBI Working Paper Series, n° 685. Tokyo, Asian Development Bank Institute, 2017.

un handicap majeur pour tous ces pays. Et la possibilité de profiter d'une partie de la rente pour asseoir leur prestige politique auprès des classes les plus pauvres et d'une gauche internationale dite progressiste fut sans doute responsable de l'aveuglement des classes dirigeantes.

Le retour au pouvoir de la droite latino-américaine, avec l'élection en 2015 de Mauricio Macri en Argentine, celle de Sebastián Piñera au Chili en 2018 ou l'essor de l'extrême-droite brésilienne avec Jair Bolsonaro, sont autant d'indices d'un retour de balancier auquel est habitué le sous-continent depuis la décolonisation, menant d'un «progressisme» assez complaisant vis-à-vis du néolibéralisme à une nouvelle forme de nationalisme au sein duquel la question sociale passe au second plan. Et cela, bien sûr, sans modification substantielle des structures socioéconomiques, et sans que ces pays soient capables d'échapper à leur dépendance vis-à-vis des économies européennes, nord-américaines, et, depuis peu, chinoise.

Objectifs d'apprentissage

- Comprendre les mécanismes par lesquels les structures de dépendance se sont perpétuées sur le sous-continent.
- Identifier les objectifs des gouvernements latino-américains progressistes des années 2010-2015 et les obstacles ayant empêché leur réalisation.

Questions de réflexion

- Quelles mesures pourraient être envisagées pour briser le cercle vicieux de la dépendance en Amérique latine?
- Est-ce que la concentration sur le développement des ressources naturelles est un avantage ou un désavantage pour l'Amérique latine?

Pour en savoir davantage

Daziano, Laurence. *Les pays émergents: approche géoéconomique*. Paris, Éditions Armand Colin, 2014.

Gaulard, Mylène. «Les responsabilités de la désindustrialisation précoce dans la crise brésilienne actuelle». *Outre-Terre 2*, nº 47 (2016), 66-81.

Gaulard, Mylène. *Économie politique de l'émergence*. Meylan, Éditions Campus Ouvert, 2015.

Salama, Pierre, *Des pays toujours émergents*. Paris, La Documentation française, nº 31, 2014.

Thiébault, Jean-Louis. «Comment les pays émergents se sont-ils développés économiquement? La perspective de l'économie politique». *Revue internationale de politique comparée 18*, nº 3 (2011), 11-46.

Vercueil, Julien. *Les pays émergents. Brésil-Russie-Inde-Chine: mutations économiques, crises et nouveaux défis*. Paris, Bréal, 2015.

Notes

15

Genre et développement

Nora Nagels

Résumé

Ce chapitre retrace l'histoire du champ «genre et développement» comme un ensemble de propositions conceptuelles et pratiques produites essentiellement par des mouvements féministes, et qui ont été plus tard intégrées par diverses institutions du développement international. Après l'introduction, qui situe socialement cette évolution et définit ses principaux concepts, nous procédons à comprendre le champ «genre et développement». Ensuite, sont présentées des pistes de réflexion sur le genre et le développement à partir de perspectives féministes décoloniales.

Introduction

Selon une perspective féministe décoloniale, toute connaissance est le produit d'une situation historique. Il est possible de tendre vers une certaine objectivité en sciences sociales, à condition que les positionnements politiques soient conscients et explicités quant à leur caractère historiquement et socialement situés[1]. Les définitions retenues dans ce chapitre sont liées à ma position épistémologique féministe décoloniale, position nécessitant un retour réflexif éclairant l'origine des connaissances produites. Je suis une femme, hétérosexuelle, cis genre, de nationalité belge, universitaire, vivant à Montréal, et impliquée dans des réflexions sur le genre et les politiques de lutte contre la pauvreté en Amérique latine.

1. Elsa Dorlin. *Sexe, genre et sexualité. Introduction à la théorie féministe*. Paris, Presses universitaires de France, 2008.

Dans ce chapitre, le concept de «genre» est synonyme de «rapports sociaux de sexes» et il est défini par quatre dimensions. Premièrement, le genre a pour fondement que les relations et les différences entre les hommes et les femmes sont construites socialement. Deuxièmement, le genre est un concept relationnel. Analyser l'un des pôles de cette relation revient à envisager la relation dans son intégralité, car ils se construisent socialement l'un par rapport à l'autre. Troisièmement, les relations sociales entre les sexes sont envisagées comme un rapport de pouvoir. Les deux sexes ne sont pas seulement différents, mais ils sont inégaux, car le rapport est hiérarchisé. Dans presque toutes les sociétés connues, la distribution des ressources – matérielles, symboliques, économiques et politiques – est inégale. Enfin, la quatrième dimension du genre est de considérer que les rapports sociaux de sexe s'imbriquent

Figure 15.1
Indice de discrimination des femmes dans le droit de la famille, 2014

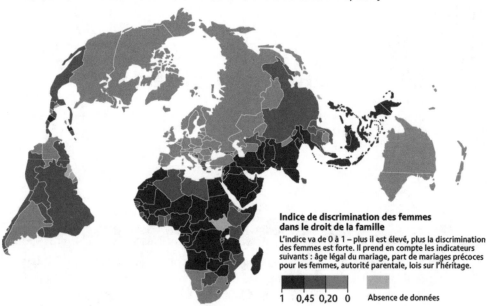

**Indice de discrimination des femmes
dans le droit de la famille**

L'indice va de 0 à 1 – plus il est élevé, plus la discrimination
des femmes est forte. Il prend en compte les indicateurs
suivants : âge légal du mariage, part de mariages précoces
pour les femmes, autorité parentale, lois sur l'héritage.

1   0,45 0,20   0   Absence de données

Source : «Géographie des progrès de la condition féminine». *Le Monde diplomatique*. 2014.

dans et se coconstruisent avec d'autres rapports sociaux issus de la «race», la classe, l'âge ou la sexualité[2]. Par conséquent, les mouvements féministes qui ont participé à la construction de cette définition du genre se fondent sur la conviction que les femmes subissent une injustice spécifique en tant que femmes et qu'il est possible de la redresser par des luttes individuelles et collectives.

Par ailleurs, ce chapitre se fonde sur la notion de développement telle que définie par Jean-Pierre Olivier de Sardan : «L'ensemble des actions de tous ordres qui se réclament [du développement], de près ou de loin (du côté des "développeurs" comme des "développés"), en la diversité de leurs acceptions, significations et pratiques. [...] Une "configuration développementiste" [se compose d'un] ensemble complexe d'institutions, de flux et d'acteurs, pour qui le développement constitue une ressource, un métier, un marché, un enjeu, ou une

stratégie [...][3].» Selon cette définition, les interventions faites au nom du développement ont des objectifs qui sont autant de critères normatifs : ce que les sociétés devraient être et comment les transformer en ce sens. L'intégration des femmes et du genre au développement permet de rendre explicite le caractère le plus souvent ethnocentrique et androcentrique de ces critères normatifs[4].

De l'intégration des femmes puis du genre au développement

En 1945, dans la foulée démocratique de la fin de la Seconde Guerre mondiale, le principe d'égalité des droits des femmes et des hommes est consacré dans la *Charte des Nations unies*.

2. Laure Bereni, Sébastien Chauvin, Alexandre Jaunait et Anne Revillard. *Introduction aux études sur le genre*. Bruxelles, Éditions De Boeck, 2012.

3. Jean-Pierre Olivier de Sardan. «Les trois approches en anthropologie du développement». *Tiers-Monde 42*, n° 168 (2001), 729-754.
4. Elsa Beaulieu et Stéphanie Rousseau. «Évolution historique de la pensée féministe sur le développement de 1970 à 2011». *Recherches féministes 24*, n° 2 (2011), 1-19.

Cet élan s'est éteint dès les années 1950 à 1970, sous l'égide des approches «modernistes» occidentales et coloniales du développement. Les politiques de développement ciblant les femmes sont malthusiennes. La croissance démographique des pays du Sud est considérée comme la cause de leur sous-développement. Par conséquent, les politiques de développement s'adressant aux femmes entendent diminuer leur taux de fécondité. Tant la Banque mondiale que les agences onusiennes de développement mettent en œuvre des politiques de planification familiale dont certaines dérivent en stérilisations forcées[5].

Les interactions entre mouvements féministes et institutions de développement produisent un savoir féministe sur le développement qui en dévoile les biais androcentriques, c'est-à-dire qui considèrent les expériences masculines comme universelles. Par exemple, Boserup démontre que la colonisation et les politiques de modernisation sont responsables de la dégradation des relations hommes-femmes et non l'agriculture «traditionnelle[6]». Par exemple, la modernisation par la mécanisation de l'agriculture a pour conséquence que les hommes remplacent les femmes dans les activités agricoles, retirant pouvoir et autonomie aux femmes.

Suite à ces travaux et aux pressions des mouvements féministes des années 1970, l'approche «Intégration des femmes au développement» (WID, Women in Development) est adoptée par l'Assemblée générale des Nations unies et les principales agences de coopération internationales. L'approche WID marque la Conférence internationale des Nations unies sur le statut des femmes, tenue à Mexico en 1975, qui célèbre l'année internationale de la femme et débouche sur la Décennie des Nations unies pour la femme (1976-1985). Cette Conférence se conclut par des engagements des États membres en faveur de l'égalité entre les sexes, dont la Convention pour l'élimination de toutes les discriminations envers les femmes, ratifiée en 1979, en est l'emblème. L'approche WID produit des statistiques sexospécifiques et des connaissances soutenant l'intégration des femmes à la sphère productive, et revendique une égalité juridique, politique, ainsi que des droits sexuels et reproductifs. À cette époque, les politiques de développement se concentrent sur la modernisation de l'État – par la construction d'États de droit légaux rationnels au lendemain des indépendances africaines et asiatiques – et de l'économie – par la transformation d'économies agraires en économies industrielles. Les principaux leviers de l'approche WID est d'introduire dans ces politiques modernisatrices de développement l'éducation des femmes, et leur accès au crédit et aux techniques agricoles afin d'accroître leur productivité pour améliorer leur niveau de vie[7].

Cette approche est rapidement critiquée pour réduire l'insertion des femmes dans les politiques de développement à une nouvelle ressource économique. Dès les années 1980, les féministes postcoloniales et du Sud estiment que l'approche WID se fonde sur une vision occidentale des femmes. Elles critiquent les solutions proposées par l'approche WID, qui visent à augmenter la productivité des femmes, suivant l'exemple de l'intégration des femmes au marché du travail dans les pays industrialisés, au risque de surcharger les femmes du Sud qui accumulent travail productif, reproductif et communautaire. Le travail productif des femmes renvoie à leurs activités dans la sphère de production, qu'elles soient rémunérées ou non. Elles sont par ailleurs souvent seules responsables du travail reproductif et domestique qui a lieu au sein du foyer (cuisine, ménage, entretien du foyer, soins aux enfants, aux

5. Andrea Martinez. «Genre et développement : enjeux et luttes des femmes du Tiers-Monde». Dans *Introduction au développement international : approches, acteurs et enjeux*. Par Pierre Beaudet, Jessica Schefer et Paul Haslam, 70-85. Ottawa, Les Presses de l'Université d'Ottawa, 2008.
6. Ester Boserup. *Woman's Role in Economic Development*. Londres, Allen & Unwin, 1970.

7. Andrea Martinez. «Genre et développement : enjeux et luttes des femmes du Tiers-Monde». Dans *Introduction au développement international : approches, acteurs et enjeux*. Par Pierre Beaudet, Jessica Schefer et Paul Haslam, 70-85. Ottawa, Les Presses de l'Université d'Ottawa, 2008.

personnes âgées, etc.). Enfin, les femmes s'investissent pleinement, souvent pour des raisons de survie, dans les activités communautaires et collectives (cuisines, potagers, garderies communautaires, organisations paysannes, etc.).

Ces critiques débouchent sur l'approche «Genre et développement» (GAD, Gender and Development), dont les origines coïncident avec le réseau DAWN (Development Alternatives With Women for a New Era). Il s'agit d'un groupe de chercheuses et de militantes du Sud qui mettent l'accent sur les causes macro-économiques – les famines, les crises de la dette, le militarisme et le fondamentalisme religieux – comme facteurs de détériorations des conditions de vie des femmes du Sud[8].

Pour ces féministes, le GAD voulait aborder les femmes et le développement dans le contexte des rapports sociaux de genre, de «race» et de classe tout en prenant en considération les triples rôles des femmes du Sud.

L'approche GAD se matérialise notamment par l'adoption du principe d'autonomisation par les institutions internationales de développement lors de la Conférence de l'ONU sur les femmes à Beijing en 1995. L'objectif des politiques d'autonomisation est de promouvoir, à travers des réseaux d'organisations populaires de femmes, leur participation aux sphères de pouvoir et de prise de décision au sein des familles et des communautés, d'améliorer leur accès à des ressources financières et de leur contrôle, ainsi que de renforcer leurs compétences en promouvant l'alphabétisation, la santé et des activités génératrices de revenus[9]. L'une des politiques d'autonomisation des femmes les plus promues par la Banque mondiale est le microcrédit.

Cependant, l'intégration de l'approche GAD au sein des institutions de développement se fait au prix d'une certaine dépolitisation. Lors de leur institutionnalisation dans les organisations de développement, les notions de genre et d'autonomisation subissent un glissement de sens. Alors qu'il s'agit de notions subversives nées dans les luttes féministes, elles deviennent technocratiques. Le «genre» devient synonyme de «femmes». Il permet de dresser un inventaire propre à leur sexe, de cibler certains de leurs besoins pratiques, d'aménager des stratégies, surtout technologiques, pour accomplir leurs tâches domestiques, sans pour autant remettre en question ni les inégalités Nord-Sud ni la division sexuelle du travail[10]. La composante politique du genre et l'autonomisation sont oubliées, car elles exigent des changements structurels impossibles à être endossés par les institutions bilatérales et multilatérales de développement promouvant, à cette période, des politiques néolibérales. Les notions de genre et d'autonomisation sont mobilisées de manière instrumentale par les acteurs de développement en niant le caractère collectif de la domination des femmes liée à des conditions structurelles, économiques et sociales. Il s'agit alors d'instruments stratégiques dans les mains des «développeurs», et non d'un instrument d'émancipation des femmes.

Après la conférence de Beijing, il n'y a plus de consensus théorique du champ «femmes-genre et développement». D'un côté, les pratiques et les théories demeurent articulées autour de l'analyse critique féministe des projets de développement. D'un autre côté, les efforts se concentrent sur l'étude de la mondialisation. Ces réflexions sont nourries par les débats entre féministes majoritaires – blanches, hétérosexuelles, occidentales, de classe moyenne – et les femmes minorisées – racisées, lesbiennes, de classes populaires. Ce clivage existe sans doute, mais explique-t-il tout ? Petit à petit, les rapports d'oppression de «race», de classe, de sexe et de genre sont pris en compte dans les analyses tant des politiques de développement que de la

---

8. *Ibid.*
9. *Ibid.*

10. Bérengère Marques-Pereira. «Gouvernance, citoyenneté et genre». Dans *La démocratie dans tous ses états: systèmes politiques entre crise et renouveau.* Par Corinne Gobin, Benoît Rihoux et Eva Anduiza Perea, 41-50. Louvain-la-Neuve, Éditions Academia Bruylant, 2000.

mondialisation. Par exemple, les politiques de développement sont étudiées par leurs effets sur les femmes, les personnes transgenres, les Autochtones et les pauvres. De même, la mondialisation est abordée sous l'angle de la division sexuelle et internationale du travail, ainsi que par les migrations et la restructuration mondiale de la reproduction sociale[11]. L'approche féministe décoloniale est issue de ces réflexions et propose de décoloniser tant le genre que le développement.

Le féminisme décolonial

Comme il a été vu, l'institutionnalisation du genre au sein des politiques de développement est d'abord le fait de féministes occidentales qui, comme le montre Mohanty[12], construisent des représentations des femmes non occidentales comme victimes avec des besoins et des problèmes et peu de libertés et de choix. La représentation des femmes non occidentales comme pauvres, non éduquées, sous le poids de la tradition, construit en miroir et implicitement des représentations des femmes occidentales comme libérées et éduquées avec pour mission d'émanciper les femmes du Sud. Ces représentations renforcent et reproduisent l'idée hégémonique que l'Occident est supérieur au reste du monde, et instituent le féminisme des pays industrialisés comme une avant-garde éclairée du féminisme, légitimant que les féministes occidentales parlent au nom des femmes du Sud, trop soumises au patriarcat pour lutter contre leur domination[13].

Devant ce constat naissent les féminismes postcoloniaux et décoloniaux. Les deuxièmes se distinguent des premiers en insistant non seulement sur les versants symboliques et discursifs des oppressions, mais sur leur matérialité[14]. Il s'agit de mettre en exergue, par exemple, qu'en plus d'être symboliquement associées systématiquement à une hypersexualité, les femmes noires gagnent des salaires inférieurs aux hommes blancs pour le même emploi.

Ces mouvements luttent contre le néocolonialisme et le racisme des féminismes institués, tout en développant des revendications en faveur d'une plus grande égalité entre les sexes. Leurs revendications se situent au départ d'autres répertoires que ceux de la modernité afin de lutter pour l'égalité entre les femmes et les hommes.

Décoloniser le féminisme et le développement ne signifie pas le condamner, comme proposé par les penseurs dits « anti et postdéveloppementalistes » tels que Latouche et Rist. Il s'agit plutôt de renouer avec ses potentiels émancipateurs et les perspectives critiques et marxistes du développement, telles que l'école de la dépendance (Prebish, Amin), tout en prenant en compte la colonialité du pouvoir[15]. Dès lors, le développement consiste à épanouir les potentialités et les capacités propres aux êtres humains et aux sociétés. Il est universel comme projet, mais il se concrétise de manières multiples.

Concernant les luttes pour l'égalité entre les sexes, loin d'une dichotomisation Nord-Sud, décoloniser le féminisme consiste à créer un nouveau sujet politique. Il s'agit de lutter contre la culturalisation, voire la racialisation, de l'égalité des sexes comme valeur occidentale

---

11. Elsa Beaulieu et Stéphanie Rousseau. « Évolution historique de la pensée féministe sur le développement de 1970 à 2011 ». *Recherches féministes 24*, n° 2 (2011), 1-19.
12. Chandra Talpade Mohanty. « Under Western Eyes: Feminist Scholarship and Colonial Discourses ». *Boundary 2 13/14*, n° 3 (1984), 333-358.
13. Elsa Dorlin. *Sexe, genre et sexualité. Introduction à la théorie féministe*. Paris, Presses universitaires de France, 2008.
14. Christine Verschuur. « Une histoire du développement au prisme du genre : perspectives féministes et décoloniales ». Dans *Sous le développement, le genre*. Par Christine Verschuur, Isabelle Guérin et Hélène Guétat-Bernard, 43-71. Marseille, IRD Éditions, 2015.
15. Ramón Grofoguel. « La décolonisation de l'économie politique et les études postcoloniales : transmodernité, pensée décoloniale et colonialité globale ». Dans *Penser l'envers obscur de la modernité : une anthologie de la pensée décoloniale latino-américaine*. Par Claude Bourguignon Rougier, Philippe Colin et Ramón Grofoguel, 101-134. Limoges, Presses universitaires de Limoges, 2014.

qui stigmatise, au nom de l'irrespect des droits des femmes, des pays ou des continents du Sud et d'Orient. Ce processus d'altérisation des inégalités de genre permet de rendre opaques les oppressions sexistes en Occident et d'imposer un modèle global de libération des femmes à tous les mouvements féministes et féminins non occidentaux[16]. Il s'agit de faire un effort permanent de décentrement en adoptant les points de vue des minorisées au sein des mouvements féministes. Il ne s'agit pas seulement de s'intéresser aux situations d'oppression dont les mouvements cherchent à se libérer, mais de se concentrer sur cette partie de l'oppresseur enfouie en chaque acteur – individuel ou collectif – qui ne connaît que les tactiques des oppresseurs et leurs modes de relations[17].

Par exemple, en Bolivie, une alternative féministe décoloniale, non institutionnelle et présente dans le discours de certaines femmes autochtones est de récupérer le « potentiel émancipateur » du Chachawarmi[18]. Le Chachawarmi se réfère à l'unité « homme-femme » dans la cosmovision andine. Celle-ci renvoie à un socle commun de « visions du monde » partagé par les Aymaras et les Quechuas – peuples autochtones des pays andins. L'ontologie andine est holistique : les éléments naturels, supranaturels et humains fusionnent et sont régis par des principes de dualité et de complémentarité. Les montagnes, les roches, les ruisseaux, les vallées et la terre elle-même ont des essences spirituelles personnifiées. À l'inverse de l'ontologie occidentale, l'être humain n'est pas considéré comme une entité opposée à un monde extérieur objectif. Par conséquent, le Chachawarmi s'articule autour des principes de complémentarité et de dualité. La signification du terme « mariage » en

Aymara (Jaqichasiña), « se constituer en tant que personne », en est l'emblème. L'individu, homme ou femme, n'existe pas comme un être à part entière tant qu'il n'est pas lié à son binôme.

En Bolivie, certaines féministes autochtones proposent de prendre en compte le Chachawarmi comme « une anticipation créative et non pas comme une catégorie de réalité[19] », afin d'en retirer les éléments qui naturalisent le couple andin. Il s'agit de dénoncer la subordination des femmes sans pour autant renoncer à l'ontologie andine et au principe de complémentarité, et à la reconnaissance des différences entre les sexes. Les femmes autochtones reconnaissent qu'elles ne sont pas égales aux hommes, par exemple en subissant de la violence en tant que femmes, devant laquelle la justice communautaire est clémente. Les inégalités entre les sexes sont donc reconnues par les femmes autochtones, mais elles ne sont pas conceptualisées à partir de notions considérées occidentales comme le genre. Par conséquent, le dépassement de ces inégalités doit provenir de principes alternatifs à la modernité, tels que le Chachawarmi[20]. Une stratégie consiste, par exemple, à revaloriser les savoirs des femmes autochtones en matière d'accouchement. Les droits sexuels et reproductifs sont reconnus au nom du fait que l'avortement est une pratique ancestrale dans les mains du savoir féminin. La récupération des principes andins est bien potentiellement émancipatrice : les femmes autochtones revendiquent la libre disposition de leur corps et rejoignent alors les féministes libérales auxquelles elles s'opposent pourtant farouchement.

---

16. Elsa Dorlin. *Sexe, genre et sexualité. Introduction à la théorie féministe*. Paris, Presses universitaires de France, 2008.

17. *Ibid.*

18. Nora Nagels. « Quand l'institutionnalisation du genre s'ethnicise. Le cas bolivien ». *Lien social et Politiques*, n° 69 (2013), 91-106.

19. Ministerio de Justicia, Vice Ministerio de Asuntos de Género y Asuntos Generacionales. *Plan Nacional para la Igualdad de Oportunidades: Mujeres Construyendo la Nueva Bolivia para Vivir Bien*. La Paz : Ministerio de Justicia, Vice Ministerio de Asuntos de Género y Asuntos Generacionales, 2008.

20. Nora Nagels. « Quand l'institutionnalisation du genre s'ethnicise. Le cas bolivien ». *Lien social et Politiques*, n° 69 (2013), 91-106.

Conclusion

Ce chapitre montre que les mouvements féministes et féminins, tant par leurs luttes que par leur production de connaissances, ont permis que les femmes, puis le genre, soient petit à petit pris en considération dans les politiques de développement des institutions internationales et nationales. À l'inverse de leurs objectifs et leurs attentes, cette institutionnalisation du genre s'est produite au coût de sa dépolitisation. D'une notion subversive questionnant les structures de pouvoir de genre, de « race » et de classe, le genre est devenu un outil technocratique aux mains des développeurs pour répondre à certains besoins pratiques et individuels des femmes auxquelles leurs politiques s'adressent. Les structures de pouvoir patriarcales et raciales, ainsi que les inégalités sociales entre les développeurs (le plus souvent du Nord) et les personnes « à développer » (le plus souvent du Sud) demeurent intactes.

Devant ce constat, des perspectives féministes décoloniales entendent promouvoir un certain développement par des changements dans les relations hommes-femmes à partir de connaissances locales subalternes, et non à partir de connaissances hégémoniques occidentales. Pour reprendre les termes de Grosfoguel[21], la critique décoloniale consiste à s'opposer à la colonialité du pouvoir structurant le système-monde moderne-colonial-capitaliste-patriarcal depuis des connaissances issues d'ontologies minorées et passées sous silences.

---

21. Ramón Grofoguel. « La décolonisation de l'économie politique et les études postcoloniales : transmodernité, pensée décoloniale et colonialité globale ». Dans *Penser l'envers obscur de la modernité : une anthologie de la pensée décoloniale latino-américaine*. Par Claude Bourguignon Rougier, Philippe Colin et Ramón Grofoguel, 101-134. Limoges, Presses universitaires de Limoges, 2014.

Objectifs d'apprentissage

- Acquérir des connaissances sur les différents courants introduisant les problématiques « femmes » et de genre au développement.
- Développer une analyse critique de la construction du champ « genre et développement », et être capable de se décentrer.

Questions de réflexion

- Pourquoi et comment les inégalités de genre entravent-elles le développement ?
- Comment les femmes et le genre sont-ils intégrés au développement ?
- En quoi la perspective féministe décoloniale se distingue-t-elle des approches « WID » et « GAD » ?

Pour en savoir davantage

Löwy, Ilana et Hélène Rouch. « Genèse et développement du genre : les sciences et les origines de la distinction entre sexe et genre ». *Cahiers du genre 1*, n° 34 (2003), 5-16.

Martin, Hélène et Patricia Roux. « Recherches féministes sur l'imbrication des rapports de pouvoir : une contribution à la décolonisation des savoirs ». *Nouvelles Questions féministes 1*, n° 34 (2015), 4-13.

Mohanty, Chandra Talpade. *Traversés féministes transnationales : du néolibéralisme et de la critique radicale*. Traduit par Françoise Bouillot. Les cahiers du CEDREF, 2015.

Santos, José Hipólito. *Les femmes au cœur du développement*. Paris, Éditions L'Harmattan, 2013.

Verschuur, Christine. *Genre, postcolonialisme et diversité des mouvements de femmes*. Paris, Éditions L'Harmattan, 2010.

Notes

16 Les migrations et le développement

Hélène Pellerin

Résumé

Les liens entre migration et développement sont complexes et multidimensionnels parce qu'ils impliquent trois dynamiques distinctes : les actions des migrants et leurs familles, les stratégies des pays d'origine et les législations des pays d'accueil. Il n'existe pas une seule stratégie qui peut satisfaire simultanément les besoins et les intérêts des trois constituantes évoquées plus haut. Dans cette perspective, trois grandes tendances influencent aujourd'hui la relation entre migration et développement : les politiques migratoires restrictives des pays d'accueil, l'absence de développement pour la plupart des pays pauvres, et une certaine vision marchande de la migration internationale qui oriente les priorités de la communauté internationale. Le texte tentera d'éclaircir les liens entre migration et développement, d'abord sur le plan des idées et des théories, pour ensuite se pencher sur les dynamiques concrètes qui les influencent à l'heure actuelle.

Le complexe migration-développement

Avant les années 1960, l'émigration était plutôt vue comme un symptôme de sous-développement dans les pays d'origine. À partir des années 1980, toutefois, l'idée que la migration et le développement pourraient être interdépendants et complémentaires a cheminé auprès des chercheurs et des praticiens. Deux théories détaillent cette interdépendance. La théorie des facteurs d'appel et de rejet (push-pull), décrit la migration comme une stratégie de maximisation des gains d'individus conscients des écarts économiques entre régions et capables d'en tirer parti[1]. L'émigration permet aux migrants de se déplacer selon la demande de travail, réduisant du coup la pression économique sur le pays d'origine[2]. La migration permet donc l'égalisation des conditions économiques entre régions. La deuxième théorie, celle du « ralentissement migratoire », fortement inspirée par la théorie de la modernisation, avance qu'à mesure qu'un

1. Philip Martin et J. Edward Taylor. « The Anatomy of a Migration Hump ». Dans *Development Strategy, Employment and Migration. Insights from Models*, 43-62. Paris, OCDE, 1996.
2. Peter Stalker. *Workers Without Frontiers: The Impact of globalization on International Migration*. Boulder, Lynne Rienner Publishers, 2000.

Figure 16.1
Migrations économiques dans les années 1990

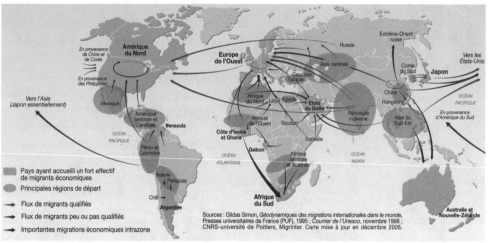

Source: «Migrations économiques dans les années 1990». *Le Monde diplomatique.* 2006.

pays se développe, il connaîtra une croissance – temporaire – de l'émigration reliée aux bouleversements socioéconomiques qui accompagnent ce processus. Une fois un certain niveau économique, l'émigration s'estompera[3]. Il n'y aurait donc pas de causes profondes de l'émigration, mais que des occasions de mobilité liées à la modernisation de l'économie qui doivent être captées pour progresser.

La conceptualisation marchande du lien entre migration et développement prépondérante dans ces théories occupe aussi une place de choix au sein des organisations internationales. Dans son Rapport sur le développement de 2009, la Banque mondiale glorifie la rationalité des migrants lorsqu'elle indique que la mobilité de la population est un bon indicateur de son potentiel économique et que sa disposition à migrer paraît être une mesure de son désir de progresser[4]. Dans le contexte

de mondialisation néolibérale, cette vision sert l'objectif d'une plus grande libéralisation internationale des flux de capitaux, des biens, du savoir et d'une partie des travailleurs[5]. Les migrants offrent non seulement leur force de travail et leur savoir-faire à l'étranger, mais ils transfèrent aussi une partie de leur salaire dans le pays d'origine. Une sorte de cercle vertueux de la mobilité internationale se met en place selon ces approches.

Les envois de fonds des travailleurs migrants et le développement

L'un des éléments-clés du cercle vertueux de la mobilité internationale des travailleurs est constitué par les envois de fonds. De tout temps, les migrants ont fait parvenir une portion de leur salaire à leurs proches restés dans le pays d'origine. Ces fonds ont pris de l'importance

3. Philip Martin et J. Edward Taylor. «The Anatomy of a Migration Hump». Dans *Development Strategy, Employment and Migration. Insights from Models*, 43-62. Paris, OCDE, 1996; Wilbur Zelinsky. «The Hypothesis of the Mobility Transition». *Geographical Review* 61, n° 2 (1971), 219-249.
4. Banque mondiale. *Rapport sur le Développement dans le monde: repenser la géographie économique*. Washington, D.C., Banque mondiale, 2009.

5. Antoine Pécoud. «Les transferts de fonds vus par les organisations internationales: construction d'un enjeu et élaboration d'un agenda politique international». *Autrepart 67-68*, n° 4 (2013), 13-30; Dilip Ratha. *Leveraging Remittances for Development*. Washington, D.C., Migration Policy Institute, 2007.

économiquement et politiquement au cours des 20 dernières années.

Les envois de fonds, qui totalisaient 444 milliards de dollars en 2017, ont été multipliés par cinq à l'échelle mondiale entre 2000 et 2017. Plus stables que les investissements directs étrangers, les envois de fonds sont devenus également plus importants que l'aide publique au développement depuis le milieu des années 1990[6]. Dans plusieurs pays pauvres, les envois de fonds représentent plus du cinquième, voire même le tiers, du produit intérieur brut (PIB).

La Banque mondiale cherche à maximiser l'effet des envois de fonds sur l'économie des pays pauvres, en proposant l'adoption de règles et de pratiques marchandes plus transparentes pour la circulation de ces capitaux privés. Parmi ces mesures, elle propose des incitatifs pour que les travailleurs migrants utilisent les canaux officiels de transferts d'argent (tels que MoneyGram, Western Union ou Wells Fargo).

En réalité, les envois de fonds sont loin d'être une panacée pour les pays pauvres. Lorsqu'il y a une baisse de l'activité économique dans les pays d'accueil, comme en 2008-2009 en Amérique du Nord, des emplois sont supprimés et, par conséquent, les volumes d'envois de fonds diminuent de façon importante.

Par ailleurs, la répartition des envois de fonds est inégale entre les régions. L'Inde, les Philippines, le Mexique, la Chine et la France en tête, suivis par l'Égypte, le Nigéria, le Pakistan, l'Allemagne et le Vietnam, sont les plus grands récipiendaires d'aide, mais seuls l'Égypte, le Nigéria et le Pakistan sont des pays pauvres dans cette liste. Des pays très pauvres comme le Bangladesh et Haïti reçoivent moins d'envois de fonds, car ils ont moins de migrants à l'extérieur du pays[7]. La cause principale de ces inégalités géographiques vient des politiques migratoires restrictives des pays d'accueil.

Tableau 16.1

Part des envois de fonds dans le PIB, 2017

Les 10 pays avec le ratio le plus élevé	% du PIB
Tonga	34,2
Kirghizistan	32,9
Tadjikistan	31,6
Haïti	29,2
Népal	28,3
Liberia	26,9
Gambie	21,3
Îles Comores	21,3
El Salvador	20,4
Moldavie	20,2

Note : Données compilées par Hélène Pellerin
Source : Banque mondiale. «Envois de fonds des travailleurs et rémunérations des salariés, reçus (% du PIB)», 2017. https://data.worldbank.org/indicator/BX.TRF.PWKR.DT.GD.ZS?end=2017&start=2000&year_high_desc=true. Page consultée le 3 septembre 2018.

L'exigence de visas et de permis de séjour de la part des pays d'accueil est une réalité qui remet en question l'image d'un marché mondial du travail où les travailleurs seraient libres de circuler selon l'offre et la demande. Les politiques restrictives des pays européens, de l'Amérique du Nord, du Japon et de l'Australie créent une certaine hiérarchie de la mobilité selon le niveau de compétences des migrants et leur pays d'origine. Les Indiens, les Chinois et les Philippins ont des accès plus faciles que les ressortissants du Bangladesh ou du Pakistan, par exemple. Ces obstacles à la mobilité ont en outre pour effet d'inciter les migrants qui sont déjà dans le pays d'accueil à rester dans la clandestinité de crainte de ne pouvoir revenir s'ils retournent dans leur pays d'origine, renforçant de surcroît les inégalités.

D'autres obstacles aux envois de fonds se trouvent dans les tarifs élevés que les agences de recrutement, légales et parfois illégales, exigent pour faciliter la migration des travailleurs vers certaines destinations. Une étude récente indique que les migrants paient en moyenne 4 000 $ et dans certains cas jusqu'à 9 000 $ en

---

6. Global Knowledge Partnership on Migration and Development (KNOMAD) et World Bank. *Migration and Remittances: Recent Development and Outlook*. Washington, D.C., World Bank, 2017.

7. *Ibid.*

Figure 16.2

Défis auxquels font face les travailleurs migrants au Canada

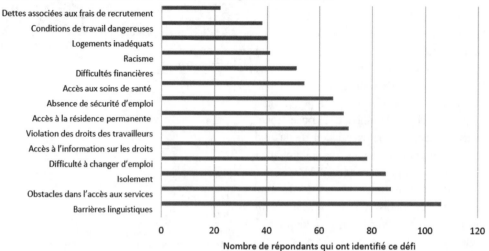

Source : Conseil canadien pour les réfugiés. *Travailleurs migrants : sans soutien et à statut précaire*. Montréal, CCR, 2016.

frais de recrutement[8]. De plus, certains pays d'accueil comme l'Arabie Saoudite, le Koweït et les États-Unis taxent les envois, réduisant d'autant plus le volume de fonds.

Les conditions imposées aux travailleurs migrants

Il est sous-entendu que pour avoir un effet positif sur le développement, les migrants doivent être rationnels, dans le sens économique du terme. La rationalité renvoie à une attitude de l'individu dont les décisions sont calculées sur la base de leurs coûts et de leurs bénéfices économiques. Les migrations devraient être ordonnées, légales et se diriger là où il y a une demande, car ce sont là les conditions optimales auxquelles ils sont censés répondre. Des recherches montrent pourtant que les migrants se dirigent davantage vers des destinations déjà adoptées par leurs pairs ou connues par leurs réseaux sociaux existants[9]. Par ailleurs, la rationalité est uniforme, voire masculine, ne tenant

pas compte des réalités genrées qui, pourtant, conditionnent différemment les motivations et les possibilités des migrants[10]. Dans les faits, les femmes migrantes reçoivent généralement des salaires plus bas, alors qu'elles sont encore plus sollicitées pour aider les familles restées dans le pays d'origine. Les conditions d'exploitation dans lesquelles plusieurs se trouvent, telles que les travailleurs migrants dans le bâtiment au Qatar ou les aides familiales résidantes contraintes de rester chez un employeur abusif dans plusieurs pays de destination comme le Canada, par exemple, remettent en question l'idéal de la mobilité pour le développement.

Le travail précaire

Pour leur permettre de subvenir à leurs besoins et de pouvoir envoyer une partie du salaire dans le pays d'origine, les emplois des travailleurs migrants doivent être rémunérés à des taux

---

8. *Ibid.*

9. Ronald Skeldon. *Migration and Development: A Global Perspective*. Harlow, Longman, 1997 ; Hein De Haas.

« Migration and Development: A Theoretical Perspective ». *International Migration Review 1*, nº 44 (2010), 227-264.

10. Parvati Raghuram. « Which Migration, What Development? Unsettling the Edifice of Migration and Development ». *Population, Space and Place 15*, nº 2 (2009), 103-117.

acceptables. Or, les données montrent que c'est de moins en moins le cas, et notamment pour les travailleurs peu qualifiés. Les politiques migratoires restrictives des pays d'accueil créent des conditions de précarité juridique qui se répercutent directement sur le plan économique. Le statut temporaire des permis de séjour et de travail nuit à l'accès à la protection sociale pour les migrants. Le fait que ce statut temporaire soit octroyé pour des emplois permanents fragilise les travailleurs migrants encore plus[11]. En outre, nombre de travailleurs migrants, en situation irrégulière, se retrouvent dans des emplois mal rémunérés avec des conditions abusives sans pouvoir résister, comme c'est le cas dans le secteur agroalimentaire aux États-Unis. À cela s'ajoutent les discriminations fondées sur l'origine de la part d'employeurs qui rognent ainsi sur les salaires et les droits de certains travailleurs[12].

Un autre facteur vient de la transformation du marché du travail. Le secteur agroalimentaire, par exemple, où la main-d'œuvre peu qualifiée est abondante, s'est transformé en une industrie d'exportation majeure grâce à la présence de nombreux travailleurs étrangers œuvrant dans des conditions de travail difficiles, dégradantes et peu rémunérées[13]. Il en est de même pour le secteur des services, comme les soins domestiques ou les technologies de la communication, qui se placent dans les chaînes de production globale non pas en raison d'une modernisation de leur production, mais grâce à la présence d'une main-d'œuvre étrangère abondante dans les chaînons les plus précaires[14]. Ces secteurs font des conditions de travail précaires

– travail exigeant, longues heures, salaire minimum – une stratégie d'expansion mondiale.

Quelle migration pour quel développement?

Si les envois de fonds sont sensibles aux aléas de l'économie, ils peuvent difficilement servir de stratégie de développement pour les pays pauvres. Dans la mesure où ils sont utilisés surtout pour payer des biens de consommation et des soins médicaux aux membres de familles restés dans le pays, les envois de fonds ne peuvent à eux seuls servir à relancer la croissance économique. Quelques cas historiques ayant eu du succès sont devenus des pratiques exemplaires. Le programme «Tres por uno», développé par le Mexique en 2002, en est un. Ce programme implique une intervention de l'État d'origine pour bonifier l'effet des transferts monétaires en triplant la mise avec l'aide des autorités municipales, pour financer des projets de développement des communautés au Mexique. Contrairement aux envois de fonds envoyés individuellement, ces projets génèrent un impact plus structurant sur l'économie locale. En pratique, la gestion politique de l'initiative a réduit l'engouement des migrants envers ce programme[15] avec, au final, un impact économique moins grand qu'attendu[16].

Il faut aussi s'interroger sur la capacité d'intervention de l'État d'origine. Les stratégies de développement qui ont un impact positif supposent une certaine marge de manœuvre sur la gestion des finances publiques, peu compatible avec les politiques de libéralisation et de privatisation économiques imposées à la plupart des pays pauvres aujourd'hui. En ce sens, les envois

11. Sid Ahmed Souss. «Migrations du travail et politiques publiques: vers une informalisation internationale du travail?» *Revue internationale de politique comparée*, n° 2 (2017), 225-247.

12. Harald Bauder. «Citizenship as Capital: The Distinction of Migrant Labor». *Alternatives: Global, Local, Political* 33, n° 3 (2008), 315-333.

13. Kerry Preibisch. «Pick-Your-Own Labor: Migrant Workers and Flexibility in Canadian Agriculture». *The International Migration Review* 44, n° 2 (2010), 404-441.

14. Parvati Raghuram. «Which Migration, What Development? Unsettling the Edifice of Migration and Development». *Population, Space and Place* 15, n° 2 (2009), 103-117.

15. Jean Papail. «Les transformations de l'utilisation des transferts de fonds des migrants internationaux au Mexique». *Autrepart* 66, n° 3 (2013), 61-81.

16. Marie Coiffard. «La coopération internationale sur les transferts de fonds des migrants, quels enjeux pour quelle perspective?» *Revue européenne des migrations internationales* 28, n° 1 (2012), 129-145.

de salaires nécessitent infrastructures, règlements et planification pour mener à des projets structurants pour l'économie du pays[17]. En l'absence de projets structurants, la migration et les envois de fonds reproduisent souvent les conditions du sous-développement, en maintenant les pressions à l'exode pour les individus restés sur place[18]. Il en résulte une dynamique économique et sociale qui génère l'émigration en permanence et non temporairement comme la théorie de la transformation migratoire le suggérait[19].

Conclusion

En 2006, à la suite du rapport de la Commission globale sur la migration internationale, la question migratoire est devenue un enjeu de gouvernance internationale. La priorité était alors d'attirer l'attention des États sur la nécessité de mieux coordonner les politiques migratoires. Plus précisément, on cherchait à arrimer les besoins des pays riches en termes de sécurité de leurs frontières avec ceux des pays d'origine, qui souhaitaient une plus grande libéralisation des mouvements de personnes. Le binôme migration-développement fut l'un des axes de l'approche globale de la migration.

Ce contexte a permis, avec l'appui de l'ONU, la création en 2007 d'un Dialogue de haut niveau sur la migration et le développement. Structure informelle qui réunit une centaine de pays sur une base régulière, ce forum a permis de faire avancer la cause des migrants internationaux, en dénonçant notamment la discrimination et le racisme dont ils sont victimes dans le monde. Cette enceinte s'est aussi fait l'écho des pays d'origine préoccupés par l'effet de l'émigration de leurs travailleurs qualifiés sur leur économie. En ce sens, le forum a proposé l'idée que la migration pouvait être une opportunité pour les migrants, les pays d'accueil et les pays d'origine simultanément[20].

Cependant, la réalité des rapports de force à l'échelle mondiale a eu raison de cet idéal. Les enjeux de sécurité des pays d'accueil ont réduit les préoccupations sur les droits humains des migrants au plus petit dénominateur commun des droits attribués aux travailleurs étrangers, alors que les intérêts des pays pauvres ont été réduits à des mesures pour limiter l'exode des spécialistes dans le domaine de la santé[21]. L'adoption récente du Pacte mondial sur les migrations, par l'ONU en 2018, confirme cette tendance. Parmi les quatre priorités de ce pacte : protéger les droits des migrants, faciliter des migrations sûres, ordonnées et régulières, réduire la fréquence et les effets de la migration forcée et irrégulière, et s'attaquer aux conséquences des catastrophes naturelles et d'origine humaine pour la mobilité[22]. Au final, aucun effort ne porte sur les relations entre migration et développement dans une perspective complémentaire et durable.

17. *Progress in Human Geography 38.*

18. Ninna Nyberg Sørensen. « Revisiting the Migration-Development Nexus: From Social Networks and Remittances to Markets for Migration Control ». *International Migration 50*, n° 3 (2012), 61-76 ; Antoine Pécoud. « Les transferts de fonds vus par les organisations internationales : construction d'un enjeu et élaboration d'un agenda politique international ». *Autrepart 67-68*, n° 4 (2013), 13-30.

19. Jon Jonakin. « Emigration and Economic Theory: Missing the Boat in Mexico and Ecuador ». *International Migration 51*, n° 3 (2013), 113-132.

20. Steffen Angenendt. « Framework Paper: Triple-win Migration – Challenges and Opportunities ». *Migration Strategy Group on Global Competitiveness*. Berlin, German Marshall Fund of the United States and Robert Bosch Stiftung, 2014.

21. Raúl Delgado Wise. « On the Theory and Practice of Migration and Development: A Southern Perspective ». *Journal of Intercultural Studies 39*, n° 2 (2018), 163-181.

22. Organisation internationale pour les migrations. *Pacte mondial sur les migrations : vision de l'OIM*. Genève, OIM, 2017.

Objectifs d'apprentissage

- Comprendre les dynamiques politiques, économiques et sociales au cœur des liens entre migration et développement.
- Connaître les raisonnements théoriques derrière les stratégies favorisées par certains États et organisations internationales.

Questions de réflexion

- En quoi la conception marchande de la migration est-elle limitée pour comprendre les liens entre migration et développement ?
- La migration internationale peut-elle être profitable pour les migrants, les pays d'accueil et les pays d'origine simultanément ? Sous quelles conditions ?
- Quel impact aura le Pacte mondial sur les migrations sur le lien entre migration et développement ?

Pour en savoir davantage

Aknin, Audrey et Géraldine Froger. « Migrations et développement : questions de soutenabilité ou soutenabilités en question ? » *Mondes en développement 172*, n° 4 (2015), 7-12.

Garson, Jean-Pierre. « Migrations et développement : avantages partagés ? » *Revue d'économie du développement 15*, n° 2 (2007), 215-220.

Guengant, Jean-Pierre. « Quel lien entre migrations internationales et développement ? » *Revue Projet 4*, n° 272 (2002), 72-81.

Organisation de coopération et de développement économiques. *Mondialisation, migrations et développement*. Paris, OCDE, 2000.

Ruhs, Martin. « Les droits des travailleurs migrants, un problème politique, économique et éthique ». *Revue internationale du travail 155*, n° 2 (2016), 309-326.

17 Les défis environnementaux

Jean-Philippe Leblond

Résumé

Aujourd'hui, notre monde est confronté à un immense défi environnemental. Toutes les études scientifiques font des constats sévères sur la détérioration des sols, de l'eau et de l'air, en lien avec des activités humaines destructives, dont le marqueur le plus connu est le réchauffement climatique. Au niveau politique, l'alerte est sonnée avec des propositions à plusieurs niveaux pour rendre le développement «durable», c'est-à-dire réconcilier le développement avec l'environnement. D'autres estiment qu'il faut «tout changer», y compris des sociétés structurées autour du capitalisme et du productivisme, pour lesquelles la croissance doit demeurer la clé du tout progrès. Entre-temps, dans cette nouvelle ère qualifiée d'«anthropocène», les impacts de ces transformations changent tout, la santé, la sécurité alimentaire, l'habitation et d'autres domaines, qui affectent de manière disproportionnée les pays et les populations les plus vulnérables. Ce qui à rebours repose la question des rapports entre le «Sud» et le «Nord», celui-ci devant hériter d'une immense «dette écologique» accumulée depuis 150 ans.

Introduction

Si le développement s'est accompagné d'importantes améliorations des conditions de vie au Nord et dans les régions gagnant au jeu de la mondialisation, il s'est toutefois accompagné d'importants problèmes environnementaux. Progressivement, les préoccupations environnementales ont pénétré le champ du développement international. Le rapport Bruntland a largement contribué à identifier la pauvreté et certaines formes de croissance économique comme des causes des problèmes environnementaux[1]. Il a aussi popularisé le concept de développement durable, lequel appelle à la réconciliation des objectifs économiques, sociaux et environnementaux du développement, ceci tant pour les générations actuelles que futures. Ce concept figure désormais au centre de l'ordre du jour en développement international (voir le chapitre 6 sur les Objectifs du développement durable). Cependant, son opérationnalisation concrète

---

1. Gro Harlem Brundtland et Commission mondiale sur l'environnement et le développement. *Notre avenir à tous*. Montréal, Éditions du fleuve, 1998.

est ardue et mène à de difficiles arbitrages[2]. Malgré certains succès, par exemple, l'agrément d'un accord pour protéger la couche d'ozone signé par 24 pays (Protocole de Montréal relatif aux substances qui appauvrissent la couche d'ozone), lors de la conférence de Montréal en 1987, nous faisons face à d'importants problèmes environnementaux et les moyens d'y remédier font l'objet d'intenses débats. Nous illustrerons ces débats et quatre types de problèmes environnementaux dans les sections suivantes.

Les trois grandes positions

Trois grandes positions peuvent être observées à l'égard des problèmes environnementaux[3]. D'une part, plusieurs activistes écologistes et auteurs liés à l'altermondialisme mettent l'accent sur l'ampleur de la crise écologique et sur l'existence de limites écologiques à ne pas franchir. Ces acteurs voient le scénario courant de quête éternelle de croissance dans un système dominé par les intérêts économiques comme une cause fondamentale de nombreux problèmes[4]. Ils appellent notamment à la décroissance au Nord et à des solutions participatives,

enracinées dans les communautés[5]. On voit avec scepticisme les solutions technologiques comme le recours aux organismes génétiquement modifiés (OGM)[6]. D'autre part, du côté droit de l'échiquier politique, des acteurs associés aux grands lobbys industriels ou au néolibéralisme nient ou minimisent l'ampleur des problèmes environnementaux, ou avancent que la croissance économique en situation de libre marché permettra de résoudre ces problèmes[7]. Les solutions se trouvent dans la concurrence, la privatisation des ressources, la libéralisation des échanges, la demande des consommateurs pour des produits verts et surtout dans les éco-innovations. Entre ces deux positions, le discours majoritaire en développement international soutient plutôt qu'il est nécessaire et possible de réconcilier qualité de l'environnement, croissance économique et amélioration des conditions d'existence pour tous. On puise dans les solutions précédentes, mais on met l'accent sur le rôle positif des États et sur des politiques publiques éclairées devant guider les acteurs économiques. Ces trois positions se retrouvent dans les débats au sujet des quatre types de problèmes environnementaux suivants.

La pollution de l'air, de l'eau et des sols

Un premier type de problème provient de l'ajout de contaminants à l'environnement, tels les métaux lourds ou les plastiques formant d'immenses îles flottantes. La pollution de l'eau, notamment causée par les déjections animales ou humaines, entraîne la mort de 1,7 million de personnes annuellement[8]. L'Organisation

2. Annabelle Caillou. « La rainette faux-grillon met fin à un projet immobilier ». *Le Devoir*, 2018 ; Manon Cornellier. « Trans Mountain : le baron du pétrole ». *Le Devoir*, 2018. Le Monde. « Démission de Nicolas Hulot : le réquisitoire de l'ancien ministre ». *Le Monde*, 2018 ; Guy Taillefer. « Faire barrage au Laos ». *Le Devoir*, 2018.
3. René Audet. « Discours autour de la transition écologique ». *La transition énergétique en chantier : les configurations institutionnelles et territoriales de l'énergie*. Par Marie-José Fortin, Yann Fournis et François L'Italien, 11-30. Québec, Presses de l'Université Laval, 2016 ; Louis Guay. « Manuel de sociologie de l'environnement ». *Sociologie et environnement au Canada : une diversité de perspectives*. Par Rémi Barbier, Philippe Boudes, Jean-Paul Bozonnet, Jacqueline Candau, Michelle Dobré, Nathalie Lewis et Florence Rudolf, 371-382. Québec, Presses de l'Université Laval, 2012.
4. Jean-Marie Harribey. « Développement ne rime pas forcément avec croissance ». *Le Monde diplomatique*, 2004 ; Daniel Taduro. *L'impossible capitalisme vert*. Paris, Éditions La Découverte, 2010.

5. Louis Marion. « La décroissance ». *À Babord*, n° 30 (2009).
6. David Suzuki. *La géo-ingénierie serait-elle l'arme secrète contre les changements climatiques ?* Vancouver, Fondation David Suzuki, 2013.
7. Michael Greshko. « A Running List of How President Trump Is Changing Environmental Policy ». *National Geographic*, 2018.
8. Majid Ezzati, Alan D Lopez, Anthony Rodgers, Stephen Vander Hoorn, Christopher CJ Murray et Comparative

Figure 17.1

Intensité de la pollution de l'air ambiante par des particules fines

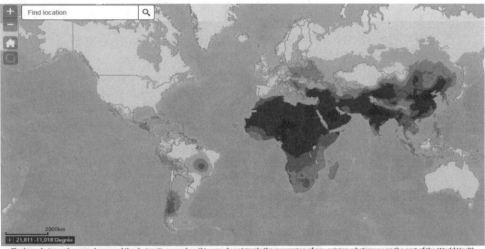

Légende

Concentration annuelle de PM2,5 en 2016 (µg/m³)

raster

☐ < 10
☐ 11 - 15
☐ 16 - 25
☐ 26 - 35
☐ 36 - 69
☐ > 70

Note 1 : Diamètre inférieur à 2,5 micromètres
Note 2 : La concentration recommandée est de moins de 10 microgrammes par mètre cube d'air (µg/m³)
Source : Organisation mondiale de la santé. «Global ambient air pollution», 2018 b. http://maps.who.int/airpollution/.
Page consultée le 3 septembre 2018.

mondiale de la santé (OMS) estime que la pollution de l'air est le plus important problème mondial de santé publique, lequel affecte principalement les pays en développement. On estime que la pollution de l'air à l'intérieur des habitations, laquelle est liée à la cuisson au charbon et à l'usage de fours traditionnels, entraîne la mort prématurée de 3,8 millions de personnes chaque année, alors que la pollution de l'air ambiant, associée aux transports, à l'industrie et aux feux de végétation, cause plus de

4,2 millions de morts, principalement au Sud[9] (figure 17.1).

On conçoit généralement la pollution de l'air intérieur et le manque d'accès à l'eau potable comme des problèmes associés à la pauvreté extrême qui sont résolus par le développement. Par leur nature (cause et effets locaux importants), ils attirent rapidement l'attention des grands acteurs (État, PNUD) qui pourront intervenir afin de renforcer la réglementation ou de faciliter l'installation d'infrastructures

Risk Assessment Collaborating Group. «Selected Major Risk Factors and Global and Regional Burden of Disease». *Lancet 360*, n° 9343 (2002), 1347-1360.

9. Organisation mondiale de la santé. «Air Pollution», 2018a. http://www.who.int/airpollution/en/. Page consultée le 3 septembre 2018.

Figure 17.2
Place Tiananmen sous la pollution, Pékin, Chine, 2014

Crédit : Argonne National Laboratory, CC BY SA

de traitement des eaux. En Haïti, où la cuisson entraîne une importante pollution de l'air intérieur, plusieurs projets cherchent à encourager le passage du combustible ligneux à d'autres sources d'énergie (par exemple, propane) ou l'usage de fours dits améliorés. Ces projets se heurtent toutefois à l'enjeu de la pauvreté : les fours sont coûteux et le combustible ligneux est facile à se procurer et largement moins cher qu'une bonbonne entière de propane[10].

Lorsque les polluants ont un effet à retardement, sur de longues distances[11], ils affectent moins directement et intensément les humains ou lorsque leur production profite à d'importants lobbys, de véritables solutions sont plus difficiles à trouver et à mettre en place. Dans plusieurs cas (pluies acides, insecticides persistants à large spectre comme le DDT et les néocotinoïdes), le problème n'est reconnu qu'après des décennies de recherche. Dans le cas des néocotinoïdes, largement utilisés dans l'agriculture intensive, de grands groupes agro-alimentaires s'opposent toujours à leur contrôle, même si les recherches soulignent leurs effets dévastateurs sur les pollinisateurs et, par conséquent, sur l'agriculture maraîchère et la sécurité alimentaire.

10. Gouvernement du Canada. « Concocter des solutions pour Haïti », 2017. http://international.gc.ca/world-monde/stories-histoires/2016/extreme_deforestation_air_pollution-deforestation_extreme_pollution_atmospherique.aspx?lang=fra. Page consultée le 3 septembre 2018.

11. On a noté de dangereuses concentrations de contaminants chez les Inuits et les grands prédateurs de l'Arctique, lesquels vivent pourtant à une distance considérable des sites d'émission.

La destruction des habitats

Un deuxième type de problème environnemental est la destruction des habitats naturels (forêts, mangroves, marais, tourbières). À l'échelle mondiale, on note un recul de 40 % des superficies forestières au cours des trois derniers siècles. En plus de nuire aux quelque 300 millions de personnes dont la subsistance dépend des écosystèmes forestiers, la déforestation accroît les émissions de gaz à effet de serre (GES). Elle peut altérer la qualité de l'eau et accroître les risques de glissements de terrain et d'inondations. Finalement, elle contribue grandement à l'accroissement du taux d'extinction des espèces, qui serait depuis la révolution industrielle environ 1000 fois plus élevé que le taux moyen enregistré d'après l'histoire géologique.

Si une certaine reforestation s'est manifestée, notamment dans les zones rurales éloignées du Nord, celle-ci a été en partie causée par la création d'autres problèmes environnementaux locaux (intensification agricole « sauvant » des terres forestières, mais causant une intense pollution agricole) ou à l'étranger (exploitation forestière toujours plus au Nord ou vers les régions tropicales). Ainsi, la déforestation demeure importante dans les trois principales zones forestières tropicales humides, soit l'Amazonie, le bassin du Congo et en Asie du Sud-Est, en particulier sur Bornéo et au Cambodge.

Diverses solutions sont proposées afin de protéger les forêts et la biodiversité. Des organismes de conservation coloniaux et postcoloniaux ont longtemps favorisé l'établissement d'aires protégées strictes excluant, entre autres par la force, les populations locales. En Thaïlande, ceci s'est traduit par le déplacement forcé, généralement sans compensation, d'environ 50 000 personnes sur deux décennies[12]. Ce déplacement illustre un constat surprenant, mais trop fréquent : d'importants effets dévastateurs sur les populations pauvres proviennent souvent de mesures environnementales simplistes et violentes prises par les États et certaines ONG environnementales afin de « contrôler » et de « moderniser » les populations locales, vues comme les seules fautives au sujet d'une écologiste controversée. À partir des années 1980, on a introduit d'autres mesures cherchant à utiliser le développement (aide à l'intensification de l'agriculture, écotourisme) afin de mieux faire accepter les mesures de conservation et de détourner les populations de leurs activités jugées délétères. Inspiré par une néolibéralisation de la gestion de l'environnement, on a plus récemment développé diverses mesures de marché comme la certification écologique ou les paiements pour services écologiques (voir le programme REDD+, appuyé par l'ONU).

La surutilisation des ressources

Un troisième type de problème environnemental découle d'une surutilisation des ressources naturelles renouvelables (eau, forêts, espèces animales sauvages, qualité du sol). La surexploitation de la ressource met alors en péril la poursuite de son utilisation, comme c'est le cas dans le domaine des pêcheries en mer. Selon l'ONUAA[13] (mieux connue sous son acronyme anglais, la Food and Agriculture Organization, la FAO), la multiplication par cinq de la production s'est accompagnée de la surexploitation de 30 % des stocks de poissons de mer. Souvent, la géographie de la ressource et de ses exploitants rend leur exploitation plus difficile à gérer : les populations de poissons et d'animaux terrestres sauvages, tout comme les aquifères et les eaux de surface, chevauchent souvent plusieurs juridictions, ou se retrouvent hors des territoires nationaux. Elles peuvent faire l'objet d'une (sur)exploitation légale ou illégale par des acteurs internationaux. Dans les cas liés à la chasse, à la pêche et à l'exploitation forestière,

---

12. Jean-Philippe Leblond. *Population Displacement and Forest Management in Thailand.* Montréal, Université de Montréal, 2010.

13. Organisation des Nations unies pour l'alimentation et l'agriculture. *La situation mondiale des pêches et de l'aquaculture 2012.* Rome, ONUAA, 2012.

Figure 17.3
En Amazonie, la déforestation gagne du terrain, 2016

Source: Greenpeace. «Amazonie: 451 millions d'arbres abattus l'an dernier», 2016. https://www.greenpeace.fr/amazonie-451-millions-darbres-abattus-lan-dernier/. Page consultée le 3 septembre 2018.

certains acteurs promeuvent des mesures réglementaires, mais la tendance générale est de passer à des mécanismes davantage liés au marché: on détourne les populations locales de la ressource, on impose la certification écologique et le passage à plus grande artificialisation de leur exploitation via les plantations sylvicoles, la pisciculture et l'aquaculture, l'élevage privé d'espèces pour la chasse aux trophées ou l'approvisionnement des marchés de médecine chinoise[14].

Les problèmes mondiaux

Les problèmes qui en découlent, tels les changements climatiques, sont donc planétaires par nature et peuvent constituer un quatrième type de problème environnemental. Ici aussi, trois grandes familles de solutions sont proposées: les premières misent sur le jeu des marchés et les éco-innovations, les deuxièmes, sur des États devant guider les acteurs économiques, et les dernières, sur des solutions par la base et sur la décroissance du Nord pour dégager de l'espace au développement du Sud.

Conclusion

En conclusion, dans le cadre du développement international, quatre éléments apparaissent particulièrement importants à souligner. Premièrement, les populations pauvres et marginalisées sont davantage et plus gravement affectées par les précédents problèmes et par les mesures environnementales prises pour les régler[15]. Ceci tient notamment (1) à leur plus grande exposition aux risques environnementaux (par exemple, on tend à situer les industries polluantes à proximité de communautés pauvres); (2) à leur dépendance accrue vis-à-vis des ressources naturelles; (3) à leur marginalité politique et économique qui les empêche de faire valoir leurs droits et intérêts et diminue leur accès aux services publics.

---

14. Voir le documentaire *Trophy*, de Clusiau.

15. Razmig Keucheyan. *La nature est un champ de bataille: essai d'écologie politique*. Paris, Éditions La Découverte, 2014.

Figure 17.4
Évolution de la sévérité des problèmes de pollution

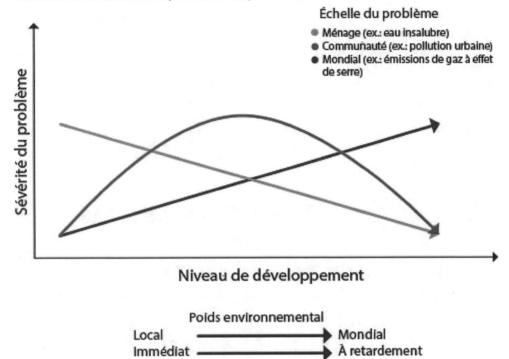

Note : Évolution selon le niveau de développement et l'échelle de ces problèmes
Source : Marina Fischer-Kowalski et *al. Decoupling: Natural Resource Use and Environmental Impacts from Economic Growth*. Nairobi, United Nations Environment Programme (UNEP), 2011.

Deuxièmement, la relation entre l'intensité de ces problèmes et le niveau de développement est complexe et dépend notamment des caractéristiques des problèmes (figure 7.4). Certains problèmes locaux et immédiats tendent à se résoudre avec le développement. D'autres vont d'abord s'aggraver, puis s'atténuer avec le développement (courbe en U inversé). Cette amélioration est souvent due non seulement aux innovations technologiques, mais aussi aux règlementations étatiques et au transfert géographique du poids environnemental (par exemple, la délocalisation de l'industrie polluante vers le Sud). D'autres problèmes, en particulier globaux, continuent à s'aggraver.

Troisièmement, la diversité des problèmes environnementaux les rend difficilement commensurables. Néanmoins, certaines mesures résultant des pressions environnementales ont été développées. Elles suggèrent d'une part que l'humanité est en déficit écologique : l'empreinte écologique globale représentait en 2014 1,7 fois la biocapacité de la planète[16]. Elles suggèrent d'autre part que les pays développés ont une immense dette écologique. Par le jeu des échanges internationaux, ces derniers se sont développés en exportant une bonne partie du poids de leur économie et de leur consommation vers les pays en développement[17]. Ce même phénomène se répète chez des pays émergents comme la Chine. Par ses échanges, cette dernière

----

16. Global Footprint network. «Le Jour du Dépassement de la France tombe le 5 mai», 2018. https://www.footprintnetwork.org/2018/05/05/le-jour-du-depassement-de-la-france-tombe-le-5-mai/. Page consultée le 3 septembre 2018.
17. Christophe Bonneuil. «Capitalocène : réflexions sur l'échange écologique inégal et le crime climatique à l'âge de l'Anthropocène». *EcoRev'* 44, n° 1 (2017), 52-60.

se trouve à importer une partie du poids écologique du Nord, mais elle se trouve aussi en situation d'exportation nette de son poids environnemental vers l'Asie du Sud-Est et l'Afrique, où elle s'approvisionne largement en matières premières et en produits moins transformés[18]. Finalement, selon plusieurs, en raison de l'ampleur des changements environnementaux depuis la révolution industrielle, nous sommes entrés dans une nouvelle ère géologique : l'Anthropocène. Dans la mesure où ces impacts cumulés sont principalement le fruit des activités d'une partie de l'humanité (l'Occident) et d'un système économique (capitalisme), serait-il plus approprié de parler d'occidentalocène ou de capitalocène[19] ?

18. Yang Yu, Kuishuang Feng et Klaus Hubacek. « China's Unequal Ecological Exchange ». *Ecological Indicators 47* (2014), 156-163.

19. Christophe Bonneuil. « Capitalocène : Réflexions sur l'échange écologique inégal et le crime climatique à l'âge de l'Anthropocène ». *EcoRev' 44*, n° 1 (2017), 52-60.

Objectifs d'apprentissage

- Mieux comprendre le débat sur les défis environnementaux.
- Identifier les principaux problèmes environnementaux et leurs conséquences sociales et écologiques.
- Prendre connaissance des solutions possibles pour répondre aux pressions environnementales.

Questions de réflexion

- Pourquoi la question environnementale suscite-t-elle autant de controverses que de polémiques ?
- Quelles sont les conséquences des crises environnementales tant sur le plan social qu'écologique ?
- Pourquoi les populations pauvres et marginalisées sont-elles les premières victimes des problèmes environnementaux ?

Pour en savoir davantage

Aubertin, Catherine et Franck-Dominique Vivien. *Le développement durable : enjeux politiques, économiques et sociaux*. Paris, La Documentation française, 2010.

Beck, Corinne, Yves Luginbuhl et Tatiana Muxart. *Temps et espaces des crises de l'environnement*. Versailles, Éditions Quae, 2006.

Gargani, Julien. *Crises environnementales et crises socio-économiques*. Paris, Éditions L'Harmattan, 2016.

Lomborg, Bjorn. *L'écologiste sceptique : le véritable état de la planète*. Paris, Éditions Le Cherche-midi, 2004.

Parson, Edward A. *Gérer l'environnement*. Montréal, Presses de l'Université de Montréal, 2001.

18

La bataille pour l'eau

Sylvie Paquerot

Résumé

Si la dernière décennie du xxᵉ siècle et la première décennie du xx1ᵉ siècle ont été marquées par la lutte pour la reconnaissance de l'accès à l'eau comme droit humain, nous assistons depuis à une confrontation entre usages de l'eau qui illustre la crise du modèle dominant de développement confronté à la finitude de la planète. L'enjeu de l'eau se retrouve en effet au cœur de la contestation de l'extractivisme sous toutes ses formes, des prélèvements de Nestlé et autres transnationales de l'agro-industrie à la dilapidation et à la contamination des sources par les hydrocarbures ou les projets miniers.

Introduction

Les dernières décennies ont été marquées par une prise de conscience des limites des ressources en eau : crise mondiale de l'eau, guerres de l'eau... autant d'expressions qui ont fleuri à la faveur de ce constat. Considérée comme une ressource naturelle, l'eau s'est trouvée, pendant tout le xxᵉ siècle, renvoyée à sa dimension utilitaire. Mais si nul ne conteste le fait que l'eau appartienne à l'ensemble des « ressources naturelles », la conception de l'eau comme « ressource » est en fait relativement récente, datant du début du xxᵉ siècle[1].

Bien sûr, les êtres humains utilisent l'eau depuis toujours. Loin de nous l'idée de soutenir qu'elle n'a pas été « utilisée » avant le xxᵉ siècle. Mais concevoir l'eau comme une « ressource »

signifie la soumettre systématiquement à la logique de l'efficience économique en tant qu'intrant dont la productivité doit être maximisée, que ce soit dans l'agriculture, l'industrie ou la production d'hydroélectricité. La devise du Bureau of Reclamation[2] au début du xxᵉ siècle, *Total Use for Greater Wealth*, capture l'essence de l'eau-ressource qui demeure, jusqu'à aujourd'hui, la rationalité dominante[3]. Guang Zhe Chen, Directeur principal de la Pratique mondiale de l'eau de la Banque mondiale, rappelait ainsi récemment aux participants à la Semaine africaine de l'eau la nécessité de

---

1. Vazken Andréassian et Jean Margat. « Une ressource naturelle pas comme les autres ». *Analyse financière*, n° 3 (2010), 20-21.

2. Le Bureau of Reclamation est une agence fédérale ayant piloté le développement hydraulique de l'Ouest états-unien. En cela, elle a rivalisé avec le U.S. Army Corps of Engineers (Reisner, 1993).

3. Jamie Linton. *What Is Water? The History of a Modern Abstraction*. Vancouver, University of British Columbia Press, 2010.

Figure 18.1
Accès à l'eau potable

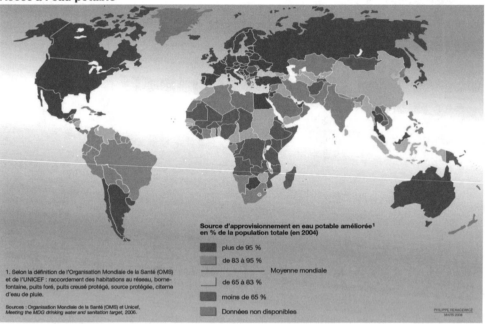

Source : Philippe Rekacewicz. «Accès à l'eau potable». *Le Monde diplomatique*. 2008.

reconnaître l'eau comme «le moteur de la croissance économique, de la sécurité alimentaire et du développement du capital humain[4]», dans cet ordre. Grands barrages, détournements de rivières et autres infrastructures se multiplient afin de rendre disponible ce «facteur de production», considérant, comme le veut l'adage, que l'eau douce qui se rend à la mer est «perdue».

Retour sur la lutte pour le droit à l'eau

Lorsque émerge sur la scène internationale ce qu'il est convenu d'appeler la «bataille de l'eau» dans les années 1990[5], malgré une prise de conscience des enjeux écologiques, la conception de l'eau n'a pas fondamentalement changé. Pour les acteurs majeurs de ce domaine, tant privés que publics, les erreurs du passé ne seraient pas causées par le caractère réducteur de la conception de l'eau comme ressource, mais plutôt par une mauvaise gestion[6]. Il s'agit donc, pour eux, encore et toujours, de la soumettre à la logique de l'efficience économique, mais avec d'autres modes de gestion... Cette logique justifiera les responsables de la Banque mondiale de soutenir que le marché est mieux à même de répondre aux exigences d'une utilisation efficiente que l'autorité publique.

Devant cette logique, la première phase de la bataille de l'eau (1990-2010) portera principalement sur son caractère vital, posant au centre des revendications la reconnaissance de l'accès à l'eau

4. Financial Afrik. « L'accès à une eau propre et potable est un droit humain, dit Vera Songwe », 2018. https://www. financialafrik.com/2018/05/08/lacces-a-une-eau-propre-et-potable-est-un-droit-humain-dit-vera-songwe/. Page consultée le 10 juillet 2018.
5. Sylvie Paquerot. « La bataille de l'eau : forcer la prise en compte d'une évidence ». Dans *L'altermondialisme. Forums sociaux, résistances et nouvelle culture politique* Par Pierre

Beaudet, Raphaël Canet et Marie-Josée Massicotte, 349-363. Montréal, Éditions Écosociété, 2010.
6. Ken Conca. *Governing Water: Contentious Transnational Politics and Global Institution Building*. Cambridge, MIT Press, 2006.

comme droit humain[7], droit qui sera reconnu en 2010 à la fois par l'Assemblée générale[8] et le Conseil des droits de l'homme des Nations unies[9]. Dès la première décennie du XXIe siècle, toutefois, le caractère vital de l'eau oblige à ouvrir un second front de lutte, car, d'une part, c'est l'ensemble du vivant qui se trouve affecté par son accaparement et sa dégradation, pas seulement les humains, et, d'autre part, la première conséquence du changement climatique qui se fait sentir concrètement prendra la forme de perturbations significatives du cycle hydrologique.

L'eau deviendra ainsi le symbole par excellence de la crise globale de nos modes de développement. Devant des projets de « développement » qui *tuent* littéralement des territoires – Chevron-Texaco, en Équateur, les sables bitumineux en Alberta, le delta du Niger, etc. –, c'est en effet la question des finalités du développement qui se trouve posée : quel développement ? Pour qui et pourquoi ?

L'eau au cœur de la contestation de nos modes de développement

Qu'il s'agisse de mines, de puits de pétrole et de gaz, de déforestation[10], de plantations[11] ou d'élevages industriels[12], etc., l'exploitation des ressources naturelles a de nombreuses conséquences sur la disponibilité et la qualité de l'eau. L'intensification, ces dernières années, de cette exploitation, un peu partout sur la planète, a mis en lumière les conséquences parfois désastreuses pour les populations et les écosystèmes de ces activités. En Amérique hispanophone, ce phénomène est de plus en plus désigné par le terme « extractivisme », qui, au départ, visait les activités extractives au sens strict (mines et hydrocarbures), mais qui aujourd'hui cherche à désigner, par extension, l'accélération de toutes les activités d'exploitation des ressources naturelles à échelle industrielle.

Les conséquences de l'extractivisme sur l'eau doivent être considérées selon deux perspectives distinctes. D'une part, l'exploitation de quelques ressources naturelles peut avoir des impacts sur l'eau, sa disponibilité et sa qualité. D'autre part, l'eau est également une ressource naturelle elle-même « exploitable ». Or, l'eau, utilisée dans les processus extractifs peut générer une surexploitation, donc une rareté produite socialement, parfois qualifiée de « rareté de second ordre[13] ».

Les activités minières, par exemple, affectent les sources d'eau à plusieurs titres : par l'utilisation d'eau pour le traitement du minerai, par la pollution produite lors des décharges d'effluents des mines, par les activités connexes nécessaires comme la construction des routes et par l'accumulation de déchets. L'eau a été ainsi désignée comme une « victime de l'exploitation minière », ce qui en dit long sur le potentiel d'impacts négatifs de cette industrie sur la mise en œuvre du droit à l'eau.

Au Canada, l'industrie minière a, par le passé, laissé de nombreux sites en pauvre état lors de la cessation des activités. Ainsi, nous raconte l'auteur-compositeur-interprète Richard Desjardins dans son documentaire *Trou Story* : « La région entre Rouyn-Noranda et Val-d'Or est l'une des plus importantes poubelles d'Amérique du Nord.

---

7. Rappelons que l'eau pour les besoins de base ne représente que 10 à 15 % de celle utilisée par les humains.

8. Assemblée générale des Nations unies : le droit fondamental à l'eau et à l'assainissement A/64/PV.108, 2010.

9. Nations unies : Conseil des droits de l'homme. Les droits de l'homme et l'accès à l'eau potable et à l'assainissement A/HRC/15/L.14, 2010.

10. La déforestation réduit la capacité de rétention des sols, favorise le ruissellement et l'érosion, ce qui a pour conséquence de nuire à la recharge des nappes et d'augmenter la charge de sédimentation des cours d'eau.

11. Deux aspects significatifs doivent être relevés : la pollution diffuse induite par l'agriculture intensive et la pression sur les ressources en eau de certains types de plantation à croissance rapide pour refaire le couvert végétal comme l'eucalyptus, très gourmand en eau.

12. Le fameux dossier des porcheries illustre les enjeux pour la pollution des ressources en eau : Bureau du vérificateur général du Canada. « Incidences environnementales des porcheries industrielles au Nouveau-Brunswick », 2001.

---

http://www.oag-bvg.gc.ca/internet/Francais/pet_039_f_28743.html. Page consultée le 26 juillet 2018.

13. Karen Bakker. « Commons versus commodities: political ecologies of water privatization ». Dans *Global Political Ecology*. Par Richard Peet, Paul Robbins et Michael Watts, 347-370. New York, Routledge, 2011.

Figure 18.2

L'eau, une ressource rare à usage multiple

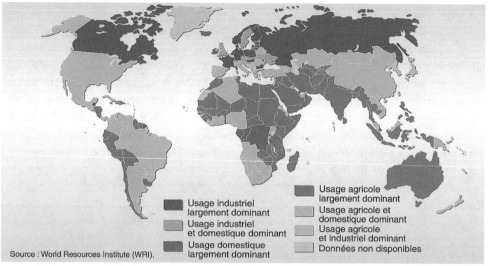

Source : Philippe Rekacewicz. «À quoi sert l'eau?» *Le Monde diplomatique*. 2006.

[...] Pour ceux qui habitent autour des mines, on ne sait rien des conséquences sur la santé des métaux lourds. Au Canada, les normes de contamination n'ont pas été revues depuis 30 ans.» S'agissant des hydrocarbures, qui contribuent, incidemment, au changement climatique, un certain nombre de dossiers emblématiques à l'échelle internationale ont reçu l'attention des tribunaux, dont, notamment, celui du Delta du Niger ou celui de Chevron-Texaco en Équateur[14].

Mais si l'industrie extractive est reconnue pour le risque qu'elle fait courir à la qualité des ressources en eau disponibles, elle a également besoin d'eau pour mener à bien ses activités. Elle consomme donc de l'eau et ses usages entrent en compétition avec d'autres usages, ce qui peut porter atteinte au droit à l'eau des populations. Des quantités importantes d'eau sont en effet nécessaires à l'extraction et à la séparation des minerais de la roche, diminuant ainsi l'accès aux ressources en eau pour les communautés avoisinantes.

Certains secteurs, par l'importance de leurs prélèvements, ont même acquis le titre peu enviable de «voleurs d'eau[15]». Parmi ces productions assoiffées, outre les industries extractives, on peut penser à l'agro-industrie. Le dossier de Coca-Cola en Inde aura sans doute été parmi les plus médiatisés dans cette catégorie, notamment dans les zones rurales près de Varanasi, où Coca-Cola a installé en 2000 l'une de ses usines de production, pompant l'eau en énormes quantités, avec pour résultat une baisse de niveau de la nappe de l'ordre de 6 mètres : «Autour de l'usine Coca-Cola, près de la moitié des puits des villages sont aujourd'hui secs ou quasiment à sec. Près de la moitié des pompes à main se sont elles aussi asséchées depuis 2000.» Outre le fait que les prélèvements massifs de ces usines constituent ce que le comité des droits économiques, sociaux et culturels nomme dans son observation n° 15 des «captages injustes[16]», ces usines rejettent aussi des déchets toxiques qui peuvent contaminer l'environnement et plus spécifiquement les ressources en eau.

---

14. Kevin Kœnig. «Chevron-Texaco on Trial». *World Watch Magazine*, 2004.

15. C'est le cas de Coca-Cola en Inde.

16. Nations unies : Conseil économique et social. Le droit à l'eau, Observation générale n° 15 : E/C.12/2002/11, 2003.

Conclusion

Les batailles de l'eau, que ce soit sur le plan global ou local, à cause de la nature même de cette ressource, limitée, vitale et non substituable, attirent l'attention sur notre dépendance à notre environnement pour notre survie. Au fil des débats, les contradictions de plus en plus aigües entre les objectifs de croissance et le respect de la capacité portante des écosystèmes peuvent de moins en moins être ignorées. Les enjeux de l'eau nous obligent à penser un autre mode de vie et de développement. De nombreuses luttes socioenvironnementales, ces dernières années, ont mobilisé avec succès les populations pour la préservation de leur milieu de vie, donc de leurs sources d'eau, que l'on pense à la résistance victorieuse de la population de Tambogrande, au Pérou, contre le projet de Manhattan Minerals abandonné en 2004[17], à la bataille des gaz de schiste au Québec (2010), et à la victoire éclatante de la tribu des Dongria Kondh contre le projet dévastateur du géant minier britannique Vedanta Resources[18].

---

17. Comité pour les droits humains en Amérique latine. «La problématique de l'activité minière canadienne au Pérou». Le journal des alternatives, 2007.
18. Toby Nicholas. «Victoire! L'Inde sauve la tribu d'Avatar d'un projet minier dévastateur». Survival International, 2014.

Objectifs d'apprentissage

- Prendre conscience de la centralité de la problématique de l'eau en matière de développement.
- Porter un regard critique sur le modèle de développement dominant actuel et ses conséquences sur l'eau.
- Réfléchir sur de nouvelles alternatives pour une utilisation durable de l'eau.

Questions de réflexion

- Quels sont les motifs qui expliquent l'émergence de la bataille pour l'eau sur la scène internationale?
- Comment le modèle de développement actuel met-il en péril le renouvellement des ressources en eau? Quelle responsabilité peut-on assigner au secteur privé?

Pour en savoir davantage

Baechler, Laurent. «La bonne gestion de l'eau: un enjeu majeur du développement durable». *L'Europe en formation 365*, n° 3 (2012), 3-21.

Comeau, Yves. «La gestion de l'eau: approches et objectifs pour un développement durable». *Vecteur Environnement 50*, n° 1 (2017), 62-63.

Guesnier, Bernard. «L'eau et le développement durable: un couple en rupture sans gouvernance sociétale et coopération décentralisée». *Développement durable et territoires 1*, n° 1 (2010).

Kettab, Ahmed, Ratiba Mitiche et Naoual Bennaçar. «De l'eau pour un développement durable: enjeux et stratégies». *Revue des sciences de l'eau 21*, n° 2 (2008), 247-256.

Taithe, Alexandre. «Introduction: l'eau, un enjeu de sécurité et de développement». *Sécurité globale 21*, n° 3 (2012), 7-12.

19

Le Sud face au défi climatique

Étienne Hainzelin

Résumé

Le changement climatique, lié à l'augmentstion des émissions de gaz à effet de serre, a des conséquences drastiques sur les écosystèmes et sur les sociétés humaines. Si ces émissions sont essentiellement causées par les pays développés, ce sont les populations des pays en développement qui en subissent le plus fortement les conséquences. Le développement durable, qui concerne tous les pays de façon différentiée, exige de « décarboner » les économies et de trouver des voies nouvelles permettant le développement humain, tout en atténuant le changement climatique.

Introduction

Le fait est maintenant établi que les humains, par leurs activités, et particulièrement l'usage des énergies fossiles, ont provoqué le réchauffement du climat par effet de serre (CC). Si les risques climatiques ont toujours existé, le CC renforce les événements climatiques extrêmes (sécheresse, inondation, cyclones) et redessine la carte du monde, induisant des risques considérables en termes de sécurité, de migration et de paix civile.

Les pays du Nord ont fondé leur développement sur la révolution industrielle et l'usage bon marché des énergies et des matériaux fossiles (pétrole, charbon et gaz naturel), qui constituent l'essentiel des sources de gaz à effet de serre (GES). Pour une simple question de viabilité planétaire, les pays du Sud ne peuvent pas suivre les mêmes voies de développement, car non seulement les ressources sont limitées, mais leur usage génère des changements qui risquent de rendre le monde invivable pour l'homme. D'où l'exigence de « décarboner » l'activité humaine, donc de redéfinir les modèles de développement.

Cet enjeu global engage la responsabilité commune de l'humanité, alors même qu'historiquement, ce sont les pays industrialisés qui sont les principaux responsables du CC.

Le défi climatique, c'est quoi ?

Le système climatique de la planète résulte d'un ensemble d'interactions entre, d'une part, le soleil et l'atmosphère, les surfaces océaniques et continentales, et la biosphère, d'autre part. Ces interactions, faisant intervenir vents et courants marins, de même que l'ensemble du cycle de

Figure 19.1
Principales sources de GES

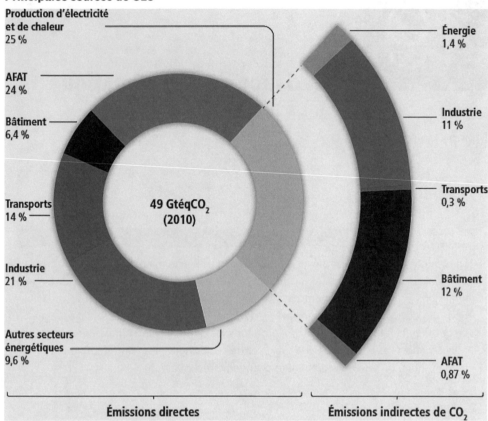

Note : Répartition des émissions anthropiques de GES attribuées aux différents secteurs économiques (%) : l'arc agrandi indique la répartition des émissions indirectes de CO_2 découlant de la production d'électricité et de chaleur entre les secteurs qui consomment l'énergie finale (AFAT = agriculture, foresterie et autres affectations des terres).
Source : Groupe d'experts intergouvernemental sur l'évolution du climat. *Changements climatiques 2014 : incidences, adaptation et vulnérabilité, résumé à l'attention des décideurs, contribution du groupe de travail II au 5e rapport du Groupe d'experts intergouvernemental sur l'évolution du climat*. Genève, GIEC, 2014.

l'eau et le couple respiration-photosynthèse des végétaux, génèrent des échanges thermiques et hydriques qui « font » le climat. L'effet de serre, généré par la présence de gaz spécifiques dans l'atmosphère, a permis la vie sur terre en protégeant la planète contre des pertes de chaleur solaire, mais depuis la révolution industrielle, les activités des hommes ont fortement augmenté les émissions de ces gaz (CO_2, NH_4, N_2O) et perturbé les équilibres.

Les premiers effets de ces perturbations sont tout d'abord des changements proprement climatiques (saisonnalités perturbées, hausses des températures, événements extrêmes comme sécheresses, inondations, cyclones, etc.). Ces premiers effets en génèrent d'autres : fonte des glaciers continentaux, élévation du niveau de la mer, redistribution et parfois perte irréversible de biodiversité (disparition d'espèces végétales, augmentation de certains bioagresseurs, appauvrissement de la ressource halieutique, etc.), qui entraînent une dégradation des écosystèmes et des ressources naturelles.

Les impacts négatifs du changement climatique affectent de façon disproportionnée les pays et les populations pauvres. Les choix de développement arrêtés aujourd'hui influent sur la capacité d'adaptation et sur l'évolution des émissions de gaz à effet de serre. En d'autres termes, le changement climatique fait peser une menace sur les objectifs de développement, tout en étant lui-même affecté par les choix de développement.

Deux voies complémentaires sont explorées pour lutter contre le CC : l'atténuation pour réduire les émissions, freiner le CC et éviter les irréversibilités, et l'adaptation qui consiste à apprendre à vivre avec, en préparant des réponses aux risques. Ces deux voies ne jouent pas à la même échelle : même si elle résulte de décisions locales, l'atténuation ne pourra s'apprécier que globalement, tandis que l'adaptation est avant tout une action locale.

La mesure des émissions et de leurs impacts a acquis, grâce au Groupe d'experts intergouvernemental sur l'évolution du climat (GIEC), une grande légitimité. Elle met clairement en évidence les différences de responsabilités entre Nord et Sud : si ce sont les pays industriels qui ont, par leurs émissions de GES, causé le CC, ce sont les pays du Sud qui vont en subir les plus grands effets. Face à ce défi commun, parfois décrit comme un « mal public mondial », les pays du Nord ont intérêt à se montrer solidaires vis-à-vis des pays du Sud, sur la mitigation comme sur l'adaptation, sous peine d'en payer les conséquences (dépassement des seuils climatiques, migrations incontrôlées, etc.).

Les interactions entre climat et développement

La majeure partie des économies des pays du Sud dépend encore du secteur primaire – agriculture, élevage, foresterie et pêche – qui est étroitement lié aux conditions climatiques, et les moyens d'existence des populations les plus pauvres sont liées aux ressources naturelles. Le CC les impacte directement : un déficit hydrique persistant, un raccourcissement d'une saison des pluies ou l'apparition de nouveaux bioagresseurs

peuvent remettre en cause les systèmes productifs de certaines régions, à l'exemple de la caféiculture repoussée chaque fois à des altitudes plus élevées, ou de la disparition de certaines espèces de poissons dans les zones de pêche. La dégradation ou le déplacement de certaines ressources (eau, terres, couvert forestier, biodiversité) risquent de refaçonner la géographie des activités humaines.

Les effets secondaires (remontée du niveau de la mer, inondations des plaines côtières, modifications des régimes hydriques des cours d'eau) jouent également sur les infrastructures des villes côtières, dont les populations n'ont souvent d'autres moyens que de migrer ailleurs, générant tensions et conflits. Les estimations actuelles chiffrent en centaines de millions les réfugiés climatiques dans les prochaines décennies.

Mais il y a aussi le lien implacable entre CC et développement, dont le modèle classique est largement basé sur les énergies fossiles. La quasi-totalité des activités économiques génèrent des GES, et on ne connaît pas encore ce qui permettrait une croissance économique « décarbonée », c'est-à-dire générant moins d'émissions. Schématiquement, les pays les plus riches doivent drastiquement réduire leur empreinte écologique, « décarboner » leur économie sans dégrader leur indice de développement humain (IDH), tandis que les pays les moins développés doivent améliorer leur IDH sans trop accentuer leurs émissions (figure 19.2).

Face à ce défi, les pays du Sud doivent, dans leur diversité, trouver les voies qui leur permettront de dépasser ce lien paradoxal, en fonction de leurs contextes, leurs atouts et leurs choix politiques. Ces « feuilles de route » représentent un enjeu particulièrement important, supposant une expertise et une capacité prospective dont le Sud ne dispose pas toujours. Sans exclure les avantages de certaines technologies « décarbonées » disponibles, comme le solaire, la lutte contre le CC exigera des choix parfois douloureux, entre secteurs, entre urbains et ruraux, etc.

Figure 19.2
Lien entre développement et empreinte écologique

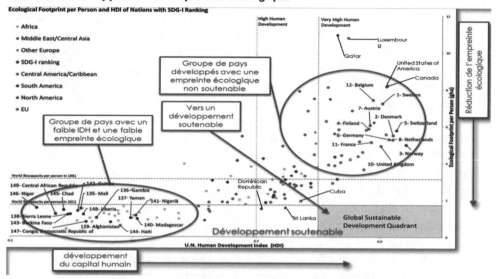

Note: Le schéma cartographie chaque pays en fonction de son IDH et de son empreinte écologique/climatique et illustre le lien entre le développement et cette empreinte.
Le rectangle en bas à droite représente les situations où le développement humain serait élevé avec une empreinte écologique faible qui est donc l'objectif vers quoi doivent tendre les pays, à partir de leur situation. Les 10 pays les mieux classées et les 10 moins bien classés selon l'index ODD sont indiqués.
Source: Mathis Wackernagel, Laurel Hanscom et David Lin. « Making the Sustainable Development Goals Consistent with Sustainability ». *Frontiers in Energy Research 5*, n° 18 (2018).

Un enjeu spécifique: l'agriculture

L'agriculture (productions végétales, animales et forestières) occupe une place importante dans la plupart des pays du Sud, au cœur de la sécurité alimentaire et de la lutte contre la pauvreté. En Afrique subsaharienne, c'est la source principale des moyens d'existence, représentant jusqu'à 60 % des emplois. C'est aussi la source primaire de biomasse alimentant les activités agro-alimentaires ou agro-industrielles.

Le secteur AFAT – agriculture, foresterie et autres affectations de terres – représente un quart des émissions de GES dont une large partie provient de la déforestation[1]. L'agriculture

émet 12 % des émissions $(CO_2, NH_4$ et $N_2o)$, mais parce qu'elle est basée sur l'activité biologique végétale, elle absorbe aussi massivement du CO_2 par photosynthèse. Les couverts végétaux, avec les algues vertes océaniques, constituent ainsi la principale pompe réduisant le CO_2 atmosphérique et atténuant le CC. L'agriculture est donc en même temps source et élément de solution, et alors qu'on parle de « décarboner » l'économie, il s'agit plutôt dans son cas de renforcer les flux biologiques de carbone.

Le défi principal pour les agricultures du Sud reste l'adaptation aux effets du CC. Alors que sa production doit s'intensifier, cette exigence d'adaptation appelle d'autres voies que celle de la révolution verte, largement basée sur les ressources fossiles. Elles passent par la diversification, la préservation de la vie des sols et l'usage sobre des ressources naturelles. Les approches agro-écologiques, qui priorisent la résilience des systèmes et l'autonomie des producteurs,

---

1. Groupe d'experts intergouvernemental sur l'évolution du climat. *Changements climatiques 2014: incidences, adaptation et vulnérabilité résumé à l'attention des décideurs, contribution du groupe de travail II au 5ᵉ rapport du Groupe d'experts intergouvernemental sur l'évolution du climat.* Genève, GIEC, 2014.

représentent donc la voie à suivre. Il est établi que les pratiques agricoles permettant de piéger d'énormes quantités de CO_2 atmosphérique sont aussi celles améliorant la fertilité et les propriétés hydriques des sols pour mieux s'adapter au CC.

Comment construire ensemble des solutions?

Depuis 1992, d'innombrables conférences ont tenté de fabriquer un consensus international. Des négociations douloureuses ont permis au moins de forger une responsabilité historique commune, mais différenciée, ce qui est sans doute un progrès. Cependant, on peut s'interroger sur le rythme de ces négociations quant aux urgences. Au-delà des gouvernements, la mobilisation des autres acteurs – société civile, entreprises, municipalités, etc. – a permis de maintenir une certaine pression, qui a été rehaussée par le travail de recherche du GIEC.

Certes, des inquiétudes subsistent, notamment sur ce qui ressemble à un repli égoïste des États-Unis. Il est cependant encourageant de constater que de gros émetteurs comme la Chine et l'Inde sont en train de devancer leurs objectifs. L'articulation des feuilles de route ODD et CC pourrait pousser à des décisions intersectorielles novatrices de la part des pays.

La lutte contre le CC interpelle aussi l'aide publique au développement (accord d'Addis Abeba, en 2015), mais même si les grands bailleurs ont introduit des clauses climatiques contraignantes à leurs programmations (près d'un tiers des projets de la Banque mondiale sont reliés au climat), l'effort requis est d'une autre magnitude et suppose une réorientation profonde des investissements internationaux.

Conclusion

Les choses avancent, mais les urgences sont là. L'objectif affirmé par l'Accord de Paris de maintenir la hausse des températures moyennes à 2 °C par rapport à l'ère préindustrielle est chaque année plus difficile à respecter. Alors que la pauvreté et l'insécurité alimentaire restent dans de nombreuses régions du monde des défis majeurs, il faut repenser les modèles de développement et parvenir à découpler développement économique et empreinte carbone, ce qui exige de véritables ruptures dans nos pratiques, dans nos façons de penser le développement et en particulier la place du risque et de l'incertitude.

D'une certaine façon, le CC nous rappelle l'essence même de ce qu'est un bien commun de l'humanité : une atmosphère partagée entre tous, qui ne connaît pas les frontières et qui permet la viabilité de la biosphère et la vie humaine. Ce bien commun redéfinit la nécessité absolue de la solidarité dans le développement durable de toutes les populations du monde. Cette solidarité est en fait un intérêt bien compris.

Objectifs d'apprentissage

- Comprendre le lien entre développement et changement climatique.
- Analyser pourquoi le défi climatique constitue une entrave au développement du Sud.

Questions de réflexion

- Comment partager équitablement la responsabilité entre les pays qui sont à l'origine des émissions GES et ceux qui en subissent le plus directement les conséquences?

- Au moment où le multilatéralisme est battu en brèche, quels mécanismes peut-on mobiliser pour parvenir aux objectifs reconnus ?
- Comment préserver l'agriculture familiale, activité si essentielle dans la question climatique ?

Pour en savoir davantage

Janicot, Serge, Catherine Aubertin, Martial Bernoux, Edmond Dounias et Jean-François Guégan. *Changement climatique : quels défis pour le Sud ?* Marseille, IRD Éditions, 2015.

Mekouar, Mohamed Ali. « L'Afrique à l'épreuve de l'Accord de Paris : ambitions et défis ». *Revue juridique de l'environnement* 42 (2017), 59-71.

Mouhot, Jean-François. « Du climat au changement climatique : chantiers, leçons et défis pour l'histoire ». *Cultures & Conflits, Migrations climatiques,* n° 88 (2014), 19-42.

Saj, Stéphane, Emmanuel Torquebiau, Etienne Hainzelin, Jacques Pages et Florent Maraux. « The Way Forward: An Agroecological Perspective for Climate-Smart Agriculture ». *Agriculture, Ecosystems and Environment* 250 (2017), 20-24.

Torquebiau, Emmanuel. *Changement climatique et agricultures du monde : agricultures et défis du monde.* Versailles, Éditions Quae, 2015.

Section 4

Les nouveaux chemins du développement

20 Le post-développement et la transition

Raphaël Canet

Résumé

Les changements climatiques et l'approfondissement des inégalités témoignent de la faillite du modèle classique de développement. La notion de «post-développement» exprime cette volonté de dépasser ce cadre hégémonique qui incarne un projet de domination de l'Occident sur le reste du monde. Le concept de «transition» traduit aujourd'hui cette quête de renouveau et d'alternatives. La transition invite à dépasser la résignation et la passivité devant les défis gigantesques qui nous attendent. Elle appelle à l'action ici et maintenant pour redéfinir les valeurs fondatrices de nos sociétés et construire les mondes de demain.

Introduction

L'actuelle crise écologique nous invite à une réflexion profonde sur le monde dans lequel nous vivons, et surtout sur notre rapport à la terre et au sens que nous donnons aux concepts de «modernité» et de «développement». En effet, à l'ère de l'anthropocène, où l'impact environnemental de l'activité humaine est d'une ampleur telle qu'il génère une véritable révolution géologique, c'est notre civilisation industrielle, urbaine et consumériste qui se trouve remise en cause. Et si cette marche forcée vers le progrès, construite à même l'essor d'un industrialisme énergivore reposant sur un système social inéquitable, nous conduisait tout droit vers l'effondrement?

Près de 70 ans après le discours du président Harry Truman, qui souhaitait mettre «les avantages de notre avancée scientifique et de notre progrès industriel au service de l'amélioration et de la croissance des régions sous-développées[1]», le quart des pays du globe combinent encore un faible niveau de revenu, avec un retard dans le développement humain et une forte vulnérabilité économique. Le nombre de ces pays moins avancés a même doublé depuis que cette catégorie a été inventée par l'ONU en 1971. Pourtant, nous n'avons jamais produit autant de richesses. Malheureusement, cette accumulation grandissante se double d'un processus de concentration du capital qui a pour conséquence d'accroître les inégalités plutôt que de les résorber.

Devant l'impasse sociale et environnementale de notre modèle de développement, de plus en

---

1. Harry Truman. «Discours d'investiture». 20 janvier 1949. http://www.trumanlibrary.org/. Page consultée le 3 septembre 2018.

Encadré 20.1 Richesse et inégalités mondiales*

En 2017, la richesse mondiale totale était évaluée à 280 000 milliards de dollars américains, soit une progression de 27 % depuis le déclenchement de la crise financière (2007). Elle devrait atteindre 341 000 milliards de dollars américains d'ici 2022. Selon ces estimations, la moitié de la population mondiale possède moins de 1 % de la richesse totale; les 10 % les plus riches détiennent 88 % des richesses mondiales, et les 1 % les plus fortunés accaparent à eux seuls 51 % des actifs mondiaux.

* Credit Suisse Research Institute. *Global Wealth Report 2018*. Genève, Credit Suisse, 2017.

plus de voix discordantes s'élèvent pour réclamer un changement de cap. Partout sur la planète, nous voyons émerger des initiatives visant à se réapproprier des outils de développement collectif, que ce soit par la valorisation des réseaux locaux, l'économie sociale et solidaire de proximité, les monnaies locales, les mécanismes de participation citoyenne, la décroissance conviviale...

Du développement au post-développement

Depuis son invention au lendemain de la Seconde Guerre mondiale, la définition du « développement international » n'a cessé d'évoluer en fonction des intérêts des acteurs en présence. À partir des années 1980, cependant, les positions tendent à se radicaliser sous les effets conjugués de deux événements qui vont profondément transformer le monde : l'avènement de la mondialisation néolibérale et la fin de la Guerre froide.

Malgré l'adoption de mesures macroéconomiques draconiennes (dont les plans d'ajustement structurels dictés par le consensus de Washington), pour bon nombre de pays, le développement n'a pas été au rendez-vous.

L'imposition du modèle néolibéral de développement et ses conséquences désastreuses pour les pays du Sud ont engendré pessimisme et désillusion. Se définissant comme des partisans de l'après-développement, plusieurs auteurs dénoncent le mythe du développement[2]. Ce terme ne ferait que traduire une vision occidentale qui entend répartir les peuples du monde sur un continuum fortement orienté en valeurs, s'étalant de l'archaïsme à la modernité. En fait, après la domination politique et économique exercée par les peuples occidentaux, l'usage contemporain de la notion de développement viendrait achever une forme de domination culturelle de la planète.

Voir au-delà du développement, c'est donc sortir de ce prêt-à-penser qui consiste à projeter l'imaginaire occidental sur le reste du monde, c'est refuser la vision linéaire de l'histoire, c'est rejeter le dogme de la croissance et oublier les modèles uniques et les solutions globales. Cela suppose d'être à l'écoute de ceux qui vivent en dehors du paradigme dominant et qui cherchent à s'aménager des espaces d'autonomie dans les interstices d'un système mondial en déliquescence.

La transition pour sortir du mal-développement

Comme le souligne le philosophe Pascal Chabot[3], la transition et ses acteurs se développent dans les marges du système technocapitaliste dominant. Elle rejette le dogme dominant de nos civilisations qui voit la technique et la finance comme les matrices du progrès humain. La transition, c'est le changement désiré et non plus le changement imposé ou

---

2. Gilbert Rist. *Le développement : histoire d'une croyance occidentale*. Paris, Presses de Sciences Po, 2015.

3. Pascal Chabot. *L'âge des transitions*. Paris, Presses universitaires de France, 2015.

subi, comme le suggèrent les notions de hasard, de nature ou d'évolution. La transition suppose donc un investissement mental et affectif afin de permettre à la liberté humaine de reprendre prise face au destin, en refusant notamment de laisser les bouleversements guider les vies. La transition appelle donc à dépasser la passivité devant les profondes transformations qui se manifestent dans notre monde désorienté par la perte des grands récits.

Le monde n'est pas divisé entre, d'une part, un monde développé et, d'autre part, un monde en développement. Il n'y a qu'un seul monde et il est mal développé. Dans une telle perspective, quelles stratégies collectives pouvons-nous mettre en œuvre pour répondre aux urgences du présent tout en visant un processus de transformation sociale à plus long terme?

Toute la réflexion portée par le courant critique du post-développement s'articule autour de cette volonté de renouveler les bases axiologiques du vivre-ensemble. Cette réflexion dégage quatre grands principes autour desquels rebâtir nos sociétés[4]:

1. Le principe de commune humanité qui, au-delà de nos multiples différences, nous rassemble en une même communauté d'appartenance devant être respectée dans la personne de chacun. Ce principe induit de rejeter toute tentation de scission de l'humanité en quelque catégorie que ce soit (classe, race, genre…), donc toute forme de discrimination qu'impliquerait une hiérarchisation implicite des différentes catégories d'humains (racisme, sexisme);
2. Le principe de commune socialité qui rappelle que l'humain est d'abord et avant tout un être social, c'est-à-dire qu'il se développe, s'émancipe et s'épanouit dans les rapports qu'il construit avec ses semblables. Ce principe insiste sur la nécessité fondamentale pour nos sociétés de cultiver le lien social et de prendre soin des diverses instances de socialisation permettant de le renforcer (école, culture, espace public…) afin de ne pas sombrer dans un individualisme qui réduirait la société à un simple lieu de transaction entre des acteurs rationnels soucieux de maximiser leurs intérêts;
3. Le principe d'individuation qui reconnaît à chacun la liberté de développer sa singularité, de s'exprimer et d'agir selon ses aspirations propres, dans le respect des autres et de la capacité de tous à jouir de cette même liberté. Ce principe vise à prémunir contre les tentations totalitaires qui tendraient à vouloir fondre les singularités dans une masse homogène et conformiste;
4. Le principe d'opposition maîtrisée et créatrice qui reconnaît l'inéluctable confrontation des opinions, des visions et des aspirations. Ce principe débouche sur la volonté d'aménager un mécanisme de dépassement pacifique des oppositions permettant de faire cheminer ces rivalités nécessaires vers une dynamique féconde de construction, et non de destruction.

L'énonciation de ces quatre principes rejoint l'esprit qui se retrouve dans la plupart des grands textes fondateurs et autres déclarations de droits qui ont modelé notre modernité politique. Ce qui est plus important, et peut-être inquiétant, c'est qu'il soit aujourd'hui nécessaire de les expliciter à nouveau et surtout de les remettre à l'avant-scène afin qu'ils nous servent de guide dans notre réflexion pour reconstruire nos sociétés compte tenu des défis qui nous attendent.

Sortir des ornières dans lesquelles nous ont engagé la révolution industrielle occidentale et le capitalisme aujourd'hui financiarisé n'est pas une mince affaire. Mais l'urgence écologique et la quête lancinante de justice sociale ne nous laissent pas le choix. Il nous faut inventer de

---

4. Dany-Robert Dufour. *La situation désespérée du présent me remplit d'espoir: face à trois délires politiques mortifères, l'hypothèse convivialiste*. Lormont, Éditions Le Bord de l'eau, 2016.

Encadré 20.2 Vivre bien avec la Pachamama

Si le mouvement pour la décroissance trouve ses racines en Europe, les pays andins d'Amérique latine ont apporté leur pierre à l'édifice du post-développement à travers la notion du «buen vivir» *(vivre bien)*. *Ensemble de principes éthiques issus de la cosmovision* amérindienne, le vivre bien (traduction de *Sumak Kawsay*, en quechua, et *Suma Qamana*, en aymara) entend réconcilier le développement humain et celui de la nature. Il suggère de substituer à la logique actuelle de surexploitation des ressources à des fins d'accumulation individuelle illimitée de capital, le respect des droits de la Terre-Mère (Pachamama) dans un rapport d'équilibre et d'harmonie avec la nature. Il s'agit d'une rupture profonde avec la conception occidentale du processus de civilisation, qui tend à dissocier l'homme de la nature pour, finalement, avec l'essor de la science et de la technique qui vont engendrer la révolution industrielle, permettre à l'homme de la dominer et de l'exploiter.

---

nouvelles manières de produire et de consommer, de nous organiser et de communiquer. Il nous faut reconstruire notre vie collective, ses fondements éthiques et ses finalités. Il nous faut aussi nous redéfinir personnellement, car changer le monde commence par se changer soi-même.

Conclusion

Le processus est enclenché. Cette libération de l'énergie créatrice et de la pensée est en train de susciter la convergence des humains de bonne volonté, des mouvements populaires et des gouvernements soucieux du bien commun et d'un avenir meilleur. Les théories du post-développement sont en train de s'incarner dans les multiples initiatives concrètes développées par une multitude d'artisans du changement. Un archipel de mondes alternatifs est en train d'émerger autour de la justice fiscale : la souveraineté alimentaire, le commerce équitable, l'économie sociale et solidaire, le travail décent, la démocratie participative, la décroissance conviviale, la sobriété heureuse, le vivre bien et l'éloge de la lenteur. Ce sont autant d'actes fondateurs d'un nouveau vivre-ensemble qui sera local et durable, créateur de lien social et source de bonheur, avec le souci du commun en partage.

Objectifs d'apprentissage

- Situer la critique du modèle classique de développement dans le contexte de crise sociale et environnementale.
- Comprendre les principes fondamentaux du concept de transition.
- Initier la réflexion sur les stratégies de construction de formes alternatives de développement.

Questions de réflexion

- Est-il possible de surmonter l'impasse sociale et écologique du modèle hégémonique de développement ?
- Comment opérer la nécessaire transition dans nos pratiques quotidiennes ?

■ Quelles propositions alternatives de développement connaissez-vous, et comment pouvons-nous les mettre en œuvre aujourd'hui ?

Pour en savoir davantage

Aguiton, Christophe, Geneviève Azam, Elizabeth Peredo et Pablo Solon. *Le monde qui émerge : les alternatives qui peuvent tout changer*. Paris, Éditions Les liens qui libèrent, 2017.

Grosfoguel, Ramón. « Quel(s) monde(s) après le capitalisme ? Les chemins de l'utopistique selon Immanuel Wallerstein ». *Mouvements 3*, nᵒˢ 45-46 (2006), 43-54.

Latouche, Serge. « D'autres mondes sont possibles, pas une autre mondialisation ». *Revue Du MAUSS 2*, nᵒ 20 (2002), 77-89.

Laurent, Éloi et Philippe Pouchet. *Pour une transition sociale-écologique, quelle solidarité face aux défis environnementaux ?* Paris, Éditions Les Petits Matins, 2015.

Manier, Bénédict. *Un million de révolutions tranquilles : comment les citoyens changent le monde*. Paris, Éditions Les liens qui libèrent, 2016.

La décroissance soutenable comme voie de sortie du capitalisme ?

Yves-Marie Abraham

Résumé

L'appel à une «décroissance soutenable» a été lancé au début des années 2000. Il s'agissait en fait de la réapparition sous une expression nouvelle d'idées formulées dès les années 1960 et 1970, que la révolution conservatrice et l'idéologie du développement durable avaient éclipsées. Ces idées peuvent être résumées ainsi: la croissance économique que nos «responsables» présentent comme une condition nécessaire à la résolution de tous nos problèmes collectifs est en fait l'une des principales causes de ces problèmes. Cette course sans fin à la production de marchandises que mesure le PIB s'avère en effet destructrice, injuste et aliénante. Non seulement une croissance infinie dans un monde fini est impossible, mais elle n'est pas souhaitable au nom des valeurs d'égalité et de liberté qui sont censées être les nôtres. Il faut donc s'engager résolument et rapidement dans l'élaboration de sociétés post-croissance, avant d'avoir à subir les conséquences d'une décroissance imposée par la destruction en cours de ce qui rend possible la vie humaine sur Terre.

Pourquoi faire «objection de croissance»?

Le premier motif invoqué par les objecteurs de croissance est d'ordre écologique. Il peut être résumé de la manière suivante: produire toujours plus de marchandises – définition élémentaire de la croissance économique – suppose de consommer toujours plus de «ressources naturelles» et de générer toujours plus de déchets qui vont s'accumuler dans nos milieux de vie (air, eau, sol) ou même dans nos corps (particules chimiques).

Or, notre espèce et les autres espèces vivantes n'ont pas d'autre endroit où vivre que la Terre, du moins pour le moment. Dès lors, il n'est pas raisonnable de poursuivre cette course à la production de marchandises. À terme, nous risquons l'effondrement de notre civilisation, par épuisement de ressources cruciales ou par excès de déchets en tous genres. Et ce terme pourrait bien être très rapproché à présent selon un nombre grandissant de chercheurs, soit bien avant la fin de ce siècle. D'où le rejet de ces propositions qui, comme le «développement durable», la «croissance verte» ou encore l'«économie circulaire», continuent de promouvoir la croissance en pariant sur un possible «découplage» entre la production de

---

Encadré 21.1 Quand la planète bleue ne suffit plus*

Selon Global Footprint Network, il faudra, en 2016, l'équivalent de 1,6 planète pour alimenter notre consommation, puisque l'utilisation de la nature par les humains est 60 % plus élevée que le taux de régénération. Si l'ensemble des humains de la planète consommait autant que la population nord-américaine, il faudrait cinq planètes pour répondre aux besoins de l'humanité.

* Radio Canada. *La Terre vit désormais à crédit*. Radio Canada. 2016.

Figure 21.1
Le déficit écologique se creuse de plus en plus, 1969-2018

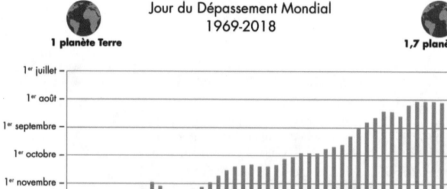

Note : Le jour du dépassement correspond à la date à partir de laquelle l'humanité puise l'ensemble des ressources que la planète est capable de régénérer en un an.
Source : Global Footprint Network. *National Footprint Accounts 2018*. Oakland, Global Footprint Network, 2018.

marchandises et son impact écologique, grâce notamment aux progrès technologiques. Le passé montre pourtant qu'un tel découplage ne s'est jamais réalisé, et aucune technologie disponible à ce jour ne permet d'espérer qu'il en soit autrement à l'avenir. On peut certes réduire pour chaque marchandise produite la quantité de matériaux nécessaire et de déchets générés (découplage relatif), mais tant que la quantité totale de marchandises augmentera, la consommation de ressources naturelles et la production de déchets augmenteront également. La seule manière de mettre un terme

au désastre écologique en cours est de produire moins.

Cela dit, même si la croissance pouvait encore durer, serait-elle souhaitable ? Rien n'est moins sûr. Force est de constater qu'au cours des dernières décennies, la croissance économique s'est accompagnée, partout sur la planète, d'un creusement des inégalités socioéconomiques, que ce soit entre les pays ou à l'intérieur des pays. Un récent rapport du Programme des Nations unies pour le développement, qui n'est pourtant pas une officine marxiste, s'avère particulièrement accablant à ce sujet. Il conclut en effet : « Le monde est plus inégalitaire aujourd'hui qu'il ne l'a jamais été depuis la Seconde Guerre mondiale[1]. » À cette injustice intragénérationnelle s'ajoute une injustice intergénérationnelle, puisque les humains du futur vont devoir subir les conséquences des dégradations profondes et durables que nous infligeons à notre habitat terrestre. Enfin, notre productivisme a aussi des effets désastreux sur les conditions d'existence des autres êtres vivants, notamment les animaux, qu'ils vivent à l'état sauvage (dégradation des écosystèmes) ou domestiqués (élevage industriel). La quête de croissance est donc en plus synonyme d'« injustice inter-espèces ».

Par ailleurs, quiconque n'est pas « productif », c'est-à-dire ne contribue pas au PIB, doit se contenter d'une position très marginale et dominée dans nos sociétés. C'est le cas des enfants, des retraités, des femmes au foyer et, bien sûr, des chômeurs. Pour éviter cette marginalité, il faut avoir un emploi, quitte à ce qu'il n'ait aucun intérêt, excepté celui de récolter de l'argent, quitte à s'y épuiser au point de sombrer dans la dépression, comme c'est si souvent le cas aujourd'hui. La discipline que nous impose à tous la course à la croissance dans laquelle nos sociétés sont engagées a donc quelque chose de profondément aliénant : elle nous rend étrangers à nous-mêmes. Robert Kennedy l'avait dit avec force quelques mois avant son assassinat, en 1968 : « Le produit national brut ne tient pas compte de la santé de nos enfants, de la qualité de leur éducation et du bonheur de leur jeu. Il ne considère pas la beauté de notre poésie ou la solidité de nos mariages, l'intelligence de nos discussions publiques ou l'intégrité de nos magistrats. Il ne mesure ni notre esprit, ni notre courage, ni notre sagesse, ni notre connaissance, ni notre compassion, ni notre dévotion à notre pays. En clair, il mesure tout sauf de ce qui rend la vie vraiment digne d'être vécue[2]. »

1. Programme des Nations unies pour le développement. *L'humanité divisée : combattre les inégalités dans les pays en développement.* New York, PNUD, 2013.
2. Olivier Zajec. « Le PIB, une mesure qui ne dit pas tout ». *Le Monde diplomatique,* 2012, 40-43.

Destructrice, injuste et aliénante : telles sont donc, en résumé, les accusations portées contre la croissance par les partisans d'une décroissance soutenable. Aucune de ces critiques n'est originale. Ce qui l'est, c'est leur combinaison. Tout l'intérêt du discours décroissanciste est là, et sa difficulté aussi, car il consiste à tenter de rallier des « camps » qui souvent s'ignorent et parfois s'affrontent – la critique écologique et la critique sociale, par exemple, ou encore la critique anti-productiviste et la critique marxiste traditionnelle.

Sur quoi repose cette course à la croissance ?

Pour rompre avec cette course à la croissance, il faut commencer par tenter d'identifier les raisons pour lesquelles nous y sommes embarqués. Se tromper concernant les causes de ce phénomène, c'est risquer de lui appliquer des « remèdes » au mieux inutiles, au pire encore plus néfastes.

Pour l'essentiel, les explications les plus fréquentes de la tendance de nos sociétés à rechercher la croissance économique sont au nombre de trois. La première d'entre elles consiste à réduire ce phénomène à une espèce de dogme, c'est-à-dire à une conviction indiscutable et indiscutée, une croyance irrationnelle qu'il suffirait de déconstruire intellectuellement pour s'en débarrasser. En d'autres termes, la croissance serait dans nos « têtes » ou dans notre « imaginaire ». À l'évidence, cette quête repose sur une croyance : la croyance que l'augmentation continue du PIB est la condition de notre bien-être individuel et collectif. Nous constatons aujourd'hui, et de plus en plus, qu'il s'agit d'une illusion funeste. Mais c'est en quelque sorte une illusion bien fondée : nos sociétés, telles qu'elles sont conçues, ont effectivement besoin de croissance économique. Lorsqu'il y a récession économique ou même stagnation, rien ne va plus ou tout va encore plus mal. Malheureusement, il ne suffit donc pas de « décoloniser nos imaginaires » pour se débarrasser de la croissance.

Une deuxième explication loge l'origine de la croissance dans une supposée nature humaine. C'est l'explication la plus largement partagée, au moins de manière implicite. On la retrouve au fondement de la théorie économique dominante, mais aussi dans bien des discours écologistes. Selon cette thèse, l'être humain est un animal dont les besoins ou les désirs sont illimités. Il va donc toujours s'efforcer de développer les moyens de satisfaire de nouveaux besoins ou de nouveaux désirs. La croissance n'est que le résultat de cet effort. Pour empêcher qu'il finisse ainsi par s'autodétruire, la seule solution consiste alors à lui imposer d'agir d'une manière moins destructrice, soit à « coups de bâton », par des mesures coercitives, soit en lui offrant des « carottes », des « incitations », comme préfèrent dire les économistes. Et si cela ne suffit pas, il reste la solution du contrôle démographique : faire en sorte qu'il y ait moins d'humains sur Terre. L'une des objections que l'on peut adresser à cette explication est que la croissance économique est en réalité un phénomène très récent de l'histoire de l'humanité (300 ans), et au départ très localisé (Occident).

Ce simple constat plaide en faveur d'une autre explication d'ordre sociologique. Dans cette troisième perspective, la quête de croissance est envisagée comme une caractéristique propre à la nature des sociétés occidentales telles qu'elles se sont constituées au sortir de ce que l'on appelle le « Moyen Âge ». Au risque de simplifier à l'excès, on peut soutenir que cette course à la croissance est la résultante de l'arrivée au pouvoir des marchands dans les sociétés en question, à la faveur notamment des « révolutions bourgeoises ». Eux seuls, en effet, ont au départ réellement intérêt à la croissance, c'est-à-dire à vendre toujours plus de marchandises. C'est leur moyen de vivre, leur raison d'être. Comment ont-ils pu imposer au plus grand nombre cette préoccupation centrale ? En prenant le contrôle de ce que l'on appelait naguère « les moyens de production », c'est-à-dire les moyens de vivre. Dès lors, pour subvenir à leurs besoins, les autres humains n'ont eu d'autre choix que d'acheter à ces marchands leurs marchandises avec de l'argent gagné en vendant à ces mêmes marchands leur force de travail contre un salaire. Et c'est ainsi que s'est mis en place ce que l'on appelle le « capitalisme ».

Comment sortir des sociétés de croissance ?

Si, comme le pensent la majorité des objecteurs de croissance[3], c'est bien le capitalisme qu'il s'agit de mettre en cause, comment s'engager dans la transition vers des sociétés post-croissance ? Une première série de propositions mises de l'avant relèvent d'une démarche d'*autoproduction*. L'emploi de ce terme ne signifie pas que la décroissance impliquerait que chacun d'entre nous produise lui-même ce qu'il consomme. Ce que préconisent les décroissants, c'est que nous produisions non plus pour valoriser le capital, mais pour subvenir directement à nos besoins. En d'autres termes, il s'agit de viser la fin du salariat (ou du moins sa marginalisation). Pour saper ce rapport social fondateur du capitalisme, les objecteurs de croissance prônent en particulier une réduction drastique du temps de travail (pas plus de deux à trois jours de travail par semaine), un système de revenu inconditionnel garanti ou, mieux encore, une « dotation inconditionnelle d'autonomie » sous la forme d'un ensemble de biens et de services permettant à chacun de vivre sans avoir à vendre sa force de travail[4]. Le temps disponible pourrait ainsi être utilisé à produire, seul et ensemble, ce dont nous avons besoin, dans des limites établies collectivement. Un « revenu maximum acceptable » serait d'ailleurs fixé.

---

3. Yves-Marie Abraham, Andrea Levy et Louis Marion. « Introduction au dossier : Comment faire croître la décroissance ? » *Nouveaux Cahiers du socialisme*, n° 14 (2015), 25-31.
4. Vincent Liegey, Stéphane Madeleine, Christophe Ondet et Anne-Isabelle Veillot. *Un projet de décroissance : manifeste pour une dotation inconditionnelle d'autonomie*. Montréal, Éditions Écosociété, 2014.

L'autoproduction n'est envisageable que dans la mesure où les humains ont accès aux moyens matériels et intellectuels de satisfaire leurs besoins. Cela suppose la déprivatisation du monde et sa « mise en commun », d'où la notion de « communalisation » pour désigner ce deuxième principe. Il implique le refus de la propriété, qu'elle soit privée ou étatique, ainsi que la limitation de la consommation humaine actuelle, puisque cette mise en commun concerne tout autant les générations futures que les êtres vivants non humains. S'il faut partager équitablement avec tous ces autres êtres, il n'est plus possible d'exploiter la planète et de la polluer comme nous le faisons actuellement. L'espèce humaine doit cesser également de croître. Pratiquement, les objecteurs de croissance privilégient la production de biens et de services collectifs (habitat, transports, etc.). Ils sont favorables à la gratuité de tout ce qui correspond à un besoin essentiel (l'eau à boire) et au renchérissement de ce qui ne l'est pas (l'eau des piscines). Concernant la terre, un dispositif tel que celui des fiducies foncières et agricoles, notamment, correspond d'assez près à la forme de « possession » que privilégient les décroissants.

Le troisième principe sous-jacent à bon nombre de propositions décroissancistes est la *coopération*. Ce qui est visé ici, c'est la marginalisation des rapports de concurrence et de compétition entre humains, ainsi que des rapports de domination aussi bien entre humains que vis-à-vis des non-humains. Il s'agit de développer des relations de réciprocité entre les êtres vivants, fondées autant que faire se peut sur le principe du don ou contre don. Cela peut inclure l'échange entre humains sur des marchés, mais exclut le principe de la concurrence généralisée, que l'on trouve au fondement de l'idéologie néolibérale. Concrètement, les objecteurs de croissance privilégient, entre humains, l'entraide, le modèle coopératif, de même que ce que l'on appelle aujourd'hui le « travail collaboratif ». Ils souhaitent le développement de dispositifs tels que l'Agriculture soutenue par la communauté (ASC) ou les Systèmes d'échanges locaux (SEL). Par ailleurs, ce sont de fervents partisans de la permaculture ou de l'agroécologie qui permettent de se nourrir abondamment sans « exploiter » la flore et la faune comme dans le cadre de l'agriculture industrielle. Fondée sur l'imitation des processus naturels, la permaculture implique des rapports de réciprocité entre les êtres.

La *démocratisation* semble constituer le dernier principe que l'on retrouve au fondement de l'idéologie de la décroissance. La plupart des objecteurs de croissance s'entendent pour considérer que nos sociétés n'ont de démocratiques que le nom, et que nous vivons en réalité dans des oligarchies ploutocratiques et « expertocratiques ». La condition de possibilité d'une transition volontaire vers une société post-croissance, c'est une révolution démocratique. Pour les uns, cette révolution est possible dans le cadre de nos États-nations, pour les autres, l'État constitue au contraire un obstacle qu'il convient d'abattre ou d'esquiver, en s'engageant plutôt sur la voie d'un municipalisme libertaire, comme le prônait notamment Murray Bookchin[5]. Tous soulignent la nécessité que les humains puissent débattre librement des finalités de la vie collective (en tentant de donner une voix aux non-humains) et fixer collectivement les normes d'une « vie bonne ».

La décroissance, une utopie pour gens riches ?

À l'accusation d'utopisme, les décroissants répondent que l'utopie est de penser qu'une croissance infinie dans un monde fini est possible. Sans nier les problèmes graves que pose l'actuelle croissance démographique, notamment sur un plan écologique et sur un plan éthique (vis-à-vis des autres êtres vivants), ils s'accordent généralement pour dire que ce n'est pas notre nombre

---

5. Murray Bookchin. *Pour un municipalisme libertaire*. Lyon, Éditions Atelier de création libertaire, 2003.

qui constitue la menace essentielle pour l'avenir de l'humanité. «Il n'y a pas trop d'humains sur Terre, il y a trop de voitures», comme le disent certains. C'est une manière de mettre en cause avant tout un mode de vie, et au-delà un modèle de société, dont la forte croissance démographique n'est jamais qu'un effet. Selon eux, les humains ne sont pas naturellement ces égoïstes aux besoins infinis que nous avons tendance à être. Ce comportement est la conséquence du capitalisme, pas sa cause.

Conclusion

Ajoutons pour finir que l'appel à la décroissance n'a rien d'inaudible pour bon nombre d'humains luttant dans les pays du Sud pour préserver leurs conditions d'existence. Le programme décroissanciste tient en trois points : *produire moins, partager plus, décider vraiment*. De telles propositions convergent vers des revendications autochtones formulées contre les politiques extractivistes que mènent actuellement,

en collaboration avec des multinationales occidentales, les gouvernements de ces pays. La critique écologique, notamment, n'est pas un privilège de riches. Même si elle n'en porte pas toujours le nom, elle est au cœur de ces innombrables «conflits environnementaux» que provoquent ces politiques destructrices, comme le rappellent les travaux de Joan Martinez-Alier sur «l'écologisme des pauvres[6]». Sur le plan culturel, également, la conception du monde promue par la décroisssance ne manque pas d'affinités avec celles que tentent de continuer à incarner bien des peuples du Sud. C'est le cas en particulier du fameux «buen vivir» ou du «vivir bien», remis à l'honneur en Équateur et en Bolivie ces dernières années. Même s'il ne faut pas négliger non plus d'importantes divergences de fond entre ces façons de refuser la croissance, ces rapprochements laissent entrevoir la possibilité d'éventuelles alliances politiques par-delà le clivage Nord-Sud.

---

6. Joan Martinez Alier. *L'écologisme des pauvres*. Paris, Éditions Les Petits Matins, 2014.

Objectifs d'apprentissage

- Distinguer décroissance soutenable et développement durable.
- Identifier les principales critiques de la quête de croissance économique
- Réfléchir aux fondements socioéconomiques du système capitaliste.
- Débattre des principes d'une économie politique post-croissance.

Questions de réflexion

- Pourquoi, selon les promoteurs de la décroissance, la solution au problème écologique ne passe-t-elle pas par une réduction de la population humaine ?
- Quel est le danger de la devise *Acheter, c'est voter*, que proposent aujourd'hui certains écologistes comme principe d'action ?
- Pourquoi la «décroissance soutenable» implique-t-elle une remise en question ou au moins une limitation de la propriété privée ?

Pour en savoir davantage

Bayon, Denis, Fabrice Filippo et François Schneider. *La décroissance. 10 questions pour comprendre et débattre*. Paris, Éditions La Découverte, 2012.

Biagini, Cédric, David Murray et Pierre Thiesset. *Aux origines de la décroissance : cinquante penseurs*. Montréal, Éditions Écosociété, 2017.

Giacomo, D'Alisa, Federico Demaria et Giorgos Kallis. *Décroissance : vocabulaire pour une nouvelle ère*. Montréal, Éditions Écosociété, 2015.

Plusieurs auteurs, « La décroissance, pour la suite du monde », *Les Nouveaux Cahiers du socialisme*, n° 14, automne 2016

Sinaï, Agnès et Mathilde Szuba. *Gouverner la décroissance : politiques de l'Anthropocène III. Nouveaux Débats*. Paris, Presses de Sciences Po, 2017.

Notes

Partie 2

Acteurs

Introduction à la deuxième partie

Une fois les termes du débat sur le développement établis, il faut voir comment tout cela se traduit en pratique, ce qui renvoie d'abord aux acteurs qui sont au premier plan du développement.

En premier lieu se situe l'État contemporain qui continue, en dépit de l'importance des processus transnationaux (la « mondialisation »), de jouer un rôle décisif, selon Abdelhamid Benhmade. Au lendemain de la Seconde Guerre mondiale, une reconfiguration fondamentale est survenue autour d'États nationaux tous plus ou moins conscients de la nécessité de faire face aux défis du développement.

Au Nord comme au Sud, on a alors assisté à la mise en place d'un État « développeur », dans la lignée des politiques keynésiennes, qui était dans une large mesure un « État-providence », redistributeur de services et organisateur des grandes priorités de la reconstruction, après des années de crises et de guerres. Au tournant des années 1970-1980, cet État est devenu néolibéral, en recentrant les fonctions étatiques au soutien du secteur privé, de l'ouverture des marchés et du maintien de l'ordre public. Dans les années 1990 et jusqu'à maintenant, l'État a tenté de réparer les pots cassés provoqués par les politiques néolibérales en devenant « facilitateur », en articulant, selon des modalités diverses, un développement économique mené par le secteur privé, la lutte contre la pauvreté sous la responsabilité des institutions étatiques et la mobilisation de la société civile, avec les thèmes de la « bonne gouvernance » et du « développement durable ». Aujourd'hui, cet État à géométrie variable a passablement de difficultés à tenir les morceaux ensemble, tant sont contradictoires, d'une part, la tendance à l'accumulation accélérée promue par les grands opérateurs économiques, et d'autre part, les aspirations populaires à un développement équilibré mettant ensemble les impératifs économiques, sociaux et environnementaux.

Créées au lendemain de la Seconde Guerre mondiale, des institutions internationales avaient été pensées pour soutenir, stimuler et parfois suppléer aux projets de développement animés par les États. Les principales composantes de la famille de l'ONU et les grandes institutions financières internationales (en particulier la Banque mondiale et le Fonds monétaire international) ont connu un grand essor, jusqu'à ce qu'elles soient rétrécies par les politiques néolibérales dites de l'ajustement structurel. Présentement, comme vous le verrez dans les textes de Pidoux et de Plihon, les institutions multilatérales cherchent à maintenir leurs opérations dans un contexte de réduction des ressources, et au moment où les conflictualités économiques, diplomatico-militaires et environnementales s'avèrent extrêmement difficiles à gérer, d'autant plus que les instituons en question sont questionné après avoir, selon Plihon, pendant des années « pénalisé les couches moyennes et populaires au profit de ce qu'on a appelé plus tard le 1 %, aggravant les inégalités, les tensions sociales et les conflits ».

Les programmes d'aide publique au développement (APD) mis en place par les États se retrouvent également coincés, comme les institutions multilatérales, mais également sous l'influence des grandes manœuvres géopolitiques entre plusieurs États nationaux, dont les États-Unis, la Chine, le Canada et l'Union européenne. Sur le fonds, l'idée d'un développement commandité, organisé et supervisé par les États donateurs a été mise de côté, notamment par les travaux de l'OCDE, mais également en fonction des bilans plutôt négatifs sur l'APD depuis une cinquantaine d'années. Les constats sur ce plan sont proposés dans les textes de Brown, de Fournier et de Chantal.

Au-delà des acteurs étatiques s'ouvre le vaste champ des investissements venant de la société. Les entreprises privées, tant les grandes multinationales qu'une myriade d'opérateurs de plusieurs pays, sont de plus en plus présentes, en partie pour préserver leur image de bons « citoyens corporatifs », qui est malmenée dans le contexte d'une mondialisation tous azimuts où les régulations sont plutôt pensées en faveur des entreprises (accords de libre-échange, dérégulation, privatisation). (Voir à ce sujet les contributions de Benhmade, Régnier, Song-Naba et de Haslam). Selon Haslam, les principes de la « responsabilité sociale des entreprises » sont contestés entre ceux qui les considèrent comme « un stratagème de relations publiques », et ceux qui estiment au contraire que cette intervention des entreprises peut avoir des « effets réels sur la gouvernance économique et sociale, ainsi

que sur la distribution des ressources aux parties prenantes ».

Parallèlement, les acteurs d'une société civile de plus en plus internationalisée, y compris évidemment les ONG, étendent leur influence, comme porteurs de microprojets d'une part, comme porte-voix des aspirations du Sud pour la justice sociale et écologique, tel que l'expliquent Massiah et Dufour, et tel que cela se traduit plus concrètement par les ONG (Levy), les réseaux féministes (Diaz) et les associations provenant du monde autochtone (Hamel-Charest). Selon Dufour, « les sociétés civiles se définissent surtout par opposition/différenciation aux États qui les gouvernent. Source de créativité, de résistances, de contre-pouvoirs, elles proposent des horizons politiques autour de projets ou causes spécifiques et participent à la construction des solidarités à l'intérieur des sociétés et entre elles ». Dans le vaste éventail des acteurs des communautés, les Autochtones occupent une place particulière, tant au Nord qu'au Sud, avec leur insistance, selon Bousquet, sur « l'autonomie, la gouvernance, voire la souveraineté, (en phase avec) la Déclaration des Nations unies sur les droits des peuples autochtones, que plusieurs pays, dont le Canada, ont signée, mais sans appliquer les recommandations qui découlent de cette déclaration ».

Section 1

Les acteurs étatiques

22 L'État

Pierre Beaudet et Abdelhamid Benhmade

Résumé

L'État occupe une place centrale dans les théories et pratiques du développement. Pendant longtemps, l'État «providence», «chef d'orchestre», «développeur» exprimait, sous une grande variété de formes, un projet optimiste et constructiviste. Plus tard cependant, cet État a été transformé dans le cadre du paradigme néolibéral. Maintenant, on promeut un peu partout le «retour» de l'État comme moteur du développement. D'autres expérimentations tentent de développer de nouveaux rapports entre État, marché et société civile.

L'État, ses origines et ses évolutions

L'État sous sa forme contemporaine apparaît surtout en Europe vers le XVIe siècle. Une nouvelle classe, la «bourgeoisie», impose de nouveaux dispositifs de pouvoir où l'accumulation du capital, l'exploitation du travail salarié et l'utilisation de la science et de la technique deviennent les fondements. De ce processus naissent des États «Nations» comme en Angleterre, aux Pays-Bas, en France, qui un peu plus tard se lancent à l'assaut du monde.

La modernité en Europe est cependant le lieu de grandes turbulences. Devant la bourgeoisie se dresse une autre nouvelle classe issue des paysans désappropriés qui affluent vers les villes et l'industrie. Celle-ci réclame une démocratie élargie s'inscrivant sous l'étendard de la Révolution française : liberté, fraternité, égalité. Au tournant des années 1900, ce système entre en crise. Deux guerres mondiales éclatent (1914-1918 et 1939-1945), entrecoupées d'une grave dépression économique et de mouvements insurrectionnels dont émerge l'Union soviétique (1917). Après la grande crise économique de 1929 et la Seconde Guerre mondiale (1939-1945), le monde se rétablit lentement. Dans les pays capitalistes, la pression est forte du côté des couches moyennes et populaires pour des changements en profondeur. Ce qui n'est pas encore le cas du tiers-monde qui réclame l'abolition des structures coloniales. La fracture nord-sud, bousculée par la décolonisation, continue de s'étendre.

L'État providence

À mi-chemin dans le XXe siècle, un consensus émerge dans les pays capitalistes sur la nécessité d'effectuer de profondes réformes dites keynésiennes qui soient à la fois politiques, économiques et sociales. D'où l'idée de mettre en place un appareil étatique, dit de l'État providence, qui se charge d'assurer les équilibres entre l'accumulation du capital et une certaine sécurité sociale. Il s'agit, d'une part, de dynamiser la croissance économique via des stratégies d'investissement et d'industrialisation et, d'autre part, de redistribuer les revenus via la fiscalité et les transferts monétaires vers les couches les plus pauvres et d'ériger des équipements collectifs (dans la santé et l'éducation notamment). Aux grands investissements consentis pour réhabiliter les infrastructures physiques et sociales, s'ajoutent de vastes programmes pour créer des emplois, notamment par l'expansion du secteur public. Parallèlement, l'État keynésien vise à discipliner les couches populaires de manière à assurer les conditions pour un développement basé sur l'accumulation du capital.

Toutefois, vers la fin des années 1970, l'État commence à faire face à une série de crises auxquelles il ne peut trouver de solution. Pour certains, la crise de l'État providence est une triple crise, à savoir, une crise de légitimité, une crise d'efficacité et une crise de financement. En d'autres termes, l'État est paralysé par des crises économiques (déficits et dettes) et sociales (chômage et perte de mobilité sociale), ce qui a conduit à une remise en cause de sa légitimité et de sa capacité. À ces remises en question est venue s'ajouter, au cours des années 1990, une crise des fondations philosophiques, où les principes de solidarité collective organisée par l'État sont contestés et questionnés.

L'État développeur

Dans le Sud, la vague de décolonisation prend son envol. De nouveaux États surgissent, héritant des structures étatiques coloniales, avec leur caractère autoritaire et élitiste. Les nouveaux États affirment leur souveraineté nationale et veulent assurer que la croissance économique, préconisée comme la condition sine qua non pour sortir de la pauvreté. Que ce soit en Afrique, en Amérique latine ou en Asie, l'État développeur, dérivé du modèle keynésien, fut chargé non seulement de réguler le marché et de gérer l'aspect social, mais plus encore, il reprit en main des secteurs entiers de l'économie, surtout les industries stratégiques.

Au tournant des années 1960, les nouveaux États entrent dans une période de turbulences. Souvent, ces États restent la proie de groupes

---

Encadré 22.1 Qu'est-ce que l'État développeur?

L'État développeur ambitionne, non seulement de relancer l'économie et de pallier les défaillances du marché, mais de surcroît, il se veut comme un acteur de transformation structurelle. Il est porteur d'une vision politique de l'économie dans la mesure où le but de l'activité économique n'est pas la croissance en soi, mais plutôt le rattrapage, puis la rivalité des pays développés.

L'État développeur s'organise habituellement autour d'une élite dirigeante qui exerce son pouvoir dans le cadre d'un régime politique autoritaire. Ainsi, l'État développeur se structure autour d'un ensemble d'institutions, dont la mission est de choisir les secteurs économiques à développer à travers une série de mesures interventionnistes.

L'État développeur intervient dans le marché pour gouverner et discipliner le secteur privé au moyen de diverses mesures incitatives ou coercitives, par exemple, en réglementant l'accès au crédit. Le lien collaboratif entre l'élite politique et celle des affaires fournit des canaux institutionnels pour la renégociation permanente des objectifs de développement et des stratégies à déployer.

Enfin, d'un point de vue social, l'État développeur a tendance à exercer un contrôle et une répression sur les droits civils, mais jouit d'une légitimité due à ses réalisations économiques et sociales.

Encadré 22.2 Les échecs de l'État développeur*

La longue vague de libération nationale qui a balayé le tiers monde après la Seconde Guerre mondiale s'est soldée par la constitution de nouveaux pouvoirs d'État assis principalement sur les bourgeoisies nationales [...] Celles-ci ont une véritable idéologie du développement, conçue comme des stratégies de modernisation visant à assurer l'indépendance dans l'interdépendance mondiale. Ces stratégies n'envisageant pas de déconnexion au sens véritable du principe, mais seulement une adaptation active au système mondial. L'histoire devait démontrer le caractère utopique du projet qui, après s'être déployé avec succès entre 1955 et 1975, s'est essoufflé conduisant à la «recompradorisation» des économies et des sociétés de la périphérie.

* Samir Amin. «En réponse au chaos mondial». Dans *Démocratie, développement, droits de l'homme, 1830*. Genève, Centre international de formation à l'enseignement des droits de l'homme et de la paix, 1994.

Encadré 22.3 Les succès de l'État développeur

Pour plusieurs États développeurs asiatiques, le développement a été un projet nationaliste auquel adhérait l'élite dirigeante. Des États développeurs sont apparus dans un processus de transformation qui a mis à l'écart des élites traditionnelles, notamment au Viêt Nam, en Chine, en Corée. La présence d'un tissu institutionnel efficace se combine à la stabilité politique et à la réussite des réformes économiques.

Les réformes n'ont été rendues possibles qu'une fois que les institutions ont acquis un certain niveau de cohérence. Un tel accord renvoie à la capacité des États asiatiques d'intervenir dans le marché, de manière que les élites du monde des affaires ne soient pas exclues du processus de prise de décisions.

d'intérêts restreints fonctionnant sur la base de réseaux patrimoniaux. La croissance économique est faible. Les fractures sociales s'accroissent, pour conduire à des affrontements (d'où par exemple la mise en place de régimes militaires). Globalement, en dépit des revendications pour un nouvel ordre économique international, la polarisation Nord-Sud se durcit. Des États et des mouvements de libération deviennent victimes de diverses opérations de déstabilisation économique, politique et militaire. Les explications à cet échec relatif des États «développeurs» sont controversées. Pour les uns, la «déconnexion» entre le Sud et le Nord n'a pas été assez profonde. Pour les autres, ce n'est pas la domination du Nord sur le Sud qui est à la source de l'échec, mais des processus politiques «internes», notamment l'incapacité des élites post-indépendances à articuler un projet de développement réellement alternatif.

L'État néolibéral

Entre-temps, dans le Nord, les années de prospérité (les «trente glorieuses») se heurtent aux conflictualités politiques et sociales, d'où l'éclatement des identités, la perte de légitimité de l'État «providence», la baisse de productivité et des profits. Le modèle de développement basé sur les politiques keynésiennes, l'industrialisation et l'urbanisation connaît des ratés. De tout cela émerge progressivement une nouvelle crise, latente au début, qui conduit, un peu plus tard, à un autre grand «retournement».

En janvier 1981, le président américain Ronald Reagan affirme que le gouvernement n'est pas la solution, mais le problème. Peu à peu s'échafaude un nouveau cadre autour du néolibéralisme, parfois appelé le «consensus de Washington». Le «marché», et non plus l'État, est défini comme le moteur du développement. Ce paradigme néolibéral devient la norme au

Figure 22.1

Du consensus de Washington à la complémentarité État et marché

La crise du consensus de Washington		Etat et marché : une complémentarité au sein d'arrangements institutionnels variés	
1.	Instabilité ou crises politiques	1.	Re-légitimation de l'Etat : promoteur de la croissance et de la justice
2.	Chômage / croissance des inégalités, conséquence des ajustements de marché	2.	Au marché la coordination des décisions au jour le jour, à l'Etat les décisions stratégiques
3.	Fragilité des institutions financières et sociales et faiblesse de certains acteurs	3.	Favoriser la densité des arrangements institutionnels et la capacité d'organisation des acteurs
4.	Sous-investissement dans les infrastructures collectives	4.	Le secteur public assure la cohésion sociale et les infrastructures collectives
5.	Forte dépendance par rapport à l'environnement international	5.	Maintien d'un équilibre entre besoins domestiques et compétitivité extérieure
6.	Déstabilisation des régimes de croissance par les mouvements de capitaux	6.	Ouverture internationale différenciée en fonction des objectifs nationaux et des domaines
Fin des années 90		*Le début du XXI⁰ siècle*	

Source : Robert Boyer. « L'après-consensus de Washington : institutionnaliste et systémique ? » Dans *L'Année de la régulation n° 5 (2001-2002). Économie, Institutions, Pouvoirs*, 13-56. Association recherche et régulation. Paris, Presses de Sciences Po, 2001.

tournant des années 1980 sous l'influence de la Banque mondiale, du Fonds monétaire international (les politiques dites d'«ajustement structurel») et d'autres institutions, notamment l'Organisation de coopération et de développement économiques (OCDE)[1].

Les impacts économiques de ces politiques néolibérales sont négatifs. Cette critique devient plus importante au tournant des années 1990 ce qui pousse la Banque mondiale à infléchir son discours «anti-État» pour préconiser un État «facilitateur», capable de réguler l'économie, essentiellement pour imposer un certain ordre dans les marchés et confronter la corruption. L'État en fin de compte est nécessaire, pas tellement pour relancer le développement, mais pour s'assurer que les entreprises privées le fassent selon certaines normes.

Dans cette lignée, le nouveau discours sur l'État valorise le «modèle» asiatique. Selon la Banque mondiale, le «miracle» asiatique provient de la stabilité macro-économique, des investissements publics dans l'infrastructure et dans le capital humain, de la stratégie d'ouverture extérieure progressive et de la croissance tirée par les exportations et de la flexibilité des politiques économiques. Également, ces succès sont facilités par des politiques comme l'accès à la scolarisation, une distribution des revenus relativement égalitaire et une transition démographique précoce. Certes, les droits ne sont pas respectés, mais selon la pensée dominante, l'Asie n'est pas encore mûre pour la démocratie.

Quel État pour quel développement ?

À la fin de la décennie 1990, la Banque mondiale admet que le désengagement de l'État a créé de sérieux problèmes et qu'il faut passer à une nouvelle politique «d'ajustements structurels à visage humain» se traduisant par «la lutte contre la pauvreté[2]». Les nouvelles politiques en fin de compte visent à compenser les défaillances du marché. Après la crise financière de 2008, les

1. Banque mondiale. *L'État dans un monde en mutation banque mondiale*. Washington, D.C., Banque mondiale, 1997.

2. *Ibid.*

Tableau 22.2

L'État et le développement: deux « modèles »

Pour une réforme en profondeur	Pour un statu quo renouvelé
Placer les organisations syndicales comme des partenaires de l'État.	Adapter les travailleurs aux besoins du marché.
Moduler les rapports de marché en fonction de la primauté de l'inclusion sociale.	Les mécanismes de marché sont plus efficaces pour promouvoir l'inclusion dans le marché.
L'État est l'institution centrale pour assurer la sécurité sociale universelle.	L'État doit mettre en place des outils pour que la sécurité sociale soit assurée.
L'éducation est à la base de l'inclusion sociale et de l'égalité des chances.	L'éducation est un moyen de sélection pour accéder aux paliers supérieurs de la société.
La flexibilisation de la main-d'œuvre doit accompagner la sécurité du travail.	La flexibilisation doit permettre l'adaptation de la main-d'œuvre aux besoins du marché.
L'éradication de la pauvreté doit être en amont des mécanismes de marché.	Les inégalités criantes seront corrigées par la fiscalité et les transferts sociaux.

Source: Philippe Hugon. *L'économie du développement et de la pensée francophone.* Éditions des archives contemporaines, 2008.

perspectives dites « néo-institutionnalistes » reviennent en force.

L'enjeu démocratique

Entre-temps, l'impératif démocratique devient encore plus important. En fin de compte, on se rend compte que les désastres ont été la conséquence d'actions et de politiques élaborées par de petites élites agissant dans ou en dehors de l'État. La participation à la construction d'un nouveau paradigme de développement est reconnue de plus en plus. Les chantiers de la démocratisation en cours remettent ainsi en question le « territoire » de l'État en tant que détenteur unique du pouvoir. Il s'agit, dans un premier temps, d'accentuer la décentralisation, de confier des pouvoirs et des responsabilités aux communautés et autorités locales. Un deuxième chantier de la démocratisation passe par l'autonomie et le renforcement des capacités communautaires, l'*empowerment*. Cette idée prend beaucoup de force dans le sillon des grands mouvements populaires qui réclament leur place dans le processus de prise de décision, d'où l'idée du « budget participatif » établi dans plusieurs villes du Brésil et dans d'autres pays de l'hémisphère.

Conclusion: l'État et la mondialisation

Il va sans dire que le rôle de l'État-nation traditionnel n'est plus ce qu'il était dans le contexte de la mondialisation, où la souveraineté des États devient en partie vidée de ses attributions, au profit d'institutions, de lois et d'outils prescriptifs transnationaux, ce qui fait dire à certains auteurs que le pouvoir est de plus en plus dans une sorte d'empire virtuel, opérant selon les normes dictées par un capitalisme dénationalisé[3]. Certes, l'État a la capacité de réguler et de déterminer les termes avec lesquels il s'insère dans la mondialisation. L'État est encore le site principal des luttes sociales où se déterminent de grandes orientations et priorités, qui ne se soumettent pas automatiquement à des prescriptions venant d'institutions internationales, comme on l'a vu dans les pages précédentes. Un État peut choisir de prioriser le développement social, de concentrer des efforts particuliers à développer l'un ou l'autre segment industriel, à négocier avec un ensemble d'acteurs locaux et internationaux. Ou, au contraire, il peut être « capturé » par un petit

---

3. Michael Hardt et Antonio Negri. *Empire.* Paris, Éditions Exils, 2000.

groupe prédateur, prêt à brader les ressources du pays aux grands opérateurs de ce monde. Toutes les «sociétés construisent différemment leur modernité. Le développement [...] est universel comme projet, mais les potentialités et les capacités sont multiples, «enveloppées» dans des contraintes asymétriques, et conduisent à des trajectoires distinctes[4]. Tout est possible, comme le précise François Houtart:

> On peut espérer qu'il sera un jour possible de penser et d'organiser des sociétés où le marché redeviendra un simple régulateur des échanges et non une dictature de l'accumulation, et où l'État sera le

fournisseur des services publics, y compris pour la sécurité, et non pas le «Léviathan» dont parlait le philosophe Hobbes, c'est-à-dire une organisation toute-puissante. À ce moment, le développement pourra privilégier la valeur d'usage sur la valeur d'échange, la relation à la nature se définira en matière de symbiose et non d'exploitation, la démocratie pourra être généralisée à tous les rapports sociaux, y compris les rapports économiques et de genre, et l'interculturalité permettra à tous les savoirs, cultures, philosophies et religions de contribuer à la construction collective[5].

---

4. Philippe Hugon. «La crise va-t-elle conduire à un nouveau paradigme de développement?» *Mondes en développement 2*, n° 150 (2010), 53-67.

5. François Houtart. «L'État». Dans *Introduction au développement international: approches, acteurs et enjeux*. Par Pierre Beaudet, Paul Haslam et Jessica Schäfer, 107-118. Ottawa, Presses de l'Université d'Ottawa, 2008.

Objectifs d'apprentissage

- Comprendre le contexte historique de la construction de l'État.
- Situer les diverses étapes de cette construction dans le cadre des politiques et pratiques de développement.
- Mieux comprendre les débats sur le rôle de l'État dans le développement.

Questions de réflexion

- Quelles sont les origines de l'État providence?
- Quelles sont les principales caractéristiques de l'État développeur?
- Quels sont les objectifs du modèle néolibéral d'un État «diminué»?
- Quelles sont les conditions qui peuvent permettre l'émergence d'un nouveau consensus concernant le rôle de l'État dans le développement?

Suggestions de lecture

Delcourt, Laurent. «Retour de l'État. Pour quelles politiques sociales?», *Alternatives Sud*, vol. 16-2009, Louvain-la-Neuve, 2009.

Fritz, Verena et Alina Rocha Menocal. *Reconstruire des États développeurs: de la théorie à la pratique*. Traduit par Fadhila Le Meur. Coopérer aujourd'hui 73. Nogent-sur-Marne, Gret: Professionnels du développement solidaire, 2011.

Leloup, Fabienne, Jean Brof et Hubert Gérardin. *L'État, acteur du développement*, Paris, Karthala, 2012.

Merrien François-Xavier, Raphael Parchet et Antoine Kernen. *L'État social, une perspective internationale*, Paris, Éditions Dallot, 2005.

Thurbon, Elizabeth. «L'État développeur: défense du concept». Dans *Vers un*

renouveau de l'État développeur en Asie ? Par
Pauline Debanes et Sébastien Lechevalier,
59-76. Paris, Presses de Sciences Po.

Critique internationale : Revue comparative
de sciences sociales 63, 2014.

23 L'ONU

Flora Pidoux

Résumé

L'Organisation des Nations unies est sans conteste l'organisation internationale la plus influente au monde, notamment du fait de son caractère universel. Dans le domaine du développement, son influence a cependant fluctué au fil de son histoire. Dans les années 1960, l'ONU était incontournable, mais elle s'est vue marginalisée par la concurrence des institutions financières internationales comme la Banque mondiale. Si le potentiel de l'ONU à mener le développement international est indéniable, le manque de financement, l'inefficacité du système onusien pour le développement, et le manque de représentativité sont des maux qui empêchent l'ONU de mener à bien sa mission.

Introduction

La nécessité de coordonner les actions des États pour éviter la guerre n'est pas une entreprise nouvelle. La Société des Nations (SDN) est mise en place au lendemain de la Première Guerre mondiale. Mais après ses échecs, l'organisation est dissoute. Toutefois, l'idée d'une organisation multilatérale regroupant tous les États motive cinquante-deux États à s'allier pour créer l'Organisation des Nations unies (ONU) en 1945. Si l'objectif premier de l'ONU est de «Maintenir la paix et la sécurité internationales [...][1]», d'autres enjeux priment, notamment le développement. L'article 55 prévoit «le relèvement des niveaux de vie, le plein emploi et des conditions de progrès et de développement dans l'ordre économique et social[2]».

L'ONU et la décolonisation dans les années 1960

Le développement est devenu une priorité pour l'ONU avec la décolonisation. Auparavant, le développement concernait la reconstruction après la guerre dans les pays développés. Dans le reste du monde, l'enjeu touchait aux relations commerciales entre métropoles et colonies, ce qui ne regardait pas la communauté internationale. À partir de 1960, les anciennes colonies et pays du Sud deviennent plus nombreux que les

---

1. Charte des Nations unies de 1945.

2. *Ibid.*

Encadré 23.1 La structure de l'ONU

L'ONU compte 5 organes principaux:

- L'Assemblée générale à laquelle siègent les 193 États membres.
- Le Conseil de sécurité, composé de 15 membres, dont 5 permanents (la Chine, les États-Unis d'Amérique, la Russie, la France et le Royaume-Uni) dotés du droit de veto, et 10 membres non permanents.
- Le Secrétariat, responsable de la gestion et de l'exécution des tâches de l'Organisation, sous l'impulsion du secrétaire général.
- Le Conseil économique et social (ECOSOC) œuvre pour le développement durable (économique, social et environnemental).
- La Cour internationale de justice est l'organe judiciaire des Nations unies. Son but est la résolution pacifique des différends internationaux.

États occidentaux à l'Assemblée générale (AG). L'ONU consacre alors le droit des peuples à disposer d'eux-mêmes en décembre 1960, lequel inclut le droit d'assurer librement son développement économique, social et culturel.

L'Organisation se donne comme mission d'aider ses nouveaux États membres à faire face aux défis accompagnant leur indépendance nouvelle, et de les intégrer à l'économie mondiale. À l'époque, la conception du développement est inspirée de la théorie de la modernisation de Walt Whitman Rostow, selon laquelle les États non développés doivent émuler la trajectoire des pays développés pour rattraper leur retard économique.

C'est dans cette optique que l'Assemblée générale déclare en 1961 la première Décennie pour le développement (1961-1970). Et la Résolution 1707 (XVI) prévoit l'organisation d'une conférence sur le commerce international, qui deviendra la Conférence des Nations unies sur le commerce et le développement (CNUCED) et se tiendra à Genève en 1964.

De la CNUCED au G-77

Alors que la CNUCED se prépare, un groupe de 77 pays du Sud se forme: le G-77. Ses membres revendiquent des priorités divergentes de celles des pays du Nord, et demandent des politiques préférentielles dans le domaine du commerce afin de favoriser la redistribution équitable des fruits de la croissance et du commerce. Ce projet est connu sous le nom de «Nouvel ordre économique international» (NOEI). La CNUCED devient le théâtre de débats sur le sujet. Mais l'opposition des pays industrialisés fait avorter le projet de réforme. Malgré cet échec, la conférence marque une innovation cruciale: c'est la première conférence Nord-Sud[3]. Le NOEI est alors repris par le Mouvement des non-alignés (MNA), qui réussit à politiser le développement.

La montée du néolibéralisme

Les années 1980 consacrent la vision néolibérale du développement. Les institutions de Bretton Woods, soit le Fonds monétaire international (FMI) et la Banque mondiale (BM), dominent l'agenda développemental, aux dépens de l'ONU. Ces institutions mettent en place les politiques d'ajustement structurel et les programmes pour la lutte contre la pauvreté, qui réduisent le rôle de l'État au profit de la dérégulation, dans l'esprit du consensus de Washington. Ces politiques sont présentées comme la condition pour recevoir les prêts nécessaires aux pays en développement. Cependant, les politiques en question sont la

---

3. Louis Emmerij, Richard Jolly et Thomas G Weiss. *En Avance sur leur Temps? Les idées des Nations unies face aux défis mondiaux*. Genève, Éditions Van Diermen, 2003.

Encadré 23.2 Les paradigmes développementaux

Selon Jean-Philippe Thérien* les années 1980 sont marquées par l'opposition de deux approches du développement. D'un côté, les institutions de Bretton Woods voient la pauvreté sous un angle optimiste et positif, car en voie de disparition, grâce, notamment, aux politiques d'ajustement structurel. De l'autre côté, le paradigme onusien estime que l'écart entre les riches et les pauvres continue à s'accroître, à travers le monde et au sein des États.

* Jean-Philippe Thérien. «Beyond the North-South Divide: The Two Tales of World Poverty». *Third World Quarterly* 20, n° 4 (1999), 723-742.

source de l'endettement profond de ces pays, ce qui rend inévitable une crise économique – on parlera de la décennie perdue pour l'Amérique latine et l'Afrique. L'ONU s'en tient à un rôle d'opposition, alors que l'existence même de l'Organisation est remise en cause. Mais c'est le renouveau du paradigme développemental onusien, notamment porté par l'UNICEF (Fonds des Nations unies pour l'enfance), qui va progressivement faire changer les mentalités à la fin de la décennie.

Lutter contre la pauvreté

C'est sur la base des dérives causées par les programmes des institutions de Bretton Woods que l'UNICEF, qui est l'organisme de l'ONU mandaté pour répondre aux besoins des femmes et enfants dans les pays en développement, proclame le concept d'« ajustement à visage humain » (1987). L'UNICEF souhaite ainsi remettre la pauvreté au cœur du développement, soutenant que le progrès ne se mesure plus par la seule évaluation des marchés. En effet, la récession économique touche de manière disproportionnée les femmes et enfants à travers le monde. L'UNICEF accuse le FMI et la BM de ne pas avoir empêché les effets dévastateurs de leurs programmes sur les pays en développement. En réaction, l'AG proclame la Déclaration sur le droit au développement (1986), qui requiert une stratégie inclusive reposant sur des facteurs sociaux, culturels, économiques et politiques, et sur la coopération.

Le développement humain

Les années 1990 marquent le retour de l'ONU, rendue possible par la conjoncture internationale : la chute de l'URSS ouvre la voie à une diminution relative des investissements militaires, alors qu'on promet, parallèlement, un réinvestissement au niveau du développement social et de l'aide au développement. On annonce également une nouvelle façon de conceptualiser le développement, portée par le Programme des Nations unies pour le développement (PNUD). Créé en 1965, le PNUD est présent dans 170 pays et territoires avec le mandat d'intervenir sur trois enjeux : le développement durable, la gouvernance démocratique et le climat. En 1990, le PNUD développe le concept de « développement humain » qui prétend remettre les besoins sociaux au cœur du développement. Apparu dans le premier Rapport sur le développement humain, le concept se définit ainsi :

> Le développement humain est un processus qui se traduit par l'élargissement des possibilités offertes à chacun. Vivre longtemps et en bonne santé, être instruit et avoir accès aux ressources nécessaires pour jouir d'un niveau de vie décent sont les plus importantes. S'y ajoutent la liberté politique, la jouissance des droits de l'homme et le respect de soi – ce qu'Adam Smith appelle la capacité de se mêler aux autres sans avoir honte d'apparaître en public[4].

4. Selim Jahan. *Rapport sur le développement humain 2016 : le développement humain pour tous*, PNUD, 2016.

Figure 23.1
Le développement humain pour tous

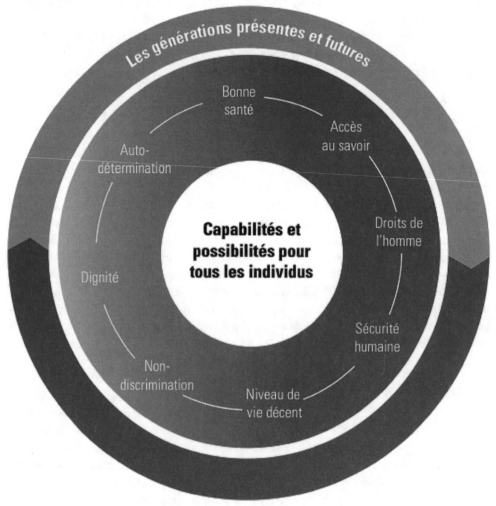

Source: Selim Jahan. *Rapport sur le développement humain 2016: le développement humain pour tous*, PNUD, 2016.

Le PNUD publie chaque année un rapport portant sur un thème connexe au développement humain, comme la mondialisation (1997), la démocratie (2002), et les populations exclues du développement (2016), qui proposent des pistes de solution pour la réalisation du développement humain. Aussi, l'indice de développement humain (IDH), permet de mesurer le développement humain, en ajoutant au produit intérieur brut (PIB) l'espérance de vie et le taux d'alphabétisation, ce qui permet de rendre mieux compte de la pauvreté (même si cet outil

reste imparfait). Cette initiative a été pilotée par l'économiste pakistanais Mahbub ul Haq, avec l'aide de l'économiste indien Amartya Sen.

Le secrétaire général, Boutros Boutros-Ghali publie en 1994 son «Agenda pour le développement», dans lequel il identifie la paix, l'économie, l'environnement, la société, les droits de la personne et la démocratie comme les fondements du développement. L'ONU lance la Première décennie des Nations unies pour l'élimination de la pauvreté (1997-2006), tout en animant de nombreux sommets internationaux, comme le deuxième Sommet de la Terre de Rio (1992), la conférence internationale sur la population et le développement du Caire (1994), le Sommet mondial pour le développement social de Copenhague (1995), la quatrième Conférence mondiale sur les femmes de Beijing (1995), etc.

La promotion du développement se fait aussi au-delà des États : le secrétaire général Koffi Annan (1997-2006) présente le Pacte mondial (ou Global Compact) en 1999. Il s'agit d'un cadre d'engagement volontaire incitant les entreprises, associations ou organisations non gouvernementales (ONG), à respecter dix principes universellement acceptés touchant les droits humains, les normes du travail, l'environnement et la lutte contre la corruption. Durant cette décennie, les droits humains et le développement deviennent des fins en soi, rompant avec la logique économique du passé.

L'ONU au XXIe siècle

Pour améliorer la cohérence des interventions, l'ONU propose huit objectifs du Millénaire en 2000. Ils doivent guider l'action de la communauté internationale d'ici à 2015. Trop restrictifs, ils deviennent plus tard, en 2015, les 17 objectifs de développement durable (ODD) dont le but est de « transformer notre monde ». Les ODD sont utilisées par plusieurs organisations internationales, dont la Banque mondiale, comme balises du progrès.

La stratégie onusienne actuelle est orientée vers le développement durable, défini comme « un développement apte à promouvoir la prospérité et les opportunités économiques, un plus grand bien-être social et la protection de l'environnement [conçu comme] le meilleur moyen d'améliorer la vie des populations sur terre ». Mais l'ONU peine à s'adapter à la complexité des enjeux contemporains qui ne connaissent plus de frontières, et les inégalités continuent à creuser un fossé toujours plus large entre les plus riches et les plus pauvres. António Guterres, secrétaire général depuis 2017, veut promouvoir

un « développement qui ne laisse personne de côté », qui serait équitable. L'Organisation rejette désormais, du moins dans ses discours, une approche globale unique, suggérant qu'il existe une multitude de chemins menant au développement. La réalité sur le terrain s'avère cependant souvent différente, et ce à cause de problèmes fondamentaux auxquels l'ONU fait face. Trois maux principaux affectent l'action de l'ONU aujourd'hui.

- *Manque de financement :* Les actions de l'ONU dépendent des budgets qui lui sont alloués par les États membres. Mais les États tardent à verser leurs dus, pouvant même cumuler des arriérés de plusieurs années. Quant aux contributions volontaires, elles sont souvent octroyées sous conditions d'utilisation. L'ONU perd de fait sa liberté d'action, et les activités onusiennes tendent à refléter les priorités des donateurs aux dépens des besoins du terrain. Une logique commerciale domine alors les activités de l'Organisation, non pas par dessein, mais plutôt par résignation.
- *Manque d'efficacité :* Les questions développementales ne sont, à l'origine, pas des considérations politiques, et ne concernent donc pas le Conseil de sécurité. Depuis les années 1960, ce sont plutôt l'AG et l'ECOSOC qui font avancer ce dossier, grâce à un réseau fragmenté d'organismes qui composent une « famille » d'une trentaine d'entités onusiennes touchant au développement soit le Groupe de développement des Nations unies (GDNU), dirigé par le PNUD, qui inclut l'UNICEF, l'organisation internationale du travail (OIT), le Fonds des Nations unies pour la population (UNFPA), l'Organisation des Nations unies pour l'alimentation et l'agriculture (FAO), l'Organisation des Nations unies pour l'éducation,

les sciences et la culture (UNESCO), ONU Femmes, et le Programme des Nations unies pour l'environnement (PNUE). Les opérations de paix, et en particulier les opérations de maintien (peacekeeping) et de renforcement de la paix (peacebuilding) contribuent aussi au développement : en effet, les conditions nécessaires au développement peuvent plus facilement être réunies en temps de paix. Chaque organisme a des compétences propres, mais qui recoupent souvent celles d'un autre, ce qui rend le système peu efficace et redondant. Aussi, chacun doit se lancer dans une lutte bureaucratique pour obtenir les fonds nécessaires à ses activités, ce qui empêche une vision d'ensemble du projet développemental. Les organismes ne coordonnent pas systématiquement leurs actions, et se font même parfois concurrence sur le terrain.

- *Problèmes de représentativité :* Les États s'entendent pour dire que les règles de prise de décision ne représentent plus la communauté internationale actuelle, mais ils ne s'accordent pas sur la meilleure façon de résoudre cet écueil. Cela cause, entre autres, le désintéressement de certains États de l'Organisation, et remet en cause la légitimité de cette dernière. En externe, les décisions prises au sein de l'ONU peinent à refléter les besoins précis du

terrain. Pour pallier cela, l'ONU privilégie des partenariats à plusieurs échelles, notamment avec des organisations régionales telles que l'Union africaine ou la Commission économique des Nations unies pour l'Amérique latine et les Caraïbes (CEPAL). Les partenariats avec le secteur privé répondent au besoin de représenter le poids des corporations dans la gouvernance globale, mais aussi de diversifier les sources de financement de l'Organisation. La société civile (représentants et ONG) est, surtout depuis la fin de la Guerre froide, un partenaire de choix. Mais la légitimité des acteurs cités ci-dessus est remise en cause, car ils ne représentent pas pleinement les besoins de la population mondiale. De plus, les États se sentent menacés par la diversification des acteurs de la gouvernance globale. L'ONU peine encore et toujours à intégrer pleinement les exclus du développement.

Confirmant ces problèmes, le secrétaire général Guterres reconnaissait en 2017 que le système onusien ne fonctionne pas à son plein potentiel. Il faudrait, entre autres, un virage vers plus de transparence, de coordination, et surtout que les États-membres, en particulier ceux qui composent le Conseil de sécurité, croient vraiment à la relance du multilatéralisme et à la mission de l'ONU. Ces nobles principes ne semblent pas encore être à l'ordre du jour.

Objectifs d'apprentissage

- Mieux comprendre le système onusien et ses complexités.
- Saisir les problèmes reliés à la gouvernance globale de l'ONU.

Questions de réflexion

- Le multilatéralisme est renié par de nombreux penseurs, y compris par des adeptes de la théorie réaliste des relations internationales – pourquoi ?

■ L'ONU peut-elle être réformée? Par qui? Comment?

■ Quelles devraient être les priorités de l'ONU pour le développement?

Pour en savoir davantage

Bertrand, Maurice et Antonio Donini. *L'ONU*, Paris, Éditions La Découverte, 2015.

Dejammet, Alain. *L'incendie planétaire: que fait l'ONU?* Paris, Éditions Cerf, 2015.

Maurel, Chloé. *Histoire des idées des Nations unies: l'ONU en 20 notions*. Paris, Éditions L'Harmattan, 2015.

Sciora, Romuald et Constantin Von Barloewen. *L'ONU dans le nouveau désordre mondial.* Ivry-sur-Seine, Éditions de l'Atelier, 2015.

Veltmeyer, Henry. «Introduction: l'ONU et le développement: une perspective historique». *Revue canadienne d'études du développement* 26, n° 1 (2005), 13-14.

Notes

24

Les institutions financières

Dominique Plihon

Résumé

Deux grandes institutions financières, la Banque mondiale et le Fonds monétaire inter-national, mises en place au lendemain de la Seconde Guerre mondiale, ont eu une influence majeure sur le monde et en particulier sur les tentatives de relancer le déve-loppement. Plus tard dans les années 1980, sous l'influence des États-Unis surtout, ces institutions ont par leurs moyens financiers et leur prestige fait pencher la balance vers des politiques restrictives qui ont en gros pénalisé les couches moyennes et populaires au profit de ce qu'on a appelé plus tard le 1 %, aggravant les inégalités, les tensions sociales et les conflits. Aujourd'hui, le débat est vif sur l'avenir de ces institutions, de leurs politiques et de leurs pouvoirs d'influence.

Introduction

Le Fonds monétaire international (FMI) et la Banque mondiale ont été créés en juillet 1944 par les accords de Bretton Woods. Le FMI s'est vu attribuer la fonction de stabiliser les taux de change pour éviter le retour aux désordres moné-taires des années 1930, et la Banque mondiale celle de financer la reconstruction et le dévelop-pement. Au fil des décennies, le rôle et le fonc-tionnement de ces deux institutions financières internationales (IFI) ont évolué avec les transfor-mations des relations économiques et monétaires internationales. Largement sous la coupe des États-Unis, les IFI se sont muées en instruments à travers lesquels le capitalisme transnational impose aux pays dépendants et endettés ses pré-ceptes d'organisation et son idéologie néolibérale.

Les crises successives qui ont affecté les pays d'Amérique latine dans les années 1980, les pays d'Asie du Sud dans les années 1990, puis les pays européens dans les années 2000, ont contribué à une profonde remise en cause des politiques néolibérales menées par ces institutions, dont la légitimité s'est trouvée affaiblie. Cette remise en cause a été amplifiée par la mobilisation très forte de la société civile internationale. Celle-ci a pris des formes spectaculaires, à Seattle lors de la réunion de l'OMC en 1999, puis lors des sommets successifs du G7 et du G20. Ce qui a donné une visibilité nouvelle à une critique plus ancienne, exprimée par les pays du Sud à l'égard des IFI. L'ampleur de cette critique pose aujourd'hui la question de la réforme des IFI.

Le FMI, gendarme du système monétaire international (SMI)

Grands vainqueurs de la Seconde Guerre mondiale, les États-Unis ont imposé leurs vues à la conférence de Bretton Woods. Ce qui a abouti à deux décisions politiques importantes. D'une part, un nouveau SMI est mis en place pour donner un rôle central au dollar : la parité des monnaies est fixée par rapport au dollar, dont la valeur était rattachée à l'or, au taux de 35 $ l'once d'or. D'autre part, le FMI, contrôlé par les États-Unis, est créé pour jouer le rôle de « gendarme » du SMI en veillant à l'application de ses règles. Dans le cadre de cette mission, le FMI, qui emploie environ 2 500 salariés, prodigue des conseils à ses 188 États membres, encourage des politiques visant à assurer leur stabilité économique et à réduire leur vulnérabilité aux crises économiques et financières.

Le FMI accorde des financements aux États membres à condition que ceux-ci acceptent les plans d'ajustement structurel qu'il leur impose pour redresser leur économie et leurs comptes extérieurs.

Les ressources du FMI proviennent des contributions des États membres selon le poids économique de chaque pays. Ces quotes-parts déterminent le droit de vote et la capacité du pays à s'appuyer sur les ressources du Fonds en cas de besoin. Par ailleurs, le FMI émet depuis 1969 un instrument de réserve international, appelé droit de tirage spécial (DTS), que les membres peuvent utiliser pour leurs paiements internationaux.

La Banque mondiale et le financement du développement

La Banque internationale pour la reconstruction et le développement (BIRD) a été créée pour jouer le rôle de banque d'investissement. Les interventions de la BIRD, à l'origine conduites

Figure 24.1
Gouvernance du FMI

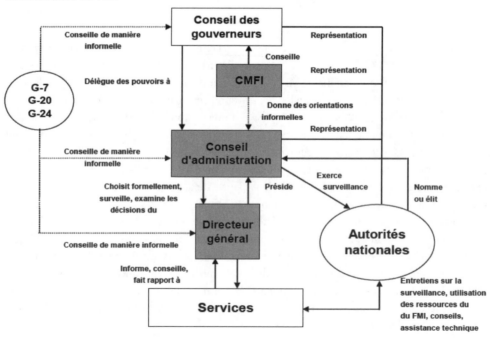

Source : Fonds monétaire international. *La gouvernance FMI : évaluation*. Washington, D.C., FMI, 2008.

pour la reconstruction de l'Europe, ont été ensuite tournées vers les pays en développement (PED). Le mandat de la Banque comporte trois objectifs :

- Aider à la reconstruction et au développement des États membres.
- Développer des investissements à l'étranger au moyen de garanties ou de participations aux prêts et autres investissements réalisés par des acteurs privés.
- Promouvoir l'expansion des échanges internationaux et l'équilibre des balances des paiements, en encourageant les investisseurs internationaux.
- Au fil des années, cette mission s'est élargie à la promotion de la « bonne gouvernance » et à la lutte contre la corruption, au soutien au développement durable et à la lutte contre les changements climatiques. Actuellement, la BIRD emploie environ 10 000 salariés, dont 3 000 dans les PED.

L'essentiel des ressources de la BIRD provient d'emprunts sur les marchés financiers, et des souscriptions des États membres. N'ayant pas pour objet de faire des profits, ni de reverser ses dividendes à ses actionnaires, ses bénéfices sont redistribués chaque année, notamment au profit des pays les plus pauvres. Les instruments d'intervention de la Banque mondiale prennent deux formes : prêts et garanties. Les prêts comportent, d'une part, les financements des projets d'investissement (infrastructures notamment) et, d'autre part, les prêts d'ajustement qui visent à accompagner les États membres dans la mise en œuvre de réformes économiques, financières et structurelles. Les garanties sont destinées à couvrir le risque de défaut de paiement du service de la dette, mais aussi à couvrir le risque de crédit du secteur privé. Les principaux emprunteurs de la BIRD sont les pays en développement et les grands pays émergents ou en transition.

Les organismes affiliés à la Banque mondiale

La BIRD a été complétée par quatre institutions :

- L'Association internationale de développement (AID), créée en 1960, accorde des prêts à des pays à bas revenus.
- La Société financière internationale (SFI), créée en 1956 à l'initiative des États-Unis, fonctionne comme une banque d'affaires et qui se doit d'être rentable. La SFI prend des participations dans des entreprises privées et accorde des prêts à long terme à des entreprises (de sept à vingt ans). La SFI intervient en priorité dans les grands pays émergents (Russie, Chine, Brésil, Inde, Turquie, etc.).
- Le Centre international de règlement des différends relatifs aux investissements (CIRDI) a été créé en 1966 pour régler les litiges entre les investisseurs étrangers et les pays d'accueil.
- L'Agence multilatérale de garantie des investissements (AMGI), fondée en 1988, assure les investisseurs contre le risque politique (coup d'État, conflits armés, etc.).

La Banque mondiale et le FMI, institutions jumelles et peu démocratiques

Depuis leur création, les IFI sont présentées comme les « institutions jumelles de Bretton Woods ». D'abord parce qu'elles ont été créées simultanément en 1944. Leurs sièges se situent d'ailleurs l'un en face de l'autre à Washington. Ensuite, parce que le système de gouvernance des deux institutions est presque identique : quotes-parts pour le FMI et parts de capital pour la Banque fixées pratiquement selon les mêmes critères, même droit de veto de la part des États-Unis (voir plus loin), conseils d'administration

Tableau 24.1
Évolution des droits de vote au FMI, 1945-2016

Pays	1945	1981	2000	2016
Nord, dont :	**67,5**	**60,0**	**63,7**	**55,29**
États-Unis	32,0	20,0	17,7	16,54
Japon	—	4,0	6,3	6,16
Allemagne	—	5,1	6,2	5,33
France	5,9	4,6	5,1	4,04
Royaume-Uni	15,3	7,0	5,1	4,04
Pays pétroliers, dont :	**1,4**	**9,3**	**7,0**	**7,62**
Arabie saoudite	—	3,5	3,3	2,02
Sud, dont :	**31,1**	**30, 7**	**29,3**	**37,09**
Russie	—	—	2,8	2,60
Chine	7,2	3,0	2,2	6,09
Inde	5,0	2,8	2,0	2,64
Brésil	2,0	1,6	1,4	2,23

Source : Attac. *Que faire du FMI et de la Banque mondiale ?* Paris, Éditions Mille et une nuits, 2002.

fonctionnant de manière équivalente, avec souvent les mêmes administrateurs dans les deux institutions, assemblées annuelles collectives.

De nombreuses critiques ont été adressées aux IFI pour leur fonctionnement peu démocratique. Un grand nombre d'acteurs, émanant notamment de la société civile internationale, ont reproché le manque de transparence, la prépondérance des États-Unis et l'asymétrie Nord-Sud dans la gouvernance des IFI. Selon le mouvement ATTAC : « Les IFI, issues de Bretton Woods, se caractérisent par un profond déficit démocratique qui se manifeste par le secret entourant les études et les prises de décision, la concentration des pouvoirs aux mains des pays les plus riches, l'absence quasi totale de femmes dans les instances décisionnelles[1]. »

Une critique majeure porte sur le système de vote en vigueur au FMI et à la Banque mondiale. Il s'agit d'un système de vote censitaire, par nature inégalitaire ; car le mode de décision des deux IFI est basé sur une répartition des droits de vote en fonction du montant de la cotisation des États membres, fondée sur le poids économique de ces derniers, selon le principe « un dollar = une voix ». Dès le début, les États-Unis détenaient plus de 15 % des droits de vote, ce qui leur donnait un droit de veto sur les décisions des IFI. Ce système a abouti à une sous-représentation des pays du Sud, bien qu'ils soient plus nombreux. Une réforme des quotes-parts et de la représentation des pays a été mise en œuvre en mars : 2011. À la suite de cette réforme, 54 États membres – dont la Chine, la Corée du Sud, l'Inde, le Brésil et le Mexique – ont vu leur quote-part s'accroître, notamment au détriment des pays européens. Cette meilleure représentation des grands pays émergents ne règle pas les problèmes posés par la sous-représentation des pays les plus pauvres. Le déficit démocratique des IFI demeure entier.

Consensus de Washington et dérive néolibérale des IFI

À partir de la fin des années 1970 se produit un profond basculement idéologique et politique à l'échelle internationale. L'objectif est

1. Attac. *Que faire du FMI et de la Banque mondiale ?* Paris, Éditions Mille et une nuits, 2002.

de redynamiser les grandes économies capitalistes alors en proie à une baisse de la croissance économique et des profits des entreprises, ainsi qu'à une accélération de l'inflation exacerbée par les deux chocs pétroliers de 1973 et 1979. Se mettent alors en place les politiques néolibérales, censées «libérer» les économies et les entreprises des entraves jugées excessives des politiques publiques. Des programmes de libéralisation financière et de privatisation sont lancés dans les pays avancés, puis en développement. Apparaissent ainsi les «pays émergents», pays en voie d'industrialisation nouvellement ouverts à la finance internationale.

Le dogme néolibéral est codifié par le «consensus de Washington», sorte de table des lois imposées par les grandes puissances capitalistes du G7, sous l'égide des États-Unis. Ces préceptes ont constitué le fondement des politiques menées par les IFI, basées sur le triptyque «stabilisation, libéralisation, privatisation». Dans ce nouveau contexte international, le rôle des IFI a considérablement évolué. Le FMI est amené à redéfinir ses missions et devient un instrument de régulation financière et d'aide aux pays du tiers monde. Son action consiste à prêter aux pays connaissant des difficultés, à condition de mettre en œuvre les politiques néolibérales. Progressivement, le FMI est devenu le premier maître d'œuvre de la dette des pays du Sud.

Ces politiques néolibérales sont au cœur des programmes d'ajustement structurel du FMI, dont les objectifs sont : la libéralisation, la régulation par les marchés de l'économie, et la diminution du rôle de l'État ; la priorité donnée aux exportations, d'où l'exploitation effrénée des ressources naturelles domestiques ; la flexibilité et la pression sur les salaires, ainsi que l'affaiblissement des systèmes publics de protection sociale ; la baisse des dépenses publiques considérées comme improductives, ce qui se traduit par une pression pour la réduction des budgets en matière d'éducation et de santé. La baisse imposée des droits de douane, qui est souvent la principale ressource des budgets publics nationaux dans les PED, renforce l'austérité imposée

aux populations par les PAS. Les conséquences économiques et sociales des PAS furent souvent dramatiques, aggravant les inégalités, la pauvreté et la vulnérabilité des pays concernés. Les principaux bénéficiaires de ces politiques sont les firmes transnationales et les fonds d'investissement internationaux.

Les IFI face aux crises financières

Les crises financières se sont multipliées dans la plupart des régions du monde à partir des années 1980. Deux grandes vagues de crises ont eu une ampleur considérable : dans les années 1990, les crises ont frappé les pays émergents, nouvellement ouverts à la finance libéralisée, en Amérique latine, Asie du Sud-Est, et Europe centrale. La seconde grande vague de crises concerne les pays développés ; elle débute aux États-Unis en 2007 sur le marché des subprimes (prêts à haut risque), puis frappe les autres pays de la Triade (Japon, Europe), et finit par s'étendre à l'ensemble de l'économie mondiale.

Les IFI seront aux avant-postes pour tenter de faire face aux crises. Dans ce contexte d'instabilité chronique, le FMI se trouve dans une situation paradoxale. D'un côté, comme on l'a vu, le FMI a étendu son champ d'intervention, initialement limité aux questions monétaires, aux questions de stabilité financière et d'ajustement structurel. Et de l'autre côté, l'impuissance et aussi la responsabilité du FMI sont apparues clairement lors de la gestion de ces crises. En effet, non seulement le FMI n'a pas su anticiper les crises : le Mexique et la Thaïlande étaient présentés comme les « meilleurs élèves » du FMI à la veille de leurs crises en 1994 et 1997, respectivement. Mais de plus, il apparaît clairement que les PAS imposés par le FMI ont plutôt aggravé la situation des pays en crise. Le jugement de Joseph Stiglitz (l'ancien vice-président de la Banque) est sans appel : « Avec le recul, les choses sont claires. Les mesures du FMI n'ont pas seulement exacerbé la crise, elles l'ont aussi en partie provoquée : sa cause principale a été la libéralisation trop rapide des marchés financiers[2]. » Ces échecs du FMI ont jeté un large discrédit sur cette institution et ont conduit à une baisse de l'encours des crédits distribués par le FMI qui est tombé de 110 milliards de dollars en 2003 à 15 milliards de dollars à la fin 2007. Les pays membres en proie à des crises préfèrent trouver d'autres sources de financement que celles octroyées par le FMI afin de ne pas subir les PAS et leurs effets antisociaux rejetés par les populations. C'est ainsi que sept pays d'Amérique latine, avec l'aide des pétrodollars du Venezuela, tentent en 2009 de mettre en place la Banque du Sud, concurrente du FMI.

Après plusieurs années d'affaiblissement, le FMI a été remis en selle par le G20 afin de gérer la grave crise internationale qui a débuté en 2007. Le sommet du G20 de Londres d'avril 2009 décide de tripler les ressources du FMI en lui octroyant 750 milliards de dollars, constitués par de nouveaux prêts bilatéraux et par l'augmentation de ses droits de tirage spéciaux (DTS). Par ailleurs, on décide d'augmenter la capacité de prêts de la Banque mondiale de 100 milliards par an sur trois ans. Le retour du FMI sur la scène internationale s'est également concrétisé par sa participation active à la gestion de la crise de la dette souveraine qui a éclaté à partir de 2009 dans les pays de l'Union européenne. Le FMI fait en effet partie de la fameuse « troïka », aux côtés de la Commission européenne et de la Banque centrale européenne, chargée de mettre en place et d'appliquer les plans de restructuration des dettes des pays en crise, tels que la Grèce, l'Irlande et le Portugal qui sont devenus les principaux emprunteurs du FMI. Les PAS imposés aux pays européens ont montré les mêmes limites que pour les PED dans les années 1990.

Que faire du FMI et de la Banque mondiale ?

En ce début de XXIe siècle, les IFI souffrent d'une triple crise. Tout d'abord, une crise de légitimité, en raison de leur fonctionnement peu démocratique, avec une sous-représentation des pays du Sud, ce qui en fait des organisations privilégiant les intérêts des pays riches et des créanciers internationaux. En second lieu, une crise de leadership, car le monde est devenu polycentrique, avec la montée en puissance des grands pays émergents. La troisième crise est d'ordre idéologique. Le néolibéralisme, qui a dicté la politique des IFI, fait l'objet de critiques de plus en plus nombreuses de la part des économistes, des hommes politiques et de la société civile internationale.

Il y a un consensus pour réformer les IFI dont le fonctionnement, défini au lendemain de la Seconde Guerre mondiale, n'est plus adapté au contexte international du XXIe siècle. Les premières réformes engagées, déjà mentionnées, sont de deux ordres : d'une part, la création de nouveaux instruments de financement, en particulier les DTS ; d'autre part, la modification des quotes-parts, destinée à assurer une meilleure représentation des grands pays émergents au sein des organes de direction des IFI. Ces réformes apparaissent insuffisantes, car elles ne modifient pas fondamentalement le fonctionnement des IFI. Des propositions de réforme plus radicales ont été faites par la société civile internationale[3], d'une part, et par certains économistes[4] et responsables des organisations internationales, d'autre part. Ces propositions de réforme s'articulent autour de trois axes : démocratiser le fonctionnement des IFI ; redéfinir la place et le rôle des IFI dans la gouvernance mondiale en rattachant celles-ci à l'ONU ; réformer la doctrine et les politiques des IFI, en les libérant du carcan néolibéral.

---

3. Attac. *Que faire du FMI et de la Banque mondiale ?* Paris, Éditions Mille et une nuits, 2002.

4. Joseph Stiglitz. *Pour une vraie réforme du système monétaire et financier international*. Paris, Éditions Les Liens qui Libèrent, 2010.

---

2. Joseph Stiglitz. *La grande désillusion*. Paris, Éditions Librairie Arthème Fayard, 2002.

Objectifs d'apprentissage

- Comprendre l'histoire, le rôle et le fonctionnement des institutions financières internationales.
- Identifier les fonctions, la crise et les transformations du système monétaire international.
- Explorer les débats actuels relatifs à la régulation de l'économie mondiale, la réforme des IFI, et la gouvernance mondiale.

Questions de réflexion

- Comment ont évolué les IFI depuis leur création ? Quels facteurs sont à l'origine de cette évolution ?
- Quel bilan peut-on dresser de l'action des IFI ?
- Quel a été le rôle des IFI dans la crise financière qui a débuté en 2007 ?
- Quels sont les débats autour de la réforme des IFI ?

Pour en savoir davantage

Banque mondiale. *Guide de la Banque mondiale*. Paris, Éditions De Boeck Supérieur, 2005.

Bourguignon, François. « Le pouvoir des organisations internationales sur le développement : illusion ou réalité ? » *Tracés*, n° 11 (2011), 247-265.

Cling, Jean-Pierre, Mireille Razafindrakoto et François Roubaud. « La Banque mondiale, entre transformations et résilience ». *Critique internationale 53*, n° 4 (2011), 43-65.

Morales, Juan Antonio. « Les institutions financières internationales vues du Sud ». *Reflets et perspectives de la vie économique Tome XLII*, n° 2 (2001), 57-71.

Tavernier, Yves. « Critiquer les institutions financières internationales ». *L'Économie politique* 2, n° 10 (2001), 18-43.

Notes

25 Les grandes tendances de l'aide bilatérale

Stephen Brown

Résumé

Ce chapitre effectue un survol des acteurs principaux, des modalités ainsi que des flux de ressources impliqués dans l'aide que les pays du Nord fournissent aux récipiendaires du Sud. Il est d'abord question des termes clés liés au concept d'«aide bilatérale» et des apports globaux de ressources. Les régions et les pays qui reçoivent les sommes d'aide les plus élevées sont ensuite examinés.

Questions de terminologie

On fait souvent référence aux prestataires d'aide au développement en tant que *bailleurs de fonds* ou *donateurs*, quoique le terme de *prêteurs* soit plus approprié dans les cas où l'aide prend la forme de prêts. Une partie de l'aide est offerte par les bailleurs de fonds directement aux pays en voie de développement (connu sous le nom d'aide bilatérale ou aide directe de gouvernement à gouvernement). Une autre portion de l'aide est transmise par le biais d'organisations multilatérales telles que la Banque mondiale ou des agences de l'ONU, comme l'UNICEF (aide multilatérale). Ce chapitre ne traitera que de l'aide et des bailleurs de fonds bilatéraux.

Le terme *aide* est souvent utilisé de manière interchangeable, avec l'expression *aide publique au développement* (APD). Par contre, les deux termes n'ont pas tout à fait la même signification. L'aide peut englober une variété de formes, tandis que seulement certaines formes d'aide peuvent être considérées comme de l'APD. Selon sa définition officielle, l'APD désigne «les apports de ressources» qui émanent d'organismes publics et dont «chaque opération doit en outre avoir pour but essentiel de favoriser le développement économique et l'amélioration du niveau de vie des pays en développement et être assortie de conditions favorables et comporter un élément de libéralité au moins égal à 25 %[1]». Afin que l'aide puisse être considérée comme de l'APD, les fonds doivent donc provenir de gouvernements et viser principalement à améliorer le bien-être économique et social dans des pays en voie de développement. Par conséquent, les dons effectués par des individus, des fondations ou des entreprises privées

---

1. Organisation de coopération et de développement économiques. «Aide publique au développement: définition et champ couvert», 2008a. http://www.oecd.org/fr/cad/stats/aidepubliqueaudeveloppementdefinitionetchampcouvert.htm. Page consultée le 8 mai 2018.

ne font pas partie de l'APD. L'assistance militaire et les crédits à l'exportation qui visent principalement à faire la promotion de la vente de biens provenant du pays donateur ne peuvent également pas être qualifiés d'APD. D'autre part, l'aide destinée aux pays qui ne sont pas considérés comme des pays en voie de développement ne constitue pas de l'APD. Le financement de l'APD peut prendre la forme de subventions (un don non remboursable) ou de prêt (qui doit être remboursé). Par contre, les modalités de remboursement du prêt doivent être considérablement plus avantageuses que celles offertes sur le marché commercial (un taux d'intérêt moins élevé, une période de remboursement prolongée ou un « délai de grâce » précédant l'échéance du premier remboursement) afin qu'il soit question d'APD. Pour cette raison, les investissements du secteur privé et les prêts commerciaux sont également exclus. Cependant, le calcul de l'APD comprend les dépenses administratives telles que les coûts engendrés par la gestion des agences d'aide et les salaires du personnel tant au siège social que sur le terrain.

Le choix des formes d'aide devant faire partie de l'APD porte à controverse. Par exemple, plusieurs bailleurs de fonds se sont entendus pour considérer comme de l'APD les dépenses entraînées au cours de la première année d'établissement des réfugiés dans le pays donateur.

Dans ce cas, les conditions pour que l'aide puisse faire partie de l'APD, c'est-à-dire que son objectif principal soit le « développement économique et le bien-être des pays en voie de développement », ne sont pas clairement respectées. Certaines pratiques comptables sont également litigieuses. Par exemple, dans le cas d'annulation de la dette, la somme totale impayée est inscrite pour l'année au cours de laquelle la dette a été annulée, même si le remboursement à date fixe n'aurait pas été complété avant des décennies. Cela permet aux bailleurs de fonds d'amplifier leur APD pour une année donnée sans qu'il y ait de réelles dépenses supplémentaires, et cela crée une augmentation artificielle qui occulte les tendances réelles en matière d'aide.

Qui sont les bailleurs de fonds bilatéraux ?

La majorité des pays qui fournissent des sommes importantes d'aide font partie d'un club de bailleurs de fonds connu sous le nom de Comité d'aide au développement (CAD). Ce comité fonctionne au sein de l'Organisation de coopération et de développement économiques (OCDE). Les membres du CAD soumettent régulièrement à l'OCDE un rapport détaillé des sommes d'aide qu'ils ont déboursées. Ensuite, l'OCDE compile les données et les fait connaître publiquement. Par ailleurs, certains pays membres de l'OCDE ont mis sur pied un programme d'aide au développement, sans pour autant faire partie du CAD : par exemple la Turquie et Israël. D'autre part, certains États, qui ne sont ni membres du CAD ni membres de l'OCDE, par exemple des États arabes producteurs de pétrole (l'Arabie saoudite, les Émirats arabes unis, le Koweït), offrent également de l'aide, tout comme le font certains pays en voie de développement, notamment Cuba, le Brésil et le Venezuela. Depuis quelques années, la coopération « Sud-Sud » est en croissance. On pense notamment au programme d'aide de la Chine, de plus en plus présente en Afrique. Dans ce chapitre, toutefois, nous n'analyserons que l'aide « traditionnelle » des membres du CAD.

En 2016, les bailleurs de fonds bilatéraux ont déboursé 145 milliards de dollars sous forme d'APD. De ce montant, 103 milliards ont été transmis sous forme d'aide bilatérale et 42 milliards par le biais d'institutions multilatérales. Par ailleurs, l'allègement de la dette a monopolisé 2 milliards de dollars. Il faut soulever ici le fait que les budgets découlant de l'APD sont considérablement moins élevés que les apports financiers provenant du secteur privé vers les pays en voie de développement (comme les

Figure 25.1

Aide publique au développement, 1967-2017

Source : Organisation de coopération et de développement économiques. «Aide publique au développement 2017 : tendances 1960-2017», 2018c. https://www2.compareyourcountry.org/oda?cr=20001&cr1=oecd&lg=fr&page=1. Page consultée le 7 mai 2018.

investissements directs et de portefeuille), et qui s'élèvent à 128 milliards de dollars pour cette même année 2016. Notons enfin que les ONG ont déboursé environ 40 milliards de dollars[2].

Au cours des dernières décennies, l'aide au développement a évolué de manière contradictoire. Comme démontré dans la figure 25.1, les sommes totales de l'aide ont augmenté lentement dans les années 1960. Puis ils ont connu une forte croissance dans les années 1970 et le début des années 1990 (en dollars constants pour tenir compte de l'inflation). Dans les années 1990, le déclin s'est prononcé. Plusieurs pays donateurs ont sabré leurs budgets prétextant une certaine «fatigue» par rapport à l'aide, d'où une chute globale de 22 % entre 1991 et 1997. Enfin à la fin des années 1990, les versements ont recommencé à augmenter pour atteindre un sommet en 2016 : les budgets d'aide sont alors 134 % plus élevés qu'en 1997[3]. La figure qui suit décrit plus en détail ces cycles de l'aide.

Comme on le constate dans la figure qui suit, les États-Unis sont le bailleur de fonds de loin le plus important en dollars investis, son APD s'étant élevée à plus de 35 milliards de dollars en 2017. Les quatre pays donateurs les plus importants après les États-Unis sont l'Allemagne, le Royaume-Uni, le Japon et la France, qui ont chacun versé entre 11 et 25 milliards de dollars.

Certes, les montants en dollars américains nous renseignent sur l'identité des joueurs

---

2. Organisation de coopération et de développement économiques. «Statistiques sur les apports de ressources aux pays en développement», 2017b (Tableau 2). https://www.oecd.org/fr/cad/financementpourledeveloppementdurable/statistiques-financement-developpement/statistiquessurlesapportsderessourcesauxpaysendeveloppement.htm. Page consultée le 7 mai 2018.

3. Organisation de coopération et de développement économiques. «Aide publique au développement 2017 : tendances 1960-2017», 2018c. https://www2.compareyourcountry.org/oda?cr=20001&cr1=oecd&lg=fr&page=1. Page consultée le 7 mai 2018.

Figure 25.2

Aide totale par bailleur de fonds bilatéral, 2017

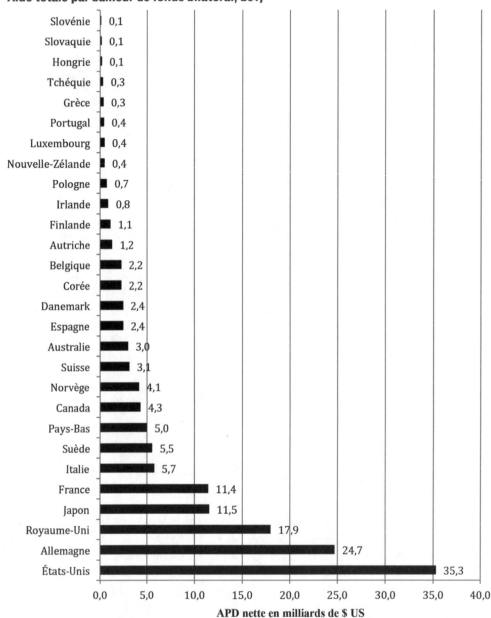

Source : Organisation de coopération et de développement économiques. «Development Aid Stable in 2017 with More Sent to Poorest Countries», 2018b. https://www.oecd.org/development/financing-sustainable-development/development-finance-data/ODA-2017-detailed-summary.pdf. Page consultée le 7 mai 2018.

les plus importants et indiquent les pays qui se démarquent le moins dans le domaine de l'aide au développement. Par contre, ces calculs ne nous permettent pas de connaître la générosité des pays en tenant compte de leur capacité d'offrir de l'aide. Ce concept de «générosité relative» est calculé en divisant l'APD par le revenu national brut (RNB), le

Figure 25.3
Générosité relative des bailleurs de fonds, 2017

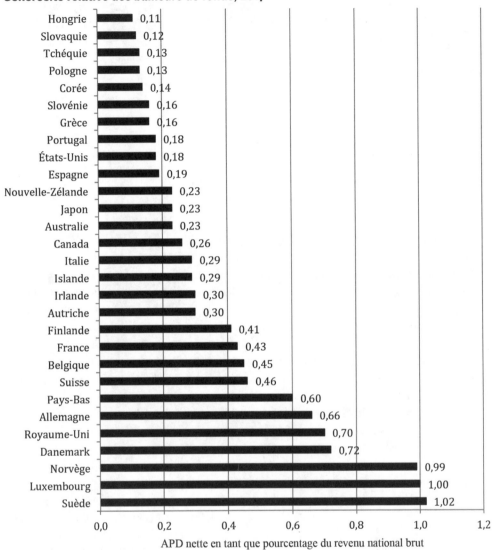

Source : Organisation de coopération et de développement économiques. «Development Aid Stable in 2017 with More Sent to Poorest Countries», 2018b. https://www.oecd.org/development/financing-sustainable-development/development-finance-data/ODA-2017-detailed-summary.pdf. Page consultée le 7 mai 2018.

produit national brut (PNB), ou le produit intérieur brut (PIB). On voit alors un résultat différent en matière de contributions sur la base du pourcentage du PNB consacré à l'APD. Cette idée provient d'une résolution adoptée en 1970 par l'Assemblée générale des Nations unies, et qui stipulait que les bailleurs de fonds devaient fournir au moins 0,7 % de leur PNB

sous forme d'ADP à partir de 1975. Plus de quarante ans plus tard, on constate que la grande majorité des donateurs a échoué à atteindre ce pourcentage. En réalité, la moyenne des contributions des bailleurs de fonds en 2017 ne dépassait pas 0,38 % de leur RNB, à peine la moitié du montant qu'ils s'étaient engagés à offrir. Ce montant d'aide est tout de même

Tableau 25.1

Pourcentage de l'APD totale par région, 2015-2016

Région	En % du total
Afrique subsaharienne	41,9 %
Asie centrale et du Sud	18,9 %
Moyen-Orient et Afrique du Nord	14,2 %
Amérique latine et Caraïbes	9,3 %
Europe	7,9 %
Autre Asie et Océanie	7,8 %

Source : Organisation de coopération et de développement économiques. « Statistiques sur les apports de ressources aux pays en développement », 2017b (Tableau 28). https://www.oecd.org/fr/cad/financementpourledeveloppementdurable/statistiques-financement-developpement/statistiquessurlesapportsderessourcesauxpaysendeveloppement.htm. Page consultée le 7 mai 2018.

plus élevé que le maigre 0,22 % du RNB offert en 2001[4].

La générosité relative des bailleurs de fonds bilatéraux varie grandement par rapport à la moyenne. En 2017, cinq pays ont atteint ou dépassé l'objectif de l'ONU, soit la Suède (1,02 %), le Luxembourg (1,00 %), la Norvège (0,99 %), le Danemark (0,72 %) et le Royaume-Uni (0,70 %). À l'opposé, la Hongrie a offert 0,11 % de son RNB en 2017 et la Slovaquie 0,12 %. Paradoxalement, le bailleur de fonds le plus généreux en termes absolus est en fait un des derniers si l'on calcule en termes relatifs. En effet, les États-Unis ont offert seulement 0,18 % de leur RNB en 2011, soit presque six fois moins que la Suède[5].

Les pays récipiendaires et l'aide

Le Comité d'aide au développement (CAD) maintient une liste de pays et de territoires qui ont droit au titre de récipiendaire d'APD. Cet exercice vise principalement à rassembler des statistiques comparables. Les bailleurs de fonds peuvent tout de même fournir de l'aide à des pays qui ne figurent pas sur la liste, mais cette aide ne peut être qualifiée d'APD. Le CAD met périodiquement cette liste à jour. Par exemple, à la suite de la chute du bloc soviétique en 1989, plusieurs pays pauvres de l'Europe se sont ajoutés à la liste, comme l'Albanie, le Belarus, la Moldavie, l'Ukraine et les anciennes républiques soviétiques d'Asie centrale. Les territoires palestiniens de Cisjordanie et de Gaza sont également considérés comme des récipiendaires de l'APD depuis 1994, et le Sud-Soudan (pays nouvellement indépendant) a été ajouté à la liste en 2011.

De temps en temps, le CAD soustrait de la liste des récipiendaires des pays qui atteignent un certain niveau de développement. Depuis 2000, par exemple, le Bahreïn, Oman, la Russie, quelques pays de l'Europe de l'Est et plusieurs îles des Caraïbes ne répondent plus aux critères des pays récipiendaires d'APD.

Dans l'ensemble, l'Afrique subsaharienne reçoit plus d'aide au développement que toute autre région. En 2015-2016, cette région a reçu presque 42 % de l'APD totale. Tel qu'on le constate plus bas, les autres régions reçoivent chacune moins de la moitié de cette proportion de l'APD.

La liste des principaux bénéficiaires de l'aide varie d'année en année. Ces variations sont

---

4. Organisation de coopération et de développement économiques. « Development Aid Stable in 2017 with More Sent to Poorest Countries », 2018b. https://www.oecd.org/development/financing-sustainable-development/development-finance-data/ODA-2017-detailed-summary.pdf. Page consultée le 7 mai 2018.

5. *Ibid.*

Tableau 25.2
Principaux récipiendaires d'APD, 2016

Pays	Milliards de dollars américains
Syrie	8,9
Éthiopie	4,1
Afghanistan	4,1
Turquie	3,6
Pakistan	3,0
Viêt Nam	2,9

Source : Organisation de coopération et de développement économiques. «Statistiques sur les apports de ressources aux pays en développement», 2017b (Tableau 27). https://www.oecd.org/fr/cad/financementpourledeveloppementdurable/statistiques-financement-developpement/statistiquessurlesapportsderessourcesauxpaysendeveloppement.htm. Page consultée le 7 mai 2018.

souvent causées par des enjeux relatifs à la politique internationale. Par exemple, comme l'indique le tableau 25.2, la Syrie constituait le principal bénéficiaire en 2016. Il ne fait nul doute que cette aide importante pour la Syrie est étroitement liée au conflit qui y sévit et à l'énorme crise humanitaire qu'il a engendrée.

Puisque la taille des économies des principaux pays récipiendaires varie de manière importante, les pays qui reçoivent le plus d'argent ne sont pas nécessairement ceux qui dépendent le plus de l'aide. Plus d'un cinquième de l'économie de quelques pays situés en Océanie et en Afrique subsaharienne est attribuable à l'APD. En 2016, plus de 60 % du revenu national brut des Tuvalu était attribuable à l'argent fourni par les bailleurs de fonds. Dans les pays dépendants de l'aide, les bailleurs de fonds détiennent potentiellement le pouvoir d'influencer la politique intérieure de manière considérable. Une telle dépendance n'est toutefois pas chose courante.

Les pays en voie de développement reçoivent de l'aide de plusieurs bailleurs de fonds dont les buts peuvent être très différents. En d'autres mots, l'organisation et les objectifs de l'APD peuvent varier grandement. Par exemple, le Bangladesh est l'un des principaux bénéficiaires d'aide depuis quelques décennies. Le principal bailleur de fonds bilatéral (2015-2016) est le Japon, suivi de loin par les États-Unis et le Royaume-Uni (l'ancienne puissance coloniale), puis l'Allemagne et le Canada. Le Bangladesh, un pays densément peuplé, vit une situation

Tableau 25.3
Les pays les plus dépendants de l'APD, 2016

Pays	APD/RNB
Tuvalu	60,7 %
Liberia	44,8 %
République centrafricaine	28,4 %
Burundi	24,8 %
Kiribati	24,1 %
Malawi	23,4 %

Source : Organisation de coopération et de développement économiques. «Statistiques sur les apports de ressources aux pays en développement», 2017b (Tableau 25). https://www.oecd.org/fr/cad/financementpourledeveloppementdurable/statistiques-financement-developpement/statistiquessurlesapportsderessourcesauxpaysendeveloppement.htm. Page consultée le 7 mai 2018.

de pauvreté généralisée[6]. De plus, ce pays est frappé régulièrement par des désastres naturels tels que les cyclones et les inondations. Il est à noter que c'est au Bangladesh qu'est née la Banque Grameen, une institution de microfinance reconnue à travers le monde pour ses capacités innovatrices.

Au cours des années 1970 et 1980, l'Union soviétique et certains États européens dominés par des gouvernements sociaux-démocrates ont beaucoup aidé le Mozambique. Pour l'Union soviétique, l'objectif était d'augmenter son influence géostratégique et sa puissance à l'échelle mondiale dans le contexte de la Guerre froide. Les pays européens étaient cependant motivés par un sentiment de solidarité envers un pays socialiste africain se situant à l'avant-plan de la lutte contre l'apartheid en Afrique du Sud. Au bout de la ligne toutefois, les programmes d'aide n'ont pas suscité le développement économique, en bonne partie à cause de la guerre civile qui sévissait dans le pays. Par la suite et après la fin de la guerre civile et l'abandon du modèle socialiste par le gouvernement mozambicain, plusieurs bailleurs de fonds ont versé d'importantes sommes au pays qui connaît depuis un taux de croissance élevé et constant (qu'il faut relativiser du fait que la base au départ était très faible). En 2015-2016, le principal bailleur de fonds bilatéral pour le Mozambique était de loin les États-Unis (un ancien «ennemi» de ce pays), suivi de la Suède, l'Allemagne, le Japon et le Royaume-Uni[7].

Haïti, le pays le plus pauvre des Amériques, connaît depuis longtemps un climat d'instabilité sociale et politique. Depuis le renversement de la dictature de Duvalier dans les années 1980, le pays a connu des périodes d'accalmie entrecoupées de coups militaires et d'épisodes de violence. Cependant, en 2010, un tremblement de terre dévastateur a tué des centaines de milliers d'Haïtiens et Haïtiennes et causé des dommages infrastructurels très importants, ce qui a grandement nui au processus de développement. En 2015-2016, le Canada et surtout les États-Unis était de loin les deux principaux bailleurs de fonds bilatéraux, suivi de la France (ancienne puissance coloniale), le Japon et la Suisse[8]. Ces deux premiers pays donateurs, en plus d'être situés dans la même région du monde, abritent une importante diaspora haïtienne.

---

6. Organisation de coopération et de développement économiques. «Aid at a Glance Charts», 2017a. https://www.oecd.org/dac/financing-sustainable-development/development-finance-data/aid-at-a-glance.htm. Page consultée le 7 mai 2018.

---

7. *Ibid.*
8. *Ibid.*

Objectifs d'apprentissage

- Comprendre les termes et les concepts principaux qui définissent l'aide bilatérale au développement.
- Avoir une connaissance des cycles des flux de l'aide au cours des 50 dernières années.
- Identifier le degré de générosité absolue et relative des pays donateurs dits «traditionnels».
- Être en mesure d'identifier les principaux pays et régions récipiendaires de l'aide.

Questions de réflexion

■ Pourquoi les bailleurs de fonds bilatéraux développent-ils des programmes d'aide au développement ?

■ Devraient-ils augmenter substantiellement le volume de l'APD et atteindre l'objectif du 0,7 % tel qu'espéré par l'ONU en 1970 ?

■ Comment les bailleurs de fonds devraient-ils décider dans quels pays et régions concentrer l'aide ?

Pour en savoir davantage

Azoulay, Gérard. « Les nouvelles formes de l'aide publique au développement et l'éventuel "retour de l'État" dans les pays d'Afrique subsaharienne ». *Mondes en développement* 1, n° 153 (2011), 57-70.

Giovalucchi, François et Jean-Pierre Olivier de Sardan. « Planification, gestion et politique dans l'aide au développement : le cadre logique, outil et miroir des développeurs ». *Revue Tiers Monde* 2, n° 198 (2009), 383-406.

Lafourcade, Olivier. « L'aide au développement : un état des lieux, des interrogations ». *Techniques financières et Développement* 4, n° 117 (2014), 11-19.

Pacquement, François. « L'aide au développement à la veille de 2015 : évolutions stylisées d'une politique publique aux multiples facettes ». *Quaderni* 2, n° 15 (2015).

Severino, Jean-Michel et Olivier Charnoz. « Les "mutations impromptues" : état des lieux de l'aide publique au développement ». *Afrique contemporaine* 1, n° 213 (2005), 13-131.

26 Les États-Unis et le développement

Philippe Fournier

Résumé

Depuis la fin de la Seconde Guerre mondiale et malgré les orientations actuelles de l'administration Trump, les États-Unis demeurent la première puissance mondiale, tant sur les plans économique que militaire et culturel. L'aide au développement américaine a surtout été un instrument pour réaliser les objectifs de la politique étrangère du pays, en particulier la sécurité nationale, et a souvent été le reflet des orientations idéologiques des administrations qui se sont succédé. L'aide étrangère américaine, qui inclut l'aide militaire et économique, est délivrée par une grande variété d'agences et de départements. Nous nous concentrerons ici sur l'Agence des États-Unis pour le développement international (USAID), qui administre environ la moitié de l'aide publique au développement totale.

À l'origine

Grands vainqueurs à l'issue de la Seconde Guerre mondiale, les États-Unis ont jeté les bases d'un nouvel ordre international dès 1944 en fondant des institutions multilatérales comme le Fonds monétaire international (FMI) et la Banque mondiale. L'essentiel de l'aide étrangère américaine dans les années qui ont suivi la guerre a été consacré à la reconstruction de l'Europe, dont le fameux Plan Marshall, mis en place en 1948 pour constituer des États démocratiques et capitalistes forts en Europe de l'Ouest et ainsi contrer l'influence de l'Union soviétique. La contribution américaine à l'aide étrangère a donc été indissociable de ses intérêts idéologiques et géopolitiques.

En 1961, dans le sillage d'une réforme de l'aide étrangère, le président John F. Kennedy signe un décret donnant naissance à l'Agence des États-Unis pour le développement international (USAID, en anglais). L'agence concentre et formalise les efforts dédiés au développement international. Largement indépendante, elle maintient cependant des liens étroits avec le Conseil national de la sécurité, le département d'État et le président et dépend du Congrès pour son financement.

Moderniser

Peu après, l'administration Kennedy et celle subséquente de Lyndon B. Johnson mettent sur pied un programme ambitieux pour lutter contre la pauvreté, autant au niveau domestique qu'international. Portées par la prospérité ambiante et des idéaux de justice sociale, les deux administrations déploient des ressources considérables, tant matérielles qu'intellectuelles, pour améliorer les conditions de vie des citoyens les plus démunis aux États-Unis comme ailleurs. Kennedy considère alors qu'il est dans l'intérêt national d'élever le niveau de vie des pays moins développés, parce que le maintien d'une zone capitaliste suffisamment large et prospère est à la fois une façon de démontrer la supériorité du modèle américain aux pays tentés par le collectivisme soviétique et d'ouvrir de nouveaux marchés pour les produits américains. Il faut préciser que le modèle social et économique dominant durant les années 1960 s'inspire encore fortement du keynésianisme, qui impliquait une intervention élargie de l'État dans l'économie et s'associait à des politiques de redistribution conséquentes. À

plusieurs égards, le plan déployé par les administrations Kennedy-Johnson renvoie à la théorie de la modernisation et à l'ouvrage classique de Walt Whitman Rostow. Outre son caractère paternaliste, cette conception a souvent été imposée sans prendre en compte les besoins ou les aspirations des populations visées. En vérité, les bonnes intentions exprimées dans les programmes domestiques et internationaux des administrations Kennedy et Johnson ont été ternies par les inégalités persistantes, la répression souvent violente des mouvements de protestation et la décision de s'engager plus avant dans la guerre du Viêt Nam. Autre preuve que les attributions d'aide étrangère reflètent les intérêts stratégiques des États-Unis, le sud du Viêt Nam va recevoir 141 milliards en aide économique de 1961 à 1975.

Figure 26.1
Distribution de l'aide au développement américaine par région, 2014

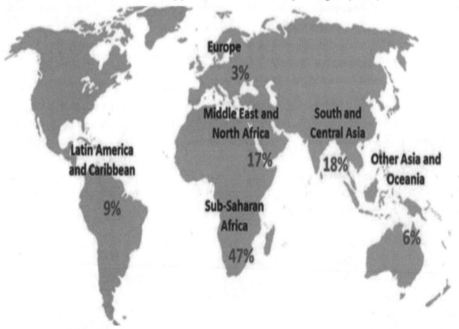

Source : Organisation de coopération et de développement économiques. *OECD Development Co-operation Peer Reviews: United States 2016*. Paris, OCDE, 2016.

Les intérêts stratégiques

Quelques années plus tard, l'administration Nixon entame une réforme de l'aide étrangère, qui se cristallise dans le Foreign Assistance Act de 1973. La réforme propose que les missions et programmes de USAID soient mieux évalués et qu'un meilleur suivi des dépenses soit effectué. Cette réforme marque le passage progressif de politiques inspirées de la modernisation, qui tendent à transférer des ressources afin de stimuler la croissance et l'investissement, vers une approche plus ciblée, qui se concentre sur les populations les plus démunies. L'un des corollaires de cette nouvelle approche est de responsabiliser les bénéficiaires de l'aide américaine, d'exiger une forme de reddition de comptes, d'encourager l'essor et la participation du secteur privé et de tisser des liens plus étroits avec les associations de la société civile, ainsi qu'aux organisations multilatérales. La crise pétrolière de 1973 et le conflit entre Israël et ses voisins réorientent l'aide vers le Moyen-Orient. En fonction des intérêts géostratégiques américains dans la région, Israël, l'Égypte et la Jordanie deviendront des bénéficiaires importants de l'aide américaine pour les décennies suivantes.

Le tournant des années 1980

Dans les années 1980 survient une nouvelle bifurcation. Dans le sillage des réformes visant à libéraliser l'économie et la finance américaine et à responsabiliser, voire punir les bénéficiaires de l'assistance publique sous l'administration de Ronald Reagan, les critères liés à l'attribution de l'aide étrangère américaine sont resserrés. Des idéologues conservateurs vont aller jusqu'à douter de la pertinence de l'aide au développement, en suggérant qu'elle crée une relation de dépendance et qu'elle décourage la production locale. En phase avec les programmes d'ajustement structurels (PAS) de la Banque mondiale et du FMI, l'agence adopte des programmes poursuivant les mêmes objectifs, comme la modification du cadre réglementaire afin d'accroître les investissements, encourager la privatisation et lutter contre la corruption. La remise en question des PAS gérés par la Banque mondiale et le FMI et la fin de la Guerre froide ouvrent la voie à une reconfiguration du développement international. Une série de standards et de pratiques comme la décentralisation, la prise en charge locale, la transparence, la démocratie participative, la promotion des droits humains et la gestion efficace de l'État s'impose au courant des années 1990. USAID emprunte ce virage normatif en insistant sur le développement des capacités de la société civile et la responsabilisation des acteurs locaux. Il s'agit ici d'impartir des outils techniques et intellectuels aux communautés locales afin qu'elles deviennent autonomes et non plus d'opérer un transfert de ressources gérées par les États bénéficiaires.

Dans le contexte des nouveaux conflits

Après l'effondrement de l'Union soviétique en 1991, l'opinion publique américaine doute plus ouvertement du bien-fondé de l'aide au développement. La politique étrangère du président Clinton se contente essentiellement de contribuer à l'ouverture des marchés et la démocratisation, mais sans y consacrer beaucoup de ressources. On note une diminution graduelle du budget alloué à l'aide au développement de 1993 à 1998. Peu enclin aux affaires étrangères, le président Georges W. Bush est forcé d'y prêter attention après les attentats du 11 septembre 2001. En mars 2002, un nouveau programme appelé Millennium Challenge Corporation (MCC) prévoit d'augmenter le budget de l'aide étrangère de 50 %. Le programme, qui a pour but de rétablir la contribution et l'influence internationale des États-Unis établit un lien direct entre pauvreté et terrorisme.

Axée sur les résultats, la prise en charge locale et l'évaluation rigoureuse de l'utilisation et des retombées des fonds, la MCC cherche

Figure 26.2

Le soleil ne se couche jamais sur l'empire américain

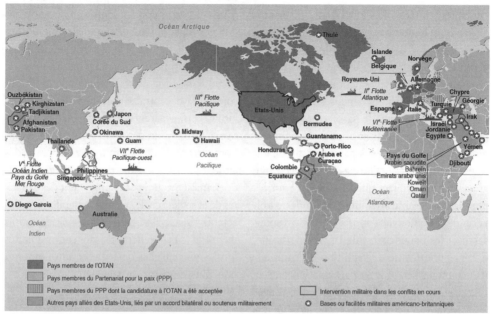

Source : Philippe Rekacewicz. « Les États-Unis partout ». *Le Monde diplomatique*, 2003.

avant tout à stimuler la croissance économique. Distincte de USAID et peu coordonnée avec les autres instances de la coopération internationale, la MCC a toutes les allures d'une initiative unilatérale et d'un désaveu des agences de développement existantes. Les interventions militaires en Afghanistan en 2001 et en Iraq en 2003 marquent un déplacement des ressources vers ces pays qui deviendront deux des principaux bénéficiaires de l'aide américaine jusqu'à aujourd'hui. L'intervention américaine en Iraq se fait sous le signe d'une idéologie néoconservatrice qui privilégie la démocratisation, forcée s'il le faut, de régimes autoritaires. Tout en tentant de renverser l'unilatéralisme et le militarisme de son prédécesseur, l'administration Obama maintient sensiblement les mêmes niveaux de financement et poursuit plusieurs des initiatives portées par l'administration Bush en matière de santé, de sécurité alimentaire et de luttes contre les changements climatiques.

Bilan critique

Contrairement à d'autres pays ayant des agences bilatérales, les États-Unis considèrent que l'aide étrangère doit avant tout servir l'intérêt national, parfois aux dépens d'objectifs plus explicitement normatifs ou humanitaires. Si l'aide au développement vouée à la lutte contre la pauvreté ou aux opérations humanitaires demeure à peu près constante dans certaines régions du globe comme l'Afrique, les augmentations et réorientations ponctuelles de l'aide américaine reflètent les intérêts stratégiques, économiques et idéologiques des administrations successives, des campagnes de contre-insurrection et de reconstruction au sud du Viêt Nam, en Afghanistan et en Iraq à l'aide militaire et économique à des dictatures en Amérique centrale. Comme le survol historique ci-haut le montre, l'aide étrangère est aussi le reflet des idéologies et des modes d'organisation socioéconomiques dominants aux États-Unis, ce qui a mené à l'imposition de cadres inadaptés aux besoins et contextes des pays bénéficiaires. Outre la légitimité pour le moins discutable de plusieurs interventions militaires américaines, l'incapacité chronique des États-Unis à faciliter ou permettre la constitution d'États viables en Iraq, en Afghanistan et ailleurs a contribué à déstabiliser des régions entières.

La poursuite de stratégies comme la privatisation, la prise en charge locale et les réformes macro-économiques, qui s'assortissent souvent de sanctions qui vont jusqu'à l'interruption complète de l'aide, s'est souvent faite aux dépens de la constitution d'États ayant la légitimité et les capacités institutionnelles, techniques et matérielles pour gérer les services publics, l'activité économique et les relations interethniques. Bien que partagée par l'ensemble des institutions de la coopération internationale au moins depuis les années 1980, l'idée qu'il soit souvent préférable de contourner l'État dans le processus de développement est profondément ancrée dans la culture politique américaine, axée sur la liberté et la responsabilité individuelle.

La diminution de l'aide au développement

Dans un tel contexte, et avec le peu de soutien dont elle bénéficie auprès des élus et de l'opinion publique, la principale agence gouvernementale responsable de l'aide au développement, USAID, vit dans la crainte perpétuelle de voir son budget diminuer ou de carrément disparaître[1]. Bien que les États-Unis aient fourni, selon l'OCDE, environ 35 milliards de dollars en aide publique au développement en 2017[2],

de loin la contribution la plus importante parmi les pays membres du Comité d'aide au développement, ce montant ne constitue que 0,17 % du revenu national brut, ce qui est bien en deçà du seuil du 0.7 fixé par l'ONU. Cependant, la population se montre mieux disposée à contribuer par l'entremise d'organisations non gouvernementales, de fondations philanthropiques ou de corporations. Bien qu'il soit difficile de la comptabiliser et qu'il est très probable que cette figure soit sous-évaluée, on estime que l'aide au développement privée atteint les 31 milliards. De manière générale, l'aide étrangère américaine tend à privilégier l'élément sécuritaire et militaire, ce qui laisse croire que l'ordre et la stabilité priment sur le développement et les opportunités économiques. Ces derniers objectifs s'inscriraient plutôt dans une logique préventive soutenue par des budgets et une implication globale beaucoup plus importante.

Depuis l'élection de Donald Trump, les États-Unis, qui avaient toujours gardé leurs distances par rapport aux organisations internationales, rejettent explicitement le multilatéralisme et érigent la souveraineté et la sécurité nationale des États-Unis en valeurs cardinales. Le président Trump prévoit aussi diminuer les budgets de USAID et du Département d'État de 31 %, sujet à l'approbation du Congrès. Reste à voir si cette posture, qui marque un mépris à peine voilé pour la notion même d'aide au développement et de solidarité internationale, en plus d'un retour au protectionnisme et au nationalisme identitaire, sera durable ou passagère dans un contexte où la mondialisation continue de générer des dislocations culturelles et économiques importantes aux États-Unis et ailleurs.

---

1. Agence des États-Unis pour le développement international (USAID). « Foreign Aid Explorer », 2018. https://explorer.usaid.gov/aid-trends.html. Page consultée le 30 septembre 2018.
2. Organisation de coopération et de développement économiques. « Development Aid Rises Again in 2016 but

---

Flows to Poorest Countries Dip », 2018. http://www.oecd.org/development/stats/development-aid-rises-again-in-2016-but-flows-to-poorest-countries-dip.htm. Page consultée le 30 septembre 2018.

Objectifs d'apprentissage

- Comprendre l'évolution de l'aide publique au développement des États-Unis.
- Adopter une perspective critique sur le rôle des États-Unis dans le développement international.

Questions de réflexion

- En quoi l'aide au développement américaine est-elle une façon de promouvoir l'intérêt national?
- Quelle est la différence entre la modernisation et le néolibéralisme en matière d'aide au développement?
- Pourquoi y a-t-il une méfiance fondamentale envers l'aide au développement aux États-Unis?

Pour en savoir davantage

Cooke, Jennifer G. «De Clinton à Obama, les États-Unis et l'Afrique». *Politique étrangère* Été, n° 2 (2013), 67-79.

David, Charles-Philippe. *Au sein de la Maison-Blanche de Truman à Obama: la formulation (imprévisible) de la politique étrangère des États-Unis*. Paris, Presses de Sciences Po, 2015.

Dorronsoro, Gilles et Peter Harling. «La guerre américaine en Irak et en Afghanistan: entre vision messianique et ajustements tactiques». *Politique étrangère* Hiver, n° 4 (2005), 857-866.

Lieven, Anato. *Le nouveau nationalisme américain*. Traduit par François Boisivon. Paris, Éditions Gallimard, 2005.

Mann, Michael. «Impérialisme économique et impérialisme militaire américains: un renforcement mutuel?» *Actes de la recherche en sciences sociales* 171-172, n° 1 (2008), 20-39.

Notes

27 La Chine et le développement international

Roromme Chantal

Résumé

L'idée d'un «consensus de Beijing» s'est imposée récemment dans le domaine du développement international. L'objectif de ce chapitre est d'analyser les idées et pratiques auxquelles ce «consensus» renvoie et de voir dans quelle mesure ce modèle se distingue de celui des acteurs traditionnels du développement international.

Qu'est-ce que le «consensus de Beijing»?

L'expression «consensus de Beijing» a été introduite en 2004 par diverses analyses[1]. Sur le plan théorique, celles-ci proposent que le processus de développement en Chine aurait développé un modèle alternatif à celui dudit «consensus de Washington» et des institutions de Bretton Woods. En ce sens, l'idée d'un modèle chinois est importante en tant que symbole ou métaphore, compte tenu des succès spectaculaires de la Chine depuis la fin des années 1970. Ce faisant, on a tendance parfois à occulter les conditions endogènes uniques, qui tiennent à la culture, à la démographie et à la gouvernance de ce pays. De plus, on met un peu rapidement de côté les problèmes découlant de l'expérience chinoise, notamment la destruction de l'environnement et l'aggravation des inégalités sociales. Aussi,

des analystes préfèrent parler d'un «processus de Beijing» pour désigner l'ensemble des politiques sociales, économiques et de sécurité qui caractérisent l'expérience chinoise[2]. Ces limites semblent pourtant loin de diminuer l'attrait des promesses du nouveau consensus. Il y a, d'une part, l'insistance sur le fait que le développement doit être adapté aux besoins locaux, ce qui contraste avec les prescriptions monolithiques du consensus de Washington de plus en plus discrédité. D'autre part, le consensus en question repose sur une approche multilatérale, où les États doivent construire un nouvel ordre mondial fondé sur l'interdépendance économique, respectueux des différences politiques et culturelles, et donc, en opposition à l'unilatéralisme américain[3].

1. Joshua Cooper Ramo. *The Beijing Consensus: Notes on the New Physics of Chinese Power*. Londres, Foreign Policy Centre, 2004.

2. Zhiming Chen. «La voie chinoise de développement». *Études internationales* 41, n° 4 (2010), 455-483.

3. Giovanni Arrighi. *Adam Smith à Pékin: les promesses de la voie chinoise*. Paris, Max Milo Éditions, 2009.

Une Chine qui dérange

La rivalité entre le «consensus de Beijing» et le «consensus de Washington» illustre la distinction classique entre les nations riches de l'ancien premier-monde et les nations pauvres de l'ancien tiers-monde, ce qu'on appelle couramment la fracture Nord-Sud. Dans les pays capitalistes du G7, on a tendance à dépeindre une Chine spoliatrice, assoiffée de ressources naturelles et insensible aux préoccupations environnementales, aux questions des droits humains et fidèle amie des «États voyous». En revanche, dans plusieurs pays émergents, l'opinion publique, mais également les États et les intellectuels jugent généralement positif le nouveau rôle mondial de la Chine. Ce qui ne veut pas dire que le Sud adhère sans caution au «consensus» chinois. En Afrique notamment, des manifestations antichinoises ont eu lieu et certains leaders d'opposition tendent à faire de la rhétorique antichinoise leur cheval de bataille. Néanmoins, l'attractivité du modèle de développement chinois est indéniable. Plus de 80 pays (parmi lesquels l'Allemagne, la France, le Royaume-Uni, le Brésil et l'Argentine) sont membres de la Banque asiatique d'investissement dans les infrastructures (BAII), lancée par la Chine en 2014, et ce malgré l'opposition déclarée de Washington.

Un grand projet est en train de surgir qui renforce encore plus le rôle de la Chine dans le développement autour d'un vaste réseau d'infrastructures à travers l'Asie, l'Afrique, le Moyen-Orient et l'Europe centrale, «Les nouvelles routes de la soie».

Une aide non «politisée», mais «liée»

La Chine a publié en 2011 un premier «livre blanc» sur l'aide étrangère, détaillant les contours de son approche de la coopération au développement, où elle affirme adopter une approche différente de celle des pays occidentaux, basée sur la non-ingérence, la coopération Sud-Sud et le principe gagnant-gagnant. Ce discours permet aux autorités chinoises d'établir des relations privilégiées avec leurs anciens alliés du Sud, en dépit du nouveau statut de super-puissance émergente de la Chine. Sur un plan symbolique, la Chine se distingue des acteurs

Figure 27.1
Les nouvelles routes de la soie

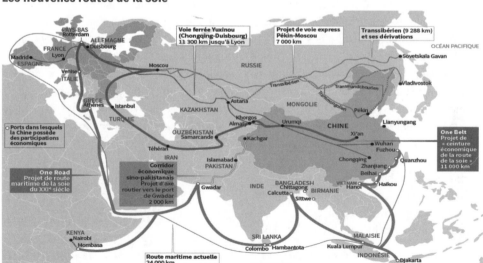

Source: Le Monde. «One Belt, One Road: les nouvelles routes de la soie». *Le Monde*, 2017.

occidentaux traditionnels, surtout que ceux-ci sont régulièrement accusés de promouvoir une conception occidentalocentrée du développement. Ainsi, à l'instar d'autres nouveaux bailleurs de fonds (le Brésil, l'Inde, la Turquie, le Qatar, etc.), la Chine ne suit pas les pratiques de l'Organisation de coopération et de développement économiques (OCDE).

Non membre du Comité d'aide au développement (CAD) de cette organisation, la Chine privilégie ce qu'elle appelle le « financement du développement », une aide non conditionnée à des réformes politiques, mais qui lui permet d'accéder aux marchés stratégiques des pays destinataires. Si la Chine ne conditionne pas sa coopération à la mise en œuvre d'actions spécifiques qu'elle aurait préalablement définies, elle fournit toutefois une « aide liée » puisque son versement exige généralement des pays récipiendaires qu'ils dépensent tout ou partie des montants engagés pour l'achat de services et produits prédéfinis. Cette forme d'aide est souvent critiquée par certains analystes qui y voient davantage une subvention déguisée aux entreprises chinoises, ce qui contredit à leurs yeux le principe de solidarité « Sud-Sud ». Mais comme on le sait, plusieurs pays comme la France ou les États-Unis font la même chose.

Des institutions multilatérales coordonnées par la Chine

Avec tout cela, la Chine inaugure un nouveau chapitre dans l'institutionnalisation de l'aide au développement, accompagnée d'une stratégie d'affirmation de la puissance chinoise sur deux fronts. La Chine a d'abord entrepris d'accroître sa participation et son pouvoir dans les instances des principales organisations internationales de développement comme le FMI et la Banque mondiale. Apparaît alors une nette volonté d'orienter les discussions sur le développement loin des sujets qui peuvent être politiquement problématiques pour le régime chinois. Par exemple, la Chine a accepté la

norme émergente dite de la « responsabilité de protéger » (R2P), adoptée à l'ONU en 2005, et en vertu de la laquelle la « communauté internationale » se réserve le droit d'intervenir dans les États non désireux ou incapables de protéger des populations civiles en danger. Pékin a néanmoins agi de manière à limiter tant la définition que l'utilisation de cette norme.

Le renforcement de l'influence de la Chine au sein de ces institutions s'est fait en parallèle avec le développement de sa propre architecture institutionnelle et le lancement d'une série d'initiatives multilatérales d'envergure. C'est à ce titre qu'ont été lancées coup sur coup au cours des dernières années la Banque asiatique d'investissement en infrastructures (BAII) et la Nouvelle banque de développement des pays du BRICS (Brésil, Russie, Inde, Chine, Afrique du Sud), perçues comme des institutions financières rivales de la Banque mondiale et du FMI. Le financement total des engagements internationaux de la Chine, estimé à 1,41 trillion de dollars, dépasse largement les 103 milliards de dollars du Plan Marshall mis en œuvre par les États-Unis pour la reconstruction de l'Europe après la Seconde Guerre mondiale.

L'influence croissante de la Chine en Afrique

L'Afrique subsaharienne se trouve au centre de la percée internationale de la Chine qui est devenue en 2009 le premier partenaire commercial du continent noir, dépassant les États-Unis. En 2016, le montant des investissements de la Chine en Afrique a atteint 10 milliards de dollars, avec plus de 3 100 entreprises chinoises. La Chine a par ailleurs accordé à l'Afrique des prêts d'un montant de 95,5 milliards de dollars entre 2000 et 2015. Profitant de l'échec du projet américain d'un traité de libre-échange, Xi Jinping a proposé aux dirigeants de la zone Asie-Pacifique l'accord régional de libre-échange.

Par ailleurs, les prêts chinois à l'Afrique sont faits généralement à des taux d'intérêt

Figure 27.2

La Chine, un acteur central du développement africain

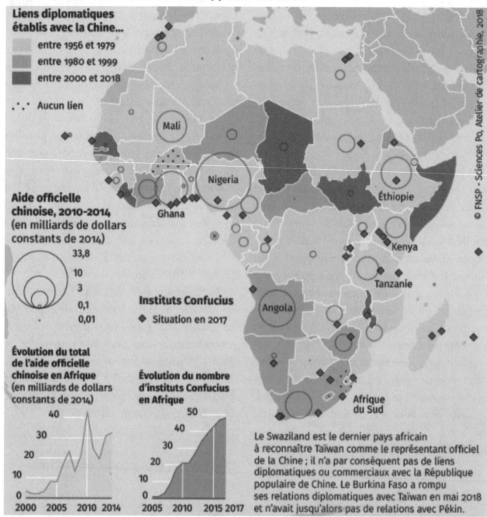

Source : Atelier de cartographie et Centre de recherches internationales, Sciences Po. « La Chine en Afrique ». *Espace mondial l'Atlas*, 2018.

relativement bas alors que leur remboursement s'échelonne sur de longues périodes. En ce sens, on peut affirmer que les investissements chinois placent les parties en situation « gagnant-gagnant ». Selon Mamoudou Gazibo[4], la nouvelle coopération Chine-Afrique comporte

indiscutablement des aspects positifs. Citant le Niger, il affirme que l'Afrique a « obtenu de la Chine dans le secteur pétrolier ce qu'il n'a jamais pu obtenir de la France dans le domaine de l'uranium (dont il est pourtant un producteur majeur) ». En plus d'investissements massifs dans les réseaux d'infrastructures et des technologies de l'information et de la communication, la Chine fournit de plus en plus de prêts destinés à l'éducation et ouvre de plus en plus ses universités aux jeunes Africains.

4. Mamoudou Gazibo. « La Chine est-elle l'amie de l'Afrique ». Dans *La politique internationale en questions*. Par Guillermo Aureano, Philippe Faucher, Frédéric Mérand et Marie-Joëlle Zahar, 145-153. Montréal, Presses de l'Université de Montréal, 2009.

Les relations de la Chine avec les autres régions du Sud sont également en expansion. Ainsi, si 80 % des investissements directs chinois se font en Asie, l'Amérique latine arrive au second rang en 2011 avec 14,3 %. En Asie centrale, la Chine a entrepris de financer des projets pharaoniques d'exploitation et de distribution du pétrole au Kazakhstan, au Turkménistan et en Ouzbékistan.

Les bienfaits potentiels découlant de l'arrivée de la Chine ne vont bien entendu pas sans problème. Entre autres, les investissements massifs non conditionnels accordés à des dirigeants pas toujours soucieux du bien-être de leurs habitants, et suivant une fiscalité discutable, est un aspect qui revient de manière récurrente dans certaines analyses. Le cas récent du Sri Lanka démontre aussi que ces investissements peuvent entraîner une dangereuse dépendance. Incapable de rembourser les 8 milliards de dollars qu'il doit aux entreprises d'État chinoises pour la construction d'infrastructures, le gouvernement sri-lankais a accepté de louer son port à Hambantota à la Chine pour 99 ans[5].

Conclusion : le « *soft power* » de la Chine

Dans la mesure où elle cherche à traduire le nouveau rôle de la Chine sur la scène internationale, l'idée d'un consensus de Pékin est associée à la notion de « soft power » qui identifie la culture et l'idéologie comme deux des principales sources de l'influence internationale. Mais la Chine séduit pour des raisons différentes. L'intégration du capitalisme et de l'autoritarisme en Chine, qui a permis de sortir plusieurs centaines de millions de Chinois de la pauvreté, a conduit de nombreux pays à se tourner vers elle en quête d'inspiration. Les promesses de progrès économiques et d'équité sociale que sous-tendait le paradigme économique et politique promu

par les traditionnels donateurs ont largement été déçues. La crise économique et financière de 2008 a aggravé la crise de légitimation du modèle occidental, mettant à nue l'inaptitude des institutions comme le FMI. Les impuissances des gouvernements américain et européens contrastent avec la rapidité de réaction dont font preuve les dirigeants chinois.

Dans ce contexte, il n'est pas étonnant que la Chine exerce en particulier une fascination grandissante sur les pays du Sud. Le président sénégalais Abdoulaye Wade écrivait dans le *Financial Times* en 2008 : « L'approche chinoise est tout simplement mieux adaptée à nos besoins que l'approche postcoloniale, lente et parfois condescendante, des investisseurs européens, des donateurs et des organisations non gouvernementales[6]. » Il se réjouit d'avoir obtenu davantage en une heure de rencontre avec le président chinois en marge du sommet du G8 de 2007 en Allemagne, que durant tout le sommet avec les dirigeants occidentaux. « Un contrat qu'il faudrait négocier pendant cinq ans avec la Banque mondiale ne demande en tout que trois mois pour être conclu avec les autorités chinoises ».

Ce que plusieurs pays jugent positif dans le modèle chinois, c'est un type de gouvernance qui, s'exerçant du haut vers le bas, accélère les processus de décision et facilite l'application des priorités. Dans son discours sur l'état de l'Union en 2011, le président américain Barack Obama rend un hommage appuyé aux réalisations de la Chine : « La Chine construit des trains plus rapides et des aéroports plus modernes. Pendant ce temps, nos propres ingénieurs ont évalué nos infrastructures et leur ont donné la note D[7]. » Pour sa part, invité en 2014 à nommer le gouvernement étranger qu'il admirait le plus, la réponse du chef du Parti libéral du Canada, et futur premier ministre du pays, Justin Trudeau, avait de quoi surprendre : « J'ai un certain niveau

5. James A. Millward. « Is China a Colonial Power ? » *The New York Times*, 2018.

6. Abdoulaye Wade. « Time for the West to Practise What It Preaches ». *Financial Times*, 2008.

7. Marie-Claire Bergère. *Chine, le nouveau capitalisme d'État*. Paris, Fayard, 2013.

d'admiration pour la Chine, parce que leur dictature leur permet de faire un virage économique soudain. *Sun News* peut maintenant dire que je préfère la Chine[8]», a-t-il ajouté à la blague.

En 2017, le gouvernement des États-Unis a identifié la Chine comme une rivale stratégique et plus tard, a déclaré une guerre commerciale, faisant craindre au monde la peur d'une marche vers de grands conflits. Est-ce inévitable? Si les États-Unis et leurs alliés veulent l'emporter sur la Chine, ils devront aussi se soucier du pouvoir symbolique de la Chine, que le sociologue français Pierre Bourdieu définissait comme la capacité à définir les causes des problèmes et des crises et à leur apporter des solutions globales et cohérentes[9]. Laissé en jachère dans les analyses conventionnelles des relations internationales, c'est pourtant sur ce terrain symbolique que semble désormais résider la principale «menace chinoise» à la position hégémonique des États-Unis et à l'ordre mondial post-Guerre froide.

8. Radio-Canada. «Déclaration controversée de Justin Trudeau», 2013. https://ici.radio-canada.ca/nouvelle/640805/justin-trudeau-declaration-chine-gouvernement-controverse. Page consultée le 16 juin 2018.

9. Pierre Bourdieu. *Langage et pouvoir symbolique*. Paris, Éditions du Seuil, 2001.

Objectifs d'apprentissage

- Identifier les arguments sur lesquels se fonde l'hypothèse d'un consensus de Beijing.
- Expliquer les avantages et limites de la coopération au développement de la Chine.
- Comprendre les liens entre les notions de «*soft power*», de «pouvoir symbolique» et l'impact international de la Chine.

Questions de réflexion

- Pourquoi la rivalité idéologique entre la Chine et les États-Unis peut-elle aboutir à un conflit armé?
- Comment la coopération avec la Chine peut-elle à la fois conduire au développement des pays bénéficiaires et nuire à leur stabilité?
- Comment les pays du Sud pourraient-ils s'inspirer de l'expérience de développement de la Chine?

Pour en savoir davantage

Aglietta, Michel et Guo Bai. *La voie chinoise: capitalisme et empire*. Traduit par Christophe Jaquet. Paris, Éditions Odile Jacob, 2012.

Cabestan, Jean-Pierre. *La politique internationale de la Chine: entre intégration et volonté de puissance*. Paris, Presses de Sciences Po, 2015.

Rol, Sandrine et Emmanuel Hache. «Géopolitique et géoéconomie de la Chine: nouveau pacte du Quincy ou consensus de Beijing?» *Revue internationale et stratégique* 1, n° 105 (2017), 34-44.

Niquet, Valérie. *La puissance chinoise en 100 questions*. Paris, Éditions Tallandier, 2017.

Svampa, Maristella et Ariel M Slipak. «La Chine en Amérique latine: du Consensus des matières premières au Consensus de

Beijing ». Traduit par Benjamin Moallic.
Problèmes d'Amérique latine 3, n° 98 (2015),
95-122.

28 L'aide canadienne au développement

Stephen Brown

Résumé

Depuis les années 1960, l'aide au développement constitue un élément important de la politique étrangère canadienne et des relations entre le Canada et le système international. Ce chapitre présente quelques-unes des composantes clés de l'aide canadienne au développement. Il commence par tracer l'évolution du niveau d'aide au développement du Canada et comparer la contribution du Canada en termes absolus et relatifs. Par la suite, il est question du choix des principaux pays et régions récipiendaires de l'aide canadienne. Enfin, la dernière section de ce chapitre discute des principales politiques et priorités en matière d'aide au développement qui ont été mises de l'avant par le Canada au courant des dernières décennies.

L'évolution du niveau d'aide au développement du Canada

Le graphique ci-dessous illustre les fluctuations du niveau d'aide canadienne entre 1965 et 2017. La ligne noire représente le montant absolu en dollars américains, ajusté pour l'inflation. On y note quatre périodes distinctes. Lors de la première période, on observe une augmentation presque constante, de 625 000 $ en 1965 à 3,8 milliards de dollars en 1988. À partir de 1989, le budget d'aide connaît plus d'une décennie de compressions, tombant de plus d'un tiers à 2,4 milliards de dollars en 2001. Après 2001, il croît rapidement au cours d'une douzaine d'années, atteignant un sommet de 4,4 milliards de dollars en 2012. Lors de la quatrième période, depuis 2012, on observe des fluctuations d'année

en année, mais la tendance et les prévisions budgétaires du gouvernement suggèrent un plateau autour de 4 milliards de dollars[1]. Cela fait du Canada le neuvième bailleur de fonds bilatéral le plus important en 2017, situé entre les Pays-Bas et la Norvège, deux pays ayant des économies considérablement plus petites que le Canada.

Dans le même graphique, la ligne pointillée représente le niveau d'aide publique au développement (APD) exprimé en pourcentage du revenu national brut (RNB), une mesure couramment utilisée pour mesurer la taille de l'économie. Ce ratio représente la générosité relative du Canada, c'est-à-dire la quantité que le pays

---

[1] Organisation de coopération et de développement économiques. « Query Wizard for International Development Statistics », 2018b. https://stats.oecd.org/qwids/. Page consultée le 10 mai 2018.

Figure 28.1

Aide publique au développement du Canada, 1965-2017

Source : Organisation de coopération et de développement économiques. *Query Wizard for International Development Statistics*, 2018b. https://stats.oecd.org/qwids/. Page consultée le 10 mai 2018.

donne par rapport à sa capacité de donner. Cette mesure permet de mieux évaluer l'aide du Canada par rapport à ses engagements internationaux et comparer sa générosité avec ses pairs.

Or, on remarque immédiatement que le Canada est beaucoup moins généreux aujourd'hui qu'il ne l'était lors des années 1970 et 1980. Le ratio a chuté du record de 0,54 % en 1975 à 0,22 % en 2001. Il a remonté un peu depuis, mais semble se stabiliser autour de 0,26 % à partir de 2016. Le Canada est donc non seulement deux fois moins généreux qu'il ne l'a été auparavant, mais très loin de l'objectif de 0,7 % fixé aux Nations unies en 1970 à

la suite de la proposition de Lester B. Pearson, ancien premier ministre canadien. Si on exclut les dépenses reliées aux 12 premiers mois d'installation de réfugiés au Canada, le ratio baisse à 0,23 %, à peine au-dessus de son point le plus bas historique. Si le Canada est en 2017 le neuvième pays le plus généreux en décaissements, son rang tombe à la 16e place en termes relatifs. Sept pays européens sont au moins deux fois plus généreux que le Canada et cinq ont atteint ou dépassé la cible de 0,7 %[2].

_____

2. Organisation de coopération et de développement économiques. « Development Aid Stable in 2017 with More

Les récipiendaires de l'aide canadienne

Depuis des décennies, l'Afrique subsaharienne, la région la plus pauvre du monde, reçoit la plus grande part de l'aide canadienne. Presque un tiers de l'aide au développement y a été destiné en 2015 et 2016. L'Amérique latine et les Caraïbes ainsi que le Moyen-Orient et l'Afrique du Nord, quant à eux, reçoivent chacun environ 20 % de l'aide canadienne.

Le tableau ci-dessous compare le pourcentage de l'aide alloué aux diverses régions.

Tableau 28.1

Distribution de l'aide canadienne par région, 2015-2016

Région	Pourcentage
Afrique subsaharienne	32,5 %
Amérique latine et Caraïbes	19,9 %
Moyen-Orient et Afrique du Nord	19,5 %
Reste de l'Asie et Océanie	9,5 %
Asie centrale et du Sud	9,3 %
Europe	6,3 %
Non précisée	17,0 %

Source : Organisation de coopération et de développement économiques. « Aid at a glance charts », 2017. https://www.oecd.org/dac/financing-sustainable-development/development-finance-data/aid-at-a-glance.htm. Page consultée le 10 mai 2018.

Paradoxalement, c'est dans la région qui reçoit le moins d'aide canadienne – l'Europe – que l'on retrouve le pays qui en a reçu le plus en 2015-2016, en l'occurrence l'Ukraine, où le Canada a décaissé une moyenne annuelle de 135 millions de dollars US. Il s'agit d'un pays important pour les bailleurs occidentaux en raison de sa situation précaire entre la Russie et l'Union européenne. Le fait que le Canada priorise un pays européen à revenu intermédiaire, ce qui est historiquement atypique, est sans doute lié

à des considérations électorales : plus d'un million de Canadiens et Canadiennes sont d'origine ukrainienne[3].

Le tableau qui suit présente les dix plus grands récipiendaires de l'aide canadienne pour les années 2015 et 2016. La majorité des pays sont des États fragiles ou touchés par un conflit ou des situations d'urgence humanitaire. Les préoccupations sécuritaires ont manifestement une grande influence sur l'allocation de l'aide. La seule exception est la Tanzanie, pays pauvre, mais stable d'Afrique de l'Est. La Tanzanie est un partenaire de longue date du Canada, tout comme Haïti, pays d'origine d'un grand nombre des Canadiens et Canadiennes. Haïti est également le pays le plus pauvre des Amériques et le seul de ce continent à figurer parmi les dix premiers récipiendaires. À part le cas exceptionnel de l'Ukraine, tous les autres pays sur la liste sont en Asie (comprenant le Moyen-Orient) ou en Afrique subsaharienne.

Tableau 28.2

Principaux pays récipiendaires de l'aide canadienne, 2015-2016

Rang	Pays	Millions de dollars américains
1	Ukraine	135
2	Afghanistan	122
3	Éthiopie	97
4	Mali	88
5	Jordanie	79
6	Sud-Soudan	78
7	Haïti	71
8	Irak	68
9	Tanzanie	67
10	Syrie	61

Source : Organisation de coopération et de développement économiques. « Aid at a Glance Charts », 2017. https://www.oecd.org/dac/financing-sustainable-development/development-finance-data/aid-at-a-glance.htm. Page consultée le 10 mai 2018.

Sent to Poorest Countries », 2018 a. https://www.oecd.org/development/financing-sustainable-development/development-finance-data/ODA-2017-detailed-summary.pdf. Page consultée le 10 mai 2018.

3. Statistique Canada. « Immigration et diversité ethnoculturelle-Faits saillants en tableaux », 2017. http://www12.statcan.gc.ca/census-recensement/2016/dp-pd/hlt-fst/imm/Tableau.cfm?Lang=F&T=31&Geo=01&SP=1&age=1&sex=1. Page consultée le 10 mai 2018.

Politiques et priorités

De temps à autre, le gouvernement publie une politique d'aide qui présente ses priorités thématiques et géographiques ou ses intentions de modifier la façon dont l'aide est octroyée. Dans d'autres cas, les changements de politiques sont annoncés de façon plus ad hoc.

Entre 2002 et 2017, le gouvernement maintenait une liste officielle de 8 à 25 pays prioritaires où le Canada allait concentrer son aide bilatérale dans le but de construire des partenariats à long terme et ainsi augmenter l'efficacité de l'aide. Cependant, cette liste a été modifiée de façon assez importante en 2005, 2009 et 2014, avant d'être abolie en 2017. Les changements traduisent les priorités du gouvernement en place. Par exemple, l'ajout de pays à revenu intermédiaire ou riches en ressources extractives en 2009 et 2014 a signalé la priorisation des intérêts commerciaux canadiens par rapport à la réduction de la pauvreté. Quelques pays ont été mis sur la liste pour ensuite être enlevés quelques années plus tard, puis remis sur la liste au moment de la révision suivante. Cette volatilité a eu pour effet d'entraver la qualité de l'aide et des partenariats. La nouvelle Politique d'aide internationale féministe du Canada, lancée en 2017, a éliminé la liste de pays prioritaires tout en fixant un engagement de dépenser au moins 50 % de l'aide bilatérale en Afrique subsaharienne.

Le gouvernement identifie aussi dans ses documents officiels de trois à six priorités thématiques ou sectorielles, telles que l'agriculture, la bonne gouvernance ou la croissance économique durable. À celles-ci s'ajoutent habituellement des thèmes transversaux, par exemple l'égalité des genres, la protection de l'environnement ou l'appui au secteur privé. Certaines d'entre elles sont focalisées, comme la sécurité alimentaire, adoptée comme priorité en 2009 pour ensuite être abandonnée en 2017. D'autres priorités, dont l'appui au secteur minier et à la santé des mères, des nouveau-nés et des enfants, ont été adoptées (dans ce cas-ci par le gouvernement conservateur de Stephen Harper) de façon ad hoc, indépendamment de la formulation des nouvelles politiques et, dans le cas de l'appui au secteur minier, de façon plus officieuse qu'officielle.

Comme pour la concentration géographique, la volatilité des thèmes mine l'efficacité accrue qui découlerait de la spécialisation. Normalement, l'ensemble des priorités thématiques identifiées est assez englobant pour pouvoir inclure presque n'importe quelle activité. Par exemple, le « champ d'action » de la dignité humaine, adopté en 2017, comprend à lui seul la santé et la nutrition, l'éducation et l'action humanitaire. Il s'agit donc plus d'un exercice d'image de marque qu'un réel changement de contenu.

Une exception possible à cette généralisation est l'engagement à dévouer 95 % de l'aide bilatérale à des programmes qui « visent ou intègrent l'égalité des genres et le renforcement du pouvoir des femmes et des filles » qu'on retrouve dans la Politique d'aide internationale féministe, adoptée en 2017 par le gouvernement libéral de Justin Trudeau[4]. Reste à voir si sa mise en œuvre aura un impact important sur la façon de promouvoir le développement, ou si ce n'est qu'une nouvelle « saveur de mois » qui occasionnera bien des efforts pour être mise en œuvre avant d'être abandonnée par le prochain gouvernement. Hormis le discours féministe au cœur de la nouvelle politique de 2017, on note une continuité remarquable avec les priorités et programmes des gouvernements antérieurs. Par exemple, l'utilisation de l'APD pour appuyer les activités du secteur privé canadien caractérise autant la politique des libéraux que celle des conservateurs, tout comme le manque de volonté d'accroître de façon significative le budget d'aide au cours de la dernière décennie, malgré les engagements et les ambitions du programme d'aide, voire l'ampleur des besoins.

---

4. Gouvernement du Canada. « Politique d'aide internationale féministe du Canada », 2017. https://international. gc.ca/world-monde/issues_development-enjeux_ developpement/priorities-priorites/policy-politique. aspx?lang=fra. Page consultée le 14 mai 2018.

Enfin, il est important de rappeler que le premier principe de la Déclaration de Paris sur l'efficacité de l'aide, à laquelle le Canada s'est engagé en 2005, est celui de l'appropriation. Cela veut dire que ce sont les pays récipiendaires de l'aide eux-mêmes qui doivent identifier les priorités et stratégies de développement, et non les bailleurs de fonds. Le Canada, à l'image de bien des pays donateurs, semble avoir oublié cela dans l'élaboration et la mise en œuvre de ses politiques.

Objectifs d'apprentissage

- Avoir une connaissance des flux de l'aide canadienne au cours des 50 dernières années.
- Être en mesure d'identifier les principaux pays et régions récipiendaires de l'aide canadienne, ainsi que leurs caractéristiques.
- Comprendre le rôle des politiques de développement et l'impact de leur mise en œuvre sur les programmes d'aide.

Questions de réflexion

- Qu'est-ce qui inciterait le gouvernement canadien à augmenter le volume de l'APD pour se rapprocher de l'objectif du 0,7 % auquel il s'est engagé en 1970 ?
- Le Canada devrait-il concentrer son aide dans des régions et pays particuliers ? Si oui, dans lesquels ? Pourquoi ?
- Est-ce que le Canada devrait choisir des domaines de spécialisation ? Quels seraient les avantages et désavantages ?
- Qu'est-ce que le gouvernement canadien devrait faire afin d'améliorer l'efficacité de ses politiques et programmes d'aide ?

Suggestions de lecture

Affaires mondiales Canada. *Examen de l'aide internationale*. Ottawa, Affaires Mondiales Canada, 2016.

Affaires mondiales Canada. *Rapport au Parlement sur l'aide au développement officielle du gouvernement du Canada*. Ottawa, Affaires mondiales Canada, 2017.

Brown, Stephen. « All About That Base ? Branding and the Domestic Politics of Canadian Foreign Aid ». *Canadian Foreign Policy Journal* 24, nº 2 (2018), 145-164.

Brown, Stephen, Molly Den Heyer et David R. Black. *Rethinking Canadian Aid*. Ottawa, Presses de l'Université d'Ottawa, 2016.

Bülles, Anni-Claudine et Shannon Kindornay. *Au-delà de l'aide : un plan pour la coopération internationale canadienne*. Ottawa, Institut Nord-Sud, 2013.

Notes

Section 2

Les acteurs non étatiques

29

Le secteur privé

Abdelhamid Benhmade, Philippe Régnier et Florent Song-Naba

Résumé

Dans le contexte de la fin de la Guerre froide et de la mondialisation néolibérale, la promotion de l'initiative privée comme vecteur majeur de développement semble faire consensus. Toutefois, ce type d'initiative se heurte à un environnement local souvent peu favorable, voire dissuasif. Le secteur privé comme pivot du développement est un concept affiché depuis 2004 par la Commission des Nations unies sur le secteur privé dans son fameux rapport: *Libérer l'entrepreneuriat: mettre le monde des affaires au service des pauvres*. Ce slogan est repris depuis lors par toutes les agences de coopération. Ce n'est pas tant le rôle du secteur privé qui est nouveau, mais plutôt une prise de conscience mondiale de ses fonctions essentielles dans les processus du développement.

Le secteur privé: une notion aux contours flous

Définir le secteur privé est une étape fondamentale et préalable à toute entente sur son rôle et ses fonctions en matière de politiques et pratiques de développement.

Si certains le circonscrivent strictement au monde de l'entreprise et du commerce[1], d'autres en donnent une définition inclusive qui englobe également les ménages et les institutions non marchandes[2]. Le secteur privé renvoie d'abord aux entreprises à but lucratif qui correspondent à divers acteurs, dont les statuts, les intérêts et les contributions au développement diffèrent. Ces acteurs recouvrent un éventail allant des firmes multinationales, des grandes entreprises nationales privées et des PME (petites et moyennes entreprises) de l'économie formelle, jusqu'aux microentreprises et aux autoentrepreneurs du secteur le plus souvent informel. Mais le secteur privé s'étend aussi à une panoplie d'organisations pouvant remplir certaines fonctions de production telles que syndicats, coopératives, mutuelles, associations, fondations, églises, tontines et autres groupements communautaires.

Le plus souvent, le secteur privé est défini par défaut en l'opposant au secteur public, qui, lui, regroupe un nombre réduit d'entreprises

---

1. Programme des Nations unies pour le développement. *Libérer l'entreprenariat: mettre le monde des affaires au service des pauvres*. New York, PNUD, 2004.
2. Organisation de coopération et de développement économiques. *Vers une croissance pro-pauvres, le développement du secteur privé*. Paris, OCDE, 2006.

publiques et parapubliques dites d'intérêt national. Même certaines entreprises privées peuvent être dépendantes des commandes publiques, par exemple dans les secteurs de la défense, de la sécurité ou des travaux d'intérêt général.

Le rôle économique du secteur privé

Le secteur privé est considéré comme étant le principal moteur de croissance de l'économie mondiale et nationale. En combinant et réagençant les facteurs de production, l'entrepreneur saisit des opportunités de réponse à la demande ou en crée de nouvelles par ses capacités d'innovation.

Partant de ce fait, l'entrepreneuriat génère une hausse de la productivité qui, à son tour, induit un accroissement des investissements favorables à la création d'emplois et à l'innovation, en particulier grâce aux échanges commerciaux et financiers internationaux.

Le secteur privé représente 60 % du produit intérieur brut (PIB) des pays en développement, 80 % du total des apports internationaux en capitaux et 90 % des emplois[3]. Toutefois, un ensemble de facteurs doit être réuni pour offrir un environnement favorable à son développement.

Le but est de libérer le secteur privé de toute entrave pouvant nuire à son dynamisme. Une telle mesure semble être insuffisante puisqu'il convient également de promouvoir un environnement favorable aux affaires, et ce, grâce à des politiques facilitatrices.

Dès lors, l'ensemble de ces politiques sont censées accroître l'offre d'acteurs privés, c'est-à-dire augmenter le nombre des entreprises privées existantes et potentielles. Cependant, le développement de chaque acteur privé exige la mise en place de stratégies appropriées. Force

est de constater que les programmes destinés à attirer les firmes multinationales n'améliorent pas forcément la situation pour les entreprises locales. De même, les actions de nature à transformer les grandes entreprises nationales en leaders nationaux ne sont pas nécessairement adaptées aux PME.

En revanche, une ou plusieurs faiblesses dans l'environnement du secteur privé (figure 29.1) peuvent créer des dysfonctionnements de telle sorte que la réforme globale échouera. Par exemple, si la réforme juridique n'aboutit pas à la sécurisation des droits de propriété, l'innovation aura de la difficulté à se développer dans un marché incertain et risqué.

Ainsi, le défi est de proposer une réforme holistique où le secteur privé se positionne au sein d'un réseau d'institutions facilitatrices qui déterminent les actions incitant à la croissance, favorisent les dispositifs institutionnels assurant la coordination entre les parties prenantes, et promeuvent le dialogue entre les acteurs publics et privés (partenariats public-privé). Désormais, il est admis que la présence des institutions est déterminante à l'essor du secteur privé, laissant entendre qu'elles sont plus importantes pour la croissance que les bonnes politiques.

Le rôle social du secteur privé

Le secteur privé est perçu comme source du développement inclusif à condition qu'il puisse transformer la croissance économique en croissance inclusive. Insuffler une croissance économique et un changement social permettant de réduire la pauvreté ne peut se faire sans la présence d'un appareil étatique facilitateur. Celui-ci établit les incitations économiques, assure une politique fiscale redistributive, soutient le marché de l'emploi et se charge des investissements sociaux.

La croissance inclusive se définit comme un processus grâce auquel chaque individu a plus de chances de bénéficier des bienfaits de la croissance économique. D'une part, l'inclusion

---

3. Organisation de coopération et de développement économiques. *Coopération pour le développement 2015 : faire des partenariats de véritables coalitions pour l'action.* Paris, OCDE, 2015.

Figure 29.1

Le développement du secteur privé (DSP)

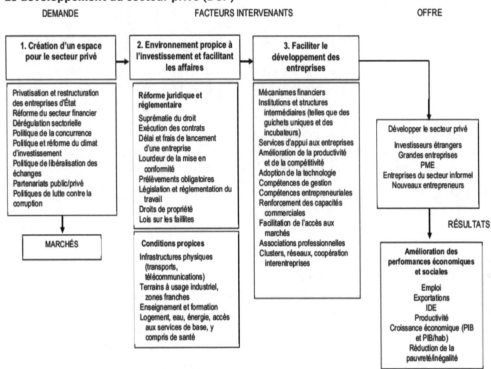

Source : Lois Stevenson et Centre de recherches pour le développement international. *Développement du secteur privé et des entreprises : favoriser la croissance au Moyen-Orient et en Afrique du Nord*. Ottawa, CRDI, 2013.

assure à toutes les couches sociales, y compris les riches et les pauvres, l'égalité des chances en matière de création et d'accessibilité aux opportunités économiques. D'autre part, elle renvoie à des avantages qui sont équitablement partagés et qui impliquent un recul des inégalités dans les dimensions non monétaires du bien-être (accès à la santé, à l'éducation et au logement).

Pour qu'elle soit inclusive, la croissance économique doit évoluer de manière rapide de sorte qu'elle puisse couvrir un large éventail de secteurs et de vastes pans de la population active. Il s'agit d'élargir et de diversifier la base productive de l'économie de telle manière que la croissance de la productivité augmente le niveau de la rémunération des salariés et des travailleurs indépendants et que la croissance de l'emploi puisse résorber le chômage.

Le rôle écologique du secteur privé

Limiter le relèvement de la température du globe à 2 °C, comme demandé par l'accord de Paris sur le climat, exige un engagement de la part des gouvernements, mais surtout des acteurs privés. Face à un tel défi, il est clair que les financements publics demeurent insuffisants pour couvrir les quelque 2 000 milliards de dollars US par an d'ici 2035 nécessaires pour atteindre les objectifs de réduction des émissions des gaz à effet de serre[4]. Il s'agit d'inciter les acteurs privés à investir financièrement et techniquement davantage dans la protection

---

4. Benoît Morel et Romain Leguet. « Pour impliquer le secteur privé dans les financements climatiques : les mécanismes de projets de Kyoto et les politiques non conventionnelles "sumo" ». *Annales des Mines – Responsabilité et environnement 1*, n° 77 (2015), 82-85.

Encadré 29.1 La croissance verte*

En 2009, reconnaissant le risque de retour au « laisser-faire » après la crise, les ministres des pays de l'OCDE ont convenu d'accentuer les efforts de mise en œuvre des stratégies de la croissance verte dans le cadre des réponses apportées après la crise financière. La stratégie de croissance verte répond à ce mandat et offre aux gouvernements un cadre pour stimuler la croissance et le développement économiques, tout en veillant à ce que les actifs naturels continuent de fournir les ressources et les services environnementaux indispensables au bien-être de l'humanité.

La croissance verte a un plan d'action plus étroit que le concept apparenté de développement durable. Elle entend précisément faire progresser l'articulation économie-environnement, en favorisant l'innovation, l'investissement et la compétition qui peuvent générer de nouvelles sources de croissance économique compatibles avec des écosystèmes solides et durables.

* Organisation de coopération et de développement économiques. *Vers une croissance verte? Suivi des progrès*. Paris, OCDE, 2015.

de l'environnement et la lutte contre le changement climatique. Le terme investir ne renvoie pas à une action charitable ou caritative, mais plutôt à un acte entrepreneurial qui concilie croissance économique et environnement (encadré 29.1). Si les acteurs privés s'engagent en matière de développement durable, ce n'est pas uniquement pour se conformer aux lois en la matière, mais également pour acquérir un avantage concurrentiel. Dès lors, la durabilité peut créer de nouvelles opportunités qui, en dehors de leur valeur écologique, contribuent aussi à la croissance économique.

Le secteur privé dans les pays en développement

En dehors des pays développés et quelques pays émergents, le secteur privé peut être représenté sous la forme d'une pyramide caractérisée par la quasi-absence du maillon intermédiaire « PME ». Le sommet est dominé par un petit nombre de firmes multinationales, alors que la base est constituée essentiellement par un grand nombre de microentreprises souvent informelles (figure 29.2).

Les firmes multinationales

Dans la plupart des pays en développement, les firmes multinationales s'intéressent principalement au secteur primaire et se limitent à l'exploitation des ressources naturelles destinées à l'exportation vers les pays développés ou émergents. Leurs activités peuvent s'étendre aussi aux secteurs secondaire et tertiaire. D'une part, elles pallient l'incapacité de l'État en assurant l'offre des biens et services publics, mais d'autre part, tirent avantage de rentes de situation grâce à leurs liens privilégiés avec les acteurs gouvernementaux (échange de faveurs, collusion et corruption), ou bien grâce à leur position quasi monopolistique surtout dans des marchés de niche.

La raréfaction des multinationales dans la plupart des pays en développement s'explique, entre autres, par des marchés locaux instables et étroits, une faiblesse des infrastructures et de la gouvernance publique, une capacité limitée des ressources humaines, l'absence d'un tissu industriel, la défaillance du système bancaire, etc.

La présence des firmes multinationales dans les pays en développement demeure un sujet controversé. Les optimistes voient ces entreprises comme un levier permettant de renforcer la compétitivité et d'accélérer la croissance qui, avec le temps, atténuent la pauvreté. À l'opposé,

Figure 29.2
Le secteur privé dans les pays en développement

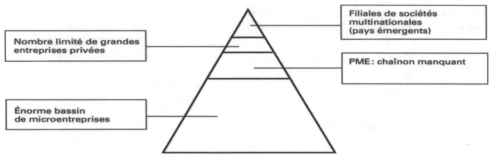

Source : Abdelhamid Benhmade, Philippe Régnier et Florent Song-Naba

les sceptiques les perçoivent avec méfiance à cause de leur conduite irresponsable sur le plan sociétal, surtout dans les pays où l'État et ses institutions sont fragiles.

Toutefois, les critiques à l'encontre des firmes multinationales doivent être nuancées. Les effets d'investissements directs à l'étranger diffèrent selon le niveau du développement du pays bénéficiaire[5]. Un petit nombre de pays émergents obtiennent en la matière des résultats supérieurs à ceux réalisés par les pays les moins développés. En effet, ce n'est pas tant la présence des firmes multinationales et des investisseurs étrangers qui est problématique, mais plutôt la nature même des politiques de développement des pays hôtes. Attirer les firmes multinationales sans penser préalablement à des politiques complémentaires en matière d'encadrement institutionnel, d'engagement du secteur privé, d'inclusion et de durabilité semble mener à des résultats négligeables, voire négatifs.

Les grandes entreprises privées nationales

Le grand capital privé est le produit d'un long processus historique dont les principales étapes correspondent à la période coloniale, mais surtout postcoloniale. Il trouve son origine dans les activités entrepreneuriales détenues essentiellement par les colons et reprises plus tard par l'élite politico-militaro-économique organisée autour de quelques grandes familles qui partagent des relations étroites avec l'État. D'ailleurs, un grand nombre d'entrepreneurs appartenant à ces familles occupent souvent des postes de hauts fonctionnaires au sein du gouvernement avant qu'ils optent pour le secteur privé ou sont plutôt à cheval entre le secteur public, y compris l'administration, et le secteur privé. La présence d'individus influents à la tête à la fois d'organisations publiques et de grandes entreprises privées peut facilement donner naissance à des phénomènes comme la captation de l'État, le capitalisme de connivence, le clientélisme et la corruption prédatrice.

En Afrique, par exemple, l'hostilité à l'émergence d'une classe d'entrepreneurs privés autonome par rapport à l'État a contraint l'accroissement du nombre de grandes entreprises privées nationales. D'autant plus, les choix en matière de politiques de développement prévalant pendant l'indépendance n'ont fait que renforcer davantage l'assise du secteur public

5. David Black et Ben O'Bright. « International Development and the Private Sector : The Ambiguities of "Partnership" ». *International Journal* 71, nº 1 (2016), 144-166.

Figure 29.3
Classement des 25 premières firmes multinationales, 2017

Capitalisation boursière	Entreprise (nationalité)	Secteur d'activité	Bénéfices	Chiffre d'affaires
221,1	Walmart Stores (É.-U.)	distribution	13,6	485,3
105,1	China Petroleum & Chemical (Chine)	énergie	7	255,7
171,9	Toyota Motor (Japon)	automobile	17,1	249,9
72,9	Volkswagen Group (All.)	automobile	5,7	240,3
228,8	Royal Dutch Shell (P.-B.)	énergie	4,7	234,8
409,9	Berkshire Hathaway (É.-U.)	finance	24,1	222,9
752	Apple (É.-U.)	électronique	45,2	217,5
204,5	PetroChina (Chine)	énergie	1,2	214,8
343,2	ExxonMobil (É.-U.)	énergie	7,8	197,5
30,5	McKesson (É.-U.)	santé	2	196,5
160,2	UnitedHealth Group (É.-U.)	santé	7,2	184,9
114,7	BP (Roy.-Uni)	énergie	0,115	183,8
79,8	CVS Health (É.-U.)	santé	5,3	177,5
254,3	Samsung Electronics (Corée du S.)	électronique	19,3	174
76,1	Daimler (All.)	automobile	9,4	169,5
50,8	General Motors (É.-U.)	automobile	9,4	166,4
249,3	AT&T (É.-U.)	électronique	13	163,8
57,3	Glencore Int. (Suisse)	mine	-0,453	153,7
11,9	EXOR (Italie)	finance	0,483	152,6
44,7	Ford Motor (É.-U.)	automobile	4,6	151,8
229,8	ICBC (Chine)	banque	42	151,4
19	Amerisource Bergen (É.-U.)	santé	1,3	148,3
43,2	China State Construction Engineering (Chine)	BTP	4,9	140,8
427	Amazon.com (É.-U.)	distribution	2,4	136
54,4	Hon Hai Precision (Taïwan)	électronique	4,6	135,2

© FNSP - Sciences Po, Atelier de cartographie, 2018

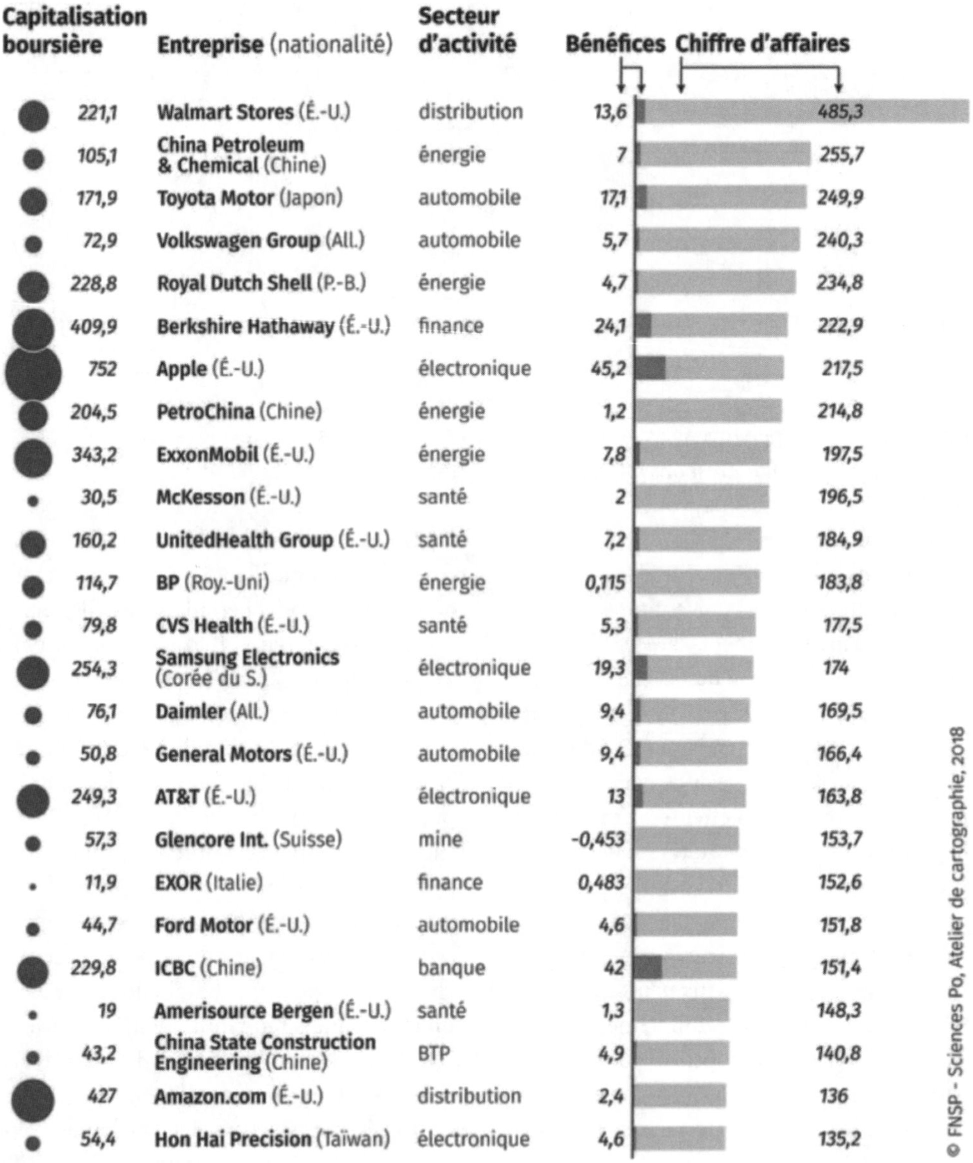

Source : Atelier de cartographie et Centre de recherches pour le développement international, Sciences Po. *25 premières firmes multinationales, 2017*, 2018

(interventionnisme, économie planifiée, stratégie de substitution aux importations, etc.) Par conséquent, le tissu économique reste dominé par des entreprises publiques et parapubliques dont la mission initiale était de pallier l'absence d'entrepreneurs privés, mais qui finissent par devenir des organisations régulatrices du chômage des diplômés. Elles produisent une culture organisationnelle caractérisée par la faiblesse de l'apprentissage collectif générateur d'efficience et l'absence de l'esprit entrepreneurial[6].

6. Philippe Hugon. *L'économie de l'Afrique*. Paris, Éditions La Découverte, 2003.

Les PME : le chaînon manquant

Les petites et moyennes entreprises sont définies par le Bureau international du travail (BIT)
comme des entreprises formelles dont le nombre
d'employés varie entre 5 et 300. Dans la plupart
des pays en développement, on relève un faible
tissu entrepreneurial intermédiaire entre les
grandes entreprises et le micro secteur informel.

Ce phénomène, qui est appelé « chaînon manquant », est dû à un ensemble de facteurs à la fois
intrinsèques et extrinsèques. Historiquement, la
création d'entreprises dans les pays en développement résulte de politiques étatiques et/ou de
l'aide au développement, et peu de dynamiques
entrepreneuriales endogènes. De plus, les dirigeants des PME affichent des niveaux de connaissances et de compétences entrepreneuriales très
limitées. Ceci est encore plus vrai en matière de
ressources financières et techniques. Pire encore,
ils se trouvent confrontés à l'absence d'un environnement favorable, de politiques publiques
ciblant les PME à potentiel de croissance, et de
services d'appui adaptés aux différents stades
d'incubation, de création et de développement
des PME. Si les PME des pays développés se
soucient de trouver de nouvelles sources de
croissance, les PME des pays en développement
se préoccupent davantage d'assurer leur survie.
Face à de tels défis, organisations internationales
et gouvernements s'accordent sur la nécessité de
promouvoir les PME par des services d'accompagnement au développement des affaires.

Les microentreprises informelles

La coexistence entre l'économie formelle et
l'économie informelle est un phénomène commun à tous les pays développés, émergents ou en
développement. La différence réside dans l'ampleur du phénomène puisque les économies les
moins avancées sont beaucoup plus marquées
par la dualité formelle/informelle que les autres.
Entre 2010 et 2015, la part de l'informel dans le
PIB des pays de l'OCDE est de 15,28 %, alors
qu'elle est estimée à 21,24 % en Asie de l'Est,
23,42 % dans la région MENA, 28,11 % en Asie
du Sud, 33,39 % en Amérique latine (incluant les
Caraïbes) et 36,16 % en Afrique subsaharienne[7].

Les microentreprises informelles se caractérisent par leurs structures familiales souvent à
caractère communautaire et solidaire. La place
des liens ethniques, religieux ou communautaires y est centrale. Le capital avancé est faible,
le salariat est absent, la gestion est soumise non
pas à des règles managériales, mais plutôt à des
pratiques coutumières et paternalistes.

Les avis sont partagés sur les mérites et les
défauts de l'économie informelle. Les uns soutiennent qu'elle est un lieu d'inventivité sociale
permettant aux masses populaires de participer
à la création de la richesse économique, mais
également de satisfaire leurs besoins fondamentaux compte tenu de la défaillance des systèmes officiels. Grâce à leurs modèles d'affaires
peu coûteux en matière d'investissement, les
microentreprises offrent des produits ou des
services à des prix accessibles pour les franges
pauvres de la population. Parfois, elles peuvent
constituer des réseaux camouflés de sous-traitance permettant aux grandes entreprises et
aux PME de diviser les risques plutôt que d'accumuler des profits dans une seule unité de plus
grande taille.

Les autres soulignent que l'économie informelle est révélatrice d'un dysfonctionnement du
système économique et social, que les activités
informelles sont appelées à disparaître avec le
développement industriel, et qu'elles doivent
basculer dans l'économie formalisée. En raison
de leur logique entrepreneuriale basée sur la
nécessité, les microentreprises informelles sont
jugées inaptes à accélérer la croissance et, par
conséquent, incapables de réduire sur le long
terme la pauvreté structurelle. Si l'entrepreneuriat d'opportunité est associé à de plus grandes
aspirations économiques, l'entrepreneuriat de

7. Leandro Medina et Friedrich Schneider. *Shadow Economies Around the World: What Did We Learn Over the Last 20 Years?* IDEAS Working Paper Series from RePEc, FMI, 2018.

survie s'inscrit dans une logique court-termiste qui repose sur une stratégie non pas d'accumulation, mais plutôt de diversification. Les micro-entrepreneurs du secteur informel ont souvent tendance à diversifier leurs activités de sorte que si l'une ne réussit pas, ils peuvent se replier sur les autres. Le profit produit dans l'univers marchand est gaspillé dans l'univers communautaire, c'est-à-dire qu'il est soit réutilisé dans d'autres activités quasi improductives pour réduire l'incertitude, soit dépensé pour satisfaire les besoins de l'entrepreneur et de son cercle social.

La posture des gouvernements oscille entre un laisser-faire désintéressé ou visant à ne pas brider l'esprit entrepreneurial en milieu communautaire, et des essais de réglementation minimale jugée indispensable, comme en matière de conditions de travail par exemple. L'attitude des pouvoirs publics est ambiguë, car l'économie informelle est vue comme un filet de sécurité qui absorbe les aléas conjoncturels et les crises, y compris politiques ou sociales. En ce sens, plusieurs stratégies sont testées à travers le monde pour inclure les masses populaires dans les pays en développement, en l'occurrence : la stratégie des PPP (Partenariats publics-privés), la stratégie BOP (Bottom of the Pyramid / Base de la pyramide), et celle M4P (Markets for the Poor / Des marchés pour les pauvres). À ces différentes stratégies s'ajoute également la microfinance qui est perçue comme une panacée pour réduire la pauvreté et responsabiliser les populations les plus démunies. Philanthropique ou commerciale, elle peut contribuer à la création de petites activités de subsistance et d'échanges locaux, et pallier les risques auxquels sont exposés les pauvres. Sans n'avoir jamais dépassé des flux financiers très substantiels à l'échelle planétaire, le rêve des bienfaits de la microfinance s'est en partie estompé après les crises de surendettement des bénéficiaires provoquées par la microfinance à but commercial recherchant une forte rentabilisation.

Conclusion

À côté des entreprises privées de l'économie capitaliste, on redécouvre les vertus des organisations sociales et solidaires, en tant que moteurs essentiels du développement inclusif et durable.

La nouvelle terminologie d'économie sociale et solidaire n'est d'ailleurs pas sans rappeler les fondements intellectuels du mouvement coopératif, qui ont coïncidé avec la révolution industrielle et les débuts du capitalisme. Si les entreprises dites sociales dans le monde d'aujourd'hui rencontrent des difficultés à voir le jour et à se pérenniser hors des régimes sociaux généreux des pays du Nord, on ne peut pas en dire autant des groupements de producteurs ou de prestataires de services qui prolifèrent dans l'économie formelle comme dans le secteur informel de la plupart des pays. Les caisses coopératives et les tontines prévalent par exemple en Afrique de l'Ouest et centrale. Les banques mutualistes et les coopératives de producteurs occupent également des places enviables et visibles dans les économies des pays développés, entre autres dans le secteur agricole et agroalimentaire.

Ce modèle d'affaires différent donne naissance à de nouvelles collaborations avec les municipalités et les régions afin de privilégier le développement local à travers un tissu d'acteurs économiques et sociaux de proximité.

Objectifs d'apprentissage

- Comprendre la contribution du secteur privé au développement.
- Analyser la particularité du secteur privé dans les pays en développement.

Questions de réflexion

- Pourquoi le développement est-il tributaire de la participation du secteur privé ?
- Quelles sont les spécificités du secteur privé dans les pays en développement ?
- Le secteur informel est-il bénéfique ou nuisible au développement ?

Pour en savoir davantage

Banque européenne pour la reconstruction et le développement, Banque européenne d'investissement et Banque mondiale. *Qu'est-ce qui retient le secteur privé dans la région MENA ?* 2016.

Benjamin, Nancy et Ahmadou Aly Mbaye. *Les entreprises informelles de l'Afrique de l'Ouest francophone : taille, productivité et institutions.* Paris, Éditions Pearson, 2012.

Haïdara, Hamadou. *Les microentreprises en Afrique de l'Ouest ou le développement par la petite porte.* Paris, Éditions L'Harmattan, 2016.

Organisation de coopération et de développement économique. *Coopération pour le développement 2016 : investir dans les Objectifs de développement durable, choisir l'avenir.* Paris, OCDE, 2016.

Pinaud, Nicolas. *Dialogue public-privé dans les pays en développement.* Paris, OCDE, 2007.

Notes

30 Les entreprises privées et la responsabilité sociale

Paul Alexander Haslam

Résumé

Traditionnellement, les gouvernements et les ONG ont été les principaux acteurs du développement international. Mais depuis quelque temps, les entreprises interviennent de plus en plus dans des projets de développement, au-delà de leurs activités commerciales habituelles. C'est ce qui est maintenant connu comme la «responsabilité sociale des entreprises» (RSE). Ce chapitre définit la RSE et l'évolution du concept, examine les limites liées à son application aux problèmes de développement et illustre son utilisation dans la pratique.

Qu'est-ce que la RSE ?

La responsabilité sociale des entreprises (RSE), au sens le plus simple du terme, est l'idée que les entreprises ont des obligations éthiques envers les communautés dans lesquelles elles opèrent. En d'autres termes, la RSE découle d'une revendication normative (fondée sur les valeurs éthiques), concernant la relation appropriée entre l'entreprise et la société. Cette revendication est à l'effet de ce que l'entreprise devrait faire, même si elle n'est pas requise par la loi. La RSE englobe également les activités dans lesquelles les entreprises s'engagent volontairement une fois qu'elles ont satisfait à leurs obligations légales. La RSE n'est pas une idée nouvelle, car la question du rapport entre entreprise et communauté existe depuis le début de l'ère capitaliste moderne[1]. Ce qui est nouveau, cependant, c'est le fait que la RSE évolue maintenant en tant que considération stratégique des entreprises multinationales, qu'elle est devenue professionnalisée et intégrée aux pratiques organisationnelles et aux prises de décisions de celles-ci. Également, qu'il est maintenant reconnu que la RSE peut contribuer à bonifier les pratiques du développement.

La RSE comprend un large éventail d'activités qui concernent des questions environnementales, sociales, et de gouvernance (ESG) :

- L'adoption de codes de conduite volontaires et de systèmes d'étiquetage.
- De nouveaux principes d'audit et de reportage tenant compte des impacts des questions ESG de l'entreprise.

---

1. Paul Alexander Haslam. «L'éthique de la mondialisation : la responsabilité sociale des entreprises dans les rapports Nord-Sud». *Dans Éthique des rapports nord-sud: regards croisés*. Par Gérard Verna et Florence Piron, 109-138. Québec, Presses de l'Université Laval, 2010.

> **Encadré 30.1 La RSE en bref**
>
> C'est une revendication normative sur le rapport entre l'entreprise et la société. C'est un énoncé qui spécifie ce que l'entreprise devrait faire, même si elle n'est pas légalement requise de le faire. Les activités de RSE sont toujours volontaires (non imposées en tant qu'obligations réglementaires).

- La restructuration organisationnelle de l'entreprise pour s'assurer que les questions ESG sont prises en compte dans la prise de décision.
- Un processus de consultation avec les parties prenantes en dehors de l'entreprise.
- Le soutien ou la promotion de causes sociales ou environnementales dans la communauté.
- Des actions ou des projets d'entreprises individuelles au niveau communautaire.

La réflexion la plus importante sur les responsabilités sociales des entreprises concerne l'implication des parties prenantes[2]. Selon la théorie des parties prenantes, l'entreprise est ancrée dans un réseau de relations qui affecte ses capacités à réaliser des bénéfices et, par conséquent, elle doit gérer ces relations. Les parties prenantes sont généralement définies comme suit : « Des groupes ou individus pouvant affecter ou sont affectés par la réalisation des objectifs de l'entreprise, ou des acteurs ayant un intérêt direct ou indirect dans l'entreprise[3]. » Du point de vue de la gestion, la théorie des parties prenantes élargit les obligations des entreprises à la société et donne à ces obligations une légitimité dans le monde des affaires. À l'origine donc, cette perspective progressiste constituait une sorte de riposte aux interprétations néo-classiques de l'entreprise.

Les premières approches de la RSE dans les années 1970 se situaient dans une perspective normative. L'idée était de convaincre les dirigeants d'entreprises qu'ils devaient se comporter de manière éthique (faire ce qui est juste, éviter de nuire aux autres) et contribuer à la communauté. Dans un deuxième temps, ces arguments moraux ont été complétés par des arguments instrumentaux selon lesquels le fait d'être une bonne entreprise citoyenne est bon pour les affaires. Un grand nombre d'études ont été menées dans les années 1990 et au début des années 2000 pour évaluer l'impact de la RSE sur la performance des entreprises, notamment sur la rentabilité et les cours boursiers. Dans une troisième phase de réflexion, on a fait valoir que la RSE moderne devait être « stratégique », et non seulement philanthropique, et s'intégrer à l'objectif principal, à la structure organisationnelle et à la prise de décisions de l'entreprise. Enfin, dans les années 2010, on a estimé que les entreprises pouvaient accepter de jouer un rôle public en interaction avec les politiques gouvernementales et des institutions de la société.

Les motivations des entreprises en matière de RSE sont multiples. Certaines reflètent l'éthique des propriétaires ou des cadres supérieurs. D'autres peuvent être instrumentales. On conçoit alors la RSE comme une bonne stratégie pour réduire ou gérer le risque social, c'est-à-dire limiter les conséquences potentiellement dommageables d'acteurs extérieurs à l'entreprise. Une entreprise qui est socialement responsable et qui s'intéresse à ses parties prenantes est moins susceptible de faire face à des pressions exigeant la nationalisation de l'entreprise, ou encore, l'imposition de réglementations supplémentaires, des boycottages des consommateurs ou des campagnes militantes et médiatiques négatives.

2. Astrid Mullenbach-Servayre. « L'apport de la théorie des parties prenantes à la modélisation de la responsabilité sociétale des entreprises ». *La Revue des sciences de gestion* 42, n° 223 (2007), 109-120.

3. R. Edward Freeman. *Strategic Management: A Stakeholder Approach*. Londres, Pitman Publishing, 1984.

Tableau 30.1
L'évolution de la RSE

Années 1970-1980	Approche traditionnelle	Accent sur les dons de bienfaisance et la philanthropie.
Années 1990	Approche instrumentale	«Être bon, c'est bien.» Les activités de RSE contribuent à la rentabilité d'une entreprise.
Années 2000	Approche stratégique	La RSE réagit aux demandes des parties prenantes, intègre des objectifs, un comportement organisationnel, et adapte la prise de décision managériale.
Années 2010	Approche politique	Les activités de RSE peuvent jouer un rôle public (prestation de services sociaux). Les gouvernements peuvent influencer les activités de RSE des entreprises en rendant obligatoire la performance, en établissant des partenariats et en suscitant l'approbation publique.

Ainsi, les programmes et les pratiques de RSE peuvent contribuer à améliorer la réputation de l'entreprise, ce qui peut avoir des conséquences importantes sur la fidélité des clients et des employés. L'adoption de la RSE peut contribuer à l'apprentissage par l'entreprise par rapport aux besoins des consommateurs, des marchés et des opportunités commerciales.

L'État et la RSE

La croissance de la RSE s'est produite dans le contexte de changements du rôle de l'État. En effet, le tournant néolibéral des années 1980-1990 a été associé au retrait de l'État de l'assistance sociale et de la régulation de l'économie, de sorte que les acteurs privés, les associations bénévoles, les ONG et les entreprises ont comblé le vide. Au même moment, des gouvernements, des organisations internationales (l'ONU, la Banque mondiale, l'OCDE) et de nouvelles associations internationales (comme le World Business Council for Sustainable Development) promeuvent l'application de la RSE dans les monde des affaires.

D'une part, les entreprises sont intervenues pour jouer un rôle politique dans la fourniture de services sociaux essentiels, dans un contexte où l'État endossait cette insertion. Selon l'Institut de la Banque mondiale, la contribution de la

RSE à la société est facilitée par quatre éléments :

- La primauté du droit ;
- La gouvernance interne d'entreprise ;
- Les réglementations et normes existantes ;
- Et des institutions facilitant la RSE, incluant une société civile indépendante, des médias libres et indépendants, des institutions financières efficaces, un gouvernement démocratique et une bureaucratie professionnelle et compétente.

Si nous examinons ces exigences, nous constatons que, dans la plupart des pays en développement, elles ne sont respectées que partiellement. Sans application des lois, l'incitation à mettre en œuvre la RSE reste limitée.

La RSE et la réduction de la pauvreté

Il a été démontré que la RSE peut avoir un effet bénéfique sur les résultats de l'entreprise. Cependant, il est plus difficile de démontrer que la responsabilité sociale des entreprises a un effet indépendant et bénéfique sur les parties prenantes externes et sur le développement. De nombreux critiques considèrent la RSE comme un stratagème de relations publiques. On nie

Encadré 30.2 Renforcer la RSE peut être profitable aux entreprises

Pour Prahalad et Hammond*, un vaste marché se trouve au «bas de la pyramide», là où quatre milliards de personnes disposent d'un revenu quotidien de moins de quatre dollars. En général, ces plus pauvres de la société paient plus cher que les consommateurs aux revenus plus élevés les produits et services élémentaires (téléphones, eau potable, denrées alimentaires de base). Il est alors possible et nécessaire aux entreprises de faire un plus grand effort pour vendre aux populations du bas de la pyramide des produits de meilleure qualité à meilleur prix, ce qui améliorerait leur qualité de vie et entraînerait une augmentation nette de leur revenu disponible. En outre, en se concentrant sur le bas de la pyramide, des entreprises pourraient améliorer, en augmentant l'efficacité et les réseaux de distribution, également en stimulant l'innovation**.

* Coimbatore Krishnao Prahalad et Allen Hammond. «Serving the World's Poor Profitably». *Harvard Business Review* 80, n° 9 (2002), 48-57.
** Jean-Michel Huet, Pierre Labarthe et Vincent Abeille. «Les promesses du "bas de la pyramide"». *L'Expansion Management Review* 1, n° 144 (2012), 10-21.

ainsi l'importance de la RSE comme pratique ayant des effets réels sur la gouvernance économique et sociale, ainsi que sur la distribution des ressources aux parties prenantes.

Selon Rhys Jenkins[4], il existe quatre «canaux» par lesquels la RSE peut influer sur le développement.

- Le canal d'entreprise se concentre sur les effets directs des entreprises sur les communautés avoisinantes, grâce à la création d'emploi et aux retombées économiques comme l'achat d'intrants produits localement. En effet, l'emploi local et l'approvisionnement sont un élément clé de nombreux programmes de RSE et sont souvent associés à des programmes de formation et d'éducation qui aident les populations locales à produire des biens dont l'entreprise a besoin.
- Les entreprises peuvent également utiliser le canal de distribution, qui consiste à vendre des biens et des services moins chers et de meilleure qualité aux populations démunies (téléphones portables, savons, eau potable, services

financiers, etc.[5]). Ces pratiques peuvent être des contributions importantes, qui améliorent la qualité de vie, permettant aux démunis d'avoir accès à des biens qui autrement ne seraient pas accessibles. Mais les pauvres des pays en développement ont également besoin de possibilités de revenus plus élevés et réguliers, et pas seulement de meilleurs produits.

- Les sociétés paient également des impôts, il existe donc un canal de recettes publiques, où les ressources des entreprises peuvent aider des gouvernements à financer des projets de développement.
- Enfin, les entreprises peuvent utiliser le canal philanthropique, pour offrir des avantages directs aux organismes de bienfaisance (construction de dispensaires, de terrains de soccer, soutien aux écoles locales, etc.). Il peut s'agir de contributions substantielles qui améliorent la qualité de vie des communautés.

---

4. Rhys Jenkins. «Globalization, Corporate Social Responsibility and Poverty». *International Affairs 81*, n° 3 (2005), 525-540.

5. Coimbatore Krishnao Prahalad et Allen Hammond. «Serving the World's Poor Profitably». *Harvard Business Review 80*, n° 9 (2002), 4857; Jean-Michel Huet, Pierre Labarthe et Vincent Abeille. «Les promesses du "bas de la pyramide". *L'Expansion Management Review 1*, n° 144 (2012), 10-21.

RSE et droits humains

Comment les activités de RSE peuvent-elles interagir avec les droits humains ? Au cours de la dernière décennie, influencée par l'approche d'Amartya Sen, des organisations internationales et des ONG ont affirmé que le sous-développement et la pauvreté étaient des problèmes liés à l'absence de droits à l'échelle internationale. Par conséquent, ce sont les gouvernements qui doivent agir, et non les entreprises qui elles, ne sont pas soumises au droit international des droits humains pour promouvoir et protéger les droits politiques, civils et sociaux fondamentaux. Certaines pratiques de RSE portent généralement sur des processus allant dans le même sens, par exemple la consultation avec les parties prenantes, ou la répartition des avantages. Mais cette ouverture de la RSE ne comporte pas toujours une posture d'acceptation des droits. Il arrive que des entreprises ayant de bons programmes de RSE continuent de nier certains droits liés au travail (droit à la syndicalisation, à un salaire décent) et pratiquer l'évasion fiscale.

En effet, certains ont fait valoir que le recours excessif à la responsabilité sociale des entreprises modifie le sens du développement. Plutôt que de voir le développement comme un manque de libertés ou de droits substantiels, comme le soutient Sen, la RSE part de l'idée que la pauvreté est causée par un manque de débouchés ou de capitaux. En général, les investissements en matière de RSE ont tendance à se concentrer sur la construction d'infrastructures (écoles, cliniques, routes, parcs) ou à fournir un soutien technique et financier aux communautés pour créer ou développer leurs propres microentreprises.

La faiblesse institutionnelle et la mauvaise qualité de la gouvernance dans plusieurs pays du Sud, en particulier dans les zones rurales où sont habituellement localisés les projets d'extraction, font en sorte que l'État est souvent peu présent. L'État en effet a une faible influence sur les projets en cours et ne peut effectivement contrôler les conséquences environnementales et sociales des investissements privés. Le paradoxe est que les populations locales dépendent souvent des entreprises multinationales pour fournir nombre des services sociaux qui, en principe, relèvent de l'État (santé, éducation, infrastructure). Il arrive donc que la responsabilité sociale des entreprises se substitue à la fourniture de l'aide sociale par l'État. Certes, de nombreuses entreprises sont conscientes de ce problème. Malgré les avantages provenant du manque de surveillance réglementaire de la

Encadré 30.3 Les entreprises minières et le développement communautaire

Les activités d'autorégulation ou de responsabilité sociale des entreprises (RSE) dans le secteur minier sont variées. Certaines entreprises sont des leaders et d'autres sont à la traîne. Les activités peuvent inclure des dotations à des particuliers ou des groupes (ambulances, matériel médical, ordinateurs, véhicules), ou encore pour aider l'infrastructure communautaire (santé, éducation, sport). Il y a également des bourses d'études, l'appui aux services de vulgarisation agricole, des emplois, le renforcement des capacités et la mise en place de systèmes de microcrédit. Certains croient que la RSE dans le secteur minier n'est guère plus qu'une propagande cynique s'inscrivant dans une approche strictement caritative, établie par le biais de relations personnalisées et clientélistes. Dans de tels cas, des organisations communautaires ont tendance à considérer des pratiques comme des moyens d'acheter des consciences et de saper la solidarité communautaire. De telles situations ne sont pas automatiques. Il y a également des projets de développement établis par des entreprises dans le cadre de consultations inclusives avec les communautés. Il arrive donc que cette RSE des entreprises minières contribue au développement et réduise les risques, permettant aux groupes concernés de réellement consentir aux projets et d'accorder aux entreprises une réelle légitimité.

part de l'État, elles préfèrent collaborer avec les institutions étatiques dans les zones rurales et négligées du monde en développement. La présence de l'État peut réorienter les demandes et les frustrations populaires envers les instances officielles, plus que des entreprises privées, qui sont souvent mal équipées pour y répondre.

Pour aborder des questions de développement fondamentales, telles la protection sociale, l'autonomisation, l'égalité, la redistribution, le développement et la protection des droits humains, les entreprises doivent compléter l'État et non s'y substituer.

Objectifs d'apprentissage

- Avoir une connaissance des différences entre les approches traditionnelles, instrumentales, stratégiques et politiques en matière de responsabilité sociale des entreprises.
- Comprendre comment l'État façonne la responsabilité sociale des entreprises.
- Identifier le potentiel et les limites de la responsabilité sociale des entreprises en tant qu'outil de lutte contre la pauvreté dans les pays en développement.

Questions de réflexion

- Examinez les pratiques d'entreprises que vous connaissez en matière de RSE ? Par exemple, que pensez-vous du fait qu'Apple n'a aucune politique de RSE, alors que Microsoft est plutôt avancée à cet égard ? Est-ce que l'inclusion de la RSE dans la politique des entreprises peut changer vos habitudes de consommation ?
- Les entreprises peuvent-elles réconcilier les impacts et les coûts des projets extractivistes avec les communautés ? Peuvent-elles être réellement socialement responsables ?
- Pourquoi l'État est-il important pour rendre les activités de RSE compatibles avec le développement international ?

Pour en savoir davantage

Bettache, Mustapha. *Responsabilité sociale des entreprises : mirage ou réalité ?* Québec, Presses de l'Université Laval, 2015.

Bule, Tihana et Cristina Tebar Less. « Promouvoir le développement durable grâce à la conduite responsable des entreprises ». Dans *Coopération pour le développement 2016 : investir dans les Objectifs de développement durable, choisir l'avenir*. Par Organisation de coopération et de développement économiques. Paris, OCDE, 2016.

Chavy, Frédéric, Nicolas Postel, Richard Sobel et Didier Cazal. *La responsabilité sociale de l'entreprise : nouvelle régulation du capitalisme ?* Villeneuve-d'Ascq, Presses universitaires du Septentrion, 2011.

Courrent, Jean-Marie. *RSE et développement durable en PME : comprendre pour agir*. Bruxelles, Éditions De Boeck Supérieur, 2012.

Postel, Nicolas et Richard Sobel. *Dictionnaire critique de la RSE*. Villeneuve-d'Ascq, Presses universitaires du Septentrion, 2013.

31 Société civile et mouvements sociaux[1]

Pascale Dufour

Résumé

La question des rôles des sociétés civiles divise: certains décideurs vilipendent les troubles créés par «ces empêcheurs de tourner en rond» en faisant référence aux actions de protestation, alors que d'autres louent les mérites démocratiques d'une société civile active et mesurent même la bonne santé démocratique à la vigueur de sa société civile. L'objectif de ce chapitre est de tenter de répondre à cette question en adoptant un point de vue analytique. Je précise, dans un premier temps, les sens des mots utilisés, puis je présente les différents rôles que la société civile joue – ou peut jouer – nationalement et internationalement. Finalement, j'applique ces résultats au développement international – ou plutôt à la solidarité internationale.

Qu'est-ce que la société civile?

L'idée de société civile est intimement liée à celle de l'État moderne. C'est par rapport à l'État et en dehors de lui qu'existe la société civile. Cette notion fait référence à une conception particulière du fonctionnement des sociétés nationales modernes qui divise en «morceaux» plus ou moins homogènes la société. Selon cette conception, toute société moderne comporte un État, un secteur marchand, et... le «reste», qui correspond à la société civile. Pour certains, la définition opératoire de la société civile

inclut les partis politiques, pour d'autres non. Dans tous les cas, la société civile est extérieure aux instances de régulation officielles. Selon la même logique, la société civile n'est pas non plus le marché. Les actions de la société civile ne concernent pas le commerce ou l'échange de biens commerciaux. Des acteurs économiques ou à caractère marchand peuvent, pour certains, agir au sein de la société civile (comme des associations de commerçants ou de petits entrepreneurs), sans toutefois entrer en relation avec les autres acteurs pour les fins du commerce. Au-delà des débats, retenons que globalement, la société civile désigne les actions des acteurs non étatiques et généralement non marchands pour influencer l'État.

Mais plus que par la nature de ces acteurs, la société civile se comprend par le rôle qu'elle

---

1. Ce chapitre est une version remaniée du chapitre de Pascale Dufour. «Existe-t-il une société civile mondiale?» Dans *La politique en question.* Par les professeurs de science politique de l'Université de Montréal, 36-46. Montréal, Presses de l'Université de Montréal, 2009.

joue dans les démocraties représentatives. C'est à partir de Hobbes et de Hegel que la société civile devient une entité distincte de l'État et de la famille. Peu à peu se concrétise l'idée qu'en dehors du pouvoir étatique, puis en dehors du pouvoir marchand, des contre-pouvoirs peuvent se mettre en place au sein de la société. Pour les penseurs libéraux comme Tocqueville, le rôle premier de la société civile sera d'assurer le lien social entre les citoyens et de permettre une vigilance constante des pouvoirs de l'État. Pour Marx, la société civile organisée en mouvements, réseaux ou groupes, préfigure le renversement possible du pouvoir. Ainsi, pour la majorité des auteurs occidentaux, une des caractéristiques centrales de la démocratie moderne est l'autonomie de la société civile par rapport à l'État, c'est-à-dire la capacité des acteurs de se constituer comme acteur collectif indépendamment de l'État et en dehors de lui.

Au niveau mondial

L'expression « société civile mondiale », en vogue depuis le milieu des années 1980, désigne généralement les actions des acteurs non gouvernementaux et non marchands (donc excluant les compagnies transnationales) sur la scène internationale, en particulier auprès des institutions internationales telles que l'Organisation des Nations unies (ONU), le Fonds monétaire international (FMI) ou l'Organisation mondiale du commerce (OMC). Cependant, elle revêt des significations qui varient suivant l'utilisateur. Revendiquée par les acteurs non étatiques et non marchands, elle évoque les tentatives faites par ces acteurs pour représenter les intérêts des sociétés civiles nationales et/ou des intérêts sectoriels transnationaux afin de développer un contre-pouvoir aux institutions internationales, non élues, mais ayant néanmoins le pouvoir de prendre des décisions importantes dans la conduite des affaires publiques. Du point de vue des acteurs institutionnels, l'utilisation de l'expression « société civile mondiale » évoque

plutôt la reconnaissance de certains interlocuteurs, considérés légitimes et autorisés à dialoguer au sein des institutions internationales. Sans la légitimité du vote et des modes traditionnels de représentation politique, le fait de désigner un interlocuteur, si possible unique, facilite la communication et permet aux institutions internationales de légitimer leur processus de décision. Le cas européen est, à cet égard, exemplaire, l'Union européenne étant très friande des acteurs de la « société civile européenne ».

Dans plusieurs travaux, la société civile mondiale apparaît comme une transposition du concept de société civile nationale au niveau international. Certains auteurs, en particulier en relations internationales, utilisent de fait l'appellation « mondiale » pour désigner l'intervention des acteurs sociaux – nationaux, transnationaux ou internationaux – dans les affaires internationales. C'est une façon commode pour le champ des relations internationales de considérer le rôle des acteurs non étatiques dans le système international. C'est le cas, par exemple, du cycle de conférences sur les droits des femmes organisées par l'ONU au milieu des années 1990 et auxquelles des centaines de groupes de provenances diverses ont participé. Ces groupes ont développé une conception du « mondial » comme « transnational » qui à la fois dépasse l'international (les relations entre des entités nationales) et transcende le national (au sens où il va au-delà du national). Cette conception met en relief des transformations en cours, autant dans la manière de considérer le rapport au territoire des sociétés modernes que dans la manière d'organiser l'action collective. Dans cette perspective, la société civile se mondialiserait en même temps que l'économie, faisant émerger des réseaux d'acteurs sociaux, différents des organisations internationales non gouvernementales auxquelles nous étions habituées. Depuis 2001, les différentes éditions des forums sociaux mondiaux (FSM) et régionaux, qui rassemblent des milliers de militants de tous horizons durant plusieurs jours et qui visent l'échange des pratiques et la mise en commun des luttes en dehors des agendas institutionnels, correspondent à cette idée du mondial transnational. Ces initiatives militantes renvoient à la construction d'une compréhension particulière du monde qui reconnaît l'interdépendance entre des entités sur l'ensemble de la planète et la nécessité de construire des solidarités au-delà des frontières nationales. Il ne s'agit pas seulement de nommer le lieu institutionnel – l'international –, mais bien de décrire un processus de «mondialisation» en cours. Le réchauffement climatique est, dans cette perspective, perçu comme un problème mondial, au sens de transfrontière, dans la mesure où il concerne tout le monde et ne s'arrête pas aux frontières des États-nations, et appelle des réponses mondiales, elles aussi. Ici, la notion de «mondial» décrit un processus de déterritorialisation des acteurs et des problèmes qui les occupent.

Comme on le voit, sur le plan conceptuel, on peut donc parler de «société civile» dans le cadre national et de «société civile au-delà de ce cadre». Mais indépendamment du nom employé, ce sont les acteurs collectifs des sociétés civiles et leurs actions politiques qui peuvent nous permettre de mesurer leur apport au développement politique en général (et pas uniquement au développement international).

À quoi ça sert ?

Il est toujours difficile et délicat de répondre à cette question de manière directe, en considérant, par exemple, les impacts des actions des acteurs de la société civile d'un État sur les politiques publiques ou sur les décisions gouvernementales (et idem dans le cas des institutions internationales). Il n'est généralement pas possible de faire ce lien direct. Néanmoins, plusieurs rôles fondamentaux peuvent être attribués aux acteurs collectifs organisés des sociétés civiles.

- *Enrichir les débats publics:* Sur le plan national, les groupes de la société civile ont un rôle fondamental à jouer dans les démocraties représentatives libérales du type de celle que nous avons au Canada. En effet, ce sont très souvent ces groupes, plus que les partis politiques, qui empruntent la voie de l'innovation politique et qui permettent à de nouvelles idées de se frayer un chemin dans le discours et les pratiques des acteurs politiques traditionnels. Ce sont aussi ces acteurs qui transforment les frontières du débat public pour tenter d'y inclure des thématiques jugées urgentes – nouvelles ou non – pour le bien collectif. Par exemple, lors des occupations de places publiques, comme les États-Unis et le Canada ont connu en 2011 (aussi connu sous le nom du mouvement Occupy), les revendications de manifestants et de personnes qui campaient lors de ces occupations, ont ramené à l'avant-plan des débats politiques, la question du 1 % des plus riches et des inégalités socioéconomiques extrêmes. Des travaux ont montré qu'après ces événements de mobilisation, le débat public s'est emparé de ce thème, auparavant absent des grands médias, et des plates-formes publiques de discussion, y compris pour les partis politiques et de diverses campagnes électorales dans plusieurs pays dans le monde[2].

- *Résistance politique:* Les acteurs collectifs des sociétés civiles jouent également un rôle très important de contre-pouvoir et de résistances politiques. Par exemple, au Québec, ce sont les militant.es du mouvement environnemental, composé à la fois de groupes comme Greenpeace, de comités de citoyen.nes et de leur regroupement, qui ont permis l'adoption d'un moratoire sur l'exploitation des gaz de schiste. Le mouvement étudiant s'est régulièrement mobilisé depuis les

---

2. Marcos Ancelovici, Pascale Dufour et Héloïse Nez. *Street Politics in the Age of Austerity: From the Indignados to Occupy.* Amsterdam, Amsterdam University Press, 2016.

années 1970 pour freiner l'augmentation des frais de scolarité et préserver, au moins partiellement, le principe de l'accessibilité des études supérieures. Mais ces résistances ont lieu partout. En Amérique du Nord, en Amérique latine, en Europe, en Asie, en Afrique, au Moyen-Orient, les sociétés civiles résistent aux mesures néolibérales prises par les gouvernements nationaux qui visent directement les conditions de vie des populations. Parfois, les mobilisations sont à ce point fortes qu'elles peuvent entraîner un changement de régime (comme en Égypte et en Tunisie en 2011) ou précipiter des élections. À l'échelle mondiale, l'organisation des contre-sommets internationaux et les mobilisations contre les accords commerciaux internationaux de la fin des années 1990 et ses suites, ont questionné la manière de concevoir la mondialisation des échanges commerciaux. Les mobilisations contre l'Accord multilatéral sur l'investissement (AMI) en 1999 à Seattle, qui a rassemblé des milliers de manifestants, constituent l'un des

événements les plus connus. Depuis, les rencontres du G8, puis du G20, et les différents cycles de rencontres de l'OMC, ont été la cible systématique de manifestations. Au Québec, le Sommet des peuples des Amériques d'avril 2001, organisé pour protester contre les négociations autour de la Zone de libre-échange des Amériques, a constitué un élément marquant des luttes contre la mondialisation et a entraîné l'abandon de cet accord.

On retrouve aussi, dans l'histoire plus ancienne, des exemples de mobilisations victorieuses des sociétés civiles : le mouvement anti-esclavagiste au XIXᵉ siècle ou le mouvement pour le suffrage féminin au début du XXᵉ siècle dans les démocraties représentatives. Ils ont tous deux mené à de profondes transformations des sociétés et des droits individuels et collectifs. Évidemment, les luttes ont été de très longues haleines et n'ont pas abouti directement et immédiatement à des changements concrets dans les politiques et les pratiques des États. Néanmoins, on voit bien avec ces exemples historiques, que des gains réels ont été arrachés par

Figure 31.1
Manifestation des Gilets jaunes sur les Champs-Élysées, 2018

Crédit : Valery Hache/Agence France-Presse

ces conflits et que des changements majeurs ont eu lieu dans la manière dont nous concevons et pratiquons notre démocratie. Dans de nombreuses sociétés, ce sont également les mouvements ouvriers qui ont permis l'adoption de droits liés au travail, dont le droit de grève.

- *Refonder l'action sociale et politique :* L'action politique contestataire fait partie intégrante de l'action politique dans les démocraties représentatives ; elle en est même souvent le moteur premier des transformations. Les mobilisations récentes contre les politiques d'austérité ont montré que des alternatives étaient possibles et que la crise économique (et politique) n'était pas une fatalité : on peut choisir collectivement de « faire autrement ». C'est en ce sens que les sociétés civiles participent à refonder le social et le politique, c'est-à-dire, à modifier les termes mêmes des possibilités de l'action. Ces acteurs, par leurs actions et leurs discours, rendent possible le fait de faire et de penser les choses d'une autre manière. C'est sans doute le rôle central des acteurs collectifs non institutionnels.

Néanmoins, au-delà des actions de type protestataire, les acteurs collectifs de la société civile utilisent une large boîte à outils pour porter leurs revendications. Par exemple, les mouvements féministes utilisent certes la manifestation, mais nouent également des alliances avec des actrices alliées à l'intérieur de l'État, pour faire avancer des revendications qui vont dans le sens des droits des femmes (question de la parité dans le personnel politique ; droit à l'avortement). D'autres initiatives créent des pratiques alternatives, en faisant les choses directement et non en les revendiquant pour l'avenir. Ainsi, dans le domaine de l'agriculture, certaines communautés ou certains groupes (comme des coopératives ou des associations) proposent des manières différentes de produire des aliments,

en utilisant par exemple la permaculture ou les principes de l'agroécologie.

En santé mentale, des groupes sociaux offrent des services alternatifs à l'allopathie et la médicamentation, aux personnes souffrantes. Dans le secteur des violences faites aux femmes, les groupes de femmes organisent également des services, qui se distinguent de ceux donnés par l'État. Ainsi, la « refondation sociale » portée par les acteurs de la société civile épouse plusieurs formes, qui sont toutes des contributions majeures à notre vie en société.

La solidarité internationale

Plutôt que de parler de développement international, je préfère penser le changement politique des sociétés situées dans la partie sud de l'hémisphère, à partir de la notion de solidarité internationale. Celle-ci met en évidence les relations entre les sociétés civiles, conteste éventuellement les rapports de pouvoir qui peuvent exister entre elles et nous amène à analyser les conditions (propices ou non) qui entourent la construction de ces liens internationaux. En effet, outre les ONG, d'autres acteurs sociaux qui composent les sociétés civiles (souvent moins formalisés que les ONG), ont généralement pensé leurs actions à l'international en alliance avec des acteurs locaux. Autrement dit, il est rare qu'ils agissent eux-mêmes sur les territoires et dans les sociétés visées ; les actions se déroulent souvent en alliance avec des groupes locaux qui interviennent déjà sur la question. Par exemple, lors du coup d'État d'Auguste Pinochet au Chili le 11 septembre 1973, les réfugiés chiliens au Québec ont, avec des Québécois, organisé des réseaux d'entraide, fait émerger des groupes qui se portaient à la défense des réprimés du régime chilien et/ou qui dénonçaient les exactions commises par le régime. Plus récemment, les groupes de la société civile au Québec ont mené des actions en Palestine, en collaboration avec des acteurs sociaux palestiniens, pour dénoncer l'occupation abusive d'Israël sur les territoires occupés.

Figure 31.2
Présence mondiale de la Via Campesina

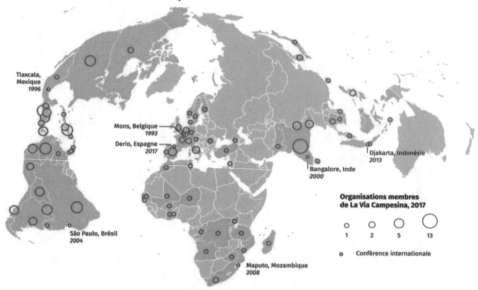

Source : Atelier de cartographie et Centre de recherches internationales, Sciences Po. *Implantation de la Via Campesina*, 2018.

Dans le contexte de la crise migratoire mondiale, ce sont des groupes d'entraide et de solidarité de plusieurs sociétés qui se regroupent pour demander l'ouverture des frontières, l'adaptation des législations nationales au contexte des demandes de refuge (par exemple sur les soins et sur l'éducation), l'amélioration du sort des conditions de vie des réfugiés dans les camps ; la responsabilisation des États et l'application du droit international et des traités internationaux que ces États ont signés. Les actions posées par ces groupes, aussi en solidarité avec les migrants eux-mêmes, est relativement différente de l'aide humanitaire d'urgence que certaines ONG peuvent apporter. Même si celle-ci est effectivement indispensable, elle gagne à être distinguée, analytiquement, pour bien comprendre les liens qui unissent les sociétés civiles.

Ainsi, parler de solidarité internationale, permet de penser la « réciprocité » dans les interactions. Ce ne sont pas juste les sociétés civiles du Nord qui interviennent au Sud pour aider les populations locales, les sociétés civiles du Sud ont également des actions au Nord – par

exemple, au Canada, ce sont les travailleurs migrants temporaires et leurs associations qui ont interpellé les syndicats canadiens à propos de leurs statuts et leurs conditions de travail. Sur les enjeux de souveraineté alimentaire, ce sont les sociétés civiles de l'Amérique latine qui exportent un projet politique et des savoir-faire au Nord.

Certains acteurs transnationaux développent la solidarité internationale à l'intérieur de leur réseau. Par exemple, la Via Campesina, un réseau mondial de militants paysans et la Marche mondiale des femmes, un réseau mondial de groupes de femmes de la base, développent localement des actions qui s'inscrivent dans un mouvement à l'intérieur duquel les entités locales travaillent en solidarité. Ainsi, la Via Campesina a lancé plusieurs campagnes mondiales autour du projet politique de souveraineté alimentaire qui visent à rendre les communautés autonomes sur le plan de la production, distribution et transformation de la nourriture. La Marche mondiale des femmes organise tous les cinq ans des actions à travers le monde autour d'une thématique commune (par exemple, en 2015, le thème était Corps et Territoires) et entre deux actions, soutient des activités militantes localement, nationalement et régionalement autour d'enjeux choisies par les militantes. Par exemple, la coordination argentine de la Marche mondiale des femmes a été une actrice majeure de la société civile argentine dans l'adoption le 14 juin 2018 de la légalisation de l'avortement par le Parlement.

Conclusion

Comme ce chapitre l'a montré, les sociétés civiles se définissent surtout par opposition/différenciation aux États qui les gouvernent. Composées d'acteurs collectifs non marchands et généralement non partisans, elles jouent des rôles cruciaux dans la vie politique des sociétés. Source de créativité, de résistances, de contre-pouvoirs, elles proposent des horizons politiques autour de projets ou causes spécifiques et participent à la construction des solidarités à l'intérieur des sociétés et entre elles.

Objectifs d'apprentissage

- Comprendre la composition et les rôles des mouvements sociaux et des sociétés civiles dans les dynamiques politiques des sociétés.
- Faire les liens entre les changements sociaux nationaux et internationaux.
- Penser le développement international à partir de la notion de solidarité internationale.

Questions de réflexion

- Quelles sont les conséquences des actions des mouvements sociaux au Nord et au Sud?
- Peut-on penser le « mondial » à partir des sociétés civiles nationales?
- Dans la perspective de la solidarité internationale, que devient le développement international?

Suggestions de lecture

Ancelovici, Marcos, Pascale Dufour et Héloïse Nez. *Street Politics in the Age of Austerity: From the Indignados to Occupy*. Amsterdam, Amsterdam University Press, 2016.

Capitaine, Brieg et Geoffrey Pleyers. *Mouvements sociaux: quand le sujet devient acteur*. Paris, Éditions de la Maison des sciences de l'homme, 2016.

Fillieule, Olivier, Éric Agrikoliansky et Isabelle Sommier. P*enser les mouvements sociaux: conflits sociaux et contestation dans les sociétés contemporaines*. Paris, Éditions La Découverte, 2010.

Pirotte, Gautier. « La société civile dans les politiques de développement ». Dans *La notion de société civile*. Par Gautier Pirotte, 65-82. Paris, Éditions La Découverte, 2018.

Tilly, Charles et Sidney Tarrow. *Politique(s) du conflit: de la grève à la révolution*. Paris, Presses de Sciences Po, 2008.

32

Altermondialismes

Gustave Massiah

Résumé

Depuis le début du millénaire, les chocs financiers confirment l'hypothèse de l'épuisement du néolibéralisme. Le réchauffement climatique, la diminution de la biodiversité ainsi que les pollutions globales confirment l'épuisement du productivisme. En conséquence, dans le cadre du Forum social mondial, apparaît une convergence de mouvements, pour redéfinir les rapports entre l'espèce humaine et la Nature. En fait, il ne s'agit pas seulement d'une crise du néolibéralisme ou du capitalisme, il s'agit d'une crise de civilisation, celle qui a mis en avant la modernité occidentale.

Quelle crise?

La crise structurelle contemporaine articule cinq contradictions majeures : économiques et sociales, avec les inégalités sociales et les discriminations ; écologiques, avec la destruction des écosystèmes, la limitation de la biodiversité, le changement climatique et la mise en danger de l'écosystème planétaire ; géopolitiques, avec les guerres décentralisées et la montée de nouvelles puissances ; idéologiques, avec l'interpellation de la démocratie, les poussées xénophobes et racistes ; politiques, avec la corruption née de la fusion du politique et du financier qui nourrit la méfiance par rapport au politique et abolit son autonomie. La droite et l'extrême droite ont mené une bataille pour l'hégémonie culturelle, contre les droits fondamentaux et particulièrement contre l'égalité, contre la solidarité, pour les idéologies sécuritaires, pour la disqualification amplifiée après 1989 des projets progressistes. Elles ont mené les offensives sur le travail par la précarisation généralisée ; contre l'État social par la marchandisation et la privatisation, et la corruption généralisée des classes politiques ; sur la subordination du numérique à la logique de la financiarisation

Les nouveaux monstres

À partir de 2011, des mouvements quasi insurrectionnels témoignent de la réponse des peuples à la domination de l'oligarchie. À partir de 2013, l'arrogance néolibérale reprend le dessus et confirme les tendances qui ont émergé dès la fin des années 1970. Mais elles infléchissent le néolibéralisme en accentuant une dimension autoritaire et répressive. On peut parler d'un néolibéralisme « austéritaire ». Les politiques dominantes, d'austérité et d'ajustement structurel, sont réaffirmées. La déstabilisation, les guerres, les répressions violentes et l'instrumentalisation du terrorisme s'imposent dans toutes les régions. Les « nouveaux monstres » qui émergent de ce chaos s'appuient sur les peurs autour de trois vecteurs principaux et complémentaires : la xénophobie, les nationalismes extrêmes et la haine des étrangers ; les idéologies sécuritaires ; les racismes sous leurs différentes formes. Il faut souligner une offensive particulière qui prend les formes de l'islamophobie ; après la chute du mur de Berlin, l'« islam » ayant été institué comme l'ennemi principal dans le « choc des civilisations ». Des courants idéologiques réactionnaires et des populismes d'extrême droite exacerbent les manifestations contre les étrangers et les migrants.

Cette situation résulte d'une offensive qui porte principalement sur deux valeurs. Contre l'égalité d'abord, en affirmant que les inégalités sont naturelles. Plus généralement, contre la reconnaissance des droits fondamentaux, des libertés individuelles et collectives. Les idéologies sécuritaires considèrent que seules la répression et la restriction des libertés peuvent garantir la sécurité. La volonté d'accumulation de richesses et de pouvoirs est insatiable. Face à cette démesure, on assiste à un refuge dans le retour au religieux, dans l'espérance qu'il arrivera à tempérer les dérives insupportables. La confiance dans une régulation par l'État est fortement atteinte. La classe financière a réussi à subordonner les États. Et le projet de socialisme d'État a sombré dans les nomenklaturas et dans les nouvelles oligarchies. Mais il y a aussi une autre raison à la situation, c'est la peur de l'apparition d'un nouveau monde. Les nouveaux monstres savent que leur monde est en question ; pour sauvegarder leurs positions et leurs privilèges, ils instrumentalisent la peur de l'avenir, la crainte du bouleversement des sociétés qui va marquer l'avenir.

Cinq révolutions en cours

Il y a plusieurs révolutions en cours, mais elles sont inachevées. Rien ne permet d'affirmer qu'elles ne seront pas écrasées, déviées ou récupérées. Pour autant, elles bouleversent le monde et marquent déjà l'avenir et le présent. Ce sont des révolutions de longue période dont les effets s'inscrivent sur plusieurs générations. Pour illustrer ce propos, partons de cinq révolutions en cours.

La *révolution des droits des femmes*. La reconnaissance des droits des femmes a avancé énormément au cours des quarante dernières années, mais cette révolution est inachevée, bien qu'elle suscite un grand changement dans la stratégie des mouvements, qui refusent de subordonner la lutte contre l'oppression des femmes à d'autres luttes. Ce qui traduit la reconnaissance de la diversité des mouvements sociaux et citoyens.

La *révolution écologique* remet en cause les conceptions du développement, de la production et de la consommation. Elle réimpose la discussion sur le rapport de l'espèce humaine à la Nature. Elle interpelle sur les limites de l'écosystème planétaire.

La *révolution du numérique* ouvre de très fortes contradictions sur les formes de production, de travail et de reproduction. Elle impacte la culture en commençant à bouleverser des domaines aussi vitaux que ceux du langage et de l'écriture. Pour l'instant, la financiarisation a réussi à instrumentaliser les bouleversements du numérique, mais les contradictions restent ouvertes et profondes.

La *révolution des droits des peuples* est inachevée et en prise avec les tentatives de reconfiguration des rapports impérialistes. Elle ouvre sur de nouvelles questions avec les droits des peuples qui prennent différentes appellations ; indigènes, premiers, autochtones. Elle interpelle le rapport entre les libertés individuelles et les libertés collectives. Elle interroge le rapport entre la nation et l'État.

La *révolution du peuplement* de la planète est en gestation. Les mouvements sociaux tentent

Figure 32.1
Quelques rendez-vous du mouvement altermondialiste

Source : Atelier de cartographie et Centre de recherches internationales, Sciences Po. *Quelques rendez-vous de la société civile organisée, 1996-2011*, 2012.

d'articuler les luttes pour les droits à la liberté de circulation et d'installation avec celles pour le droit de rester vivre et travailler au pays. Ils vérifient que l'envie de rester est indissociable du droit de partir. La notion même d'identité est interpellée par l'évolution des territoires et par le métissage des cultures.

L'invention du nouveau monde

Le nouveau monde n'est pas à découvrir, il est à inventer. Pour y contribuer, les mouvements sont engagés dans une démarche stratégique, celle qui articule la réponse à l'urgence, les résistances, avec la définition et la mise en œuvre des alternatives, d'un autre monde possible. Ces mouvements sociaux et citoyens sont confrontés à la nécessaire redéfinition du politique et du pouvoir. Ils sont les acteurs directs de la résistance et des pratiques alternatives pour la construction d'un autre monde possible. Chacun des mouvements doit définir sa stratégie par rapport à la nouvelle situation. Chaque mouvement définit dans sa stratégie une dimension internationale, en réponse à la

mondialisation dominante, celle de la phase néolibérale du capitalisme. Le mouvement altermondialiste se construit à partir de la stratégie des mouvements et de la dimension internationale de cette stratégie.

Ces mouvements qui animent diverses résistances pensent que l'égalité vaut mieux que les inégalités, que les libertés individuelles et collectives doivent être élargies au maximum, que les discriminations conduisent au désastre, que la domination conduit à la guerre, qu'il faut sauvegarder la planète. Cette bataille sur les valeurs passe par la remise en cause de l'hégémonie culturelle du néolibéralisme, du capitalisme et de l'autoritarisme. Nous pouvons démontrer que résister, c'est créer. Pour chacune des révolutions inachevées, à travers les mobilisations et les pratiques alternatives, nous pouvons lutter pour éviter qu'elles ne soient instrumentalisées et ne servent à renforcer le pouvoir d'une élite, ancienne ou nouvelle.

Les résistances ouvrent le champ des possibles. La radicalité des luttes est portée par leur singularité. Chaque lutte porte des dépassements. Elle révèle des horizons inattendus au départ. La convergence des mouvements ne se fait pas par la réduction de leur radicalité pour les rendre compatibles. Elle se traduit dans l'invention de nouvelles approches. Par exemple l'intersectionnalité dans la convergence des mouvements sociaux, des mouvements de femmes, des mouvements des afro-descendants. De même, le refus générationnel de l'uniformisation du monde par la domination économique.

Il ne s'agit pas d'une simple crise du néolibéralisme, ni même du capitalisme, il s'agit d'une remise en cause des rapports entre l'espèce humaine et la Nature, il s'agit d'une crise de civilisation, celle qui, dès 1492, a défini certains fondements de la science contemporaine dans l'exploitation illimitée de la Nature et de la planète. C'est de là que date la définition d'un projet alternatif, celui de la transition sociale, écologique, démocratique, y compris politique et géopolitique. Cette transition s'appuie sur de nouvelles notions et de nouveaux concepts : les biens communs, la propriété sociale, le buen vivir, la démocratisation radicale de la démocratie...

La transformation se situe dans le temps long ; cette démarche renouvelle la notion de transition. Ce n'est pas la conception d'une démarche progressive et réformiste ; elle inclut la nécessité de ruptures et de révolutions. Elle remet toutefois en cause l'idée d'un « grand soir » résumé par la prise du pouvoir d'État. Dans cette hypothèse, tout deviendrait possible après et, avant, tout est récupérable et serait même forcément récupéré. L'hypothèse est que les rapports sociaux de dépassement du capitalisme préexistent dans les sociétés actuelles, comme les rapports sociaux capitalistes ont existé et se sont construits dans la société féodale. Il y a une liaison dialectique et complexe entre rupture et continuité, ce qui donne une nouvelle approche théorique aux pratiques alternatives qui complètent les luttes et l'élaboration théorique dans l'invention d'un nouveau monde.

Objectifs d'apprentissage

- Comprendre l'évolution de l'altermondialisme comme concept et comme horizon des nouvelles luttes sociales.
- Appréhender l'impact de l'altermondialisme à travers des résistances et des propositions concernant les défis politiques, économiques, sociaux et environnementaux.

Questions de réflexion

- Quels sont les impacts des crises contemporaines qui remettent en question l'organisation du monde ? Quelles sont les grandes « révolutions » en cours ?
- Qu'est-ce qui distingue l'altermondialisme des mouvements sociaux des périodes précédentes ?

Pour en savoir davantage

Beaudet, Pierre, Raphaël Canet, et Marie-Josée Massicote. *L'altermondialisme : forums sociaux, résistances et nouvelle culture politique.* Montréal, Éditions Écosociété, 2010.

Massiah, Gustave et Élise Massiah. *Une stratégie de l'altermondialisme. Cahiers libres.* Paris, Éditions La Découverte, 2011.

Pleyers, Geoffrey. *Forums Sociaux Mondiaux et défis de l'altermondialisme.* Bruxelles, Éditions Academia, 2007.

Polet, François. *Clés de lecture de l'altermondialisme*. Charleroi, Éditions Couleur livres, 2008.

Porta, Donatella Della. «L'altermondialisme et la recherche sur les mouvements sociaux : quelques réflexions». *Cultures & Conflits* 2, n° 70 (2008), 13-31.

Notes

Forum social mondial

Raphaël Canet
avec Dembélé Demba Moussa

Résumé

Depuis près de quarante ans, le processus de construction du marché mondial adossé à l'idéologie néolibérale a généré une mondialisation des résistances. C'est dans cette pratique collective de lutte pour l'émancipation que se sont construites les bases de cet autre monde à faire advenir, au-delà du modèle hégémonique de développement. Inventé au Brésil, le Forum social mondial (FSM) voulait renouveler la dynamique du changement social en rompant avec la logique verticale et hiérarchique traditionnelle impliquant une ligne d'action commune définie par une avant-garde et à laquelle devaient se conformer les stratégies d'action des différents mouvements sociaux. En fin de compte, le FSM a ouvert un espace de dialogue et de convergence des multiples acteurs sociaux globaux, régionaux et locaux déjà mobilisés.

Avancées et limites

Le FSM entendait se présenter comme l'exact opposé du Forum économique mondial, qui est une sorte de club select de l'oligarchie globalisée se déroulant chaque année à Davos, en Suisse. Peu à peu, le FSM est apparu comme un espace politique qui contribue à la construction de modèles alternatifs. Certaines propositions qui y sont discutées se sont d'ailleurs déjà concrétisées en Amérique latine du fait d'un partenariat fécond qui a pu s'établir, un temps, entre des gouvernements progressistes et des mouvements sociaux innovants.

L'irruption en 2011, des printemps arabes, du mouvement des indignés en Espagne et d'Occupy Wall Street, est venue interpeller le FSM. Certes, les thèses altermondialistes se sont révélées utiles. La mondialisation néolibérale a imposé la civilisation industrielle, extractiviste et consumériste à l'échelle de la planète, accentuant la crise écologique tout en générant un processus de concentration de la richesse inégalée. Les travailleurs du monde entier ont été déstabilisés devant les délocalisations massives au détriment des droits de toutes et tous. Les ressources mondiales ont été accaparées par des intérêts privés guidés par le bénéfice à court terme, au mépris de toute gestion durable. L'individualisme cupide de l'oligarchie a fait des ravages, générant chômage et endettement au Nord, exploitation et migrations au Sud, indignation et colère partout.

Malheureusement, le crépuscule de l'ère néolibérale ne débouche pas sur un avenir radieux

Encadré 33.1 Chronologie des FSM

- 2001 : 1er FSM à Porto Alegre (Brésil), 20 000 participants.
- 2002 : 2e FSM à Porto Alegre, 50 000 participants.
- 2003 : 3e FSM à Porto Alegre, 100 000 participants.
- 2004 : 4e FSM à Mumbai (Inde), 100 000 participants.
- 2005 : 5e FSM à Porto Alegre, 155 000 participants.
- 2006 : 6e FSM polycentrique : Bamako (15 000 part.), Caracas (80 000 part.) et Karachi (35 000 part.)
- 2007 : 7e FSM à Nairobi (Kenya), 60 000 participants.
- 2009 : 8e FSM à Belém (Brésil), 140 000 participants.
- 2011 : 9e FSM à Dakar (Sénégal), 80 000 participants.
- 2013 : 10e FSM à Tunis (Tunisie), 70 000 participants.
- 2015 : 11e FSM à Tunis (Tunisie), 45 000 participants.
- 2016 : 12e FSM à Montréal (Canada), 35 000 participants.
- 2018 : 13e FSM à Salvador de Bahia (Brésil), 50 000 participants.

pour la mouvance altermondialiste. La gauche ne fait plus rêver, et les gouvernements qui s'en revendiquaient sont en reflux partout. Le pouvoir hégémonique n'hésite plus à recourir à un discours populiste rejetant les thèses néolibérales et libre-échangistes pour capter le vote contestataire, comme on le constate dans le discours du président américain Donald Trump. Ce repli stratégique de l'oligarchie mondiale vers un populisme protectionniste est dangereux, car il se double d'un discours raciste, sexiste et xénophobe. Les minorités de toutes sortes sont stigmatisées dans ce retour aux valeurs morales traditionnelles.

De la politique de la peur à la politique de l'espoir

Pour construire un mouvement contre-hégémonique, le FSM tente de s'adapter aux mutations récentes. Actuellement, les deux faces de l'oligarchie dominante, néolibérale et néoconservatrice, s'imposent en occupant l'ensemble de l'espace médiatique. Pour lutter contre cette nouvelle pensée unique, il importe d'établir des communications contre-hégémoniques, en misant notamment sur les réseaux sociaux, mais il convient aussi de reconstruire des espaces d'échange inspirants qui ne servent pas simplement à mettre de l'avant un discours, mais plutôt à rendre visibles des actions. Pour passer de la politique de la peur et de la division à la politique de l'espoir et de la solidarité, les moments de rassemblement sont nécessaires afin de nourrir les espérances et de construire des stratégies d'action communes entre les différents mouvements.

Pour favoriser le travail en commun, le processus des forums sociaux tente actuellement de s'enrichir des multiples mobilisations qui se développent en parallèle et à différentes échelles. Car pour renforcer l'articulation entre ces différentes bases sociales et les projets d'émancipation, des initiatives concrètes et des actions qui dépassent le simple stade des déclarations sont requises. Il ne s'agit plus d'interpeller des gouvernements de plus en plus discrédités, mais bien de se réapproprier l'espace public pour pratiquer, ici et maintenant, une nouvelle manière de vivre et d'expérimenter de nouveaux liens de solidarité.

Encadré 33.2 L'expérience du Forum social africain

La naissance du FSA en 2002 a été précédée par une série de luttes du mouvement social africain contre les politiques de la Banque mondiale et du Fonds monétaire international (FMI), contre la dette illégitime, ainsi que des luttes pour la démocratisation, la justice sociale, la défense de l'agriculture familiale, la promotion des droits des femmes et des peuples indigènes. En décembre 2000, une conférence internationale sur la dette illégitime de l'Afrique et du tiers-monde réunissait à Dakar plus de 300 participants, représentant des mouvements luttant contre la dette des pays du Sud et les programmes d'ajustement structurel de la Banque mondiale et du FMI.

L'impact du Forum

Le FSA a permis de briser les cloisonnements entre les luttes menées dans les différentes régions du continent sur les mêmes sujets. Il a servi de plate-forme continentale où les mouvements sociaux africains pouvaient se retrouver entre eux, mais également avec des mouvements d'autres régions du monde, pour nouer des solidarités et mettre en place des campagnes communes. L'une de celles-ci était la campagne contre les Accords de partenariat économique (APE), lancée lors de l'édition du FSA organisée à Lusaka (Zambie) en janvier 2004. Le FSA a également donné un nouvel élan à la campagne contre la dette illégitime de l'Afrique. Une autre contribution importante du FSA a été d'avoir permis au mouvement social africain d'être plus visible au sein du Forum social mondial, d'où l'organisation d'éditions du FSM en Afrique, en 2006, 2007, 2011, 2013 et 2015.

La bataille pour les ressources

En octobre 2014, le FSA à Dakar concentrait son attention sur les interventions militaires extérieures pour le contrôle des ressources. Cette course depuis quelques années est accompagnée d'interventions militaires croissantes, sous prétexte de «lutte contre le terrorisme» et l'insécurité. Un cas mis en exergue est celui des plans de l'impérialisme états-unien à travers son projet Africa Command (AFRICOM), dont le mandat est de coordonner les interventions militaires américaines en Afrique.

L'héritage

Les mouvements sociaux africains ont contribué à délégitimer les politiques de la Banque mondiale, du FMI et de l'OMC. La promotion du panafricanisme par le FSA a renforcé la décision de l'Union africaine de faire de la diaspora la sixième région du continent. Quant à la lutte pour la souveraineté alimentaire et la défense de l'agriculture familiale, elle a trouvé un grand écho auprès de l'Union africaine. Enfin, l'un des plus grands acquis du FSA est d'avoir réussi à réunir en son sein les mouvements de toutes les régions d'Afrique, transcendant les héritages coloniaux, culturels et linguistiques, brisant ainsi les barrières artificielles dressées par les colonisateurs pour diviser l'Afrique.

Source : Demba Moussa Dembélé

Objectifs d'apprentissage

- Comprendre les facteurs explicatifs de la genèse du Forum social mondial.
- Être en mesure d'identifier le rôle et le fonctionnement du Forum social mondial.
- Comprendre le processus du Forum social mondial dans le contexte africain.

Questions de réflexion

- Le Forum social mondial est-il un mouvement anti-systémique et contre-hégémonique? Si oui, pourquoi?
- Face à la mondialisation hégémonique, quelles sont les principales alternatives que propose le Forum social mondial?

Pour en savoir davantage

Canet, Raphaël. «Altermondialistes de tous les pays, unissez-vous! Le Forum social mondial et le projet contre-hégémonique». *Nouveaux Cahiers du socialisme*, n° 3 (2010), 216-228.

Dubois, Jacques-André et Gabrielle Gérin. «Campement intercontinental de la jeunesse: changer le politique par la pratique». Dans *L'altermondialisme: forums sociaux, résistances et nouvelle culture politique*. Par Pierre Beaudet, Raphaël Canet et Marie-Josée Massicote, 237-253. Montréal, Éditions Écosociété, 2010.

Fisher, William F. et Thomas Ponniah. *Un autre monde est possible: pour une autre mondialisation: le Forum social mondial.* Paris, Éditions Parangon, 2003.

Wallerstein, Immanuel. «Le forum social mondial à la croisée des chemins». *Revue du MAUSS 2*, n° 26 (2005), 33-40.

Whitaker, Chico. *Changer le monde: nouveau mode d'emploi.* Paris, Éditions de l'Atelier, 2006.

34 Les ONG

Charmain Levy

Résumé

Ce chapitre propose d'explorer les rôles et les caractéristiques des organisations non gouvernementales (ONG). Dans une approche qui va au-delà de la perspective de la société civile, nous analyserons comment les ONG occupent une position contradictoire de contestation et de conformité qui parfois renforce les tendances dominantes du développement, mais parfois les conteste en offrant des alternatives aux visions, aux pratiques et aux finalités du développement.

À l'origine

On pourrait décrire les ONG comme une forme d'organisation « hybride » dans la mesure où elles combinent divers aspects qu'elles empruntent à la bureaucratie gouvernementale (sélection des cadres d'après des critères techniques et non pas électoraux), à l'économie informelle (flexibilité, nombre réduit de niveaux hiérarchiques, précarité des relations de travail), aux centres de recherche (intervention fondée sur des outils méthodologiques), aux partis politiques et aux médias (agitation et propagande), et au monde de l'entreprise (rationalisation, focalisation des énergies, contrôle des résultats)[1].

La fonction d'intermédiaire et de représentation qu'exercent les ONG est beaucoup moins évidente que celle des organisations qui

plaident pour leurs membres. En effet, les ONG défendent un intérêt général à partir d'une position particulière. Cela signifie que leur légitimité ne découle pas de leur nature : elle est censée provenir de la réalité de leur proximité avec la base ou le terrain et/ou de leur envergure internationale et de leur réputation en raison de leurs compétences techniques ou scientifiques. Cette légitimité se construit à travers leurs pratiques de terrain et leur capacité à assurer un lien entre les réalités des acteurs avec lesquels elles travaillent et les débats plus larges.

Diverses ONG poursuivent des objectifs qui ne se limitent pas aux intérêts de leurs membres. Des ONG d'interpellation ou de plaidoyer s'inspirent d'une conception du bien public et de l'intérêt général pour défendre une ou plusieurs causes. Des ONG d'intervention se donnent pour objectif d'assurer la prestation de services aux populations, en particulier les groupes considérés comme défavorisés. Ces ONG sont

---

1. Sergio Baierle. « L'ère des contrats : les ONG et l'insoutenable marchandisation de la solidarité ». *Mouvements 5*, n°s 47-48 (2006), 118-127.

plus ou moins professionnalisées. En principe, elles devraient être une entité à part entière de l'État ; elles demandent et utilisent les principes de l'aide internationale comme base de leur existence ; elles sont fondamentalement à but non lucratif ; elles fonctionnent à tous les niveaux sociopolitiques (individuel, familial, local, national et transnational) ; et elles sont non partisanes. Beaucoup d'ONG agissent dans des lieux géographiques ou des champs thématiques similaires, ce qui exige des efforts de concertation pour assurer la coordination de leurs activités et de leurs projets. Le réseautage permet de maximiser leurs ressources, de consolider leur présence dans la société, d'augmenter l'impact social de leur travail et de les transformer en un véritable secteur social.

Philippe Ryfman propose de donner le nom d'ONG aux entités réunissant un éventail de cinq caractéristiques[2] :

- La notion d'association (le regroupement d'individus) en vue d'un projet à but non lucratif au bénéfice d'autrui.
- La forme juridique d'association à but non lucratif, selon les règles du droit national.
- Le fait d'être un espace autonome face à l'État ou à des puissances privées. L'État ne doit pas être à l'origine de la création de l'ONG, même si celle-ci peut avoir des liens avec lui. L'ONG doit avoir la même autonomie face à l'économie privée, à l'Église, à des sectes ou à des groupes criminels.
- La référence à des valeurs impliquant, en même temps qu'un engagement librement consenti, la volonté affichée d'inscrire l'action associative dans une dimension citoyenne insérée dans un cadre démocratique.
- Le caractère transnational de l'action qui est menée dans un autre pays (que le pays

d'origine) où l'ONG cherche à défendre les droits humains ou à intervenir pour la protection de l'environnement et le développement durable.

Pendant la période allant de 1970 à 1985, les ONG ont été considérées comme une alternative au paradigme dominant du développement par l'État. Dans les pays du Sud, elles concevaient des pratiques communautaires et dans les pays du Nord, elles proposaient une approche de justice sociale axée sur les personnes et les communautés. Il faut souligner que les liens entre le Nord et le Sud ont émergé à l'intérieur des églises et de leurs réseaux, grâce aux relations entre les militants du Sud en asile dans le Nord, mais aussi aux tiers-mondistes qui, de retour de leurs séjours dans le Sud, croyaient que le monde s'émanciperait avec la libération de la périphérie pauvre et agraire.

Pendant ces années, les ONG se sont impliquées dans l'étude, la planification, l'exécution et l'évaluation de programmes et de projets de développement, en relation directe avec les groupes et les organisations sociales. Elles insistaient sur la nécessité d'utiliser les moyens matériels et sociaux pour arriver à une meilleure participation communautaire et d'exercer des pressions pour améliorer les conditions de vie des communautés. Elles ont vu le jour pour contester la réalité sociale dominante et elles ont contribué à changer les structures qui engendrent la pauvreté en offrant des alternatives technologiques, méthodologiques, pédagogiques, institutionnelles, de recherche et de promotion. Même déjà à cette époque, certaines ONG se sont substituées à l'État et elles ont entrepris d'assurer des services qu'il n'offrait pas ou plus. Le Bangladesh compte le plus grand nombre d'ONG au monde (20 000). Ces ONG tentent de pallier le fait que le gouvernement de ce pays ne fournit pas des biens et services publics et ne s'occupe pas des plus pauvres, mais aussi que le secteur privé n'offre pas des possibilités d'emplois. Des ONG ont ainsi assumé des rôles dans l'éducation, la santé, l'agriculture et

2. Philippe Ryfman. *Les ONG*. Paris, Éditions La Découverte, 2009.

Encadré 34.1 Les divers rôles des ONG
- Remplir les fonctions du gouvernement en l'absence de l'autorité de l'État.
- Recueillir et diffuser de l'information.
- Créer et mobiliser des réseaux.
- Promouvoir de nouveaux comportements.
- Revendiquer des changements de politique et de gouvernance.
- Surveiller le respect des droits humains et des normes environnementales.
- Faire du lobbyisme pour soutenir leur point de vue, tisser des liens entre les acteurs.
- Encourager la participation publique.
- Distribuer l'aide humanitaire.
- Mettre en œuvre des projets de développement.

le microcrédit, des fonctions qui, en général, reviennent toutes à l'État.

Ailleurs, de nouvelles ONG ont recruté des professionnels urbains, scolarisés, de classe moyenne qui n'avaient plus la possibilité de travailler dans la fonction publique. Les bailleurs de fonds ont donc valorisé les ONG comme canaux de développement et programmes anti-pauvreté. Simultanément, par le rapprochement des grandes sociétés avec les ONG, leurs activités se retrouvent conditionnées par le financement des ressources de marketing corporatif.

Les années 1980 et 1990 ont permis l'expansion des ONG en fait de nombre, de taille et aussi de territoire d'action. Dans plusieurs cas, elles avaient un mode d'organisation et des activités qui correspondaient au modèle de projet des bailleurs de fonds du Nord, mais elles pouvaient les adapter selon les normes et les pratiques locales. Au fil des années, des antagonismes, quant aux méthodes, ont été soulevés quand les pouvoirs publics ont eu recours aux ONG en raison de leur efficacité sur le terrain tout en leur imposant des lourdeurs administratives ; et quand les marchés ont eu recours aux ONG pour profiter des opportunités lucratives dans le « Tiers Secteur ».

Les années 1990 : la consolidation

Dans les années 1990, les ONG ont connu expansion et consolidation. Elles ont proliféré dans des domaines comme les droits humains, le développement durable, l'aide humanitaire, la prévention et la résolution des conflits, et la démocratisation.

Au cours de la vague de démocratisation en Afrique dans les années 1990, les pays donateurs ont mis l'accent sur le rôle des ONG comme intermédiaires pour l'affectation des ressources en vue de renforcer la démocratie et la société civile. Dans ces ONG se trouvaient des cadres en réorientation professionnelle qui se découvraient une vocation pour le social, de jeunes universitaires et des intellectuels ou des notables (juristes, avocats)[3]. Afin de démontrer l'avancée de la démocratie dans les pays visés, des centres de recherche mesuraient la vitalité de la société civile d'après le nombre d'ONG et le poids économique de celles-ci en matière de revenus en circulation, de dépenses ou d'emplois créés, ce qui a créé l'image de sociétés civiles fortes dans des pays en fait dépourvus d'organisations civiles enracinées et englobantes des secteurs importants de la société.

Depuis le début des années 1990, une autre tendance apparaît : l'émergence de programmes de plaidoyer au sein des ONG de développement, qui se sont alors rapprochées d'autres organisations de la société civile plus habituées à assumer ce rôle. En effet, le plaidoyer est une fonction éminemment politique, à la fois en

---

3. Gautier Pirotte. « La notion de société civile dans les politiques et pratiques du développement ». *Revue de la régulation*, n° 7 (2010), 215.

Figure 34.1
ONG accréditées au Conseil économique et social, 1946-2016

Source: Atelier de cartographie et Centre de recherches internationales, Sciences Po. *ONG accréditées au Conseil économique et social des Nations unies, 1946-2016*, 2018.

elle-même et selon ses objectifs, car il comprend un ensemble d'actions, de techniques d'information et de communication en vue d'orienter une décision dans un sens favorable à l'intérêt défendu et représenté. Les actions de plaidoyer des ONG ont pris deux formes principales. D'un côté, les voies institutionnelles du lobbyisme auprès des gouvernements et des agences de l'ONU au cours de différentes conférences. De l'autre côté, des campagnes internationales de protestation auprès de l'OMC et du FMI, mais aussi lors des rencontres des États membres du G8 ou contre les ententes de commerce. Les ONG ont souvent entrepris cette seconde forme d'actions de plaidoyer avec différents mouvements sociaux qui partageaient les mêmes objectifs.

Critiques des ONG

L'expansion de la coopération internationale avec l'aide des ONG et le renforcement des liens de ces dernières avec leurs bailleurs de fonds institutionnels ont fait en sorte que les ONG ont souvent assuré aux pays occidentaux une présence informelle dans des pays du Sud et qu'elles ont, sans le vouloir, servi l'agenda géopolitique des pays occidentaux.

Le déclin

Durant les années 2000, l'appui aux ONG du Sud s'est réduit pour diverses raisons. Les ressources des agences bilatérales et multilatérales sont devenues de plus en plus liées à la réduction de la pauvreté et aux objectifs du millénaire pour le développement (OMD). Cette situation crée de nouvelles contraintes pour les ONG qui doivent dorénavant livrer des résultats mesurables de réduction de la pauvreté. Ces objectifs sont louables, mais ils limitent les activités des ONG et dépolitisent les stratégies dont elles disposent pour faire la promotion du développement. Aujourd'hui, les ONG font face à une dépendance envers les priorités institutionnelles de l'aide au développement et subissent des pressions pour satisfaire les attentes des bailleurs de fonds.

Encadré 34.2 Limites et défis des ONG*

- Les ONG n'ont pas d'agenda unique. Celles qui travaillent sur une même question ont souvent des agendas divergents.
- Les ONG doivent faire modifier des politiques à plusieurs niveaux. Si elles ne peuvent pas influencer des personnes clés à l'un de ces niveaux, elles auront un impact limité.
- Si les ONG acceptent des fonds des gouvernements ou des entreprises, elles risquent de compromettre leur indépendance et leur identité. Cependant, jusqu'à 40 % de leur budget provient des fonds publics. Les ONG sont donc en compétition entre elles.
- Elles courent le danger de se compromettre lorsqu'elles mènent des activités où elles se substituent à l'État, car elles risquent de se bureaucratiser.
- Les ONG doivent faire face aux réactions négatives des gouvernements et des organisations internationales ou multinationales à leur endroit.

---

* Geoffrey Pleyers. «ONG de développement: vers une redéfinition des rapports avec les mouvements sociaux locaux?», 2010. http://www.academia.edu/1642019/ONG_de_d%C3%A9veloppement_Vers_une_red%C3%A9finition_des_rapports_ avec_les_mouvements_sociaux_locaux. Page consultée le 3 septembre 2018. .

Une autre tendance est le retour de l'État comme acteur clé du développement et le choix des bailleurs de fonds de réduire la pauvreté à grande échelle. Par conséquent, il y a moins de financement pour les ONG, mais plus pour la gestion et l'administration des programmes de l'État. En outre, les ONG entrent souvent en compétition avec le secteur privé auprès de fondations philanthropiques qui préfèrent gérer leurs propres projets ou participer à des partenariats avec différents niveaux de gouvernement. Cette nouvelle conjoncture a créé une situation darwinienne de lutte pour la survie où les ONG les plus fortes éliminent les petites et moyennes ONG incapables de s'adapter. Il en résulte souvent une concentration des ONG à l'échelle nationale. Plus récemment, les ONG doivent faire face aux nouveaux bailleurs de fonds comme les mégaphilanthropismes, les BRIC (Brésil-Russie-Inde-Chine) et les diasporas. En général, ces nouveaux acteurs préfèrent éviter de passer par les ONG. Ils ont noué des partenariats avec les gouvernements, et les communautés ou d'autres acteurs comme les entreprises ou les universités. Les ONG se trouvent donc en compétition entre elles pour obtenir du financement, mais aussi avec de nouveaux acteurs du développement et leurs projets particuliers.

Pistes pour l'avenir

Les ONG continuent à agir dans le Sud où elles mettent en œuvre les politiques des agences multilatérales et des bailleurs de fonds nationaux du Nord, notamment pour la réduction ciblée de la pauvreté et l'aide humanitaire offerte après les catastrophes, surtout dans les pays où l'État est faible ou affaibli. Dans certains pays, le travail de développement des ONG prend la forme des contrats de sous-traitance des gouvernements (nationaux ou locaux). Cette situation réduit leur marge de manœuvre pour critiquer leurs bailleurs de fonds, sans toutefois les empêcher de participer à des réseaux internationaux de plaidoyer et altermondialistes, comme le Forum social mondial. Une chose est certaine, les contraintes des ONG font en sorte qu'elles inventent moins de pratiques innovatrices et ne proposent plus d'alternative de développement comme auparavant. Parce qu'elles sont devenues des chaînons permanents du système de développement, elles sont dépendantes de leurs bailleurs de fonds, donc des priorités et objectifs de ceux-ci. Pourtant, dans le cas des ONG écologistes de l'Amérique latine, on observe des alliances entre des ONG et des mouvements sociaux autochtones et paysans contre les grands projets d'exploitation minière et d'extraction des ressources naturelles. Il reste à voir si les ONG en question vont continuer à défendre les intérêts des populations menacées plutôt que ceux des bailleurs de fonds institutionnels. Le temps dira comment la relation entre ces deux acteurs du développement va s'établir dans cette nouvelle conjoncture de développement.

Objectifs d'apprentissage

- Comprendre la composition et les rôles des ONG dans le domaine du développement.
- Connaître le parcours des ONG, dans le temps et l'espace, et leur importance respective pour différentes sociétés du Sud.

Questions de réflexion

- Comment les ONG peuvent-elles représenter les intérêts de leurs bénéficiaires alors qu'elles n'ont aucun compte à leur rendre?
- La dépendance des ONG envers les bailleurs de fonds institutionnels est-elle inévitable?
- Quelles sont les conséquences de la politisation des actions des ONG et des mouvements sociaux en ce qui concerne leur mode d'organisation et les résultats visés?

Pour en savoir davantage

Abu-Sada, Caroline et Benoît Challand. *Le développement, une affaire d'ONG? Associations, États et bailleurs dans le monde arabe*. Paris, Éditions Karthala, 2012.

Coopman, Pierre et Andrés Patuelli. «ONG de développement et altermondialistes: alliés naturels?». *La Revue nouvelle*, avril n° 4 (2005), 41-50.

Deler, Jean-Paul, Yves-André Fauré, Alain Piveteau et Pierre-Jean Roca. *ONG et développement: société, économie, politique*. Paris, Éditions Karthala, 1998.

Godin, Julie. *ONG: dépolitisation de la résistance au néolibéralisme? Alternatives Sud*. Louvain-la-Neuve, Centre Tricontinental, 2017.

Perroulaz, Gérard. «Le rôle des ONG dans la politique de développement: forces et limites, légitimité et contrôle». *Annuaire suisse de politique de développement*, 2004, 9-24.

Notes

35 La marche des femmes

Carmen Díaz Alba

Résumé

Dans ce texte, nous allons raconter comment la Marche mondiale des femmes, un réseau de groupes de femmes présent dans le monde entier, lutte pour les droits et mène des actions qui contribuent à un développement plus juste et égalitaire.

L'influence de la perspective féministe

Partout dans le monde, les femmes s'organisent collectivement pour changer leur environnement et lutter pour leurs droits. Selon Martinez, Casado et Ibarra, les mouvements sociaux agissent contre les multiples systèmes de domination entrelacés : le capitalisme, le colonialisme et le patriarcat[1]. Pour ces auteures, les mouvements sociaux émancipateurs doivent lutter contre toute forme de domination, tant dans les rapports de production que dans la coexistence et la reproduction de la vie quotidienne. Le féminisme apparaît comme une théorie critique qui démontre les multiples visages de la domination et la diversité des formes et des agents de résistance[2].

L'initiative de la Marche mondiale des femmes

Selon Janet Conway, la Marche mondiale des femmes (MMF) est un réseau qui se mobilise à différentes échelles d'action à partir d'une plate-forme commune[3]. Il s'agit d'un mouvement transnational d'actions féministes, composé d'organisations de femmes de différentes origines ethniques, de religions, de cultures politiques, de classes, d'âges et d'orientations sexuelles. Bien que la Marche ait des symboles et des éléments qui permettent aux femmes de se reconnaître partout dans le monde, le visage de la Marche reflète la diversité des luttes et des expériences des femmes dans différents endroits et avec des trajectoires différentes.

---

1. Zesar Martinez, Beatriz Casado et Pedro Ibarra. « Mouvements sociaux et processus d'émancipation », *Cahiers de travail*, n° 57 (2012).
2. Peggy Antrobus. *Mouvement mondial des femmes*. Montréal, Éditions Écosociété, 2007 ; Aurélie Leroy. *État des résistances dans le Sud : mouvements de femmes.*

Alternatives Sud. Louvain-la-Neuve, Centre Tricontinental, 2015.
3. Janet Conway. « La géographie des féminismes transnationaux : la politique de place et d'échelle dans la marche mondiale des femmes ». *Études internationales sur le genre, État et société 15*, n° 2 (2008).

En 2000, la Marche a créé une plate-forme de 17 revendications visant à éliminer la pauvreté dans le monde et à éradiquer la violence à l'égard des femmes qui ont été présentées dans le cadre d'une action internationale qui visait la Banque mondiale et l'ONU.

Des femmes de partout ont dénoncé les politiques du Fonds monétaire international, et ont exigé que les pays membres de l'ONU posent des gestes concrets pour contrer la pauvreté des femmes, ainsi qu'un changement radical pour mettre un terme définitif à toutes les formes de violence envers les femmes[4].

En 2005, la MMF a organisé une deuxième action internationale. C'était une marche-relais, à travers 53 pays et territoires, portant un élément symbolique, une grande couverture de solidarité fabriquée avec des bouts de tissu brodés par des femmes du monde entier. Cette caravane apportait également la Charte mondiale des femmes pour l'humanité qui postule les principes d'un projet féministe fondé sur la liberté, l'égalité, la paix, la justice et la solidarité[5]. Les champs d'action de la Marche tentent de refléter la multiplicité des luttes des femmes du monde:

- Bien commun, souveraineté alimentaire et accès aux ressources et à la biodiversité.
- Paix et démilitarisation.
- Travail des femmes.
- Violence à l'égard des femmes en tant qu'outil de contrôle du corps, de la vie et de la sexualité des femmes[6].

Le premier champ cherche à unir les luttes pour les biens communs et des services publics pour les femmes dans la campagne et la ville, y compris la défense de la souveraineté alimentaire, la protection de la nature et des actions contre la privatisation de la vie. Les biens communs sont considérés comme des nécessités de base pour une vie digne, comme la nourriture, l'eau, la terre, le toit, les connaissances et l'accès aux services publics tels que l'éducation, la santé et l'énergie. L'objectif du deuxième champ d'action – la paix et la démilitarisation – est d'assurer la participation de la MMF dans les mobilisations contre militarisation et conflits armés. Cela inclut de dénoncer l'utilisation de la violence sexuelle comme une arme de guerre et la masculinité associée à la violence. Également, d'exiger la réduction des dépenses militaires, la participation des femmes dans la prévention des conflits armés et la création d'un réseau d'alerte pour une action urgente.

La tâche du troisième domaine d'action concerne le travail des femmes. Les objectifs de la MMF sont axés sur la répartition des richesses, le droit de tous à l'emploi, à avoir des conditions de production et de marché décentes, des possibilités de croissance et des loisirs. Enfin, pour la violence contre les femmes, l'idée est de soutenir les stratégies d'action visant à prévenir la violence. Cette violence découle du système patriarcal et capitaliste et traverse classes sociales, cultures, religions et situations géopolitiques.

En 2010, la troisième action internationale comprenant des actions partout dans le monde a abouti à un acte de solidarité à Bukavu, en République démocratique du Congo. Dans cette région, selon les Nations unies, plus de 200 000 femmes ont souffert de violations sexuelles. En 2015, la quatrième action internationale a porté sur la défense du corps, la terre et le territoire, à travers un processus incluant des actions mondiales simultanées, des processus de formation, des manifestations et des caravanes.

---

4. Michèle Asselin. «Une histoire brève de la Marche mondiale des femmes», Montréal, 2010.

5. La Marche mondiale des femmes. «Charte mondiale des femmes pour l'humanité», 2004. http://www.marchemondialedesfemmes.org/publications/charte/charte/. Page consultée le 3 septembre 2018.

6. La Marche mondiale des femmes. «Nos champs d'actions: bien commun et accès aux ressources, Paix et démilitarisation, Travail des femmes et Violence envers les femmes», 2008. http://www.marchemondiale.org/themes/fr/. Page consultée le 3 septembre 2018.

Encadré 35.1 Femmes en résistance : Marche mondiale des femmes*

Nous luttons contre l'hétéropatriarcat, le capitalisme et le colonialisme et contre toutes les formes d'inégalités et de discriminations. Nous revendiquons nos droits pour reprendre le contrôle de nos corps, de notre terre, de nos territoires.

- Les fondamentalismes religieux et politiques, la répression et la criminalisation des activistes, la persécution, les assassinats, la violence domestique et sexuelle, les conflits militaires empêchent les femmes de vivre dans un monde de paix d'égalité et de justice. Nous dénonçons le trafic sexuel, l'utilisation de nos corps et nous luttons pour revendiquer le droit d'accès pour toutes les femmes à l'avortement.
- Nous sommes inquiètes de la destruction de la terre, de l'exploitation des ressources naturelles et dénonçons la monoculture qui appauvrit les femmes. Nous construisons l'écoféminisme, l'agroécologie et la souveraineté alimentaire comme alternatives du bien-vivre. Nous travaillons à augmenter le pouvoir et l'autonomie économique des femmes. Nous croyons à la redistribution de la richesse et à l'économie solidaire.
- Nous sommes solidaires de toutes les femmes qui luttent pour leur territoire, pour leur autodétermination, pour leur liberté. Nous condamnons la répression violente exercée contre les peuples et les femmes kurdes, sahraouies et palestiniennes et sommes solidaires de toutes les femmes qui luttent contre la colonisation. Nous sommes toutes solidaires des femmes, qui sont emprisonnées, torturées, qui subissent des souffrances atroces et qui dans les conflits armés sont vendues, violées et tuées. Les guerres, les famines, la pauvreté jettent sur les routes de l'exil les réfugiés qui subissent les pires violences. La Marche mondiale des femmes se solidarise avec toutes les femmes réfugiées. Elle dénonce le racisme des pays dits d'accueil et exige la destruction des murs qui s'élèvent partout.
- Les femmes de la MMF affirment leur solidarité avec les femmes lesbiennes et bisexuelles et se donnent comme objectif de favoriser la visibilité lesbienne.
- Nous nous auto-organisons pour passer à l'action et établir des liens avec les mouvements sociaux. Nous résistons pour un monde meilleur basé sur les valeurs de la MMF qui sont l'égalité, la justice, la paix, la solidarité et la liberté.

* La Marche mondiale des femmes. «Déclaration de la Marche mondiale des Femmes», 2016. http://www.ffq.qc.ca/2016/10/declaration-de-la-marche-mondiale-des-femmes/. Page consultée le 3 septembre 2018.

Jusqu'à ce que nous soyons toutes et tous libres

La MMF reconnaît dans son discours la diversité des réalités des femmes et les différentes oppressions qui se croisent. Elle met son énergie dans la construction de conditions pour que les femmes elles-mêmes puissent transformer leurs réalités. Bien que l'accent soit mis sur le local, il existe un engagement clair envers la solidarité internationale et le travail en partenariat avec d'autres mouvements sociaux. Plusieurs alternatives sont en cours, telles des foires agroécologiques avec Via Campesina et les réseaux s'occupant d'économie solidaire.

Dans le monde, des milliers de femmes discutent. Partout, on observe l'organisation, la mobilisation, l'action dans les rues, les quartiers et les réseaux virtuels, pour défendre les femmes et la société tout entière, contre les causes de la pauvreté et de la violence.

Pour en savoir davantage

Bisilliat, Jeanne. *Regards de femmes sur la globalisation : approches critiques*. Paris, Éditions Karthala, 2003.

Dufour, Pascale. « Refonder l'État et l'action publique : les savoirs militants construits autour des mobilisations de la Marche mondiale des femmes de 2010 ». *Canadian Woman Studies* 29, n° 3 (2012), 138-146.

Dufour, Pascale et Isabelle Giraud. *Dix ans de solidarité planétaire : perspectives sociologiques sur la marche mondiale des femmes*. Montréal, Éditions du remue-ménage, 2010.

Falquet, Jules. « Femmes, féminisme et "développement" : une analyse critique des politiques des institutions internationales depuis la Conférence de Pékin ». Dans *On m'appelle à régner : mondialisation, pouvoirs et rapports de genre*. Par Fenneke Reysoo et Christine Verschuur, 59-87. Genève, Institut universitaire d'études du développement, 2003.

Giraud, Isabelle. « Intégrer la diversité des oppressions dans la Marche mondiale des femmes ». *L'Homme et la Société* 4, n° 198 (2015), 95-112.

36 Les Autochtones et le développement à travers le monde

Marie-Pierre Bousquet et Laurence Hamel-Charest

Résumé

Ce chapitre aborde les principaux enjeux du développement en contextes autochtones à l'échelle mondiale. Le développement y est entendu comme mettant en relation des acteurs sociaux qui relèvent de mondes n'ayant ni les mêmes références culturelles et sociales, ni les mêmes pouvoirs. Nous abordons d'abord les transformations du rapport au développement, ses différentes facettes et ses défis en milieux autochtones. Puis nous présentons certains modèles développementaux privilégiés par les Autochtones pour répondre à leurs besoins. Nous démontrons en quoi il est important qu'ils soient aux commandes de leurs propres développements.

Introduction

Marginalisés, les peuples autochtones n'ont pas toujours eu leur mot à dire dans l'exploitation de leurs territoires – souvent jamais cédés. Si les manières de faire peuvent parfois changer grâce à leurs mobilisations, leur développement reste un enjeu de taille. Qu'entendons-nous par « développement » ? D'après Olivier de Sardan, « le monde du développement est un monde de l'action "politique" au sens large où l'on entend transformer de façon volontariste la réalité[1] ». Bellier va plus loin et avance que « la perspective du développement s'inscrit [...] dans une relation de pouvoir » qui « engage une vision du monde – ce qu'il est et ce qu'il deviendra[2] ». Elle soutient que la dynamique du développement fait de la croissance économique et de la lutte contre la pauvreté les piliers de son action. Si des institutions financières internationales comme la Banque mondiale ou la Banque asiatique de développement ont des politiques et des programmes spécifiques destinés aux communautés autochtones, en général les peuples autochtones demeurent les plus pauvres dans la plupart des pays du monde. Nous proposons ici un survol des transformations du rapport au

1. Jean-Pierre Olivier de Sardan. « Les trois approches en anthropologie du développement ». *Tiers-Monde* 42, n° 168 (2001), 729-754.

2. Irène Bellier. « Le développement et les peuples autochtones : conflits de savoirs et enjeux de nouvelles pratiques politiques ». Dans *Savoirs et politiques de développement : questions en débat à l'aube du XXIᵉ siècle*. Par Vincent Géronimi, Irène Bellier, Jean-Jacques Gabas, Michel Vernières et Yves Viltard, 119-139. Paris, Éditions Karthala, 2008.

développement en contextes autochtones, ses différentes facettes et ses défis. Nous garderons en tête que le développement met en relation des acteurs sociaux qui relèvent de mondes n'ayant ni les mêmes références culturelles et sociales ni les mêmes pouvoirs.

Peuples autochtones dans le monde

L'ONU estime que les Autochtones «constituent au moins 5 000 groupes humains représentant 370 millions de personnes qui vivent dans plus de 70 pays sur cinq continents[3]». Considérant leur très grande diversité culturelle et leurs différentes réalités historiques, il n'existe pas une définition qui puisse s'appliquer uniformément. D'ailleurs, un Autochtone s'identifie souvent en priorité à son groupe d'appartenance.

Tableau 36.1
Populations autochtones par région

Chine	106,40
Asie du Sud	94,90
Asie du Sud-Est	29,84
Afrique	21,98
Amérique du Sud	16,00
Arabie	15,41
Amérique centrale/Mexique	12,70
États-Unis/Canada	3,29
Japon/Îles du Pacifique	0,80
Australie/Nouvelle-Zélande	0,60
Ex-Union soviétique	0,40
Groënland/Scandinavie	0,12
Total	**302,45**

Note: En millions
Source: Banque mondiale. «Indigenous Peoples Development in World Bank-Financed Projects: Our People, Our Resources: Striving for a Peaceful and Plentiful Planet». Washington, D.C., Banque mondiale, 2015.

À l'origine, le terme autochtone, qui vient du grec ancien, désignait les citoyens issus de leur cité, puis les personnes issues du pays où elles habitent. Ici, le terme désigne des peuples marginalisés par des systèmes coloniaux qui les ont classés comme «inférieurs», suivant les théories évolutionnistes. Le terme, repris en droit international (par exemple, Déclaration des droits des peuples autochtones), s'applique à une grande diversité de peuples dans le monde contemporain, supposément «premiers», en d'autres mots descendants des peuples arrivés les premiers sur les terres. Toute minorité n'est pas autochtone, mais ce sont des peuples mis à part par les États où ils vivent. Aujourd'hui, ils luttent pour regagner des statuts autonomes et faire reconnaître leurs droits au sein des États-nations.

Le rapport Martinez Cobo publié par l'ONU en 1986 a énuméré trois critères d'identification : l'antériorité, la spécificité culturelle et l'auto-identification[4]. En 1989, la Convention 169 de l'Organisation internationale du travail a également proposé des critères de définition, parmi lesquels on retrouve l'auto-identification et le sentiment d'appartenance. Au niveau national, certains États ont leurs propres législations, comme le Canada, qui reconnaît trois catégories d'Autochtones : les Premières Nations (Amérindiens), les Métis et les Inuits.

Les Autochtones face au développement

Jusqu'au début des années 2000, associer «Autochtones» et «développement» impliquait de s'intéresser à l'impact du développement de grandes entreprises (minières, hydroélectriques, forestières) sur des terres autochtones[5]. Les

3. Nations unies. «Droits des populations autochtones». http://www.un.org/fr/rights/overview/themes/indigenous. shtml. Page consultée le 3 septembre 2018.

4. Françoise Morin. «La déclaration des Nations unies sur les droits des peuples autochtones à l'épreuve du temps (2007-2012)». *Cahier DIALOG*. Montréal, DIALOG et INRS, 2012.
5. James B. Waldram. *As Long as the Rivers Run: Hydroelectric Development and Native Communities in Western Canada*. Winnipeg, University of Manitoba Press, 1993.

Tableau 36.2
Population d'identité autochtone au Canada, 2016

	Nombre	%
Population totale d'identité autochtone	1 673 785	100,0
Premières Nations	977 230	58,4
Métis	587 545	35,1
Inuit	65 025	3,9
Identités autochtones multiples	21 310	1,3
Identités autochtones non incluses ailleurs	22 670	1,4

Source : Statistique Canada. *Les peuples autochtones au Canada : faits saillants du Recensement de 2016.* Ottawa, Statistique Canada, 2017.

Autochtones ont ensuite fait des alliances avec divers mouvements sociaux et des ONG, ce qui a permis l'émergence de nouveaux types de gouvernance. Les recherches se sont alors orientées autour des changements dans l'action autochtone et sur le pouvoir d'action des Autochtones, ainsi que sur l'élaboration de leurs stratégies pour un développement autonome[6]. Pour les Autochtones, la plus grande motivation pour se développer est de s'affirmer politiquement. Cela s'inscrit dans une démarche de décolonisation et de prise en charge liée à une réaffirmation des liens ancestraux avec leurs territoires jamais abandonnés[7]. Le terme décolonisation est entendu au sens d'un rétablissement de rapports égalitaires avec les colons, accompagnés d'une amélioration de la condition autochtone. Les modèles développementaux qu'ils adoptent vont donc dans ce sens et répondent à leurs besoins.

Développement communautaire

Chez les Autochtones vivant en communauté, le modèle du développement communautaire est particulièrement mobilisé. Il a pour but que la collectivité prenne en charge le processus de changements, en utilisant ses forces. La démarche du partenaire, qu'il soit gouvernemental ou non, doit être participative et non directive. Souvent, deux domaines économiques sont visés : le tourisme et le commerce. Le tourisme autochtone mise sur les activités culturelles (par exemple, musée) et sur l'exploration du territoire[8]. Le but est de favoriser des économies locales sur lesquelles les communautés ont le contrôle. Quand des organismes gouvernementaux, de développement international ou des ONG s'ingèrent trop dans la gestion afin d'améliorer les conditions de vie des communautés autochtones, celles-ci n'en bénéficient pas autant. Dans le commerce, la revente de biens et services (épicerie, station d'essence, magasin) peut s'effectuer dans une optique d'économie sociale et solidaire, par exemple en organisant des coopératives. Si ce modèle entrepreneurial est celui qui retient le plus l'attention de l'extérieur, tant il va de pair avec le stéréotype liant l'autochtonie à un communisme pré-marxiste,

6. Mario Blaser, Harvey A. Feit et Glenn McRae. *In the Way of Development : Indigenous Peoples, Life Projects, and Globalization.* Ottawa, Centre de recherches pour le développement international (CRDI), 2004.

7. Marie-Pierre Bousquet. « Tourisme, patrimoine et culture, ou que montrer de soi-même aux autres : des exemples anicinabek (algonquins) au Québec ». Dans *Le tourisme indigène en Amérique du Nord.* Par Katia Iankova, 17-41. Paris, Éditions L'Harmattan, 2016 ; Marie-Pierre Bousquet. « Une histoire réparée pour qui ? Ce que les Algonquins commémorent de leur passé ». Dans *Du vrai au juste : la mémoire, l'histoire et l'oubli.* Par Michèle Baussant, 41-53. Québec, CÉLAT : Presses de l'Université Laval, 2006.

8. Sylvie Blangy, Robin McGinley et Raynald Harvey Lemelin. « Recherche-action participative et collaborative autochtone : améliorer l'engagement communautaire dans les projets touristiques ». *Téoros : Revue de recherche en tourisme* 29, n° 1 (2010), 69-80.

il coexiste avec des initiatives individuelles qui peuvent, certes, créer des emplois localement, mais sans nécessairement redistribuer la richesse. Les différences intergénérationnelles et socioéconomiques ainsi que les différences de croyances des membres des communautés sont quelques-uns des défis qui se dressent parfois face à la cohésion communautaire.

Économies autochtones

La littérature sur les économies autochtones dans des pays industrialisés comme le Canada a surtout mis l'accent sur les stratégies vues comme plus susceptibles de réussir à long terme puisqu'elles sont adaptées aux besoins sociaux et financiers des Autochtones et à leurs valeurs (par exemple, l'entrepreneuriat social et les partenariats d'affaires fondés sur la responsabilité sociale) ou parce qu'elles utilisent les ressources de leurs territoires[9]. Un concept est récurrent : celui de « durable[10] », également très présent dans la littérature sur les Autochtones dans les pays en voie de développement, comme l'Équateur et les Philippines[11]. Beaucoup entendent par « durable » une utilisation judicieuse des savoirs écologiques traditionnels autochtones[12]. Le terme est également appliqué pour évaluer la viabilité et la pérennité potentielle des choix d'activités et des formes entrepreneuriales qui semblent fonctionner. Au Québec, les recherches sur les économies autochtones depuis les années 1940-1950 (époque qui correspond à la sédentarisation pour la majorité

des Autochtones du Moyen-Nord québécois) démontrent que la participation à l'économie nationale des Autochtones était déjà un fait accompli et normal[13]. Leur engagement dans le monde industriel est allé de pair avec un agencement de leurs pratiques pour maintenir une vie sur les territoires[14]. Des travaux ont mis l'accent sur les valeurs autochtones face au développement[15], comme l'importance de l'autonomie et le peu de valeur accordée à l'accumulation de capital financier.

L'après-développement

En général, au Canada, les travaux démontrent la dépendance des Autochtones aux paiements de transfert gouvernementaux à cause des retards sur le plan de la scolarisation[16] ; ou classifient les entreprises autochtones en catégories organisationnelles pour estimer leurs impacts dans le développement des Premières Nations[17]. Partout dans le monde, depuis les années 1980, des voix s'élèvent contre l'idée de développement, dont l'idéologie issue du capitalisme prône un mode de vie devenu insoutenable à l'échelle mondiale au point de vue environnemental et sociétal[18].

9. Robert B. Anderson. « Corporate/Indigenous Partnerships in Economic Development: The First Nations in Canada ». *World Development 25*, n° 9 (1993), 1483-1503.

10. Terrence M. Loomis « Indigenous Populations and Sustainable Development: Building on Indigenous Approaches to Holistic, Self-Determined Development ». *World Development 28*, n° 5 (2000), 893-910.

11. Anthony Bebbington. « Modernization from below: An Alternative Indigenous Development ? » *Economic Geography 69*, n° 3 (1993), 274-292.

12. Peter J. Usher. « Traditional Ecological Knowledge in Environmental Assessment and Management ». *Arctic 53*, n° 2 (2000), 183-193.

13. Claude Gélinas. « Les autochtones et le partenariat économique au Québec, 1867-1960 ». *Recherches amérindiennes au Québec 38*, n° 1 (2008), 29-39.

14. Jean-Sébastien Boutet. « Développement ferrifère et mondes autochtones au Québec subarctique, 1954-1983 ». *Recherches amérindiennes au Québec 40*, n° 3 (2010), 35-52.

15. Stéphane Croussette. « Le développement économique de la communauté innue de Pessamit ». Mémoire présenté comme exigence partielle de la maîtrise en intervention sociale, Université du Québec à Montréal, 2008.

16. Bernard Lamothe et Louise Lemire. « Scolarité, développement et activité économique chez les Inuits du Québec arctique ». *Recherches sociographiques 35*, n° 3 (1994), 551-573.

17. Josée Gauthier et Marc-Urbain Proulx. « Les conditions de l'entrepreneuriat autochtone au Québec ». Dans Gouvernance autochtone : reconfiguration d'un avenir collectif. *Nouvelles perspectives et processus émergents.* Par Pierre Noreau et Karine Gentelet, 177-207. Montréal, Éditions Thémis, 2010.

18. Serge Latouche. *Faut-il refuser le développement ?* Paris, Presses universitaires de France, 1986.

Les partisans de l'après-développement mettent l'accent sur les alternatives au développement qui revalorisent de nouveaux rapports sociaux et qui échappent (plus ou moins) au système de pouvoir dominant le monde. Ces alternatives peuvent être volontaristes ou être le fait d'exclus du marché qui organise d'autres formes d'échange. Dans le cas des Autochtones, les approches historiques du développement par les partisans de l'après-développement ont démontré que l'économie capitaliste a participé à leur domination et que la vision occidentale du développement non seulement les oblige à toujours s'adapter, mais aussi les place systématiquement dans la marge. En gros, ceux qui s'adaptent doivent s'occidentaliser, car le développement a une nature assimilationniste.

Conclusion

Ces quelques dimensions des réalités développementales qui concernent les Autochtones laissent voir la complexité des relations et des idéologies qui s'y côtoient. Il faut dire que les peuples autochtones n'ont pas seulement des coutumes, des langues et des croyances distinctes. Ils conceptualisent également les événements, les concepts, l'être au monde différemment selon leurs propres façons de voir le monde. Mais il semble clair qu'ils doivent être aux commandes de leurs propres développements. Déjà en 1971, Vincent notait que, « plus une communauté est soutenue par un gouvernement, plus le processus de dégradation économique et culturelle s'accélère[19] ». L'autonomie, la gouvernance, voire la souveraineté des peuples autochtones est nécessaire à plus d'un titre. C'est ce que recommande la Déclaration des Nations unies sur les droits des peuples autochtones, que le Canada, après plusieurs années de tergiversations, a signée en 2010, mais qu'il n'a pas encore appliquée.

---

19. Sylvie Vincent. « Le cercle vicieux du développement communautaire (à propos d'un document de la direction générale du Nouveau-Québec) ». *Recherches amérindiennes au Québec 1*, n° 2 (1971), 56-61.

Objectifs d'apprentissage

- Identifier les enjeux et défis du développement en contextes autochtones.
- Comprendre les conceptions autochtones du développement à travers le monde.
- Se familiariser avec les transformations des méthodes d'intervention et des dynamiques de pouvoir dans les milieux autochtones.

Questions de réflexion

- Quels sont les éléments distinctifs des conceptions autochtones du développement ?
- Quelles stratégies peuvent être mises en place pour garantir un développement respectueux avec ou par les Autochtones ?
- Comment les structures internationales peuvent-elles participer à ce développement ?

Pour en savoir davantage

Bellier, Irène. *Peuples autochtones dans le monde : les enjeux de la reconnaissance.* Paris, Éditions L'Harmattan, 2013.

Hoffmann-Schickel, Karen et Éric Navet. *Résistances culturelles et revendications territoriales des peuples autochtones : actes de la journée d'étude de l'Université de Strasbourg.* Saint-Denis, Éditions connaissances et savoirs, 2015.

Guignier, Armelle. *Le rôle des peuples autochtones et des communautés locales dans le développement durable : figurants ou acteurs ?* Limoges, Presses universitaires de Limoges, 2004.

Rivard, Étienne et Caroline Desbiens. « Présentation : relations durables : autochtones, territoires et développement ». *Recherches amérindiennes au Québec 38*, n° 1 (2008), 3-6.

Vézina, Andrée-Anne. « Sagesse et savoir pour le développement durable : l'exemplarité des peuples autochtones ». *Vraiment durable 3*, n° 1 (2013), 83-92.

Notes

Partie 3

Champs d'action

Introduction à la troisième partie

Le développement international est un domaine qui couvre de vastes champs où s'imbriquent, les unes dans les autres, les théories, les politiques, les pratiques. C'est, dans un sens, les sciences sociales appliquées à leur meilleur. Dans cette partie, nous voulons expliquer quelques-uns de ces grands champs qui ont été et demeurent des terrains privilégiés du développement international.

L'un de ces champs est maintenant celui de la démocratie et des droits. Il faut dire qu'à l'origine, le développement se limitait surtout à la croissance économique, qui continue de jouer un rôle proéminent. Mais depuis quelques décennies, les revendications de la société pour l'établissement de régimes démocratiques et d'un régime de droit ont explosé partout, faisant de ce « territoire », non seulement un terrain où se déploient les politiques du développement, mais également, de plus en plus, une dimension nécessaire, voire indispensable, pour que l'humanité solutionne ses problèmes de pauvreté et d'insuffisance des ressources. Pour autant comme l'explique Jourde, la question de la démocratie est asymétrique, entre la dimension procédurale (normes et procédures) d'une part, et l'appropriation citoyenne des processus de prises de décisions d'autre part. Selon Lamarche, la lutte pour les droits constitue actuellement un des enjeux principaux dans plusieurs régions du monde, y compris là où la démocratie libérale ou « formelle » est en vigueur.

Si les dimensions démocratiques restent importantes, c'est parce que de nombreuses régions sont aux prises avec des crises majeures, de longue durée. Là où la violence domine, le champ de l'action humanitaire prend tout son sens, soit sous une forme d'urgence, soit en matière de reconstruction et de démocratisation à moyen et à long terme, comme l'expliquent Celis et Audet.

Parallèlement, la lutte pour reconstruire une humanité plus égalitaire se poursuit sur le terrain économique, notamment par rapport au problème lancinant de la dette, qui atrophie des États et des populations dans leur lutte contre la pauvreté, comme le démontrent Toussaint et Raymond. Selon Toussaint, il serait possible à partir d'une restructuration en profondeur des mécanismes financiers de redresser cette situation et ainsi de permettre de remettre à l'ordre du jour les objectifs de développement social et écologique souvent exigés. De plus en plus, on constate que l'investissement du développement international dans le sens de la justice sociale et écologique implique, comme l'affirme Gilbert Rist, des activités de plaidoyer et de mobilisation « plus "politiques", à l'échelle internationale, pour dénoncer – souvent avec succès – des pratiques douteuses ou clairement répréhensibles au regard de la loi ».

Avec cela entrent en jeu de nouveaux territoires du développement, via notamment l'économie sociale et solidaire qui, selon Klein, peut ressouder l'économique et le social dans le développement communautaire, « visant le développement local, le renforcement des réseaux socioproductifs locaux (circuits courts), le développement durable des ressources, l'émancipation des femmes, la souveraineté alimentaire, et en général les droits économiques, sociaux et culturels ».

Cette alter économie peut être facilitée, selon Mestrum, par une politique de redistribution comme on l'a vu en Amérique latine pendant la dernière décennie.

Cependant, ces avancées ne sont pas durables si elles ne prennent pas en considération les dimensions écologiques, particulièrement dans le domaine rural et des ressources naturelles. Selon Talbot, « la justice écologique peut se définir comme étant une réponse transnationale qui s'est constituée, entre autres, en réponse aux changements climatiques et aux différentes crises écologiques. Plus qu'un simple concept théorique, la justice écologique est un mouvement social de base. Ce mouvement reflète l'importance pour les communautés de s'investir dans l'organisation de leurs propres actions et dans les décisions concernant leur avenir ».

Pour terminer cette partie, nous avons cru bon d'explorer quatre grands domaines où le développement international prend beaucoup de place, soit la culture, la santé, l'éducation et la science. Selon Yaya, Ze et Barry, les efforts des acteurs en ce moment vont dans le sens de dépasser les indicateurs quantitatifs souvent partiels et de voir « comment donner à tous les peuples du monde un niveau de santé qui leur permette de mener une vie socialement et économiquement productive ». Dans le domaine de l'éducation, une des grandes priorités persistantes du développement international, le bilan mitigé des initiatives éducatives impose aux acteurs d'aller vers « une approche cohérente, holistique et interactive des composantes du système éducatif (intrants, processus et procédures, résultats et produits, environnement communautaire et systémique, tous niveaux et toutes modalités d'éducation) ainsi qu'en relation avec les orientations et actions développées dans les autres secteurs pour la transformation du tout social ».

Section 1

Pouvoir et politique

37 Autoritarismes, démocraties et démocratisations

Cédric Jourde

Résumé

Ce chapitre aborde deux grands débats autour de la question des régimes politiques : tout d'abord, nous présentons les différentes définitions de concepts, surtout celui de « démocratie ». On y verra qu'une approche dite « procédurale » s'oppose à une approche « substantielle » de la démocratie. Ensuite, le chapitre présente les différentes théories pour expliquer pourquoi certains régimes se démocratisent alors que d'autres se maintiennent dans une situation autoritaire.

Introduction

Pendant les années 1990 et 2000, un grand nombre de régimes autoritaires, dirigés par des militaires, des partis uniques ou des dictateurs, ont laissé la place à des systèmes politiques donnant aux populations la possibilité de choisir leurs représentants, d'exprimer une diversité d'opinion ou encore de ne plus craindre la répression des forces de sécurité. Depuis quelques années, toutefois, des régimes autoritaires ont raffiné leurs modes opératoires. Certains fonctionnent encore sur le mode formel de la répression politique et de l'interdiction du pluralisme politique (au Viêt Nam, en Érythrée, en Chine, etc.). D'autres comme la Turquie, l'Angola, le Cambodge ou le Kazakhstan ont mis en place certaines réformes qui évoquent des règles démocratiques, tout en permettant aux élites de consolider, de manière formelle ou non, l'usage de la répression ciblée contre des opposants, la falsification des élections, l'utilisation du pouvoir administratif pour punir ceux et celles qui critiquent ouvertement le régime.

Clarifier les concepts

Débutons par le concept de « régime politique ». Ce concept renvoie à l'ensemble des principes, des règles et des pratiques qui régissent les relations de pouvoir entre la société et l'État[1]. On s'interroge ici sur la nature des relations entre gouvernants et gouvernés : sont-elles construites, par exemple, sur l'usage fréquent de la violence par les gouvernants ? Ou encore, impliquent-elles que les gouvernants soient imputables de leurs actes ? Les gouvernés ont-ils

1. Adam Przeworski, Fernando Limongi, José Antonio Cheibub et Michael E Alvarez. *Democracy and Development: Political Institutions and Well-being in the World, 1950-1990*. New York, Cambridge University Press, 2000.

leur mot à dire sur les décisions qui influent sur la société ?

En ce sens, on peut dire d'un régime qu'il est autoritaire lorsque les principes, règles et pratiques qui lient la société aux dirigeants étatiques restreignent sévèrement la participation populaire dans les prises de décisions ; rejettent les droits d'expression, de réunion, de liberté de conscience des citoyennes et citoyens ; minimisent l'imputabilité et la responsabilité des dirigeants vis-à-vis de la société ; et encouragent l'utilisation fréquente et arbitraire de la violence contre la population[2]. Ces règles et pratiques qui fondent l'autoritarisme peuvent être, dans certains cas, codifiées par des textes officiels, et dans d'autres cas, elles peuvent exister de façon informelle, c'est-à-dire sans être reconnues légalement. Par exemple, dans un pays donné, on peut avoir officiellement le droit de s'exprimer sur des sujets politiques, mais être en réalité sévèrement réprimé par la police dès lors que nos opinions ne sont pas celles du parti au pouvoir.

Dans le cas d'un régime démocratique, on s'entend généralement pour dire qu'il s'agit d'un régime au sein duquel les relations entre les représentants de l'État et la société sont régies par des principes et des règles qui font de l'État le représentant de la société, devant laquelle il est redevable ; qui garantissent les droits et libertés de tous et toutes ; et qui proscrivent l'usage arbitraire et systématique de la violence contre les citoyens et citoyennes. Ne dit-on pas qu'en démocratie, le pouvoir politique est exercé par et pour le peuple ? Mais les interprétations divergent malgré tout. L'un des débats oppose la définition « procédurale » à la définition « substantielle » de la démocratie.

L'approche procédurale, parfois appelée « minimaliste », est basée sur deux principes :

- Les citoyens et citoyennes choisissent de manière régulière et ininterrompue des représentants politiques qui gouvernent en leur nom, lors d'élections libres et équitables, mettant aux prises au moins deux candidats ou partis.
- L'État garantit les libertés fondamentales de tous les citoyens, et principalement les droits de participation, de rassemblement, d'expression, d'information et d'intégrité physique.

Selon Przeworski[3], la démocratie est un régime dans lequel on a normalisé le fait de perdre le pouvoir. Contrairement aux régimes autoritaires où tout est fait pour ne pas céder le pouvoir, dans une démocratie, l'architecture institutionnelle rend la défaite banale, garantit la possibilité de gagner une autre fois.

Toutefois, les critiques de l'approche procédurale la trouvent trop réductrice, trop centrée sur les procédures entourant le seul jeu électoral. Ils lui opposent l'« approche substantielle », arguant qu'il y a plus de substance dans la démocratie que de simples procédures électorales. Parmi les tenants de cette approche, on peut identifier au moins deux tendances : l'une « socioculturelle » et l'autre « socioéconomique ».

Les tenants de l'approche « socioculturelle » critiquent l'idée que l'on puisse définir la démocratie a priori, en dehors du contexte social dans laquelle elle évolue. Plutôt qu'une décontextualisée et prétendument universelle, il y aurait des définitions de la « démocratie » qui varient en fonction des contextes socioculturels. Selon Schaffer[4], aux États-Unis, ce concept évoque avant tout la possibilité d'élire des représentants qui se font une lutte acharnée tous les quatre ans, alors que chez les paysans du Sénégal où il a mené ses enquêtes, le concept évoque plutôt les notions de solidarité, de production d'un

---

2. Guy Hermet. *Démocratie et autoritarisme*. Paris, Éditions du Cerf, 2012.

3. Adam Przeworski, Fernando Limongi, José Antonio Cheibub et Michael E Alvarez. *Democracy and Development: Political Institutions and Well-being in the World, 1950-1990*. New York, Cambridge University Press, 2000.

4. Frederick Schaffer. *Democracy in Translation: Understanding Politics in an Unfamiliar Culture*. Ithaca, New York, Cornell University Press, 1998.

Figure 37.1
Régimes politiques selon Freedom House, 2018

Source : Freedom House. « Freedom in the World 2018 : Democracy in Crisis », 2018. https://freedomhouse.org/report/freedom-world/freedom-world-2018. Page consultée le 14 juillet 2019.

consensus, et d'égalité dans le traitement des doléances par les gouvernants. En Thaïlande, Rajah montre que si l'on veut comprendre l'évolution de la démocratie en Thaïlande, on ne peut se contenter d'analyser uniquement le jeu des partis politiques[5]. Les mouvements de protestation démocratique contre certaines décisions incluent aussi des pratiques associées à ce qu'on peut appeler le « monde de l'invisible », ou la « sorcellerie ». Si les chercheurs ne tenaient pas compte de cette réalité, ils négligeraient une partie importante de ce qui constitue la vie démocratique dans cet État de l'Asie du Sud-Est.

Cela étant dit, il faut éviter avec la tendance socioculturelle, une vision totalisante, qui attribue une perception identique à tous les citoyens et les citoyennes d'un pays donné. Dans aucune société du monde, la totalité de ses membres partagent la même conception de ce qu'est la « démocratie ». Cette approche part du principe que l'idée de la démocratie n'est ni figée dans le temps, ni uniformément distribuée dans une société ; elle est nécessairement plurielle et changeante.

La seconde tendance au sein de l'approche « substantielle » est de nature « socioéconomique ». Ici, la principale critique à l'endroit de l'approche « procédurale » est que celle-ci ignore la répartition de la richesse et le bien-être économique. Si les tenants de l'approche procédurale peuvent catégoriser des pays comme le Brésil ou l'Afrique du Sud comme étant « démocratiques » puisque les cycles électoraux se déroulent correctement et que les libertés politiques sont inscrites dans leurs Constitutions, le niveau des inégalités dans ces deux pays est tellement élevé que les tenants de l'approche substantielle ne les considèrent pas comme de véritables démocraties. Pour la grande majorité de la population, qui est très pauvre, la nécessité de survivre au quotidien les exclut d'une pleine participation politique, alors qu'une petite minorité accapare la majorité des ressources du pays. Comme on peut le voir, définir un terme comme la démocratie est source de nombreux débats entre chercheurs. Mais la principale leçon à retenir ici est que l'important est de s'assurer de préciser l'approche que l'on préconise, d'être le plus clair et le plus rigoureux possible chaque fois que l'on utilise ce concept.

_____

5. Ananda Rajah. « Political Assassination by Other Means: Public Protest, Sorcery and Morality in Thailand ». *Journal of Southeast Asian Studies 36*, n° 1 (2005), 111-129.

Expliquer la réussite et les échecs des transitions démocratiques

Depuis 1990, un grand nombre de régimes autoritaires se sont démocratisés. En Afrique par exemple, aucun gouvernement n'avait été remplacé à travers une élection libre entre 1960 et 1990. Après cette date, des dizaines d'alternances au pouvoir ont eu lieu. Par ailleurs, on peut se demander pourquoi, malgré l'émergence de mouvements prodémocratie au sein de leur population, les régimes chinois, tanzanien, iranien ou encore algérien ont maintenu en place des institutions et des pratiques fondamentalement autoritaires.

Pour plusieurs spécialistes, les causes fondamentales qui expliquent les transitions démocratiques ou leurs échecs se situent au niveau international, alors que pour d'autres, elles se situent principalement à l'intérieur des frontières du pays. Lorsqu'un chercheur affirme que la fin de la Guerre froide est la cause principale de la vague de démocratisation en Afrique et en Asie dans les années 1990 et 2000, il postule que le niveau d'analyse le plus important pour comprendre les démocratisations est exogène ou international. À l'inverse, si une chercheuse argue que la survie d'un régime autoritaire comme celui du Viêt Nam s'explique avant tout par les stratégies développées par le parti communiste au pouvoir, le niveau d'analyse privilégié est national.

Un autre débat fondamental oppose les tenants d'une approche « structurelle » à ceux qui privilégient une approche par les « acteurs ». Les premiers considèrent que les causes fondamentales des transitions démocratiques ou de la survie des régimes autoritaires sont le résultat de changements qui ont lieu au niveau des structures politiques, économiques, institutionnelles, culturelles ou sociales ; ils ne sont pas le produit de décisions et d'actions individuelles. À l'inverse, d'autres considèrent que le moteur de certains événements politiques se trouve sur le plan des acteurs politiques, de leurs identités, de leurs intérêts, de l'information dont ils disposent et ce qu'ils en font, des stratégies qu'ils mettent en place, et des relations que ces acteurs développent les uns avec les autres, c'est-à-dire des négociations, luttes, ruses, ou pactes qu'ils établissent entre eux.

Approches structurelles

Selon cette approche, les facteurs expliquant pourquoi un régime autoritaire se démocratise ou pourquoi il résiste aux pressions démocratiques se situent au niveau des structures politiques, sociales ou économiques. Un courant dominant, que l'on appelle celui de la « modernisation », considère que si un pays au régime autoritaire connaît des changements importants au niveau de sa structure économique, notamment lorsque celle-ci génère une industrialisation accrue, associée à une urbanisation croissante, elle entraîne alors l'émergence d'une classe ouvrière et d'une classe moyenne[6]. Celles-ci, concentrées dans les grandes villes et près des centres du pouvoir politique, mieux éduquées et plus conscientes des injustices du régime, deviennent des forces agissantes qui créent une pression sur les dirigeants autoritaires. Par effet quasi mécanique, ces transformations structurelles augmentent les probabilités d'une transition démocratique. Mais ce n'est pas toujours le cas, puisque, dans les cas chinois, ou saoudiens, les transformations économiques et sociales (croissance économique, industrialisation, urbanisation, etc.) n'ont pas abouti à une démocratisation du régime politique.

Toujours dans une optique structurelle, une thèse postule que le poids des ressources naturelles dans la structure de l'économie influe sur les probabilités d'une démocratisation. La « malédiction des ressources », comme on l'appelle parfois, argue qu'un régime autoritaire pourra aisément résister aux demandes démocratiques quand l'économie du régime repose

---

6. Barington Moore. *Social Origins of Dictatorship and Democracy: Lord and Peasant in the Making of the Modern World.* Boston, Beacon Press, 1966.

sur la rente que lui procurent des ressources naturelles de grande valeur, comme le pétrole, le gaz naturel, etc. Une telle structure économique permet au régime à la fois de financer un appareil répressif développé et efficace, et de coopter des leaders locaux influents. La durabilité des régimes autoritaires d'Arabie saoudite, du Gabon, d'Algérie ou encore d'Iran, s'expliquerait par cette structure économique basée sur les ressources naturelles, contre laquelle les mouvements prodémocratie ne pourraient pas faire grand-chose.

Le «poids du passé», et notamment la militarisation de la vie politique, serait un autre facteur structurel. Si dans le passé les militaires ont pris les commandes de l'État, il devient alors très difficile de les en déloger. Pensons à l'Égypte, avant ou après le printemps arabe, à l'Algérie, au Pakistan, à la République démocratique du Congo ou encore à la Mauritanie. Seuls les cas latino-américains semblent infirmer cette lourde tendance structurelle militariste, puisque les régimes militaires brésilien, argentin, chilien ont été démantelés dans les années 1980-1990.

Pour certains, ce sont les changements structurels au niveau international qui expliquent la réussite ou l'échec des transitions démocratiques. Au début des années 1990, en Afrique, en Europe de l'Est, et dans quelques pays d'Asie, on est passé de la Guerre froide, à la post-Guerre froide. D'où la fin de régimes autoritaires dont l'existence ne tenait qu'à la rivalité structurelle entre les deux superpuissances soviétique et américaine. En Indonésie, le régime autoritaire du général Suharto (1966-1998) devait en partie sa pérennité au soutien du bloc occidental. Une fois le système international transformé, ce régime autoritaire s'est trouvé démuni face à la contestation des mouvements prodémocratie. Mais la montée en puissance de la Chine, voire de la Russie (et, selon certains, le déclin des États-Unis), présagent peut-être d'une nouvelle bipolarisation internationale qui favoriserait la restauration autoritaire dans de nombreux États.

Approche par les acteurs

Comme il est expliqué plus haut, l'approche par les acteurs prend appui sur une perspective différente. Considérant les approches structurelles comme étant souvent trop mécaniques, les tenants de cette approche arguent que les transitions sont remplies d'incertitudes et de contingences. Par exemple, deux pays comme le Bénin et le Togo ont la même structure économique (agricole; peu industrialisée; niveau élevé de pauvreté; etc.), évoluent dans la même structure internationale, ont une géographie très semblable, et ont hérité d'un même passé colonial (en tant qu'anciennes colonies françaises). Pourtant le Bénin s'est démocratisé depuis 1991 (quatre présidents différents élus), alors que le Togo s'empêtre dans l'autoritarisme, le père et le fils Eyadéma étant au pouvoir depuis plus de 50 ans! Les facteurs qui ont compté se situent donc au niveau des acteurs politiques des deux pays, de leurs préférences, visions du monde, stratégies, et des relations qu'ils construisent les uns avec les autres.

En Tunisie, qui a connu une réelle démocratisation dans le contexte des printemps arabes, alors que tous les autres pays de la région ont échoué à rompre avec l'autoritarisme depuis lors, la transition s'expliquerait ici par les choix des acteurs, notamment, celui du clan Ben Ali, qui aurait mal évalué la situation et aurait préféré fuir plutôt que de rester en Tunisie. Ou encore le choix de certains officiers de l'armée qui ont décidé de ne pas intervenir à la faveur du régime. À cela s'ajoute le rôle des syndicats tunisiens, qui ont su puiser dans leur expérience des mobilisations passées[7]. Des stratégies de mobilisation différentes, moins efficaces, lancées au mauvais moment, auraient pu mener à l'échec complet du mouvement démocratique en Tunisie, comme on l'a vu en Égypte, et où les acteurs ont développé d'autres stratégies, lesquelles ont mené au renouvellement du régime autoritaire sous la gouverne du général Sissi.

---

7. Hmed Choukri. «Réseaux dormants, contingence et structures: genèses de la révolution tunisienne». *Revue française de science politique* 62, n° 5 (2012), 797-820.

Figure 37.2
Long processus démocratique en France, 1789-2018

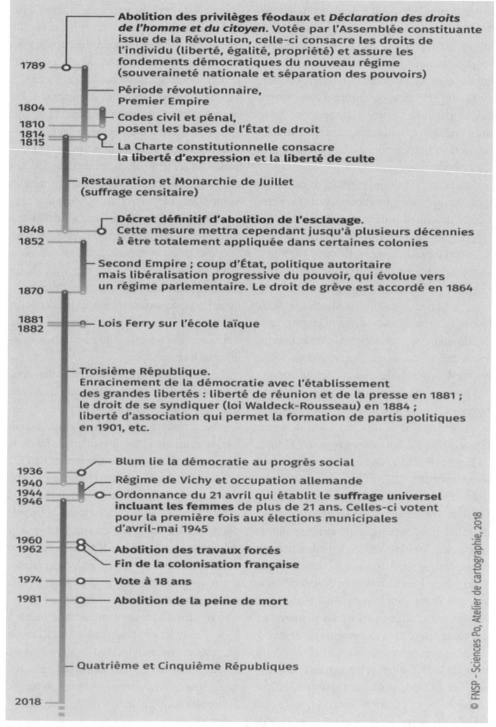

1789 — Abolition des privilèges féodaux et *Déclaration des droits de l'homme et du citoyen*. Votée par l'Assemblée constituante issue de la Révolution, celle-ci consacre les droits de l'individu (liberté, égalité, propriété) et assure les fondements démocratiques du nouveau régime (souveraineté nationale et séparation des pouvoirs)

1804 — Période révolutionnaire, Premier Empire

1810 — Codes civil et pénal, posent les bases de l'État de droit

1814
1815 — La Charte constitutionnelle consacre la **liberté d'expression** et la **liberté de culte**

— Restauration et Monarchie de Juillet (suffrage censitaire)

1848 — Décret définitif d'abolition de l'esclavage. Cette mesure mettra cependant jusqu'à plusieurs décennies à être totalement appliquée dans certaines colonies

1852

— Second Empire ; coup d'État, politique autoritaire mais libéralisation progressive du pouvoir, qui évolue vers un régime parlementaire. Le droit de grève est accordé en 1864

1870

1881
1882 — Lois Ferry sur l'école laïque

— Troisième République. Enracinement de la démocratie avec l'établissement des grandes libertés : liberté de réunion et de la presse en 1881 ; le droit de se syndiquer (loi Waldeck-Rousseau) en 1884 ; liberté d'association qui permet la formation de partis politiques en 1901, etc.

1936 — Blum lie la démocratie au progrès social

1940 — Régime de Vichy et occupation allemande

1944
1946 — Ordonnance du 21 avril qui établit le **suffrage universel incluant les femmes** de plus de 21 ans. Celles-ci votent pour la première fois aux élections municipales d'avril-mai 1945

1960
1962 — Abolition des travaux forcés
— Fin de la colonisation française

1974 — Vote à 18 ans

1981 — Abolition de la peine de mort

— Quatrième et Cinquième Républiques

2018

© FNSP - Sciences Po, Atelier de cartographie, 2018

Source : Atelier de cartographie et Centre de recherches internationales, Sciences Po. *Construction de la démocratie en France, 1789-2018*, 2018.

Enfin, d'autres chercheurs estiment que la réussite d'une transition démocratique dépend surtout du rôle de certains acteurs à l'échelle internationale. On mettra alors ici l'accent sur le rôle que peuvent jouer des États, des organisations internationales, des ONG, ou encore des réseaux transnationaux formés autour d'une diaspora. Ces acteurs internationaux font pression sur des régimes autoritaires (sanctions économiques ; pressions militaires ; dénonciation ; campagnes de boycottage ; etc.) pour les contraindre à entamer des réformes démocratiques. À l'inverse, l'appui de certains États peut au contraire favoriser la survie d'un régime autoritaire. Certains arguent que des régimes autoritaires (comme le Tchad ou la Syrie) doivent leur capacité à se maintenir en place grâce à l'appui militaire, économique et financier que leur procurent des États comme les États-Unis, la France ou la Russie.

Certes, ces différentes approches ne sont pas mutuellement exclusives. Si elles ont été présentées ici de manière séparée, c'est à la fois par souci de clarté, mais aussi parce que les chercheurs ne s'entendent pas sur le poids causal de chacune d'elles. On peut ainsi combiner plusieurs de ces facteurs.

Conclusion

Comme on a pu le constater précédemment, sur toutes ces questions, il y a de nombreux débats :

- Il existe des conceptions différentes de ce qui constitue la démocratie. La démocratie est-elle un simple ensemble universel de procédures électorales et libérales, ou un concept enraciné dans la réalité bien spécifique de chaque société, et donc variable et polysémique ? Est-elle aussi un ensemble de pratiques politiques lié à la répartition de la richesse ? Les réponses sont variées et il importe surtout que ceux et celles qui étudient ces questions énoncent clairement la définition préconisée.

- Il y a des approches différentes qui expliquent pourquoi certains régimes ont connu une transition démocratique alors que d'autres demeurent fondamentalement autoritaires. Les grandes transformations structurelles, comme l'industrialisation ou le changement de système international, sont-elles le moteur fondamental des régimes politiques ? Ou alors, sont-ce plutôt les acteurs qui, loin d'être de simples pions des jeux de structures, constituent les véritables architectes (ou saboteurs !) des transitions vers la démocratie ?

Voilà autant de questions qu'il importe d'étudier plus à fond, en comparant les multiples expériences politiques des différents pays qui composent notre monde.

Objectifs d'apprentissage

- Identifier les différentes définitions de la démocratie et pouvoir en expliquer les différences.
- Distinguer les différentes approches expliquant les transitions démocratiques et l'adaptation des régimes autoritaires.

Questions de réflexion

■ Quelle(s) définition(s) de la démocratie trouvez-vous la/les plus convaincante(s)? Et pourquoi?

■ À partir de cas qui vous intéressent, établissez une liste des forces et des limites de chacune des approches expliquant les changements de régime dans ces deux pays.

Pour en savoir davantage

Hermet, Guy. *Exporter la démocratie?* Paris, Presses de Sciences Po, 2008.

Jun, Lin. «Les rumeurs et la téléphonie mobile: participation et résistance dans la Chine contemporaine». *Participations 17*, nº 1 (2017), 59-90.

Marchesin, Philippe. «Démocratie et développement». *Revue Tiers Monde 45*, nº 179 (2004), 487-513.

Marzouki, Nadia. «La transition tunisienne, du compromis démocratique à la réconciliation forcée». *Pouvoirs 156*, nº 1 (2016), 83-93.

Quantin, Patrick. «La démocratie en Afrique à la recherche d'un modèle». *Pouvoirs 2*, nº 129 (2009), 65-76.

Notes

38
Droits humains et développement

Lucie Lamarche

Résumé

Dans ce texte, nous commencerons par établir un nécessaire rappel de ces droits que l'on dit « humains » et qui ont été consacrés par le droit international des droits humains. Par la suite, nous ferons un examen plus analytique du statut et du rôle des droits de la personne depuis l'adoption en 1948 de la Déclaration universelle des droits de l'homme. Finalement, nous offrirons des exemples destinés à répondre à la question de savoir si les droits humains peuvent constituer un outil de justice sociale.

Le droit international des droits humains

Depuis 1966, neuf traités constituant le droit international des droits humains ont été adoptés par les Nations unies et signés par une large communauté d'États[1]. Les thèmes abordés par ces traités sont les suivants : les droits civils et politiques, les droits économiques, sociaux et culturels, les droits des enfants, les droits des migrants et de leur famille, les droits des femmes, la protection contre la torture, celle contre les disparitions forcées, les droits des personnes en situation de handicap et enfin, la protection contre la discrimination raciale. Dans tous les cas, les États ayant signé un traité s'engagent à protéger, à promouvoir et à mettre en œuvre les droits. Et dans plusieurs cas, ces traités sont assortis d'un Protocole facultatif donnant aux victimes de violations de droits un recours devant une instance des Nations unies dans l'éventualité où justice n'aurait pu être obtenue au niveau national. L'ambition du droit international des droits humains n'est pas de se substituer au droit local, voire, aux droits locaux, puisque dans certains cas, une constitution reconnaîtra la coexistence du droit de l'État et du droit coutumier, par exemple. Elle consiste plutôt à y suppléer. Le système onusien des droits humains, aussi qualifié de régime des droits humains, n'est pas pour autant parfait. En effet, il n'existe pas, sauf en droit criminel, de tribunal international des droits humains. Un tel tribunal existe toutefois en droit régional interaméricain, africain et européen.

Malgré ces progrès, on entend souvent que les États ne prennent pas au sérieux le régime

---

1. Haut-Commissariat des Nations unies aux droits de l'homme. « Les instruments internationaux des droits de l'homme », 2018. https://www.ohchr.org/FR/ProfessionalInterest/Pages/CoreInstruments.aspx. Page consultée le 14 juillet 2019.

Figure 38.1
Principales caractéristiques des droits humains

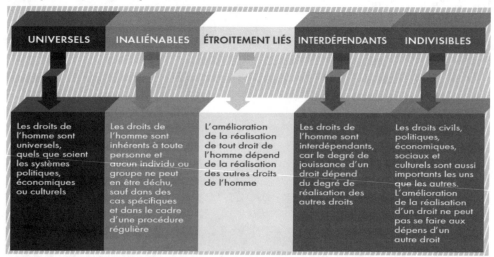

UNIVERSELS	INALIÉNABLES	ÉTROITEMENT LIÉS	INTERDÉPENDANTS	INDIVISIBLES
Les droits de l'homme sont universels, quels que soient les systèmes politiques, économiques ou culturels	Les droits de l'homme sont inhérents à toute personne et aucun individu ou groupe ne peut en être déchu, sauf dans des cas spécifiques et dans le cadre d'une procédure régulière	L'amélioration de la réalisation de tout droit de l'homme dépend de la réalisation des autres droits de l'homme	Les droits de l'homme sont interdépendants, car le degré de jouissance d'un droit dépend du degré de réalisation des autres droits	Les droits civils, politiques, économiques, sociaux et culturels sont aussi importants les uns que les autres. L'amélioration de la réalisation d'un droit ne peut pas se faire aux dépens d'un autre droit

Source: Haut-Commissariat des Nations unies aux droits de l'homme. *Indicateurs des droits de l'homme: guide pour mesurer et mettre en œuvre*. Genève, HCDH, 2012.

international des droits humains ou encore, qu'ils l'instrumentalisent selon leurs besoins. Des travaux ont néanmoins démontré que dans 50 % des cas, les États finiront par se conformer à une évaluation, une conclusion ou une observation adoptée par un organe onusien de contrôle de la mise en œuvre des droits humains[2]. En août 2018, le Canada a subi un important revers devant le Comité des droits de l'homme dans l'affaire Toussaint. Le Comité a conclu que le Canada ne pouvait refuser à Madame Toussaint le droit à des traitements médicaux parce que celle-ci résidait – depuis fort longtemps – irrégulièrement au pays. Il a estimé qu'un tel refus violait le droit de Madame Toussaint à la vie, à la santé, à l'égalité de traitement, notamment. Que fera le Canada devant ce verdict issu de revendications incessantes de la part de la société civile et qui concernent les personnes résidant irrégulièrement sur le sol canadien ?

Cet exemple récent illustre le besoin de distinguer et de joindre les luttes pour les droits humains et le droit des droits humains.

Car les traités des droits humains représentent plus qu'un catalogue de droits. En effet, la Déclaration et le Programme d'action de Vienne (1993) adoptés à la Conférence mondiale sur les droits de l'homme en 1993 affirment que les droits humains sont interdépendants, indivisibles et universels. Certes, le qualificatif de droits « universels » en a fait sourciller plus d'un. Ne s'agit-il pas plutôt des droits que l'Occident a imposés aux peuples colonisés, puis décolonisés ? Et pourtant, la lecture du Préambule de la Charte africaine des droits de l'homme, adopté en 1981, nous convainc du contraire. Encore une fois, le fait de distinguer la valeur universelle des droits humains de leur relative efficacité juridique nous réconcilie avec leur force politique et symbolique. Cela dit, le régime des droits humains n'est pas exempt de critiques récurrentes qu'il convient d'identifier.

Le siècle des droits humains ?

Certains intellectuels ont reproché au XXᵉ siècle d'avoir comblé le vide de citoyenneté par un

---

2. Beth A. Simmons. *Mobilizing Human Rights: International Law in Domestic Politics*. Cambridge, Cambridge University Press, 2009.

trop-plein de droits humains[3]. Après tout, les droits humains sont ceux d'individus libres ou pour qui il serait inadmissible d'être privés de leurs libertés fondamentales. On oppose ainsi le lien social aux droits humains et le marché à ce lien. Or, s'il est imparfait eu égard à sa justiciabilité, le régime international des droits humains ne peut se déployer sans l'apport de la collectivité. En effet, les droits humains comportent tant une dimension substantive (le contenu d'un droit) qu'une dimension procédurale (toute personne a droit, non seulement à ses droits, mais aussi, d'être consultée, informée et de participer à la détermination des modes de mise en œuvre de ces droits). La Déclaration de Vienne nous invitant au respect du principe de l'interdépendance de tous les droits, le temps où l'on opposait les « vrais » droits, soit ceux qui nous protègent des intrusions abusives ou violentes de l'État, aux droits « flous » (le droit au travail, à la santé, à l'éducation, etc.) est révolu. On ne vote pas le ventre vide. Et un état de santé défaillant ne nous permet pas de contribuer à notre communauté. Les droits humains ne remplacent donc pas le politique et ne comblent aucun vide politique si tant est que l'on accepte que tous les droits humains sont indivisibles et interdépendants. Les obligations des États créées par le régime des droits humains sont donc profondément délibératives et participatives, et ce, à toutes les échelles de la société.

On a aussi dit des droits humains qu'ils cautionnent le statu quo économique et qu'ils ne contribuent pas à la lutte contre les inégalités socioéconomiques. C'est mal comprendre, selon nous, l'histoire et la substance de ce régime. S'agissant du droit au travail, rappelons que le principe fondateur de l'Organisation internationale du travail, fondée en 1919, consistait à affirmer que le travail n'est pas une marchandise. La dignité du travailleur agit donc sur le coût du travail. De manière plus

contemporaine, pensons aux usages que fait la Cour suprême de l'Inde du droit à la vie. Devant une société civile fortement mobilisée, la Cour agit par ses ordonnances sur la disponibilité, l'accessibilité et sur la distribution des denrées de base tout en menant la lutte contre les discriminations. Il en va de même dans certains pays d'Amérique latine, dont la Colombie, où ce sont les droits humains incorporés dans la Constitution nationale qui permettent aux tribunaux d'agir par voie d'ordonnance sur l'accès à l'instruction publique ou aux soins de santé de base[4]. Et que dire du cas de l'Afrique du Sud ? Certes, ni les droits écrits ni les décisions des tribunaux n'acheminent magiquement l'eau potable vers chaque résidence non plus qu'ils ne logent instantanément les squatters et les sans-abri. Mais l'effet combiné de la reconnaissance des droits et de la mobilisation populaire n'est pas sans effet, loin de là. Il existe donc un lien organique entre la défense d'un contrat social inclusif et la robustesse des droits humains reconnus tant à l'intérieur d'un État que sur le plan international.

C'est aussi ce lien organique qui fait en sorte que la revendication citoyenne fondée sur les droits dépasse le droit. Pensons à Sheila Watt-Cloutier qui revendique le droit d'être au froid[5]. Une parole originale pour revendiquer à la fois la sauvegarde de la planète et les droits humains. Ou encore aux écologistes qui affirment leur droit de dire non à l'exploitation des hydrocarbures[6]. Enfin, que dire de la formule forte qui affirme le droit d'avoir des droits ? C'est Rosanvallon qui l'utilise afin de promouvoir « une prolifération des contre-pouvoirs et

---

3. Samuel Moyn. *The Last Utopia, Human Rights in History*. Cambridge, Belknap Press of Harvard University Press, 2010.

4. Child Rights International Network. *Colombia: Free Education Secured for 12 Million Children*. Londres, CRIN, 2016.

5. Sheila Watt-Cloutier. *The Right to be Cold: One Woman's Story of Protecting her Culture, the Arctic and the Whole Planet*. Toronto, Allen Lane, 2015.

6. MétéoPolitique. « Pourquoi il faut dire non à l'exploration et l'exploitation des hydrocarbures dans le Saint-Laurent », 2010. http://meteopolitique.com/fiches/petrole/Regard-Afrique/10/carte-de-l-emplacement-de-Old-Harry.htm. Page consultée le 14 juillet 2019.

une limitation de la puissance des États-nations par une combinaison d'initiatives citoyennes et de juridictions internationales[7]». Aucune de ces formules-chocs n'est positivement consacrée par le droit. Et pourtant...

Le régime des droits humains est donc à la fois une méthode (des normes juridiques destinées aux modes de mise en œuvre et à la sanction) et un registre discursif, narratif et politique. Ces deux modes se rejoignent sur le terrain du conflit, mais aussi, de la créativité dans la lutte. C'est parce qu'ils sont interdépendants dans leur conception que tous les droits humains peuvent jouer ce rôle qui est tout, sauf abstrait. Pour chaque droit, on trouve les exigences de lutte aux discriminations, de consultation, de participation et surtout, de déploiement au plus près des bénéficiaires de droits de manière adéquate, accessible et suffisante. De plus, les droits bénéficient d'un effet-cliquet prévu par les traités : nulle mesure publique ou privée ne peut avoir pour objet de les faire régresser dans leur réalisation.

S'agissant de la lutte à la pauvreté et du développement, la rapporteuse spéciale des Nations unies sur l'extrême pauvreté (2008-2014), Magdalena Sepúlveda Carmona, a martelé le besoin de concevoir le développement dans un cadre de référence des droits humains[8]. Cela a porté fruit et ce postulat a largement influencé le langage d'énonciation des 17 objectifs du développement durable (ODD) adoptés en 2015 tout autant que la réflexion des agences et institutions internationales chargées de la mise en œuvre de ces objectifs. Malgré cette récente liaison entre le cadre de référence des droits humains et le développement, nul n'aurait l'audace de prétendre que ce cadre est en

lui-même porteur de justice sociale, voire de justice globale[9].

Le XXIᵉ siècle : siècle de la justice ou siècle des droits ?

Les historiens situent l'origine de la revendication citoyenne pour la justice sociale dans le giron de l'encyclique *Rerum Novarum* signée par le pape Léon XIII en 1893. Les contemporains l'associent plutôt au mouvement américain de lutte contre la pauvreté des années 1970. Dans les deux cas, le vecteur des revendications s'orientait vers la dignité humaine, entendue largement. Ce n'est pas une coïncidence si les vagues successives d'ajustements structurels, de décolonisation et d'implantation volontaire ou forcée de gouvernance démocratique des années 1980-1990 ont mis à l'ordre du jour les exigences des droits humains, et surtout des droits civils et politiques. Ce dévoilement a toutefois offert des armes[10] à la société civile qui pour sa part a mobilisé de façon thématique le registre combiné de la justice et des droits humains[11].

Par exemple, on exige aujourd'hui une justice climatique, laquelle interpelle les enjeux de justice distributive liés aux phénomènes des changements climatiques[12]. De même, on parle de justice alimentaire, laquelle est souvent introduite comme un prolongement du mouvement en faveur de la justice environnementale. Flaminia Paddeu dit d'ailleurs de ce mouvement qu'il s'inscrit dans des «courants théoriques et des mouvements militants en faveur des justices

---

7. Pierre Rosanvallon. «La démocratie cosmopolitique : Recherches et débats : "Le droit d'avoir des droits" et la citoyenneté cosmopolitique», 2013. https://www.college-de-france.fr/site/pierre-rosanvallon/seminar-2013-03-20-10h00.htm. Page consultée le 14 juillet 2019.

8. Magdalena Sepúlveda Carmona. *Report of the Special Rapporteur on Extreme Poverty and Human Rights*. Genève, HCDH, 2014.

9. Peter Dietsch et Thomas Ferretti. «Deux manières de présenter le défi de la justice globale». *Mouvements* 4, nº 64 (2010), 62-69.

10. Nous empruntons cette expression à Liora Israël. *L'arme du droit*. Paris, Presses de Sciences Po, 2009.

11. Emmanuelle Bribosia et Isabelle Rorive. Human *Rights Tectonics, Global Dynamics of Integration and Fragmentation*. Cambridge, Intersentia, 2018.

12. Pierre-Yves Néron. «Penser la justice climatique». *Éthique publique* 14, nº 1 (2012).

Figure 38.2
Manifestation de femmes de Srebrenica à La Haye aux Pays-Bas, 2011

Manifestation tenue devant le siège du Tribunal pénal international pour l'ex-Yougoslavie à La Haye où est jugé l'ancien général serbe Ratko Mladic, 2011.
Crédit : Jan Kranendonk

– sociale, spatiale et environnementale[13]». Ne faut-il pas aussi parler du récent mouvement français des Gilets jaunes qui pour sa part revendique de plus en plus explicitement une justice fiscale? Enfin, notons un fort mouvement transnational en faveur du droit à la ville, lourdement inspiré des travaux de Henri Lefebvre[14] et des luttes pour les droits humains dans la ville[15]. Le registre lexical des normes juridiques des droits humains ne recourt à aucune des expressions ci-dessus évoquées. Ce sont donc les mouvements sociaux qui ont repolitisé les droits humains si jamais ils avaient été aseptisés. Les liens sont en effet indéniables entre la revendication pour la justice climatique et le droit à l'environnement. De même, on ne peut nier la parentalité entre le droit à l'alimentation, un droit dur inscrit dans le Pacte relatif aux droits économiques, sociaux et culturels des Nations unies, et le mouvement pour la justice alimentaire. Enfin, les militants de la reconnaissance des droits humains dans la ville s'approprient mot à mot le catalogue des droits humains reconnus par les traités fondateurs des Nations unies.

Le XXIe siècle est donc celui des revendications de justice par les droits. Et si ces revendications dépassent largement le périmètre de justiciabilité des droits humains, elles donnent néanmoins du sens politique et symbolique au droit d'avoir des droits.

Conclusion

C'est donc avec un certain succès que les mouvements sociaux utilisent le droit et les droits

---

13. Flaminia Paddeu. «D'un mouvement à l'autre : des luttes contestataires de justice environnementale aux pratiques alternatives de justice alimentaire?» *Justice spatiale – Spatial justice*, 2016.
14. Henri Lefebvre. *Le droit à la ville*. Paris, Éditions Anthropos, 1968.
15. Cités et Gouvernements Locaux Unis. *Principes directeurs de Gwangju pour une ville des droits de la personne*. Gwangju, 2014.

humains comme une ressource fondatrice des aspirations de justice. Cela n'empêchera pas les juristes de mettre la main à la pâte en défendant des individus et des groupes victimes de violations de leurs droits. On aurait tort cependant d'opposer la justice, les droits humains et les mouvements sociaux aux avocats engagés pour la justice globale.

Cette rencontre entre l'idéal de justice et le cadre de référence des droits humains révèle aussi les dimensions protéiformes et contemporaines des luttes pour les droits humains. La spatiotemporalité et l'échelle des luttes tout comme la capacité du concept de discrimination de révéler l'exclusion sociale nous ramènent à l'injonction de l'article 28 de la Déclaration universelle des droits de l'homme : « Toute personne a droit à ce que règne, sur le plan social et sur le plan international, un ordre tel que les droits et libertés énoncés dans la présente Déclaration puissent y trouver plein effet. »

Objectifs d'apprentissage

■ Prendre connaissance de l'évolution du concept de droits humains.
■ Élucider les liens entre les politiques de développement et les droits humains.
■ Mettre en lumière la centralité des droits humains dans la lutte pour la justice.

Questions de réflexion

■ Quelles sont les principales caractéristiques des droits humains ?
■ Pourquoi les objectifs de développement sont-ils tributaires de la défense des droits humains ?

Pour en savoir davantage

Ballet, Jérôme, Jean-Marcel Kouamékan Koffi et Boniface Kouadio Koména. « Les Objectifs du Millénaire pour le développement : une opérationnalisation du droit au développement et au-delà ? » *Mondes en développement 2*, n° 174 (2016), 49-62.

Bouchard, Johanne, Stefania Gandolfi et Patrice Meyer-Bisch. *Les droits de l'homme : une grammaire du développement*. Paris, Éditions L'Harmattan, 2013.

Hugon, Philippe. « Droit, droits et économie du développement : illustrations à propos de l'alimentation ». *Mondes en développement 1*, n° 129 (2005), 13-40.

McDougall, Pascal. « Le couple droit/économie dans la théorie et le droit international du développement ». *Revue internationale de droit économique 1* (2018), 41-74.

Sen, Amartya Kumar. *Un nouveau modèle économique : développement, justice*, liberté. Paris, Éditions Odile Jacob, 2000.

39 La construction de la paix : l'exemple de la Colombie

Leila Celis

Résumé

Ce chapitre porte sur les processus de négociation et de construction de la paix, en prenant comme étude de cas la société colombienne. Le processus de paix en Colombie s'inscrit dans une tendance observée depuis la fin de la Guerre froide selon laquelle la fin des conflits est de moins en moins l'issue des victoires militaires, et de plus en plus le résultat de processus politiques et diplomatiques dans lesquels s'impliquent de nombreux acteurs locaux et internationaux.

Un pays marqué par la guerre

La Colombie témoigne bien de cette dynamique où les solutions politiques ou négociées ont prévalence sur les solutions militaires. En effet, depuis le début du nouveau millénaire, ce pays a connu trois négociations de paix : une première avec les groupes paramilitaires d'extrême droite (2002-2006), une deuxième avec les Forces armées révolutionnaires de la Colombie, le principal groupe d'insurgés dans ce pays (2012-nov. 2016) et la dernière avec l'Armée de libération nationale qui a commencé en 2016 et qui est toujours en cours. Les deux derniers groupes armés sont des guérillas marxistes, apparues en 1964.

Sous le gouvernement de l'ex-président Juan Manuel Santos (2010-2018), des accords de paix avec les mouvements insurgés ont avancé. Pour ce président, représentant d'un secteur libéral des groupes dominants, il fallait assurer la stabilité du capital et la possibilité d'ouvrir l'ensemble du pays au marché global. Récompensé par le prix Nobel de la paix (2016), Santos a conclu des accords de paix avec les FARC. À la fin de son mandat, c'est Iván Duque Martínez qui a remporté les élections (2018). Le nouveau président représente les secteurs plus conservateurs de la classe dominante, qui se sont opposés depuis plusieurs années aux accords de paix.

Au moment de la rédaction de cet article, le processus de paix s'enlise et la fin du conflit semble difficilement atteignable. D'un côté, le gouvernement ne s'est pas engagé dans le processus d'implémentation des accords signés avec les FARC. D'importants problèmes persistent, dont la violence, les conflits terriens et l'impunité des personnes qui ont commis des crimes, dont des acteurs économiques, comme les Firmes transnationales. La situation est d'autant plus difficile si l'on tient compte que les espaces délaissés par les FARC sont progressivement occupés par

---

Encadré 39.1 Répercussions du conflit armé colombien sur les droits de la personne*

Depuis plus de 50 ans, le conflit armé colombien a causé une multitude de violations graves des droits humains qui ont affecté de différentes façons des millions de victimes, et qui restent pour la plupart impunies. Les populations civiles, en particulier dans les zones rurales, sont les principales victimes de ce conflit qui a causé la mort de plus de 200 000 personnes, dont environ 80 % étaient des civils.

En quelques chiffres :

- 265 708 personnes assassinées.
- Plus de 46 000 disparitions forcées.
- 6 827 447 personnes déplacées.
- Plus de 28 000 victimes d'enlèvements.
- 10 964 morts ou handicaps causés par des mines antipersonnel.
- 14 847 victimes de crimes contre la liberté et l'intégrité sexuelle.
- 7 964 mineurs recrutés de force.
- Plus de 9 800 cas de torture.

Le conflit est caractérisé par une grande disparité régionale, ayant été localisé principalement dans les zones rurales. Les villes ont accueilli des millions de déplacés et ont été la scène d'autres types de violences. Ces violations répétées plongent les populations civiles dans des situations de vulnérabilité et les poussent à chercher refuge ailleurs. La Colombie est le pays d'Amérique latine d'où sont originaires le plus grand nombre de réfugiés et est l'un des pays où l'on retrouve le plus de personnes déplacées internes au monde, soit plus de 6 millions de personnes.

* Avocats sans frontières Canada. *Le processus de paix en Colombie*. Québec, ASFCA, 2016.

---

d'autres acteurs armés qui n'ont pas eux, contrairement aux FARC des objectifs politiques.

Comment rétablir la paix ?

Les difficultés du processus de paix découlent en grande partie de la pression faite par les secteurs les plus à droite au sein des groupes dominants dans cette société qui sont parvenus à faire prévaloir leur manque de volonté politique pour mettre fin au conflit.

Le principal argument de la droite est de nier l'existence d'une impasse militaire et d'affirmer, au contraire, que l'État à travers l'Armée peut anéantir la guérilla si les négociations de paix échouent. Or, l'impasse militaire est vue comme le point de maturité pour un processus de paix précisément parce qu'elle devrait prédisposer les acteurs en confrontation à trouver une solution négociée au conflit. Les négociations de paix entre le gouvernement et la guérilla ont été trop souvent hantées par ce spectre du triomphalisme militaire.

Mais au-delà de ce blocage, le problème important est la confusion au niveau des objectifs : qu'est-ce qu'une paix durable ? Le débat oppose ici ceux qui comprennent la paix comme le désarmement de la guérilla et ceux qui croient que la paix nécessite des transformations socio-économiques, politiques et culturelles importantes. Lorsqu'un des acteurs armés vise des transformations sociales, les négociations de paix ne concernent pas seulement le désarmement, mais aussi les transformations sociales en question, qui impliquent une redistribution de la richesse, du pouvoir, de la reconnaissance et qui demandent de repenser le modèle économique et les questions environnementales, etc. L'analyse de cette problématique a été formulée il y a près d'un demi-siècle par Johan Galtung[1]

---

1. Johan Galtung. « Violence, Peace and Peace Research ». *Journal of Peace Research 6*, n° 3 (1969), 167-191.

et peut se résumer ainsi : la paix est l'absence de violence et la violence fait référence autant à la violence directe (liée au conflit armé) qu'à la violence structurelle (qui relève des injustices socioéconomiques).

Comment parvenir à une paix durable ?

En Colombie, l'idée que la paix nécessite des transformations socioéconomiques et politiques importantes est défendue par plusieurs secteurs de la société, principalement les mouvements sociaux. Leur argument est qu'à l'origine du conflit armé se trouvent des injustices économiques et politiques structurelles, principalement, une grande concentration de la propriété de la terre et un système politique qui marginalise les majorités[2]. Du moment qu'on accepte que les transformations sociales sont nécessaires pour mettre fin au conflit, on accepte aussi le caractère politique du dit conflit, au-delà de son caractère armé. C'est là toute la complexité de la demande insistante des mouvements sociaux de la Colombie qui exigent à la guérilla et au gouvernement de trouver une « solution politique et négociée au conflit ».

Par conséquent, la résistance aux négociations de paix chez les groupes dominants est proportionnelle à l'ampleur des revendications amenées à la table de négociation par les groupes rebelles. D'un côté, les groupes libéraux de cette classe dominante, au pouvoir durant le gouvernement de Juan Manuel Santos, n'ont pas accepté de négocier le modèle économique néolibéral, car ils visent plutôt à l'étendre aux régions qui ont été sous le contrôle de la guérilla. D'un autre côté, pour les groupes les plus à droite de cette même classe dominante, le problème est que les concessions faites à la guérilla, qui impliquent une redistribution minimale de

la terre, sont en opposition directe à leurs intérêts qui restent liés à la propriété de la terre et à la production agraire[3].

Des revendications pour une paix durable

Pour la guérilla et pour d'autres secteurs sociaux, l'objectif des négociations est d'identifier les politiques économiques et sociales qui permettront de sortir de la violence (directe et structurelle). Soulignons trois de ces demandes se présentant dans les agendas de négociation et voyons en même temps les résistances que ces demandes soulèvent.

- La politique de développement rural, qui concerne les accords déjà signés avec les FARC, vise la diminution de la pauvreté rurale et la création d'un fonds de terre pour les paysans. Dans ces accords, la solution aux cultures illicites et au narcotrafic est pensée dans le cadre de la réforme agraire. Ces problèmes sont alors pensés comme le résultat des inégalités socioéconomiques et un problème de santé plutôt que comme un problème de criminalité. Si les politiques de réforme agraire tardent à se concrétiser, l'agenda anti-narcotique étatsunien semble se poser comme un contre-accord en posant, encore une fois, les attaques contre les régions rurales et la criminalisation.
- La participation de la société civile dans la vie politique et dans la prise de décisions est pour les FARC comme pour l'Armée de libération nationale (ELN : Ejército de Liberación Nacional), un des points centraux de la paix. C'est

2. Leila Celis. « Relire la violence dans la société colombienne à la lumière des relations sociales et internationales ». *Cahiers de recherche sociologique*, hiver, nº 52 (2012), 243-269.

3. Forrest Hylton et Aaron Tauss. « Peace in Colombia : A New Growth Strategy : Colombia's Peace Deal Is a Remarkable Achievement, but Its Economic Implications Are Troubling ». *NACLA Report on the Americas 48*, nº 3 (2016), 253-259.

difficile, d'autant plus que les médias ont diabolisé les acteurs armés. De plus, la demande de l'ELN de participation de la société civile dans les négociations de paix est vue par le gouvernement comme une entrave aux négociations. Enfin, les droits démocratiques acquis par les mouvements sociaux depuis les années 1990 (comme le caractère décisionnel de la consultation populaire) sont en recul depuis l'arrivée au pouvoir du président Duque.

• Le droit des victimes à la vérité, à la justice et à la réparation ont fait objet de négociation, mais jusqu'à présent, les accords, tout en visant à reconnaître les torts causés à la société par le conflit armé, excluent la responsabilisation des acteurs civils et économiques qui ont bénéficié du conflit, et financé la guerre, d'où l'impunité qui permet à ces responsables de prospérer pendant que des personnes impliquées dans les mouvements sociaux sont assassinées et emprisonnées.

Conclusion

De toute évidence, il y a plus d'obstacles que de facteurs favorables dans ce processus de solution politique et négociée au conflit. Cela dit, il y a encore des éléments qui permettent d'entretenir l'espoir. Différents acteurs de la société civile tentent de se positionner comme de piliers pour la construction de la paix, tels que les mouvements sociaux et les milieux d'affaires. Ces deux acteurs, différents comme ils le sont entre eux, partagent un intérêt pour la paix et ensemble peuvent influer sur les politiques d'extrême droite actuellement préconisées par l'actuel gouvernement. Le rapport de force n'est pas seulement militaire, il est aussi politique. Ni l'État ni la guérilla ne peuvent se passer des appuis sociaux. Par conséquent, les acteurs de la société civile peuvent faire bouger les termes des négociations. Il faut rappeler aussi que la participation de la société civile est essentielle pour légitimer le processus de paix et la construction de la paix. C'est pour ces différentes raisons que les acteurs de la société civile demandent à être entendus comme parti dans les négociations.

Objectifs d'apprentissage

■ Faire la distinction entre un processus de désarmement et un processus de construction de la paix.
■ Identifier des obstacles aux processus de négociation et de construction de la paix.

Questions de réflexion

■ Pourquoi est-il si difficile d'atteindre un accord de paix en Colombie ? Quels intérêts s'y opposent ?
■ À qui bénéficie la guerre dans ce pays ? À qui pourrait bénéficier la paix ?

Pour en savoir davantage

Autesserre, Séverine. « Construire la paix : conceptions collectives de son établissement, de son maintien et de sa consolidation ». *Critique international* 2, n° 51 (2011), 153-167.

Bresson, Delphine. *Le peacebuilding : concept, mise en œuvre, débats : le point sur les péripéties complexes d'un outil de paix en construction*. Paris, Éditions L'Harmattan, 2012.

Châtaigner, Jean-Marc et Hervé Magro. *États et sociétés fragiles : entre conflits, reconstruction et développement*. Paris, Éditions Karthala, 2007.

Devin, Guillaume. *Faire la paix : la part des institutions internationales*. Paris, Presses de Sciences Po, 2009.

Organisation de coopération et de développement économiques. *Évaluer les activités de construction de la paix dans les situations de conflit et de fragilité : mieux comprendre pour de meilleurs résultats*. Paris, OCDE, 2013.

40 Ordre et désordre humanitaire

François Audet, Diane Alalouf-Hall et Marie-Pierre Leroux

Résumé

Presque cinq ans jour pour jour après le tsunami le plus dévastateur de l'histoire qui aura frappé l'Asie du Sud Est et l'océan Indien, un tremblement de terre d'une rare violence anéantissait Haïti. Un an plus tard, en mars 2011, un pays industrialisé, le Japon, était victime d'une triple catastrophe : tremblement de terre, tsunami et désastre nucléaire. Plus récemment, toute une région du monde, de Haïti à la Floride, a traversé une saison cyclonique catastrophique. Dans les quatre cas : horreur et dévastations, mais également, une généreuse mobilisation internationale pour l'aide humanitaire et la reconstruction. Parallèlement, l'épidémie d'Ebola a touché plusieurs pays d'Afrique ; les conflits armés en Syrie et au Yémen exposent les civils à d'intenses souffrances : les populations des régions du Sahel et de la Corne de l'Afrique sont victimes d'une crise alimentaire récurrente. Toutes ces crises sont distinctes. Les réponses humanitaires le sont aussi. En fait, qu'est-ce qui définit l'humanitaire ? Voilà quelques-unes des questions qui seront abordées dans ce chapitre.

Introduction

Selon le Bureau de la coordination des affaires humanitaires des Nations unies (OCHA), les besoins humanitaires à travers le monde sont aujourd'hui à un niveau sans précédent. Le nombre de personnes ayant besoin d'aide humanitaire est estimé à 141,1 millions de personnes dans 37 pays. En juin 2017, l'OCHA a estimé que 23,5 milliards $ US étaient requis pour répondre aux besoins humanitaires ce qui représentait une augmentation significative de 5,7 % depuis l'année dernière. Ces réalités qui s'inscrivent dans le cadre de la mondialisation favorisent la montée des interventions humanitaires internationales un peu partout dans le monde. Ainsi, ce constat impose de s'intéresser plus que jamais à l'action humanitaire internationale, aux intérêts de ses principaux acteurs, à son rôle politique et surtout, à son impact sur les millions de personnes affectées par les désastres. L'aide humanitaire, qui est historiquement occidentale, apparaît ainsi comme une réponse culturellement et politiquement orientée face aux problèmes vécus par les sociétés ou les groupes qualifiés de « vulnérables ».

Brève genèse

L'acte humanitaire, à savoir le désir de soulager la souffrance des autres, remonte à plusieurs siècles. Pour sa part, l'humanitaire institutionnalisé et organisé sous la forme d'un régime se localise plutôt à l'aube de la Première Guerre mondiale[1]. Historiquement, on peut différencier cinq grandes phases ou générations de l'humanitaire moderne :

- L'« humanitaire dunantien » (du nom d'Henry Dunand, le fondateur de la Croix-Rouge), en 1876. Il fait référence à une approche humanitaire construite sous l'influence des principes humanitaires du mouvement de la Croix-Rouge et du Croissant-Rouge, du droit international humanitaire (DIH).
- La Seconde Guerre mondiale ; apparaissent l'Organisation des Nations unies (ONU), quelques agences humanitaires telles que le Haut-Commissariat aux réfugiés (HCR), ainsi que les organisations anglo-américaines (CARE, Save The Children, OXFAM). Fondées au départ pour soutenir la reconstruction de l'Europe, elles sont surtout reconnues comme des organisations de développement, mais également comme des « maîtres d'œuvre » de projets humanitaires.
- Le mouvement « sans-frontiériste », qui prend forme sous l'inspiration de Médecins sans frontières dans les années 1970. Elles sont plutôt identifiées comme des organisations médicales à fort engagement politique et à l'aise avec le plaidoyer. Ce mouvement estime que les frontières ne doivent pas être une limite à l'action de soutien aux populations victimes des catastrophes. Ainsi ses membres refusent d'attendre l'autorisation des États. Ce mouvement a ouvert un débat important sur l'utilisation et l'interprétation des principes humanitaires, mais a aussi généré l'arrivée massive de plusieurs organisations qui joignent l'action pratique au discours politique.
- De 1990 à nos jours, l'« humanitaire d'État[2] » s'inscrit dans le phénomène de professionnalisation de l'aide au développement, de la spécialisation de l'humanitaire (Handicap international ou Action contre la faim) à l'essor de ses positions géostratégiques et normatives. Cet humanitaire développe les notions de stratégie, d'ingérence, d'efficacité et d'efficience.
- L'« humanitaire 2.0 » vise à répondre aux courants critiques de l'humanitaire instrumentalisé par les acteurs politiques. Il s'inscrit à l'heure des révolutions des pays arabes, des nouveaux médias et de l'information immédiate, de la crise migratoire, et d'une action collective où le plaidoyer prend plus de place, tout en augmentant le nombre d'acteurs impliqués. Dans le cas du conflit syrien, il est devenu presque impossible aux humanitaires d'accéder aux civils, remettant en question les fondements juridiques et normatifs. Ce changement conduit à s'interroger, à la fois sur le virage technologique à prendre, mais aussi sur les fondamentaux de l'aide avec les notions d'éthique et de solidarité[3].

Le nouveau contexte technologique est effectivement en train de transformer les modes de gestion, de campagnes de financement, de plaidoyer et d'actions humanitaires. Concernant le

---

1. Philippe Ryfman. *Une histoire de l'humanitaire*. Paris, Éditions La Découverte, 2016.

2. David Manset, Lubica Hikkerova et Jean-Michel Sahut. « Repenser le modèle humanitaire : de l'efficience à la résilience ». *Gestion et management public 5/4*, n° 2 (2017), 85-108.

3. Jean-François Mattéi. *L'humanitaire à l'épreuve de l'éthique*. Paris, Éditions Liens qui libèrent, 2014.

financement des organisations, cela n'est plus seulement l'affaire des philanthropes fortunés, mais relève également d'une implication d'une grande quantité de citoyens ordinaires.

L'action humanitaire : une notion polysémique et polémique

Cette introduction met en lumière le fait qu'il n'y a pas consensus sur la définition de l'action humanitaire[4]. Les multiples définitions qui ont été tentées, provenant de différentes disciplines, indiquent les difficultés à circonscrire ce phénomène d'autant plus complexe que tous les régions et pays du monde, riches ou pauvres, au Nord comme au Sud, sont susceptibles et vulnérables aux crises humanitaires.

L'initiative Good Humanitarian Donorship (2012), qui regroupe plus d'une vingtaine d'États, propose une définition orthodoxe : [...] sauver des vies, atténuer les souffrances et préserver la dignité humaine pendant et après des crises provoquées par l'homme ou des catastrophes naturelles, ainsi que prévenir de tels événements et améliorer la préparation à leur survie.

Du point de vue conceptuel, cette définition comprend une dimension « temporelle » de l'action humanitaire, ainsi que l'objet de l'action humanitaire comme tel.

La durée des interventions est l'un des facteurs susceptibles de créer une confusion sur les rôles, les intérêts et les objectifs des organisations qui interviennent lors des catastrophes. L'aide humanitaire fait référence à plusieurs temporalités ; celle de « sauver des vies » et celle qui a pour objet de « prévenir » et de « reconstruire ». Il semble donc y avoir un humanitaire « court terme » et un humanitaire « moyen terme » qui ont des logiques complémentaires, mais distinctes.

Le souhait de l'humanitaire court terme n'est pas de « transformer » en améliorant les

conditions de vie des individus ciblés, mais plutôt se retirer de la zone une fois le sauvetage effectué. L'humanitaire moyen terme cible davantage les groupes d'individus (communautés, villages) et les institutions, plutôt que les individus eux-mêmes. Cette approche se caractérise par un objectif de transformation de ces groupes cibles pour améliorer les conditions de vie, diminuer les risques et atténuer les impacts. Enfin, sur le long terme on trouve l'action développementaliste où se mettent en œuvre les politiques d'aide au développement, dont l'objectif central vise essentiellement la « transformation » et l'amélioration des conditions de vie.

Au niveau du management, l'action humanitaire peut généralement se diviser en cinq étapes distinctes :

- La veille stratégique, en amont de la crise, qui inclut les activités de préparation et de planification et de réduction des risques.
- L'évaluation des besoins, qui survient immédiatement après le moment où l'organisation décide d'intervenir. Elle comprend l'estimation des coûts, la rédaction des propositions de projets et des demandes de financements, et les levées de fonds.
- La mise en œuvre, avec l'implantation du projet et de ses activités.
- La gestion des opérations pour atteindre les résultats préalablement établis sous forme d'objectifs et selon les budgets.
- L'évaluation. Cette étape, trop souvent bâclée par manque de temps ou de financement, s'avère fondamentale à l'apprentissage institutionnel améliorant ainsi la formulation des propositions ultérieures.

Ce cycle caractérise la gestion de projet humanitaire et constitue l'essentiel des actions des organisations dans ce continuum.

Cette logique d'enchaînement appelée « continuum » reste souvent théorique, car il est

---

4. François Audet. *Comprendre les organisations humanitaires : développer les capacités ou faire survivre les organisations ?* Québec, Presses de l'Université du Québec, 2017.

Figure 40.1
Continuum de l'intervention humanitaire

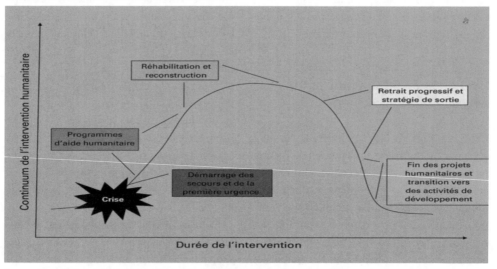

Source : François Audet, Diane Alalouf-Hall et Marie-Pierre Leroux

difficile de distinguer ces phases dans des situations complexes. En effet, l'aide d'urgence peut être continuellement répétée ne laissant pas la place aux autres étapes.

Les acteurs

La nature des organisations humanitaires complexifie le phénomène à définir. Toutes les organisations n'ont pas les mêmes motivations et, de fait, n'ont pas le même comportement selon les contextes. Le large spectre organisationnel que constitue la nébuleuse des « acteurs humanitaires » est multiforme : organisations humanitaires dites intergouvernementales (OIG), ou encore organisations ayant une gouvernance non gouvernementale « privée », communément appelée « ONG ». Chacune de ces catégories d'organisations adopte des comportements influencés par ses intérêts, sa culture organisationnelle, son type de gouvernance et ses sources de financements.

La deuxième difficulté rencontrée dans l'application d'une définition unique de l'humanitaire est le contexte de la crise comme tel. Celui-ci est susceptible d'influencer le type et la durée de l'intervention, les modalités des relations avec les partenaires locaux ainsi que la cible (individus versus institutions).

Une troisième difficulté relève du fait que l'humanitaire est victime d'un accroissement de sa popularité. Le terme humanitaire est souvent utilisé à outrance : il est escamoté par certains qui n'en saisissent pas le sens historique, professionnel et normatif et même instrumentalisé par d'autres pour satisfaire leurs intérêts politiques, militaires ou religieux[5]. L'arrivée de nouveaux acteurs sur la scène (sociétés militaires privées, journalistes, entreprises) est venue également modifier les valeurs à la base du mouvement et de ses principes. Les entreprises et les grandes fondations philanthropiques participent de plus en plus aux prises de décisions et aux actions.

5. David Ambrosetti. « L'humanitaire comme norme du discours au Conseil de sécurité : une pratique légitimatrice socialement sanctionnée ». *Cultures & Conflits*, hiver, n° 60 (2005), 39-62.

> **Encadré 40.1 Quelques grandes étapes de la normalisation**
> - Le Code de conduite pour le Mouvement international de la Croix-Rouge et du Croissant-Rouge (1994).
> - People in Aid (1995).
> - The Active Learning Network for Accountability and Performance in Humanitarian Action (ALNAP) (1997).
> - Le Projet SPHÈRE (1997).
> - L'initiative Good Humanitarian Donorship (2003).
> - Humanitarian Accountability Partnership international – HAP International (2003).
> - IASC Response Monitoring Framework (2012).
> - Norme humanitaire fondamentale de qualité et de redevabilité – Core Humanitarian Standards Alliance.

Les normes et les réformes de l'humanitaire

Au fil du temps, un certain nombre de règles ont été établies pour mieux circonscrire les objectifs et les limites de l'action humanitaire. La plupart des normes mesurent l'excellence en matière d'évaluation des résultats et de spécification du processus[6]. Des organisations humanitaires dites « dominantes » regroupent les agences onusiennes spécialisées, la Croix-Rouge et quelques ONG, par exemple.

Le régime de l'aide humanitaire est façonné par des règles (DIH), des normes (Projet SPHÈRE, Conventions de Genève) et des principes humanitaires, structurés sous différents processus d'interventions des États et acteurs transnationaux formés essentiellement par les ONG, le mouvement de la Croix-Rouge et du Croissant-Rouge et certaines agences onusiennes.

C'est à travers la Déclaration de Paris que les principaux éléments du débat sur l'efficacité de l'aide ont forcé une réforme du régime de l'aide humanitaire. Initiée vers le milieu des années 1990, cette réforme a conduit à quatre résultats :

- La production d'un « Code de conduite en situation d'urgence » par le mouvement de la Croix-Rouge et du Croissant-Rouge. Il est maintenant accepté par la grande majorité des organisations humanitaires et présente les principes admis concernant la réponse humanitaire.
- La création du Projet SPHÈRE consiste en la mise en commun des normes minimales d'intervention humanitaire dans les différentes composantes de ses opérations. Ce manuel a été signé par plusieurs centaines d'organisation et donateurs internationaux.
- L'élaboration des Principes et bonnes pratiques humanitaires, approuvés le 17 juin 2003 par une trentaine de donateurs et bailleurs de fonds humanitaires. Ces principes détaillent l'éthique que devraient avoir les bailleurs de fonds envers leurs partenaires opérationnels et les pays bénéficiaires de l'aide.
- Enfin, la mise en place d'une coordination plus efficace sur les plans thématique et sectoriel, connue sous son appellation anglophone cluster approach.

Pour certains, l'approche sectorielle peut être trop lourde, bureaucratique et inadéquate en termes d'effets et de responsabilité, dominée

---

6. Martin Christopher et Peter Tatham. *Humanitarian Logistics: Meeting the Challenge of Preparing for and Responding to Disasters*. Londres, Kogan Page, 2018.

Encadré 40.2 La Syrie : un échec humanitaire ?

La vitesse avec laquelle le conflit en Syrie a dégénéré en crise humanitaire est sans précédent. Tout a commencé alors qu'un mouvement de contestation a été réprimé par le régime de Bashar al Assad. Les hostilités ont dégénéré et attiré divers groupes rebelles armés. Plusieurs millions de Syriens se sont réfugiés dans des camps de fortunes aux pourtours des frontières. La situation de sécurité réduit l'accès aux populations par les organisations humanitaires. Cette situation met en évidence les limites politiques et diplomatiques de l'humanitaire contemporain. Pendant que les négociations perdurent, la population civile non combattante demeure la principale victime du conflit. Par ailleurs, ces interventions soulèvent la question de la sécurité des travailleurs humanitaires et des employés locaux qui sont aux premières lignes de l'intervention et s'exposent au danger. Selon les données de l'Aid Worker Security Database (2018)*, 158 attaques majeures contre des opérations d'aide ont causé la mort de 139 travailleurs humanitaires.

_____
* The Aid Worker Security Database. *Aid Worker Security Report*. AWSD, 2018.

Encadré 40.3 Résilience

La « résilience » a acquis ces dernières années une place centrale dans les débats en matière d'aide au développement ou humanitaire, au point d'entrer dans le langage courant avec un sens « polysémique » difficile à cerner*. L'apparition du concept de résilience reste le résultat de nombreuses années d'interventions humanitaires. Néanmoins, c'est finalement la grande crise financière de 2007-2008 qui a vulgarisé le mot. Le concept de résilience englobe la réduction des risques de catastrophes, « reconstruire en mieux », la réduction de la vulnérabilité et de la pauvreté, l'adaptation au changement climatique et l'autonomie des communautés affectées (*empowerment*). Le dernier rapport de la Banque mondiale de 2016 insiste sur le fait que des interventions ciblées renforçant la résilience peuvent protéger les plus démunis contre les intempéries et aider les pays et les communautés concernés à économiser 100 milliards de dollars par an.

_____
* Jean-Marc Châtaignier. *Fragilités et résilience : les nouvelles frontières de la mondialisation*. Paris, Éditions Karthala, 2014.

Encadré 40.4 Le sommet humanitaire mondial

Environ 8 000 personnes ont participé en 2016 au sommet d'Istanbul, représentant 173 pays, de nombreuses agences des Nations unies, d'ONG et d'organisations de la société civile. Ce sommet mondial a rappelé l'envergure internationale et géopolitique de l'aide humanitaire par l'expression « une humanité, des responsabilités partagées » et par son vaste programme de réformes de l'architecture humanitaire internationale pour fournir des secours d'urgence aux civils touchés par les conflits armés et les catastrophes naturelles. Le secrétaire général de l'ONU, Ban Ki-moon, a appelé les États, les organisations internationales, les chefs d'entreprise et les autres parties prenantes à s'engager à assumer cinq responsabilités fondamentales : prévenir et faire cesser les conflits ; respecter les règles de la guerre ; ne laisser personne de côté ; travailler autrement pour mettre fin aux besoins et investir dans l'humanité. Un nouveau concept, aujourd'hui très en vogue dans le milieu, est d'ailleurs né de ce sommet : la localisation. Il fait référence à une aide qui serait autant que possible entreprise au niveau des acteurs locaux.

par les pays développés et insuffisamment adaptée aux changements constants. Or, sur le plan international, cette approche vise à renforcer le niveau de préparation de tous les acteurs impliqués, et la coordination des capacités techniques. Sur le plan national, son but est de renforcer la réponse humanitaire opérationnelle en exigeant des standards élevés de prévisibilité, de responsabilité et de partenariat dans tous les domaines d'activités de la réponse humanitaire.

En somme, au gré des réformes, cette normalisation a poussé l'humanitaire à se standardiser, à se professionnaliser, mais également à se bureaucratiser.

Conclusion : quel avenir pour l'humanitaire ?

Le présent texte a permis de démontrer toute la complexité de cette action qui se voulait à la base, relativement simple. Quel futur peut-on imaginer pour l'action humanitaire ? La question reste ouverte alors que la complexité de l'humanitaire tend à augmenter avec les problèmes de sécurité et d'accès aux populations qui ne cessent de croître avec notamment la montée des activités des groupes non étatiques. Ce phénomène semble encore plus apparent avec les conflits récents, comme celle que connaît la Syrie depuis 2013. De plus, avec le dérèglement climatique et ses nouveaux réfugiés, la dimension environnementale doit également être considérée. Malgré ces grands défis, l'humanitaire se doit de donner corps au programme 2030 : ne laisser personne de côté. Ce qui demande à revoir certains aspects de son action et à concevoir un nouveau modèle qui sera à la hauteur de ces nouveaux défis.

Objectifs d'apprentissage

- Mieux comprendre l'action humanitaire au sein du continuum de développement.
- Cerner les diverses pratiques, les acteurs et les enjeux de l'humanitaire contemporain.
- Introduire la complexité et les limites du champ d'action que représente l'humanitaire.

Questions de réflexion

- Qu'est-ce qui distingue l'aide humanitaire de l'aide au développement ?
- Quelles sont les limites de l'action humanitaire ?
- Comment différenciez-vous les différentes étapes d'une réponse humanitaire ?
- Quelles sont les causes des crises humanitaires ?

Pour en savoir davantage

Audet, François. « L'acteur humanitaire en crise existentielle : les défis du nouvel espace humanitaire. *Études internationales* ». *Études internationales* 42, n° 4 (2011), 447-472.

Brunel, Sylvie. « L'humanitaire, nouvel acteur des relations internationales ». *Revue internationale et stratégie* 41, n° 1 (2001), 93-110.

Larché, Jérôme. *Le déclin de l'empire humanitaire : l'humanitaire occidental à l'épreuve de la mondialisation*. Paris, Éditions L'Harmattan, 2017.

Maietta, Michel. « Origine et évolution des ONG dans le système humanitaire international ». *Revue internationale et stratégique* 2, n° 98 (2015), 53-59.

Pérouse de Montclos, Marc-Antoine. « L'aide humanitaire dans les pays en développement : qui évalue qui ? » *Mondes en développement* 1, n° 153 (2011), 111-120.

Notes

41 Les dynamiques territoriales[1]

Maristella Svampa

Résumé

En Amérique du Sud, une des conséquences de l'essor actuel des pratiques extractivistes a été l'explosion des conflits socio-environnementaux. Un peu partout, on observe l'expansion des luttes ancestrales pour la terre menées par les mouvements indigènes et paysans, ainsi que l'émergence de nouvelles formes de mobilisation citoyenne, axée sur la défense du commun, de la biodiversité et de l'environnement. Ces conflits expriment des conceptions différentes sur le territoire, la nature et l'environnement. Ils contestent les concepts de développement et proposent d'autres formes de démocratie.

Nouveaux acteurs

Ces luttes des Autochtones et des paysans se multiplient pendant qu'émergent parallèlement de nouveaux mouvements socio-environnementaux, ruraux et urbains, pluri-classistes, accompagnés d'ONG environnementales, d'intellectuels et experts, qui s'investissent dans l'action des organisations et des mouvements sociaux. Comme cela arrive souvent dans d'autres domaines de lutte, la dynamique organisationnelle est dominée par de jeunes acteurs, dont beaucoup de femmes, dont le rôle est également crucial tant dans les grandes structures organisationnelles que dans les petits groupes de soutien aux actions.

En continuité avec le nouvel internationalisme des luttes, se créent alors des réseaux denses d'organisations et de lieux de passage, au niveau national, régional et international et où s'articulent des échanges et même des coordinations[2]. En ce sens, la caractéristique la plus innovante est l'articulation entre différents acteurs, ce qui favorise un dialogue entre connaissances et disciplines, caractérisées par la valorisation des savoirs locaux ainsi que le développement d'une expertise indépendante des discours dominants. C'est de cette articulation qu'organisations et mouvements développent des diagnostics communs, qui dépassent les problèmes locaux et nationaux. On constate alors une diversification des stratégies de lutte,

---

1. Extraits de Svampa, Maristella. *Del cambio de época al fin de ciclo: gobiernos progresistas, extractivismo, y movimientos sociales en América Latina*. Buenos Aires, Edhasa, 2017. (Traduction par Pierre Beaudet).

2. Tels Via Campesina, le Forum social mondial et ses déclinaisons thématiques (sur l'eau, les ressources, etc.), les plateformes communes contre les traités de libre-échange et les mégaprojets, etc.

en combinant la mobilisation de la base et l'articulation des réseaux sociaux, avec le partage et l'application de différents instruments techniques et juridiques (protection collective, consultations publiques, élaboration de projets de loi pour la protection de l'environnement et les droits des peuples autochtones, etc.).

Partout des luttes

Actuellement, dans tous les pays d'Amérique latine se multiplient des projets extractivistes et donc des luttes. Selon l'Observatoire des conflits miniers en Amérique latine (OCMAL), on comptait en 2017 217 conflits, impliquant 227 projets et 331 communautés, notamment au Pérou (39 conflits), au Mexique (37), au Chili (36), en Argentine (26), au Brésil (20), en Colombie (14) et en Équateur (7)[3]. Parmi plusieurs sites de luttes, on note les faits suivants :

- Le Pérou connaît une tradition d'exploitation minière à grande échelle, et où les conflits liés à l'exploitation minière représentent 68 % de l'ensemble des conflits sociaux (2016). C'est en ce sens que de jeunes organisations locales et régionales, en l'occurrence, les « rondes paysannes », luttent contre les mégamines dominantes.
- En Bolivie, la vague extractiviste inclut l'exploitation minière, l'exploitation d'hydrocarbures et la progression de l'agro-industrie. Une des luttes les plus connues a été celle concernant le territoire indigène du parc national d'Isiboro-Sécure (TIPNIS), où le gouvernement projetait de construire une autoroute. Entre-temps, le gouvernement s'est engagé dans une campagne de dénigrement contre des organisations autochtones critiques et notamment

des ONG, dont celles qui effectuent des travaux de recherche sur l'extractivisme et l'expansion de l'agro-industrie. En 2016, le gouvernement a promulgué une loi pour restreindre la liberté d'association pour des ONG qui ne seraient pas conformes au Plan de développement national.

- En Colombie, sous le gouvernement du président précédent (J. Manuel Santos), des projets miniers ont généré d'énormes résistances, parmi lesquels celui de La Colosa, qui menaçait sérieusement les localités du département de Tolima, le grenier agricole de la Colombie. Des comités environnementaux pour la défense de la vie ont été formés, pour exiger des consultations publiques. Finalement, ce mégaprojet a été suspendu.
- Au Mexique, l'Assemblée nationale des personnes affectées par l'environnement (ANAA) lutte depuis 2008 contre les méga mines, les barrages hydroélectriques et l'urbanisation sauvage. Le Conseil des Ejidos et des communautés en opposition au barrage de La Perota à Guerrero réunit des paysans autochtones, sous le slogan : « Nous sommes les gardiens de l'eau ».
- En Argentine, dans le cœur du capitalisme agraire, les résistances sont plus difficiles à organiser, malgré le rôle pionnier des Madres del Barrio Ituzaingó, à Córdoba. Depuis 2007, il y a la campagne « Arrêter la pulvérisation », promue par le Centre de protection de la nature de Santa Fe, qui développe des mobilisations, des camps, des ateliers avec des résidents locaux. Entre 2003 et 2009, la lutte contre les projets méga miniers s'est exprimée par l'interdiction de ce type d'activité dans sept provinces. À la fin de 2016, 37 localités ont réussi à obtenir des injonctions contre le fracking. Toutes ses

---

3. Observatorio de Conflictos Mineros de América Latina. « Conflictos Mineros en América Latina », 2018. https://www.ocmal.org/. Page consultée le 14 juillet 2019.

Figure 41.1
Manifestation du 8 mars 2016 en Argentine en mémoire à Berta Cáceres

Traduction de la pancarte : Le patriarcat, l'extractivisme et le capitalisme tuent.
Crédit : Monk Fotografia

résistances écoterritoriales bloquent des stratégies d'accaparement des terres (par des mégaprojets agro-industriels, méga miniers ou d'urbanisme), et protègent des écosystèmes fragiles.

Dans ce contexte de plus en plus conflictuel, la violence s'aggrave. Selon divers organismes de défense des droits, 908 meurtres ont été documentés entre 2002 et 2013 parmi les militants écologistes, dont 83,7 % ont eu lieu en Amérique latine. En 2015, le Brésil est à la tête de ce classement sinistre, avec 45 meurtres. En mars 2016, Berta Cáceres, du Conseil civique des organisations populaires et autochtones du Honduras (COPINH), bien connue pour son opposition au barrage de Zarca, a été assassinée. La criminalisation des mouvements est également inquiétante en Équateur, où environ 230 personnes ont été accusées de « sabotage » et de « terrorisme », sous le gouvernement de Rafael Correa (2007-2017). Un peu partout, des paysans, des mouvements autochtones, ainsi que des mobilisations socio-environnementales, sont menacés.

Le tournant écoterritorial

La dynamique des luttes socio-environnementales en Amérique latine débouche sur un « tournant écoterritorial », s'exprimant par un récit commun sur la résistance collective et la défense de la terre et du territoire, ce qui est plus évident parmi les organisations autochtones et paysannes en raison de la relation étroite que ces groupes établissent entre terre et territoire. Ce que nous appelons le tournant écoterritorial se réfère à la construction de cadres d'action collective, où se formulent des structures de sens et des systèmes d'interprétation contestataires. Ces cadres rebelles ont tendance à développer une capacité mobilisatrice importante, pour installer de nouveaux thèmes, langages et slogans, tout en guidant la dynamique interactive vers la production d'une subjectivité collective commune dans l'espace latino-américain des luttes.

Ce virage écoterritorial interagit avec les mouvements de justice environnementale. La notion de justice environnementale implique le droit à un environnement sûr, sain et productif pour tous, où l'environnement est considéré dans son intégralité, y compris ses dimensions écologiques, physiques, sociales, politiques, esthétiques et économiques.

L'un des concepts les plus mobilisateurs érigés ces dernières années est le « buen vivir » (en quechua : Sumak Kawsay). Intraduisible, l'idée indique un horizon utopique, en référence à une pluralité de visions du monde autochtone. Cela serait trompeur de l'enfermer dans une formule vernaculaire unique, attribuable à un peuple ou à une culture, ou un nouveau schéma binaire qui finirait par fusionner avec les dichotomies déjà établies à partir du discours colonial.

En fait, ce concept en construction postule de nouvelles formes de rapports entre humains, entre ceux-ci et la nature, ainsi qu'avec d'autres formes de vie. Dit autrement, c'est le passage d'un paradigme anthropocentrique à un autre d'un caractère sociobiocentrique. Dans les lignes directrices de ce nouveau paradigme, la civilisation abandonne l'idée de développement, de la croissance économique illimitée, en faveur d'une économie solidaire et durable et d'autres rapports de production n'impliquant pas l'exploitation de l'homme par l'homme. D'autre part, buen vivir définit le rapport de l'homme avec la nature en tant que partie intégrante de celui-ci. De cette façon, il implique d'autres langages de valorisation (écologiques, religieux, esthétique, culturel) par rapport à la nature, où la croissance économique doit être soumise à la préservation de la vie. Cela conduit à la reconnaissance des droits de la nature, et donc le respect intégral de son existence et le maintien et la régénération de ses cycles de vie, structure, fonctions et processus évolutifs.

Cette vision a plusieurs conséquences. Premièrement, le nouveau paradigme souligne l'importance d'amorcer un processus de démarchandisation progressif et essentiel de la nature. Deuxièmement, la dignité, le fondement des droits humains, présuppose que chaque être humain a une valeur intrinsèque. En troisième lieu, le paradigme des droits de la nature reconnaît également les valeurs intrinsèques ou inhérentes de la nature. L'égalité doit transcender l'humain pour reconnaître dans la nature une vie qui doit être respectée. Quatrièmement, la reconnaissance des droits de la nature exige d'intégrer dans la justice la justice écologique, dont l'objectif n'est pas d'imposer des pénalités pour les dommages causés, mais une recomposition environnementale indépendante de son coût économique. Le critère de justice doit assurer les processus vitaux et non pas chercher une compensation économique.

Cette vision est à contre-courant du « développement durable », qui implique sous le paradigme de « modernisation écologique » et maintenant de l'« économie verte » un approfondissement de la marchandisation de la nature, ce qui entraînera l'accentuation des dommages et des inégalités, augmentant tant l'appropriation des territoires des communautés locales et autochtones par les entreprises transnationales que les effets néfastes du néo-extractivisme.

Contrairement à cette tendance, des mouvements de résistance, au Sud comme au Nord, développent le concept des Communs, qui apparaît comme l'une des clés de la recherche d'un paradigme alternatif, au-delà du marché et de l'État. La grammaire du commun s'établit sur un préjugé favorable au public, c'est-à-dire contre les politiques d'ajustement et de privatisation (néolibéralisme), contre l'expropriation de la connaissance (le capitalisme cognitif) et, plus récemment, contre l'extractivisme « développementaliste », qui aggrave les processus d'accaparement des terres, la privatisation des semences et la surexploitation des biens naturels.

Vers la construction d'une alternative

Les différents thèmes du virage écoterritorial traduisent la nouvelle grammaire des luttes ; de la gestation d'un langage alternatif de forte résonance dans l'espace latino-américain des luttes émerge un cadre commun de significations, ce qui indique l'expansion des frontières du droit.

Être dans une langue de défense du territoire et des biens communs, des droits humains, des droits de la nature implique une démocratisation avancée, le droit des peuples de dire « non » à des projets qui affectent leurs conditions de vie et compromettent l'avenir des générations. Par ailleurs, les nouvelles structures de signification, exprimant une tendance associée aux luttes socio-environnementales, ont une résonance dans le la société, à travers son inscription dans le programme politique, mais elles sont loin d'être intégrées en profondeur dans les débats de la société. Les attentes économiques et politiques de nombreux citoyens latino-américains face aux politiques publiques et les politiques sociales restent en plan. Les pratiques des États restent opaques et tendent à neutraliser ces structures alternatives de signification.

Les obstacles, d'autre part, ne viennent pas seulement des gouvernements. Les mouvements et organisations restent souvent empêtrés dans certains imaginaires sociaux autour du concept de « développement ». Malgré le fait que l'extractivisme, et en particulier l'exploitation minière, illustre une histoire longue et sombre en Amérique latine, l'opinion dans les pays où il existe une forte tradition minière, comme en Bolivie et au Pérou par exemple, est divisée, entre ceux qui refusent le « modèle » et ceux qui continuent de considérer l'exploitation minière comme une forme de développement. Dans les mouvements sociaux eux-mêmes coexistent différentes visions.

Tension des territorialités

De manière schématique, on peut dire qu'il existe différentes logiques de la territorialité. Les logiques territoriales des entreprises et des élites économiques s'insèrent au sein d'un paradigme économiste, qui souligne l'importance de transformer ces espaces où les ressources sont considérées comme stratégiques, en territoires « efficaces » et « productifs ». La logique d'État pour sa part est d'abord orientée vers le contrôle des revenus provenant des projets extractivistes.

Pour les peuples autochtones et leurs organisations, l'idée de territoire et la territorialité sont liées à l'autonomie, comprise comme autodétermination. Devant le discours hégémonique des entreprises et des gouvernements, qui cherchent à imposer une « coexistence » entre différents modèles productifs (par exemple, la coexistence entre le modèle agroalimentaire et l'agriculture familiale et organique, ou bien entre les mines et l'exploitation pétrolière et l'agriculture régionale), les opposants soulignent l'incompatibilité entre une matrice productive régionale (généralement liée à l'agriculture) et le modèle extractif. Il n'y a pas de place pour ces deux réalités si on considère la concurrence effective pour l'eau, l'énergie et le territoire.

Plusieurs organisations impliquées dans des luttes socio-environnementales sont localisées sur des territoires ruraux, plus ou moins isolés, où résident des populations paysannes et autochtones. Le déplacement des frontières de l'exploitation menace ces territoires, que les pouvoirs essaient de réduire à un regard misérabiliste, qui cache mal une stratégie de dévaluation des économies locales. Les territoires sont définis comme des « déserts » ou « socialement vides »). De même, les mégaprojets s'étendent sur de petites et moyennes villes, dont le pouvoir de pression est le plus faible, en ce qui concerne les autres grands centres urbains. De tout cela ressortent des interprétations différentes, pour ne pas dire conflictuelles, entre la campagne et la ville, la sierra, la jungle et la côte, comme au Pérou et en Colombie ; ou entre les petites localités et les grandes villes d'Argentine, dans la mesure où les mégaprojets (mines, hydrocarbures, barrages, entre autres) n'affectent qu'indirectement les villes. La définition de ce qui est une « vie meilleure » semble être associée principalement à la consommation, quelque chose qui pour les secteurs populaires, devient une possibilité avec l'impact des grands projets.

Conclusion : le moment féministe

Finalement, l'une des choses à souligner est que dans les derniers temps, nous assistons un peu partout au passage du moment « indigéniste » au moment « féministe » des luttes, visible dans la croissance de la mobilisation des femmes, à travers diverses formes d'engagements. Cette puissante vague féministe donne plus de visibilité aux femmes des zones marginales, de petits et moyens centres urbains, des secteurs populaires et peuples originaires. L'axe corps-territoire devient l'une des clés d'un nouveau récit contre-hégémonique, capable de réunir d'autres langages sur le territoire, et l'éthique du soin avec l'idée d'interdépendance, lu comme éco dépendance.

Objectifs d'apprentissage

- Comprendre la place de l'extraction des ressources naturelles (l'extractivisme).
- Analyser les dynamiques des acteurs sociaux face à ces processus.

Questions de réflexion

- Qu'est-ce qui définit les luttes écoterritoriales ?
- Quelles sont les alternatives de développement par rapport aux projets extractivistes ?
- Quel est le lien entre les luttes autochtones et les luttes écoterritoriales ?

Pour en savoir davantage

Abraham, Yves-Marie et Murray David. *Creuser jusqu'où ? Extractivisme et limites à la croissance*. Montréal, Éditions Écosociété, 2015.

Gaudichaud, Franck. « Ressources minières, "extractivisme" et développement en Amérique latine : perspectives critiques ». *IdeAs*, n° 6 (2016).

Langlois, Denis. « Résistances novatrices de peuples autochtones face au pillage de leurs territoires et de leurs ressources en Amérique latine ». *Recherches amérindiennes au Québec 44*, n° 23 (2014), 143-152.

Svampa, Maristella. « Mouvements sociaux, matrices sociopolitiques et nouveaux contextes en Amérique latine ». *Problèmes d'Amérique latine 4*, n° 74 (2009), 113-136.

Svampa, Maristella. « Néo-développementisme extractiviste, gouvernements et mouvements sociaux en Amérique latine ». *Problèmes d'Amérique latine 81*, n° 3 (2011), 101-127.

Notes

Section 2

Économie et environnement

42 Économie sociale et solidaire : une dynamique en transformation

Juan-Luis Klein

Résumé

L'ÉSS englobe un ensemble d'entreprises et d'organismes qui produisent des biens et des services de façon collective, mais autonome par rapport à l'État. Présente au Nord et au Sud, elle s'affiche comme une option face à l'individualisme prôné par le néolibéralisme et une réponse à la pauvreté et les inégalités générées par celui-ci.

Introduction

Dans ce texte, bien que nous croyons que l'économie en général ne peut être que sociale, car elle est inscrite dans les rapports institutionnels et organisationnels qui structurent la société, nous empruntons une approche sectorielle, largement répandue, selon laquelle l'économie sociale constitue un secteur économique qui coexiste, et qui, comme au Québec, collabore avec deux autres secteurs, l'économie privée et l'économie publique. Vue ainsi, la notion d'économie sociale désigne un champ qui englobe les formes économiques issues des pratiques associatives, de coopération ou d'aide mutuelle qui, au travers de l'implantation du capitalisme et de son évolution, ont été mises en œuvre par des populations défavorisées en réponse à leurs besoins. Ce champ s'est élargi avec l'ajout de la dimension « solidaire » à sa définition[1].

Tout en restant sectorielle, l'économie sociale et solidaire (ÉSS) aspire à remettre en question le système social et économique dans sa globalité[2]. Ainsi, elle est tiraillée par sa situation de partenaire sectoriel et son projet de devenir une option globale face au modèle économique dominant.

Le parcours de l'ÉSS : des aspirations anciennes, mais toujours actuelles

La notion d'économie sociale comme telle, base de l'approche de l'ÉSS, trouve ses origines au XIXe siècle, alors que se mettent en place des initiatives inspirées de diverses approches visant à permettre aux ouvriers de faire face au déficit de protection sociale. Il s'agit alors pour

---

1. Laurent Gardin et Jean-Louis Laville. « L'économie solidaire ». Dans *Économie sociale et solidaire*. Par Jacques

Defourny et Marthe Nyssens, 187-219. Louvain-la-Neuve, Éditions De Boeck Supérieur, 2017.
2. Louis Favreau et Ernesto Molina. *Économie et société : pistes de sortie de crise*. Québec, Presses de l'Université du Québec, 2011.

Encadré 42.1 La Corporation Mondragon*

La Corporation Mondragon, un holding coopératif né en 1955 en réponse à la pauvreté dans un milieu rural éloigné du Pays basque espagnol, est devenu l'un des principaux groupes financiers de l'Espagne. Il s'agit d'un réseau d'entreprises et d'instances coopératives, dont le siège social est localisé dans la ville de Mondragón, qui regroupe 266 entreprises et entités qui œuvrent dans les domaines de la finance, de la fabrication, de la distribution et de la recherche et la formation. Au total, ce réseau assure plus de 80 000 emplois et possède un chiffre d'affaires de près de 20 milliards de dollars canadiens. Mondragon constitue un élément important du tissu institutionnel et organisationnel du Pays basque espagnol, tout en étant largement globalisé en ce qui concerne sa production industrielle. D'ailleurs ce processus de globalisation a rendu l'entreprise dépendante des aléas économiques globaux. Ainsi, tout en étant très performante dans l'ensemble, à cause de la crise financière de 2008, dont elle a d'ailleurs fortement amorti les effets sur la population et les travailleurs du Pays basque, la Corporation Mondragon a dû fermer Fagor Electrodomesticos, une de ses principales entreprises, en 2013.

* Source : La Corporation Mondragon. « À propos de nous ». https://www.mondragon-corporation.com/fr/a-propos-de-nous/. Page consultée le 14 juillet 2019.

l'essentiel de coopératives et des organismes d'aide mutuelle[3].

Au XXe siècle, une vaste panoplie d'organisations associatives sont créées comme conséquence des diverses crises traversées par le capitalisme. Ces organisations cherchent à alléger les effets de ces crises sur les plus démunis, élargissant par le fait même le champ d'action de l'économie sociale. Des organismes communautaires, des organisations non gouvernementales de divers ordres et œuvrant dans divers domaines, des entreprises autogérées, des fonds de travailleurs, et bien d'autres organismes s'ajoutent aux coopératives et aux mutuelles délimitant ainsi le champ couvert par la notion d'économie sociale. Tous ces organismes visent à apporter des solutions aux problèmes anciens et nouveaux que le capitalisme ne cesse de provoquer, malgré la richesse qu'il engendre.

Ces organismes ont émergé par vagues. Situés au départ à la marge, ils ont généré des modelés d'action qui se sont avérés efficaces en matière de prestation de services et de développement économique et ont connu, pour la plupart, divers niveaux d'institutionnalisation. Les plus anciens, comme les coopératives de travailleurs ou d'usagers, ainsi que les organismes d'aide mutuelle, sont solidement établis dans plusieurs pays. Avec des niveaux d'intensité différents, ils s'imposent comme partenaires, tantôt de l'acteur public, tantôt de l'entreprise privée, tantôt des deux. Les cas du Mouvement Desjardins au Québec, ou de la Corporation Mondragon au Pays basque en témoignent.

Des organismes plus récents, que des auteurs ont désignés comme faisant partie d'une « nouvelle économie sociale », ont atteint des niveaux d'institutionnalisation plus faibles, ce qui les rend plus fragiles. En témoigne le cas des Corporations de développement économique communautaire (CDEC), créées à Montréal dans les années 1980 en réponse aux pertes d'entreprises et d'emplois provoquées par la crise de l'économie industrielle et du mode de régulation fordiste. Les CDEC se sont imposées comme des partenaires importants des acteurs économiques et sociaux locaux dans leurs efforts pour revitaliser les anciens quartiers industriels affectés par ladite crise. Nonobstant leurs réussites

3. Benoît Lévesque et Marguerite Mendell. « L'économie sociale : diversité des définitions et des constructions théoriques ». *Interventions économiques pour une alternative sociale*, n° 32 (2012) ; Jacques Defourny. « L'économie sociale ». Dans *Économie sociale et solidaire*. Par Jacques Defourny et Marthe Nyssens, 29-72. Louvain-la-Neuve, Éditions De Boeck Supérieur, 2017.

et la reconnaissance dont elles bénéficiaient, y compris sur le plan international, elles ont été abolies en 2015 après l'application de politiques à saveur néolibérale par le gouvernement du Québec et par la Ville de Montréal.

Les initiatives lancées à la faveur de cette nouvelle économie sociale ont amené à la construction d'une approche plus large, plus politique. C'est l'orientation donnée à la nouvelle économie sociale dans le sens de la transformation sociale par des auteurs comme Benoît Lévesque, Louis Favreau et Jean-Louis Laville, ainsi que l'influence progressive d'auteurs qui étudiaient des expérimentations similaires en Amérique du Sud, tels, parmi bien d'autres, Luis Razeto, Luiz Ignacio Gaiger et José Luis Coraggio. L'ÉSS peut être comprise comme un mouvement social porteur d'un secteur spécifique de l'économie dans lequel des acteurs qui ont des finalités sociales mettent en œuvre diverses pratiques économiques où priment des objectifs collectifs. Les organisations et entreprises qui s'y rattachent constituent des laboratoires d'innovation sociale susceptibles d'inspirer des réformes au capitalisme dans une perspective plus inclusive[4].

Des concepts pour expliquer l'ÉSS

Concernant l'ÉSS, plusieurs définitions théoriques sont mobilisées[5]. Ces définitions sont influencées par les approches théoriques et les orientations idéologiques privilégiées par leurs auteurs et par les contextes institutionnels dans lesquels ils s'inscrivent. Même si ces définitions ne font pas consensus, une certaine convergence se construit progressivement au sujet du champ couvert par les différentes pratiques qui peuvent être rattachées à l'ÉSS. Selon la troisième édition du Global Social Economy Forum (GSEF) tenu à Montréal en septembre 2016, l'ÉSS est un concept polysémique :

> L'ÉSS vise simultanément l'efficacité économique, l'inclusion sociale, un développement durable et une participation accrue au fonctionnement de l'économie et du développement urbain. Les coopératives, les entreprises communautaires, les entreprises sociales, les mutuelles de crédit et d'assurance, la finance solidaire, les institutions à but non lucratif constituent ensemble l'ÉSS. Le secteur philanthropique et les investisseurs sociaux contribuent également à son développement. Bref, l'ÉSS englobe tous ceux qui ne placent pas le profit accru comme objectif principal ou exclusif de leurs activités économiques. Pour progresser, cette ÉSS doit prendre toute sa place aux côtés de l'économie privée et du secteur public[6].

Concrètement, l'ÉSS offre une option qui permet de donner des services à des populations démunies mal desservies par les instances gouvernementales et le marché et en même temps qui intègre un fort pourcentage de travailleurs et de travailleuses (l'ÉSS emploie essentiellement des femmes). Ces pratiques économiques et sociales sont axées sur la réciprocité et la solidarité, valorisant les rapports de collaboration entre les êtres humains, qui deviennent ainsi les sujets et la finalité de l'activité économique. Ces pratiques recréent le rapport entre le travailleur et le produit du travail, dissocié dans les entreprises traditionnelles par le taylorisme accentué et la déshumanisation du travail. Ce faisant, les entreprises et organisations de l'ÉSS concilient les activités économiques et le bien-être des

---

4. Marie J. Bouchard et Benoît Lévesque, « Les innovations sociales et l'économie sociale et solidaire ». Dans *Économie sociale et solidaire*. Par Jacques Defourny et Marthe Nyssens, 397-432. Louvain-la-Neuve, Éditions De Boeck Supérieur, 2017.

5. Benoît Lévesque et Marguerite Mendell. « L'économie sociale : diversité des définitions et des constructions théoriques ». *Interventions économiques pour une alternative sociale*, nᵒ 32 (2012).

6. Forum mondial de l'économie sociale. « Déclaration du Forum mondial de l'économie sociale 2016 », 2016. http://www.gsef2016.org/programme/declaration-finale/?ckattempt=1. Page consultée le 15 juillet 2019.

Encadré 42.2 La Loi sur l'économie sociale du Québec adoptée en 2013 (extraits)*

L'économie sociale est définie comme l'ensemble des activités économiques à finalité sociale réalisées dans le cadre des entreprises dont les activités consistent notamment en la vente ou en l'échange de biens ou de services et qui sont exploitées conformément aux principes suivants : 1° l'entreprise a pour but de répondre aux besoins de ses membres ou de la collectivité ; 2° l'entreprise n'est pas sous le contrôle décisionnel d'un ou de plusieurs organismes publics au sens de la Loi sur l'accès aux documents des organismes publics et sur la protection des renseignements personnels ; 3° les règles applicables à l'entreprise prévoient une gouvernance démocratique par les membres ; 4° l'entreprise aspire à une viabilité économique ; 5° les règles applicables à l'entreprise interdisent la distribution des surplus générés par ses activités ou prévoient une distribution de ceux-ci aux membres au prorata des opérations effectuées entre chacun d'eux et l'entreprise ; 6° les règles applicables à la personne morale qui exploite l'entreprise prévoient qu'en cas de dissolution, le reliquat de ses biens doit être dévolu à une autre personne morale partageant des objectifs semblables. Est une entreprise d'économie sociale, une entreprise dont les activités consistent notamment en la vente ou l'échange de biens ou de services et qui est exploitée, conformément aux principes énoncés au premier alinéa, par une coopérative, une mutuelle ou une association dotée de la personnalité juridique.

* Légis Québec. «E-1.1.1 - Loi sur l'économie sociale», 2018. http://legisquebec.gouv.qc.ca/fr/ShowDoc/cs/E-1.1.1. Page consultée le 15 juillet 2019.

communautés où elles s'inscrivent. Aussi bien dans les pays du «Nord» que du «Sud», elles constituent des facteurs de démocratisation de la société qui promeuvent la réciprocité, plutôt que le marché, comme principe de production de richesse collective.

Comment l'ÉSS prend-elle sa place dans la société ?

Les pratiques liées à l'ÉSS bénéficient d'une reconnaissance croissante du fait qu'elles comblent les déficiences apparues à la suite des restructurations que les gouvernements ont adoptées à l'égard de leurs politiques publiques, essentiellement pour diminuer les dépenses des gouvernements et réduire la dimension providentielle de l'État. Entre-temps, plusieurs gouvernements en Asie, en Afrique, en Amérique latine et en Europe ont adopté des lois favorisant l'ÉSS. Dans certains cas, on s'y réfère en utilisant le terme d'économie sociale, dans d'autres celui d'économie solidaire. Dans plusieurs cas, les deux termes sont joints, comme dans le cas

de la loi adoptée en 2014 en France, qui définit l'ÉSS comme «un mode d'entreprendre et de développement économique». Mais indépendamment des termes utilisés, les objectifs des différentes dispositions énoncées dans ces lois convergent.

Au Québec, seule société en Amérique du Nord à avoir adopté une loi-cadre concernant l'économie sociale, la loi adoptée par l'Assemblée nationale en 2013 affirme vouloir promouvoir l'ÉSS comme levier du développement, soutenir l'ÉSS par l'élaboration d'outils d'intervention et favoriser, pour les entreprises de l'ÉSS, l'accès aux programmes de l'administration gouvernementale.

L'ÉSS et le développement international

Selon le Réseau intercontinental de promotion de l'économie sociale et solidaire (RIPESS), l'ÉSS englobe des pratiques économiques dans le commerce équitable, la finance solidaire et la microfinance, les entreprises autogérées, les structures coopératives, l'économie populaire et les monnaies sociales. Toutes ces pratiques sont favorisées aussi bien par les ONG que par les instances politiques qui œuvrent en développement international. Le cas de la microfinance en Afrique constitue un bon exemple. Celle-ci fait l'objet d'un nombre croissant de projets de développement qui mobilisent les collectivités les plus pauvres. Par ailleurs, le cas des entreprises récupérées en Argentine a éveillé l'intérêt pour la gouvernance collective des entreprises en Amérique du Sud. En mobilisant l'ÉSS, les organismes de développement international visent le développement local, le renforcement des réseaux sociaux productifs locaux (circuits courts), le développement durable des ressources, l'émancipation des femmes, la souveraineté alimentaire, et en général les droits économiques, sociaux et culturels. Leur objectif est de poser les jalons d'un type de développement plus équitable que celui imposé par le capital privé multinational ou national.

Le développement des collectivités locales

Il va sans dire qu'à elle seule, l'ÉSS ne peut pas inverser les tendances lourdes imposées par le capitalisme et la globalisation. Il demeure qu'elle est importante et que les initiatives et entreprises qui s'y rattachent agissent comme partenaires du public et du privé dans divers secteurs. Vu ainsi, l'ÉSS apparaît comme une réponse locale au recul de l'État-providence. Dans bien des cas, l'ÉSS fonctionne comme un tremplin pour des initiatives menées par des organisations représentatives de la société civile. Les initiatives basées sur l'ÉSS favorisent ainsi le développement des capacités locales nécessaires pour construire des contextes favorisant une augmentation du bien-être des citoyens, ce dont témoigne le modèle d'action mis en œuvre par la communauté de Saint-Camille au Québec. Les initiatives locales ancrées dans l'ÉSS s'appuient sur un « capital socioterritorial »

constitué par les ressources pouvant être mobilisées collectivement par les acteurs afin d'accroître la capacité de la collectivité locale de relever la qualité de vie de ses citoyens. Ce capital comprend des éléments humains, sociaux, culturels, économiques, ethniques, etc. Sa mobilisation comprend la capacité de modifier le contexte institutionnel et organisationnel dans lequel s'inscrit le processus de développement.

Les limites de l'ÉSS

L'émergence et la croissance de l'ÉSS n'ont pas manqué de susciter des critiques notamment à cause de son institutionnalisation croissante et de son inscription dans une économie plurielle. Certains auteurs y voient une béquille pour un système qui favorise de plus en plus une minorité. Ainsi, le « marché social » structuré par l'ÉSS deviendrait une composante de l'économie capitaliste au service du désengagement de la fonction publique de ses responsabilités en matière de services aux citoyens et de développement. Le transfert d'obligations de l'État vers le social impliquerait ainsi un affaiblissement des protections sociales acquises par les salariés et conduit à la réduction des programmes sociaux.

On dénonce une sorte de subordination de l'ÉSS aux forces du marché, ce qui aurait comme effet de réduire l'ÉSS à un rôle supplétif, très apprécié d'ailleurs par les instances politiques dominantes parce qu'elle contribuerait à l'intégration des personnes en situation d'exclusion, réduirait les coûts de production de services, soutenant ainsi les politiques d'austérité, et remettrait des territoires dévitalisés sur le marché, appuyant ainsi les investissements privés. Ceci expliquerait le buzz actuel pour la promotion de l'ÉSS par des acteurs politiques et économiques qui agissent à diverses échelles.

Certaines critiques, tout en admettant l'effet ponctuel et local de l'ÉSS, divergent lorsqu'il s'agit d'en faire la base d'une politique plus globale de lutte contre la pauvreté et les inégalités. Selon plusieurs, les effets positifs des projets sont légers et de courte durée. Les retombées les plus discutées sont celles liées au marché de l'emploi. Quant aux services dispensés par les organisations communautaires, on argumente qu'ils instituent la précarité et qu'ils contribuent à la dualisation sociale, surtout dans les espaces les plus périphériques. De plus, plusieurs considèrent que des politiques publiques axées uniquement sur le capital social ou sur la capacité des acteurs de l'ÉSS de mettre en œuvre des projets de développement alourdiraient le fardeau des communautés locales dévitalisées, ce qui reviendrait à rendre responsables les collectivités appauvries de leur pauvreté.

En effet, les acteurs de l'ÉSS, que ce soit à cause d'un cadre institutionnel adverse ou d'un encadrement institutionnel trop serré, se retrouvent dans des rapports de force qui ne leur sont pas toujours favorables. Pour que le potentiel de transformation de l'ÉSS se concrétise, ses entreprises, organisations et leaders doivent éviter de devenir une économie des pauvres. Jean-Louis Laville[7] fait un appel à une ÉSS basée sur une « solidarité forte » qui prône la réciprocité, mais qui en même temps exige une intervention de l'État adéquate afin de corriger les inégalités.

---

7. Jean-Louis Laville. « Innovation sociale, économie sociale et solidaire, entrepreneuriat social : une mise en perspective historique ». Dans *L'innovation sociale*. Par Juan-Luis Klein, Jean-Louis Laville et Frank Moulaert, 45-80. Toulouse : Éditions ÉRÈS, 2014.

Conclusion

L'un des principaux effets du modèle économique capitaliste dominant a été celui de dissocier l'économique du social. La recherche de la rentabilité maximale a créé plusieurs classes de citoyens et provoqué l'appauvrissement de plusieurs milieux. Or, c'est à l'échelle locale, dans les communautés et les organisations, qu'on voit des expériences visant à concerter les intérêts citoyens et les intérêts économiques. C'est à cette échelle qu'émerge l'ÉSS sous forme d'entreprises ou organisations vouées à mettre de l'avant des formes de développement économique basées sur la solidarité. L'ancrage local des acteurs leur permet de lancer des initiatives qui mobilisent des ressources de l'ÉSS et qui les combinent à d'autres ressources (publiques et privées), contribuant ainsi à la pluralisation de l'économie. Pour plusieurs auteurs, c'est dans le développement d'une économie plurielle contribuant à une société plus inclusive que réside le principal effet global de l'ÉSS. L'économie plurielle se construit sur la base de contradictions, de rapports sociaux et de compromis. C'est aux acteurs de l'ÉSS de voir à ce que le caractère alternatif de l'option qu'ils défendent ne soit pas annulé par le compromis pluriel dans lequel ils s'inscrivent, et qu'ils contribuent à établir, et que leurs pratiques demeurent un moteur d'innovation et de transformation.

Objectifs d'apprentissage

- Comprendre les liens entre l'ÉSS, le secteur de l'entreprise privée et le secteur public.
- Saisir les spécificités des différentes composantes de l'ÉSS.
- Penser l'ÉSS comme une voie pour la transformation des conditions qui provoquent le sous-développement à l'échelle internationale.

Questions de réflexion

- L'ÉSS peut-elle s'épanouir et se renforcer dans le contexte de la globalisation ?

■ Est-ce que l'ÉSS peut servir de base à la construction d'une alternative au capitalisme néolibéral ?

■ Dans quelle mesure l'ÉSS peut-elle être une plate-forme efficace pour répondre aux aspirations des collectivités du Nord et du Sud ?

Pour en savoir davantage

Cretieneau, Anne-Marie. « Économie sociale et solidaire et développement durable ». *Marché et organisations* 11, n° 1 (2010), 31-71.

Darbus, Fanny. « Le pouvoir subversif de l'économie sociale et solidaire : quelle consistance ? » *Lien social et Politiques*, n° 72 (2014), 169-188.

Dreyfus, Michel. *Histoire de l'économie sociale : de la Grande Guerre à nos jours*. Rennes, Presses universitaires de Rennes, 2017.

Hély, Matthieu et Pascale Moulévrier. *L'économie sociale et solidaire : de l'utopie aux pratiques*. Paris, Éditions La Dispute, 2013.

Richez-Battesti, Nadine. « L'économie sociale et solidaire face à la crise économique : entre reconnaissance d'un modèle d'organisation et risque de récupération ? » *Revue française du marketing*, n° 226 (2010), 49-58.

43

La lutte contre la dette

Éric Toussaint

Résumé

Depuis le XIXᵉ siècle, de l'Amérique latine à la Chine en passant par Haïti, la Grèce, la Tunisie, l'Égypte et plusieurs autres pays, la dette publique a été utilisée comme arme de domination et de spoliation. Au bout du compte, c'est la combinaison de l'endettement et du libre-échange qui constitue le facteur fondamental de la subordination d'économies entières à partir du XIXᵉ siècle. Les classes dominantes locales se sont associées aux grandes puissances financières étrangères pour soumettre leur pays et leur peuple à un mécanisme de transfert permanent de richesses des producteurs locaux vers les créanciers qu'ils soient nationaux ou étrangers. Les crises éclatent d'abord dans les pays capitalistes les plus puissants ou sont le résultat de leurs décisions unilatérales qui entraînent par ricochets des crises de grande ampleur dans les pays périphériques endettés. Ce n'est pas l'excès de dépenses publiques qui amène la dette à des niveaux insoutenables, mais plutôt les conditions imposées par les créanciers locaux et étrangers. Les taux d'intérêt réels sont abusivement élevés et les commissions prélevées par les banquiers, particulièrement onéreuses. La conséquence est évidente : les pays qui s'endettent ne sont pas en mesure de rembourser leurs dettes. Ils doivent constamment recourir à de nouveaux emprunts pour rembourser les anciens. Et quand ils n'y arrivent pas, les puissances créancières ont le droit de recourir à une intervention militaire pour se faire rembourser. Les crises de la dette et leur dénouement sont toujours pilotées par l'action de grandes banques des principales puissances économiques et par les gouvernements qui les soutiennent.

Un peu d'histoire

Dès la première moitié du XIXᵉ siècle, un pays comme Haïti a servi de laboratoire. Première république noire indépendante, l'île s'est libérée du joug de la France en 1804. Mais Paris n'a pas pour autant abandonné ses prétentions sur Haïti, en obtenant une indemnisation royale pour les esclavagistes : les accords signés en 1825 avec les nouveaux dirigeants haïtiens ont instauré une dette de l'indépendance monumentale que Haïti ne pouvait plus rembourser dès 1828 et qu'elle a mis en fait un siècle à payer, rendant impossible toute forme

375

Encadré 43.1 La dette odieuse

Selon la doctrine juridique de la dette odieuse théorisée par Alexander Sack en 1927[*], une dette est «odieuse» lorsque deux conditions essentielles sont réunies:

- **L'absence de bénéfice pour la population:** la dette a été contractée non dans l'intérêt du peuple et de l'État, mais contre son intérêt ou dans l'intérêt personnel des dirigeants et des personnes proches du pouvoir.
- **La complicité des prêteurs:** les créanciers savaient (ou étaient en mesure de savoir) que les fonds prêtés ne profiteraient pas à la population.

Selon cette doctrine, la nature despotique ou démocratique d'un régime n'entre pas en ligne de compte.

[*] Cité par Éric Toussaint. *Le Système Dette: histoire des dettes souveraines et de leur répudiation*. Paris, Les Éditions Liens qui Libèrent, 2017.

---

de développement réel. La dette a aussi été utilisée pour asservir la Tunisie à la France en 1881 ou l'Égypte au Royaume-Uni en 1882[1]. L'île de Terre-Neuve, devenue en 1855 le premier dominion autonome de l'Empire britannique, bien avant le Canada ou l'Australie, a renoncé à son indépendance après la grave crise économique de 1933 pour faire face à ses dettes et a finalement été rattachée en 1949 au Canada qui a accepté de reprendre 90 % de sa dette[2].

Le processus s'est reproduit après la Seconde Guerre mondiale, quand les pays d'Amérique latine avaient besoin de capitaux pour financer leur développement et quand les pays asiatiques d'abord, puis africains au virage des années 1960, ont accédé à l'indépendance. La dette a constitué l'instrument majeur pour imposer des politiques néocoloniales. Les prêts massifs octroyés, à partir des années 1960, à un nombre croissant de pays de la périphérie (dont les alliés stratégiques des grandes puissances comme le Congo de Mobutu, l'Indonésie de Suharto, le Brésil de la dictature militaire), jouent le rôle de lubrifiant d'un puissant mécanisme de reprise de contrôle de pays qui, auparavant avaient

commencé à adopter des politiques indépendantes des anciennes métropoles coloniales et de Washington. Trois grands acteurs ont incité ces pays à s'endetter en les appâtant avec des taux relativement bas: les grandes banques occidentales qui regorgeaient de liquidités, les pays du Nord qui voulaient relancer leur économie en crise après le choc pétrolier de 1973 et la Banque mondiale dans le but de renforcer la zone d'influence géopolitique des États-Unis et de ne pas se laisser marginaliser par les banques privées. Les classes dominantes locales ont également poussé à l'augmentation de la dette et en ont tiré profit sans qu'il y ait de bénéfice pour les peuples.

La crise des années 1980 et l'ajustement structurel

À la fin de 1979, les États-Unis ont augmenté leurs taux d'intérêt, ce qui a eu des répercussions sur les taux au Sud qui étaient variables et ont eux aussi fortement augmenté. Couplée à une baisse des cours des matières premières exportées par les pays du Sud (pétrole, café, cacao, coton, sucre, minerais...), cette hausse des taux a refermé le piège. En août 1982, le Mexique et d'autres pays ont annoncé qu'ils n'étaient plus en mesure de rembourser. C'est là qu'est intervenu le Fonds monétaire international (FMI),

---

1. Éric Toussaint. *La dette comme instrument de la conquête coloniale de l'Égypte*. Comité pour l'annulation de la dette du tiers monde (CADTM), 2016.
2. Carmen Reinhart et Kenneth Rogoff. *Cette fois, c'est différent: huit siècles de folie financière*. Traduit par Michel Le Séac'h. Montréal, Éditions Pearson, 2010.

qui, à la demande des banques créancières, a prêté aux pays en difficulté, au taux fort, à la double condition qu'ils poursuivent le remboursement des banques et qu'ils mènent la politique décidée par ses experts : abandon des subventions aux produits et services de première nécessité, réduction des dépenses publiques, dévaluation de la monnaie, taux d'intérêt élevés pour attirer les capitaux étrangers, production agricole tournée vers l'exportation, ouverture totale des marchés par la suppression des barrières douanières, libéralisation de l'économie et suppression du contrôle des changes, fiscalité aggravant les inégalités, préservation des revenus du capital, privatisations des entreprises publiques rentables, etc.

Les prêts d'ajustement structurel visent l'abandon par ces pays de leur politique nationaliste et une connexion plus forte des économies de la périphérie au marché mondial dominé par le centre. Il s'agit également d'assurer l'approvisionnement des économies du centre en matières premières et en combustibles. En mettant les pays de la périphérie progressivement en concurrence les uns par rapport aux autres, en les incitant à « renforcer leur modèle exportateur » et l'exploitation de leurs ressources naturelles, l'objectif est de faire baisser les prix des produits qu'ils exportent, et, par conséquent, de réduire les coûts de production au Nord et d'y augmenter les taux de profit. C'est ainsi

qu'est apparue une nouvelle forme de colonisation : même plus besoin d'entretenir une administration et une armée coloniale sur place, le mécanisme de la dette s'est chargé de prélever les richesses produites et de les diriger vers les créanciers. Cela n'empêche pas pour autant l'ingérence politique et économique lorsque les intérêts des créanciers et des puissances néocoloniales sont menacés.

L'évolution récente

À partir des années 2000, les prix des matières premières et des produits agricoles ont augmenté dans un contexte de forte demande internationale. Cela a permis aux pays exportateurs de tels produits d'augmenter leurs recettes. Certains pays en ont alors profité pour augmenter leurs dépenses sociales alors que la majorité a investi ces rentrées dans l'achat de bons du Trésor des États-Unis, finançant par ce biais la principale puissance mondiale. Un autre facteur a renforcé ce phénomène : la Chine en pleine expansion s'est transformée en atelier du monde et a accumulé d'énormes réserves de change. Elle a augmenté significativement le financement des pays du Sud. Ses prêts sont venus concurrencer ceux des institutions financières multilatérales et des pays industrialisés.

Tableau 43.1
La dette externe par régions

Région	1980	1990	2000	2012	2017
Afrique subsaharienne	61	176	213	331	535
Amérique latine et Caraïbes	230	420	714	1258	1501
Asie centrale	58	101	234	1150	1570
Asie de l'Est et Pacifique	61	234	497	1412	2461
Asie du Sud	37	126	163	501	706
Moyen-Orient et Afrique du Nord	64	137	144	177	294
Total	**510**	**1194**	**1966**	**4830**	**7070**

Note : En milliards de dollars US
Source : Banque mondiale. « Statistiques de la dette internationale par régions », 2018. http://datatopics.worldbank.org/debt/ids/. Page consultée le 15 juillet 2019.

Parallèlement, les banques centrales des pays les plus industrialisés ont procédé à une baisse des taux d'intérêt, surtout depuis la crise qui a éclaté en Amérique du Nord et en Europe à partir de 2007-2008 et à l'injection massive de liquidités dans le système financier pour sauver les grandes banques et entreprises endettées. Ce financement à bas coût, combiné à l'afflux de capitaux du Nord à la recherche de rendements plus rentables a donné aux gouvernements des pays en développement une dangereuse impression de sécurité. Cependant, quelque temps après, la situation s'est retournée. Le taux d'intérêt croissant fixé par la Réserve fédérale des États-Unis (FED) est passé de 0,25 % en 2012 à 2,25 % en 2018. Par ailleurs, les prix des matières premières ont eu tendance à baisser, ce qui diminue les revenus des pays exportateurs de biens primaires et rendent plus difficile le remboursement de la dette. Et c'est ainsi qu'en 2018, une nouvelle crise de la dette a touché plusieurs pays comme l'Argentine, le Venezuela, la Turquie, l'Indonésie, le Nigéria, le Mozambique, etc. C'est ainsi que la dette externe du Sud a été multipliée par trois entre 2000 et 2017.

En Afrique subsaharienne

En ce qui concerne l'Afrique subsaharienne, les flux sortants vers l'étranger à travers le service de la dette et le rapatriement des bénéfices des transnationales sont très élevés. En 2012, le rapatriement des bénéfices de la région la plus appauvrie de la planète a représenté 5 % de son PIB contre 1 % pour l'aide publique au développement. Si l'on prenait en compte le pillage des ressources naturelles de l'Afrique par les grandes sociétés privées, la fuite des cerveaux africains, les biens mal acquis amassés par les classes dominantes africaines et placés dans les pays du Nord, les manipulations des prix de transfert par les sociétés transnationales privées, on verrait clairement que l'Afrique est saignée à blanc.

En Amérique latine et dans les Caraïbes

L'Amérique latine présente un des soldes négatifs de dette externe les plus élevés parmi les continents en développement pour la période 1985-2017.

Tableau 43.2

La dette et son remboursement en Amérique latine et dans les Caraïbes

La dette en milliards de dollars	Dette extérieure*	Dont dette extérieure publique**
Stock de la dette en 1970	8	8
Stock de la dette en 2012	1200	492
Stock de la dette en 2017	1502	722
Remboursement entre 1970 et 2012	2942	1547
Remboursement entre 1970 et 2017	4004	1937
Transferts nets sur la dette extérieure entre 1985 et 2017***	-14	-127

*   Banque mondiale. «Dette extérieure: Service de la dette sur la dette extérieure, total», 2018. https://donnees.banquemondiale.org/indicateur/DT.TDS.DECT.CD. Page consultée le 15 juillet 2019.
**   Banque mondiale. «Dette extérieure publique: service de la dette sur la dette extérieure, publique et garantie par l'État», 2018. https://donnees.banquemondiale.org/indicateur/DT.TDS.DPPG.CD. Page consultée le 15 juillet 2019.
*** Banque mondiale. «Transferts nets sur la dette extérieure entre 1985 et 2017: transferts nets sur la dette extérieure, total», 2018. https://donnees.banquemondiale.org/indicateur/DT.NTR.DECT.CD?end=2017&start=2000. Page consultée le 15 juillet 2019; Banque mondiale. «Transferts nets sur la dette extérieure entre 1985 et 2017: transferts nets sur la dette extérieure, publique et garantie par l'État», 2018. https://donnees.banquemondiale.org/indicateur/DT.NTR.DPPG.
Note: Les remboursements correspondent à la somme des amortissements et du paiement des intérêts sur la dette.
Source: Banque mondiale

L'impact du paiement de la dette sur l'utilisation des ressources publiques

Tableau 43.3

La répartition des dépenses dans les budgets nationaux en Amérique latine

	% du PIB			% du budget		
	Service de la dette publique	Dépenses publiques pour l'éducation	Dépenses publiques pour la santé	Service de la dette publique	Dépenses publiques pour l'éducation	Service de la dette publique
Argentine	9,6	1,8	1,0	38,4	7,3	4,0
Brésil	22,7	1,8	2,1	42,2	3,9	3,4
Colombie	6,3	3,5	1,6	24,3	13,4	6,2
Équateur	3,7	7,1	3,1	8,3	15,9	6,8

Note: En % du PIB, en % du budget, année 2013
Source:
Les données pour l'Argentine au niveau gouvernemental proviennent du Budget général de la Nation pour l'année 2013 : Ministère de l'Économie et des Finances publiques, Presupuesto 2013 Resumen, Buenos Aires, 2013 ;
Les données pour le Brésil pour l'année 2014 proviennent de l'Audit citoyen de la dette : Maria Lucia Fattorelli, « Dívida consumirá mais de um trilhão de reais em 2014 », Auditoria Cidadã da Dívida, http://www.auditoriacidada.org.br/wp-content/uploads/2013/09/Artigo-Orcamento-2014.pdf ;
Les données pour la Colombie proviennent du Budget général de 2013 : Ministerio de Hacienda y Crédito Público, República de Colombia, *Presupesto general de la Nación*, 2013.
Les données pour l'Équateur du Budget de la Nation pour 2012 : Ministère des Finances, Presupuesto General del Estado, 2012, http://www.finanzas.gob.ec/el-presupuesto-general-del-estad

Conclusion : que faire ?

Il est tout à fait possible de résister aux créanciers, comme l'a prouvé le Mexique sous Benito Juarez qui a refusé d'assumer en 1867 les emprunts que le régime de l'empereur Maximilien avait contractés auprès de la Société Générale de Paris deux ans plus tôt pour financer l'occupation du Mexique par l'armée française[3]. En 1914, en pleine révolution, quand Emiliano Zapata et Pancho Villa étaient à l'offensive, le Mexique a suspendu le paiement de sa dette extérieure considérée comme illégitime, remboursant seulement, entre 1914 et 1942, des sommes symboliques à seule fin de temporiser. Entre 1934 et 1940, le président Lázaro Cárdenas a nationalisé sans indemnisation l'industrie pétrolière et les chemins de fer, et a exproprié plus de 18 millions d'hectares des grandes propriétés foncières pour les remettre aux communautés indigènes. La ténacité a été payante : en 1942, les créanciers ont renoncé à environ 90 % de la valeur des crédits et se sont contentés de faibles indemnisations pour les entreprises dont ils avaient été expropriés. Le Mexique a pu connaître un grand développement économique et social au cours des décennies 1930 à 1960. D'autres pays comme le Brésil, la Bolivie et l'Équateur ont suspendu avec succès les paiements à partir de 1931.

Plus récemment, en Équateur, le président Rafael Correa a mis en place en 2007 une commission d'audit de la dette publique. Après quatorze mois de travail, elle a remis des conclusions qui démontraient le caractère illégitime et illégal d'une grande partie de la dette publique. En novembre 2008, le gouvernement a décidé de suspendre unilatéralement le remboursement de titres de la dette vendus sur les marchés financiers internationaux et venant à échéance en 2012 et en 2030. Finalement, le gouvernement de ce petit pays est sorti vainqueur

3. Éric Toussaint. *Le Mexique a prouvé qu'il est possible de répudier une dette*. Comité pour l'annulation de la dette du tiers monde (CADTM), 2017.

d'une épreuve de force avec les banquiers nord-américains détenteurs de ces titres. Ce faisant, le Trésor public équatorien a économisé environ sept milliards de dollars sur le capital emprunté et sur les intérêts qui restaient à payer. Ainsi, il a été en mesure de dégager de nouveaux moyens financiers permettant d'augmenter les dépenses sociales. L'Équateur n'a pas fait l'objet de représailles internationales.

Il est évident que le refus de payer la dette illégitime constitue une mesure nécessaire, mais elle est insuffisante pour générer le développement. Il faut appliquer un programme cohérent de développement. Il s'agit de générer des ressources financières en augmentant les ressources de l'État à partir d'impôts respectant la justice sociale et environnementale.

Objectifs d'apprentissage

- Comprendre le phénomène de la dette à travers l'interaction entre le Nord et le Sud.
- Réfléchir sur l'impasse dans laquelle se retrouvent les pays du Sud endettés.
- Analyser la spirale actuelle d'endettement en lien avec la mondialisation économique.

Questions de réflexion

- Pourquoi certains pays s'enfoncent-ils dans une spirale d'endettement sans fin ?
- Quel est le rôle des institutions financières internationales dans cette évolution ?
- Comment certains pays du Sud peuvent-ils affronter avec succès cette situation ?

Pour en savoir davantage

Berr, Eric. « La dette des pays en développement : bilan et perspectives ». *Revue africaine de sciences économiques et de gestion 5*, nᵒ 2 (2003), 3-32.

Cohen, Daniel, Pierre Jacquet, et Reisen Helmut. « Au-delà de la controverse prêts ou dons : comment utiliser la dette pour le développement ? » *Revue d'économie du développement*, nᵒ 2 (2006), 131-158.

Legrand, Jacques. « Brève histoire de la dette des pays d'Afrique subsaharienne ». *Techniques financières et Développement 123*, nᵒ 2 (2016), 9-13.

Toussaint, Éric et Arnaud Zacharie. *Sortir de l'impasse : dette et ajustement*. Paris, Éditions Syllepse, 2002.

Vivien, Renaud. « L'annulation de la dette du Tiers Monde ». *Courrier hebdomadaire du CRISP 1*, nᵒ 20462047 (2010), 5-75.

44 Que faire face aux paradis fiscaux ?

Ghislaine Raymond

Résumé

Le phénomène des paradis fiscaux bien qu'identifié persiste et les autorités fiscales sont incapables d'y mettre fin. Pourtant, les moyens existent pour contrôler cette dérive fiscale, par exemple, par la levée du secret bancaire et l'abrogation des clauses de confidentialité. Actuellement, un cadre fiscal laxiste entraîne une approche d'accommodement à l'égard de l'évitement fiscal. Des professionnels qui contribuent à l'élaboration des stratégies fiscales complexes au profit des bien nantis et des sociétés multinationales devraient être imputables et sanctionnés si ces gestes soustraient leurs mandataires à leurs obligations.

Introduction

Les paradis fiscaux sont l'apanage des bien nantis depuis les années 1920. Dès lors, les États-Unis cherchent à attirer les avoirs des non-résidents et des corporations. Pour ce faire, le « Revenue Act » adopté en 1921 exempte de taxe le capital étranger placé dans des banques américaines au détriment des pays d'où proviennent ces avoirs. Ils rivalisent alors avec la Suisse, un paradis fiscal reconnu pour son secret bancaire et la protection des avoirs qui s'y retrouvent.

Dans les années 1960, un nouveau joueur s'inscrit sur ce terrain. Le déclin économique de la Grande-Bretagne l'amène à favoriser la reconversion de son économie au profit de sa financiarisation. La City de Londres, un État dans l'État, devient une des plaques tournantes de la finance internationale où se retrouvent grandes banques et institutions financières internationales fournissant la caution légale à des transactions non réglementées dans d'anciennes colonies britanniques. Celles-ci étant autonomes sur le plan juridique (Barbade, Jamaïque, Bahamas, Bermudes), Îles Caïman, Antigua-et-Barbuda, Bélize, Trinité-et-Tobago, les Îles Vierges britanniques, la Guyane britannique, les îles Turques-et-Caïques), leurs déviances ne portent pas atteinte à la respectabilité de la City de Londres. D'autres pays comme le Canada sont mis à contribution dans la réalisation de ce projet financier. Politiciens aguerris, banquiers et avocats canadiens participent activement à la mise en place des structures juridiques nécessaires à la création des paradis fiscaux dans les Caraïbes.

> **Encadré 44.1 Les caractéristiques des paradis fiscaux**
> * Une taxation quasi inexistante ou nulle.
> * Le secret et l'anonymat bancaires obligatoires garantis par la loi.
> * La loi du secret professionnel étendu aux avocats, aux comptables et aux autres employés des centres financiers offshore.
> * L'absence d'échanges de renseignements fiscaux efficaces avec d'autres pays.

Tableau 44.1
Cartographie des paradis fiscaux

Antilles et Caraïbes	Anguilla, Antigua-et-Barbuda, Antilles néerlandaises, Aruba, Bahamas, Barbade, Dominique, Grenade, îles Caïmans, îles Vierges américaines, îles Vierges britanniques, Montserrat, Îles Turques-et-Caïques, Saint-Christophe-et-Niévès, Sainte-Lucie, Saint-Vincent-et-les-Grenadines
Amérique centrale	Belize, Costa Rica, Panama
Asie de l'Est	Hong Kong, Macao, Singapour
Europe/ Méditerranée	Andorre, îles Anglo-Normandes (Guernesey et Jersey), Chypre, Gibraltar, île de Man, Irlande, Liechtenstein, Luxembourg, Malte, Monaco, Saint-Marin, Suisse
Océan Indien	Maldives, île Maurice, Seychelles
Moyen-Orient	Bahreïn, Jordanie, Liban
Atlantique Nord	Bermudes
Pacifique Sud	Îles Cook, îles Marshall, Samoa, Nauru, Niue, Tonga, Vanuatu
Afrique de l'Ouest	Liberia

Des législations de complaisance

Les paradis fiscaux sont des législations de complaisance où l'on peut faire croître ses avoirs financiers en payant un minimum d'impôts sur des sommes d'argent cachées au fisc du pays de résidence. Ces législations regroupent, en sus des paradis fiscaux, les ports francs (zones franches sises en bord de mer), les zones franches (zones hors taxe où les marchandises circulent), les paradis judiciaires (zones échappant aux lois pénales des autres pays), les paradis réglementaires (zones permettant l'existence de produits financiers jouissant d'une flexibilité légale, fiscale et financière particulière).

Les paradis fiscaux dans l'économie mondiale

Selon le Fonds monétaire international, 50 % des capitaux mondiaux transitent par les paradis fiscaux. Ceux-ci hébergent quelque 4 000 banques et 2 millions de sociétés-écrans qui abriteraient entre 21 000 et 31 000 milliards de dollars, ce qui fait perdre quelque 3 100 milliards de dollars par an aux États dans le monde[1].

Un réseau de boutiques multifonctions

Les paradis fiscaux ne sauraient se déployer dans toutes les régions du monde et assurer

---

1. Commission des Finances publiques. *Le phénomène du recours aux paradis fiscaux*. Québec, Assemblée nationale du Québec, 2017.

des garanties de confidentialité sans l'apport de facilitateurs que sont les cabinets d'avocats et fiscalistes et les grandes banques. Les quatre principales firmes internationales sont KPMG, PricewaterhouseCooper, Deloitte et Ernst & Young. Leurs activités sont dans les domaines de l'audit, de la fiscalité et des services-conseils. Elles interviennent tant auprès des entreprises et des bien nantis que des instances gouvernementales et ont pignon sur rue dans plus de 150 pays. Elles favorisent l'usage des «prix de transfert» soit la valeur à laquelle des biens et services sont échangés entre filiales d'une même entreprise situées dans des pays différents. De ce fait, elles permettent aux détenteurs de capitaux l'achat et vente de biens et de services tout comme le legs de biens immatériels tels que les marques, brevets, savoir-faire.

C'est un enjeu essentiel qui a un impact direct sur le montant d'impôt à payer. Une maison-mère telle Amazon n'est pas contrainte de dévoiler le nombre de ses filiales ni leur apport financier à l'entreprise mère. Par leur connaissance des disparités fiscales entre les diverses juridictions nationales, régionales et locales, ces firmes permettent l'optimisation fiscale par la délocalisation des profits des entreprises au gré des mouvements d'humeur des décideurs politiques.

Les grandes banques telles Barclays, Deutsche Bank, HSBC, BNP Paribas, Chase Manhattan, Banque Nationale du Canada, Banque Royale du Canada, Banque Scotia, Banque TD, Banque de Montréal servent de facilitateurs pour les détenteurs de comptes bancaires dans leurs filiales des paradis fiscaux.

Spécificité des paradis fiscaux

Les paradis fiscaux se déploient en un très grand nombre de filiales rattachées à la maison-mère

Tableau 44.2
Certaines spécialités des paradis fiscaux

Spécialité	Paradis fiscal
Agents commerciaux	City de Londres, Singapour
Assurances	Bermudes, City de Londres, Halifax (Nova Scotia Business Inc.), Panama
Banque d'investissement	Irlande
Extraction minière	Canada (Bourse de Toronto) paradis réglementaire
Finance de l'ombre	États-Unis, îles Caïman
Fondations	États-Unis, Luxembourg
Gambling	Gibraltar, Île de Man
Hedge Funds	Bermudes, City de Londres, îles Caïman, Singapour, Suisse
Holdings	Suisse
Immobilier	Delaware
Numérique	Irlande, Luxembourg
Patrimoine privé de particuliers	Hong Kong, Singapour, Suisse
Protection du patrimoine	Îles Vierges britanniques
Réassurance	Bermudes, Suisse
Société-écran	Delaware
Start-up	Estonie
Transport de marchandises	Îles Marshall (port franc)
Trusts	Hong Kong, îles Vierges britanniques, Singapour, Suisse

Encadré 44.2 Les transformations fiscales au Canada depuis les années 1980

- Taux d'imposition des entreprises canadiennes réduit de 37,8 % en 1981 à 15 % en 2012.
- Abolition de la taxe fédérale sur le capital en 2006.
- Taxation réduite des gains en capital de 75 % en 1998 à 50 % en 2000.
- Report pour les entreprises du paiement de leurs impôts.
- Programme d'actions accréditives pour des compagnies minières, pétrolières et gazières.
- Possibilité pour certaines compagnies minières, pétrolières et gazières de se constituer en fiducies de revenus non imposables.
- Diminution de l'imposition des biens imposables canadiens possédés par des non-résidents.

et peuvent ainsi déployer leurs avoirs en des territoires spécifiques répondant à leurs besoins.

Contrecoups des paradis fiscaux

Les États-nations qui luttent entre eux pour garantir une croissance de la richesse produite sur leur territoire subissent la concurrence déloyale des paradis fiscaux qui permettent aux détenteurs de capitaux de s'évader de leurs obligations fiscales. Cette situation force, entre autres, l'assouplissement des contraintes fiscales à l'endroit des investisseurs étrangers et une diminution généralisée des impôts des sociétés. Ainsi, le taux d'imposition moyen mondial des profits des sociétés est passé de 49 à 24 % entre 1985 et 2018.

Pour combler le manque à gagner, les États en viennent à recourir à des stratégies fiscales qui s'apparentent à celles des paradis fiscaux au détriment des populations locales captives qui en subissent les contrecoups. Le programme d'ajustements structurels auparavant réservé aux pays en développement dans les années 1980-1990 s'est imposé en Europe ces dernières années. La richesse produite en Grèce, captée par des entreprises grecques non imposées, est investie à Jersey, en France, au Luxembourg, en Suisse, aux Bermudes ou en Irlande. La population grecque, de son côté, voit l'activité économique s'atrophier, les services publics et les programmes sociaux être mis en péril, les emplois s'évanouir.

Ainsi le Canada, pays développé sécuritaire possédant des programmes sociaux et des services publics enviables, devient le pays du G7 qui a le plus faible taux d'imposition. Il se caractérise de plus par la niche fiscale aménagée à l'usage des sociétés minières, pétrolières et gazières.

Les paradis fiscaux sont à la fois un ailleurs où s'évade le capital et un espace souverain où se développe une structure politique illicite qui utilise le discours licite des États de droits. Là, se retrouvent libres de contraintes des institutions, des filiales de multinationales, des chambres de compensation, des trafiquants, des armateurs filous. Le secret est au cœur de toutes ces manœuvres. On investit non pas là où la productivité est la plus grande, mais là où le rendement financier est le plus élevé.

Services publics, programmes sociaux, infrastructures publiques mises à mal

Les mesures d'austérité visant à équilibrer les finances publiques et à réduire l'endettement public par une réduction des dépenses de l'État occasionnent des compressions budgétaires, l'élimination de programmes sociaux, des gels d'embauches et des coupes de salaire dans les services publics. Les infrastructures se détériorent. Les services à la population sont moindres, l'accessibilité, la gratuité et l'universalité sont remises en cause. Certains programmes

---

Encadré 44.3 Comment l'information sur l'évasion fiscale a-t-elle fini par sortir?

- L'Offshore Leaks, en 2013, fait connaître le Consortium international pour le journalisme d'investigation consignataire de données concernant des sociétés offshore ayant ouvert des comptes bancaires dans des paradis fiscaux.

- En 2014, le Luxembourg Leaks révèle la collusion du Grand-duché de Luxembourg et de PricewaterhouseCoopers au profit d'un millier d'entreprises.

- Le SwissLeak, en 2015 révèle la fraude fiscale et le blanchiment d'argent instauré par la banque britannique HSBC à partir de la Suisse. Elle touche 188 pays tant des particuliers que des sociétés extraterritoriales.

- Les Panama Papers, en 2016, dévoilent des informations sur plus de 200 000 sociétés offshore incluant les noms des actionnaires de ces sociétés client de la firme-conseil panaméenne Mossack Fonseca.

- Les Paradise Papers, en 2017, jettent le discrédit sur les liens établis entre les paradis fiscaux et quelque 120 politiciens et leaders mondiaux.

---

sont abandonnés et les employés de l'État voient leur tâche de travail s'alourdir.

Ces mesures d'austérité touchent durement les femmes majoritairement présentes dans les services publics. Les emplois précaires augmentent tandis que les emplois à temps complet se raréfient. Sous prétexte d'un rééquilibrage des finances publiques, l'État réduit les services publics et en favorise la privatisation. Les services à la population sont amoindris, l'accessibilité est liée à des tarifications. Le recours aux banques alimentaires et mesures de dernier recours est ravivé. Les inégalités sociales se creusent. C'est la population, captive, qui en paie le prix alors que les services offerts sont de moins en moins bien financés et qu'une élite se soustrait à ses charges fiscales.

Que faire ?

La problématique des paradis fiscaux se décline sous de multiples facettes imbriquées les unes aux autres. Savoir, évaluer, critiquer et agir sont quatre éléments suggérés en réponse aux atteintes à la souveraineté des États imposées par les paradis fiscaux.

Savoir : Le travail conjugué de chercheurs terrain, de journalistes d'enquête et d'une mobilisation citoyenne sont les éléments constitutifs d'une réponse pertinente au problème des paradis fiscaux à soumettre aux élus politiques. Les chercheurs spécialisés sur la question tels Zucman (2017)[2], Deneault (2014)[3], Alepin (2011)[4] alimentent les commissions parlementaires, les débats publics et suscitent l'intérêt des citoyens aux prises avec les dérives fiscales de leurs États. Leurs analyses détaillées sont reprises dans les médias traditionnels et alimentent les médias électroniques de manière durable. Des équipes en réseau organisées tant en Europe (Réseau justice fiscale) qu'en Amérique (Échec aux paradis fiscaux, Canadian Tax Fairness) alimentent périodiquement ces analyses. Acteurs géopolitiques majeurs, ils mettent une pression constante sur les États et les organisations internationales. Des lanceurs d'alerte au fait des irrégularités voire de fraudes commises dans des paradis fiscaux ont permis de lever le voile sur le secret entourant les activités qui ont cours dans les paradis fiscaux. Les révélations du WikiLeaks en 2010 font écho. Les boîtes noires de la haute finance et des paradis fiscaux sont fissurées.

---

2. Gabriel Zucman. *La richesse cachée des nations : Enquête sur les paradis fiscaux*. Paris, Éditions du Seuil, 2017.
3. Alain Deneault. *Paradis fiscaux : la filière canadienne*. Montréal, Éditions Écosociété, 2014.
4. Brigitte Alepin. *La crise fiscale qui vient*. Montréal, VLB éditeur, 2011.

La mobilisation citoyenne des dernières années combinée à ce savoir citoyen transmis ont un impact à la fois sur l'opinion publique et sur les décideurs politiques. L'économie de marché, les évadés fiscaux qui échappent aux règles imposées aux citoyens qui ne sont pas de grandes fortunes, les corporations qui procèdent à des mises à pied, délocalisent leurs activités et ne paient pas d'impôt, sont dénoncés publiquement. L'équité fiscale est exigée.

Évaluer le coût de paradis fiscaux pays par pays: L'équilibre budgétaire, un souci récurrent des États, ne peut durablement perdurer dans un contexte où le «tout aux actionnaires» érige en modèle celui des paradis fiscaux. Les coûts internalisés de ce modèle économique improductif doivent être évalués politiquement par les États tels:

- Le coût des sommes «évadées» vers les paradis fiscaux par les «prix de transfert», nécessitant de connaître les investisseurs, les sommes impliquées, le véhicule légal utilisé.
- Le coût des mesures fiscales intérieures à la faveur des investisseurs étrangers.
- Le coût du service de la dette dû à une faible imposition des sociétés.
- Le coût des tarifications imposées dans les services publics.
- Le coût de la non-tarification des transactions en ligne.

Critiquer les approches utilisées: La lutte à l'évasion fiscale doit aller au-delà des petits fraudeurs nationaux pour remettre en question les mesures législatives et réglementaires favorisant le recours aux paradis fiscaux tels:

- Les conventions fiscales établies avec des paradis fiscaux notoires.
- Les mesures permissives dans le secteur des ressources extractives, du multimédia.
- Les mesures d'impunité à l'endroit des gestionnaires de fonds.
- Le chalandage fiscal à l'encontre de tous les abus d'évasion et d'évitement fiscal.

- L'impunité fiscale lors de divulgations volontaires.
- Les fiducies de revenu non imposable.
- Les accords de libre-échange, dont des clauses portent atteinte à la souveraineté de l'État à l'avantage des sociétés.

Il en va de même pour les mesures nationales et internationales adoptées qui peuvent au moins amoindrir le recours aux paradis fiscaux tels:

- FATCA (Foreign Account Tax Compliance Act), loi visant à contrer l'évasion fiscale des contribuables américains qui détiennent des comptes à l'extérieur des États-Unis.
- BEPS (L'érosion de la base d'imposition et le transfert de bénéfices) en référence aux stratégies de planification fiscale qui exploitent les failles et les différences dans les règles fiscales en vue de faire «disparaître» des bénéfices à des fins fiscales ou de les transférer dans des pays ou territoires où l'entreprise n'exerce guère d'activité réelle.
- GOOGLE TAX, un impôt de 25 % sur les bénéfices détournés des multinationales mis en place au Royaume-Uni.
- CANAFE (Centre d'analyse des opérations et déclarations financières du Canada), un organisme affairé à débusquer les fraudes liées au blanchiment d'argent ou au financement des activités terroristes.

Agir: Les gouvernements doivent être mis sous pression. Des changements de politiques doivent être exigés. Il faut sortir du rapport victime-complice des États qui soufflent le chaud et le froid dans la lutte à l'évasion fiscale. La transparence et de nouveaux modes de gestion des finances publiques doivent en résulter. Il faut que l'éradication du mode de fonctionnement des paradis fiscaux soit un enjeu politique incontournable. L'utilisation de dispositifs légaux permettant de séparer les profits impo-sables du lieu où ils ont été réalisés est abusive.

L'acquiescement à l'impôt ne saurait souffrir que tous ne paient pas leur juste part d'impôt.

Objectifs d'apprentissage

- ■ Prendre connaissance de l'histoire des paradis fiscaux et de leur fonctionnement.
- ■ Comprendre le rôle des pays du G7 dans la formation des paradis fiscaux.
- ■ Réfléchir sur les enjeux liés à l'éradication des paradis fiscaux.

Questions de réflexion

- ■ Quels sont les facteurs à l'origine de la mise en place des paradis fiscaux ?
- ■ Quel bilan peut-on faire de la rivalité entre les États-nations et les paradis fiscaux ?
- ■ Que penser des solutions quant à la mise au pas des paradis fiscaux ?

Pour en savoir davantage

Chavagneux, Christian et Ronen Palan. *Les paradis fiscaux*. Paris, Éditions La Découverte, 2012.

Damgaard, Jannick, Thomas Elkjaer et Niels Johannesen. « Lever le voile : quelque 12 000 milliards de dollars dans le monde ne sont que des investissements en entreprises fantômes ». *Finances & Développement* 55, n° 2 (2018), 50-53.

Deneault, Alain. *Une escroquerie légalisée*. Montréal, Éditions Écosociété, 2016.

Harel, Xavier. *La grande évasion : le vrai scandale des paradis fiscaux*. Arles, Éditions Actes Sud, 2012.

Herkenrath, Marc. « Paradis fiscaux et fuite des capitaux en provenance des pays en développement : implications sociales et politiques ». *Revue d'économie du développement* 22, n° 2 (2014), 151-156.

45

La lutte contre la pauvreté

Francine Mestrum

Résumé

Si l'on veut connaître les priorités internationales en matière de développement, rien ne saurait mieux les refléter que les données offertes par les services d'études de la Banque mondiale, du FMI (Fonds monétaire international) ou de l'Organisation de coopération et de développement économiques (OCDE). Aujourd'hui, on n'y trouve guère de recherches sur la pauvreté, à peine quelques-unes sur les inégalités, plusieurs sur les transferts monétaires et pas mal sur des aspects financiers. Pourtant, « l'éradication de la pauvreté » continue d'être l'objectif principal des Objectifs du développement durable adoptés par l'Assemblée générale de l'Organisation des Nations unies en 2015. Comment comprendre ce paradoxe ?

Le développement et la pauvreté

Il est frappant de constater qu'aucun des documents de la Banque mondiale (BM) ou des Nations unies (ONU) des années 1950 ou 1960 – période pendant laquelle les théories sur le développement ont été élaborées – ne parle de « pauvreté ». Certes, l'ONU a examiné les problèmes de santé, d'éducation, de logement, etc. Mais jamais elle n'a parlé de « pauvreté ». La seule solution aux problèmes était le « développement ». Quant à la BM, dont le slogan est aujourd'hui « Nous avons un rêve : un monde sans pauvreté », elle a refusé jusqu'à la fin des années 1960 de prendre en compte des projets « sociaux[1] ». Il a fallu attendre 1990 pour que la pauvreté puisse conquérir une place véritable sur le programme politique international. Cette même année, le Programme des Nations unies pour le Développement (PNUD) sortait son premier rapport sur le « développement humain[2] ». Dès lors, quelques premières questions doivent être formulées afin de comprendre l'évolution des politiques et de la pauvreté.

Qu'est-ce que la pauvreté ?

Selon les organisations internationales, la pauvreté est un problème « multidimensionnel ». Plus précisément, la pauvreté est un manque

---

1. Michele Alacevich. « The World Bank's Early Reflections on Development ». *Review of Political Economy 21*, n° 2 (2009), 227-244.

2. Programme des Nations unies pour le développement. *Rapport mondial sur le développement humain*. Paris, Éditions Economica, 1990.

de ressources pour vivre dignement. Par conséquent, il faut regarder au-delà du déficit financier pour prendre en compte d'autres « dimensions » du problème. Il est vrai que « les pauvres » ont souvent des problèmes de santé et peu d'accès aux soins de santé. Ils manquent de formation pour accéder au marché du travail. Ils vivent dans des logements inadéquats, etc. De plus, ils ne peuvent faire entendre leur voix, ils manquent d'*empowerment* et ils sont très vulnérables. Ces différentes « dimensions » peuvent être des causes et des conséquences d'une pauvreté monétaire. De là l'idée du « cercle vicieux » et du constat qu'une augmentation du revenu ne saurait suffire à résoudre le problème.

Par ailleurs, pour les organisations internationales, la pauvreté est un problème de plus d'un milliard d'individus qui n'ont pas eu accès au développement et qui, dès lors, ne participent pas au progrès. « Les pauvres sont les laissés-pour-compte de la croissance[3]. »

Un autre élément, passé quasiment inaperçu à l'époque, mérite aujourd'hui d'être souligné : aussi bien la Banque mondiale que le PNUD estimaient que les États n'avaient aucune responsabilité en matière de protection sociale. Les « assurances sociales » pouvaient être prises en charge par le secteur privé afin d'échapper aux « systèmes coûteux » et d'éviter que « les objectifs sociaux deviennent des expédients mécaniques entravant la liberté[4] ». Et aujourd'hui, quelle est la position de la BM ?

La solution au problème de la pauvreté, toujours selon la BM et le PNUD, passe par le niveau mondial, car il s'agit de notre intérêt commun. « La guerre contre la pauvreté est un investissement dans le développement des pays pauvres, mais surtout dans la sécurité des pays riches[5]. » Dans cette optique, la croissance économique se situe au premier plan et elle requiert l'abandon du protectionnisme dans les pays riches et un système commercial de portée véritablement mondiale.

Ce qu'il convient de constater à propos du discours international, c'est qu'il ne requiert aucun changement dans les politiques économiques de réduction de la pauvreté en vigueur[6].

Comment mesurer la pauvreté ?

La pauvreté monétaire est évaluée le plus souvent au moyen d'un seuil de pauvreté. Il s'agit dans le cas de la pauvreté extrême du minimum en matière de revenu ou de consommation nécessaire pour survivre. Dans le cas de la pauvreté, il s'agit de prendre en compte aussi les besoins non alimentaires.

La BM utilise un seuil de pauvreté absolu qui ne tient pas compte de la prospérité de l'ensemble de la société. Elle ne regarde que ce qui est strictement nécessaire pour survivre en tant qu'individu, indépendamment de la richesse de la société. Aujourd'hui ce seuil se situe à 1,90 $ US par jour.

Pour la Commission économique de l'ONU pour l'Amérique latine et les Caraïbes (CEPAL), les seuils de pauvreté sont calculés par pays et sont en général nettement plus élevés que ceux de la BM[7]. Ainsi, au Brésil par exemple, la CEPAL compte 13,3 % de pauvres, tandis que la Banque mondiale n'en compte que 8,7 %. Dans l'Union européenne, les seuils de pauvreté sont également calculés par pays et sont relatifs : est pauvre le ménage au revenu inférieur à 60 % du revenu médian.

Ces calculs donnent lieu à un pourcentage des ménages ou d'individus considérés comme étant pauvres (l'incidence de la pauvreté). Ils peuvent également être exprimés en nombre de ménages

3. Banque mondiale. *Rapport sur le développement dans le monde : la Pauvreté*. Washington, D.C., Banque mondiale, 1990.
4. Programme des Nations unies pour le développement. *Rapport mondial sur le développement humain*. Paris, Éditions Economica, 1990.
5. *Ibid.*

6. Philippe Sassier. *Du bon usage des pauvres : histoire d'un thème politique (xvie-xxe siècle)*. Paris, Éditions Fayard, 1990.
7. Oscar Altimir. *La dimension de la pobreza en America latina*. Santiago, CEPAL, 1979.

Tableau 45.1

La population extrêmement pauvre par régions

Région	1990	1999	2011	2012	2015*
Asie de l'Est et Pacifique	60,8	37,5	8,5	7,2	4,1
Europe de l'Est et Asie centrale	1,9	7,8	2,7	2,5	1,7
Amérique latine et Caraïbes	17,7	14,1	6,5	6,2	5,6
Asie du Sud	50,6	41,2	22,3	18,8	13,5
Afrique subsaharienne	56,0	58,1	44,3	42,6	35,2
Pays en développement	44,3	34,2	16,6	15,0	11,9

Note 1: <1,90 $/jour et en %
Note 2: *Projection
Source: Banque mondiale. *Global Monitoring Report 2015/2016: Development Goals in an Era of Demographic Change.* Washington, D.C., Banque mondiale, 2015.

ou d'individus (indice numérique). Comme la pauvreté est considérée comme étant «multidimensionnelle», des calculs sont également faits pour essayer de la mesurer. Ainsi, le succès des premiers rapports du PNUD sur le développement humain est dû notamment au calcul d'un «indicateur de développement humain» (IDH), prenant en compte non seulement le produit intérieur brut (PIB) des pays, mais également le taux d'alphabétisation et l'espérance de vie. Le classement des pays en ces termes donne des résultats fort différents de celui en matière de PIB.

Plus récemment, une nouvelle méthode pour le calcul d'un indice de la pauvreté multidimensionnelle tient compte de dix indicateurs au niveau de la santé, de l'éducation et du niveau de vie[8].

Enfin, mentionnons encore les évaluations participatives de la pauvreté qui est censée exprimer la voix des pauvres, les seuls vrais experts en matière de pauvreté. Cette méthode est considérée par certains comme la seule qui soit valable pour connaître la vérité sur la pauvreté. La Banque mondiale a procédé à une enquête participative très extensive, décrivant de façon convaincante la vie quotidienne des familles pauvres[9].

---

8. Sabina Alkire et Maria Emma Santos. «Acute Multidimensional Poverty: A New Index for Developing Countries». *OPHI Working Papers*, n° 38 (2010).
9. Deepa Narayan, Raj Patel, Kai Schafft, Anne Rademacher et Sarah Koch-Schulte. *Voices of the Poor: Can Anyone Hear Us?* Washington, D.C., Banque mondiale, 2000.

Comment lutter contre la pauvreté?

Les principaux opérateurs au niveau de l'aide au développement dont les agences de l'ONU et la Banque mondiale ont mis sur la table deux principales stratégies. Depuis 1999, la BM et le FMI ont introduit une nouvelle manière de penser le développement, ce qui est devenu un système d'analyse basé sur les «Documents stratégiques pour la croissance et la réduction de la pauvreté» (DSCRP). Ces documents reposent sur deux principes de base, à savoir l'appropriation de la méthodologie et de la stratégie par les pays pauvres eux-mêmes, et la participation, c'est-à-dire l'implication de toutes les parties prenantes (stakeholders) à la rédaction de la stratégie et à sa mise en œuvre.

Par la suite, en 2000, à l'occasion du Sommet du Millénaire à l'Assemblée générale de l'ONU, est adoptée une «Déclaration du Millénaire» reprenant les grands principes et valeurs de l'organisation mondiale[10]. À partir de ce document, qui comprend des objectifs en matière de droits humains, sont distillés les «objectifs du Millénaire pour le développement» (OMD). Son premier objectif était de réduire de moitié, entre 1990 et 2015, la pauvreté extrême dans le monde en développement.

---

10. Nations unies. *Déclaration du millénaire: résolution A.G. A/RES/55/2.* New York, ONU, 2000.

Comme on peut le constater, la pauvreté a considérablement diminué en Asie de l'Est et du Sud (surtout en Chine et en Inde). Sans ces deux pays, l'objectif de la réduction de moitié de la pauvreté extrême ne serait pas atteint ; ensuite, la pauvreté a légèrement diminué en Amérique latine. Or, dans plusieurs de ces pays et contrairement aux recettes de la BM et du FMI, les gouvernements ont commencé à octroyer des allocations monétaires. Ces programmes étant très populaires et ayant un succès énorme en termes de réduction de la pauvreté, la BM vient d'adopter également cette méthode. Enfin, dans les pays qui se sont tenus strictement aux recettes des politiques des organisations internationales, notamment les pays africains, la pauvreté extrême n'a presque pas diminué en pourcentage et elle a même augmenté – et presque doublé entre 1981 et 2005 – en nombre de personnes.

Enfin, remarquons que si l'Afrique est la région où le moins de progrès ont été réalisés depuis 1990, le plus grand nombre de pauvres vivent en Asie du Sud, à savoir dans des pays à revenu moyen. Deux éléments doivent être soulignés ici :

- D'abord, il est extrêmement difficile d'avoir une idée juste de la pauvreté dans les pays du Sud. Or, les statistiques se font en termes de « parités de pouvoir d'achat » (PPA) : les seuils de pauvreté étant différents d'un pays à l'autre et la conversion pure et simple de la monnaie locale ne tenant pas compte des différences en pouvoir d'achat, on calcule des PPA ou taux de conversion. Ils se définissent comme le nombre d'unités de la monnaie d'un pays nécessaire pour acheter sur le marché de ce pays la même quantité de biens et de services qu'avec 1 $ aux États-Unis. Les PPA égalisent ainsi les prix en $ US pour chaque pays, mais constituent un facteur supplémentaire d'imprécision. Ainsi, en 2007, on constata que les PPA utilisés avaient conduit à une sous-estimation de la pauvreté en Chine de 40 % et en Inde de 25 %.

- Ensuite, force est de constater que plusieurs pays pauvres ne sont pas en mesure d'établir les statistiques nécessaires. Ainsi, dans son rapport de 2005, le PNUD souligne que même pour le calcul de la pauvreté extrême, 93 pays manquent de statistiques permettant d'évaluer le progrès[11]. Tous les résultats doivent donc être regardés avec une grande réserve.

L'inégalité

Tout comme le problème de la pauvreté, l'approche des inégalités est déterminée par l'idéologie des auteurs qui en parlent ou qui l'ignorent. Les inégalités peuvent être abordées de trois façons fort différentes : au sein des pays, entre les pays ou au niveau de la population mondiale, sans prendre en compte les pays individuels.

Quand la BM a lancé sa lutte contre la pauvreté en 1990, elle s'est limitée à constater que « la pauvreté n'est pas l'inégalité[12] ». Le PNUD a pour sa part, dès la publication de ses premiers rapports sur le développement humain, consacré une attention particulière aux inégalités autant des revenus que des chances.

Aujourd'hui, toutes les grandes organisations internationales du développement sont d'accord pour dire que les inégalités doivent être réduites afin de ne pas entraver la croissance économique et la lutte contre la pauvreté. Ainsi, selon l'ONU, « une croissance économique soutenue, inclusive et durable est essentielle à la prospérité. Elle ne sera possible que si la richesse

---

11. Programme des Nations unies pour le développement. *Rapport mondial sur le développement humain : la coopération internationale à la croisée des chemins, l'aide, le commerce et la sécurité dans un monde marqué par les inégalités.* Paris, Éditions Economica, 2005.
12. Banque mondiale. *Rapport sur le développement dans le monde : la pauvreté.* Washington, D.C., Banque mondiale, 1990.

Figure 45.1
Disparités et inégalités sociales à l'échelle mondiale

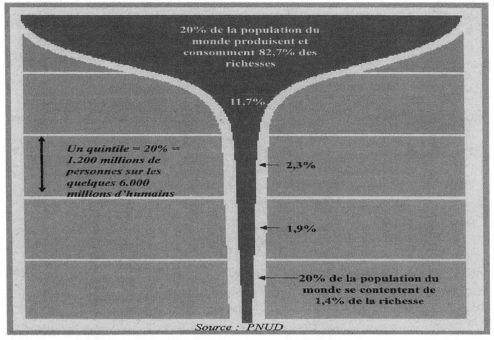

Source : Programme des Nations unies pour le développement. *Rapport mondial sur le développement humain*. Paris, Éditions Economica, 1992.

Figure 45.2
Revenu mondial distribué par percentiles de population, 2007

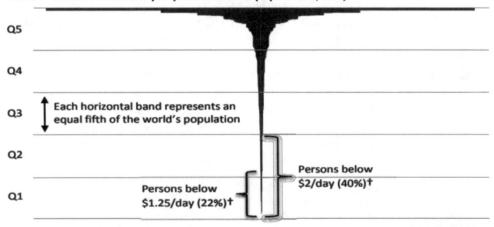

Note : En dollars internationaux (PPA constants de 2005)
Source : Isabel Ortiz et Matthew Cummins. *Global Inequality: Beyond the Bottom Billion: A Rapid Review of Income Distribution in 141 Countries*. New York, UNICEF, 2011.

est partagée et si l'on s'attaque aux inégalités de revenus[13]. »

Comme le démontrent les deux graphiques de la page précédente, les richesses des groupes sociaux supérieurs se sont considérablement accrues au détriment de celles des groupes en bas et au milieu de l'échelle sociale. Branco Milanovic[14] constate que pour la première fois depuis la révolution industrielle, les inégalités mondiales peuvent commencer à baisser. Néanmoins, sans prendre en compte la Chine et l'Inde, ces inégalités augmentent. De plus, les inégalités mondiales sont nettement plus importantes que celles au sein des pays individuels.

Ces dernières années, une attention importante a été consacrée aux conséquences de la mondialisation. D'après Branco Milanovic[15], ceux qui en ont souffert sont essentiellement les plus pauvres du monde entier (le premier décile des revenus, la ligne bleue à gauche) ainsi que les classes moyennes inférieures des pays riches (autour du huitième décile des revenus au niveau mondial, le point le plus bas de la ligne bleue). Ces deux groupes n'ont quasiment pas vu leur revenu augmenter entre 1988 et 2008. Les gagnants ont été les classes moyennes « émergentes » d'Asie (le point le plus haut de la ligne bleue) ainsi que le 1 % plus riche du monde entier (le haut de la trompe de l'éléphant, à droite). Ces deux groupes ont vu leur revenu augmenter considérablement entre 1988 et 2008 (entre 60 et 80 %). C'est ce que montre le graphique de l'éléphant (page suivante).

Comme le signale justement Branco Milanovic[16], cette brèche énorme est en train d'éroder la démocratie et les pactes sociaux dans un grand nombre de pays.

La protection sociale

Un grand changement eut lieu ces dernières années au niveau de la pensée sur la protection sociale. Si la BM et le PNUD étaient au premier rang pour la dénoncer dans les années 1990, ils ont changé le fusil d'épaule dès 2000. En effet, et sous l'impulsion de plusieurs organisations de l'ONU – « Plus on focalise sur les pauvres, plus on risque d'entraver l'éradication de la pauvreté[17] » –, la BM en 2000 introduit un nouveau paradigme social[18] qui se caractérise principalement par un ciblage des pauvres et une compatibilité avec les politiques néolibérales, c'est-à-dire une protection au service de la croissance, de la productivité et du marché.

Entre-temps, l'Organisation internationale du travail (OIT) a pris l'initiative de promouvoir la protection sociale. En 2012, elle a adopté une recommandation sur des « socles de protection sociale », face au constat que les services sociaux de base sont tout à fait possibles à financer, même par les pays les plus pauvres[19].

Effectivement, il a été démontré que la protection sociale est l'instrument idéal de prévention de la pauvreté. Loin de se limiter à remédier aux contrecoups de la vie, elle permet d'éviter les processus d'appauvrissement après la maladie, l'âge, le chômage, etc. En effet, une protection sociale universelle qui aide les individus en cas de maladie ou de chômage, par exemple, évitera que cet individu tombe dans la pauvreté. Si, toutefois, la protection sociale cible les pauvres, elle ne peut qu'agir qu'après coup.

13. Nations unies. *Résolution adoptée par l'Assemblée générale le 1er septembre 2015 : projet de document final du Sommet des Nations unies consacré à l'adoption du programme de développement pour l'après-2015.* New York, ONU, 2015.

14. Branko Milanovic. « Global Income Inequality by the Numbers in History and Now ». *Global Policy 4*, n° 2 (2013), 198-208.

15. Branko Milanovic. *Global Inequality: A New Approach for the Age of Globalization.* Cambridge, Massachusetts, Belknap Press of Harvard University Press, 2016.

16. *Ibid.*

17. Institut de recherche des Nations unies pour le développement social. *Combattre la pauvreté et l'inégalité : Changement structurel, politique sociale et conditions politiques : vue d'ensemble.* Genève, UNRISD, 2010.

18. Robert Holzmann et Steen Jørgensen. *Gestion du risque social : cadre conceptuel théorique de la protection sociale.* Washington, D.C., Banque mondiale, 2000.

19. Organisation internationale du travail. *Recommandation 202 sur les socles de protection sociale.* Genève, OIT, 2012.

Figure 45.3
La mondialisation n'a pas profité aux classes moyennes occidentales

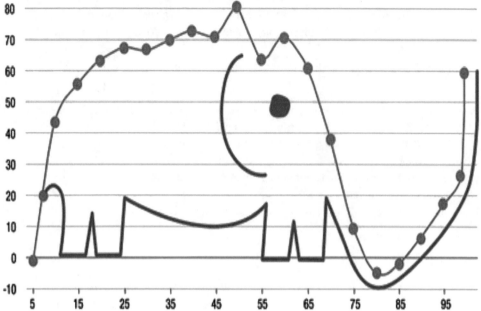

- Abcisses : distribution de la population mondiale en fonction de ses revenus
  (à gauche, les plus pauvres et à droite, les plus riches)
- Ordonnées : progression du revenu en % entre 1998 et 2008

Source : Irène Inchauspé. « "Graphique de l'éléphant" : dessine-moi la mondialisation ! » *L'Opinion*. 2016.

Conclusion

Ces dernières années, l'ordre du jour international en matière sociale a évolué, bien que les institutions comme la BM et le FMI aient tendance à ne pas trop s'écarter des dogmes néolibéraux. Parallèlement, de nouvelles propositions sont mises sur la table, notamment par des ONG et des mouvements sociaux. Conséquemment, l'opinion a tendance à changer, constatant, par exemple, que la lutte contre la pauvreté passe par le commerce équitable et des prix justes pour les produits de base (qui étaient des revendications par les pays en développement dès les années 1960). De plus, des mouvements proposent aujourd'hui soit des transferts monétaires importants (revenu de base), soit des communs sociaux, soit encore des chartes pour les droits à la protection sociale universelle. En effet, si les politiques sociales vont nécessairement être différentes d'un pays à l'autre, quelques principes de base doivent être respectés et ceux-ci doivent aller au-delà des initiatives internationales actuelles. Les droits humains et leur universalisme doivent garantir que la protection sociale soit toujours un instrument émancipateur.

Objectifs d'apprentissage

- Mieux comprendre la place de la lutte contre la pauvreté dans l'agenda 2030.
- Connaître les instruments disponibles au niveau international pour combattre la pauvreté.
- Réfléchir sur le bilan du programme de lutte contre la pauvreté et les perspectives d'avenir.

Questions de réflexion

- Comment la lutte contre la pauvreté peut-elle être au centre des efforts de développement ?
- Quels sont les résultats des politiques comme celle de la Banque mondiale pour éradiquer la pauvreté ?
- Quelles sont les propositions alternatives pour lutter contre la pauvreté ?

Pour en savoir davantage

Atkinson, Anthony B. *Inégalités*. Traduit par Françoise Chemla et Paul Chemla. Paris, Éditions du Seuil, 2016.

Bérenger, Valérie et Jean-Claude Vérez. *Pauvreté et développement inclusif*. Paris, Éditions L'Harmattan, 2017.

LaRose, Chalmers. « Introduction. Développement et inclusion : le défi de notre temps ». *Revue Interventions économiques*, n° 56 (2016).

Mestrum, Francine. *Mondialisation et pauvreté : de l'utilité de la pauvreté dans le nouvel ordre mondial*. Paris, Éditions L'Harmattan, 2002.

Ould Mahmoud, Jebril. *Les stratégies de lutte contre la pauvreté en Afrique Subsaharienne : de l'échec des politiques néolibérales aux alternatives potentielles*. Paris, Éditions L'Harmattan, 2010.

46 Villes durables et migrations environnementales[1]

Gustave Massiah

Résumé

Les rapports entre villes et migrations sont à la jonction de trois grandes tendances : l'urbanisation, l'environnement, les déplacements de population. Les migrations environnementales et climatiques ne sont pas nouvelles, mais elles prennent une importance majeure. Les migrations climatiques mêlent souvent plusieurs causes. Elles rendent difficile la distinction entre migrations économiques et migrations environnementales. L'avenir est celui des villes durables, solidaires et hospitalières.

Introduction

Les trois tendances identifiées plus haut sont liées à la dynamique de la mondialisation, dans sa phase actuelle, celle d'une financiarisation néolibérale. Cette mondialisation est caractérisée par ses grandes contradictions : idéologiques et culturelles avec le questionnement de la démocratie, la montée du racisme de la xénophobie et des idéologies sécuritaires ; géopolitiques avec le bouleversement du monde et les puissances émergentes ; politiques avec la corruption qui résulte de la fusion des classes politiques et financières qui annule l'autonomie du politique ; sociales avec les inégalités croissantes et les discriminations ; écologiques avec, pour la première fois dans l'histoire de l'humanité, la mise en cause des limites de l'écosystème planétaire.

Ville, migration et environnement

La ville participe à l'évolution de l'espace du monde. Elle est porteuse du progrès, de la modernité et aussi de leurs limites. Elle concentre les populations, les ressources et les richesses. À l'urbanisation caractérisée par l'industrialisation et la relation entre le logement et le salariat succède le néolibéralisme d'une part et les incertitudes écologiques, de l'autre[2]. La ville met en danger les populations, gaspille les richesses et dilapide les ressources. La terre, l'eau, l'air : rien n'y résiste. Les déchets s'érigent en nouvelles montagnes. Dans les villes, la ségrégation urbaine organise la concentration et l'exclusion des pauvres. L'évolution de l'urbanisation ne va pas dans le sens de la ville durable. La ville compétitive l'emporte sur la

---

1. Ce chapitre est une version adaptée du texte Massiah, Gustave. « Migrations environnementales et villes durables ». *Liaison Energie-Francophonie 103*, n° 3 (2016), 70-72.

2. Gustave Massiah. *Droit à la ville et habitat*. Intervention à la Rencontre de Barcelone présentée à Plateforme mondiale pour le droit à la ville, Barcelone, 2016.

ville solidaire. Sans compter qu'une ville durable n'est pas forcément solidaire. Pas plus que le capitalisme vert ne permettra de résoudre la question des limites écologiques.

L'environnement s'est imposé comme un risque majeur. La prise de conscience de cette évolution s'est imposée. Les catastrophes naturelles ont toujours accompagné l'histoire de l'humanité. Les tremblements de terre, les éruptions volcaniques, les sécheresses et la désertification, les inondations, les ouragans et les tsunamis étaient considérés comme des accidents, des réactions intempestives et incohérentes de la planète. Le changement climatique a brutalement relié le temps géologique et l'histoire humaine à moyen et court terme. Année après année, la température de la planète croît. La fonte des glaciers, la salinisation des deltas, la montée des eaux menacent la population agglomérée sur le littoral. La chaleur croît en zone urbaine; elle déstabilise les équilibres urbains et menace particulièrement les plus démunis. Le cinquième rapport d'évaluation du GIEC considère qu'il est possible de maintenir le réchauffement en dessous de 2 °C et de le ramener à 1,5 °C d'ici 2100[3]. Le réchauffement est déjà de près de 1,5 °C par rapport au niveau de l'ère préindustrielle. Les études scientifiques actuelles étudient les impacts probables d'un réchauffement sur le plan actuel de 0,8 °C, à 2 °C et à 4 °C[4] par rapport aux températures de l'ère préindustrielle sur la production agricole, les ressources en eau, les services écologiques et la vulnérabilité du littoral pour les populations.

Les migrations ne sont pas un phénomène transitoire et accidentel. Un monde sans migrants est un monde irréel. Une ville sans migrants est une ville illusoire. Les migrations sont la conséquence de l'état du monde et les migrations construisent le monde[5]. Les migrants sont des acteurs de leur société d'origine et de départ, de leur société d'arrivée et de la situation du monde. Les migrations s'inscrivent dans le temps long. Mais les formes et les modalités des migrations dépendent des périodes. Les réfugiés démontrent la situation des catastrophes et des conflits. Les migrants démontrent la situation sociale du monde. La montée des idéologies racistes, xénophobes, nationalistes identitaires et discriminatoires mêle les migrants et les réfugiés qui jouent le rôle de bouc émissaire. Il y a trois grands flux de migratoires.

- Les réfugiés politiques qui fuient les guerres, les persécutions, les dictatures. Ils révèlent la carte des guerres et de la situation géopolitique.
- Les migrations qui répondent à des raisons sociales et économiques. Elles révèlent moins la fuite devant la pauvreté que le grand bouleversement qu'on appelle le développement et qui se traduit par l'arrachement de millions de personnes à leur société.
- Les migrations environnementales et climatiques ne sont pas nouvelles, mais elles prennent une importance majeure. En 2013, on a compté 22 millions de migrants climatiques, deux fois plus que dans les années 1970. Chaque seconde, une personne est déplacée à cause d'une catastrophe environnementale, estime le Conseil norvégien pour les réfugiés[6]. Ces 23 millions de réfugiés, dans 113 pays, s'ajoutent aux 51 millions de réfugiés qui ont fui en 2013, les guerres et les persécutions.

3. Groupe d'experts intergouvernemental sur l'évolution du climat. *Rapport de synthèse: changements climatiques 2014*. Genève, GIEC, 2015.
4. Banque mondiale. *Baissons la chaleur: face à la nouvelle norme climatique*. Washington, D.C., Banque mondiale, 2014.

5. Gustave Massiah. *Migrations et mondialisation*. Intervention présentée au 6ᵉ Forum social mondial des migrations, Johannesburg, 2014.
6. Internal Displacement Monitoring Centre et Norwegian Refugee Council. *Global Estimates 2015: People Displaced by Disasters*. IDMC et NRC, 2015.

Figure 46.1
Personnes déplacées à cause de catastrophes naturelles, 2008-2017

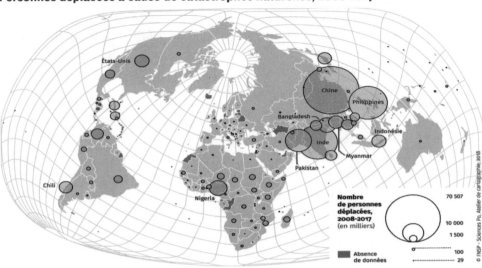

Source : Atelier de cartographie et Centre de recherches internationales, Sciences Po. *Personnes déplacées à cause de catastrophes naturelles, 2008-2017*, 2018.

Migrations climatiques : un enjeu mondial à nos portes

Selon les estimations de l'OIM (Organisation internationale pour les migrations)[7], le nombre de migrants climatiques pourrait être, d'ici à 2050, de 200 millions. Ils pourraient atteindre, à la fin du siècle, jusqu'à 1 milliard de personnes en fonction de l'augmentation de la température. Les différences d'estimation tiennent aux incertitudes sur le réchauffement climatique. L'élévation du niveau de la mer pourrait atteindre jusqu'à un mètre d'ici à la fin du siècle. Le PNUE (Programme des Nations unies pour l'Environnement)[8] estime qu'une augmentation entre 1,1 et 3,1 °C entraînera une augmentation du niveau de la mer entre 0,36 et 0,73 mètre. Selon les Nations unies, 60 % des 450 aires urbaines de plus d'un million d'habitants en 2011 – soit

quelque 900 millions d'individus – seraient exposées à un risque naturel élevé.

Ces migrations peuvent être temporaires, certaines sont permanentes. Elles se concentrent souvent dans le même pays, la même région ; avec leur extension, les migrations internationales vont s'accroître. Elles suivent des catastrophes naturelles (Katrina en Louisiane, cyclones en Inde, au Bangladesh, au Pakistan, tremblements de terre au Népal...) ou industrielles (Tchernobyl, Bhopal, Fukushima...). Elles suivent aussi les conséquences de la dégradation de l'environnement sur les terres et le milieu. Les migrations climatiques mêlent souvent plusieurs causes. La réponse à des catastrophes et l'évolution de l'environnement se combinent avec des causes sociales, économiques ou politiques. Elles rendent difficile la distinction entre migrations économiques et migrations environnementales. La migration n'est pas la seule forme d'adaptation à une évolution défavorable. Elle ne s'impose que quand le réaménagement du territoire exposé échoue ou n'a même pas été tenté. Ce sont les populations les plus pauvres qui sont les plus vulnérables

7. Organisation internationale pour les migrations. *Migrations et changements climatiques*. Genève, OIM, 2008.
8. Nations unies : Département des affaires économiques et sociales. *World Urbanization Prospects*. New York, ONU, 2014.

au changement climatique. La dégradation du milieu produit généralement une dégradation des conditions économiques, et accélère les départs. Aux effets immédiats de la catastrophe se rajoute la dégradation des conditions de vie dans les villes et les régions accueillant les réfugiés avec la surdensité et une pression foncière et immobilière difficilement soutenable.

L'extension des agglomérations vers les zones dangereuses et les zones inondables, les glissements de terrain, la pénurie d'eau, la malnutrition et la hausse des prix alimentaires ; une proportion croissante des populations urbaines subira les conséquences des phénomènes climatiques extrêmes. Le changement climatique affectera le plus les pauvres et les discriminés, renforçant la ségrégation sociale.

Les tremblements de terre, les éruptions volcaniques, la sécheresse et la désertification, les inondations et les tsunamis ; dans le court et le moyen terme, les catastrophes sont naturelles, leurs conséquences ne le sont pas. Elles traduisent la rationalité du système et la renforcent. Ainsi de la famine qui suit la sécheresse. Les terroirs détruits sont réorganisés, modernisés, normalisés. Le foncier redessiné facilite la productivité agricole, mais les terroirs perdent leur capacité d'adaptation et les migrations s'amplifient. Au Pakistan, les inondations vident le littoral reconstruit en installations de tourisme au détriment des agriculteurs et des pêcheurs. Les catastrophes sont utilisées pour faire table rase du passé ; elles permettent d'annuler les anciens droits, particulièrement fonciers, comme dans la logique coloniale. Elles permettent l'installation d'un nouvel ordre, celui de la marchandisation et de la financiarisation triomphante.

Comment réagir à l'explosion des migrations climatiques ?

La protection des réfugiés climatiques et environnementaux est rarement à la hauteur. D'autant que l'aide humanitaire d'urgence ne se prolonge pas dans le réaménagement, la reconstruction et la réinstallation. Certaines associations demandent la création d'un nouveau statut juridique spécifique afin de préserver les droits des réfugiés, y compris des déplacés internes à un pays[9]. Il préconiserait le droit de choisir son pays d'accueil. Alors que la convention de Genève n'est déjà pas respectée pour les réfugiés politiques, il serait déjà opportun d'élargir la portée du droit actuel. Il faut éviter aussi la multiplication des statuts qui faciliterait les catégorisations alors qu'en réalité la distinction entre réfugiés politiques, économiques et climatiques n'est pas aisée, les causes des migrations étant souvent imbriquées.

Conclusion

La préoccupation première porte sur les valeurs, particulièrement sur la dignité, l'égalité et l'accès aux droits pour tous, ainsi que sur la liberté par rapport aux restrictions sécuritaires. Les migrants doivent être reconnus comme des acteurs de la transformation des sociétés de départ et d'accueil et du monde. La liberté de circulation fait partie des droits fondamentaux à respecter et à élargir. Le respect de leurs droits s'inscrit dans le cadre du respect des droits de tous et doit être établi sur des principes d'égalité et non sur des questions d'ordre public. La citoyenneté de résidence implique l'élargissement du droit de vote des migrants aux élections locales. Les rapports entre migrations et développement doivent être réexaminés. Les accords économiques entre pays ne peuvent pas servir de chantage pour le contrôle des migrations. La lutte contre toutes les formes de discrimination, de racisme et de xénophobie doit être au fondement des politiques publiques.

Il faut insister et mettre en lumière les multiples actions d'hospitalité et d'entraide locale mises en place par des organisations et des élus, montrant que des alternatives sont possibles.

---

9. Groupe d'information et de soutien des immigrés. « Quel statut pour les réfugiés environnementaux ? » Paris, GISTI, 2007.

Les nombreuses initiatives du type Welcome Refugees en témoignent. À Johannesburg, à Africités 7, en décembre 2015, une « Charte des collectivités locales africaines sur les migrants » a été adoptée. À Sao Paulo, en juillet 2016, les associations réunies au Forum social mondial des migrations ont adopté un « Appel des mouvements sociaux du Forum social mondial des migrations aux autorités locales pour faire alliance et penser ensemble une autre gouvernance des migrations ». L'avenir est celui des villes durables, solidaires et hospitalières.

Objectifs d'apprentissage

- Élucider les liens entre les villes et les crises migratoires environnementales.
- Prendre connaissance de l'ampleur des mouvements migratoires environnementaux.
- Imaginer des alternatives permettant à la ville de réagir aux crises migratoires climatiques.

Questions de réflexion

- Pourquoi la ville est-elle aujourd'hui à l'intersection des défis migratoires et environnementaux ?
- Quelles sont les solutions possibles à envisager pour résoudre la problématique des migrations climatiques ?

Pour en savoir davantage

Banque internationale pour la reconstruction et le développement. *Se préparer aux migrations climatiques internes*. Washington, D.C., Banque mondiale, 2018.

Cariou, Alain. *L'Asie centrale : territoires, société et environnement*. Paris, Éditions Armand Colin, 2015.

Collectif. « Villes et hospitalités ». *Plein droit 4*, n° 115 (2017).

Combe, Hélène. « Les migrations du climat : un défi pour les villes, un devoir d'engagement collectif ». *L'encyclopédie du développement durable*, n° 87 (2009).

Cournil, Christel et Benoît Mayer. *Les migrations environnementales : enjeux et gouvernance*. Paris, Presses de Sciences Po, 2014.

Notes

47 Les défis du développement rural en Afrique[1]

Deogratias Niyonkuru

Résumé

Le développement rural est aujourd'hui à la croisée des chemins. Telle que conçue actuellement, l'aide au développement rural vise à inciter les Africains à reproduire un modèle occidental. Un développement rural authentique a pour objectif de permettre aux communautés paysannes de se libérer des nombreuses forces qui contraignent leur capacité d'établir leurs propres priorités et de devenir souverain face à la gestion du territoire et des ressources. Ce texte présente plusieurs pistes d'action pour soutenir un développement rural en Afrique fondé sur la dignité paysanne.

Introduction

Le développement rural est à la croisée des chemins et sujet à de nombreuses controverses[2]. Telle qu'actuellement pensée, l'aide au développement vise à inciter les Africains à reproduire le modèle occidental[3]. Il s'agit d'un piège et d'une analyse erronée, selon laquelle les causes de la pauvreté seraient dues au retard technologique et au manque d'argent. Pour nous, il s'agit avant tout de la perte de confiance en soi, de l'estime de soi et des nombreuses formes d'exploitations dont les communautés paysannes font l'objet.

Bâtir les programmes dans la durée, sur les opportunités et non sur les besoins

Aujourd'hui, les méthodologies classiques d'identification des besoins s'avèrent inopérantes, car elles renforcent l'idée que les solutions doivent être apportées par les autres. Il s'agit plutôt d'aider les paysans à identifier dans le milieu les opportunités dans lesquelles ils pourraient investir. Les programmes de développement rural doivent s'inscrire dans la durée, s'adapter au contexte, aux aspirations et aux capacités des communautés. Des budgets préétablis, avec des cadres logiques rigides, ne permettent pas de générer du développement.

---

1. Ce chapitre est une version remaniée des analyses tirées du livre Niyonkuru, Deogratias. *Pour la dignité paysanne : expériences et témoignages d'Afrique, réflexions, pistes méthodologiques*. Bruxelles, Éditions GRIP, 2018.

2. Serge Michailof et Alexis Bonnel. *Notre maison brûle au Sud : que peut faire l'aide au développement ?* Paris, Éditions Fayard, 2010.

3. ENDA Graf Sahel. *Une Afrique s'invente : recherches populaires et apprentissage de la démocratie*. Paris, Éditions Karthala, 2001.

Figure 47.1

Évolution de l'extrême pauvreté dans les zones rurales et urbaines

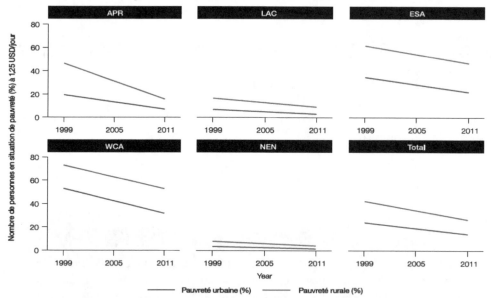

Notes: APR = Asie et Pacifique; LAC = Amérique latine et Caraïbes; ESA = Afrique orientale et australe; WCA = Afrique de l'Ouest et du Centre; NEN = Proche-Orient, Afrique du Nord, Europe et Asie centrale.

Note: Évolution par région entre 1999 et 2011.

Note: Malgré la réduction de l'extrême pauvreté dans le monde, les taux de pauvreté des zones rurales demeurent largement supérieurs à ceux des zones urbaines.

Source: Fonds international de développement agricole. *Rapport sur le développement rural 2016: Encourager une transformation inclusive du monde rural.* Rome, FIDA, 2016.

Plutôt que d'investir d'importants moyens dans le suivi d'indicateurs plus ou moins complexes, privilégions l'analyse des changements, des incidences sur la vie des gens, le renforcement des capacités humaines, l'amélioration de leur pouvoir au sein de la communauté. Les stratégies doivent être définies par le bénéficiaire, devenu acteur[4].

Le renforcement des capacités paysannes

Même si tout le monde s'en défend, les méthodes de vulgarisation utilisées restent largement dominées par une approche top down techniciste et simpliste, qui vise le transfert de paquets technologiques privilégiant les monocultures, le semis en ligne, l'utilisation de semences améliorées, de fertilisants et de pesticides[5]. Les paysans africains se sont farouchement opposés à ces technologies qui vont à l'encontre de leur expérience millénaire qui repose sur l'association des cultures, le seul modèle à même d'assurer une alimentation équilibrée et de maintenir sur le long terme la fertilité des sols ferrallitiques très fragiles.

Une meilleure production passe par l'amélioration de l'ensemble du système de production pour le transformer en une EFICC (exploitation familiale intégrée, continue et compétitive). Il s'agit d'aider le paysan à se projeter dans l'avenir, à viser la continuité et la qualité de la production, et donc la sécurité alimentaire, la stabilité

4. Etienne Beaudoux. *Accompagner les ruraux dans leurs projets.* Paris, Éditions L'Harmattan, 2000.

5. Jean-Félix Makosso Kibaya. *L'information stratégique agricole en Afrique: l'échec de la vulgarisation.* Paris, Éditions L'Harmattan, 2006.

des revenus et le maintien de la fertilité. Il s'agit alors de mettre en place un programme plus global qui facilite l'accès aux marchés, améliore la part des paysans dans les chaînes de valeur, ainsi que la nutrition ou la capacité à s'intégrer dans des réseaux de solidarité.

Quelle est la place des organisations paysannes ?

Les organisations paysannes sont confrontées à de nombreuses difficultés en matière de gouvernance, de leadership et de dépendance extérieure. La construction d'organisations paysannes (OP) passe d'abord par la mobilisation des ressources endogènes et repose sur l'engagement des individus à y contribuer par l'apport en capitaux et la réalisation des transactions avec l'organisation pour, en contrepartie, recevoir des services profitables à l'individu. Le succès le plus important des OP faîtières se trouve dans le champ politique même si on a voulu les confiner trop souvent dans le champ économique[6]. Elles réussissent progressivement à participer dans la définition et la mise en œuvre des politiques agricoles.

Le renforcement d'une OP commence par l'identification d'une activité structurante qui l'organise par fonctions, plutôt que par un organigramme hiérarchique. Cette première action lui permet de se définir une vision et une mission qui orienteront leur autonomie politique et idéologique et d'assurer la pérennité et la capacité à porter des changements structurels dans la société. Ainsi, il importe de renforcer leur autonomie, de les aider à définir elles-mêmes une vision et une mission, et à acquérir les compétences et les ressources endogènes nécessaires pour ne pas dépendre éternellement d'organisations d'appui ou de bailleurs de fonds.

Du microcrédit à l'autocrédit

Après quelques décennies d'euphorie pour la microfinance, nous devons tirer un constat majeur que la microfinance n'est pas un instrument adapté pour financer le développement des exploitations agricoles[7]. Dans tous les pays d'Afrique, les institutions de microfinance (IMF) ont plutôt pillé les petits paysans en collectant leur épargne, en vue de soutenir des projets en ville. Ce sont finalement les pauvres qui financent les riches.

Les rares crédits alloués aux paysans portent sur des segments spéculatifs comme l'embouche bovine ou les intrants de quelques filières hautement commerciales – riz, café, thé ou cacao. Les taux d'intérêt élevés, les risques liés aux maladies et au climat, la modicité des montants accordés, les échéances trop étroites, le manque de garantie, ou encore la volatilité des prix rendent l'outil inadapté. La création des IMF appartenant aux organisations paysannes n'améliore guère cette situation, parce qu'à moyen terme, elles se voient soumises à l'obligation de rentabilité et recourent aux mêmes instruments que les organismes purement commerciaux.

Il devient urgent d'imaginer des financements innovants pour les petites exploitations paysannes. Les experts explorent plusieurs pistes comme la réduction des taux d'intérêt, la gratuité, l'incitation des banques et des IMF, les garanties bancaires, les assurances et réassurances des crédits. Il s'agit souvent de mécanismes spéciaux qui ne peuvent être envisagés que sur le plan méso. L'amélioration de la production agricole pour les petits paysans nécessite plutôt des subventions de l'État, car il est illusoire de croire que les paysans africains parviendront à contrer les importations à bas prix de manière durable sans soutien ni protection. Ainsi, il est souhaitable d'imaginer de nouvelles approches et cesser de penser le financement de l'agriculture paysanne en matière d'argent

6. Marie-Rose Mercoiret. « Les organisations paysannes et les politiques agricoles ». *Afrique contemporaine* 1, n° 127 (2006).

7. Fernand Vincent. *Le microcrédit est-il un instrument de développement ?* Innovations et réseaux pour le développement (IRED), 1999.

uniquement et plutôt appuyer les communautés paysannes à développer des activités qui exigent très peu d'argent, mais qui permettent d'en générer rapidement.

La tontine africaine nous semble être la solution idoine à cet effet. Il s'agit de mettre à contribution les fonds locaux, disponibles chez les élites rurales pour compléter les petites participations paysannes et générer assez de moyens afin de lancer de telles entreprises sans devoir les endetter et mettre en place des systèmes de gestion plus transparents. De tels mécanismes permettent également de garder l'argent au village en diversifiant les activités qui peuvent attirer de nouveaux projets et contribuer à améliorer l'attractivité des villages.

Afin d'améliorer la part du paysan dans la chaîne de valeur, il faut élaborer des stratégies qui lui permettent de réaliser des stockages profitables et résilients et ainsi pouvoir vendre à un moment plus propice, mais aussi se libérer progressivement des nombreux intermédiaires qui ponctionnent l'essentiel de la valeur ajoutée. De même, il devient avantageux d'organiser la transformation des produits et la labellisation en tirant profit des certificats de type Bio, ou Fairtrade. La régulation de l'offre ainsi que l'utilisation de la technologie mobile pour accéder à l'information sur les marchés sont des pistes à valoriser. De tels mécanismes doivent rester vigilants pour échapper à leur manipulation par les bourses et finalement céder la plus-value aux multinationales.

Des activités non agricoles et entrepreneuriales en milieu rural

Les activités non agricoles jouent un rôle majeur dans le développement des campagnes puisqu'elles offrent au monde rural le petit commerce, les métiers de la réparation, ou liés à l'habitat, l'électrification rurale, des services essentiels pour y rendre la vie possible sinon plus agréable. Ce sont les activités non agricoles qui génèrent des revenus plus consistants que

l'agriculture et qui, finalement, permettent de faire décoller une région[8]. Il s'agit donc d'aider les entrepreneurs à surmonter les nombreuses contraintes auxquelles ils font face : la gestion dans un environnement où la famille exerce une pression considérable[9], l'amélioration technologique, le marketing, la faiblesse des infrastructures (électriques en particulier), la concurrence des produits importés, etc. C'est aux gouvernements d'assurer la promotion et la protection des entreprises naissantes contre la concurrence des pays plus développés et en particulier asiatiques.

Pour une meilleure protection sociale des ruraux

En zone rurale, les taux de couverture sur les quatre piliers du socle de protection sociale du BIT – accès aux soins de santé, aux revenus, allocations familiales et pension de retraite – sont très faibles. De plus, les institutions internationales privilégient actuellement pour les catégories les plus pauvres, des systèmes non contributifs. Ces outils devraient être manipulés avec minutie pour ne pas compromettre toute chance de développement de l'Afrique en créant la dépendance et l'attentisme – comme cela s'est passé dans les zones post-conflit de l'Est de la RDC et du Burundi. Il faut veiller à ne pas déstructurer les mécanismes traditionnels de solidarité, les seuls qui soient véritablement durables et endogènes.

Malgré la pauvreté de nombre de citoyens et des États, il est tout à fait possible d'assurer une couverture sanitaire universelle à l'ensemble de la population. Il s'agit de combiner des participations des catégories les plus riches,

---

8. Robin Bourgeois et Véronique Meuriot. « Croissance agricole et sortie de pauvreté : que nous apprennent les trajectoires des ménages ruraux en Indonésie ? » *Mondes en développement* 4, n° 156 (2011), 33-46.

9. Issiaka-Prosper Lalèyê, Henri Panhuys, Thierry Verhelst et Hassan Zaoual. *Organisations économiques et cultures africaines, de l'homo oeconomicus à l'homo situs*. Paris, Éditions L'Harmattan, 1996.

des subventions aux catégories moins aisées et la gratuité aux plus vulnérables, grâce notamment à la création de taxes dédiées. Une telle démarche exige une forte volonté politique, la catégorisation de la population ainsi que l'obligation d'adhérer à une assurance maladie. Les mutuelles de santé peuvent également offrir le cadre pour organiser les autres piliers du socle de protection sociale.

Le contrôle des facteurs de production

À cause de la fragilité des sols africains[10], l'utilisation des engrais minéraux – pourtant indispensables pour améliorer les rendements – doit se faire avec beaucoup de doigté. L'accès aux fertilisants nécessite d'être subventionné par les États. Les systèmes de subvention actuellement pratiqués ne profitent qu'à une petite frange de paysans riches et doivent être repensés, en privilégiant des crédits souples remboursables par exemple en nature.

L'accès aux semences de qualité constitue le second préalable à l'amélioration de la production agricole. Les paysans, pour autant qu'ils soient accompagnés, peuvent en produire une qualité acceptable. Il existe un véritable danger de perte de souveraineté si les pays africains abandonnent leur production aux multinationales. Il faut donc à tout prix encourager les laboratoires publics nationaux à investir davantage dans l'amélioration des semences, tout en gardant la propriété des principaux gènes des terroirs nationaux.

Concernant l'accès à la terre, le nouveau défi est celui de son accaparement par des concitoyens plus riches ou les multinationales étrangères. Les ventes de détresse devraient absolument être soumises au contrôle des pouvoirs publics, sinon le continent va rapidement être confronté à la paupérisation irréversible.

10. Ian Scoones et John Thompson. *La reconnaissance du savoir rural: savoir des populations, recherche agricole et vulgarisation*. Paris, Éditions Karthala, 2000.

L'accaparement des terres par les multinationales devrait être érigé en crime contre l'humanité et sanctionné comme tel. La cession de grandes concessions à des firmes étrangères pour produire pour le marché local ou l'exportation devrait également faire l'objet d'un contrôle citoyen plus strict.

L'Afrique ne pourra toutefois pas continuer à fermer les yeux sur les graves injustices de la tenure foncière et sera obligée de procéder à des réformes agraires qui seront sans doute douloureuses, mais indispensables. Il faut urgemment trouver des solutions pour l'accès des femmes et des peuples autochtones à la propriété foncière. La priorité est de développer un arsenal juridique solide qui supprime la dualité entre le droit moderne et traditionnel.

Pour des politiques en faveur des petits paysans

Les États, les institutions internationales et les pays qui dispensent de l'aide jouent un rôle déterminant dans la définition des politiques de développement. Les organisations paysannes doivent dès lors investir dans le plaidoyer sur les politiques agricoles.

Le plaidoyer pour le soutien à l'agriculture familiale face à l'agrobusiness est une question de survie. Le paysan risque d'être dépouillé de ses terres pour devenir un acheteur net de nourriture, avec des moyens qu'il n'aura plus. L'agrobusiness qui continuera à exister devrait se financer à travers les banques privées. L'agriculture familiale est le seul modèle qui génère un maximum d'emplois, maintient la fertilité des terres, produit de la nourriture diversifiée, amortit les chocs liés aux aléas climatiques, aux maladies et à la volatilité des prix.

L'autre combat des OP porte sur la limitation des importations souvent justifiées par une urbanisation vertigineuse. Les émeutes de la faim ont permis aux urbains d'avoir une importance politique qui ne correspond pas à leur poids électoral. L'importation de produits est d'autant plus dangereuse qu'elle crée des changements d'habitudes alimentaires et instaure la dépendance envers les marchés extérieurs[11].

Dans un contexte de privatisation des principales entreprises agroalimentaires, les paysans doivent pouvoir jouer un rôle majeur dans la gestion de celles-ci. Le plaidoyer pour une privatisation qui tienne compte de leurs intérêts, tout comme d'ailleurs celui contre les importations massives, passe par la coopération avec les organisations du Nord.

Mais l'appui aux OP dans des actions concrètes de terrain – pour améliorer la production locale ou construire des unités de transformation alternatives – reste indispensable pour crédibiliser leur combat politique. Les paysans ne doivent pas rester confinés dans les sales besognes de production alors qu'on laisse les maillons juteux aux multinationales et au secteur privé.

Quelles pistes pour la dignité paysanne ?

L'Afrique, qui a été mise à feu et à sang et pillée par l'esclavage et la colonisation, s'est investie dans la destruction de la culture et des religions du continent, créant le sentiment que pour se développer, l'Africain devait se renier et imiter au mieux ses nouveaux maîtres. Avec la montée en puissance de la Banque mondiale et du FMI, la voie est désormais tracée et l'Afrique est obligée de suivre au risque de se voir refuser l'aide qui structure fortement les modèles de développement économique, social et politique.

L'Afrique doit se forger des repères qui lui sont propres et qui correspondent véritablement à sa culture, à sa vision du monde, mais aussi à son histoire. Il ne s'agit pas de rester à l'écart de la révolution technologique, mais d'en dompter les instruments afin qu'ils servent au développement défini par les Africains eux-mêmes. S'aligner sur le modèle capitaliste – celui de la compétition où quelques individus contrôlent à la fois le pouvoir et la richesse – est largement contraire à la pensée africaine, qui privilégie la construction de réseaux de solidarité plutôt que l'ascension personnelle.

La construction d'une géostratégie propre doit, par conséquent, se fonder sur les valeurs de la solidarité et du partage, le respect de la vie. Il s'agit de définir le modèle de société que nous souhaitons pour l'Afrique, de construire une société nouvelle dans laquelle l'argent n'est pas une fin en soi. Il ne s'agit pas ici de refuser tout échange avec les autres peuples, mais de renforcer d'abord le moi, avant de pouvoir s'ouvrir à l'universel.

Une Afrique digne – où le bonheur est partagé par tous – éviterait le modèle occidental des campagnes vides, pour privilégier le développement d'exploitations de taille moyenne (de 2 à 5 hectares), les seules à même d'assurer à la fois des emplois stables pour la majorité de la population, tout en permettant la création de petites et moyennes industries, bien réparties sur l'ensemble du territoire national. L'idée est de stabiliser l'urbanisation de la population et d'inciter les Africains à consommer en priorité les produits locaux.

Malgré un contexte pour le moins compliqué, il est possible de vaincre la faim, le dénuement, la pauvreté, les abus… pour ainsi leur restituer la dignité. La voie royale, à la fois simple et difficile, est de reprendre confiance en soi, de valoriser sa culture, son potentiel et les opportunités de son milieu, de refuser à l'argent le rôle moteur du développement.

---

11. Bernard Njonga. *Le poulet de la discorde, plaidoyer et lobbying*. Yaoundé, Éditions Clé, 2008.

Objectifs d'apprentissage

- Identifier les défis qui contraignent le développement rural en Afrique.
- Développer une réflexion critique sur les politiques de développement rural en Afrique.
- Réfléchir à des voies alternatives susceptibles de mener vers un développement rural authentique.

Questions de réflexion

- De quelles manières est-il possible de mettre en place des politiques de développement rural qui tiennent compte de l'agentivité des communautés rurales ?
- Quelle place devrait occuper la production agricole destinée aux marchés locaux plutôt qu'aux marchés internationaux ?
- Est-ce que l'aide internationale peut jouer un rôle positif, et, si oui, comment ? Ou est-ce qu'il est préférable de s'affranchir de l'aide et mettre de l'avant l'idée de déconnexion ?

Pour en savoir davantage

Clavel, Danièle. *Savoirs et développement rural : le dialogue au cœur de l'innovation.* Paris, Éditions Quae, 2011.

Daucé, Pierre. « Développement et ruralité ». *Économie rurale 255*, n° 1 (2000), 114-119.

Jeanneaux, Philippe et Philippe Perrier-Cornet. *Repenser l'économie rurale.* Paris, Éditions Quae, 2014.

Losch, Bruno, Sandrine Freguin-Gresh et White Eric Thomas. *Transformations rurales et développement : les défis du changement structurel dans un monde globalisé.* Montreuil, Éditions Pearson, 2013.

Niyonkuru, Deogratias. *Pour la dignité paysanne : expériences et témoignages d'Afrique, réflexions, pistes méthodologiques.* Bruxelles, Éditions GRIP, 2018.

Notes

48

La terre et le monde paysan

Dominique Caouette

Résumé

En 2007-2008, une crise alimentaire mondiale a frappé le monde de plein fouet. Le prix des denrées alimentaires telles que le blé et le riz ont doublé et même triplé dans certains cas. La crise alimentaire de 2007 a eu pour effet de mettre en évidence la dépendance alimentaire de plusieurs pays. Ainsi, plusieurs États et investisseurs privés ont cherché à avoir accès aux terres de pays du Sud globalisé pour leur sécurité alimentaire, mais aussi à des fins de spéculation et pour la production d'agro carburants. Cette acquisition de terres est une tendance qui se maintient aujourd'hui et même qui s'accélère.

Introduction

Aujourd'hui, les processus d'accaparement des terres préoccupent de plus en plus les communautés rurales et paysannes, non seulement au Sud, mais aussi au Nord[1]. Entre 43 millions et 45 millions d'hectares sont accaparés[2]. On peut parler d'accaparement lorsqu'il y a capture ou prise de contrôle d'importantes étendues de terres à travers différents mécanismes qui impliquent de gros investissements capitaux en vue de modifier l'utilisation de ces ressources à des fins extractives, soit pour les marchés domestiques ou étrangers, en réponse à la triple crise, alimentaire, énergétique et financière[3]. Souvent, ces accaparements sont une conséquence directe des pressions grandissantes pour le contrôle de ressources d'investisseurs de pays en émergence, entre autres ceux du BRICS (Brésil, Russie, Inde, Chine, Afrique du Sud).

L'enjeu alimentaire

La crise alimentaire de 2007 a eu pour effet de mettre en évidence la dépendance alimentaire de plusieurs pays. La recherche de nouvelles

---

1. Dominique Caouette. « L'accaparement des terres, un phénomène mondial ». *Relations*, n° 785 (2016), 17-20.

2. Land Matrix. « The Online Public Database on Land Deals », 2018. https://landmatrix.org. Page consultée le 3 septembre 2018.

3. Groupe d'experts de haut niveau sur la sécurité alimentaire et la nutrition. *Agrocarburants et sécurité alimentaire*. HLPE, Rome, Saturnino M. Borras Jr et Jennifer C. Franco. « Global Land Grabbing and Trajectories of Agrarian Change: A Preliminary Analysis ». *Journal of Agrarian Change* 12, n° 1 (2012), 34-59.

Figure 48.1
Sous-alimentation, 2014-2016 : quels sont les pays les plus touchés ?

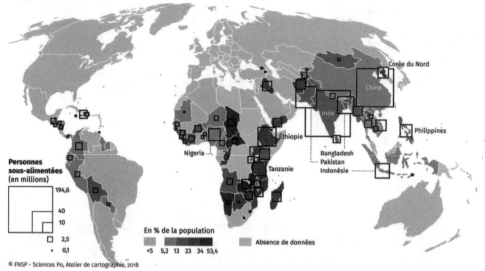

© FNSP - Sciences Po, Atelier de cartographie, 2018

Source : Atelier de cartographie et Centre de recherches internationales, Sciences Po. *Sous-alimentation, 2014-2016*, 2018

formes de sécurité alimentaire a poussé une diversité d'acteurs dans une ruée à la terre[4]. Allant de l'achat ou de la location de surfaces terriennes au travers d'une relation entre acteurs privés à l'achat de terres en faisant affaire avec l'État à des fins de conservation, les méthodes d'accaparement des terres se caractérisent par leur diversité. Deux caractéristiques font en sorte qu'il est difficile de circonscrire le phénomène. Premièrement, le caractère des transactions est souvent secret. Deuxièmement, le phénomène est relativement récent et se caractérise par sa nature extrêmement changeante au fil du temps et des situations.

Comment comprendre le phénomène ?

Olivier De Schutter[5], rapporteur sortant des Nations unies pour le droit à l'alimentation,

a identifié trois types de réponses, devant une situation qui devient dramatique.

En premier lieu, on pense à une transition d'un système agraire composé de fermes familiales vers un système de grandes fermes industrielles et qui passe donc par la concentration et des acquisitions massives de terres. Cette vision est la plus influente parmi les investisseurs privés, mais elle n'est pas populaire auprès des agences internationales ou des ONG.

En deuxième, il y a ce qu'on pourrait appeler une position de compromis, soutenue par l'Organisation des Nations unies pour l'Agriculture et l'Alimentation (FAO), et la Banque mondiale. Le principe sous-jacent est celui d'une « coexistence » entre investisseurs, gouvernements hôtes et communautés rurales. Selon la Banque mondiale, il est possible de faire coexister l'agriculture familiale et les grandes propriétés

---

4. GRAIN. *Les nouveaux propriétaires fonciers : les sociétés d'investissement en tête de la course aux terres agricoles à l'étranger*. Barcelone, GRAIN, 2010.
5. Olivier De Schutter et Arnaud Zacharie. « La crise alimentaire et l'économie politique de la faim ». Dans

Refonder les politiques de développement : les relations Nord-Sud dans un monde multipolaire, 93-110. Bruxelles, Éditions La Muette, 2010 ; Olivier De Schutter. « How not to Think of Land-grabbing : Three Critiques of Largescale Investments in farmland ». *The Journal of Peasant Studies* 38, n° 2 (2011), 249-279.

Figure 48.2
Investissements internationaux dans les terres agricoles, 2000-2015

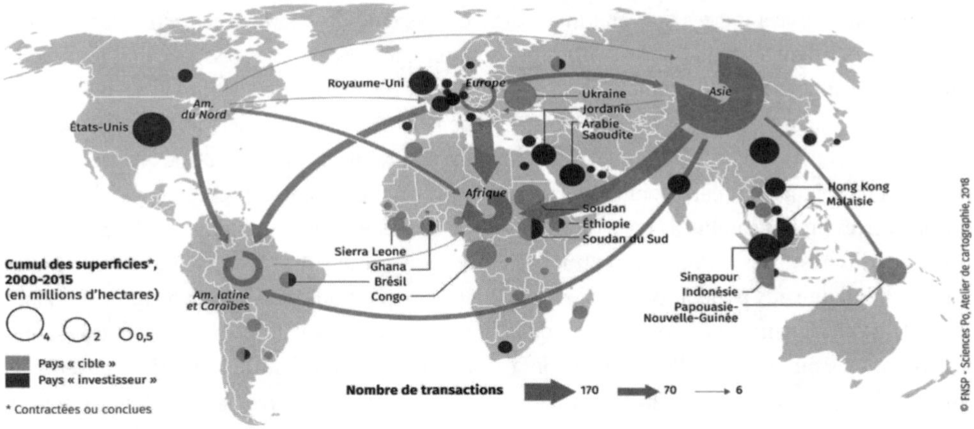

Source: Atelier de cartographie et Centre de recherches internationales, Sciences Po. *Investissements internationaux dans les terres agricoles, 2000-2015*, 2018.

agricoles[6]. Si les risques de dérapage sont gérés correctement, l'acquisition de terres agricoles par des investisseurs représente une opportunité pour les gouvernements hôtes de même que pour les agriculteurs et les ruraux en périphérie de ces terres.

Les organisations qui proposent cette approche face aux acquisitions de terres agricoles s'appuient sur l'idée que les transactions ne peuvent être bénéfiques que si les investisseurs et les pays hôtes respectent un certain « code de conduite ».

Le troisième scénario est celui des réformes. Elle contredit l'hypothèse de faire coexister les deux formes d'agriculture, car la coexistence ne parvient pas à protéger le droit à la terre des usagers, ne garantit pas une plus grande sécurité alimentaire, d'autant plus que les appropriations servent de plus en plus à la production de biocarburants. De Schutter propose une approche basée sur le droit et sur des investissements orientés vers l'agriculture familiale plutôt que vers de grandes exploitations hautement capitalisées.

6. Klaus Deininger et Derek Byerlee. *Rising Global Interest in Farmland: Can It Yield Sustainable and Equitable Benefits*. Washington, D.C., Banque mondiale, 2011.

Conflits, tensions et vulnérabilité

La plupart du temps, les tensions liées aux acquisitions et à la concentration de la terre s'articulent aujourd'hui autour de conceptions divergentes du développement. La première conception est axée sur la croissance économique néolibérale et prône l'exploitation des ressources naturelles à des fins d'exportation pouvant permettre la génération de nouvelles richesses. Cependant, cette logique résulte nécessairement dans l'exclusion, c'est-à-dire la limitation de l'accès à la terre pour certains acteurs et la concentration des bénéfices économiques entre les mains de ceux-ci.

La seconde conception défend les impératifs de protection des écosystèmes et des communautés rurales face aux déséquilibres engendrés par la monoculture de plantations à croissance rapide (tels que le palmier à huile, pouvant produire de l'huile de palme pour la cuisson ou comme biocarburant). Ces nouvelles cultures à grande échelle contribuent souvent à l'accroissement de la pollution et fragilisent des milieux écologiques fragiles (via la déforestation, la pollution des eaux et des sols, l'appauvrissement des surfaces cultivables, etc.).

Au-delà de simples « tensions », de véritables conflits marquent les processus d'accaparement.

Ces conflits sont souvent inégaux, qui laissent de larges segments des populations rurales vulnérables et désavantagées face aux investisseurs, qui possèdent les capitaux, les connexions politiques et financières. Cependant, il ne saurait être utile d'amener un discours réducteur. Même si la construction à l'international du discours engagé sur l'accaparement des terres se focalise certes sur des conflits de type « vertical » opposant l'État ou les entreprises extractives qu'il commandite aux populations locales dont le mode de vie dépend de la soutenabilité de la gestion des ressources naturelles en question, il importe de saisir et de souligner les dynamiques horizontales. Souvent, ce sont des divisions internes ou des conceptions opposées au sein de ces communautés sur ce qui constitue la meilleure manière de moderniser l'agriculture ou de s'enrichir qui permettent aux investisseurs d'entrer et d'obtenir des concessions foncières. Ces clivages ont d'ailleurs des répercussions sur les conflits, en raison des impacts environnementaux potentiels liés à une exploitation intensive non durable des ressources foncières et la détérioration que certaines pratiques occasionnent sur les écosystèmes.

Les impacts sociaux de tous ces conflits sont multiples. En fin de compte, ils sont la conséquence d'un modèle de développement qui exclut de véritables réformes agraires et qui implique des déplacements de population, plus généralement, accroissement généralisé des inégalités socioéconomiques. D'autres observent que les agendas de conservation et de gestion des ressources naturelles promus par les organisations paysannes auprès des différents paliers de gouvernement divergent et sont souvent contradictoires. Cela fait en sorte qu'elles se retrouvent imbriquées dans des systèmes d'alliance qui les mettent parfois en opposition les unes avec les autres y compris lorsque les formes de résistance des populations sont moins virulentes, comme dans les régions où les risques de répression sont plus élevés.

Un noyau complexe de relations

Ce système de relations tripartites entre communautés locales, entreprises et État est accompagné de l'apport constant de la part d'une quatrième catégorie d'acteurs qui vient se greffer aux rapports de force des trois premiers, et est principalement représentée par les ONG. Le rôle de ces organisations est d'accompagner la formulation des revendications spécifiques sur les questions d'accès à la terre de certaines populations. Si leur poids a été particulièrement important dans le cadre de mouvements agraires destinés à favoriser un meilleur accès à la terre pour les paysans pauvres, les ONG sont aujourd'hui traversées elles aussi par un dilemme conservation/développement. Initialement, elles ont pu articuler des revendications en faveur du développement durable et de la justice sociale et environnementale. Or, la montée de l'agenda en faveur de la conservation des espaces naturels sur la scène internationale a entraîné un schisme des ONG sur deux axes : d'une part, l'axe conservation/développement et, d'autre part, sur la question des rapports de collaboration ou d'opposition à entretenir avec les différentes instances gouvernementales. Certes, de nombreuses organisations continuent de promouvoir une stratégie de contre-territorialisation par les communautés locales pour s'opposer aux tentatives de délimitation de zones protégées et de zones exploitables par l'État.

Conclusion

En somme, comprendre les accaparements de terre requiert aujourd'hui une rigueur intellectuelle et un engagement citoyen. D'une part, les rapports de pouvoir qui tracent et déterminent les contours de ces processus sont complexes. Des mouvements jugent alors nécessaire de développer davantage leurs études sur les droits de citoyenneté, la participation démocratique, la durabilité écologique et la justice sociale. Un peu partout, nombre de luttes militantes et de résistance paysannes mettent de l'avant des agendas alternatifs de gestion de ressources qui sont à la fois durables et équitables. Celles-ci portées en réseaux, entre autres par des mouvements paysans tels Via Campesina, ou encore des regroupements de chercheurs indépendants tels GRAIN ou TNI, font écho de ces résistances tout en enrichissant nos compréhensions.

Objectifs d'apprentissage

- Comprendre les facteurs qui expliquent les processus contemporains d'accaparement des terres.
- Saisir les différentes visions du développement agraire qui opposent les investisseurs nationaux et internationaux et les communautés paysannes des pays du Sud.

Questions de réflexion

- En quoi est-ce que les accaparements massifs des terres reflètent les nouvelles dynamiques financières liées à la mondialisation de l'économie ?
- Comment est-il possible pour les communautés paysannes de résister à ce phénomène ? Quels sont les moyens et actions qu'elles peuvent mettre en place ?
- Est-ce que les gouvernements ont un rôle à jouer ? Est-ce qu'il est possible d'envisager la mise en place de politiques de souveraineté alimentaire ?

Pour en savoir davantage

Liberti, Stefano. *Main basse sur la terre : land grabbing et nouveau colonialisme*. Traduit par Rosalie Delpech. Paris, Éditions Rue de l'échiquier, 2013.

Luna, Pablo Fernando. « Le landgrabbing : une "contre-réforme" agraire ? » *Revue d'histoire moderne et contemporaine 4*, n° 63-4/4 bis (2016), 157-182.

Maurel, Marie-Claude. « Relations de propriété et modes d'exploitation : actualité de la question agraire en Europe centrale ». *Études rurales 1*, n° 201 (2018), 192-217.

Mesini, Béatrice et Delphine Thivet. « Dynamiques des luttes paysannes et rurales dans les forums sociaux 2000-2010 : vers une troisième génération de droits-devoirs envers la "Terre commune" ». *Territoire en mouvement. Revue de géographie et aménagement*, n° 22 (2010), 98-111.

Schlimmer, Sina. « Accaparement des terres ou investissements agricoles bénéfiques ? » *Gouvernement et action publique 2*, n° 2 (2018), 31-52.

Notes

49 Quelle justice écologique pour construire un autre monde[1]?

Geneviève Talbot

Résumé

La crise écologique contemporaine pose durement la question de la justice : les populations du Sud étant les plus durement touchées par les conséquences d'un modèle imposé alors qu'elles bénéficient si peu de la croissance. La justice écologique exige que l'on considère les interactions entre l'individuel et le collectif, l'interconnexion et l'interdépendance entre tous les êtres et les dimensions écologiques et spirituelles. La justice écologique conteste non seulement l'idée de croissance infinie dans un monde fini, mais aussi notre conception de la Nature.

Introduction

Delta du Niger, 4 avril 2008. Les membres de la communauté Bue-Leh, une communauté insulaire Ogoni, quittent leur foyer. La cause principale de cette migration? Un déversement de pétrole survenu à quelques mètres de leur île. Le pétrole a serpenté à travers les cours d'eau, détruisant leur moyen de subsistance lié à la pêche et à l'agriculture, et affectant gravement leur état de santé[2]. La consommation de pétrole au Nigéria est minime, 86 % de l'énergie utilisée par les Nigérians provient de la biomasse, pourtant le pétrole produit par le Nigéria affecte grandement les populations locales même si ces dernières ne produisent ni ne consomment ce pétrole[3].

En 2017, le Nigéria était le premier producteur de pétrole d'Afrique et le 10e au monde. Cinquante-huit ans après l'indépendance et malgré 21 milliards de revenu pétrolier en 2016, le Nigéria n'est toujours pas parvenu à trouver un modèle de développement qui bénéficie à toutes et tous[4]. D'ailleurs, en 2016, le rapport du PNUD (2016) le place à la 152e place sur 177 pays pour ce qui est de l'IDH[5]. Si le Nigéria était une autre de ces nombreuses illustrations que la lutte pour une bonne vie est indissolublement écologique

---

1. Ce chapitre est une adaptation du texte de Geneviève Talbot, Olga Fliaguine et Dominique Caouette. « La justice écologique : un élément de réponse aux changements climatiques ». *Possibles 41*, n° 2 (2017), 6-11.
2. Amnesty International. *La vraie tragédie. Retards et incapacité à stopper les fuites dans le Delta du Niger*. Amnesty International, 2011.
3. Planète énergie. « Le Nigeria : une puissance fragile fondée sur le pétrole », 2017. https://www.planete-energies.com/fr/medias/decryptages/le-nigeria-une-puissance-fragile-fondee-sur-le-petrole. Page consultée le 16 juillet 2019.
4. *Ibid.*
5. Programme des Nations unies pour le développement. *Rapport sur le développement humain 2016*. New York, PNUD, 2017.

Figure 49.1
Projections de migrations climatiques, 2018-2050

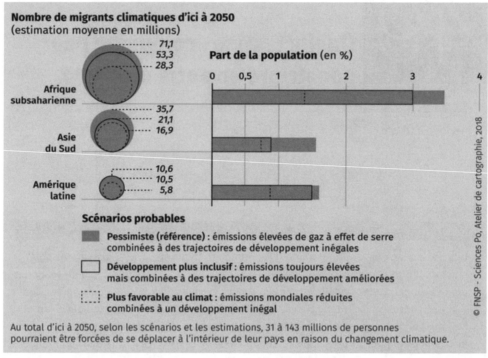

Source : Atelier de cartographie et Centre de recherches internationales, Sciences Po. *Carte : projections de migrations climatiques internes, 2018-2050*, 2018.

et sociale ? Si le Nigéria était un exemple criant de la pertinence du concept de justice écologique ?

Justice écologique et justice environnementale du pareil au même ?

La justice écologique peut se définir comme étant une réponse transnationale qui s'est constituée, entre autres, en réponse aux changements climatiques et aux différentes crises écologiques. Plus qu'un simple concept théorique, la justice écologique est un mouvement social de base. Ce mouvement reflète l'importance pour les communautés de s'investir dans l'organisation de leurs propres actions et dans les décisions concernant leur avenir. La justice écologique implique de faire pression sur les grandes entreprises ou les gouvernements afin que des changements soient faits et que ce qui est considéré comme des injustices soit rectifié. De plus, cette pression prend naissance par des citoyens et des citoyennes et non des élites. Elle est enracinée dans la croyance que les communautés de base peuvent agir et influencer les puissants de ce monde, plutôt que de se fier aux discours et aux promesses vides.

Un autre élément distinctif de la justice écologique est le sens du commun, de la collectivité. L'organisation collective – par opposition à l'action individuelle – est le fer de lance de ce mouvement. De nombreuses actions ont déjà été menées et fleurissent aujourd'hui un peu partout dans le monde. Des formes d'organisation sociale, comme le mouvement En transition[6] et le modèle du Fermier de famille ou

---

6. Construire une « communauté en transition » consiste très largement à réduire la consommation d'énergie tout en relocalisant l'économie à travers le développement de

de l'Agriculture soutenue par la communauté (ASC)[7] », peuvent d'ailleurs être considérées comme des expressions citoyennes de la justice écologique. En d'autres termes, la justice écologique est un mouvement de pouvoir citoyen qui non seulement dénonce des injustices, mais envisage, essaie des modèles d'organisation sociale différents.

Ce mouvement de pouvoir citoyen considère les crises écologiques comme un problème de justice sociale complexe et non simplement un problème environnemental. Prenons l'exemple des changements climatiques, alors que l'écologisme peut voir les changements climatiques comme le résultat de secteurs industriels mal réglementés, la justice écologique le perçoit comme le produit d'inégalités sociales et d'un système économique obsédé par la croissance pour la croissance. L'exclusion sociale, le racisme et les préjugés sont intrinsèquement liés à la manière dont se vivent les changements climatiques et à leurs conséquences concrètes. Nous ne sommes pas tous affectés de la même façon par les changements climatiques, étonnamment, ou pas, les populations les plus pauvres sont les plus durement touchées, alors qu'elles sont celles qui profitent le moins des produits de l'industrialisation qui est responsable des changements climatiques. Le cas des communautés du Nigéria présenté en introduction est une démonstration assez probante.

Pour les tenants de la justice environnementale, le cas de la communauté Bue-Leh en serait un principalement de redistribution négative : il s'agirait de compenser les membres de la communauté Bue-Leh pour réparer l'injustice qui leur a été faite en empoisonnant et en détruisant leur environnement. Comme le souligne Aliénor Bertrand[8], l'approche politique des questions environnementales que promeut la justice environnementale n'est pas dépourvue d'ambiguïtés : elle définit l'exigence de justice par l'exigence d'une répartition plus équitable des préjudices occasionnés par les dégradations sanitaires et environnementales. De ce fait, elle consacre les transactions financières comme un mode acceptable de correction des inégalités au détriment de législations contraignantes. Cette façon de penser suppose que les dégâts sanitaires et environnementaux corollaires de la croissance économique sont en quelque sorte toujours réparables, ou qu'ils ne sont pas irréversibles[9]. Ainsi, la justice environnementale, contrairement à la justice écologique, n'a pas un discours critique sur les principes de l'organisation sociale moderne et ne remet pas en cause ni l'opposition artificielle entre la justice écologique et la justice sociale ni la nécessité de croissance qui est considérée par la justice environnementale comme la condition de la justice sociale.

Alors que le mouvement américain de la justice environnementale s'est fondé sur la dénonciation du recoupement entre les inégalités environnementales et les fractures sociales de classe et de race, faisant resurgir jusque dans le monde académique la dimension conflictuelle des problèmes écologiques, la justice écologique célèbre l'interconnexion et l'interdépendance entre tous les êtres, elle reconnaît la responsabilité que nous avons en tant qu'êtres humains de coexister dans l'harmonie pour le bien-être de la communauté planétaire. La justice écologique priorise la dignité humaine, l'autodétermination et le développement d'économies soutenables dans la justice pour tous et toutes au sein d'un monde où les ressources sont limitées.

En somme, la notion de justice écologique est dérangeante, car elle remet en question les éléments des idéaux fondateurs de l'Occident que sont la croissance, le progrès, l'égalité et

cultures potagères, de transports propres comme le vélo, des énergies renouvelables, du recyclage, etc. Ceci s'accompagne de valeurs humanistes se traduisant par l'entraide, ou encore l'échange de biens et de services au sein de systèmes d'échanges locaux.

7. L'ASC soutient l'économie locale, réduit les distances de livraison entre le lieu de production et le lieu d'achat et offre aux producteurs un prix juste et un revenu décent pour leur travail.

8. Aliénor Bertrand. *Justice écologique, justice sociale : exemples historiques, analogies contemporaines et théorie politique*. Paris, Victoires Éditions, 2015.

9. *Ibid.*

la liberté individuelle. En effet, comme le soulignent Abraham, Marion et Philippe :

> L'effort de croissance n'a de sens que dans la mesure où il favorise l'accomplissement de ces deux idéaux fondateurs de l'Occident moderne que sont l'égalité et la liberté individuelle. Or, la création de richesses phénoménales dont nos sociétés sont capables ainsi que les progrès scientifiques et techniques qu'elles accomplissent ne se traduisent pas nécessairement par davantage d'égalité entre les humains ni davantage de liberté. C'est même le contraire que l'on a maintes fois observé, notamment au cours des trois dernières décennies, que ce soit en Occident ou ailleurs[10].

Les auteurs de l'ouvrage *Décroissance versus développement durable* posent une question essentielle : « N'y a-t-il pas une contradiction indépassable entre croissance économique d'une part, progrès social et respect de l'environnement, d'autre part ? Dans ces conditions, ne serait-il pas temps de remettre en question cette course à la croissance et au développement – même "durable" – dans laquelle nos sociétés sont engagées[11] ? »

Que faire de la Nature ?

En fait, la justice écologique ne remet pas uniquement en question la notion de croissance, elle remet aussi en question notre rapport avec la Nature. La justice écologique cherche des façons de vivre ensemble en harmonie avec la Nature, ce qui exige de nouvelles bases sur lesquelles nous allons construire le monde de demain. En effet, le progrès moderne repose essentiellement sur une cosmologie naturaliste qui soutient « que tout ce qui a une existence physique est fondamentalement gouverné par des lois et des principes universels, sur lesquels la volonté humaine n'a pas de prise[12] ». Dans cette conception du monde, l'être humain a le monopole de la conscience et de la culture, étant le seul à être doté d'une conscience réflexive et d'une subjectivité leur permettant d'agir de manière intentionnelle et volontaire.

Radicalement anthropocentrique, la cosmologie naturaliste conçoit des rapports hiérarchiques entre les humains et les non-humains, les seconds étant toujours subordonnés aux premiers. C'est d'ailleurs cette conception du monde qui aurait favorisé l'industrialisation : en percevant la Nature comme un élément à dominer, à contrôler, dans un rapport de production, c'est-à-dire de fabrication et de création, dans lequel les non-humains sont appréhendés comme des moyens au service de l'activité créatrice des humains, ou comme le résultat de cette activité, il est possible de l'exploiter en toute impunité. Dans le cadre de cette relation, les êtres humains sont sujets, les non-humains ont le statut d'objet.

Cette dichotomie nature/culture ou nature/société nous a permis de surexploiter sans vergogne la terre et ses richesses nous menant aujourd'hui dans une crise écologique de grande échelle. Notre rapport à la nature et notre capacité d'imaginer de nouvelles alternatives constituent les conditions essentielles pour sortir de la crise écologique actuelle.

Être partie intégrante d'un tout

La proposition du Sumak Kawsay articule des façons de vivre ensemble en harmonie avec la Nature. Les Européens ont rendu l'idée par buen vivir en espagnol, « le bien vivre » en français. Quelle que soit la langue, l'expression désigne une conception de la vie qui fait passer la santé écologique, la dignité humaine et la justice sociale avant les objectifs économiques.

10. Yves-Marie Abraham, Louis Marion et Philippe Hervé. *Décroissance versus développement durable : débats pour la suite du monde*. Montréal, Éditions Écosociété, 2011.
11. *Ibid.*

12. *Ibid.*

Tableau 49.1

Les fondements du *Sumak Kawsay* et ceux du développement durable

Vivre bien	Buen Vivir	Développement durable
Visée	Vivre bien: harmonie, vivre noble et digne.	Vivre mieux.
Conception de la nature	Communauté de vie.	Ressource à exploiter. Services à préserver, à valoriser.
Temporalité	Une écologie du temps, valorisant le rapport entre le passé, le présent et le futur.	Une projection dans l'avenir.
Épistémologie	Un dialogue de savoirs intégrant le savoir traditionnel et le savoir collectivement construit dans l'expérience.	Un savoir pragmatique. Rôle prédominant des experts. Valorisation du savoir scientifique et technologique.
Éthique	Cosmocentrisme.	Anthropocentrisme.
Paradigme sociétal	Paradigme symbiosynergique (centré sur le réseau personne-groupe-social-nature).	Paradigme industriel (centré sur la gestion des ressources et la maîtrise des risques).
Rôle de la culture	Principe de pluralisme culturel. La culture comme mode de rapport au monde.	La culture comme filtre d'interprétation du développement durable, comme condition et contexte du développement durable.
Projet politique	Écosocialisme, démocratie communautaire, où la nature est également «sujet de droit».	Néolibéralisme mondialisé. Reconnaissance des droits de l'Homme et recours au droit international.
Conception de l'éducation	Une éducation communautaire, inscrite dans la communauté de vie. Une responsabilité collective pour favoriser un apprentissage du bien vivre ensemble – humains et autres vivants.	Une éducation au service du développement durable. Une rationalité pragmatique et économique autour du développement de compétences en résolution de problèmes et gestion des ressources.

Source: Lucie Sauvé et Isabel Orellana. «Entre développement durable et vivir bien: repères pour un projet politico-pédagogique». *Éthique publique* 16, n° 1 (2014).

Paul Cliche[13] souligne que les discussions autour du Sumak Kawsay proposent des voies de sortie face aux crises écologiques et sociales qui menacent le futur de l'humanité. Le Sumak Kawsay nous permet d'imaginer des sociétés, à partir d'une vision non dichotomique entre nature et société, de concevoir des sociétés où la dimension économique n'est pas déterminante et où on considère toutes les autres dimensions – politique, écologique, esthétique, ludique, spirituelle, etc. – inhérentes à la vie.

Selon Cliche[14], la première théorisation autour du concept kichwa de Sumak Kawsay remonte à l'an 2000 et est attribuée à Carlos Viteri Gualinga, un intellectuel et leader autochtone de l'Amazonie équatorienne. Le principe fédérateur du Sumak Kawsay serait celui de la recherche d'un équilibre entre tous les aspects de la vie, aussi bien les éléments matériels que symboliques, ce faisant intégrant les dimensions économiques, spirituelles, politiques, culturelles et écologiques. Un tel concept est donc infiniment plus complexe et profond que la satisfaction de besoins infinis, le niveau de

---

13. Paul Cliche. «Le Sumak Kawsay et le Buen Vivir, une alternative au développement». *Possibles 41*, n° 2 (2017), 12-28.

14. *Ibid.*

vie, le montant des revenus ou la quantité de biens possédés. Il se fonde sur une vision intégrale de la vie, comprenant les communautés humaines et la nature, incluant les pratiques et les croyances et englobant tous les aspects, aussi bien matériels et physiques que symboliques et spirituels. En outre, il propose un monde où les êtres humains et la nature, les hommes et les femmes ainsi que les différentes communautés des diverses niches écologiques sont en équilibre, coexistent dans le temps et dans l'espace et maintiennent des liens de réciprocité.

Évidemment, dans la tradition juridique occidentale, influencée par la dichotomie nature-culture, cela pose problème puisque la nature n'étant pas considérée comme une personne, elle n'est pas sujette de droits. La cosmologie autochtone, pour sa part, est fondée sur une vision holistique intégrant l'ensemble des éléments vivants qui sont présents partout dans la nature et avec lesquels les êtres humains sont en interaction. Dans sa lettre pastorale publiée en 2015 et intitulée « Notre maison commune », le pape François semble faire écho à cette conception du monde. Dans cette lettre, il fait appel à la fois à la raison, mais aussi à la spiritualité et à la capacité d'empathie. Le pape critique la société de surconsommation et le développement irresponsable tout en dénonçant la dégradation environnementale et le réchauffement climatique. Le texte s'appuie sur une vision systémique du monde et appelle le lecteur à repenser les interactions entre l'être humain, la société et l'environnement. Ce texte a permis d'articuler la conception chrétienne de la justice écologique qui se fonde sur le caractère sacré de la Terre et sur la conviction que la dignité de la personne humaine exige qu'on porte une attention particulière aux pauvres et aux marginalisés, ce que l'on appelle l'option préférentielle pour les pauvres.

Conclusion

Le travail pour la justice écologique exige donc inspiration, esprit d'initiative et imagination. Pour réagir à l'urgence des inégalités mondiales et à la dégradation écologique actuelle – et notamment aux conséquences des changements climatiques –, il faudra à chacune et à chacun de nous de la détermination, de la retenue, de la solidarité et de l'amour. Le débat autour de la Justice écologique ou du Sumak Kawsay nous propose des voies de sortie face aux crises écologiques et sociales qui menacent le futur de l'humanité. Il nous permet d'imaginer autrement les sociétés, à partir d'une cosmologie autre que naturaliste. La justice écologique nous libère du modèle de production et nous permet de travailler à rendre possible une cosmologie autre où la dimension économique n'est pas déterminante et où on considère toutes les autres dimensions – politique, écologique, esthétique, ludique, spirituelle, etc. – inhérentes à la vie. Nous aurions sûrement beaucoup à apprendre à écouter les gens de l'Ogoniland qui ont vu leur mode de vie, leur vie, celles de leurs enfants et leur civilisation durement affectés par notre imposition d'un mode de développement dominé exclusivement par l'impératif de croissance.

Objectifs d'apprentissage

■ Saisir les différences et similarités entre justice environnementale et justice écologique.

■ Comprendre les liens entre les conceptions de la nature, l'industrialisation et le modèle de développement dominant.

■ Développer une analyse critique du modèle de développement dominant qui s'articule autour de la notion de justice écologique.

Questions de réflexion

■ En quoi le rapport à la nature est-il central à la lutte aux changements climatiques?

■ Pourquoi sommes-nous contraints par la notion de croissance?

■ En quoi la justice écologique se différencie-t-elle des autres familles de solutions proposées?

Pour en savoir davantage

Emelianoff, Cyria. «La problématique des inégalités écologiques, un nouveau paysage conceptuel». *Écologie et politique 1*, n° 35 (2008), 19-31.

Larrère, Catherine. *Les inégalités environnementales*. Paris, Presses universitaires de France, 2017.

Larrère, Catherine. «Minorités et justice environnementale». Dans *Le Travail social à la recherche de nouveaux paradigmes*. Par Claudio Bolzman, Joëlle Libois et Françoise Tschopp, 43-60. Genève, Éditions ies, 2013.

Librairie philosophique J. Vrin, dir. «Justice et environnement». *Revue de philosophie économique 16*, n° 1 (2015).

Renouard, Cécile. «L'affaire de tous: libéralisme et théories de la justice sociale et écologique». *Revue française des affaires sociales*, n° 1 (2015), 13-32.

Section 3

Culture et société

50 La lutte pour la culture : être autochtone à Ixtacamaxtitlán[1]

Pierre Beaucage et Alejandro Marreros Lobato

Résumé

Pendant longtemps, l'identité autochtone a été considérée comme un danger nuisant à l'unité nationale des États latino-américains. Au tout début du processus d'assimilation, les peuples autochtones ont été confrontés à la destruction de leur patrimoine culturel à cause essentiellement de l'expropriation territoriale et la scolarisation forcée. Plus tard, les politiques de développement à vocation modernisatrice n'ont fait que perpétuer intentionnellement une vision a-historique qui sous-estime voire néglige la culture autochtone et ses diverses caractéristiques. De nos jours, au Nord comme au Sud, l'émergence d'une prise de conscience des revendications territoriales, politiques, économiques et socioculturelles des peuples autochtones incite plus que jamais les acteurs de développement à reconnaître leurs droits en tant que citoyens à part entière.

Introduction

Dès l'indépendance des pays d'Amérique, l'existence des peuples autochtones, chacun porteur de différence, a été vue comme un obstacle à la construction de l'unité nationale : l'expropriation territoriale et la scolarisation ont été les principaux outils pour les intégrer à la « civilisation ». Après la Seconde Guerre mondiale, le concept de développement (ce « rêve occidental », selon Gibert Rist[2]) a pris la relève de l'idéologie du progrès comme grande légitimation de l'expansion du capital. Les programmes de modernisation élaborés alors par les organismes internationaux et par les gouvernements, du Nord comme du Sud, se fondaient sur une conception homogénéisatrice de la dynamique socioculturelle et n'accordaient aucune place à la diversité des nations autochtones, dont la persistance en plein XXᵉ siècle apparaissait comme un anachronisme.

À défaut de pouvoir les faire disparaître d'un trait, on a alors tenté de les rendre invisibles : au Canada, on a appelé cela « émancipation », dans les pays d'Amérique latine, « métissage culturel ». Pour ce faire, les administrations gouvernementales ont défini les cultures autochtones comme quelque chose de figé, d'immuable, correspondant à ce qu'elles étaient lors de l'arrivée des

---

1. Ce chapitre est écrit avec la participation des étudiants de 3ᵉ et 4ᵉ années de premier cycle, Centro de Estudios para el Desarrollo Rural, Zautla, Puebla, Mexique.
2. Gilbert Rist. *Le développement : histoire d'une croyance occidentale*. Paris, Presses de Sciences Po, 2015.

Européens ou, au mieux, à la période coloniale. À partir de là, tout changement culturel – y compris le changement linguistique – était vu comme de l'acculturation, c'est-à-dire un processus au cours duquel on cesse d'être soi-même pour devenir quelqu'un d'autre. À partir d'une telle définition, les statistiques ethniques montraient l'inexorable extinction des peuples autochtones, leur absorption par les majorités nationales.

Cependant, le renforcement politique des Autochtones, au cours des dernières décennies, et leur affirmation identitaire, ont peu à peu amené ces mêmes gouvernements à leur reconnaître non seulement leurs droits individuels, comme citoyens, mais aussi leurs droits politiques et territoriaux et à inscrire ces derniers dans les constitutions. Au Mexique, il faudra pour cela attendre 1992. Cela a eu comme effet de forcer les entreprises, qui désiraient mettre en place des mégaprojets extractifs (miniers, pétroliers et hydroélectriques) en territoires autochtones, à développer une nouvelle stratégie. Plusieurs d'entre elles décidèrent alors de nier, tout simplement, la présence autochtone sur un territoire déterminé, en se fondant sur une prétendue « disparition » de leur culture. Telle est l'orientation que semble avoir adoptée la compagnie minière canadienne Almaden Minerals à Ixtacamaxtitlán, Puebla.

Almaden Minerals, une compagnie minière canadienne au Mexique

Almaden Minerals est l'une des centaines de compagnies minières canadiennes qui ont obtenu des concessions au Mexique. Sous le nom de Minera Gorrión, elle concentre ses opérations dans la vaste municipalité d'Ixtacamaxtitlán (589 km²), Puebla. Aux environs du village de Santa María Zotoltepec, elle a acquis en 2001 la concession de Tuligtik (7 200 ha) où elle a terminé les forages de la phase exploratoire. Ces derniers révèlent la présence d'or et d'argent en quantité suffisante pour assurer la rentabilité d'une mine à ciel ouvert. Si la mine

entrait en activité, elle affecterait directement la santé des Ixtamaxtitecos (à cause de la poussière et des produits chimiques utilisés) et leur approvisionnement en eau potable (dans une région semi-désertique). En outre, une rupture des murs du bassin de rétention des eaux usées, contaminées au cyanure de sodium, affecterait tout le bassin de l'Apulco, avec ses dizaines de villages et ses milliers d'habitants.

Sur son site Web, l'entreprise affirme être « très avancée » dans son étude de faisabilité pour obtenir les permis d'exploitation du ministère de l'Environnement et des Ressources naturelles (SEMARNAT) et des autorités de l'État de Puebla. Elle s'est assuré l'appui de l'administration municipale, qui défend les intérêts de la bourgeoisie commerçante du chef-lieu. Et le maire a signé le document autorisant le changement d'usage du sol.

Il ne semblait plus y avoir d'obstacle pour qu'elle passe à la phase d'exploitation de la mine lorsque les membres de plusieurs communautés ont formé l'Union des ejidos[3] et des communautés pour la défense de la terre, de l'eau et de la vie At Colhua. La première contestation légale se fit en 2014, lorsque la communauté de Tecoltemic, s'appuyant sur son statut d'ejido, refusa d'être incluse dans la concession. Le tribunal lui donna raison[4], puisque, selon la loi agraire, les terres de l'ejido sont inaliénables, à moins que les membres en assemblée ne décident sa dissolution. Cependant, la majorité des terres de la municipalité d'Ixtacamaxtitlán sont de petites propriétés paysannes et la Loi agraire ne les protège pas, puisqu'elle ne concerne que les terres communales et ejidales. Almaden a dû modifier le plan de sa concession.

L'Union[5], en plus de défendre les droits fondamentaux de base, à l'eau et à la santé peut

---

3. Les ejidos sont des collectivités agraires formées après la distribution des terres des grands domaines agricoles qui suivit la révolution mexicaine de 1910-1917.
4. Nancy Flores. *Transnacional Almaden Minerals 'borra' indígenas para evadir consulta*. Contralínea, 2018.
5. Centro de Estudios para el Desarrollo Rural, Instituto Mexicano para el Desarrollo Comunitario et Project on Organizing, Development, Education and Research. *Canadian Mining in Puebla and Its Impact on Human*

Figure 50.1
Les activités troublantes des entreprises canadiennes au Mexique

Crédit : Parbo Pedro/Agence France-Presse

s'appuyer sur le droit des peuples autochtones à la « consultation préalable, libre et informée » prévue dans la Convention 169 de l'Organisation internationale du travail (1989) ratifiée par un grand nombre de pays, dont le Mexique l'OIT et incorporée à l'Article 2 de la Constitution mexicaine. C'est pourquoi Almaden/Gorrión dans l'évaluation d'impact social du projet minier[6], qu'elle a commandité a opté pour nier l'identité autochtone des Ixtamaxtitecos. Cette manière de procéder lui permettrait d'échapper à son obligation d'organiser une telle consultation.

Pour démentir les prétentions de l'entreprise, en accord avec l'*Unión de ejidos y comunidades en defensa de la tierra, el agua y la vida Atcolhua*, il fut convenu d'effectuer une recherche ethnographique à Ixtacamaxtitlán, visant à rendre visible la communauté, son identité et sa culture : non pas comme une culture ahistorique, figée pour toujours dans le « présent ethnographique » des manuels d'ethnologie, mais comme la vivent et la conçoivent les gens aujourd'hui[7]. Notre

point de départ était que si une vision figée de la culture peut être un instrument d'oppression d'un peuple, une vision dynamique peut être un outil de son émancipation. Les résultats de cette enquête ont été consignés dans un rapport destiné à appuyer la demande d'injonction de l'Unión de ejidos y comunidades contre le projet minier d'Almaden[8]. Nous le résumons ici.

L'identité autochtone à Ixtacamaxtitlán

D'abord, que veut dire être autochtone dans le Mexique d'aujourd'hui ? Dans le passé, l'État mexicain fondait l'appartenance autochtone sur le fait de parler l'une des 56 langues autochtones reconnues dans le pays. À partir de l'an 2000, le critère fondamental retenu est l'autodescription : est autochtone celui ou celle qui se définit comme tel. On sous-entend qu'une telle identification est en rapport avec des éléments

Rights: For the Life and Future of Ixtacamaxtitlán and the Apulco River Basin. CESDER, IMDEC et PODER, 2017.
6. Minera Gorrión. *Evaluación de impacto : resumen ejecutivo*, 2018 (obtenu de la Dirección General de Minas – México –, en réponse à la demande d'information 0001600375817).
7. Pour effectuer cette recherche, vingt-cinq étudiants des 3e et 4e années du premier cycle reçurent une formation

en recherche ethnographique et effectuèrent des entrevues concernant l'identité et la culture dans six communautés du municipe d'Ixtacamaxtitlán, dans la deuxième semaine de septembre 2018.
8. Pierre Beaucage et Marreros Alejandro Lobato. *Todos somos mexicaneros, aunque no hablamos el idioma : cultura e identidad en Ixtacamaxtitlán*, 2018.

linguistiques et culturels distinctifs, sans les préciser. Le changement de critère a fait augmenter considérablement le nombre de ceux qui se définissent et sont définis comme autochtones. Selon le recensement de 2010, ce sont plus de 15 millions de personnes qui se déclarèrent autochtones (sur une population totale de 120 millions) par rapport à 6 millions qui parlent effectivement une langue autochtone[9]. Dans l'État de Puebla, la même année, le nombre d'autochtones s'élevait à 601 680, soit 10,4 % du total des habitants.

Aujourd'hui, le terme *indio* (« Indien »), qui fut d'usage courant jusqu'au XIXᵉ siècle n'est plus utilisé tout comme son diminutif *indito* (« petit Indien »), tous deux considérés comme des insultes. C'est le mot *indígena* (« autochtone ») qui est devenu l'appellation officielle et l'expression *pueblos indígenas* désigne les Premières Nations.

Depuis la Révolution, la nation mexicaine se considère comme une nation métisse (*mestiza*), née de la fusion biologique et culturelle des envahisseurs espagnols et des peuples autochtones. Or, les personnes que nous avons interrogées lors de notre enquête n'apprécient guère le terme officiel *indígena* : « Ça ressemble à *indigente* (« indigent »)! Et mestizo, on ne sait pas ce que ça veut dire. « Alors qu'êtes-vous donc? » « Nous sommes *mexicaneros* (Nahuas) même si nous ne parlons plus la langue », répondit dona Eustolia, notre première interlocutrice. Elle venait de nous donner la clé de l'identité locale, qui se rapporte directement à une ethnie déterminée, les Nahuas, sans passer par la catégorie générale d'autochtone.

La culture mexicanera – nahua de Ixtacamaxtitlán

Quel est donc ce mode de vie, hérité des ancêtres, que les Ixtacamaxtitecos veulent transmettre à

leurs enfants et défendre contre la destruction apportée par une mine à ciel ouvert? En nous basant sur des catégories anthropologiques classiques, nous avons distingué entre deux grands niveaux de la culture :

- La culture matérielle, dans laquelle nous avons privilégié quatre domaines : le maïs et la milpa, le maguey (agave) et le pulque (boisson fermentée), la nourriture et la médecine traditionnelle.
- La culture non matérielle ou symbolique, où nous avons mis l'accent sur la toponymie, les fêtes religieuses, le parrainage et l'organisation politique locale.

Pour des raisons d'espace, nous ne présentons que les données portant sur le maïs et la milpa, le maguey et le pulque, la toponymie, les fêtes religieuses et l'organisation politique.

Le maïs et la milpa

Concernant le maïs, les récits de nos interlocuteurs se déroulent sur deux plans. À un premier niveau, nous avons recueilli des données techniques extrêmement riches concernant les semences, les sols, les précipitations, les saisons (« les temps du maïs »), le processus de travail (labours, semailles, désherbage, enchaussage, récolte).

À un second, on nous a révélé la dimension religieuse, cosmique de cette plante, qui joue un rôle fondamental dans la culture de Méso-Amérique depuis trois millénaires. Les pluies qui permettent de semer sont « les larmes du Bon Dieu » (*las lágrimas de Dios*). Selon don Apolinar, de Santa María Zotoltepec, si le corbeau vient voler « son petit épi », c'est parce que c'est lui qui a d'abord éparpillé les grains sur la terre : de là naquit le maïs, il y a très longtemps. Le maïs ressent et parle, comme une personne. On offre un épi à la Vierge, chaque année, pour qu'elle protège la récolte ; et, à la Toussaint, on

---

9. Germán Sandrin Vázquez et María Félix Quezada. « Los indígenas autoadscritos de México en el censo 2010: ¿revitalización étnica o sobreestimación censal? » *Papeles de población 21*, nᵒ 86 (2015). (Tableau 1).

dépose sur l'autel domestique des pâtés de maïs (tamales) pour les défunts, qui reviennent alors visiter les vivants.

En résumé, nous avons trouvé dans les villages visités la même prépondérance culturelle du maïs qu'on observe chez tous les peuples autochtones de Méso-Amérique et, bien sûr, chez les Nahuas de la région[10].

Le maguey et le pulque

Si le maïs, base de la subsistance en vient à être identifié à « notre propre chair » (*tonakayo*), un interlocuteur dit du *pulque*, boisson faiblement alcoolisée qu'on obtient en faisant fermenter la sève du maguey (*Agave* spp.) : « Le pulque c'est comme mon sang. Je ne pourrais pas vivre sans pulque. Ça me manque quand je vais ailleurs, car on ne le prépare pas comme chez nous. »

À Ixtacamaxtitlán comme dans les zones autochtones plus à l'ouest, le maguey est une plante qui complète bien le maïs sur le plan environnemental, outre sa valeur nutritive[11]. Il se plante intercalé avec le maïs et limite l'érosion des pentes. L'extraction et la fermentation de la sève sucrée constituent un complexe technique qui repose sur un savoir transmis de génération en génération. Par exemple, le maguey sauvage (*tepemetl*, « maguey de montagne ») n'est pas utilisé pour faire du pulque : ce sont les distillateurs de mezcal qui le récoltent. Ils font bouillir et broient le cœur du plant et mêlent le jus à du pulque : le mezcal

s'obtient par évaporation entre deux marmites, sans alambic.

Arrivé à maturité après sept ans, un plant de maguey produit le *quiote*, une fleur de plusieurs mètres de haut dont la tige se mange, après qu'on l'ait grillée dans un four souterrain. Sur le plan cosmologique, il y a un parallèle entre le mulot *metoro*, qui a indiqué aux ancêtres la présence de la sève sucrée dans le maguey mûr, et le corbeau, qui a distribué sur la terre le premier maïs : les deux ont aidé l'humanité à ses débuts et viennent réclamer leur part encore aujourd'hui.

La culture non matérielle ou symbolique

La toponymie mexicanera

Le territoire autochtone n'est pas seulement la somme des lieux où l'on construit des maisons et où l'on sème : il est symboliquement approprié par l'ensemble des noms que les humains donnent à la montagne, à la rivière, à la fontaine et qui portent avec eux tout un bagage d'histoires et de légendes. Dans cet environnement semi-désertique, les sources revêtent une importance capitale. Chacune a son nom et un serpent la surveille. Elles font l'objet de rituels annuels : offrandes à la Sainte-Croix ou à la Vierge.

Interrogé quant à l'existence d'êtres surnaturels gardiens de trésors, dans ces lieux, don Melecio répondit en riant : « S'il y avait de ces lutins (*duendes*) par ici, nous serions tous riches ! » D'autres, toutefois, sont persuadés que sous le mont Colhua, dont la masse rocheuse domine tout le paysage, il y a une grotte immense, remplie de richesses : l'entrée n'apparaît qu'une fois l'an, la nuit de la Saint-Jean. Le visiteur assez hardi pour s'y aventurer n'en ressortira qu'à condition de ne rien toucher ! On trouve des croyances similaires chez leurs voisins nahuas de basse montagne.

Ce que révèle notre recherche sur la toponymie, en premier lieu, c'est la connaissance extrêmement précise du terroir que possèdent

---

10. Pierre Beaucage. « Anthropologie économique des communautés indigènes de la Sierra Norte de Puebla. 1– La basse montagne ». *Revue canadienne de sociologie et d'anthropologie* 10, n° 2 (1973), 114-133 ; Pierre Beaucage. « Anthropologie économique des communautés indigènes de la Sierra Norte de Puebla. 2– La haute montagne ». *Revue canadienne de sociologie et d'anthropologie* 10, n° 4 (1973), 289-308.

11. « L'analyse nutritionnelle indique que la fermentation accroît le contenu, vitaminique du pulque de 5 à 29 mg pour la thiamine, de 54 à 515 mg pour la niacine et de 18 à 33 mg pour la riboflavine. Il possède aussi de grandes quantités de vitamine C, du complexe B, D, E, des aminoacides, des acides et des minéraux, comme le fer et le phosphore. »

les Ixtacamaxtitecos. Beaucoup des éléments du paysage sont nommés et associés à la présence de forces surnaturelles : soit positives, comme le serpent gardien, soit négatives, comme la Llorona (« pleureuse »), fantôme d'une mère infanticide qui pleure ces enfants et jette un sort à ceux qu'elle rencontre. Par ailleurs, dans des points sacrés du paysage, comme les sources, les humains tentent de se concilier les saints qui commandent aux éléments : on y implore la Vierge d'envoyer de la pluie.

Les fêtes religieuses

La religion des sociétés méso-américaines précolombiennes était structurée autour d'un calendrier rituel marqué par un cycle de sacrifices aux dieux. De façon similaire, après la conquête espagnole, les sociétés autochtones ont réorganisé leur vie religieuse autour du culte des saints catholiques auxquels on offre désormais des cierges et des fleurs. Le saint patron du village occupe la place du dieu tutélaire de l'*altepetl* et les autres saints forment un panthéon qui s'exprime dans un calendrier de fêtes distribuées dans tout le cycle annuel. Souvent les saints ont été assimilés aux anciennes divinités : la Vierge avec Tonantzin, la déesse-mère, saint Jean-Baptiste avec Tlaloc, le dieu de la pluie, saint Jacques avec Ehecatl, le dieu du vent, et le Christ lui-même avec Sentiopil, le dieu du maïs. Beaucoup de villages autochtones n'eurent jamais de prêtre résident, ce qui permit aux villageois de s'approprier l'exécution des rituels, à travers une hiérarchie de charges religieuses (*cargos*) dont ils nommaient eux-mêmes les responsables : ce fut le système des *mayordomías*, encore présent dans les villages d'Ixtacamaxtitlán et ailleurs dans la région.

Il faut noter que, malgré la séparation officielle de l'Église et de l'État, au Mexique, dans les villages autochtones, les structures civiles et religieuses s'entremêlent. Ainsi le juge de paix (*juez*) et l'inspecteur (*inspector*), les deux principaux responsables civils élus, unissent leurs efforts avec le responsable religieux (*mayordomo*) pour que la fête patronale soit un succès.

Réciproquement, les *mayordomos* participent à l'organisation de la fête nationale du 16 septembre et le fameux « cri[12] » est lancé à partir de la sacristie.

L'organisation politique locale

Les témoignages recueillis dans les six communautés révèlent le fonctionnement d'une démocratie villageoise directement héritée des républiques d'Indiens de l'époque coloniale. Un juge de paix (*juez*) élu se charge de résoudre les conflits, essentiellement liés à la propriété : héritages embrouillés et problèmes de limites entre les fermes. Lui et l'inspecteur (*inspector*) encouragent les gens pour l'organisation des fêtes communautaires, qu'elles soient civiles ou religieuses. L'élection se fait en assemblée, pour ces postes qui sont définis comme des services à la communauté auxquels nul ne peut se soustraire. Le juge a également la responsabilité des relations extérieures : essentiellement face à l'administration municipale, où il représente la communauté devant des autorités non autochtones. Ces rapports ne sont pas exempts de conflits, surtout en ce qui a trait à la redistribution des fonds publics.

L'introduction du multipartisme au Mexique, à partir des années 1980, a été vue dans les centres urbains comme une avancée importante de la démocratie. Cependant, nos interlocuteurs sont unanimes à souligner ses effets de division dans les villages, habitués historiquement à opérer par consensus. Le népotisme qui règne dans les partis politiques met de l'avant le bénéfice individuel, heurtant ainsi de front les valeurs de service à la communauté qui ont toujours caractérisé les charges politiques locales.

---

12. Le 16 septembre 1810, le curé Miguel Hidalgo lança, dans le village de Dolores, un appel à la révolte contre la domination espagnole, qui marqua le début de la lutte pour l'indépendance du pays (1810-1821). Depuis, les autorités de toutes les villes et villages du Mexique sont tenus de lancer ce cri « ¡ Viva México ! ».

Conclusion

Notre recherche ethnographique dans six villages d'Ixtacamaxtitlán nous a révélé à quel point l'identité et la culture autochtone-mexicanera étaient encore vivantes pour beaucoup d'habitants de cette municipalité[13]. La culture du maïs et du maguey, d'une grande importance économique, se fonde sur une connaissance précise des techniques de production et de transformation et s'accompagne d'un ensemble de croyances relatives à ces deux plantes fondamentales. En plus de l'agriculture, les savoirs s'étendent au milieu agreste, comme l'attestent les pratiques alimentaires et l'usage répandu de plantes médicinales. Les structures religieuses et politiques locales s'interpénètrent, comme il est d'usage dans les communautés autochtones : juge de paix et mayordomos collaborent pour mobiliser les ressources ainsi que les gens pour des fêtes religieuses et civiles où tous sont à la fois hôtes et invités. Les différents points du terroir, désignés par leurs noms nahuas, sont associés soit à des événements historiques, soit à des croyances et rituels (comme la demande de pluie, sur le site des fontaines).

Ce mode de vie et de pensée s'accompagne, chez nos interlocuteurs, d'un véritable orgueil pour leurs racines, bien que plusieurs déplorent la perte de la langue nahua. La culture mexicanera des villages d'Ixtacamaxtitlán se reproduit désormais dans un espagnol chargé de nahuatismes, comme nous avons pu le constater en conversant sur le maïs, le maguey, les croyances et la médecine traditionnelle. Et la volonté que le groupe persiste, avec sa culture, sur son territoire forme la base de la résistance au projet minier dévastateur qui menace le municipe et la région.

On peut constater à Ixtacamaxtitlán, comme dans beaucoup d'autres régions, que le « développement » ne peut avoir de sens que s'il respecte la pluralité des voix des acteurs majoritaires et non seulement celles – beaucoup trop rapprochées – des entreprises et de l'État. Face à l'extractivisme, les organisations de base, comme l'Union des ejidos et des communautés, privilégient un développement durable qui met de l'avant, selon l'expression du rapport Brundtland[14], « les besoins du présent sans compromettre la capacité des générations à venir de satisfaire les leurs » : besoins et nécessités, faut-il le préciser, qui ne sont pas qu'économiques, mais aussi identitaires et culturels.

---

13. Y compris deux villages, Santa María Zotoltepec, qui se trouvent à l'intérieur de la zone d'impact direct de la mine projetée (un kilomètre), et un autre, Tuligtic, situé à deux kilomètres de distance.

---

14. Brundtland, Gro Harlem et Commission mondiale sur l'environnement et le développement. *Notre avenir à tous.* Montréal, Éditions du fleuve, 1998.

Objectifs d'apprentissage

- Contribuer à l'analyse de la culture et de l'identité autochtones dans un contexte particulier de développement.
- Comprendre comment et pourquoi les grands programmes de développement ont pendant longtemps porté peu d'attention à la culture et aux peuples autochtones.

Questions de réflexion

- En quoi est-ce que la culture autochtone peut devenir un outil d'organisation collective et de résistance face à un acteur extérieur intéressé par l'extraction de ressources ?

■ Doit-on considérer la culture autochtone comme statique et axée sur le passé ou change-t-elle à travers le temps, selon la réalité sociale des communautés autochtones ?

■ Croyez-vous que les entreprises minières canadiennes agissent de la même manière à l'étranger qu'au Canada ? Est-ce que les droits des peuples sont mieux reconnus aujourd'hui et ont-ils été définis par ceux-ci ?

Pour en savoir davantage

Bayart, Jean-François. « Culture et développement : les luttes sociales font-elles la différence ? » *A contrario 1*, n° 11 (2009), 7-27.

Beaucage, Pierre. « Les mouvements amérindiens et l'anthropologie critique. Une étude de cas au Mexique ». *Recherches amérindiennes au Québec 45*, n° 1 (2016), 5-16.

Bellier, Irène. « Identité globalisée et droits collectifs : les enjeux des peuples autochtones dans la constellation onusienne ». *Autrepart 2*, n° 38 (2006), 99-118.

Langlois, Denis. « Résistances novatrices de peuples autochtones face au pillage de leurs territoires et de leurs ressources en Amérique latine ». *Amérique latine, Guyane française, États-Unis, Canada, Nouvelle-Calédonie 44*, n° 23 (2014), 143-152.

Tremblay, Catherine. « Luttes autochtones ». *À bâbord !*, n° 64 (2016).

51 La lutte pour la santé

Sanni Yaya, Albert Ze et Mamadou Barry

Résumé

On estime à près de 800 millions, le nombre de personnes qui vivent dans des conditions précaires dans le monde. Ce chiffre représente près d'un tiers de la population urbaine mondiale. Les programmes d'aide au développement découlant de la stratégie des Objectifs du millénaire pour le développement (OMD) liés à la santé ont connu un échec parce qu'ils se sont contentés de s'attaquer aux symptômes de la mauvaise santé, en ignorant les causes profondes du mal. L'accent a été davantage mis sur des indicateurs quantifiables, facilement chiffrables, ce qui du coup a conduit à détourner l'attention des enjeux véritables, c'est-à-dire des mécanismes structurels qui alimentent la pauvreté, le sous-développement et la mauvaise santé. Comment restaurer la santé dans l'échelle des priorités internationales? De quelles façons les interventions en santé peuvent-elles permettre d'édifier de meilleures politiques de santé dans le contexte de la mondialisation? Dans ce texte, nous ferons un bilan des efforts en cours pour voir comment la «santé pour tous» affichée par l'ONU peut devenir une réalité.

La santé face à la mondialisation

Les problématiques de santé présentent une dimension planétaire, politique et disciplinaire. L'interconnectivité des États entraîne une transmission accrue des pathologies dans le cadre d'un long processus d'internationalisation des politiques sanitaires. Cette mondialisation aggrave, par la même occasion, les risques sanitaires qui sont consubstantiels à l'augmentation des échanges internationaux.

La circulation des personnes et des marchandises est un déterminant ancien des épidémies à l'échelle internationale. Le schéma du Syndrome respiratoire aigu sévère (SRAS) souligne à quel point le transport aérien de passagers peut accentuer une menace. Avec plus de 2 milliards de passagers transportés chaque année par les compagnies aériennes, les possibilités de dissémination internationale rapide des agents infectieux sont beaucoup plus importantes. Ainsi, la dissémination du SRAS hors d'Asie par les 12 premières personnes infectées dans un hôtel de Hong Kong n'aurait pris que quelques jours.

Le commerce international facilite également la diffusion des maladies dans le monde, comme l'a fortement illustré le commerce des farines animales en Europe qui semble avoir été le vecteur essentiel de l'épidémie d'encéphalite spongiforme bovine. Les crises sanitaires ainsi créées ont un coût économique considérable et les mesures de lutte mises en œuvre (quarantaine, embargo et autres) peuvent directement peser sur les échanges.

L'autre élément de l'aggravation des risques sanitaires est qu'avec ces épidémies qui peuvent facilement devenir mondiales, conjuguées à la diffusion des nouvelles en temps réel, les populations peuvent être gagnées facilement par une panique généralisée à l'image des crises financières. L'activité économique et commerciale subit ainsi les contrecoups des désastres sanitaires bien au-delà des lieux où ils se produisent. Les enjeux de santé se sont transformés aujourd'hui en question de sécurité internationale. Cette transformation s'est opérée par une appropriation sécuritaire de la part des politiques des pays riches et par la peur du bioterrorisme. Un élément nouveau et important est la reconnaissance par le Conseil de sécurité, après en avoir débattu à trois reprises, du sida comme une menace pour la sécurité mondiale.

Si cette reconnaissance est particulière au sida, cette approche s'élargit de plus en plus et illustre une prise en compte croissante des risques liés à la santé publique dans les réflexions géopolitiques contemporaines. Cette approche sécuritaire dans la gestion des pandémies peut contribuer à l'inégalité croissante entre Nord et Sud à laquelle participent d'autres actions (législation sur les droits de propriété intellectuelle, par exemple) et donne à voir un Nord cherchant à se protéger d'un Sud d'abord perçu comme le lieu des fléaux et des désordres.

Au printemps de l'année 2000, les débats à la Commission des droits de l'homme des Nations unies ont ressorti le fait que la mondialisation met en danger le droit à l'alimentation et le droit au logement qui sont des facteurs incontournables pour la promotion de la santé. Toutefois, il existe une nouvelle offensive consistant à développer un véritable « marché de la maladie » au profit des grands acteurs privés transnationaux

dans le cadre du droit des affaires. On note que la responsabilité de cette radicalisation du modèle néolibéral revient à l'Organisation mondiale du commerce (OMC) qui privilégie les intérêts financiers et privés vis-à-vis des besoins humains et sociaux. L'accord sur le commerce des services promeut la libéralisation, la privatisation et l'internationalisation des services couvrant éventuellement les activités d'intérêt général comme la santé et l'éducation.

La base de la médecine se trouve dans la reconnaissance du droit de toute personne en souffrance de ne pas subir un abandon et de recevoir une aide. À côté de ce fondement de la médecine, il y a une prise de conscience plus récente de la difficulté à construire des solidarités sans exclusion ou stigmatisation. Dans le cadre de la mondialisation, le regard que nous portons sur « nous » demeure différent de celui que nous portons sur les « autres ». Par conséquent, la façon dont nos sociétés bâtissent la santé est fortement liée à la vision du « vivre ensemble » et non seulement au progrès de la science.

L'état de santé dans le monde : des inégalités persistent en dépit des progrès

Selon les Nations unies[1], 15 000 enfants sont morts chaque jour avant d'avoir atteint leur cinquième anniversaire en 2017. Près de 95 % des décès par tuberculose surviennent dans les pays en développement : l'espérance de vie au Malawi est de 47 ans tandis qu'elle est au Japon, située à 83 ans, soit un écart de 36 ans[2]. En dépit de quelques progrès, les pays en développement restent confrontés à des défis de taille en matière de santé. Ces défis revêtent particulièrement la

---

1. Groupe inter-agences de l'ONU sur la mortalité infantile (Banque mondiale, OMS, ONU-DAES, PNUD, UNICEF). Niveaux et tendances en matière de mortalité maternelle et infantile. Rapport de 2011.
2. OMS (2010). *Rapport sur la santé dans le monde 2010.* Genève, Organisation mondiale de la santé.

Figure 51.1
Principales causes de mortalité selon le niveau de revenu, 2015

(en ‰ base 1000 = population totale de chaque groupe d'États)	Groupe d'États où le **RNB/habitant (US$)** est... (selon la Banque mondiale)			
	ÉLEVÉ	PLUTÔT HAUT	PLUTÔT BAS	FAIBLE
MALADIES TRANSMISSIBLES	0,56	0,66	2,30	4,44
INFECTIEUSES (DONT...)	0,13	0,26	1,15	2,34
TUBERCULOSE	0,01	0,05	0,35	0,35
DIARRHÉES	0,03	0,03	0,31	0,57
VIH/SIDA	0,01	0,11	0,16	0,48
NUTRITION	0,02	0,03	0,07	0,23
DIABÈTE	0,22	0,21	0,24	0,12
NEUROLOGIQUES	0,79	0,23	0,14	0,12
CANCERS	2,34	1,49	0,68	0,58
CARDIOLOGIQUES	2,70	2,95	2,07	1,27
MALADIES NON TRANSMISSIBLES	7,53	6,02	4,46	3,16

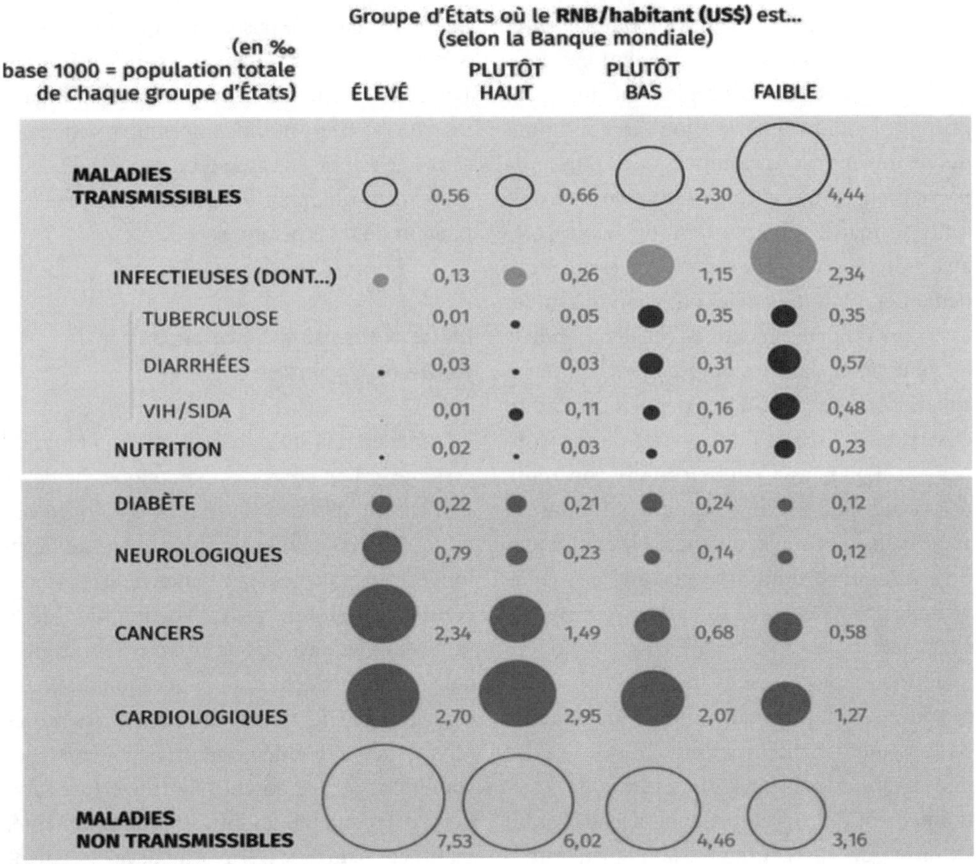

Source : Atelier de cartographie et Centre de recherches internationales. *Principales causes de mortalité selon le niveau de revenu, 2015*, 2018.

forme d'entraves au progrès économique, au développement humain, et aux efforts de réduction de la pauvreté. La morbidité et la mortalité maternelle continuent d'y être un grand sujet de préoccupation. Plus de 20 ans après son apparition, le virus du sida reste encore la première cause de mortalité en Afrique. Les traitements disponibles sont encore trop chers et, la plupart du temps, inaccessibles aux moins nantis. En outre, l'état nutritionnel des populations ne s'y est pas amélioré au cours des deux dernières décennies, et cela ne semble guère évoluer dans prés de la moitié des pays.

Bien que les mesures efficaces de prévention des taux élevés de morbidité et de mortalité dans tous les domaines soient pratiquement connues, elles sont hors de la portée des segments pauvres de la population. Pour la plus grande part, de nombreux décès, qui privent plusieurs pays de leurs bras valides, sont évitables. Évidemment, des facteurs sociaux comme l'exclusion sociale, les faibles niveaux d'instruction et la misère contribuent à amplifier ces phénomènes. Si l'accessibilité aux soins de santé reste dérisoire, voire inexistante, le faible niveau d'utilisation des services, lorsque cela est possible, se révèle être la conséquence de la mauvaise qualité des services de santé offerts. Il n'est pas exagéré d'affirmer que tous les types de périls sanitaires sont présents dans les pays en développement.

Les besoins des populations sont à la mesure de leur dénuement, et si les enjeux sont aussi cruciaux qu'énormes, les défis ne sont pas insurmontables. Il n'y a pas à proprement parler de fatalisme sanitaire, mais seulement un réel et pressant besoin d'amélioration des conditions de vie des individus. L'éducation sanitaire, la prévention et en particulier l'accès aux soins de santé primaires, compte tenu du faible accès aux traitements et aux services de santé, vont demeurer, pour les années qui s'annoncent, les axes durs du défi sanitaire à l'échelle mondiale en général, et dans les pays pauvres en particulier. L'état de la santé des populations est un observatoire privilégié du niveau de développement d'un pays. Cet observatoire concrétise des conditions de vie comme des modes de vie urbains ou ruraux, ou encore les politiques de santé qui se traduisent par une efficience variable des systèmes de soins dans leur riposte à la maladie.

Plusieurs pays se sont inspirés des grands modèles d'État-providence prévalant dans les nations industrialisées, et ont essayé de faire de la gratuité des soins, un principe de fonctionnement des structures publiques de santé, en raison des liens étroits existant entre santé, croissance et développement durable. En fait, ce principe n'est plus à démontrer, tellement il est évident. L'innovation et les gains de productivité ne peuvent habiter un « corps malade ou physiquement affaibli », ce qui fait de la santé, tout comme l'éducation, des éléments essentiels pour un développement durable.

Dans la majorité des pays pauvres, les systèmes de santé en place sont largement en deçà des besoins et des attentes des populations. Nous sommes très loin encore d'avoir atteint l'objectif fondamental de la santé pour tous. S'il est indéniable que l'insuffisance de ressources humaines, matérielles et financières explique cette situation, il est peut-être temps d'examiner d'autres hypothèses, car les dysfonctionnements pourraient se situer également dans les arrangements institutionnels qui sous-tendent les systèmes de santé. En effet, la fragilité des systèmes de santé et les inégalités qui en résultent grèvent le développement et demeurent une préoccupation majeure, en raison des grands défis sanitaires auxquels plusieurs pays sont confrontés. La reconstruction des systèmes de santé dans les pays du « tiers-monde » ne pourra s'effectuer sans une remise en cause d'un modèle de développement qui, pour le moins, n'a pas été à la hauteur de ses espérances.

La santé dans les politiques de développement

La santé en tant qu'état, mais aussi en tant que système, est au cœur des dynamiques de développement des nations riches d'aujourd'hui et pourrait constituer un instrument de développement pour les pays pauvres. Malgré ces constats quasi universels, l'amélioration de la santé dans les pays du Sud se trouve confrontée à de nombreux défis dont la question du financement. Dans la plupart des pays africains, les services de santé se détériorent : dégradation des conditions de vie, absence de couverture sanitaire, délabrement des infrastructures de santé. La situation du côté de l'aide au développement reste également préoccupante. Résultat, la plupart des pays de la région dépensent beaucoup moins pour la santé que le montant de 34 à 40 $ par habitant recommandé par l'OMS pour assurer des services de santé essentiels.

Depuis la fin des années 1990, avec le consensus sur la lutte contre la pauvreté, le secteur social de l'aide au développement a profité d'une attention accrue. La santé est le sous-secteur qui a le plus bénéficié de cette tendance. On peut distinguer trois catégories d'aide à la santé.

L'assistance technique

L'assistance technique repose sur le financement de programmes de formation ou sur la mise à disposition d'experts. Ce type d'aide vise à améliorer le capital humain des pays en

Figure 51.2
Déterminants de la santé et du bien-être dans les ODD

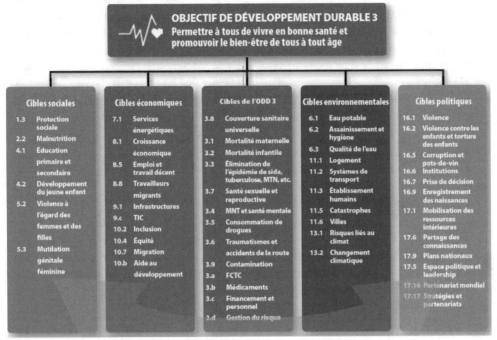

Source : Organisation mondiale de la santé, Bureau régional de l'Afrique. *État de la santé dans la région africaine de l'OMS*. Brazzaville, OMS, 2018.

développement à travers le transfert de connaissances et de compétences dans le domaine de la santé.

L'aide projet

Comme son nom l'indique, cette aide consiste à accorder un financement lié à un projet particulier et très souvent doublé d'un contrôle de l'utilisation des fonds. Ce type d'aide concourt généralement à la création d'infrastructures sanitaires ou en rapport avec la santé (hôpitaux, centres de formation...) qui ont une incidence à long terme. Bien que très utilisée, cette forme d'aide a récemment été beaucoup critiquée en raison des coûts de transaction et des problèmes d'appropriation qu'elle génère.

L'aide programme

L'aide programme suppose que les ressources soient transférées directement au gouvernement bénéficiaire pour soutenir le budget de sa politique publique de santé. En outre, si ces transferts viennent soutenir l'importation, on parle de soutien à la « balance des paiements » ; s'ils renforcent le budget global, on parle d'« aide budgétaire globale ». Elle est liée à des négociations approfondies entre donateurs et bénéficiaires sur la stratégie de développement. Elle s'accompagne souvent de conditionnalités et repose sur un transfert de devises. Le niveau de l'aide programme est apprécié, en général, sur la base de la qualité de la gouvernance de l'État et de ses besoins. L'étendue des problèmes de santé exige un éventail de réponses qui va bien au-delà de la capacité des secteurs public ou privé pris isolément. Certaines menaces pour la santé sont si grandes et complexes que peu de secteurs disposent des ressources nécessaires (politiques, techniques et scientifiques) pour y faire face. Ainsi, dans la lutte contre le paludisme, une approche globale a été promue. L'idée est de réunir tous les acteurs qui agissent dans la lutte contre le paludisme au sein d'un même partenariat (États, OIG, ONG, associations, fondations, entreprises). Le mouvement Roll Back Malaria (RBM) a été fondé par les États et les organisations internationales dans une telle perspective. Il comprend un large éventail de partenaires (pays d'endémie, leurs partenaires bilatéraux et multilatéraux pour le développement, le secteur privé, des organisations non gouvernementales et communautaires, des fondations, des instituts de recherche et des établissements universitaires) qui se présente comme un ensemble ambitieux de compétences, d'infrastructures et de ressources financières au bénéfice de la lutte contre la maladie. Le partenariat RBM est aujourd'hui la principale tribune qui mobilise actions et ressources, forge un consensus et coordonne les efforts dans la lutte mondiale contre le paludisme.

Il n'y a pas de doute que tous les pays aient pour objectif de disposer d'une assiette optimale de financement pour la santé ou diversifier leurs sources de financement. Le souhait des gouvernements reste ainsi triple : accorder davantage de moyens à la santé lors de la définition des allocations budgétaires, définir des taxes et des régimes d'assurance obligatoires auxquels les populations pourront participer en cotisant individuellement, et obtenir un financement supplémentaire à travers plusieurs mécanismes de financement novateurs. Cependant, les pays en développement ne pourront pas mobiliser suffisamment de fonds pour la santé à travers ces canaux. Plusieurs pays à revenu faible seront encore, pendant longtemps, dépendants des apports soutenus des partenaires au développement.

Face aux multiples besoins sanitaires sans cesse croissants dans les pays moins avancés, il est important de ne pas uniquement s'en tenir à une exigence publique des ressources financières supplémentaires. Il faut également évoquer l'enjeu du bon usage des ressources déjà disponibles. De plus, au regard des grands défis actuels, les systèmes de santé des pays pauvres sont suffisamment défaillants. Des études sur les problématiques de l'inaccessibilité aux soins et l'inégalité face à la maladie démontrent que les mauvais résultats peuvent être imputés non seulement à l'insuffisance des ressources, mais aussi à la qualité de gestion de celles-ci.

Conclusion

La problématique des questions de santé publique dans les pays du Sud constitue un miroir à plusieurs facettes. Pour plusieurs individus, il s'agit avant tout de réinventer au quotidien des formes de survie que certains ont appelé des résiliences sanitaires. Qu'il s'agisse de patients atteints par le VIH/sida souvent sans trithérapies, de résister aux assauts du paludisme ou de gérer dans les communautés les cas de drépanocytose. C'est aussi avec et dans la marge du système que composent les populations, comme le font certains gouvernements qui, en définitive, ne gouvernent plus grandchose. Bien que l'Organisation mondiale de la santé ait inscrit dans sa constitution, il y a plus de cinquante ans, que l'accès au niveau le plus élevé de santé réalisable était un droit fondamental de tout être humain, depuis une vingtaine d'années, la fracture entre les pays riches et les pays pauvres ne cesse de s'aggraver et le défi de « la santé pour tous » semble devenir un rêve illusoire.

Pourtant ce défi se résume à pouvoir fournir un niveau acceptable de soins de santé à un coût raisonnable au profit des populations du Sud, incluant le nombre grandissant des communautés déplacées qui sont laissées pour compte dans la compétition économique planétaire. Il ne s'agit plus tant aujourd'hui d'accéder à un quelconque droit à la santé qui, dans les faits reste très théorique, mais d'accéder à des instruments qui, mobilisés par les collectivités, permettent aux individus d'atteindre et de préserver leur santé. Il s'agit donc d'organiser l'accessibilité à ces instruments dont la disponibilité quantitative, qualitative et spatialement ventilée permettrait une équité sanitaire. Mais la possibilité d'accéder aux soins ne garantit pas que les patients soient traités de manière équitable. Malgré la mise en œuvre de réformes dans le secteur de la santé, celles-ci n'ont pas agi sur la disponibilité effective de soins de qualité, de soins financièrement accessibles et acceptables par la population. Une proportion importante de personnes reste exclue du système de soins.

Les débats liés à la relation entre la santé et développement ressortent plusieurs interrogations tant théoriques qu'empiriques sur le plan de la compréhension des interactions entre économie et santé. Les enjeux sociaux des politiques dans ce domaine sont évidents. La coopération entre les sciences économiques et les sciences biomédicales est donc bénéfique, mais exige une bonne maîtrise de ces deux cultures scientifiques. Les inégalités sanitaires représentent aujourd'hui un frein majeur pour le développement.

Objectifs d'apprentissage

- Situer les liens entre santé et développement durable et les déterminants transnationaux de la santé dans un contexte de mondialisation.
- Comprendre l'incidence de la mondialisation sur la santé, les mécanismes par lesquels ses différentes dimensions affectent la santé.
- Comprendre et analyser les enjeux de santé mondiale et identifier les principaux acteurs dans la gouvernance mondiale de la santé.

Questions de réflexion

- Pourquoi la santé est-elle considérée comme un élément essentiel du développement durable ?
- Quels sont les instruments d'une politique de financement de la santé dans les pays en développement ?
- Quels sont les mécanismes et processus par lesquels la mondialisation influence la santé ?
- Pourquoi assiste-t-on depuis quelques années à l'émergence sur la scène internationale, de nouveaux acteurs non étatiques en matière de santé ?

Pour en savoir davantage

Berthélemy, Jean-Claude et Josselin Thuilliez. « Santé et développement : une causalité circulaire ». *Revue d'économie du développement* 21, n° 2 (2013), 119-147.

David, Pierre-Marie. « La santé : un enjeu de plus en plus central dans les politiques publiques de développement international ? » *Socio-logos*, n° 6 (2011).

Meessen, Bruno et Van Damme Wim. « Systèmes de santé des pays à faible revenu : vers une révision des configurations institutionnelles ? » *Mondes en développement* 131, n° 3 (2005), 59-73.

Organisation mondiale de la santé. « La place de la santé dans le programme de développement après 2015 ». Genève, OMS, 2015.

Yaya, Sanni. *Les maux et les choses de la santé : acteurs, pratiques et systèmes de santé dans le tiers-monde*. Québec, Presses de l'Université Laval, 2010.

52

L'éducation et le développement : un enjeu contesté

Mamadou Ndoye et Rino Levesque

Résumé

En 2001, l'Assemblée générale de l'ONU avait adopté les huit Objectifs du millénaire du développement (2000-2015) dont le deuxième visait « l'éducation universelle primaire » en 2015. Or aujourd'hui, bien que des avancées remarquables aient été enregistrées dans l'accès et l'équité, 264 millions d'enfants et d'adolescents sont encore privés du droit à l'éducation. Certains ne sont jamais allés à l'école pendant que d'autres l'ont quittée avant d'achever le cycle primaire. En Afrique, les progrès réalisés entre 2000 et 2015 ont été les plus rapides depuis les indépendances : taux brut de scolarisation pré-primaire doublé (de 11 % à 22 %), taux net de scolarisation ajusté au primaire augmenté de 30 points (de 50 % à 80 %), parité filles/garçons au primaire améliorée de 0,85 à 0,93 % et au secondaire de 0,82 à 0,86 %. En fait, à tous les niveaux, on a noté une croissance forte des effectifs scolarisés. Toutefois, 32 millions sur les 61 millions d'enfants non scolarisés dans le monde sont africains dont 55 % de filles. En outre, les résultats d'apprentissage restent faibles : à la fin du primaire, environ un élève sur deux n'atteint pas les seuils minimaux d'apprentissage en lecture et en mathématiques. Les défis qui découlent de ce bilan mondial et africain sont énormes et multidimensionnels. Ils sont en interaction avec la pauvreté, les inégalités socioéconomiques et de sexe, les taux élevés de croissance démographique, les conflits, les violences, la dégradation de l'environnement... Tirant les leçons, l'ONU a adopté le programme 2030 pour « transformer le monde dans la perspective du développement durable ». Ce programme qui adopte une démarche holistique intégrant durabilité économique, sociale et environnementale fixe 17 objectifs de développement durable (ODD) dont l'ODD4 qui vise une éducation de qualité pour tous.

L'éducation, pièce centrale sur l'échiquier du développement

Depuis longtemps, les populations reconnaissent l'importance de l'éducation pour le progrès politique, économique et social des sociétés. Cependant, à travers les multiples débats et expériences, différentes perspectives sont présentes.

Il y a d'emblée ce qu'on peut appeler la conception « utilitariste » de l'éducation perçue comme un moyen pour permettre aux

---

Encadré 52.1 L'éducation en quelques chiffres*

- En 2015, 264 millions d'enfants et de jeunes en âge d'être scolarisés dans l'enseignement primaire ou secondaire ne l'étaient pas. En réalité, selon les études, ce chiffre serait plus élevé si on tenait compte des enfants qui ne sont pas comptabilisés, notamment dans des contextes de crises aiguës ou de conflits.
- En 2010-2015, les taux d'achèvement de la scolarité étaient de 83 % pour l'enseignement primaire, 69 % pour le premier cycle du secondaire et 45 % pour le deuxième cycle du secondaire.
- Environ 387 millions d'enfants en âge de fréquenter l'école primaire, soit 56 %, n'ont pas atteint le niveau minimal de compétences en lecture.
- Moins d'un pays sur cinq assure 12 années d'éducation gratuite et obligatoire.
- Si neuf filles sur dix terminent l'école primaire, une sur quatre, soit 25 % d'entre elles, ne termine pas le secondaire.

---

* Organisation des Nations unies pour l'éducation, la science et la culture. *Rapport mondial de suivi sur l'éducation 2017-18 – Rendre des comptes en matière d'éducation : tenir nos engagements.* Paris, UNESCO, 2017a.

---

nouvelles générations d'apprendre ce qui est nécessaire pour participer à la société et à l'économie. Sans remettre en doute le contexte dans lequel ont été construites les sociétés autour de certaines croyances dont le « progrès », la « modernité », la « croissance économique », ce modèle utilitariste vise à mettre le maximum d'enfants à l'école dans des conditions où ils apprendront les compétences nécessaires pour devenir des membres actifs de leurs communautés.

À cette conception dominante se confronte une autre vision qui voit l'éducation comme un processus de transformation par lequel les individus acquièrent des outils pour améliorer, voire pour transformer leur société, ce qui inclut une capacité de confronter un certain nombre de problématiques fondamentales comme la pauvreté, l'injustice, la violence. Dans cette optique, l'éducation est un moyen pour les individus et les sociétés de briser les chaînes qui les oppriment, y compris l'ignorance.

Jusqu'à un certain point, ces deux perspectives se sont métissées dans la deuxième partie du XXe siècle. Dans le Sud, des nations se sont libérées du colonialisme et ont érigé de nouveaux États où l'éducation était une des voies par lesquelles les peuples devaient se libérer. Dans le Nord, dans le sillon des transformations et des contestations des années 1960, l'éducation est devenue un enjeu fort contesté où enseignants et enseignés ont cherché à développer des approches plus dynamiques, participatives et moins hiérarchiques.

L'éducation continue d'être un terrain d'expérimentations et de confrontations, au moment où la majorité des sociétés contemporaines traversent une nouvelle et grande mutation, caractérisée par l'aggravation des problèmes économiques (dont l'aggravation des écarts) et environnementaux, de sérieuses remises en question des modèles de gouvernance dans le contexte où les revendications de citoyenneté sont plus présentes, notamment en ce qui concerne les femmes, les jeunes, les minorités.

Un problème multiforme

Où en sommes-nous aujourd'hui dans le Sud ? Des progrès ont été réalisés durant les deux dernières décennies. Le nombre d'enfants non scolarisés au primaire a été divisé par deux entre 2000 et 2015, soit l'équivalent de 40 millions d'enfants supplémentaires qui ont pu rejoindre les bancs de l'école. Pour autant, la misère qui persiste éloigne les enfants de

Encadré 52.2 Les défis des écoles dans les pays en développement*

- En Afrique subsaharienne, seulement 22 % des écoles disposent de l'électricité.
- Dans 148 pays où des relevés ont été faits, trois écoles sur quatre ont accès à l'eau potable.
- Au Mexique, 19 % des enfants de familles pauvres vont à l'école qui dispose d'une installation sanitaire, contre 84 % pour les familles riches.

* Organisation des Nations unies pour l'éducation, la science et la culture. *Rapport mondial de suivi sur l'éducation 2017-18 – Rendre des comptes en matière d'éducation : tenir nos engagements.* Paris, UNESCO, 2017a

Encadré 52.3 Au Sénégal, des écoles qui fonctionnent à moitié*

- Au Sénégal, entre 2007 et 2014, les élèves ont été présents durant 108 jours de classe, alors que le calendrier scolaire officiel est de 188 jours. En réalité, les enfants sont à l'école 57 % du temps prévu.
- Plusieurs facteurs sont en jeu pour expliquer cette situation : fermeture des écoles du fait de grèves ou de travaux de rénovation.
- Au Sénégal, l'année scolaire commence officiellement en octobre, mais en général, le début des classes est reporté, notamment dans les zones rurales, pour cause de nettoyage des écoles (souvent effectué par les élèves) ou parce qu'il manque du matériel d'apprentissage, ce qui force les familles à en assumer le coût.

* Organisation des Nations unies pour l'éducation, la science et la culture. *Rapport mondial de suivi sur l'éducation 2017-18 – Rendre des comptes en matière d'éducation : tenir nos engagements.* Paris, UNESCO, 2017a

Figure 52.1
Les enfants au primaire qui ne vont pas à l'école, 2016

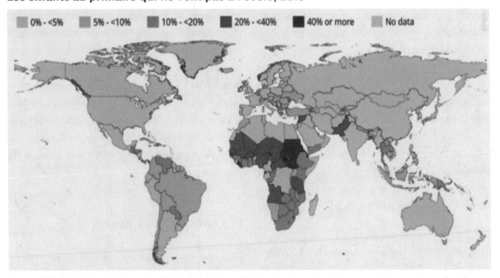

Source : UNESCO. *Fiche d'information N° 46 : Plus de la moitié des enfants et des adolescents n'apprennent pas dans le monde.* Paris, UNESCO, 2017b.

> **Encadré 52.4 Les enfants non scolarisés au sein des pays en conflits**
> - Dans les pays affectés par des conflits, la proportion des enfants non scolarisés est passée de 30 % en 1999 à 36 % en 2012.
> - Cinquante pour cent des enfants non scolarisés vivent dans des pays en guerre.

> **Encadré 52.5 Les enfants en Syrie***
> Plus de 13 millions de Syriens sont en détresse, selon l'UNICEF, dont 5,3 millions d'enfants; 5,6 millions de Syriens ont été forcés de fuir leur pays, presque tous dans les pays avoisinants (Turquie, Jordanie, Liban) et 6,1 millions ont été délocalisés de leurs villes et villages. Dans les premiers mois de 2018, 1000 enfants sont morts lors de bombardements massifs contre des zones peuplées de civils.
>
> * Fonds des Nations unies pour l'enfance (UNICEF). «Guerre et conflits en Syrie: Les enfants sont les principales victimes», 2018. https://www.unicef.fr/dossier/syrie. Page consultée le 18 juillet 2019.

l'école. Selon l'UNESCO[1], les enfants les plus pauvres ont quatre fois moins de chances de fréquenter l'école que les enfants les plus riches et la probabilité qu'ils n'achèvent pas l'éducation primaire est cinq fois supérieure. La fréquentation des filles, en hausse par rapport à 2000, reste inférieure à celle des garçons, en conséquence de plusieurs problèmes spécifiques: mariage précoce, discrimination, intimidation, environnements peu propices, enseignement genré, etc.

Infrastructures délabrées, professeurs en détresse

Selon la Banque mondiale[2], moins de 14 % des élèves dans le Sud dépassent le seuil minimal de compétence en mathématiques et en lecture. Le nombre d'enseignants formés à l'enseignement du primaire n'atteint pas 40 %. À ces défis, il faut ajouter des conditions de travail exécrables en éducation publique. L'enseignement se fait à l'intérieur d'infrastructures scolaires rudimentaires souvent sans électricité et opérant avec des moyens extrêmement limités en matériel pédagogique.

En ce qui concerne le personnel enseignant, les salaires sont généralement insuffisants et, dans certains pays, ils sont versés avec un retard allant quelques fois à plusieurs mois durant une année scolaire, d'où un taux d'absentéisme élevé. Mal payés, mal encadrés, il n'est pas rare que les enseignants dans le Sud doivent en plus de leur tâche à l'école travailler ailleurs (chauffeurs de taxi, aides-comptables, restaurateurs, etc.) pour parvenir à subvenir aux besoins de leur famille.

Les enfants de la guerre

Plus de trente conflits majeurs persistent dans le monde en 2018, dont les plus importants sont localisés en Asie et en Afrique, notamment dans un vaste « arc des crises » qui s'étend à travers l'Asie centrale jusqu'au Moyen-Orient et en Afrique. Dans ces pays, de

---

1. Organisation des Nations unies pour l'éducation, la science et la culture. *Rapport mondial de suivi sur l'éducation 2017-18 – Rendre des comptes en matière d'éducation: tenir nos engagements*. Paris, UNESCO, 2017a.
2. Banque mondiale. «La Banque mondiale met en garde contre une "crise de l'apprentissage" dans l'éducation mondiale», 2017. www.banquemondiale.org/fr/news/press-release/2017/09/26/world-bank-warns-of-learning-crisis-in-global-education. Page consultée le 3 août 2019.

Encadré 52.6 L'éducation et l'aide au développement*

- La part de l'éducation dans l'aide totale a chuté pendant six années consécutives, passant de 10 % en 2009 à 6,9 % en 2015.
- Selon de nouvelles estimations, la part des dépenses d'éducation à la charge des ménages se montait à 18 % dans les pays à revenu élevé, à 25 % dans les pays à revenu intermédiaire et à 33 % dans les pays à revenu faible.

* Organisation des Nations unies pour l'éducation, la science et la culture. *Rapport mondial de suivi sur l'éducation 2017-18 – Rendre des comptes en matière d'éducation : tenir nos engagements.* Paris, UNESCO, 2017a.

Encadré 52.7 L'aide pour l'éducation en Afrique : moins que trois avions Airbus* !

L'aide à l'éducation ne représente en 2015 que 6,9 % du total de l'aide publique au développement (APD), alors que cette part était de 10 % en 2010. Le montant total de l'APD allouée à l'éducation collectée par le CAD-OCDE a représenté 12 milliards de dollars US, dont 5,2 milliards pour l'éducation de base et 2,2 milliards pour l'éducation secondaire. De plus, l'Afrique subsaharienne, qui est largement la région la plus en retard en matière d'éducation, ne reçoit que 26 % de l'aide à l'éducation de base, soit 1,35 milliard de dollars US (le prix de trois Airbus A380 !). Cela signifie une aide d'environ 5 $ US par an et par enfant. À titre de comparaison pour la même année, la dépense de l'État français était de 125 milliards de dollars US pour les premier et second degrés.

* Agence française de développement. *L'éducation en Afrique subsaharienne.* Paris, AFD, 2017.

---

vastes populations sont en mouvement, forcées à l'exil ou à se déplacer à l'intérieur des frontières, le plus souvent dans des conditions misérables, où les enfants n'ont plus accès à l'école.

Le financement de l'éducation n'est pas à la hauteur

En 2000, lors de l'accord pour le programme des OMD, les pays donateurs avaient promis de dégager environ 150 milliards de dollars supplémentaires. Quinze ans plus tard selon diverses estimations, moins de 100 milliards ont été effectivement déboursés. Depuis, la tendance à la diminution de l'aide publique au développement se poursuit. Les priorités par ailleurs se déplacent vers l'aide humanitaire, donc les besoins urgents des populations victimes de la guerre ou de catastrophes dites naturelles. Des programmes qui visent à soutenir le développement des infrastructures de base, dont

les écoles, n'ont plus la cote. En gros, selon l'Agence française de développement (AFD)[3], l'aide internationale, notamment en Afrique subsaharienne, est totalement insuffisante pour donner aux États les moyens de développer un secteur de l'éducation adéquat.

Dans le sillon des politiques de la Banque mondiale et du FMI, les gouvernements des pays les plus pauvres ont été forcés de couper dans leurs dépenses en éducation. De plus en plus, le fardeau financier est reporté sur les familles pour l'éducation. Dans les pays à faible revenu, les dépenses des ménages entre 2005 et 2015 pour permettre à leurs enfants d'aller à l'école ont augmenté de 33 %, contre une augmentation de 18 % dans les pays à revenus élevés. Ainsi la dépense publique moyenne pour un élève au primaire en Afrique subsaharienne en 2015 n'est que de 246 $ US (en parité de pouvoir d'achat constant) contre 488 $ en Asie du Sud,

---

3. Agence française de développement. *L'éducation en Afrique subsaharienne.* Paris, AFD, 2017.

Figure 52.2

Les donateurs continuent d'accorder moins d'importance à l'éducation

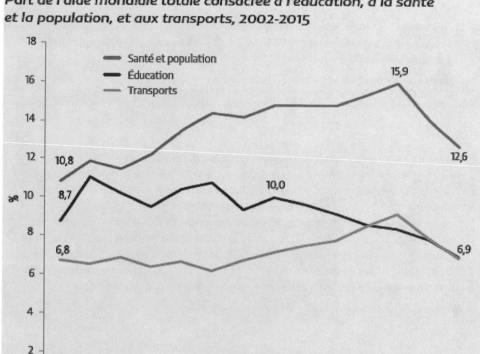

Part de l'aide mondiale totale consacrée à l'éducation, à la santé et la population, et aux transports, 2002-2015

Source : Organisation des Nations unies pour l'éducation, la science et la culture. *Rapport mondial de suivi sur l'éducation 2017-18 – Rendre des comptes en matière d'éducation : tenir nos engagements.* Paris, UNESCO, 2017a.

1 288 $ en Asie du Sud-est, 1 585 $ en Amérique latine et 8 186 $ en Europe et en Amérique du Nord[4].

Situation dramatique en Afrique

Les défis du continent africain en matière d'éducation restent énormes. Durant la période 1990-1998, le nombre d'enfants scolarisés est passé de 48 millions à 65 millions. Toutefois, l'éducation pour la petite enfance n'a pratiquement pas évolué, le nombre d'enfants non scolarisés a augmenté de 39 millions à 48 millions, l'écart

de scolarisation entre filles et garçons s'est accru de 10 à 12 et moins de 75 % des élèves atteignent la 5e année du primaire.

En outre, seuls deux pays africains ont atteint l'objectif d'enseignement primaire universel : Seychelles et Maurice. En dépit des progrès, l'accès notoirement insuffisant à l'éducation de la petite enfance, à la formation professionnelle et à l'enseignement supérieur freine le développement du capital humain. Au Sénégal, le taux d'alphabétisation dépasse à peine 50 %[5].

_____

4. *Ibid.*

_____

5. Roland Pourtier, « L'éducation, enjeu majeur de l'Afrique post-indépendances : cinquante ans d'enseignement en Afrique, un bilan en demi-teinte ». *Afrique contemporaine* 3, n° 235 (2010), 101-114.

Encadré 52.8 Le recul des années 1980

Entre 1980 et 1983, le taux moyen de croissance des effectifs scolaires globaux a chuté à 2,9 %,
donc en dessous du taux de croissance de la population d'âge scolaire estimé à plus de 3 %.
Un processus de déscolarisation a alors été commencé dont l'impact a été variable selon les pays.
Exemple extrême de pays touché, le Togo a vu son taux de scolarisation primaire passer de 72,1 %
en 1980-1981 à 52,6 % en 1984-1985. Tous niveaux confondus, le système scolaire togolais a perdu
en quatre ans près de 100 000 élèves ou étudiants en passant d'un effectif de 645 199 à 549 649.
La réduction des dépenses d'éducation des États s'est combinée à l'aggravation de la pauvreté
des populations pour impulser la déscolarisation, liée à une crise financière dont le traitement par
l'austérité budgétaire, puis par les programmes d'ajustement structurel de la Banque mondiale,
a aggravé la situation.

Figure 52.3
Nombre d'élèves qui n'atteignent pas le SMC par région

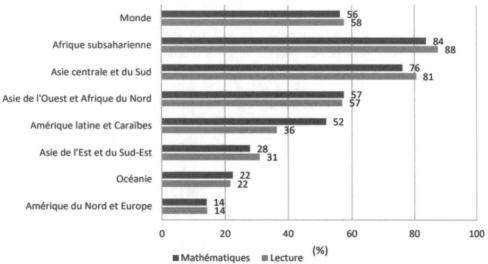

Note : SMC : Seuil minimum de connaissances en mathématiques et en lecture
Source : Organisation des Nations unies pour l'éducation, la science et la culture. *Fiche d'information N° 46 : plus de la moitié des enfants et des adolescents n'apprennent pas dans le monde.* Paris, UNESCO, 2017b.

Trente ans plus tard, ce handicap, en dépit des progrès réalisés, continue de peser. Selon le rapport mondial de suivi de l'éducation 2016[6], 31,4 millions d'enfants d'âge scolaire primaire, 23,6 millions adolescents d'âge secondaire 1 et 33,1 millions de jeunes d'âge 2e secondaire demeurent non scolarisés et les 45 % de la population adulte sont analphabètes.

Les principaux obstacles qui se dressent pour combler les retards de l'Afrique sont nombreux :

- Croissance démographique forte avec taux de fécondité de 4,9 enfants par femme (double du taux mondial).
- Taux de pauvreté élevée (environ la moitié de la population vit avec moins de 1,25 $ par jour).
- Financement insuffisant en dépit des efforts des États et des ménages, aide internationale faible et décroissante

6. Organisation des Nations unies pour l'éducation, la science et la culture. *Rapport mondial de suivi sur l'éducation 2016 : l'éducation pour les peuples et la planète.* Paris, UNESCO, 2016.

Encadré 52.9 Un portrait inquiétant en 2018

- Plus de la moitié des enfants qui ne sont pas inscrits à l'école vivent en Afrique subsaharienne.
- La scolarisation en primaire reste la plus faible en Afrique subsaharienne avec un taux de 78 %, mais il y a eu une nette hausse depuis 2000 où il était de 60 %.
- Trente-deux millions et demi des enfants non scolarisés vivent en Afrique subsaharienne, un chiffre encore très élevé même s'il a baissé de 9 millions entre 2000 et 2015 en dépit d'une forte pression démographique.
- Les deux tiers des jeunes de la planète sont scolarisés au secondaire. Mais alors que ce taux atteint 92 % dans les pays riches, il n'est que de 33 % en Afrique subsaharienne.
- Quarante-sept pour cent des enfants africains d'âge scolaire ne terminent pas le cycle primaire et 87 % d'entre eux n'obtiennent pas le seuil minimal d'aptitude en lecture.
- Moins de 2 % des enfants au Burkina Faso et au Niger vont à l'école secondaire.

Source : Mamadou Ndoye

(5,4 $ par an et par enfant, soit environ 2 % du coût total de sa scolarisation).
- Lourd handicap historique : l'Afrique a hérité d'une école qui n'est pas le produit du développement interne de ses sociétés, mais qui a été imposée de l'extérieur par la colonisation. Les politiques adoptées depuis l'indépendance n'ont pas réussi à la refonder, car elles ont été de type additif ou au plus correctif.

Le combat continue

Les constats, surtout en Afrique, sont accablants. Cela n'empêche pas les institutions africaines de continuer leur combat, parallèlement aux mobilisations que l'on constate ici et là du côté des sociétés civiles. Dans le cadre de l'Agenda 2063 de l'Union africaine, un programme de transformation a été identifié, dont les principaux éléments sont les suivants :

- Transformer les systèmes hérités de la colonisation pour construire une nouvelle école africaine valorisant le patrimoine et le potentiel endogène de développement pour répondre au plus près aux besoins et aspirations d'épanouissement culturel et social des populations africaines.

- Transformer les déséquilibres marginalisant les sciences, les mathématiques et les technologies dans les systèmes actuels par une révolution des compétences permettant à l'Afrique de combler les fractures qui la séparent du reste du monde.
- Transformer la simple transmission de connaissances formelles en capacité de développer des compétences de réflexion et d'action, de changer positivement les valeurs, les attitudes et les comportements des jeunes, en somme d'acquérir une capacité réelle d'éduquer pour le vivre ensemble en paix et en harmonie avec les idéaux humanistes et les principes universels de démocratie, de droits humains et de justice.
- Transformer l'insularité de l'école afin que les populations se l'approprient pour l'apprentissage intergénérationnel, la confrontation féconde entre les savoirs et les expériences endogènes et modernes, et le développement local.
- Transformer la structure pyramidale de l'école et son fonctionnement élitiste de sélection-élimination pour promouvoir un système diversifié et un continuum éducation-formation qui offrent à chacun les opportunités adaptées à ses besoins et à ses capacités pour la réussite de tous,

---

Encadré 52.10 Le café équitable par et pour l'école

Café équitable inc. (primaire, secondaire) : une microentreprise internationale faisant apprendre et comprendre le processus de la culture du café en Amérique latine, en Afrique ou en Asie, et son mode de transformation dans ces pays de l'hémisphère Sud. D'autres apprentissages concernent l'organisation et la gestion entrepreneuriales d'une PME, de même que des éléments d'éducation liés à la notion de commerce équitable. Des apprentissages scolaires liés aux sciences, à la géographie et à l'histoire (par exemple d'une région du Mexique, du Kenya ou du Viêt Nam), de même qu'au français et à d'autres apprentissages reliés aux technologies de l'information et de la communication (TIC) sont réalisés. Cette microentreprise d'entrepreneuriat vouée à la conscientisation citoyenne et mondiale est au service d'une plus grande équité Nord-Sud, d'une plus grande justice entre les peuples et d'une responsabilisation universelle.

Source : Rino Levesque

---

afin que l'école puisse devenir un facteur de cohésion et d'égalisation sociales.

Toute cette transformation ne doit pas être conçue et mise en œuvre comme une somme de changements à opérer, mais doit plutôt être réalisée dans une approche cohérente, holistique et interactive des composantes du système éducatif (intrants, processus et procédures, résultats et produits, environnement communautaire et systémique, tous niveaux et toutes modalités d'éducation) ainsi qu'en relation avec les orientations et actions développées dans les autres secteurs pour la transformation du tout social.

Des écoles qui changent

L'éducation à mettre en place dans nos écoles est bel et bien appelée à se réorienter, à se transformer afin d'apporter une contribution significative aux nombreux défis en cours. Comme l'a dit Nelson Mandela, « elle est le moyen le plus puissant pour changer le monde ».

L'école de son temps doit trouver une façon d'agir en vue d'établir un nouvel équilibre entre « éducation » et « scolarisation ». L'école d'aujourd'hui – sa forme scolaire – a pour rôle premier d'assurer des apprentissages de contenus précis enfermés dans des matières scolaires telles que les mathématiques, le français, diverses

langues, l'histoire, la géographie, les sciences et autres. La Finlande paraît en avance de la plupart des pays. Ce pays annonce pour 2020 la fin de la forme scolaire telle qu'on l'a connue jusqu'ici, par la suppression des matières scolaires.

Parmi les nouvelles approches se trouve celle de l'École communautaire entrepreneuriale consciente[7], qui œuvre pour une réelle réussite éducative en développant chez les jeunes les compétences nécessaires pour affronter le XXIᵉ siècle[8].

L'entrepreneuriat conscient est défini comme la conscience de l'impact de son mode d'entrepreneuriat sur soi, sur les autres (communautés), et sur la nature qui nous nourrit. Chacune et chacun est l'entrepreneur de soi, un ADN humain voué, ici, à la pratique d'un entrepreneuriat éthique, socialement responsable et humanisant. Il s'agit de conscientiser et de former au regard des modes de production économique, et faire apparaître davantage d'économies sociales, solidaires, circulaires, numériques. Un entrepreneuriat humanisé, porteur de plus de justice sociale pour toutes

---

7. Rino Levesque. « Une culture de l'entrepreneuriat conscient pour tous ? » *Acteurs de l'économie : la tribune.* 2015.

8. Matthias Pepin. *L'école communautaire entrepreneuriale consciente : ses spécificités au regard d'initiatives organisées en milieu scolaire à l'échelle internationale.* Laval, Centre de recherche et d'intervention sur la réussite scolaire, 2015.

et tous, pour réduire le gaspillage, améliorer le concept de récupération, de réutilisation, de modes de consommation, et qui considère l'accès à l'eau, à la nourriture et à divers besoins de base comme étant un droit fondamental pour tous les humains. Ceci afin de parvenir à un véritable développement durable global.

Cette approche s'articule en salle de classe et après les heures de classe, permet aux jeunes d'apprendre à s'entreprendre, à entreprendre et à créer de l'innovation de façon consciente, responsable et autonome.

Objectifs d'apprentissage

- Développer une réflexion critique sur le rôle développemental de l'éducation.
- Établir un juste portrait de la réalité éducative au sein des pays en développement.
- Repenser la vocation et les objectifs de l'école compte tenu des défis du XXIᵉ siècle.

Questions de réflexion

- Quels sont les facteurs qui expliquent le retard de l'Afrique subsaharienne dans le domaine de l'éducation?
- Que faire dans les situations de crises et de guerres pour protéger les enfants et leur accès à l'école?
- Quelles sont les solutions? Doit-on repenser le modèle de l'école?

Pour en savoir davantage

Göransson, Bo et Claes Brundenius. *L'université en transition : l'évolution de son rôle et des défis à relever*. Ottawa, CRDI, 2012.

Martinand, Jean-Louis. « Défis et problèmes de l'éducation populaire au développement durable ». *Cahiers de l'action 1*, n° 47 (2016), 25-33.

Organisation des Nations unies pour l'éducation, la science et la culture. *Le Développement durable commence par l'éducation*. Paris, UNESCO, 2014.

Pilon, Marc. *Défis du développement en Afrique subsaharienne : l'éducation en jeu*. Paris, Éditions du CEPED, 2006.

Poirot, Jacques. « Le rôle de l'éducation dans le développement chez J. Rawls et A. Sen, entre équité et efficacité ». *Mondes en développement 4*, n° 132 (2005), 29-38.

53

Le développement et la science

Lauchlan T. Munro

Résumé

Ce chapitre explique les rôles que jouent la science, la technologie et l'innovation dans le développement international. Les grandes tendances depuis 1945 sont décrites, ainsi que le rôle des systèmes d'innovation nationaux. Les tendances récentes, surtout l'avènement de la robotisation et de l'intelligence artificielle, posent des défis importants pour les décideurs politiques dans les pays du Sud.

Introduction

Comment un pays peut-il devenir « développé » ? Depuis la Seconde Guerre mondiale, une façon consiste à découvrir dans un pays peu peuplé des réserves minières ou pétrolières importantes et à les exploiter. C'est comme ça que les émirats du Golfe, le Botswana et la Guinée équatoriale se sont enrichis. La deuxième façon, beaucoup plus longue et ardue, consiste à fabriquer des biens comme les textiles. Ce genre de fabrication nécessite beaucoup de main-d'œuvre et peu de capital, et les technologies qui y sont associées sont relativement simples. Les pays pauvres ont beaucoup de main-d'œuvre à bon marché et relativement peu de capital. Ensuite, petit à petit, on commence à fabriquer des biens plus compliqués, comme l'électroménager, en utilisant des technologies plus avancées, ou à offrir des services intensifs en main-d'œuvre, par exemple les centres

d'appel ; éventuellement, on arrive au point où on fabrique des biens très compliqués comme les autos et les ordinateurs et on commence à créer ses propres technologies avancées. C'est la voie qu'ont suivie la Chine, la Corée du Sud, Singapour et Taiwan et que tentent d'imiter d'autres pays comme le Viêt Nam, le Chili et la Turquie.

Entre ces deux grandes voies vers le développement, il existe une gamme d'autres possibilités. L'Afrique du Sud, l'Algérie, et le Brésil sont bien peuplés et disposent de grandes ressources minières et pétrolières. L'exportation de ces ressources naturelles à grande échelle a souvent l'effet de hausser le taux de change de la devise nationale dans les marchés internationaux ; ainsi, les autres exportations, notamment les biens fabriqués et les services, coûtent cher en devises étrangères et sont ainsi peu compétitives sur le marché international. Ce « malaise hollandais » freine l'industrialisation locale. D'autres pays à revenu intermédiaire (c'est-à-dire d'un produit intérieur brut par habitant situé entre 1 026 $ US et 12 475 $ US selon les normes de la Banque mondiale) stagnent à un niveau d'industrialisation intermédiaire pour d'autres raisons. Dans ces cas-ci, leur succès industriel initial a comme effet une hausse des salaires locaux ; ces salaires plus élevés ne peuvent se rentabiliser que si les entreprises sont en mesure d'adopter des formes de production technologiquement plus avancées et productives. Mais beaucoup de pays ratent cette transition et tombent ainsi dans le « piège à revenu intermédiaire », comme ce qu'on constate en Colombie, en Égypte et au Mexique. La croissance économique et le changement technologique stagnent.

En tout cela, on constate le rôle important de la technologie dans le processus de développement économique. La technologie est à son tour le fruit de la science. La science inclut les sciences naturelles et sociales. L'application concrète des concepts scientifiques et des nouvelles technologies s'appelle l'innovation. Ainsi, l'innovation ne signifie pas seulement l'invention de nouveaux gadgets. Elle inclut également l'innovation sociale, c'est-à-dire les changements adaptatifs dans les pratiques sociales et managériales.

Le défi de l'innovation

La majorité des grandes découvertes scientifiques et technologiques surviennent dans des contextes où une variété d'acteurs, poursuivant des intérêts divers, se sont réunis pour travailler sur les mêmes problèmes. En règle générale, ce type de réseau réunit au moins deux acteurs parmi les suivants : l'industrie, des universités ou des centres de recherche indépendants et le gouvernement. Pour décrire de tels réseaux de coopération entre l'industrie, les chercheurs et les agences gouvernementales, servant à identifier et tester des solutions aux problèmes importants, on utilise le terme de « systèmes d'innovation nationaux ». D'autres acteurs peuvent aussi être impliqués dans ces systèmes

y compris les médias, les marchés financiers, les organisations de la société civile, les bibliothèques, les musées, les archives, les registres de brevets, de droits d'auteur et de marques de commerce et les fournisseurs de services de télécommunications. Les éléments des systèmes d'innovation nationaux peuvent aussi avoir des liens avec des systèmes d'innovation internationaux. La plupart des pays les plus riches du monde ont des systèmes d'innovation nationaux complexes alors que les pays les plus pauvres ont des systèmes d'innovation faibles et fragmentés[1].

Les pays du Sud qui se sont le mieux développés depuis 1945 ont investi massivement dans leurs systèmes d'innovation nationaux. À la fin des années 1950 par exemple, le revenu national par habitant du Ghana et celui de la Corée du Sud étaient similaires. Trente-cinq ans plus tard, le PIB par tête de la Corée du Sud est six fois plus élevé que celui du Ghana. Cette différence est attribuable aux changements sur le plan des connaissances et des techniques et surtout à une ouverture face à l'innovation de la part des Coréens[2]. En Inde, après l'indépendance en 1947, le premier ministre Jawaharlal Nehru a créé les Instituts indiens de technologie et de management ; ces instituts ont formé les cadres qui ont créé l'essor actuel de l'industrie des technologies de l'information au pays. La croissance rapide de l'Inde dans les trois dernières décennies est due en grande partie à ces investissements[3].

Les systèmes d'innovation nationaux fonctionnent mieux dans des environnements caractérisés par de hauts niveaux de scolarité, des infrastructures électriques et des systèmes

1. Vanessa Casadella et Mohamed Benlahcen-tlemcami. « De l'applicabilité du système national d'innovation dans les pays moins avancés ». *Innovations 2*, n° 24 (2006), 59-90.
2. Banque mondiale. *Rapport sur le développement dans le monde 1998-99 : le savoir au service du développement*. Paris, Éditions Eska, 1999.
3. Organisation de coopération et de développement économiques. « Chapitre 1. Les grands défis de l'Inde sur la voie d'une croissance élevée et durable ». *Études économiques de l'OCDE 14*, n° 14 (2007), 25-76.

Tableau 53.1

Nombre de demandes de brevets déposées dans certains pays

Pays	Année		
	1990	2000	2016
Algérie	6	32	106
Arabie saoudite	16	76	1 070
Brésil	2 389	3 080	5 200
Canada	2 549	4 187	4 078
Chine	5 832	25 346	1 204 981
États-Unis	90 643	164 795	295 327
France	12 378	13 870	14 206
Inde	1 147	2 206	13 199
Malawi	Pas de données	3	3

Source : Banque mondiale. « DataBank : World Development Indicators », 2017. http://databank.worldbank.org/data/reports.aspx?source=2&series=IP.PAT.RESD. Page consultée le 1er août 2018.

de télécommunications bien développés[4]. Une ouverture aux nouvelles façons de faire est essentielle, et le pluralisme et l'égalité des genres tiennent aussi une place importante. Les systèmes d'innovation nationaux qui réussissent favorisent autant la compétition que la collaboration. La compétition est une incitation clé dans la poursuite de l'excellence. Mais les normes de collaboration sont tout aussi importantes. Beaucoup des technologies révolutionnaires du dernier siècle – l'avion, l'ordinateur, les antibiotiques, les vaccins, la robotique, la fuséologie, l'Internet – sont le résultat des efforts combinés d'organisations publiques, à but lucratif et sans but lucratif.

Mesurer les systèmes d'innovation nationaux est une tâche difficile. Pour ce faire, on utilise le plus souvent des mesures indirectes, par exemple le nombre de demandes de brevets. Le tableau 53.1 montre que certains systèmes d'innovations nationaux sont très actifs (Chine, États-Unis) tandis que certains autres n'existent pratiquement pas (Algérie, Malawi). D'autres sont en croissance rapide (Arabie saoudite, Inde) et d'autres encore stagnent (Canada, France).

Les systèmes d'innovation nationaux sont des exemples de complexité en action, où les nouvelles capacités et les nouvelles connexions ont des effets multiplicateurs. Les pays qui ont beaucoup de capacités sont en mesure de combiner de nouvelles capacités avec certaines capacités existantes, donnant lieu à des produits d'une complexité plus grande que ceux des pays offrant peu de capacités, qui sont en fait limités par cette caractéristique[5].

Les technologies perturbatrices

Beaucoup d'innovations impliquent des perturbations importantes dans l'économie et la société. Depuis une quinzaine d'années, les courriels, les textos et les technologies Internet comme Skype et Whatsapp ont presque complètement remplacé les télégrammes, les lettres postales et les télécopies pour ce qui est des communications à longue distance. Il y a alors des gagnants et des perdants dans ce processus ; les anciens fabricants de télécopieurs ont dû apprendre à fabriquer autre chose. L'innovation est donc étroitement liée au principe de

4. Sameer Khatiwada. « In the Age of Automation, How Can the Services Sector Provide Decent Jobs ? » *Asian Development Bank Blog.* 2018.

5. Mihoub Mezouaghi. « Les approches du système national d'innovation : les économies semi-industrialisées ». *Revue Tiers Monde* 43, n° 169 (2002), 189-212.

Figure 53.1

Les principaux pays bénéficiaires de l'intelligence artificielle, 2030

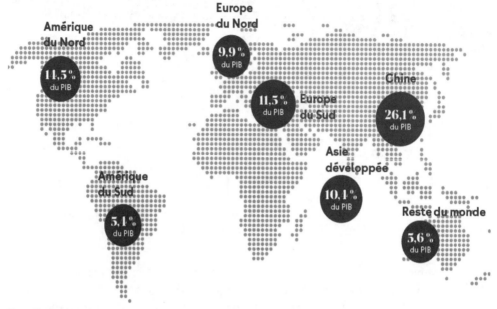

Note : L'impact économique est mesuré par le gain à réaliser en matière de PIB. Smith, Matthew et Sujaya Neupane. *Intelligence artificielle et développement humain : vers un programme de recherche*. Ottawa, CRDI, 2018.

« destruction créative », qui implique que les inventeurs et les entrepreneurs développent de nouvelles techniques et de nouveaux produits qui viennent remplacer les produits anciens et détruire les industries précédentes.

Une autre tendance est celle des « progrès technologiques par bonds » dont le meilleur exemple est en télécommunications. Au cours du XXᵉ siècle, les pays occidentaux industrialisés ont développé des réseaux complexes de câbles en cuivre et éventuellement de câbles de fibre optique pour transmettre les télégrammes, puis les communications téléphoniques. Quand la téléphonie sans fil est arrivée, ce nouveau type de réseau s'est ajouté aux réseaux terrestres déjà existants. Dans les pays en développement, toutefois, les réseaux de câbles en cuivre et de fibre optique étaient beaucoup plus restreints. L'accès de masse à la téléphonie, dans le monde en développement, s'est réalisé avec l'adoption rapide des technologies sans fil, donc souvent en faisant un bond direct vers les technologies de communication du XXIᵉ siècle, et ce sans avoir

passé d'abord par les technologies du XXᵉ siècle, la téléphonie fixe.

Ces deux phénomènes – la destruction créative et le progrès technologique par bonds – se croisent maintenant dans des pays à revenu intermédiaire et élevé. Dans ces pays, les nouvelles technologies perturbatrices se font de plus en plus sentir, notamment la robotisation, l'intelligence artificielle, la génomique de la prochaine génération et l'impression en trois dimensions. Selon les prévisions, ces nouvelles technologies détruiront un grand nombre d'emplois non seulement dans l'industrie, mais également dans les services, surtout pour des activités routinières[6]. Autrement dit, ces nouvelles technologies risquent de bloquer la route principale vers la prospérité qu'ont suivie beaucoup de pays depuis 1945. Car plus un pays devient prospère, plus sa main-d'œuvre coûte cher ; plus la main-d'œuvre est coûteuse, plus les entreprises à but

---

6. Matthew Smith et Sujaya Neupane. *Intelligence artificielle et développement humain : vers un programme de recherche*. Ottawa, CRDI, 2018.

lucratif ont avantage à économiser dans leur utilisation de main-d'œuvre et à investir dans les robots et l'intelligence artificielle. Ainsi, les pays en voie de développement risquent de plus en plus de tomber dans le piège à revenu intermédiaire et de ne pas pouvoir s'en sortir.

Conclusion

Pour les décideurs politiques dans les pays en voie de développement, la question primordiale est alors : comment tirer le meilleur profit de ces nouvelles technologies perturbatrices sans faire face à une hausse massive du taux de chômage ? La seule issue, c'est de construire des systèmes d'innovation nationaux robustes, de renforcer la création des capitaux humains et sociaux, et de former les citoyens pour entreprendre les activités économiques non routinières, c'est-à-dire celles qui sont moins susceptibles d'être victimes des technologies perturbatrices[7].

7. Joëlle Noreau. « Les nouvelles technologies, une révolution qui n'a rien de tranquille ». *Desjardins : Études économiques*, 2017.

Objectifs d'apprentissage

- Identifier les rôles de la science, la technologie et l'innovation dans le développement.
- Comprendre le concept et le fonctionnement des systèmes d'innovation nationaux.
- Avoir connaissance des impacts multiples des nouvelles technologies, telles la robotisation et l'intelligence artificielle.

Questions de réflexion

- Imaginez que vous êtes ministre de la Science, la Technologie et de l'Innovation dans un pays en développement. Que pourriez-vous faire pour renforcer le système d'innovation dans votre pays ?
- Choisissez un pays en voie de développement et étudiez sa structure économique actuelle. Quels impacts la robotisation et l'intelligence artificielle pourraient-elles avoir sur cette économie dans la prochaine décennie ?

Pour en savoir davantage

Ben Slimane, Sonia et Maarouf Ramadan. « Le système national d'innovation dans les pays du Maghreb : entre failles structurelles et besoin de coordination et de gouvernance appropriées ». *Innovations* 2, n° 53 (2017), 105-127.

Casadella, Vanessa, Zeting Liu et Dimitri Uzunidis. *Développement économique et capacités d'innovation dans la mondialisation.* Londres, ISTE Editions, 2015.

Gabsi, Sahbi. « Externalités de la R&D, institutions et croissance : validation empirique pour le cas des pays en voie de développement ». *Innovations* 2, n° 35 (2011), 207-249.

Morabito, Marcel. *Recherche et innovation : quelles stratégies politiques ?* Paris, Presses de Sciences Po, 2014.

Organisation des Nations unies pour l'éducation, la science et la culture. *Rapport de l'UNESCO sur la science : vers 2030.* Paris, UNESCO, 2015.

Notes

Partie 4

Passer à l'action

Introduction à la quatrième partie

Passer de l'utopie à l'utopistique au sens d'Immanuel Wallerstein nécessite de définir une « rationalité substantive » qui permet d'étudier et de comprendre le système-monde actuel. Si l'utopie renvoie souvent à une ambition irréaliste, voire illusoire, l'utopistique est l'examen des alternatives possibles à envisager et à mettre en pratique pour sortir de cette période d'incertitude et de bifurcation. Il s'agit d'évaluer de manière rationnelle et réaliste le choix du meilleur des mondes possibles compte tenu des défis et des contraintes qui pèsent sur l'action humaine. Pour cela, les acteurs de développement sont incités plus que jamais à agir sur le terrain pour un monde plus démocratique et plus juste. Parmi ces acteurs, il y a non seulement des libéraux qui ne croient plus à la vision utopique du marché, mais aussi des socialistes qui ne croient plus à la nationalisation ou à la collectivisation. Ils ne sont pas les seuls à ne pas être satisfaits puisque nous pouvons citer également les pauvres des villes, les paysans sans terre, les femmes, les autochtones, les migrants et réfugiés, bref les damnés de la terre. Penser à partir des damnés de la terre permet de défricher de nouveaux chemins et proposer des actions innovantes qui s'inscrivent dans une réalité pluriversaliste. La notion de la pluriversalité signifie la possibilité d'aller au-delà de toute vision universelle issue exclusivement de l'expérience occidentalo-centrique. Elle désigne un espace mondial où se réunissent différentes histoires, cultures et connaissances nécessaires à l'émergence de nouvelles pratiques politiques, économiques, sociales et écologiques. Ainsi, la question à laquelle il faut répondre de manière concise et précise est de savoir quelles sont les actions à entreprendre pour passer d'un rêve utopique à une vision utopistique. Pour y parvenir, nous organisons cette partie en trois différentes sections.

Dans la première section intitulée « agir sur les structures », Zacharie appelle à encadrer la mondialisation par des régulations multilatérales afin de promouvoir une société ouverte, inclusive et durable. À défaut, l'identitarisme, identifié comme étant la maladie du XXIe siècle, continuera sa progression et la crise économique et sociale s'aggravera davantage, comme ce fut le cas dans les années 1930. Pour éviter les erreurs du passé et ne jamais plus avoir à revivre la tragédie de la Seconde Guerre mondiale, Jasmin lance un plaidoyer pour lutter contre le militarisme soit en amont, à travers les opérations de désarmement-démobilisation-réintégration menées par l'ONU, soit en aval, grâce à l'engagement pacifique des mouvements sociaux. Durant-Folco, pour sa part, estime qu'une véritable démocratisation implique de renouveler nos institutions politiques par un renforcement de la participation citoyenne et des espaces de délibération permettant aux individus d'échanger collectivement sur les décisions qui les concernent. Pour réussir une telle transition politique, Montambeault présente les limites du développement participatif et, par conséquent, suggère de repolitiser le développement afin que la participation citoyenne devienne un réel instrument de prise de pouvoir. Toutefois, pour que les damnés de la terre puissent devenir les maîtres de leur destin, Sondarjee estime qu'il faut allier autonomisation économique et lutte globale pour la justice sociale, autrement, l'*empowerment* peut tout simplement renforcer l'emprise du néolibéralisme sur les populations marginalisées. En d'autres termes, intégrer les groupes marginalisés au système de marché, sans une réelle émancipation collective, ne fait que perpétuer les inégalités sous une autre forme. À ces actions économiques, Boulianne ajoute le commerce équitable qui permet un foisonnement d'initiatives basées sur l'idée d'un juste prix et la mise en place de circuits courts de commercialisation liant solidairement producteurs et consommateurs. Parlant de solidarité, Nguyen considère que l'action solidaire internationale est une condition préalable pour réussir la lutte contre les inégalités et les injustices à l'échelle du globe. Bâtir des relations collaboratives requière des alliances qui peuvent être gage d'honnêteté et de confiance et, ultimement, de succès. Pour conclure cette première section, Aguiton revient sur les technologies numériques. Il met en lumière leur rôle déterminant dans les transformations des pays en développement, en l'occurrence, dans le domaine agricole et celui des services de paiement et dans la promotion des initiatives par le bas, par exemple, les fablabs et les coworking-places. Toutefois, ces outils numériques sont loin de répondre aux promesses annoncées. La fragilité du système éducatif et des infrastructures de communication et celle des réseaux demeurent des défis majeurs que la technologie ne peut pas surmonter.

Dans la deuxième section portant sur les agents, Collombat rappelle l'engagement des syndicats du Nord et du Sud dans le débat sur la justice sociale et l'inclusivité. Bien qu'un tel engagement représente un défi colossal, il n'en demeure pas moins un exemple riche en enseignements de développement par le bas. Conradi et Arnaud invitent le lecteur, sous un angle féministe, à découvrir les actions que mènent les femmes contre le faux développement, en l'occurrence, les femmes autochtones et québécoises. Pour sa part, McGavin estime que les réfugiés sont également des agents de changement qui méritent une attention particulière compte tenu des enjeux migratoires du XXIe siècle. S'engager en faveur des réfugiés exige une approche fondée sur le dialogue, l'interaction et l'action collective entre individus et organisations. Bertrand conclut cette section par un témoignage personnel sur son expérience dans le travail humanitaire en Haïti.

Par ailleurs, agir sur le terrain de manière rationnelle et réaliste ne peut se faire qu'à travers une remise en question de nos méthodologies de travail. Tel est l'objectif de la dernière section. En ce sens, Rousseau insiste sur le rapprochement entre les milieux de la recherche et du développement. Il s'agit d'adapter constamment les approches dans la recherche pour le développement au fur et à mesure que l'environnement spatio-temporel évolue. Dans les chapitres 68 et 69, Brière, Maltais, David et Okda expliquent comment la gestion de projet et la gestion axée sur les résultats peuvent être utilisées en matière de politiques et pratiques de développement. Pour outiller les jeunes étudiants en matière de connaissances et de compétences professionnelles, Binette, Brodeur-Gélinas et Charland-Faucher abordent, dans le chapitre 70, la question des stages d'initiation à la solidarité internationale. Enfin pour conclure, Chung se donne pour but de nous sensibiliser aux questions éthiques pour une meilleure réconciliation entre la morale et les politiques et pratiques sur le terrain.

Section 1

Agir sur les structures

54
Pour une autre mondialisation

Arnaud Zacharie

Résumé

La mondialisation financière et commerciale a débouché sur un nouvel ordre mondial qui a contribué à réduire à la fois l'extrême pauvreté dans les pays émergents et les prix des biens de consommation. Toutefois, la mondialisation a également favorisé des déséquilibres qui ont débouché sur des conséquences économiques, sociales, environnementales et démocratiques de plus en plus préoccupantes. Pourtant, le «mouvement altermondialiste» avait mis en garde contre ces déséquilibres, mais en fin de compte, ce ne sont pas leurs alternatives qui ont été prises en compte par les gouvernements après la crise de 2008. On se retrouve au contraire devant la montée d'idéologies «antimondialistes» prônant le repli identitaire, tout en préservant l'agenda néolibéral de la financiarisation. En réalité, seule une approche progressiste et internationaliste visant à encadrer la mondialisation par des régulations multilatérales semble susceptible de promouvoir une société ouverte, juste et durable.

L'agenda altermondialiste pris entre deux feux

À partir de la fin des années 1990, le «mouvement altermondialiste[1]» a dénoncé les dérives de la mondialisation néolibérale. Il s'est réuni dans le cadre du Forum social mondial pour dénoncer la «pensée unique» du Forum de Davos et revendiquer des alternatives globales, telles que la taxation des transactions financières internationales, la régulation des marchés financiers, le démantèlement des paradis fiscaux, l'annulation de la dette des pays pauvres, la transition écologique vers une économie bas-carbone ou encore la mondialisation du travail décent et des normes sociales de l'OIT.

Pourtant, les gouvernements, surtout après la crise de 2008, ont opté pour des politiques d'austérité, tout en préservant l'agenda néolibéral de la financiarisation. Il en a résulté une précarisation des classes moyennes et ouvrières, une réduction des bases fiscales des États et une aggravation des dégâts environnementaux, mais aussi le retour des déséquilibres financiers et des risques systémiques.

---

1. Geoffrey Pleyers. *Alter-globalization: Becoming Actors in the Global Age*. Cambridge, Polity Press, 2010.

Alors que le mouvement altermondialiste représentait un mouvement de résistance citoyenne, il s'est retrouvé pris entre deux feux. La contestation croissante de la mondialisation ne s'est en effet pas traduite par des alternatives progressistes et internationalistes, mais par un agenda conservateur et nationaliste. Il en résulte que le débat sur la mondialisation oppose désormais principalement ceux qui cherchent à préserver l'agenda néolibéral à ceux qui prônent le repli nationaliste, tandis que dans la plupart des pays, le débat politique se focalise sur les enjeux identitaires et migratoires plutôt que sur les questions économiques et sociales.

Pourtant, ni le repli identitaire ni la fuite en avant néolibérale ne sont une réponse adaptée aux déséquilibres de la mondialisation.

Réguler la mondialisation

En matière de régulation de la finance mondiale, l'enjeu consiste à enrayer les déséquilibres financiers et les bulles de crédits. Cela passe notamment par la coopération monétaire internationale et par la réglementation du système bancaire et des marchés financiers.

En matière de régulation du commerce mondial, l'enjeu ne porte pas, comme le prétend l'administration Trump, sur les tarifs douaniers dont les taux appliqués sont très faibles, mais il consiste à garantir que les modes de production des produits commercialisés respectent des normes sociales et environnementales minimales tout au long des chaînes de production mondiales. Cela implique d'imposer à toutes les firmes transnationales et à leurs fournisseurs et sous-traitants le respect des normes sociales et environnementales produites par l'OIT et les conventions environnementales internationales – comme le permettent les clauses d'exceptions générales de l'article XX de l'OMC.

Afin d'éviter qu'une telle option soit considérée comme protectionniste par les pays en développement et qu'elle contribue au contraire à substituer une « course au mieux-disant »

social et environnemental à l'actuelle « course au moins-disant », il faudrait instaurer un fonds pour la promotion des normes sociales et environnementales, financé par le produit des sanctions financières imposées aux importations ne respectant pas ces normes. Dans l'attente d'un tel accord multilatéral sur les clauses sociales et environnementales, un chapitre sur le développement durable lié à un mécanisme contraignant de plainte et de sanction devrait être intégré dans les dizaines d'accords commerciaux bilatéraux négociés en marge de l'OMC.

Par ailleurs, d'autres réformes sont nécessaires pour faire du commerce mondial un levier pour le développement durable. Par exemple, un traitement spécial et différencié (TSD) renouvelé devrait permettre davantage de flexibilités aux pays en développement en matière de politique industrielle. Des flexibilités devraient également être intégrées aux droits de propriété intellectuelle pour favoriser le transfert des technologies – notamment les technologies vertes nécessaires à la transition écologique. En outre, une réforme de l'accord de l'OMC sur l'agriculture devrait rendre le commerce agricole plus cohérent avec l'objectif de souveraineté alimentaire.

En matière fiscale, outre les mesures de transparence pour enrayer l'évasion fiscale internationale, l'enjeu consiste à mettre des limites à la compétition fiscale qui pousse les États à réduire le taux d'impôt des sociétés (ISOC), qui est passé à l'échelle mondiale de plus de 40 % à moins de 25 % en moyenne entre 1980 et 2015 – impliquant qu'à ce rythme, le taux moyen mondial de l'ISOC sera à 0 % en 2052[2]. Cela implique d'adopter des taux minimaux d'ISOC à l'échelle régionale, voire à l'échelle mondiale, afin de préserver une contribution suffisante des entreprises aux recettes publiques des États.

---

2. European Network on Debt and Development. *Tax Games: the Race to the Bottom*. Bruxelles, Eurodad, 2017.

Figure 54.1
Acteurs d'une mondialisation sélective

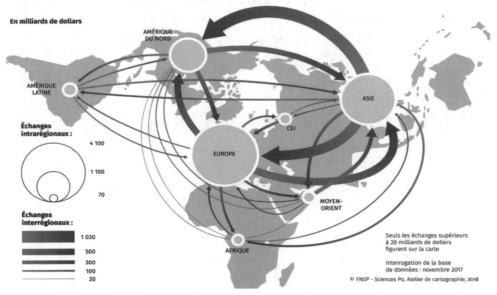

Note : Commerce de marchandises, 2016
Source : Atelier de cartographie et Centre de recherches internationales, Sciences Po. *Acteurs d'une mondialisation sélective : commerce de marchandises, 2016*, 2018.

Conclusion : pour un nouveau récit

La régulation de la mondialisation nécessite une reconfiguration politique autour d'un nouveau récit prônant une société ouverte, juste et durable, non seulement en rupture avec le conservatisme social et culturel, mais aussi avec l'approche néolibérale de l'autorégulation du marché. Un récit en faveur de l'expansion de la démocratie, aussi bien au niveau local, pour répondre aux demandes de participation accrue des citoyens, qu'au niveau global, pour réguler la finance mondiale et les firmes transnationales. Un récit prônant le progrès social et écologique, en garantissant le travail décent et la sécurité sociale, tout en opérant une transition vers des modes de production, de consommation et de mobilité durables. Un récit émancipateur en faveur de nouvelles libertés individuelles et d'une politique migratoire respectueuse des droits humains.

La régulation de la mondialisation nécessite de rassembler des forces politiques à une échelle suffisamment large pour promouvoir un modèle de développement démocratique, soutenable et équitablement réparti. À défaut, les forces nationales-populistes, qui ont l'avantage de pouvoir appliquer leur agenda identitaire à l'échelle nationale, continueront leur progression et la crise économique et sociale se doublera, comme ce fut le cas dans les années 1930, d'une nouvelle « grande transformation[3] » bouleversant les institutions démocratiques et le système politique mondial.

---

3. Karl Polanyi. *La grande transformation : aux origines politiques et économiques de notre temps*. Paris, Éditions Gallimard, 1983 ; Arnaud Zacharie. « Vers une nouvelle grande transformation ? » *Imagine demain le monde*, 2008.

Objectifs d'apprentissage

- Identifier les déséquilibres provoqués par la mondialisation économique.
- Analyser les réponses apportées par les gouvernements à la crise de 2008.
- Comprendre les enjeux démocratiques, économiques, sociaux et environnementaux de la régulation de la mondialisation financière et commerciale.

Questions de réflexion

- La mondialisation est-elle compatible avec la démocratie et le développement durable ?
- Quels sont les obstacles politiques à la régulation de la mondialisation ?

Pour en savoir davantage

Bayart, Jean-François. *L'impasse national-libérale : globalisation et repli identitaire.* Paris, Éditions La Découverte, 2017.

De Grauwe, Paul. *Les limites du marché : l'oscillation entre l'État et le capitalisme.* Bruxelles, Éditions De Boeck, 2015.

Geiselberger, Heinrich. *L'âge de la régression : pourquoi nous vivons un tournant historique.* Paris, Éditions Premier Parallele, 2017.

Maupain, Francis. *L'OIT à l'épreuve de la mondialisation financière : peut-on réguler sans contraindre ?* Genève, OIT, 2012.

Zacharie, Arnaud. *Mondialisation : qui gagne et qui perd : essai sur l'économie politique du développement.* Lormont, Éditions Le Bord de l'eau, 2013.

55

Militarismes et antimilitarisme

Pierre Jasmin

Résumé

Le militarisme affecte plusieurs pays et relance les guerres sous l'égide des États-Unis et ses alliés de l'OTAN, de la Russie, et plusieurs autres pays. Le complexe militaro-industriel-médiatico-académique-humanitaire impose sa (hors-la) loi, à laquelle la majorité des pays se plient en leurs dérives et par leur soumission aux puissances nucléaires. S'y oppose un antimilitarisme éclairé par les principes écologiques et les règles de la démocratie établies à l'origine à l'ONU.

Un processus de longue durée

À partir d'une caricature fabriquée de l'ennemi[1], le militarisme instrumente la peur qui grossit le chiffre d'affaires des vendeurs d'armes et la puissance des politiciens complices. Le plus souvent occulté par les grands médias, ce fléau a empiré, depuis sa célèbre définition, il y a 58 ans, par le général américain Eisenhower:

> Nous devons prendre garde à l'acquisition d'une influence illégitime, sollicitée ou non, par le complexe militaro-industriel. Le risque d'un développement désastreux d'un pouvoir usurpé existe et persistera. Nous ne devons jamais laisser le poids de cette

combinaison mettre en danger nos libertés et nos processus démocratiques. [...] La révolution technologique [engendre] une recherche plus formalisée, plus complexe, et coûteuse. Une part toujours croissante en est conduite pour, par ou sous la direction du Gouvernement fédéral. [...] L'université libre, historiquement source d'idées et de découvertes scientifiques nées dans la liberté, a vécu une révolution dans la conduite de la recherche: obtenir un contrat avec le gouvernement devient quasiment un substitut à la curiosité intellectuelle[2].

Depuis 1961, les conglomérats militaro-industriels ont avalé plusieurs médias influents, justifiant la nouvelle appellation Military-Industrial-Media-Academic-Complex, utilisée

---

1. Walter Lippman (1922) a utilisé en premier l'expression «la fabrication du consentement», reprise et élaborée par Noam Chomsky et Edward S Herman. *Manufacturing Consent: The Political Economy of the Mass Media*. New York, Pantheon Books, 1988.

2. Dwight D. Eisenhower. *Farewell Address: Discours de fin de mandat de Dwight D. Eisenhower*, 17 janvier 1961.

Figure 55.1
Traité sur l'interdiction des armes nucléaires, 2017-2018

Source : Atelier de cartographie et Centre de recherches internationales. *Traité sur l'interdiction des armes nucléaires, 2018*. Sciences Po, 2018.

depuis 1986 en Suède. En exposant les augmentations des budgets militaires américains (à 716 milliards de dollars) et chinois (à 218 milliards de dollars, en hausse de 423 % depuis l'an 2000), et le fait que le budget russe a été réduit à une soixantaine de milliards, les statistiques de l'Institut international de recherche sur la paix (SIPRI) minent la crédibilité de la propagande de l'OTAN, reprise par la presse occidentale, sur une menace qu'on dit venir de la Russie.

Armes nucléaires

Certes, la Russie est un pays militarisé, puisqu'avec les États-Unis, elle partage à parts égales environ 14 000 armes nucléaires (ou 90 % de l'arsenal mondial), d'où les risques potentiels (malfonctionnement électronique, contre-dispositifs de lancement de missiles en état d'alerte maximale, missions suicidaires ou terroristes) ou réels (fausses alertes, bombes échappées en vol, vols d'uranium et pollution par les déchets nucléaires toxiques). Les règles

du Traité de non-prolifération (ONU, 1970) sont bafouées, et par les États membres détenteurs d'armes nucléaires[3], et par les quelques pays en dehors du Traité (Corée du Nord, Inde, Israël et Pakistan). Le retrait par le président Trump de l'entente nucléaire avec l'Iran et de l'accord de limitation des armes nucléaires intermédiaires avec la Russie augure d'une relance de la course aux armements.

Pourtant, le 7 juillet 2017, 122 pays ont appuyé le Traité d'interdiction des armes nucléaires présenté par l'ambassadrice Elayne Whyte Gomez du Costa Rica, rare pays sans armée. Encouragé par le secrétaire général de l'ONU, le Traité s'est heurté à un blocage systématique des cinq pays membres permanents du Conseil de Sécurité, tandis que l'OTAN forçait ses vingt-huit pays membres à refuser d'y adhérer. Les médias ont peu commenté la remise du prix Nobel de la Paix de novembre 2017 à la Campagne internationale pour l'abolition des armes nucléaires (ICAN[4]).

---

3. Chine, États-Unis, France, Grande-Bretagne et Russie.
4. Cette ONG a créé un registre des complicités bancaires appelé « Don't Bank On The Bomb ».

OTAN et OCS

L'Organisation du traité de l'Atlantique Nord, dont le mandat apparaissait comme obsolète lors de la désintégration du Pacte de Varsovie, a pourtant, depuis la chute du mur de Berlin en 1989, avalé 13 pays qui appartenaient auparavant aux sphères d'influence soviétique ou yougoslave : Albanie, Bulgarie, Croatie, Estonie, Hongrie, Lettonie, Lituanie, Monténégro, Pologne, République tchèque, Roumanie, Slovaquie et Slovénie. L'OTAN fait campagne avec le président Trump pour que les pays membres consacrent jusqu'à 3 % de leur PIB aux dépenses militaires. La Grèce, seul pays avec les États-Unis ayant obéi aux 3 % dans le passé, a été mise en faillite par les banques allemandes et françaises qui avaient financé ses acquisitions militaires. Le premier ministre canadien Trudeau a obtempéré en annonçant, sans l'appliquer, une augmentation de 70 milliards de dollars du budget de la défense en juin 2017.

Entretemps, la Chine et la Russie ont forgé l'Organisation de coopération de Shanghai dont les manœuvres Vostok de septembre 2018 pourraient marquer un tournant militariste. L'OCS représente 50 % de la population mondiale, puisqu'outre le Kazakhstan, le Kirghizistan, le Tadjikistan, l'Ouzbékistan et ses deux puissances fondatrices, elle inclut depuis juin 2017 l'Inde et le Pakistan. L'Iran, les Philippines et la Turquie songent même à s'y joindre.

L'enjeu des ressources

Le militarisme cherche d'abord la mainmise sur le pétrole : l'OTAN bombarde l'Afghanistan, l'Irak, la Syrie et la Libye ; les Russes défendent avec l'Iran un pipeline qui aboutirait dans un port syrien ; la Chine s'active en Afrique ; le pipeline Trans Mountain entre l'Alberta et la Colombie-Britannique, acheté par le gouvernement libéral pour une somme de 4,5 milliards de dollars à la compagnie texane Kinder Morgan, achemine le pétrole sale vers l'Océan Pacifique, en dépit de l'opposition des Premières Nations[5].

Le militarisme suréquipe d'armes des pays qui manquent de moyens pour respecter leurs engagements pilotés par la COP, pour lutter contre les feux de forêt, la fonte des pôles provoquant la montée des eaux du globe et le réchauffement climatique aggravé par la consommation abusive de pétrole des armées mondiales.

La dévastation écologique du Kazakhstan par les usines atomiques d'URSS est documentée, de même que le crime américain contre le Viêt Nam, où une guerre chimique a déversé, de 1964 à 1973, 80 millions de litres de défoliant contenant l'agent orange produit par la multinationale Monsanto. Au Groenland, la fonte du pergélisol découvre en 2018 une des 800 bases militaires américaines dans le monde, abandonnée avec ses centaines de barils corrodés contenant matières chimiques et radioactives. Le BPC des vieux radars militaires et la dioxine, ingurgités par des nouveau-nés inuits, voient dépasser jusqu'à 2 000 fois les doses jugées sécuritaires par l'Agence de protection environnementale des États-Unis.

Diabolisation de l'ennemi

Après la Seconde Guerre mondiale, le procès de Nuremberg a établi « les guerres d'agression comme génitrices de tous les crimes », ce qui se constate par l'impérialisme États-Unis/OTAN qui a dévasté le Moyen-Orient et par le terrorisme se réclamant faussement de la religion. De tout temps, l'instrumentalisation de la religion pour diaboliser l'ennemi a fait bénir les canons par prêtres, imams, rabbins ou sorciers. Des réseaux se réclamant de l'islam politique (ce qui est devenu plus tard al-Qaida) ont reçu une aide militaire massive, à commencer par la CIA armant les talibans contre le régime postsoviétique en Afghanistan. Les dizaines de milliards

---

5. Pierre Jasmin. « Trudeau soumis aux pétrolières ». *L'aut'journal*, 2018.

de dollars de matériel militaire vendu par les États membres de l'OTAN au Qatar et à l'Arabie saoudite alimentent leur haine contre l'Iran et les populations chiites du Yémen et du Bahreïn.

L'attaque de l'OTAN contre la Libye en 2011 était commandée par le général canadien Charles Bouchard, maintenant à l'emploi de Lockheed Martin Canada afin de promouvoir ses chasseurs-bombardiers furtifs F-35. Noam Chomsky a dénoncé la doctrine dite de la «Responsabilité de protéger» (R2P) dont le prétexte humaniste justifie les guerres néo-colonialistes[6]. L'exemple libyen est éloquent, puisqu'à l'origine, le Conseil de sécurité de l'ONU avait endossé l'intervention militaire pour protéger les populations civiles, et non pour renverser un régime, dont la destruction a finalement mené à l'implosion de ce pays et à la domination de bandes armées.

Les agressions militaristes gonflent les 68,5 millions de réfugiés répertoriés par le Haut-Commissariat de l'ONU pour les réfugiés (HCR); des millions de désespérés frappent aux portes de l'Europe et de l'Amérique du Nord, alimentant des réactions populistes et racistes en Allemagne, en Pologne et en Hongrie. L'extrême droite, parfois paramilitaire, brandit dans les rues du monde ses pancartes racistes contre immigrants et gens de couleur, quand ce ne sont pas aux États-Unis des armes automatiques, sources de massacres de masse.

Les dizaines de milliers de morts causées par les régimes militaires installés par la CIA en Argentine, Bolivie et aux Brésil, Chili, Paraguay, Pérou des années 1970 se déplorent de nos jours en Colombie, au Salvador, au Honduras et au Guatemala, dont les survivants doivent s'exiler pour leur survie. Le Brésil a maintenant un régime d'extrême droite, sous l'influence des fake news de Google, Apple, Facebook, Amazon, Microsoft et de l'anticommunisme évangélique. Omniprésentes en Amériques du Sud et Centrale, ainsi qu'en Afrique, les églises évangéliques accaparent à l'autopromotion de leur prosélytisme des budgets ainsi soustraits à l'UNICEF et à son aide aux enfants victimes de la pauvreté et de la faim.

Antimilitarisme

Heureusement, altruisme et solidarité pour le bien-être des populations motivent encore l'UNESCO et les Médecins sans frontières dont la présidente Joanne Liu n'a pas hésité à dénoncer l'OTAN qui a bombardé deux de ses hôpitaux en Afghanistan et en Syrie.

Le rapport 1992 de 600 mémoires par l'Enquête nationale canadienne[7] n'a pas perdu de sa pertinence : « Ce n'est pas d'une politique de défense que le Canada a besoin, mais d'une véritable politique de sécurité. » Le rapport étant, malgré ses commissaires attachés aux trois partis principaux, resté lettre morte, l'ONU demeure donc la dernière défense antimilitariste, par sa volonté de privilégier la diplomatie, par ses Casques bleus[8] et comme on l'a vu par l'UNESCO, l'UNICEF et le HCR.

L'Institut des Nations unies pour la recherche sur le désarmement, l'UNIDIR, mène une lutte inégale contre les bombes à sous-munitions, les drones armés, les robots autonomes, la cyberguerre et la militarisation de l'espace, a vu son financement scandaleusement interrompu par le Canada. C'est pourtant le pays qui avait sauvé via le Traité d'Ottawa contre les mines antipersonnel (1997) des dizaines de milliers de vies, grâce à des opérations de déminage en des pays infestés tels la Colombie, l'Afghanistan, l'Angola et le Cambodge. Les ONG Mines Action Canada et Humanité et Inclusion y ont travaillé.

---

6. «Hommage à Noam Chomsky, penseur aux empreintes multiples», collectif sous la direction de Normand Baillargeon avec un chapitre sur la politique étrangère américaine par les chercheures Élisabeth Vallet et Frédérique Verreault de la Chaire Raoul-Dandurand de l'UQAM.

7. Consultation citoyenne. *À l'heure des grands changements dans le monde : pour une nouvelle conception de la sécurité.* Centre de ressources sur la non-violence. 2011.
8. L'OTAN et l'extrême gauche tentent de discréditer les Casques bleus défendus par Walter Dorn, dans *Keeping Watch: Monitoring, Technology and Innovation in UN Peace Operations.*

Figure 55.2
L'opération des Nations unies en Côte d'Ivoire, 2012

Note : Opération de désarmement-démobilisation-réintégration de l'ONU
Crédit : ONU Photo/ Patricia Esteve

Prix Nobel de la paix 2013, l'Organisation pour l'interdiction des armes chimiques, avec 192 pays membres, a démantelé l'arsenal syrien à la suggestion de la Russie, désamorçant les volontés guerrières des chefs de gouvernements américain, français et britannique[9].

Il faut se garder d'assimiler toutes les forces militaires au militarisme. C'est une brève intervention armée qui a libéré Sarajevo des artilleries serbo-bosniaques en 1995, évitant la répétition des massacres de masse de Srebrenica survenus deux mois plus tôt. Après le génocide rwandais, le général Roméo Dallaire a dénoncé l'instrumentalisation des enfants-soldats et les ravages du stress post-traumatique qu'il a lui-même subis. En conséquence, les associations de vétérans, autrefois occupées à perpétuer le mythe d'une gloriole militaire posthume ou

autre, savent aujourd'hui verbaliser leurs expériences traumatisantes de violence (et de viols) subies ou infligées en cours de missions.

Conclusion

La Cour pénale internationale créée en 2002 à La Haye par les efforts du diplomate canadien Philippe Kirsch a permis d'accuser quelques dirigeants militaristes responsables d'atrocités dans des guerres africaines et yougoslaves.

Mais l'irruption mondiale de leaders populistes de droite affaiblit le multilatéralisme de l'ONU, faisant craindre un futur envenimé par des conflits guerriers. Si la prolifération de mouvements sociaux y réagit partout dans le monde, le Forum social mondial et les pertinentes luttes féministes, LGBTQ et écologiques ont encore à s'unir dans un mouvement altermondialiste de résistance solidaire. Le réseau universitaire, en

---

9. Pierre Jasmin. *Pertinence des Prix Nobel de la Paix.* Canadian Pugwash Group, 2018. (Dernier paragraphe dans la section 2).

réponse à l'admonestation d'Eisenhower, doit réagir contre un militarisme qui use de tactiques dévoyées, mais fort bien financées pour imposer ses méthodes violentes.

Objectif d'apprentissage

- Situer le militarisme dans le contexte géopolitique mondial.
- Identifier les motifs économiques sous-jacents au militarisme.
- Réfléchir sur le rôle de la société civile en matière de lutte contre le militarisme.

Questions de réflexion

- Y a-t-il des guerres «justes»?
- Les Casques bleus de l'ONU ont-ils encore un rôle de prévention des conflits?
- Le féminisme et l'écologisme peuvent-ils enrayer le militarisme?

Pour en savoir davantage

Andrée, Michel. *Féminisme et antimilitarisme*. Donnemarie-Dontilly, Éditions iXe, 2012.

Chomsky, Noam. *Qui mène le monde?* Montréal, Lux Éditeur, 2018.

Collectif. «Impérialisme au XXIe siècle: empires et confrontations». *Nouveaux Cahiers du socialisme*, no 13 (2015).

Cornut, Jérémie. «Introduction: antimilitarisme et militarisation au Canada et au Québec, état des lieux et tour d'horizon théorique». *Études internationales 44*, no 3 (2013), 337-513.

van Riet, Rob et Alyn Ware. *Promouvoir la non-prolifération et le désarmement nucléaires*. Genève, Union interparlementaire (IUP), 2012.

Notes

56

Démocratiser la démocratie

Jonathan Durand Folco

Résumé

Les analyses et débats entourant la «démocratisation» ont longtemps concentré leur attention sur les processus par lesquels les pays du Sud global, les régimes autoritaires et les institutions internationales prétendent adopter les principes de la démocratie libérale. Selon cette conception dominante, l'élargissement de la démocratie consiste à étendre la logique du système représentatif à travers l'espace et différentes échelles de gouvernance, sans mettre en doute les angles morts de ce modèle politique. Or, les régimes dit démocratiques sont de plus en plus confrontés à un certain nombre de déficits, prenant la forme d'une crise de confiance envers élus et partis, voire envers la représentation elle-même. Cynisme, abstentionnisme, apathie citoyenne et montée des populismes autoritaires sont quelques-unes des manifestations de cette «crise de la démocratie». Pour répondre à ces lacunes, une série d'initiatives locales, de pratiques démocratiques et de nouveaux dispositifs participatifs sont apparus depuis les années 1990 et 2000 afin de «démocratiser la démocratie». Après avoir montré quelques failles du modèle représentatif, nous prendrons l'exemple du budget participatif, adopté par des centaines de villes à travers le monde afin de mettre en relief les défis de cette nouvelle ère de la participation. Enfin, nous montrerons comment des initiatives apparues dans le sillage des mobilisations populaires (*Indignados, Occupy*) et du mouvement municipaliste cherchent à construire une nouvelle démocratie participative, directe et radicale «par le bas».

Gouvernement représentatif et démocratie participative

La démocratie est souvent définie par un ensemble de droits politiques (comme la liberté d'expression, et d'association) et un système de compétition électorale permettant de sélectionner des représentants pour assurer la direction des affaires publiques. Or, la démocratie n'a pas toujours été associée aux principes du gouvernement représentatif; le premier principe est fondé sur la participation citoyenne directe (à l'instar de la démocratie athénienne), alors que le second repose sur la séparation des gouvernants et des gouvernés. Comme la «démocratie représentative» est fondée sur la délégation du pouvoir

Figure 56.1
Manifestation à Hong Kong lors de la contestation des parapluies, 2014

Crédit : Studio Incendo

politique, cela amène certains déficits en matière de responsabilité, d'égalité et d'autonomie[1].

Par exemple, le fait de confier la gestion de l'État à des politiciens professionnels contribue à la déresponsabilisation des citoyens, lesquels se retrouvent souvent à la merci des experts et des élites économiques qui exercent une grande influence sur les pouvoirs publics. Avec l'arrivée du néolibéralisme qui donne un rôle prédominant à l'entreprise, les traités de libre-échange qui limitent la capacité d'intervention des États et l'influence croissante des multinationales et des marchés financiers, le pouvoir effectif des citoyens sur leur avenir tend à s'effacer. Dans ce contexte, la souveraineté populaire, l'autonomie collective et l'autogouvernement font place à ce que plusieurs appellent la « post-démocratie ».

Pour pallier ce déficit démocratique, plusieurs appellent à renouveler nos institutions politiques par un renforcement de la participation citoyenne et des espaces de délibération permettant aux individus d'échanger collectivement sur les décisions qui les concernent. Cela passe notamment par la mise en place de dispositifs comme les sondages délibératifs, jurys citoyens, budgets participatifs, commissions consultatives, conseils de quartier, assemblées locales, outils numériques et autres mécanismes visant à favoriser une gouvernance plus participative. L'idée est de « radicaliser la démocratie », non pas en rejetant la représentation en bloc, mais en démocratisant les institutions et lieux de décision pour les rendre plus perméables aux citoyens ordinaires, groupes vulnérables et associations de la société civile. Voilà en quelques mots le projet général de la démocratie participative, qui vise à compléter les institutions existantes par la mise en place de nouveaux dispositifs participatifs pour inclure les citoyens directement dans la prise de décision.

La participation et ses ambivalences

Depuis les années 1990 et 2000, la participation est devenue un thème à la mode, voire un *buzzword* exprimant un « nouvel esprit de la démocratie » qui serait maintenant devenue plus ouverte et inclusive[2]. L'inclusion des populations locales dans les projets de développement,

1. Joshua Cohen et Archon Fung. « Le projet de la démocratie radicale ». *Raisons politiques* 2, nº 42 (2011), 115-130.

2. Loïc Blondiaux. *Le nouvel esprit de la démocratie : actualité de la démocratie participative*. Paris, Éditions du Seuil, 2008.

la promotion de la participation publique par les politiciens, l'émergence d'un métier de « professionnels de la participation » et la recherche universitaire abondante sur le sujet témoignent que nous sommes bien entrés dans une ère où la participation est devenue un véritable marqueur de légitimité politique. L'engouement entourant la participation amène cependant quelques paradoxes. Loin de représenter dans chaque cas un exemple de « démocratie radicale » basé sur les mouvements sociaux et l'*empowerment* des groupes défavorisés, la participation est souvent conçue comme un outil de gestion de proximité, de modernisation des institutions publiques, ou encore une procédure managériale avant tout axée sur l'efficacité[3].

Afin d'illustrer ce phénomène, prenons l'exemple du budget participatif lancé en 1989 à Porto Alegre au Brésil. Cette innovation démocratique a permis aux citoyens de gérer directement une partie du budget municipal : les individus réunis en assemblée délibèrent sur leurs besoins, projets et priorités d'investissement, puis élisent des délégués sur le conseil du budget participatif qui permet d'assurer un va-et-vient continu entre l'administration publique et les assemblées locales. Un processus complexe étalé sur plusieurs mois permet d'élaborer collectivement un budget qui sera par la suite adopté sans interférence par les élus[4]. Depuis sa création, ce dispositif a été popularisé par le mouvement altermondialiste, les professionnels de la participation, ainsi que la Banque mondiale et d'autres organisations internationales qui la conçoivent comme un mécanisme de « bonne gouvernance ». Aujourd'hui, les budgets participatifs existent dans plus de 1 500 villes des cinq continents, en prenant une forme extrêmement variable selon les contextes.

Loin de représenter une simple « diffusion » d'un dispositif participatif qui resterait inchangé, la circulation d'une innovation et sa traduction dans une pluralité de milieux contribuent à la transformer radicalement, ce qui amène une série d'ambivalences[5]. Il faut rappeler ici que le budget participatif de Porto Alegre est né dans un contexte de fortes mobilisations populaires, de l'élection d'un parti de gauche à l'échelle nationale (le Parti des travailleurs ou PT) et d'un projet visant la redistribution de la richesse vers les groupes défavorisés. La participation des classes populaires, l'implication active des organisations de la société civile et le modèle des assemblées locales a depuis lors fait place à des formes plus faibles de participation, allant des appels à projets citoyens votés par référendum, à des tables de concertation locales, en passant par des outils pédagogiques en ligne ou des consultations sur les finances publiques sans pouvoir décisionnel.

Ainsi, la « participation » est employée à différentes sauces allant de la simple information et consultation, en passant parfois à des formes de cogestion ou d'autorité directe des citoyens. Alors que le budget participatif fut d'abord utilisé comme un instrument politique visant à transformer la relation entre les institutions publiques et les citoyens dans une visée de justice sociale, il est aujourd'hui largement devenu un simple dispositif ou appareil utilisé de façon isolée et institué « par le haut ».

Démocratiser par le bas ?

Cependant, la logique *top-down* n'est pas la seule façon d'envisager la participation citoyenne et les tentatives pour démocratiser la démocratie[6]. Depuis le nouveau cycle de mobilisations ouvert depuis 2011 avec le Printemps arabe, le mouvement des *Indignados* en Espagne, *Occupy Wall*

---

3. Marie-Hélène Bacqué, Yves Sintomer et Henri Rey. *Gestion de proximité et démocratie participative*. Paris, Éditions La Découverte, 2005.

4. Luc Rabouin. *Démocratiser la ville : de Porto Alegre à Montréal*. Montréal, Lux Éditeur, 2009.

5. Gianpaolo Baiocchi et Ernesto Ganuza. *Popular Democracy: The Paradox of Participation*. Standford, Standford University Press, 2016.

6. Boaventura de Sousa Santos. *Democratizing Democracy: Beyond the Liberal Democratic Canon*. New York, Verso, 2005.

Street, les grèves étudiantes au Québec et au Chili, nous assistons à un renouvellement des pratiques démocratiques basées sur les principes de proximité et d'horizontalité[7]. L'occupation, les assemblées populaires de quartier, la démocratie par consensus et d'autres pratiques innovantes viennent renouveler le répertoire d'actions collectives et nourrir l'aspiration à instaurer une « démocratie réelle », plus profonde et authentique.

Si plusieurs formes de démocratisation « par le bas » prennent forme dans la rue, les places publiques, les collectifs autonomes et les zones à défendre comme celle de Notre-Dame-des-Landes (France), un nouveau mouvement municipaliste vise à refonder la transformation démocratique de la vie sociale, économique et politique par la conquête des institutions municipales[8]. Que ce soit à travers les plateformes citoyennes qui se sont imposées dans plusieurs villes européennes notamment, ou encore à travers des coalitions municipales progressistes aux États-Unis, de nouvelles perspectives se dessinent en matière de démocratie radicale. Le municipalisme mobilise les assemblées locales, budgets participatifs, mécanismes de redevabilité,

technologies numériques, référendums et autres méthodes de délibération, que ce soit pour favoriser la participation directe des citoyens ou assurer un contrôle plus strict des élus locaux. À la différence d'une approche incrémentale misant sur l'implantation progressive de dispositifs isolés, le municipalisme combine plusieurs stratégies et outils en les inscrivant dans un projet plus large de transformation sociale.

Bien qu'il soit impossible de décrire précisément l'ensemble des initiatives, pratiques et expérimentations démocratiques qui prennent forment à travers le monde, il faut rappeler que le sens de la « participation » est lui-même objet de contestation. Le contexte sociopolitique dans lequel s'inscrit chaque dispositif, de même que les intentions des acteurs, discours, contraintes institutionnelles et rapports de pouvoir entre les groupes sociaux conditionnent dans une large mesure le potentiel émancipateur des innovations démocratiques. La question n'est pas tant de savoir si tel ou tel dispositif participatif est plus ou moins efficace ou meilleur en soi, mais de réfléchir aux façons dont chaque initiative s'insère dans une perspective plus large. Somme toute, la démocratisation de la démocratie dépendra de la capacité des acteurs sociaux à s'emparer des multiples espaces et institutions existantes, tout en les transformant de l'intérieur afin de créer les conditions pratiques de l'autonomie collective.

7. Marcos Ancelovici, Pascale Dufour et Héloïse Nez. *Street Politics in the Age of Austerity: From the Indignados to Occupy*. Amsterdam, Amsterdam University Press, 2016.
8. Jonathan Folco Dura. *À nous la ville! Traité de municipalisme*. Montréal, Éditions Écosociété, 2017.

Objectifs d'apprentissage

- S'initier aux enjeux entourant la crise de la démocratie.
- Identifier certaines lacunes du système représentatif.
- Analyser de façon critique les dispositifs participatifs.
- Imaginer des alternatives permettant d'élargir la participation citoyenne.

Questions de réflexion

- Quelles sont les causes qui alimentent la crise de la démocratie représentative ?
- Quels sont les angles morts de la participation publique ?
- Comment envisager un nouveau modèle de société plus démocratique ?

Pour en savoir davantage

Beaudet, Pierre, Stéphane Chalifour, Donald Cuccioletta, Michel Roche et Judith Trudeau. «Démocratie : entre dérives et recomposition». *Nouveaux Cahiers du socialisme*, n° 17 (2017).

Bonin, Hugo. *La démocratie hasardeuse : essai sur le tirage au sort en politique*. Montréal, Éditions XYZ, 2017.

Lamoureux, Diane. «Démocratiser radicalement la démocratie». *Nouvelles Pratiques sociales* 21, n° 1 (2008), 121-136.

Nardon, Laurence. «Trump et la crise de la démocratie américaine». *Politique étrangère*, printemps, n° 1 (2017), 11-22.

Piron, Florence et Guay Jean-Herman. «Dialogues pour réinventer la démocratie». *Éthique publique* 13, n° 2 (2011).

Notes

57 Développement participatif : pour qui et par qui ?

Françoise Montambeault

Résumé

On peut conceptualiser la démocratie participative comme l'ensemble des mécanismes qui visent à «démocratiser la démocratie» par le biais de l'inclusion formelle des citoyens dans les processus de prise de décision des gouvernements locaux, régionaux ou nationaux. Cette injonction à la participation citoyenne s'est imposée dans le monde du développement international, alors que les acteurs internationaux et nationaux se sont faits promoteurs de cette idée pour tenter de «démocratiser le développement» et de le rendre plus «humain» et plus en phase avec les réalités locales, à travers le concept de développement participatif, devenu «buzzword» dans les années 2000. Or, les pratiques et mécanismes auxquels cette notion fait référence varient énormément dans leurs objectifs, leur fonctionnement et leurs impacts, ce qui en fait l'objet de critiques et de doutes quant à leur efficacité. Pour plusieurs, le développement participatif demeure limité, car il s'inscrit dans le paradigme néolibéral du développement et ne permet pas de remettre en question le modèle de développement économique axé sur la croissance et sous-jacent aux inégalités dans le monde.

Aux origines du développement participatif

Au début des années 1980, le paradigme dominant du développement international, qui suppose notamment que la pauvreté et les inégalités mondiales peuvent être combattues par des programmes visant l'accélération de la croissance économique et la réduction du rôle de l'État, prend racine dans les théories économiques néolibérales et dans l'héritage des théories de la modernisation. Les programmes d'aide mis en place s'articulent au niveau macro-économique, mais s'ancrent parfois dans les communautés locales dans une logique de développement à visage humain mettant aussi l'accent sur le renforcement des capacités humaines[1]. Or, malgré cela, ils s'inscrivent dans une logique qualifiée par les critiques d'ethnocentrisme, où les pays développés offrent leur «expertise» bureaucratique, leurs connaissances «techniques», du haut vers le bas, sans tenir

---

1. Amartya Kumar Sen. *Un nouveau modèle économique : développement, justice, liberté*. Paris, Éditions Odile Jacob, 2000.

compte des savoirs indigènes et réalités locales[2].

C'est dans ce contexte que les approches participatives du développement émergent, mettant de l'avant l'idée d'impliquer directement les populations concernées, de valoriser les savoirs pratiques locaux, et de permettre l'émancipation et la prise de pouvoir des citoyens des communautés des pays du Sud global. Au départ essentiellement l'apanage d'ONG radicales et critiques du modèle dominant, les méthodes participatives deviennent rapidement la norme dans les années 1990. Notamment inspirées des travaux de Robert Chambers[3], les approches comme l'évaluation rurale participative (PRA – *participatory rural appraisal*), et ses dérivés (par exemple : l'analyse des besoins basée sur les communautés, la cogestion des ressources naturelles, les évaluations d'impacts participatives, etc.) visent à « mettre les derniers en premiers ». Il s'agit en fait de placer les bénéficiaires des programmes au cœur des projets de développement par le biais de mécanismes participatifs permettant aux promoteurs de ces projets d'évaluer avec elles les besoins des communautés et les résultats de leurs programmes.

Dès 1989, la Banque mondiale suggère dans son rapport annuel qu'il convient de créer un environnement institutionnel permettant la participation des citoyens dits ordinaires au design et à la mise en œuvre des programmes de développement, et proposera des outils et méthodes pour faciliter la mise en œuvre de cette recommandation dans les pratiques. C'est toutefois au tournant des années 2000 que l'injonction participative pénètre dans le discours dit « dominant » des organisations multilatérales de développement et des gouvernements locaux, à la fois promoteurs et récipiendaires de l'aide internationale. En 1997, le rapport annuel de la Banque mondiale lance un appel à décentraliser le développement, en rapprochant les gouvernements des populations locales via la mise en place de mécanismes institutionnels de participation des citoyens aux projets qui les concernent, appel réitéré et approfondi dans le rapport 2000-2001.

La mise en place de mécanismes participatifs visant à inclure les bénéficiaires des projets à certaines étapes de leur conception et/ou de leur mise en œuvre fait désormais partie du langage standardisé du développement international. En Amérique latine, par exemple, les citoyens ont été mis à contribution dans divers programmes de revitalisation urbaine mis en place dans les bidonvilles à Sao Paulo, Buenos Aires ou Mexico, notamment. On a aussi impliqué les usagers locaux dans les comités de gestion de l'accès à l'eau potable, par exemple, ou dans les comités de gestion des ressources forestières. Les populations autochtones d'Équateur, de Bolivie et d'autres pays de la région ont été visées par des initiatives de développement communautaire déployées en parallèle de l'exploitation des ressources naturelles sur leurs territoires traditionnels, proposés à la fois par des ONG locales, les gouvernements et les entreprises privées. Ainsi, on a vu dans les pays du Sud global l'émergence de différents modèles de participation des communautés aux décisions qui les affectent.

Sur l'ambiguïté de la participation

Dans le contexte où l'idée de développement participatif est reprise par plusieurs types d'acteurs et d'organisations, que ce soit des ONG ou des institutions multilatérales et agences d'aide internationale bilatérale mues par le paradigme dominant, on peut se demander ce que participer veut dire, en bout de piste. Les expériences se valent-elles toutes ? Sont-elles équivalentes ? Comme l'indique Andrea Cornwall[4], la

2. James Ferguson. *The Anti-Politics Machine: Development, Depolitization and Bureaucratic Power in Lesotho.* Cambridge, Cambridge University Press, 1990.
3. Robert Chambers. *Développement rural : la pauvreté cachée.* Paris, Éditions Karthala, 1990.

4. Andrea Cornwall. « Unpacking Participation: Models, Meanings and Practices ». *Community Development Journal* 43, n° 3 (2008), 269-283.

Tableau 57.1
Typologie de la participation

Typologie	Description
Participation passive	On annonce aux participants ce qui va se passer ou bien ce qui s'est déjà passé. C'est une annonce unilatérale faite par une administration ou par les gestionnaires de projet, sans aucune écoute des réponses des intéressés. Les informations partagées appartiennent seulement aux professionnels extérieurs.
Participation par partage d'information	Les personnes participent en donnant des réponses aux questions posées par des chercheurs «extractifs» et par les gestionnaires de projet au travers de questionnaires d'enquête ou d'approches similaires. Les personnes n'ont pas l'opportunité d'influencer les procédures, étant donné que les résultats des recherches ou la conception du projet ne sont pas partagés ni approuvés par les enquêtés.
Participation par consultation	Les personnes participent au travers de consultations et des agents extérieurs écoutent leurs points de vue. Les agents extérieurs définissent à la fois les problèmes et les solutions et peuvent modifier ces dernières au vu des réponses des personnes. Un tel processus consultatif ne permet pas le partage dans la prise de décision et les professionnels ne sont pas obligés de prendre en compte les points de vues exprimés.
Participation à travers une motivation matérielle	Les personnes participent en fournissant des ressources, par exemple du travail, en échange de nourriture, d'argent ou d'autres motivations matérielles. Ce type de participation est très répandu. Cependant, les personnes n'ont aucun intérêt à prolonger les activités quand les motivations matérielles cessent.
Participation fonctionnelle	Les personnes participent en formant des groupes pour atteindre des objectifs prédéterminés du projet, qui peuvent inclure le développement ou la promotion d'organisation sociale initiée extérieurement. Une telle implication ne survient pas en général aux premiers stades des projets, mais plutôt après que des décisions importantes ont déjà été prises.
Participation interactive	Les personnes participent aux analyses conjointes qui conduisent aux plans d'action. On a en général recours dans ce cas à des méthodes interdisciplinaires qui recherchent de multiples perspectives et utilisent des processus d'apprentissage systématiques et structurés.
Automobilisation/ Participation active	Les personnes participent en prenant des initiatives indépendamment des institutions externes afin de changer les systèmes. De telles mobiisations auto-initiées et des actions collectives peuvent, ou non, perturber la distribution existante des richesses et des pouvoirs.

Source : Dilys Roe, Fred Nelson et Chris Sandbrook. *Community management of natural resources in Africa: Impacts, experiences and future directions.* Londres, International Institute for Environment and Development, 2009. Cité par van Vliet, Nathalie, Daniel Cornelis, Sandra Ratiarison, Abdon Bivigou, Alain Ampolo, Faustin Tokate, François Sandrin, Sébastien Le Bel et Jean-Claude Nguinguiri. *Développement participatif d'un plan de gestion durable de la chasse villageoise : guide pratique et exemples d'application en Afrique centrale.* Bogor, Centre de recherche forestière internationale (CIFOR), 2017.

participation est un concept polysémique, qui se définit par des pratiques différenciées et dont le sens et la portée varient notamment en fonction de ses promoteurs et de leurs objectifs.

L'échelle de la participation proposée par Sherry R. Arnstein[5] constitue un bon point de départ pour réfléchir sur le sens et la portée des pratiques participatives pour les populations bénéficiaires dans le domaine du développement international. En effet, elle distingue plusieurs formes de participation, qu'elle associe à des résultats distincts en matière de prise de pouvoir. Pour elle, contrairement aux approches inspirées des propositions de la Banque mondiale, les consultations et les séances d'information ne permettent pas une réelle prise de pouvoir des citoyens. En fait, seuls les mécanismes assurant le plein contrôle citoyen de la décision, la réelle délégation de pouvoirs et les partenariats égalitaires donnent du pouvoir aux citoyens. Certains mécanismes dits participatifs peuvent même, dans les faits, ne pas l'être et révéler des formes de manipulation de la part des élites. Ces distinctions prennent un sens particulier lorsqu'on s'intéresse aux impacts de la participation sur la qualité de vie des populations concernées, comprise non seulement comme la redistribution de la croissance économique et la réduction des inégalités, mais aussi sur la démocratisation de leur rapport à l'État et leur prise de pouvoir comme citoyens. Ainsi, si certaines formes de participation institutionnalisées peuvent avoir des effets sur le bien-être des populations locales, toutes les formes de participation ne sont pas égales et, comme l'idée de démocratie participative, le concept de développement participatif ne constitue pas une panacée.

Conclusion : (Re)politiser le développement ?

Canon du développement international, la notion de participation citoyenne dans les projets de développement est devenue un « buzzword[6] ». Si l'idée de participation citoyenne comporte des limites liées à son caractère polysémique et à ses pratiques différenciées, la critique des acteurs et observateurs du développement participatif se concentre surtout sur son fonctionnement, ses mécanismes, et ses pratiques afin de les rendre plus efficaces en regard des objectifs d'accroissement du bien-être, de développement des capacités et d'*empowerment* des communautés. On met aussi en doute la pertinence de la reproduction d'une recette, liée à l'injonction participative imposée par le haut, et qui implique souvent l'adoption de mécanismes standardisés dans les projets de développement à travers le monde, sans tenir compte des dynamiques et des contextes locaux et en limitant de ce fait le potentiel émancipateur du développement participatif[7].

En parallèle, un autre type de critique conteste le fondement même des approches participatives inscrites dans le paradigme dominant, accusées de « dépolitiser » le développement[8]. Pour ces critiques, pour être émancipatrice pour les populations locales, la participation ne doit pas être un instrument technique du statu quo, mais doit permettre de remettre en cause le modèle néolibéral dominant en révélant les désaccords, les confrontations sociales et les contradictions inhérentes au processus de transformation sociale sous-jacent. Ainsi, pour ces critiques, il ne s'agit pas d'améliorer les composantes techniques des mécanismes

---

5. Sherry R. Arnstein. « A Ladder of Citizen Participation ». *Journal of the American Institute of Planners 35*, n° 4 (1969), 216-224.

6. Pablo Alejandro Leal. « Participation : The Ascendency of a Buzzword in the Neoliberal Era ». *Development in Practice 17*, n° 34 (2007), 539-548.

7. Gianpaolo Baiocchi et Ganuza Ernesto. « Participation as if Emancipation Mattered ». *Politics and Society 42*, n° 1 (2014), 29-50.

8. Pablo Alejandro Leal. « Participation : The Ascendency of a Buzzword in the Neoliberal Era ». *Development in Practice 17*, n° 34 (2007), 539-548.

institutionnels du développement participatif pour les rendre plus efficaces du point de vue des promoteurs du développement, mais plutôt de repolitiser le développement et la participation afin qu'elle devienne un réel instrument de prise de pouvoir pour les communautés locales, initiée par le bas, par les mouvements sociaux et la société civile organisée. La question demeure donc au cœur des débats sur le pouvoir émancipateur et de transformation sociale du développement participatif : qui participe, comment et pourquoi ?

Objectifs d'apprentissage

- Comprendre l'évolution des approches participatives en matière de développement.
- Développer une réflexion critique sur les limites du développement participatif.
- Réfléchir à des solutions alternatives pour repenser la participation citoyenne.

Questions de réflexion

- Le développement participatif, tel qu'il est conçu par les organisations internationales, permet-il aux populations bénéficiaires de s'engager réellement dans le processus de prise de décisions ?
- À la lumière des critiques adressées aux approches participatives de développement, quelles sont les pistes alternatives à envisager pour élargir la participation citoyenne ?

Pour en savoir davantage

Blanchet, Karl. « Le développement participatif, entre souhaits et réalité ». *Revue internationale des sciences sociales 170*, n° 4 (2001), 697-702.

Lebovics, Maxime. « Analyse des apports et des contraintes du développement participatif ». *Afrique contemporaine 223-224*, n° 3 (2007), 403-432.

Platteau, Jean-Philippe et Anita Abraham. « Imperfections des communautés rurales traditionnelles et développement participatif ». *Revue d'économie du développement 9*, n° 1 (2001), 197-231.

Tommasoli, Massimo. *Le développement participatif : analyse sociale et logiques de planification*. Paris, Éditions Karthala, 2004.

Rémon, Marcel. *Histoires d'appropriation : le développement participatif à l'épreuve de la réalité*. Namur, Presses universitaires de Namur, 2010.

Notes

58 L'*empowerment* : autonomisation économique ou émancipation ?

Maïka Sondarjee

Résumé

Le concept d'*empowerment* est défini comme un processus par lequel individus, groupes et communautés gagnent du contrôle sur leur capacité de faire des choix. En développement international, le terme a gagné en popularité en 1995 lorsque l'ONU a adopté son «Agenda pour l'*empowerment* des femmes», et est alors devenu un problème apolitique auquel la communauté internationale devait s'atteler. Ce chapitre présente un court historique et une définition du concept, puis présente trois modèles concurrents de la notion d'*empowerment* : un modèle radical, un modèle social-libéral et un modèle néolibéral.

Qu'est-ce qu'est l'*empowerment* ?

L'*empowerment* désigne autant un état (être ou non *empowered*) que le processus d'apprentissage pour y arriver (s'*empower-er*)[1]. En français, il est parfois traduit par capacité d'agir, autonomisation, capacitation, ou encore «empouvoirement». Nous privilégions l'utilisation du terme anglais *empowerment*, qui réfère à la fois à l'idée de pouvoir comme état et comme processus (*to empower* et *to have power*). L'*empowerment* implique cinq dimensions principales[2] :

- Sur le plan cognitif, les individus doivent adopter une compréhension critique de leur réalité.
- Sur le plan psychologique, se sentir *empowered* passe par une meilleure estime de soi.
- Sur le plan politique, les individus et les groupes sociaux doivent avoir une conscience des inégalités de pouvoir et développer une capacité à s'organiser et se mobiliser.
- Sur le plan économique, les individus doivent être capables de se procurer des revenus indépendants d'acteurs extérieurs.
- L'*empowerment* doit donc passer par le niveau individuel (conscience et autonomie économique) et par le niveau collectif (s'organiser en luttes sociales).

1. Marie-Hélène Bacqué, et Carole Biewener. «L'*empowerment*, un nouveau vocabulaire pour parler de participation?» *Idées économiques et sociales* 3, n° 173 (2013 a), 25-32.
2. Nelly Stromquist. «Education as a means for empowering women». Dans *Rethinking Empowerment : Gender and Development in a Global/Local World*. Par Jane L. Parpart, Shirin Rai et Kathleen A Staudt, 217. Londres, Routledge, 2002.

- Plus encore, un *empowerment* passe nécessairement par la quête collective d'émancipation et doit devenir une force politique, c'est-à-dire un « mouvement de masse mobilisé qui conteste et transforme les structures de pouvoir existantes[3] ». Cet aspect fait la différence entre autonomisation économique et émancipation réelle[4].

Trois visions

Il existe trois idéaux types d'*empowerment* : radical, social-libéral et néolibéral.

Le modèle radical réfère à une auto-organisation des groupes marginalisés qui se battent pour une reconnaissance de leur identité et/ou de leurs droits. Le processus doit venir des groupes marginalisés eux-mêmes, à travers lequel des individus s'organisent et s'éduquent collectivement afin de se libérer des systèmes d'oppression. Un exemple d'*empowerment* radical est l'organisation indienne Self-Employed Women's Association (SEWA). Fondée en 1972 par des travailleuses indiennes du secteur informel, SEWA lutte pour protéger leurs droits et leur sécurité sociale et financière. Mouvement intersectionnel, SEWA est à la confluence du mouvement syndical, celui des coopératives et celui des femmes[5]. SEWA a une double stratégie, luttant contre les contraintes imposées par le modèle économique dominant, mais aussi sur le développement d'alternatives concrètes pour les travailleuses. SEWA se dit héritier de la philosophie de Mahatma Gandhi, pour créer « une force organisée en réveillant la conscience des travailleurs ».

Le modèle social-libéral est associé à la défense des libertés individuelles, avec une attention particulière à la cohésion sociale et la défense des groupes marginalisés. Sans combattre les structures profondes d'inégalités de pouvoir, le modèle libéral aborde des thèmes comme l'inclusion des femmes dans le marché du travail, la bonne gouvernance, la liberté de choix ou l'autonomisation des individus. Un bon exemple de ce type d'*empowerment* est celui défendu par l'ONU à travers le concept de développement humain, inspiré par Amartya Sen, pour qui le développement est synonyme de liberté : libertés politiques, libertés d'opportunités (accès au crédit et à la terre), et la protection accordée par l'État contre la pauvreté extrême[6].

Le modèle néolibéral, enfin, applique les valeurs liées au marché capitaliste aux sphères sociales et politiques : rationalité inhérente, *homo economicus*, valeurs entrepreneuriales, individualisation des droits et devoirs. Dans cette vision, donner du pouvoir aux individus marginalisés signifie les intégrer au marché afin qu'ils deviennent de meilleurs agents économiques, qu'ils aient accès à la consommation, et qu'ils deviennent des entrepreneurs. Cet *empowerment* néolibéral se réfère à l'autonomisation économique des individus, sans penser aux identités collectives ni aux luttes collectives d'émancipation. Cette vision est visible dans les programmes de la Banque mondiale qui promeut le microcrédit individuel et l'intégration des classes les plus pauvres à une économie de marché mondialisée, et qui implique, selon Élisabeth Prügl[7], la « néolibéralisation du féminisme ». Le concept d'*empowerment* intègre alors la logique néolibérale individuelle et rationnelle. Un exemple concret est ce que fait l'ONG Heifer. On propose aux citoyens du Nord d'envoyer un « panier de l'entrepreneur » (valeur de 390 $ US) à une femme du Sud afin de promouvoir son « *empowerment* ». Les paniers,

3. Srilatha Batliwala. *Women's Empowerment in South Asia and South East Asia*. New Delhi, Asia South Pacific Bureau of Adult Education (ASPBAE), 1993.

4. Maïka Sondarjee. « Donner des machines à coudre et des poulets n'émancipera pas les femmes du Sud ». *Ricochet Media*. 2018.

5. Self-Employed Women's Association. « About Us: introduction ». http://www.sewa.org/About_Us.asp. Page consultée le 3 septembre 2018.

6. Amartya Sen. *L'idée de justice*. Paris, Éditions Flammarion, 2012.

7. Elisabeth Prügl. « Neoliberalising Feminism ». *New Political Economy* 20, n° 4 (2015), 614-631.

Encadré 58.1 Les cinq étapes de l'*empowerment* des femmes*

La décomposition en cinq étapes du processus d'*empowerment* a été élaborée en 1993 par la féministe zambienne Sara Longwe, consultante sur les questions de genre et de développement :

1) Niveau zéro d'*empowerment* « aides sociales » : Les femmes sont les destinataires passives des aides procurées par une approche venant du haut.

2) Premier niveau « accès » : Les femmes améliorent leur propre position par rapport aux hommes en augmentant leur accès aux ressources.

3) Deuxième niveau « conscientisation » : Les femmes sont à l'initiative quand elles réalisent et tentent de comprendre les causes sous-jacentes à leurs problèmes et commencent à identifier des stratégies d'action.

4) Troisième niveau « mobilisation » : Motivées par leur prise de conscience, les femmes se rassemblent pour analyser leurs problèmes et formuler des solutions.

5) Niveau final d'*empowerment* « contrôle » : Les femmes sont entrées dans l'action qui augmente l'égalité des genres dans la prise de décision sur l'accès aux ressources, et donc leur statut socioéconomique.

---

* Marie-Hélène Bacqué et Carole Biewener. *L'empowerment, une pratique émancipatrice ?* Paris, Éditions La Découverte, 2015.

---

contenant poissons, lapins ou kit de *start-up*, individualisent le don (d'individu à individu) et l'émancipation (l'autonomisation économique individuelle est synonyme d'*empowerment*).

Conclusion

L'*empowerment* peut à la fois promouvoir l'émancipation collective des populations marginalisées, ou être une force pour le statu quo néolibéral. Pour redonner au concept un réel pouvoir émancipateur, plusieurs chercheurs estiment qu'il faut allier autonomisation économique et lutte globale pour la justice sociale. Viser seulement l'intégration des groupes marginalisés à un système de marché ne participera pas à détruire les inégalités mondiales aux niveaux économique, politique et social.

Objectifs d'apprentissage

- Réaliser la teneur polysémique du terme *empowerment*.
- Comprendre le processus de cooptation de certains termes par les organisations internationales.
- Saisir la différence entre autonomisation économique et émancipation.

Questions de réflexion

- Comment l'*empowerment* peut-il être synonyme d'émancipation ?
- Le terme *empowerment* est-il réellement utile pour lutter contre l'oppression ?

Pour en savoir davantage

Bacqué, Marie-Hélène et Carole Biewener. «Empowerment, développement et féminisme : entre projet de transformation sociale et néolibéralisme». Dans *La démocratie participative : histoire et généalogie*. Par Marie-Hélène Bacqué et Yves Sintomer, 82-101. Paris, Éditions La Découverte, 2011.

Calvès, Anne-Emmanuèle. «"Empowerment" : généalogie d'un concept clé du discours contemporain sur le développement». *Revue Tiers Monde* 200, n° 4 (2009), 735-749.

Cantelli, Fabrizio. «Deux conceptions de l'empowerment». *Politique et Sociétés* 32, n° 1 (2013), 63-87.

Narayan, Deepa. *Autonomisation et réduction de la pauvreté : outils et solutions pratiques*. Traduit par Sylvie Pesme. Montréal, Éditions Saint-Martin, 2004.

Parpart, Jane L. «Le genre, l'autonomisation et le développement». Dans *Des outils pour le changement : Une approche critique en études du développement*. Par Henry Veltmeye avec la participation de Nasser Ary Tanimoune, 190-193. Ottawa, Presses de l'Université d'Ottawa, 2015.

59

Le commerce équitable

Manon Boulianne

Résumé

Le commerce équitable (CE) vise à améliorer les conditions de vie des petits producteurs du Sud en réorganisant les chaînes de valeur de produits consommés au Nord.
Émergeant dans les années 1940, il s'institutionnalise au cours des décennies suivantes
et donne lieu à la création de grandes organisations internationales qui établissent des
standards et supervisent les processus de certification. Le mouvement du CE fait l'objet
de débats incessants, en son sein même. Il est remis en cause par certains experts du
développement. Le chapitre qui suit explique quels en sont les principes, rappelle certains jalons de son évolution et aborde les principaux débats qui le concernent.

Qu'est-ce que le commerce équitable ?

Les grandes organisations internationales du
CE en ont formulé la définition suivante en
2001. Celle-ci fait toujours consensus : Le commerce équitable est un partenariat commercial
fondé sur le dialogue, la transparence et le respect, dont l'objectif est de parvenir à une plus
grande équité dans le commerce mondial. Il
contribue au développement durable en offrant
de meilleures conditions commerciales et en
garantissant les droits des producteurs et des
travailleurs marginalisés, tout particulièrement
au sud de la planète. Les organisations du commerce équitable (soutenues par les consommateurs) s'engagent activement à soutenir les
producteurs, à sensibiliser l'opinion et à mener
campagne en faveur de changements dans les
règles et pratiques du commerce international
conventionnel[1].

Cette définition résume bien les idées fortes
du CE, souvent considéré comme un mouvement social qui marie commerce, équité
et développement. En termes généraux, les
acteurs du CE cherchent à transformer les relations commerciales Nord-Sud en soutenant les
petits producteurs (du Sud) et en éduquant les
consommateurs (du Nord) eu égard aux conséquences du commerce conventionnel, tout
en les invitant à faire leurs achats de manière
plus « éthique » ou « responsable[2] ». Les petits

---

1. Équiterre. « Définition et historique du commerce équitable », 2018. https://equiterre.org/fiche/definition-et-his-
torique-du-commerce-equitable. Page consultée le 12 août
2018.
2. Laura T. Raynolds et Michael A. Long. « Fair/Alternative
Trade: Historical and Empirical Dimensions ». Dans *Fair*

Figure 59.1
Les 10 principes du commerce équitable

Source : Organisation mondiale du commerce équitable. «Les 10 principes du commerce équitable», 2017. https://wfto.com/fair-trade/10-principles-fair-trade. Page consultée le 12 août 2018

producteurs du Sud disposent de peu de moyens pour assurer eux-mêmes la mise en marché des biens issus de leur travail. Ils sont dépendants d'intermédiaires qui accaparent la majeure partie des gains issus de la circulation de leurs produits sur le marché international. Le CE cherche à court-circuiter les filières d'approvisionnement en question. En apposant un label équitable sur certains produits, on leur ajoute une valeur symbolique et morale qui les rend attrayants pour les consommateurs désireux de soutenir les petits producteurs en question. Cette valeur symbolique se traduit en valeur monétaire pour celles et ceux dont les produits bénéficient d'un label équitable ; on leur garantit des prix planchers plus avantageux que ceux qui seraient offerts dans un circuit de commercialisation conventionnel, de même qu'une prime additionnelle. Pour être labellisées, les associations de producteurs (fermiers ou ouvriers agricoles) s'engagent à respecter certaines normes ayant trait à la qualité des produits, aux conditions de travail de la main-d'œuvre, au respect de l'environnement, à la gouvernance de leur organisation et aux projets de développement mis en place dans la collectivité.

Trade: The Challenges of Transforming Globalization. Par Laura T Raynolds, Douglas L. Murray et John Wilkinson, 15-32. New York, Routledge, 2007.

Des filières aux histoires et aux visées distinctes

On peut distinguer deux filières du CE : la filière intégrée et la filière certifiée[3], chapeautées respectivement par la WFTO (World Fair Trade Organization) et Fairtrade International. La filière intégrée est parfois qualifiée de commerce équitable historique ou alternatif[4] ; elle correspond à une forme de CE dans laquelle des centrales d'achat prennent en charge l'ensemble des activités assurant la mise en marché de produits issus d'organisations partenaires du Sud : liens avec les producteurs, établissement d'ententes, transport, vente dans des boutiques dédiées. Dans ce cas, la certification «équitable» concerne d'abord et avant tout les organisations importatrices elles-mêmes. Elle repose sur une auto-évaluation, validée par la WFTO[5].

En revanche, dans la filière certifiée, les produits sont labellisés. On peut ainsi les retrouver

3. Jean-Frédéric Lemay, Louis Favreau et Christophe Maldidier. *Commerce équitable : les défis de la solidarité dans les échanges internationaux*. Québec, Presses de l'Université du Québec, 2010.
4. Ndongo Samba Sylla. *Le scandale commerce équitable : le marketing de la pauvreté au service des riches*. Dakar, Éditions L'Harmattan Sénégal, 2012.
5. *Ibid.*

dans toutes sortes d'établissements, incluant des magasins appartenant à la grande distribution (Walmart, par exemple) ou dans des cafés spécialisés tels les bistros Van Houtte. Les standards à respecter par les acteurs intervenant dans la chaîne d'approvisionnement sont déterminés par Fairtrade International et le processus de vérification et de certification confié à FLOCert, une organisation indépendante. Les organisations de producteurs sont représentées dans les instances de gouvernance des deux filières, tout en y demeurant minoritaires.

Origine, évolution et principales organisations parapluies

Historiquement, la filière intégrée remonte aux années qui ont suivi la Seconde Guerre mondiale. Des organisations charitables, localisées en Europe (dont OXFAM, au Royaume-Uni) et aux États-Unis (comme le American Mennonite Central Committee, qui a créé les magasins Dix mille villages) mettent alors en place des réseaux d'achat et de distribution d'artisanat en provenance de pays où sévit la pauvreté. On ne parle pas encore, à l'époque, de commerce équitable. Ce n'est qu'à la fin des années 1960 que la notion fait son apparition. Les initiatives de commerce alternatif se multipliant dans différents pays, l'IFAT (International Federation of Alternative Trade), une organisation parapluie, est créée en 1989. À leur demande, les associations de producteurs en deviennent partie prenante en 1991. Aujourd'hui, les organisations qui constituent la filière intégrée du commerce équitable, qu'elles œuvrent dans la production ou la mise en marché, sont regroupées au sein de l'Organisation mondiale du commerce équitable (WFTO, anciennement IFAT).

Pour sa part, la première initiative de la filière certifiée voit le jour en 1988. Cette année-là, une ONG néerlandaise finit par réussir, non sans difficultés[6], à convaincre une grande chaîne

d'alimentation des Pays-Bas de mettre en marché du café issu d'une coopérative de producteurs du Mexique. Plutôt que de créer une marque de commerce comme telle, on invente un label, reposant sur certains critères et une certification externe : Max Havelaar[7]. Le label Max Havelaar est ensuite accordé à d'autres coopératives qui respectent les principes lui étant associés[8]. Dès le départ, on souhaite miser sur les volumes, afin d'inclure un maximum de producteurs. C'est pourquoi on organise la certification autour de produits pouvant être écoulés par la grande distribution, contrairement aux associations de la filière intégrée, qui préfèrent maintenir des liens forts avec un petit nombre de groupements de producteurs. Après Max Havelaar, d'autres labels équitables sont créés en Europe et en Amérique du Nord, dont Transfair Canada. En 1997, dans le but d'harmoniser leurs standards et leurs processus de certification, quatorze organisations nationales de certification existantes se fédèrent en créant Fairtrade Labelling Organizations international (FLO), aujourd'hui Fairtrade International. Selon le dernier rapport annuel, 1,6 million de travailleurs et de producteurs de 74 pays distincts bénéficient directement du commerce équitable en 2016. Les ventes annuelles de produits certifiés Fairtrade sont de l'ordre de 7,8 milliards d'euros[9], soit plus de 8 milliards de dollars US.

---

6. *Ibid.*

7. Corinne Gendron et Véronique Bisaillon. *Quel commerce équitable pour demain ? Pour une nouvelle gouvernance des échanges.* Montréal, Éditions Écosociété, 2009.
8. Alex Nicholls et Benjamin Huybrechts. « Fair trade and Co-operatives ». Dans *The Oxford Handbook of Mutual and Co-Owned Business.* Par Jonathan Michie, Joseph R. Blasi et Carlo Borzaga, 470-479. Oxford, Oxford University Press, 2017.
9. Fairtrade International. *Annual Report 2016-2017: Creating Innovations, Scaling Up Impacts.* Fairtrade International, 2017.

Tableau 59.1

Parts de marché des principaux produits certifiés équitables

Marché des produits certifiés	Production mondiale (en millions)	Part de la production certifiée (%)	Part de la production mondiale vendue comme certifiée (%)
Café (2012)	8,2 MT	40,0 %	12,0 %
Cacao (2011-2012)	4,1 MT	22,0 %	7,0 %
Thé (2011)	4,7 MT	12,0 %	4,0 %
Banane (2011-2012)	107,1 MT	3,0 %	2,5 %
Coton (2012)	27,2 MT	3,4 %	1,6 %
Sucre de canne (2011-2012)	142,6 MT	2,7 %	0,3 %

Source: Équiterre. *Les impacts du commerce équitable sur les communautés productrices du Sud*. Montréal, Équiterre, 2016.

Les débats: retombées et limites du CE

Les recherches menées sur les impacts du CE offrent des résultats mitigés. Par exemple, on admet que l'obtention d'une certification équitable ouvre la porte à de nouveaux marchés pour les associations de petits producteurs, ce qui leur est favorable. Les coûts associés à l'obtention d'une certification et la manière dont les bénéfices sont répartis entre les associations et leurs membres producteurs suscitent pour leur part des réserves[10]. Au-delà des impacts mesurables (par exemple, une réduction du nombre d'enfants au travail) se pose une série de questions ayant trait aux rapports sociaux liant les différents acteurs du commerce équitable. Plus précisément, on interroge les moyens utilisés par les acteurs du CE pour atteindre leurs objectifs. Préférer le commerce au don comme forme d'aide au développement permet-il d'établir des relations plus symétriques entre le Nord et le Sud, comme le suggère le slogan « *Trade, not aid* » lancé à l'occasion de la réunion des Nations unies pour le Commerce et le Développement (CNUCED) en 1964? Certains en doutent.

Du côté de la production, une minorité des paysans et des paysannes du Sud sont susceptibles de voir leurs revenus s'accroître grâce au CE, puisque la majeure partie des biens de consommation issus de leur travail sont destinés au marché domestique[11]. En ce sens, seuls les produits pour lesquels il existe déjà une forte demande sur les marchés internationaux, comme le café, le thé ou les bananes, par exemple, peuvent susciter des impacts significatifs. Or, la production alimentaire vouée à l'exportation est beaucoup plus importante en Amérique latine qu'en Afrique et en Asie; les petits producteurs de ces derniers continents se trouvent donc désavantagés[12]. Par ailleurs, il existe des barrières à l'entrée dans le CE; tous les intéressés n'arrivent pas à obtenir une certification, pour des raisons financières, notamment. En fin de compte, les plus démunis ne sont pas en mesure d'accéder aux bénéfices du CE.

Dans un autre ordre d'idées, Laura T. Raynolds[13] suggère que la standardisation des processus de production des filières certifiées constitue une forme d'autorité s'exerçant sur les petits producteurs. La logique d'*empowerment* proposée par le CE se transforme ainsi

---

10. Corinne Gendron et Véronique Bisaillon. *Quel commerce équitable pour demain?: pour une nouvelle gouvernance des échanges*. Montréal, Éditions Écosociété, 2009.

11. Marcel Mazoyer. *Protéger la paysannerie pauvre dans un contexte de mondialisation*. Rome, Organisation des Nations unies pour l'alimentation et l'agriculture (FAO), 2001.

12. Ndongo Samba Sylla. *Le scandale commerce équitable: le marketing de la pauvreté au service des riches*. Dakar, Éditions L'Harmattan Sénégal, 2012.

13. Laura T. Raynolds. « Fairtrade Labour Certification: The Contested Incorporation of Plantations and Workers ». *Third World Quarterly* 38, n° 7 (2017), 1473-1492.

en logique de contrôle, en dépit de la présence d'associations de producteurs dans les instances de gouvernance du CE. D'une certaine manière, ces derniers sont soumis à une forme de gouvernementalité associée à l'éthique libérale, car ils participent eux-mêmes à la mise en place de technologies de régulation et de surveillance de leur travail[14].

On conteste par ailleurs l'intégration graduelle de plantations aux circuits du CE; au départ, le mouvement s'adressait uniquement aux producteurs regroupés en coopératives. Certes, les volumes de biens certifiés équitables qui transitent vers le Nord sont ainsi magnifiés, car certains aliments sont produits presque exclusivement dans des plantations, par des ouvrières et ouvriers agricoles dont les conditions de travail et de vie sont souvent exécrables. Dans les filières du thé, de la banane, des fruits, des fleurs et des jus certifiés équitables, on compte ainsi plus de plantations que de coopératives de producteurs[15]. Comment, s'exclament certains, peut-on absoudre des entreprises qui recourent à des modalités d'accaparement du sol, d'accumulation du capital et d'exploitation de la main-d'œuvre reposant sur des rapports de domination issus du colonialisme? En quoi le CE reste-t-il une alternative, d'autant plus que dans la distribution des produits équitables, de grandes entreprises multinationales trouvent le moyen de se réapproprier la part du lion en recourant aux labels existants ou en créant leurs propres systèmes de certification équitable/éthique/durable?

Du côté de la consommation, certains jugent que les discours et les images utilisées pour faire la promotion du commerce équitable véhiculent une vision romantique et tronquée de la réalité[16]. Du reste, une des principales limites attribuées au CE tient au fait que l'achat de produits équitables ne modifie en rien, sur le plan structurel, la position privilégiée des habitants du Nord par rapport aux petits producteurs du Sud. Les critiques les plus acerbes suggèrent même que le slogan «acheter, c'est voter», qui occupe une place centrale dans le CE, contribue à réifier l'individualisme exacerbé et la marchandisation de tout ce qui caractérise l'idéologie néolibérale[17].

Conclusion

Le mouvement pour le commerce équitable n'est pas monolithique; il est traversé, depuis son émergence, par des contradictions et des débats qui contribuent à ce qu'il se transforme continuellement. Il fait face à des défis que rencontrent aussi d'autres mouvements et innovations sociales, dont l'agriculture biologique et l'économie sociale et solidaire, à mesure qu'ils prennent de l'ampleur et connaissent un processus de «conventionnalisation» (*mainstreaming*). Dans le cas du CE, ce processus marque plus spécifiquement la filière certifiée. En réaction, certaines organisations mettent en place de nouveaux outils de certification, dans le but de se démarquer de ce qu'elles considèrent comme étant des dérives du mouvement. Il s'agit de redonner au CE une crédibilité que l'on juge ébranlée par la place occupée par les produits certifiés au sein de la grande distribution, ainsi que la certification de plantations. En un mot, on cherche à recréer un mouvement authentique, alors même que les labels faisant l'apologie du développement durable foisonnent par le monde.

Nonobstant ses limites et les critiques qui lui sont adressées, le CE a pavé la voie, au cours des dernières décennies, à un foisonnement d'initiatives basées sur l'idée d'un «juste prix» et la mise

14. Catherine S. Dolan. «Market Affections: Moral Encounters with Kenyan Fairtrade Flowers». *Ethnos* 72, n° 2 (2007), 239-261.

15. Laura T. Raynolds. «Fairtrade Labour Certification: The Contested Incorporation of Plantations and Workers». *Third World Quarterly* 38, n° 7 (2017), 1473-1492.

16. Matthias Zick Varul. «Consuming the Campesino: Fair Trade Marketing between Recognition and Romantic Commodification». *Cultural Studies* 22, n° 5 (2008), 654-679.

17. Ndongo Samba Sylla. *Le scandale commerce équitable: le marketing de la pauvreté au service des riches*. Dakar, Éditions L'Harmattan Sénégal, 2012.

en place de circuits courts de commercialisation liant solidairement producteurs et consommateurs, qu'ils se trouvent au Nord ou au Sud. L'idée d'un commerce équitable de proximité, qui remet en cause la mainmise actuelle du capital global sur la production et la distribution, dans tous les secteurs de l'économie, est redevable aux débats qui animent les acteurs du commerce équitable depuis la création de la filière certifiée, il y a maintenant trente ans.

Objectifs d'apprentissage

- Comprendre les objectifs et les principes généraux du commerce équitable.
- Analyser les débats sur les points forts et les points faibles du CE.
- Être en mesure de distinguer entre les filières certifiées et intégrées.

Questions de réflexion

- Quelles sont les limites du CE pour améliorer les conditions de vie au Sud ?
- Quelles sont les principales critiques adressées au CE ?
- Pourquoi des chercheurs et des militants associatifs associent-ils le CE à l'idéologie néolibérale ?

Pour en savoir davantage

Blanchet, Vivien et Aurélie Carimentrand. *Dictionnaire du commerce équitable.* Versailles, Éditions Quae, 2012.

Brugvin, Thierry. *Le commerce équitable et éthique : opportunités et limites.* Paris, Éditions L'Harmattan, 2014.

Cary, Paul. *Le commerce équitable : quelles théories pour quelles pratiques ?* Paris, Éditions L'Harmattan, 2004.

Ferraton, Cyrille et Benoît Prévost. « Les ambiguïtés du commerce équitable : construire un marché juste ou juste construire un marché ? » *Annals of Public and Cooperative Economics 84*, n° 2 (2013), 179-194.

Pineau, Pierre-Olivier. « Commerce équitable : un remède aux défaillances du marché économique ». *Gestion 33*, n° 1 (2008), 50-58.

Notes

60 Agir collectivement pour un changement social

Amélie Nguyen

Résumé

Pourquoi les organisations de solidarité et de coopération internationales se mobilisent-elles ensemble à la défense d'idéaux communs? Poser la question ainsi laisse entendre qu'une pensée rationnelle exclurait ce type d'actions solidaires. Pourtant, en allant au-delà de leurs intérêts à court terme, les organisations sont nombreuses à retourner vers leurs principes, leur identité, leur histoire et leurs alliances passées pour mener des luttes collectives et de longue haleine, à la défense des droits humains et de plus de justice, faisant valoir des liens d'amitiés et de confiance réciproques, fondements d'une réelle solidarité.

Lutter contre l'injustice

Plusieurs raisons peuvent pousser quelqu'un à se mobiliser pour un changement social. Une analyse économique de sa situation pourrait porter à croire que seul un calcul coût-bénéfice, un choix dit «rationnel», rendrait compte de la décision de s'engager. Au-delà de cette analyse incomplète, on note que l'engagement individuel découle de facteurs identitaires et symboliques, qu'il s'agit d'une manière de renforcer ou de co-créer son identité et de donner un sens à sa vie. De même, les valeurs et l'historique de vie des individus jouent un rôle dans l'engagement à long terme pour une cause. Mais qu'en est-il des mobilisations portées par les organisations?

L'activisme des organisations représente la volonté de s'allier à d'autres pour défendre collectivement la nécessité d'un changement social.

Cela va de pair avec une perspective critique qui prend en compte le rôle des individus, organisations, entreprises, gouvernements du Nord global dans le maintien des injustices mondiales, ainsi que l'interrelation entre les conditions de vie ici et ailleurs. Or, notre responsabilité vient aussi de la prise de conscience parfois doulou-reuse du fait que les gouvernements du Québec et du Canada ont plus d'influence que d'autres à l'étranger. Ce qui par conséquent donne aux citoyens plus d'influence sur la manière dont fonctionne le monde, pour le meilleur ou pour le pire. Les causes profondes des violations des droits à travers le monde sont souvent les mêmes, ainsi que les principaux acteurs qui les perpétuent, bien que les conséquences en soient bien plus graves dans les pays du Sud global.

Prendre des risques

Depuis les années 1980, avec les coupures imposées dans la vague néolibérale, plusieurs ONG ont adopté une tendance plus caritative, souhaitant venir en aide à une population présentée comme vulnérable. Parfois par nécessité, sous pression des bailleurs de fonds, certaines organisations ont développé une tendance gestionnaire, où la recherche de financement et l'efficacité de la gestion prennent de plus en plus de place par rapport aux idéaux portés à leur création. Cette tendance va de pair avec une compétition plus grande entre organisations, devant se prouver plus efficace que les autres, à la défense de leurs intérêts propres. Ce contexte malsain a pu et peut nuire à la création de coalitions plus larges visant à défendre des intérêts collectifs et à s'attaquer aux causes structurelles des inégalités et des injustices mondiales. Face à la puissance du modèle économique capitaliste, bâtir un rapport de force collectif semble inévitable pour réussir à atteindre un changement social de long terme. Cela implique le plus souvent d'adopter un discours critique, ce qui comporte, dans une certaine mesure, une forme de conflit avec l'ordre établi. En ce sens, l'activisme implique des risques, que toutes les organisations ne souhaitent pas prendre. Plusieurs facteurs semblent pourtant amener un grand nombre d'entre elles à se mobiliser publiquement pour une cause ou une autre. Au-delà de la survie matérielle, la survie symbolique et identitaire prend alors le dessus.

Valeurs et principes, mission, devoir et responsabilité

Bien que les ONG de coopération et de solidarité internationales soient très diverses, des valeurs et des principes sont toujours présents à leur fondation ; valeurs et principes qu'elles cherchent à défendre pour faire avancer leurs objectifs. Des chartes de principes peuvent exister qui cristallisent de manière plus structurante ces principes (égalité de genre, respect de l'environnement, respect et défense des droits humains, réciprocité et non-hiérarchie, opposition à la guerre, solidarité avec la Palestine, opposition au libre-échange, responsabilité sociale, etc.). La cohérence des actions de l'organisation avec ces principes et valeurs est garante de leur crédibilité et de leur légitimité, donc de ce que j'ai appelé leur survie symbolique et identitaire. À quoi sert-il de survivre économiquement si cela ne permet plus de faire valoir les valeurs qui rassemblent les gens autour d'une organisation, le projet collectif qu'elle souhaitait faire valoir depuis le départ ?

L'héritage

Toutes les organisations portent un héritage, un ADN, bâti de longue date grâce aux personnes qui y ont laissé leurs marques au fil des années et des solidarités qui ont transcendé le contexte présent. Elles facilitent, voire rendent essentielles les mobilisations qui sont cohérentes avec ces dernières, forgeant l'avenir de l'organisation et marquant leur image et leur identité. Par exemple, le CISO a été créé dans la foulée des luttes de libération nationales de nombreux pays, dans les années 1970. La solidarité politique avec les peuples en lutte pour leur autodétermination a été inscrite depuis dans son historique, ce qui lui permet par exemple, de poursuivre son engagement envers le peuple palestinien ou encore, pour une réelle souveraineté nationale dans les pays affectés par des traités de libre-échange.

Qu'est-ce qu'une relation solidaire ?

L'un des principes importants lorsqu'on pense à la solidarité internationale demeure la réciprocité. Cela implique de confronter l'image des colonisés comme étant inférieurs (barbares, arriérés, sous-développés, en développement, voire aujourd'hui... terroristes). La solidarité internationale souhaite faire mentir ce discours en établissant des rapports entre égaux et apprendre mutuellement, défendre mutuellement nos droits, dans ce grand monde épuisé que nous sommes condamnés à partager. Une mobilisation fructueuse se base sur l'humilité, l'écoute et l'empathie, et ses succès vont bien au-delà de ses objectifs spécifiques. Elle peut ainsi amener les organisations à renforcer leur conception de la démocratie interne, à développer des processus de décision plus ouverts et plus équitables qui nourriront sa réflexion sur des manières de fonctionner qui peuvent réellement porter l'établissement de liens solidaires entre divers pays, mais aussi au sein d'une équipe. Quoi de plus probant pour la solidarité internationale que de se mobiliser à l'appel de mouvements sociaux d'ailleurs, conscients de l'interdépendance de nos droits et du continuum géographique des violations de droits humains et de l'injustice ?

Apprentissage et éducation

Les mobilisations sociales sont extrêmement enrichissantes pour les groupes. Les coalitions diverses, locales ou internationales, se réunissent pour développer une perspective commune, pour organiser des actions collectives. Les réunions sont des lieux de débats, de réflexion et d'échange entre divers groupes qui permettent de bâtir des communs. C'est aussi un lieu pour confronter ses perspectives et se remettre en question, pour cultiver une saine humilité quant à sa compréhension du monde.

Alliances et pouvoir d'agir

Les forces à affronter pour arriver au changement semblent souvent démesurées : militarisme, idéologie néolibérale, extractivisme, pouvoir des compagnies transnationales, ressources économiques inégales, contrôle de l'information…

Avec peu de ressources, s'allier et construire un appui populaire massif à une revendication est essentiel pour avoir une plus grande portée ou encore pour agir contre une violation de droits et avoir une chance de pousser au changement. De plus en plus, dans notre économie de l'information, l'image a une grande valeur, même pour les pires criminels, et faire connaître leurs agissements publiquement à un grand nombre de personnes peut contribuer à faire pression pour que des acteurs puissants reculent. C'est le cas par exemple pour les lettres reçues pour faire libérer des prisonniers politiques ou des syndicalistes emprisonnés pour leur défense des droits des travailleuses et travailleurs, contre la volonté de profit des grandes compagnies multinationales. Les alliances perdurent et, finalement, les amitiés motivent et suscitent aussi les mobilisations, tout comme elles peuvent être gage d'honnêteté et de confiance ; et ultimement, de succès. Prendre des risques ensemble dans l'action dissidente émancipe, donne espoir et accès à un pouvoir collectif. Une manière d'ouvrir les possibles et de lutter contre l'apathie et l'impuissance.

Organisations ou individus ?

À plusieurs égards, les motivations des individus semblent s'appliquer aux organisations. Cela relève peut-être du fait que les individus engagés et critiques font le travail nécessaire pour convaincre les structures décisionnelles qu'il est nécessaire d'agir solidairement. La motivation individuelle des travailleuses et travailleurs et des militants, leur analyse, leur compréhension des enjeux et du monde, leur orientation idéologique, peut ainsi réellement faire une différence dans une organisation, même si elle est très hiérarchique. Il est certes normal qu'une organisation ne puisse souvent bouger aussi vite qu'un individu, devant respecter ses procédures décisionnelles parfois complexes ou lourdes, mais sans lesquelles la légitimité et l'imputabilité seraient absentes.

Conclusion

Contrairement à la conception tocquevillienne de la démocratie où elle serait un état de paix sociale, des politologues et philosophes la voient comme un conflit permanent où la confrontation des idées est garante de la capacité de fonder une vision et un projet unitaire, partagé. Selon cette analyse, se mobiliser solidairement avec, et non pour, les communautés les plus affectées notamment par le système de domination, tirant avantage du privilège de pouvoir les entendre, constitue en quelque sorte la contribution cruciale des ONG de coopération et de solidarité internationales au débat démocratique mondial émergent. C'est construire cet espace de possibles, l'essence même de la solidarité internationale, sans laquelle elle perd tout son sens.

Objectifs d'apprentissage

■ Comprendre les principes à la base de la solidarité et de la coopération internationales.
■ Prendre connaissance de l'interaction entre actions individuelles et actions collectives.
■ Réfléchir sur les méthodes et principes à la base du travail des ONG.

Questions de réflexion

■ Quels sont les principes et les valeurs qui sont à la base de l'action solidaire?
■ Pourquoi les ONG et mouvements sociaux ont-ils tendance à agir en coalitions?
■ Quels sont les risques que comporte l'action de solidarité internationale?

Pour en savoir davantage

Beaudet, Pierre, Raphaël Canet et Amélie Nguyen. *Passer de la réflexion à l'action: les grands enjeux de la coopération et de la solidarité internationale*. Montréal, M Éditeurs, 2013.

Cefaï, Daniel. *Pourquoi se mobilise-t-on: les théories de l'action collective*. Paris, Éditions La Découverte, 2007.

Côté, Isabelle, David Buetti, Simon Lapierre, Patrick Ladouceur et Vanessa Couturier. «Militantisme et changement social: Partie 1». *Reflets 23*, n° 1 (2017), 10-227.

Farro, Antimo L. *Les mouvements sociaux: diversité, action collective et globalisation*. Montréal, Presses de l'Université de Montréal, 2000.

Guay, Louis, Pierre Hamel, Dominique Masson et Jean Guy Vaillancourt. *Mouvements sociaux et changements institutionnels: l'action collective à l'ère de la mondialisation*. Québec, Presses de l'Université du Québec, 2005.

61 La révolution numérique peut-elle être utile au développement ?

Christophe Aguiton

Résumé

Jamais, dans l'histoire, des technologies ne se sont diffusées aussi vite que celles du numérique. C'est le cas de l'Internet, et surtout de la téléphonie mobile à laquelle le grand public des pays industrialisés a eu accès au début des années 1990 et qui a connu une diffusion mondiale à un rythme extrêmement rapide. Sur une population mondiale de 7 milliards d'habitants en 2018, 5,5 milliards sont équipés de téléphone mobile : 73 % de la population indienne, un taux qui monte à 87 % pour le Mexique, 90 % pour la Côte d'Ivoire et 92 % pour la Bolivie. Pour ce qui est de l'Internet, la moitié de la population mondiale l'utilise, mais avec une distribution plus inégale que pour le mobile. Dans les pays les plus pauvres, seulement 15 % des gens ont accès, à cause de la faiblesse du débit et surtout la précarité du réseau électrique et le taux d'illettrisme encore élevé. Cette diffusion planétaire des technologies numériques a évidemment un impact important pour les pays du Sud et c'est ce que nous allons examiner ici.

Changement sociétal

Dans tous les pays, la combinaison entre les blogues et les contenus en ligne, les réseaux sociaux et les chaînes de télévision par satellite permet un accès à une information diversifiée et à une circulation très rapide de celle-ci. Les mouvements sociaux et citoyens de la dernière décennie, dans le monde arabe, en Iran, Turquie, Amérique latine ou Afrique subsaharienne ont ainsi bénéficié à plein du déploiement de ces technologies. Revers de la médaille, ces technologies peuvent être également des outils de contrôle des populations et des individus au service de régimes dictatoriaux. Dans un autre domaine, les outils de communication numérique changent radicalement les conditions de l'émigration et les relations entre les familles restées au pays et ceux d'entre eux qui sont partis. Les sociologues de l'immigration parlaient de la « double absence », vis-à-vis des pays d'origine ou ceux d'arrivée dans lesquels l'intégration était plus que difficile. Avec le numérique, on peut parler de « double présence », avec des outils facilitant les contacts et relations dans les pays d'accueil, mais aussi le lien avec ceux restés dans les pays d'origine, avec parfois même une pression des familles sur les émigrés qui peut être une source de stress et de culpabilité quand ils ne

Encadré 61.1 Le marché de la téléphonie mobile en Afrique*
- 725 millions d'utilisateurs de téléphone intelligent d'ici 2020.
- 80,8 % des Africains possèdent un téléphone portable.
- 6,7 % du PIB est la part liée aux services de téléphonie mobile.
- 80 % de l'Afrique sera connectée à la 5G d'ici à 2022.

---

* Nations unies. «Le numérique, une affaire d'innovation». *Afrique Renouveau*, 2017, 34-35.

se sentent pas capables de répondre à toutes les sollicitations familiales.

Bouleversements économiques

L'explosion numérique et la diversification des technologies de l'information qui en découle pèsent de plus en plus lourd dans les économies des pays les plus pauvres. En Afrique subsaharienne, par exemple, le seul secteur du mobile représente entre 6 et 8 % du PIB alors qu'il se situe autour de 1 % dans les pays les plus développés. Le développement des réseaux de téléphonie mobile joue également un rôle important pour la croissance économique de ces pays, bien que, pour une population aux ressources très faibles, dépenser une part significative de leur budget pour le mobile se fait au détriment d'autres biens de consommation.

L'emploi dans le secteur du mobile est différent suivant les régions du monde et leur situation économique. Si dans les pays émergents, on retrouve une structure de l'emploi comparable à celle des pays les plus développés, avec des salariés qui se partagent entre le développement et la maintenance des réseaux techniques et les réseaux de commercialisation, les pays les plus pauvres, où règnent les cartes prépayées au lieu des abonnements mensuels, voient cohabiter un petit secteur de salariés dans les entreprises de télécommunications et un nombre bien supérieurs de travailleurs informels, «indépendants», qui vont distribuer et vendre les cartes prépayées des différents opérateurs partout où c'est possible. L'existence de ce secteur informel est parfois présentée comme un atout qui

permet aux acteurs de diversifier leurs activités, entre agriculture familiale et vente de ses produits, en alternance à la vente de cartes téléphoniques ou autre travail informel du même type. Mais la réalité de ce travail relève avant tout de la précarité, avec une chaîne d'acteurs où les têtes de réseaux réalisent un revenu confortable pendant que l'écrasante majorité des revendeurs de cartes vivent dans des conditions misérables.

Un impact partout

L'agriculture est un secteur prioritaire pour les pays du Sud, et le numérique est souvent présenté comme la solution miracle qui va permettre de multiplier les outils d'accès à la connaissance : prévisions météo, évolution des marchés, avancées technologiques, etc. Il est vrai que dans certaines régions, le téléphone mobile permet de faciliter l'adéquation entre l'offre et la demande – pour les agriculteurs ou les pêcheurs – en limitant ainsi les pertes de production. Mais les outils numériques sont loin de répondre aux promesses annoncées. La fragilité des infrastructures de communication et celle des réseaux électriques tout comme la faiblesse des moyens consacrés à l'alphabétisation et à l'éducation restent des handicaps majeurs que le numérique ne peut pas compenser.

Le domaine qui a connu le succès le plus important est celui du paiement, ou plus exactement, de la bancarisation grâce au téléphone mobile. En Amérique du Nord et en Europe, la bancarisation des populations a été une obligation dès les années 1960 et 1970, pour des raisons avant tout fiscales. Mais aujourd'hui encore

Figure 61.1
Les sept premiers géants du Web

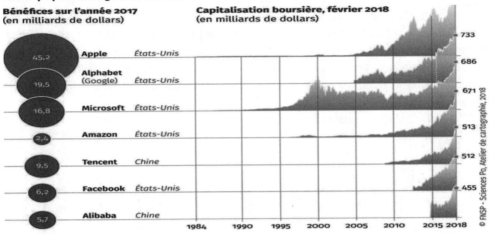

Source : Atelier de cartographie et Centre de recherches internationales. *Bénéfices et capitalisation boursière des géants du web, 2017-2018*, 2018.

près de la moitié de la population d'Afrique, d'Asie du Sud et du Sud-Est et d'Amérique latine n'a pas de compte bancaire. L'utilisation du mobile comme outil de paiement, au début par de simples SMS, complétés aujourd'hui par des applications sur téléphone intelligent, a permis une dématérialisation monétaire qui a simplifié la vie de centaines de millions de personnes, facilité les transferts financiers venant de membres des familles ayant émigré, et permis une augmentation des échanges marchands. Une émergence de nouveaux services financiers a permis une diffusion de microcrédits qui s'avèrent cependant parfois être un fardeau supplémentaire pour ceux qui y souscrivent.

Des initiatives « de la base »

Pour développer les nouveaux services numériques, de petits écosystèmes se développent dans de nombreux pays, y compris les plus pauvres. À Addis-Abeba ou à Nairobi, par exemple, des « fablabs » et autres « coworking places » voient le jour, où de jeunes étudiants, développeurs, designers et entrepreneurs mettent toute leur énergie à inventer et créer

les services qui pourraient être utiles aux populations de leurs pays. Ces services s'inscrivent dans la vague du Web2.0 et de l'Internet participatifs, mais peuvent aussi s'articuler à des projets plus vastes qui s'appuient sur le « big data », cette énorme masse de données produites par nos actions sur l'Internet et par de nombreux dispositifs techniques, à commencer par les réseaux de téléphones mobiles. Cette prolifération d'initiatives est une chance pour les pays du Sud, mais la puissance des GAFA, ces grandes plateformes de l'Internet, est telle qu'il sera difficile de s'y confronter ou d'éviter que les réalisations les plus innovantes ne soient captées par des entreprises aux capacités financières gigantesques.

Les grands opérateurs

La mondialisation économique et financière contemporaine facilite la constitution de monopoles internationaux, et c'est particulièrement vrai pour l'économie numérique, d'où une répartition du travail très inégale. Cela est vrai pour les services, comme nous l'avons vu avec les GAFA, mais aussi pour les fabrications matérielles, comme les ordinateurs, les téléphones mobiles et leurs composants électroniques où les donneurs d'ordre sont au Nord et les centres de productions dans des pays où les salaires sont bas. La course aux ressources naturelles nécessaires à l'économie numérique – métaux et terres rares, mais aussi énergie ; Google a besoin d'autant d'électricité qu'un pays comme la Bolivie – représente un défi tout aussi important.

Conclusion

Les technologies numériques participent aux transformations rapides des pays en développement avec, comme nous l'avons vu, des effets contrastés et surtout des inégalités structurelles qui restent au cœur des défis à relever dans le monde d'aujourd'hui.

Objectifs d'apprentissage

■ Appréhender l'impact des nouvelles technologies de l'information et de la communication sur le développement international.
■ Comprendre comment les agents et acteurs du développement s'approprient ces outils.

Questions de réflexion

■ Quels sont les impacts directs de la révolution numérique sur le développement ?
■ Que faire face à la domination de quelques entités corporatives dont l'influence sur le domaine est immense ?

Pour en savoir davantage

Bonjawo, Jacques. *Révolution numérique dans les pays en développement : l'exemple africain*. Paris, Éditions Dunod, 2011.

Flipo, Fabrice, Michelle Dobré et Marion Michot. *La face cachée du numérique : l'impact environnemental des nouvelles technologies*. Montreuil, Éditions L'échappée, 2013.

Lojkine, Jean et Jean-Luc Maletras. « Révolution numérique ou révolution informationnelle ». *Les Possibles*, n° 10 (2016).

Touati, Kamel. « Les technologies de l'information et de la communication (TIC) : une chance pour le développement du monde arabe ». *Géographie, économie, société 10*, n° 2 (2008), 263-284.

Vitalis, André. *L'incertaine révolution numérique*. Londres, ISTE Editions, 2016.

Section 2

Agir sur les agents

62 Les syndicats dans le développement et la coopération internationale

Thomas Collombat

Résumé

Les syndicats dans le Sud ont joué et jouent un rôle important dans les grands débats sur le développement, notamment sur la justice sociale, l'inclusivité, le partage des ressources. Longtemps relégués par les pouvoirs coloniaux et postcoloniaux, les syndicats du Sud ont parfois gagné en puissance, mais sont aussi confrontés aux graves problèmes sociaux, économiques et politiques découlant du système mondial. Pendant longtemps, des formes de coopération et de solidarité internationale ont été mises en place, d'abord entre syndicats du Nord, puis à l'échelle internationale. Bâtir une coopération égalitaire entre syndicats du Nord et syndicats du Sud représente un défi constant. Ce type d'initiative reste toutefois un exemple riche en enseignements de « développement par la base », cherchant à créer des solidarités de classe plutôt qu'à s'enfermer dans des égoïsmes nationaux.

Les syndicats dans le Sud

Le syndicalisme moderne est né au XIXᵉ siècle, essentiellement en réaction aux conditions de travail effroyables imposées par la révolution industrielle. Ses racines sont donc très européennes (Angleterre d'abord, puis France, Allemagne, etc.). Ce sont d'ailleurs des migrants européens qui « importèrent » leurs pratiques syndicales au Canada et aux États-Unis[1]. Entre-temps dans les pays du Sud, la colonisation européenne impose un système très autoritaire, ce qui n'encourage pas l'implantation d'un mouvement ouvrier. Également, en Amérique latine, le modèle de développement économique préconisé favorise la concentration sur le secteur primaire, peu propice au syndicalisme tel qu'il a vu le jour en Europe.

Cependant, la situation change au XXᵉ siècle. Des bouleversements politiques mettent au pouvoir des leaders plus progressistes et cherchant à moderniser leurs économies (Perón en Argentine ou Cárdenas au Mexique). Ils vont encourager la structuration d'un mouvement syndical plus solide leur permettant de mener à bien leurs plans. Se mettent alors en place des relations de type corporatiste entre État et syndicats : en échange de l'instauration de systèmes de protection sociale progressistes, les syndicats

---

1. Jacques Rouillard. *Le syndicalisme québécois : deux siècles d'histoire*. Montréal, Éditions du Boréal, 2004.

Figure 62.1
Affaiblissement des droits syndicaux à l'échelle mondiale, 1985-1995

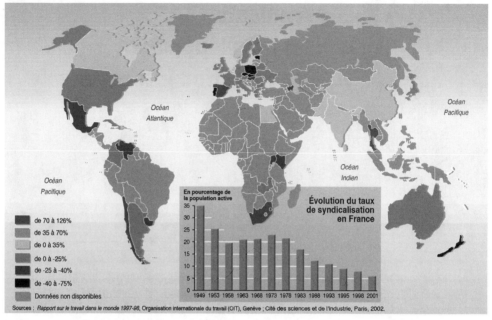

Note : La carte montre la variation du taux de syndicalisation entre 1985 et 1995
Source : Philippe Rekacewicz et Pierre Tartakowsky. « Des droits syndicaux menacés ». *Le Monde diplomatique*. 2003.

acceptent un certain contrôle de l'État sur leurs activités, visant notamment à garantir une « paix sociale » propice à l'industrialisation du pays.

Dans les pays encore sous le joug colonial, surtout en Afrique et en Asie, les syndicats sont combattus par les forces coloniales, mais occupent, une fois l'indépendance obtenue, une place importante dans le nouvel échiquier politique. Des arrangements proches du corporatisme se mettent alors en place, où les centrales syndicales, souvent uniques, oscillent entre outils de progrès social et instruments de contrôle politique. En Algérie ou au Zaïre (aujourd'hui la République démocratique du Congo), une seule centrale syndicale, étroitement liée au parti au pouvoir, est autorisée dans les décennies suivant l'indépendance. Dans d'autres cas, comme celui de l'Inde, il existe bien une centrale syndicale proche du principal parti indépendantiste, mais elle coexiste avec une myriade d'autres organisations, toutes associées avec l'un des nombreux partis politiques indiens.

La deuxième moitié du xxᵉ siècle voit plusieurs pays du Sud passer sous des régimes autoritaires, militaires ou civils, souvent sous l'effet des dynamiques de la Guerre froide. Les destinées du syndicalisme sont alors variables, allant de l'interdiction totale des centrales syndicales (comme au Brésil) à leur incorporation comme outil de contrôle du régime[2]. Cette phase nuit à l'image des syndicats dans de nombreux pays, où ils ne deviennent plus associés au progrès social et à la défense des travailleurs et travailleuses, mais plutôt à l'autoritarisme politique et à la corruption. Il est toutefois important de noter que plusieurs syndicats luttent, parfois dans la clandestinité, contre ces mêmes régimes autoritaires et leurs alliés. C'est ainsi que la Central Única dos Trabalhadores (CUT) du Brésil est née en 1983 alors que le régime militaire interdisait encore formellement l'existence même des

2. Teri L. Caraway, Maria Lorena Cook et Stephen Crowley. *Working Through the Past : labor and Authoritarian Legacies in Comparative Perspective*. Ithaca, ILR Press, 2015.

centrales. Le Congress of South African Trade Unions (COSATU) a quant à lui joué un rôle déterminant dans la lutte contre l'apartheid en Afrique du Sud.

L'assaut néolibéral contre les syndicats

Depuis les années 1980, tout comme leurs contreparties du Nord, les syndicats du Sud subissent les assauts du néolibéralisme, notamment sous la forme des Plans d'ajustement structurel (PAS) imposés par les institutions financières internationales[3].

Selon la logique néolibérale, le syndicalisme est avant tout un obstacle au bon fonctionnement du marché et à la réduction de la taille de l'État, et les gouvernements sont donc incités à adopter des réglementations limitant l'accès à la syndicalisation.

Autre défi important pour les syndicalismes du Sud : le fait qu'une grande partie de la main-d'œuvre se situe dans le secteur « informel ». En effet, le modèle syndical développé en Europe se base sur un marché du travail essentiellement « formel », c'est-à-dire où les travailleurs sont enregistrés auprès de l'État et bénéficient de protections sociales liées à leur statut de salariés. Dans la plupart des pays du Sud, une large part (voire la majorité) des relations de travail sont informelles, ce qui ne signifie pas qu'elles sont illégales, mais bien que ces travailleurs ne cotisent pas à des régimes de protection sociale et doivent donc plutôt recourir aux services publics universels. Pour les syndicats, cela signifie à la fois devoir militer pour qu'une plus grande partie de la main-d'œuvre soit « formalisée », mais aussi tisser des liens avec les groupes représentant les travailleurs du secteur informel afin d'améliorer leurs conditions de vie. Tout en étant un obstacle à la syndicalisation, cela conduit également certaines organisations syndicales du Sud à adopter des approches plus inclusives et politiques que la tradition corporatiste. La Central de Trabajadores de la Argentina (CTA) a ainsi été fondée dans les années 1990 afin de promouvoir ce type de syndicalisme plus ancré dans les mouvements sociaux, en opposition avec un syndicalisme corporatiste alors dominant en Argentine[4].

Syndicalisme et coopération internationale

Dans ce contexte, comment s'opère la coopération internationale dans le domaine syndical ? Il faut d'abord savoir que les syndicats ont développé très tôt dans leur histoire des structures internationales permettant de créer des liens de solidarité durables entre eux. On distingue ainsi deux types d'organisations syndicales internationales (OSI) : d'une part, celles rassemblant les centrales syndicales, d'autre part, celles regroupant les syndicats par industrie ou par métiers[5]. La Confédération syndicale internationale (CSI) est aujourd'hui l'OSI rassemblant de loin le plus de centrales. On pourrait la qualifier d'« ONU syndicale » dans la mesure où elle vise à être l'organisation la plus représentative, quitte à concilier en son sein une grande variété de perspectives idéologiques. La CSI publie annuellement un rapport sur les violations des droits syndicaux et cherche à devenir l'interlocutrice

3. Stephanie Luce. *Labor Movements: Global Perspectives*. Cambridge, Polity Press, 2014 ; Dimitris Stevis et Terry Boswell. *Globalization and Labor: Democratizing Global Governance*. Lanham, Rowman & Littlefield Publishers, 2008 ; Andreas Bieler, Ingemar Lindberg et Devan Pillay. *Labour and the Challenges of Globalization: What Prospects for International Solidarity?* Londres, Pluto Press, 2008.

4. Maria Lorena Cook. « Labor Reform and Dual Transitions in Brazil and the Southern Cone ». *Latin American Politics and Society 44*, n° 1 (2002), 134.

5. Thomas Collombat. « Qu'est devenu l'internationalisme syndical ? » Dans *L'Internationale sera le genre humain ! De l'Association internationale des travailleurs à aujourd'hui*. Par Pierre Beaudet et Thierry Drapeau, 239-254. Saint-Joseph-du-Lac, M Éditeurs, 2015 ; Crochemore, Kevin, Anne Dufresne et Corinne Gobin. « Dossier : syndicalisme international : décrypter les difficultés du syndicalisme international ». *Les Mondes du travail*, n° 20 (2017).

privilégiée des organisations internationales, tant dans le système onusien qu'auprès des institutions financières internationales.

Les Fédérations syndicales internationales (FSI) sont quant à elles au nombre de neuf. Elles cherchent notamment à générer des liens de solidarité entre syndicats représentant des travailleurs d'une même firme multinationale[6]. Concrètement, elles ont réussi à faire signer par certaines d'entre elles des accords-cadres internationaux visant à garantir le respect de certains droits fondamentaux du travail dans tous les établissements de l'entreprise à travers le monde. On pourrait dire que ces accords sont des « conventions collectives planchers » dans la mesure où, contrairement aux « codes de bonne conduite » adoptés par certaines multinationales, ils prévoient un mécanisme de contrôle d'application de l'accord dans lequel les organisations syndicales sont impliquées. Dans le domaine maritime, la Fédération internationale des ouvriers du transport (ITF) a même réussi à imposer un corps d'inspecteurs syndicaux internationaux pouvant monter sur toute embarcation commerciale afin d'y contrôler les conditions de travail.

Historiquement, les OSI ont été très contrôlées par les syndicats du Nord, en particulier européens[7]. Ceci est dû non seulement à l'histoire longue du syndicalisme en Europe, mais aussi aux ressources financières plus importantes dont ils bénéficient. Plus récemment, des syndicats du Sud global ont réussi à y jouer un rôle plus important. La CUT brésilienne, la COSATU sud-africaine et la Korean Confederation of Trade Unions (KCTU) de Corée du Sud ont notamment constitué une coalition informelle afin de faire avancer les intérêts des syndicats du Sud tant au sein de la CSI que des FSI[8]. Le fait que des multinationales basées dans des pays du Sud occupent une place de plus en plus importante joue également en faveur des syndicats du Sud dans les coalitions syndicales cherchant à confronter ces entreprises. Les syndicats représentant les travailleurs et travailleuses de la multinationale brésilienne de la sidérurgie Gerdau ont ainsi instauré un Conseil mondial au sein duquel les syndicats brésiliens jouent un rôle prépondérant.

Finalement, les syndicats ne sont pas isolés des mécanismes gouvernementaux de coopération internationale. De fait, tant les OSI que les syndicats nationaux collaborent avec les agences de développement international et les organisations internationales afin de financer des projets de coopération[9]. Ceci peut poser des défis dans la mesure où, lorsque ces agences changent de priorités ou voient leurs ressources restreintes par les politiques d'austérité budgétaires, les syndicats doivent s'ajuster ou en subir les conséquences. Les fonds publics ont ainsi occupé une part importante des budgets syndicaux pour les activités de solidarité internationale, car il reste difficile de convaincre leurs membres d'utiliser leurs cotisations pour ce type de projets. Face à ces difficultés, plusieurs Canadiens ont pris l'initiative d'inscrire dans leurs conventions collectives des fonds de solidarité internationale (parfois appelés fonds humanitaires) financés par des cotisations ouvrières et patronales obligatoires et permettant de soutenir des activités de coopération venant en aide aux syndicats du Sud.

---

6. Richard Croucher et Elizabeth Cotton. *Global Unions, Global Business*. Londres, Middlesex University Press, 2009 ; Jean-Marie Pernot. « Syndicats et entreprises multinationales, passé, présent, futur ». *Mouvements* 3, n° 95 (2018), 73-81.

7. Thomas Collombat. « Le débat sur l'eurocentrisme des organisations syndicales internationales : une perspective des Amériques ». *Politique européenne* 27, n° 1 (2009), 177-200 ; Richard Hyman. « Shifting Dynamics in International Trade Unionism : Agitation, Organisation, Bureaucracy, Diplomacy ». *Labor History* 46, n° 2 (2005), 137-154.

8. Peter Evans. « Is It Labor's Turn to Globalize ? Twenty-first Century Opportunities and Strategic Responses ». *Global Labour Journal* 1, n° 3 (2010), 352-379.

9. Sid Ahmed Soussi. « L'action internationale des organisations syndicales québécoises ». *Revue Interventions économiques*, n° 52 (2015) ; Dorota Dakowska. *Le pouvoir des fondations : des acteurs de la politique étrangère allemande*. Rennes, Presses universitaires de Rennes, 2014.

Objectifs d'apprentissage

■ Comprendre l'histoire globale du syndicalisme, au Nord comme au Sud.

■ Connaître les structures et les outils de l'internationalisme syndical.

■ Analyser les dynamiques de la coopération syndicale internationale sous l'angle des rapports Nord-Sud.

Questions de réflexion

■ Dans quelle mesure les syndicats réussissent-ils à s'adapter à la mondialisation et à établir un rapport de force avec les entreprises multinationales ?

■ Quels sont les défis pour l'établissement de rapports de coopération Nord-Sud égalitaires entre les syndicats ?

Pour en savoir davantage

Eidlin, Barry. « Crise de légitimité du mouvement syndical à l'ère de Trump ». Traduit par Emanuel Guay. *Nouveaux Cahiers du socialisme*, n° 19 [2018], 98-107.

Faulkner, Marcel et Marc-Antonin Hennebert. *Les Alliances syndicales internationales : des contre-pouvoirs aux entreprises multinationales ?* Paris, Éditions L'Harmattan, 2010.

Mouterde, Pierre. « Syndicalisme en Amérique latine : la difficile recherche de voies alternatives ». *Nouveaux Cahiers du socialisme*, n° 19 [2018], 62-73.

Soussi, Sid Ahmed. « Les rapports Nord/Sud dans le mouvement syndical international : le poids de l'histoire et la rigidité des structures ». *Revue québécoise de droit international 1*, n° 1 [2012], 101-127.

Soussi, Sid Ahmed, Guy Bellemare et Sara Verret. « Le syndicalisme africain et son renouvellement ». Dans *L'Afrique qui se refait : initiatives socioéconomiques des communautés et développement en Afrique noire*. Par Louis Favreau et Abdou Salam Fall, 170-196. Québec, Presses de l'Université du Québec, 2007.

63

Les femmes contre le faux développement

Alexa Conradi

Résumé

Aujourd'hui, l'ONU et bon nombre de gouvernements alignent leurs politiques de développement (international) à l'objectif de l'égalité entre les hommes et les femmes. Une approche féministe va de pair avec la croissance économique, disent-ils. Or, des féministes un peu partout dans le monde contestent cette association, qu'elles considèrent comme trompeuse. Selon elles, les politiques centrées sur la croissance économique sont plutôt responsables de la concentration de la richesse entre les mains de quelques-uns, surtout dans le Nord, de la destruction du bien commun et de la détérioration des conditions de vie et de travail des femmes.

Introduction

Aux alentours du 8 mars 2018, en vue de la Journée internationale des femmes, la Marche mondiale des femmes (MMF) a rendu publique une déclaration-choc : Nous dénonçons l'industrie de l'aide internationale et les programmes de développement, en particulier ceux qui se concentrent sur les questions de genre, car ce sont les agents de la promotion des programmes néolibéraux et impérialistes, qui perpétuent la discrimination, la racialisation et l'exploitation des femmes des pays du Sud[1]. En effet, ONU-Femmes (organisme de l'ONU s'occupant des questions d'égalité), de même que divers pays, proposaient alors de lier leurs programmes de développement international à l'approche dite « genre ». Parmi les plus explicites sur cette question est le gouvernement du Canada qui a lancé une politique en ce sens, le 9 juin 2017 : « Le Canada adopte une politique d'aide internationale féministe qui vise à éliminer la pauvreté et à bâtir un monde plus pacifique, plus inclusif et plus prospère. Le Canada croit fermement que promouvoir l'égalité des genres et renforcer le pouvoir des femmes et des filles est le moyen le plus efficace pour atteindre cet objectif[2]. » Comment comprendre alors la critique acerbe des groupes de femmes, si les objectifs d'une telle politique sont d'éliminer

---

1. Marche mondiale des femmes. « Déclaration à l'occasion de la journée internationale des femmes, 2018 », 2018. https://marchamundialblog.wordpress.com/fr/. Page consultée le 2 juillet 2018.

2. Affaires mondiales Canada. « La Politique d'aide internationale féministe du Canada », 2018. https://www.international.gc.ca/gac-amc/campaign-campagne/iap-pai/index.aspx?lang=fra. Page consultée le 2 juillet 2018.

la pauvreté et de faire la promotion de l'égalité des genres?

Bref retour sur la Marche mondiale des femmes

La Marche mondiale des femmes, initiée par la Fédération des femmes du Québec en 1998, réunit des femmes dans 65 pays et territoires sur tous les continents. Elle se définit comme suit: La Marche mondiale des femmes est un mouvement mondial d'actions féministes rassemblant des groupes et des organisations de la base œuvrant pour éliminer les causes qui sont à l'origine de la pauvreté et de la violence envers les femmes. Nous luttons contre toutes les formes d'inégalités et de discriminations vécues par les femmes. Nos valeurs et nos actions visent un changement politique, économique et social. Elles s'articulent autour de la mondialisation des solidarités, l'égalité entre les femmes et les hommes, entre les femmes elles-mêmes et entre les peuples, le respect et la reconnaissance de la diversité entre les femmes, la multiplicité de nos stratégies, la valorisation du leadership des femmes et la force des alliances entre les femmes et avec les autres mouvements sociaux progressistes.

Tous les cinq ans, les femmes de la MMF se rassemblent dans de vastes mobilisations populaires en affirmant «Tant que toutes les femmes ne seront pas libres, nous resterons en marche!» La MMF se mobilise également chaque année le 24 avril en souvenir des travailleuses tuées lors d'un feu dans une usine de textile au Bangladesh où l'on produisait des vêtements à vendre dans le Nord. C'est une occasion pour les féministes de dénoncer l'exploitation du travail des femmes partout dans le monde.

Face au faux développement

Avec les années, la Marche mondiale des femmes a approfondi son analyse des causes de la pauvreté et de la violence à l'égard des femmes. Influencée par les féministes aux prises avec la guerre et la militarisation, avec l'accaparement des ressources naturelles par des entreprises transnationales, ou avec les effets de la mondialisation économique et le néolibéralisme, la Marche mondiale des femmes identifie aujourd'hui le capitalisme, le patriarcat, le colonialisme ainsi que le racisme comme étant des systèmes qui reproduisent les inégalités que rencontrent toujours les femmes et les filles au Québec, au Canada et ailleurs dans le monde.

Pendant ce temps, des gouvernements continuent de croire à l'intégration des femmes dans l'économie capitaliste mondialisée comme vecteur de développement social. On propose aux femmes de renforcer leurs capacités (*empowerment*), en intégrant l'approche genre dans les politiques publiques et en soutenant l'entrepreneuriat féminin. Du côté des féministes, plusieurs ne sont pas convaincues: Le *mainstreaming* et l'*empowerment* ne permettent pas aux femmes de sortir des logiques individualistes et néolibérales, tandis que les microcrédits les enfoncent dans une spirale de microproductivisme individuel et d'endettement dont on voit bien qu'elle ne résout ni de près, ni de loin, les causes profondes de l'appauvrissement constant des femmes[3].

Les pays qui proposent une politique féministe comme le Canada ne tiennent pas ou peu compte des critiques féministes de l'austérité, des programmes d'ajustement structurel, ou encore des liens avec l'industrie de la guerre et la violence faite aux femmes. Pour la Marche mondiale des femmes, le capitalisme globalisé, intimement lié au patriarcat et au colonialisme, qui sont source de la violence, de la guerre et des inégalités grandissantes sur la planète, sans parler des crises écologiques.

La réalité sur le terrain est très loin des belles déclarations. Par exemple, le Canada accueille

---

3. Jules Falquet. «Femmes, féminisme et "développement": une analyse critique des politiques des institutions internationales depuis la Conférence de Pékin». Dans *On m'appelle à régner: mondialisation, pouvoirs et rapports de genre*. Par Fenneke Reysoo et Christine Verschuur, 59-87. Genève, Institut universitaire d'études du développement, 2003.

Figure 63.1
Manifestation féminine contre l'extractivisme en Amérique latine

Crédit : Comité chrétien pour les droits humains en Amérique latine (CDHAL)

les sièges sociaux d'entreprises minières parmi les plus importantes du monde. Pour leur faciliter l'accès aux minerais, jugés d'intérêt national, le Canada négocie des ententes de libre-échange minimalistes qui permettent aux entreprises de contrevenir aux droits environnements et des peuples autochtones sur les territoires convoités. Plusieurs coordinations nationales de la Marche mondiale des femmes signalent que cette politique mène à des déplacements de populations et à la militarisation des territoires contestés, deux réalités qui conduisent également à l'augmentation de la violence faite aux femmes et à leur appauvrissement. Malheureusement, la richesse du Canada est directement liée à la militarisation et la guerre.

Conclusion : changer de voie

En dénonçant les programmes de genre et développement tels que mis de l'avant par les gouvernements, la Marche mondiale des femmes annonce son désir d'en finir avec la division sexuelle et raciale du travail et la domination sur la nature, incompatibles avec le maintien de la vie et la reproduction sociale (les soins, l'éducation). Le mouvement propose plutôt de repenser les structures sociales, familiales, économiques, culturelles et politiques du développement, pas d'y ajouter une dimension genre.

Objectifs d'apprentissage

- Mieux comprendre les différentes analyses féministes du développement.
- Aiguiser ses capacités d'analyses critiques.
- Mieux saisir la manière dont plusieurs systèmes de domination agissent ensemble pour créer une hiérarchie sexuelle et raciale à l'échelle nationale et globale.

Pour en savoir davantage

Falquet, Jules. «19. Ce que le genre fait à l'analyse de la mondialisation néolibérale: l'ombre portée des systèmes militaro-industriels sur les "femmes globales"». *Regards croisés sur l'économie 2*, n° 15 (2014), 341-355.

Falquet, Jules, Helena Hirata, Danièle Kergoat, Brahim Labari, Fatou Sow et Nicky Le Feuvre. *Le sexe de la mondialisation: genre, classe, race et nouvelle division du travail*. Paris, Presses de Sciences Po, 2010.

Laugier, Sandra, Jules Falquet et Pascale Molinier. «Genre et inégalités environnementales: nouvelles menaces, nouvelles analyses, nouveaux féminismes». *Cahiers du Genre 59*, n° 2 (2015), 5-20.

Masson, Sabine. «Sexe/genre, classe, race: décoloniser le féminisme dans un contexte mondialisé: Réflexions à partir de la lutte des femmes indiennes au Chiapas». *Nouvelles Questions Féministes 25*, n° 3 (2015), 56-75.

Van Enis, Nicole. *Pourquoi la marche mondiale des femmes est-elle anti-capitaliste?* Barricade, 2010.

Notes

64 Femmes autochtones et québécoises solidaires : ensemble pour changer le monde

Aurélie Arnaud

Résumé

En 2004, à la veille de la marche mondiale des femmes de 2005, Femmes autochtones du Québec (FAQ) et la Fédération des femmes du Québec (FFQ) signent un protocole de solidarité soulignant leur solidarité mutuelle dans la défense des droits des femmes en général, et des femmes autochtones en particulier. Le rapprochement de FAQ et de la FFQ procède de solidarités naturelles au sein des mouvements féministe et syndical. Cette solidarité vient de loin. Dès la fin des années 1970, des militantes québécoises comme Madeleine Parent appuyaient la lutte de femmes autochtones qui à l'époque luttaient pour que les femmes puissent retrouver leur statut « indien » qu'elles avaient perdu en épousant un homme non autochtone. Ce sont les semences qui ont permis aux relations entre les femmes de se développer.

Solidaires, mais différentes

La FFQ est une grande fédération de groupes de femmes de toutes les régions du Québec. Mais pour les femmes de FAQ, la FFQ ne pouvait pas parler en leur nom. En réalité, les femmes autochtones ne s'identifient pas comme Québécoises. Elles ne se reconnaissent pas non plus dans le féminisme tel qu'il est promu et défendu par la FFQ. Enfin, les revendications de FAQ, même si elles ressemblent à celles de la FFQ, ne proposent pas les mêmes solutions.

Un rapport de nation à nation

Tel que cela est reconnu dans la loi constitutionnelle canadienne de 1982, les peuples autochtones possèdent des droits ancestraux ou issus de traités, qui ont été signés à l'époque dans un rapport de nation à nation. C'est dans ce rapport face à l'État fédéral que se sont positionnées les femmes autochtones lorsqu'elles se sont battues pour retrouver leur statut. En réclamant le respect de leur droit à l'égalité avec les hommes autochtones, les militantes de FAQ s'inscrivent certes dans le combat pour l'égalité de la FFQ, mais dans un rapport de nation à nation avec le gouvernement fédéral. Elles ne peuvent donc pas se faire représenter par la FFQ à l'intérieur d'un cadre national qui cause la perte de leurs droits. Pourtant, FAQ et la FFQ se reconnaissent à cet égard, la FFQ s'ancrant fortement dans les revendications nationalistes québécoises et la nécessité d'envisager le féminisme québécois de manière distincte par rapport au mouvement féministe canadien.

Un féminisme autochtone

De nombreuses militantes de Femmes autochtones du Québec ne s'identifient pas forcément comme féministes, ou ne se reconnaissent pas dans le féminisme promu par la FFQ. Bien qu'elles se battent pour leur droit à l'égalité, qu'elles dénoncent la violence dont elles sont victimes dans le milieu familial ou dans la société, qu'elles sont alors tenues éloignées des lieux de pouvoir des communautés. Les membres de FAQ défendent leurs droits au nom d'un passé libre de tyrannie coloniale patriarcale, où les femmes étaient considérées comme les égales des hommes. Aussi, de nombreux projets mis en place par Femmes autochtones du Québec incluent les hommes dans la recherche de solutions, notamment face à la violence familiale.

Les enjeux linguistiques et culturels

Sur la base des deux points précédents, les solutions mises de l'avant par FAQ pour répondre aux enjeux vécus par les femmes autochtones sont spécifiques aux femmes autochtones. Ce qui requiert des ajustements au niveau des politiques et des programmes pour qu'ils soient culturellement adaptés. FAQ a donc un rôle de lobby et de consultation à part, et très fort, auprès des instances gouvernementales. De plus, les membres de FAQ sont autant anglophones que francophones et l'organisation fournit des programmes et des communications bilingues à l'intérieur du Québec. En reconnaissance de ces différences fondamentales, mais aussi de la similarité de leurs luttes, la proposition d'une entente de solidarité entre FAQ et la FFQ est élaborée. Les femmes se reconnaissent dans leurs conditions nationales particulières. Ainsi, l'entente signée en 2004 reconnaît non seulement le colonialisme à l'origine des inégalités et des injustices vécues par les femmes autochtones, mais aussi celui vécu par les femmes québécoises.

Travailler ensemble

Par cette entente, la FFQ fait une place à FAQ dans ses revendications, lors de ses actions, en laissant à FAQ le soin de décider de ses revendications. Ainsi une coordonnatrice de FAQ siège sur les divers comités de la FFQ, par exemple, le Comité des 12 jours, le comité de la Marche mondiale ou encore le Comité des États généraux de l'action et de l'analyse féministes (2011-2013). Cette participation a permis aux revendications des femmes autochtones d'avoir une audience nationale à l'intérieur et à l'extérieur du mouvement féministe.

Ainsi, en 2010, à l'occasion de la Marche mondiale des femmes, sur les cinq revendications présentées par la FFQ, une avait été dédiée et élaborée par FAQ. On demandait au gouvernement d'adopter la Déclaration des Nations unies sur les droits des peuples autochtones, en droite ligne de ce qui a été souligné plus haut. Pourtant, tous et toutes n'ont pas compris le message. Lors d'entrevues à Radio-Canada en septembre 2010, des journalistes interpellaient les représentantes de la FFQ en affirmant que la Déclaration des droits avait peu à voir avec les vrais problèmes des femmes autochtones, en particulier, les questions de violence, d'abus, de grossesses adolescentes. Ces commentaires illustraient la méconnaissance du processus avec lequel fonctionne la FFQ depuis l'entente de solidarité, mais étaient également symptomatiques des préjugés existants sur les problèmes et les solutions envisagées par les femmes autochtones.

Encadré 64.1 Les langues autochtones au Canada*

Le Recensement de la population de 2011 a permis de dénombrer plus de 60 langues autochtones regroupées en 12 familles linguistiques distinctes, ce qui démontre la diversité des langues autochtones au Canada.

La famille de langues autochtones comptant le plus grand nombre de personnes était la famille des langues algonquiennes. Au total, 144 015 personnes ont déclaré une langue maternelle appartenant à cette famille linguistique. Les langues algonquiennes les plus souvent déclarées en 2011 à titre de langues maternelles étaient les langues cries (83 475), l'ojibwé (19 275), l'innu/le montagnais (10 965) et l'oji-cri (10 180).

Les langues inuites et athapascanes se trouvaient au deuxième rang (35 500) et au troisième rang (20 700) des familles linguistiques ayant les plus grands effectifs en 2011.

Les neuf autres familles de langues autochtones représentaient environ 6 % de la population ayant déclaré une langue maternelle autochtone. Cinq de ces familles (langues salishennes, tsimshennes et wakashanes, kutenai et haïda) se trouvaient principalement en Colombie-Britannique. Cette province regroupe plus de 30 langues maternelles autochtones différentes, la plupart déclarées par moins de 1000 personnes chacune.

* Statistique Canada. *Langue, Recensement de la population de 2011 : les langues autochtones au Canada.* Ottawa, Statistique Canada, 2011.

Conclusion : aujourd'hui comme hier

Depuis les révélations sur les agressions contre les femmes à Val d'Or, les enjeux des femmes autochtones sont beaucoup plus présents dans l'actualité québécoise. C'est un pas en avant, qui ne doit pas nous faire oublier cependant la profondeur du problème de discrimination, dont les femmes sont particulièrement victimes. Le travail solidaire entre FAQ et la FFQ, basé sur le respect des différences et sur un travail rigoureux d'information et d'échange qui continue depuis 14 ans, reste toujours nécessaire.

Objectifs d'apprentissage

■ Comprendre l'interaction entre féminisme autochtone et féminisme occidental.
■ Comprendre comment Femmes autochtones du Québec (FAQ) et la Fédération des femmes du Québec (FFQ) travaillent pour une même cause.

Questions de réflexion

■ Quels sont les obstacles que les femmes autochtones rencontrent dans leurs luttes ?
■ Comment l'idée du féminisme est-elle perçue par Femmes autochtones du Québec ?

Pour en savoir davantage

Arnaud, Aurélie. « Féminisme autochtone militant : quel féminisme pour quelle militance ? » *Nouvelles Pratiques sociales 27*, n° 1 (2014), 211-222.

Comité spécial sur la violence faite aux femmes autochtones. *Femmes invisibles : un appel à action : un rapport sur les femmes autochtones portées disparues ou assassinées au Canada*. Ottawa, Chambre des communes du Canada, 2014.

Guétat-Bernard, Hélène et Magalie Saussey. *Genre et savoirs : pratiques et innovations rurales au Sud*. Marseille, IRD Éditions, 2014.

Léger, Marie et Anahi Morales Hudon. « Femmes autochtones en mouvement : fragments de décolonisation ». *Recherches féministes 30*, n° 1 (2017), 3-13.

Nations unies : Département des affaires économiques et sociales. *Les femmes autochtones et le système des Nations Unies : bonnes pratiques et enseignements tirés de l'expérience des organisations des Nations Unies*. New York, ONU, 2008.

65 Travailler auprès des personnes réfugiées

Samantha McGavin

Résumé

Le déplacement forcé est un phénomène qui ne cesse de s'aggraver à l'échelle de la planète. Bien que les personnes réfugiées soient protégées par le droit humanitaire international, plusieurs pays du Nord ont adopté des mesures défavorables au droit d'asile à l'intérieur de leurs frontières. Pire encore, dans les pays du Sud n'ayant pas adhéré à la Convention de 1951 relative au statut des réfugiés, les personnes réfugiées vivent souvent dans des conditions où leurs droits fondamentaux ne sont pas respectés. L'expérience d'un consortium d'organisations de la société civile, le PCS, nous démontre que la voie à suivre pour bâtir des sociétés plus justes et plus inclusives est celle des relations de longue haleine, fondées sur le dialogue et la solidarité.

Introduction

Le déplacement forcé est un phénomène mondial qui ne cesse de croître. En 2017, près de 257,7 millions de personnes – environ 3,4 % de la population mondiale – ne vivaient plus dans le pays où elles sont nées[1]. De ce nombre, 68,5 millions ont été déracinées par la force[2]. Vingt-cinq millions de personnes, soit un dixième de la population migrante, bénéficient du statut de réfugié[3]. Les personnes réfugiées sont protégées par le droit humanitaire international. La pierre angulaire de ce régime, la Convention de 1951 relative au statut des réfugiés (ci-après la Convention), a été entérinée par 145 des 195 États du monde. Malgré cela, plusieurs pays du Nord ont adopté des mesures en vue de miner le droit d'asile à l'intérieur de leurs frontières. Par exemple, une entente conclue avec les États-Unis permet au Canada de refouler des réfugiés éventuels à ses frontières, les obligeant à demander asile aux États-Unis s'ils sont d'abord passés par ce pays. À l'encontre de la Convention de Genève, on détient des milliers de demandeurs d'asile pendant des périodes prolongées dans des prisons

---

1. Migration Data Portal. « DATA Migration statistics », 2017. https://migrationdataportal.org/data?i=stock_abs_&t=2017. Page consultée le 3 septembre 2018.
2. Haut Commissariat des Nations unies pour les réfugiés. *Plus de 68 millions de personnes déracinées en 2017 : une nouvelle approche mondiale sur les réfugiés est nécessaire d'urgence.* HCR, 2018.
3. Haut Commissariat des Nations unies pour les réfugiés. « Aperçu statistique », 2018. https://www.unhcr.org/fr/apercu-statistique.html. Page consultée le 3 septembre 2018.

Figure 65.1

Mouvements de réfugiés et demandeurs d'asile, 2016

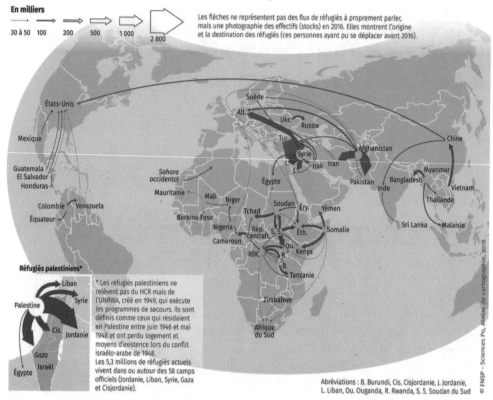

Source : Atelier de cartographie et Centre de recherches internationales. *Réfugiés et demandeurs d'asile, situation fin 2016*, 2018.

canadiennes[4] et états-uniennes[5]. Plusieurs pays européens ont aussi adopté des initiatives visant à prévenir la migration, ce qui a pour effet d'empêcher des réfugiés potentiels d'atteindre leur territoire et d'y demander l'asile. Le nouveau pacte de Marrakech[6], qui vise à améliorer la coopération en matière de migrations internationales, est néanmoins un instrument international non contraignant.

Lorsque des personnes se réfugient dans des pays n'ayant pas signé la Convention, principalement ceux du Sud, leurs droits sont encore plus loin d'être garantis. Bien qu'elles soient protégées en principe par le droit coutumier international, qui proscrit le refoulement vers leur pays d'origine, leurs conditions de vie dépendent des lois domestiques et de la volonté politique du pays hôte.

---

4. Louis-Philippe Jannard. «La détention des migrants au Canada». *Webzine : vivre ensemble 24*, n° 85 (2017).

5. Global Detention Project. «United States Immigration Detention», 2016. https://www.globaldetentionproject.org/countries/americas/united-states. Page consultée le 3 septembre 2018.

6. Nations unies. *Conférence intergouvernementale chargée d'adopter le Pacte mondial pour des migrations sûres, ordonnées et régulières : projet de document final de la Conférence.* Marrakech : ONU, 2018.

La catégorisation des personnes migrantes

Les lois qui déterminent le sort des personnes déplacées sont basées sur une distinction entre les «réfugiés», qui sont forcés à se déplacer (pour des motifs politiques) afin de fuir la

Image 65.2
Birmanie, le nettoyage ethnique des Rohingyas se poursuit

Crédit : Munir Uz Zaman / Agence France-Presse

violence et la guerre, et les « migrants », qui eux choisissent de se déplacer (pour des motifs économiques) en quête d'une vie meilleure. Mais la distinction entre la migration volontaire et la migration forcée est plus brouillée que jamais. Par exemple, une entreprise extractive, telle une minière, s'empare des ressources naturelles d'une région ou de plusieurs communautés et ce faisant, contribue à augmenter le taux de pauvreté et à créer des conflits civils qui obligent alors des gens à chercher de nouveaux horizons. La crise climatique, générée surtout par la consommation dans le pays du Nord, fait en sorte que les désastres naturels déplacent maintenant 60 % plus de personnes que les conflits armés[7]. Par le monde, des personnes fuient la

violence extrême pour des raisons identitaires – qu'elles soient d'une ethnie persécutée telle que les Rohingyas, des personnes LGBTQ, ou simplement des femmes –, mais pas tous ces déplacements sont reconnus en tant que migration forcée.

Agir : une approche fondée sur la solidarité

Pour celles et ceux qui travaillent auprès des personnes réfugiées, une approche qui priorise la solidarité (fondée sur le dialogue, l'interaction et l'action collective entre individus et organisations) est de mise. Cette approche est mise de l'avant par une organisation de justice sociale, Inter Pares. L'exemple suivant tiré du travail en Amérique latine illustre trois stratégies qui

---

7. Internal Displacement Monitoring Centre et Norwegian Refugee Council. *Global Report on Internal Displacement 2018*. IDMC et NRC, 2018.

sont à la base de cette approche, soit : le renforcement des capacités des personnes à s'organiser, à subvenir à leurs propres besoins, et à articuler leurs propres propos politiques (analyses et revendications) ; la construction de mouvements sociaux par le biais de coalitions et réseaux nationaux et transnationaux ; et la sensibilisation et le plaidoyer politique.

PCS en Amérique centrale

La *Consejería en Proyectos* (mieux connue sous son sigle, PCS), fondée en 1979 par quatre organisations européennes et Inter Pares en tant que consortium, a travaillé étroitement avec les personnes déplacées par les conflits armés en Amérique latine, et ce, pendant près de 40 ans. Au moment de sa création, PCS était guidée par la conviction que les victimes de la guerre et les acteurs locaux avaient le droit inaliénable de jouer un rôle de premier plan dans les processus historiques dans lesquels ils étaient impliqués.

Entre 1979 et 2016, le travail de PCS est axé sur une méthodologie qui vise à renforcer l'efficacité des organisations de réfugiés et d'autres organisations locales en tant qu'acteurs politiques, et à appuyer leurs projets collectifs, plutôt que de fournir une aide pour les besoins individuels de survie. Son approche consiste à offrir non seulement un soutien matériel aux organisations, mais également un accompagnement technique, organisationnel, et programmatique. Plutôt que de se concentrer sur des projets précis, PCS facilite le partage d'expériences entre ses partenaires et un dialogue politique sur la création de processus de long terme et à grande échelle.

Dans le cas de l'accompagnement du retour des réfugiés guatémaltèques dans les années 1980 et 1990, PCS a fourni soutien et solidarité à toutes les étapes du processus, depuis l'organisation de « comités permanents » de réfugiés guatémaltèques au Mexique jusqu'à leur retour dans leurs communautés d'origine. Ce processus n'était pas un rapatriement passif, car les réfugiés ont alors créé des délégations qui les représentaient aux niveaux national et international sur tous les aspects de leur situation (des réfugiés) et de leur retour prévu dans leur pays.

En parallèle à son travail de renforcement, PCS œuvre de concert avec d'autres organisations afin de créer des plateformes régionales pour les acteurs locaux et nationaux, et de tailler une place importante pour les réfugiés dans les processus décisionnels liés au retour. Un aspect essentiel de ce soutien est le renforcement des femmes en tant que sujets de droits et participantes à la prise des décisions.

Dans le passé, PCS a aussi organisé des visites de réfugiés et de personnes déplacées guatémaltèques et salvadoriennes en Europe, et a fait venir des organisations internationales dans les camps de réfugiés pour qu'elles soient témoins directement de ce qui se passait. Ces stratégies de mobilisation et de conscientisation de PCS ont eu des impacts considérables sur les programmes pour les réfugiés et ont contribué à mieux faire reconnaître les déplacements internes au Guatemala à la communauté internationale, à une époque où la portée du mandat du Haut-Commissaire pour les Réfugiés (HCR) n'incluait que les migrations forcées transfrontalières.

Selon les besoins, PCS dialoguait avec les gouvernements locaux en tant que consortium. Par exemple, en 1985, PCS a participé aux discussions entre le gouvernement nicaraguayen et les groupes autochtones, coordonnant éventuellement le retour et la réinstallation des Miskitos dans leurs villages.

Conclusion

Bien que PCS ait fermé ses portes en 2016, l'approche qu'elle a développée reste des plus pertinentes. Cette approche s'articule autour de questionnements partagés : Comment consolider les forces qui existent déjà chez les réfugiés, sans occulter les acteurs locaux ni chercher à orienter leurs efforts ? Comment contribuer à des mouvements qui mettent de l'avant les voix des personnes les plus affectées, et ce, en étant conscients et sensibles à sa propre position de privilège géopolitique au Nord et dans le contexte de relations de pouvoir qui persistent ?

L'expérience de PCS nous démontre que pour celles et ceux qui cherchent à bâtir des sociétés plus justes et plus inclusives, la voie à suivre est celle des relations de longue haleine, fondées sur le dialogue, la solidarité et la collaboration.

Objectifs d'apprentissage

- Acquérir une meilleure compréhension des migrations forcées et de la situation des personnes réfugiées.
- Découvrir comment certaines organisations de la société civile œuvrent auprès des personnes qui ont été forcées de migrer.

Questions de réflexion

- Pourquoi la distinction entre réfugiés et migrants économiques ou environnementaux est-elle de plus en plus difficile à établir ?
- Qu'est-ce qui distingue l'approche de PCS par rapport aux réfugiés de celles des gouvernements et des organisations internationales ?
- Pourquoi est-ce pertinent d'aller au-delà de l'apport de secours humanitaires et de créer des processus de dialogue avec les réfugiés, les gouvernements et les organisations internationales ?

Pour en savoir davantage

Akoka, Karen. « Réfugiés ou migrants ? les enjeux politiques d'une distinction juridique ». *Nouvelle Revue de psychosociologie* 1, n° 25 (2018), 15-30.

Amnistie internationale. *Crise mondiale des réfugiés : de l'esquive au partage des responsabilités*. Londres, Amnistie internationale, 2016.

Rancourt, Jean-François. « Les Rohingyas : portrait d'une minorité persécutée ». *Relations*, n° 795 (2018), 35-37.

Tan, Carol. « La crise des réfugiés syriens : des conflits en gestation ». *Annuaire IEMed de la Méditerranée*, 2015, 331-336.

Zeghbib, Hocine. « Les réfugiés environnementaux : une catégorie juridique en devenir ». *Hommes & Migrations*, n° 1300 (2012), 132-142.

Notes

66 Quand le choléra rencontre Thomas : l'humanitaire à ras de terre

Marie-Ève Bertrand

Résumé

En 2010, Haïti fit face à une crise humanitaire majeure et le pays fut en proie au chaos. Bien que les organisations de développement international soient mobilisées face à ce drame, les travailleurs sur le terrain firent confrontés à une réalité plus complexe. Dans ce chapitre, l'auteure part de son expérience personnelle pour mettre en lumière les défis qui réduisent l'efficacité des actions humanitaires et les obstacles qui empêchent d'atteindre les objectifs souhaités.

Introduction

À cinq ans, j'annonce à mes parents qu'un jour j'irai travailler en Haïti. À 19 ans, j'y mets le pied comme bénévole. Et je réalise que ma passion, c'est de raconter des histoires pour inspirer le changement. Depuis, je me suis spécialisée en communication et collecte de fonds pour des organismes de développement et de secours d'urgence. Vision mondiale, CARE, la Coalition humanitaire… c'est là que j'ai pu mettre mon expertise à contribution, notamment pour prendre le pouls des crises humanitaires et influencer le regard des médias et des donateurs. Je suis retournée en Haïti quelques fois depuis le tremblement de terre, j'ai pu constater les réussites et les ratés de notre système. Je suis aujourd'hui maman, entrepreneure, et je continue de raconter des histoires et de mobiliser mes communautés en Outaouais.

Dans le chaos avec Thomas

Novembre 2010 : l'ouragan Thomas se dirige vers Haïti et moi aussi. Un autre rendez-vous avec le chaos qui se prépare. J'arrive quelques jours avant lui. Là, à quelques pas de l'aéroport, des tentes, des centaines de tentes. Sous le soleil brûlant des Caraïbes, des tentes recouvertes de toiles, entassées les unes sur les autres, entre des déchets, des latrines de fortune, la route et les avions.

Sur le bord du chemin, c'est comme toujours. Il y a des commerçants avec leur chariot. Ils vendent du tout : vêtements, nourritures, bonbons. Et cette odeur de diesel qui se marie avec la friture, le poulet et le charbon… avec un soupçon d'ordures qui brûlent. C'est comme retrouver un vieil ami, c'est réconfortant malgré tout.

Ce qui me frappe, c'est que mon chauffeur s'évertue à éviter durant tout le trajet les débris.

Ils sont partout. Les maisons qui se sont écrou-lées en entier ou en partie ont été nettoyées… mais le béton se retrouve dans les rues, et les passants déambulent sans se méfier des véhi-cules. Philistin me dit tout sérieusement que depuis le séisme, les gens qui ont perdu leurs maisons sont devenus fous. Ils sont là sans y être. Ce n'est pas vraiment eux, c'est leur misère qui avance.

Autour de nous, les rues bourdonnent de véhicules aux couleurs d'ONG. On l'appelle la République des ONG, Haïti, et ce n'est pas pour rien. Tout un brouhaha et si peu de pro-grès. Tous les kilomètres, des abris encore vides parce que construits hors normes, ou dans des endroits inappropriés ou simplement construits sans collaboration avec la population.

Je visite un large camp de déplacés où l'on tente d'informer la population sur les moyens de prévenir le choléra qui se propage de jour en jour et c'est là que je réalise à quel point nous avons envahi la ville, avec nos grands airs et nos étrangers qui ne parlent ni ne comprennent la langue.

Les femmes à qui je parle (en créole, parce que j'ai pris le temps de l'apprendre) ont peur. Elles ne savent ni lire ni écrire et pourtant un organisme bien intentionné vient de leur remettre une trousse d'information en fran-çais, sans dessin, quelques minutes avant notre passage. Ce qu'elles ont retenu ? Qu'il y a des sachets médicaux pour le choléra. Alors elles iront en chercher pour les prendre en préven-tion. On parle ici de sachets de réhydratation orale… à prendre en cas de diarrhée violente.

Le bruit court dans les ravins. Les Sri Lankais ont amené la maladie et contaminé les cours d'eau. Ils sont traités eux, mais pas le pauvre peuple. La grogne monte. Mais on ne doit sur-tout pas en parler.

Thomas devient tempête tropicale. En quelques heures, l'eau envahit Léogâne et tous les abris temporaires érigés. Les canaux souillés de déchets et de selles humaines débordent. Le cimetière relâche ses locataires. La ville a une odeur fétide et sordide.

Les groupes de coordination ne coordonnent que très peu. Une organisation mondiale enva-hit les rues avec ses chars tandis que des enfants nus se baignent dans l'eau infecte. J'ai les deux bottes dans cette marée de désespoir, et je les regarde, ces soldats qui défilent en lançant des biscuits nourrissants sans toucher le sol, sans tendre une main.

Autour de moi, des travailleurs humanitaires ne savent plus par où commencer et les habi-tants vident leurs abris à coup de chaudière, mais l'eau revient aussi vite. Un journaliste, au téléphone, me demande de lui décrire la scène. Je ne sais même pas par où commencer. Ni si je devrais vraiment la lui décrire. Peut-être que je vais choquer une personne en train de préparer son repas, si je parle des défections qui flottent à quelques millimètres de moi, et des mouches qui me harcèlent ?

Je ne peux que me demander pourquoi nous n'avions pas prévu la saison des pluies, en éri-geant ces abris temporaires ou transitoires. Pourquoi les canaux n'ont pas été nettoyés avant, pourquoi les populations n'ont pas été mises en sécurité plus rapidement. C'est comme si nous avions oublié nos grands principes humanitaires pendant quelques mois, après le tremblement de terre.

Notre équipe se déplace vers Gonaïves afin de poursuivre son travail. Au bord de la route, des gens en souffrance, des mourants, des pleu-reuses, des enfants à bout de force, des cadavres.

L'hôpital est barré. Les gens s'entassent aux portes, trop de malades, trop de morts. L'OMS vient d'envoyer ses experts. Il faut former des équipes de nettoyage, des équipes pour dépla-cer les cadavres en toute sécurité. Interdiction de traverser certaines zones. Décontamination forcée en arrivant au bureau. Mais sinon, on se promène d'une maison à l'autre pour remettre des petites bandes dessinées qui expliquent comment se laver les mains pour ne pas être malade.

On tend des trousses de purification d'eau pour répondre à une autre crise, mais on n'a tou-jours pas pris le temps de former des travailleurs communautaires. Alors on cherche à gauche et à droite des bénévoles.

Trop peu trop tard ? La maladie fauche des vies, des cris s'entendent à travers les rues. Certains humanitaires semblent plus préoccupés à sauver leur peau qu'à offrir une aide concrète. Des plaintes de collègues sur les odeurs, les protocoles de nettoyage, les contraintes de déplacement.

Conclusion

Je bous, j'enrage. Des gens meurent et toi l'amie tu pleures ton petit confort. Tu n'avais pas pensé à cela avant de prendre un vol pour Haïti ? Tu ne t'étais pas dit que peut-être ce serait difficile de côtoyer la misère ? Personne ne t'avait prévenue qu'il y aurait des sacrifices à faire ? Que ce n'était pas un séjour payé dans un tout inclus ? Que tu rencontrerais la mort dans sa forme la plus violente ? Et que tu y verrais aussi l'espoir valser avec le désespoir ? Quand t'as choisi de faire ce travail, on ne t'a pas prévenue qu'il faudrait que tu mettes un mur entre tes émotions, tes besoins et ton travail ? Que peut-être tu reviendrais un peu plus abîmée de ces rencontres sombres ? Tu seras peut-être plus humaine ou plus détachée de l'humanité, c'est à toi de voir, mais tu seras sûrement un peu endommagée... c'est certain. Et pour te guérir, pour te réparer, tu voudras aller redonner de ton humanité ailleurs. Et peut-être que tu réaliseras que chaque fois, tu n'es qu'un petit joueur dans l'équation et qu'au fond, tu ne vas pas changer le monde. C'est le monde qui va te façonner...

Avec ses millions pompés de l'étranger vers la capitale des ONG, je me demande ce qui ne va pas, pourquoi nous ne faisons que du sur place. Le saurais-je un jour ?

Objectifs d'apprentissage

- Porter un regard critique sur la mission humanitaire menée en Haïti en 2010.
- Identifier les défis auxquels sont confrontés les travailleurs humanitaires sur le terrain.

Questions de réflexion

- Selon le témoignage de l'auteure, quelles sont les limites de la mission humanitaire en Haïti en 2010 ?
- Pourquoi la solution proposée pour prévenir le choléra n'a-t-elle pas permis d'atteindre les résultats escomptés ?
- Quelles sont les actions à mettre en place pour une meilleure gestion de crises humanitaires ?

Pour en savoir davantage

Dauvin, Pascal et Johanna Siméant. *Le travail humanitaire : les acteurs des ONG, du siège au terrain*. Paris, Presses de Sciences Po, 2002.

Delpierre, Alizée. « Quand l'humanitaire est payant : enquête sur l'expérience de jeunes volontaires français au Ghana ». *Genèses 3*, n° 108 (2017), 89-108.

Demoustier, Danièle. « Le bénévolat, du militantisme au volontariat ». *Revue française des affaires sociales*, n° 4 (2002), 97-116.

Méthot, Denis. « Le travail humanitaire, ce n'est pas juste de bonnes intentions ». *Actualité médicale 34*, n° 15 (2013), 39.

Octavia, Gaël. *Travailler pour la bonne cause : bénévolat, militantisme, humanitaire*. Paris, Éditions L'Express, 2004.

Section 3

Agir sur les méthodologies

67

Nouvelles approches dans la recherche pour le développement

Jean-François Rousseau

Résumé

Malgré trois décennies d'investissements massifs dans le développement international, les inégalités entre les pays du Nord et du Sud atteignent des niveaux records. Parmi les solutions proposées pour sortir de cette impasse, certains estiment que les populations que ciblent les projets de développement doivent en devenir les acteurs centraux. D'où le besoin de nouvelles collaborations entre les milieux de la recherche et du développement, et l'émergence des approches sur les moyens d'existence. Ce chapitre retrace l'émergence de ces approches et leur application par des acteurs du développement international, de même que certaines des critiques qu'elles ont suscitées.

Les approches sur les moyens d'existence

L'émergence des approches sur les moyens d'existence est fortement liée à deux institutions anglaises ; le Institute of Development Studies (IDS) – un centre de recherches basé à l'Université du Sussex – et le Department for international Development (DFID) – le ministère du Développement international du Royaume-Uni. À IDS, Robert Chambers et Gordon Conway définissent les moyens d'existence ainsi[1] : Les moyens d'existence englobent les capacités, les avoirs (ressources matérielles et sociales incluses) et les activités requis pour subsister. Les moyens d'existence sont durables lorsqu'ils

peuvent faire face à des pressions et à des chocs, et s'en remettre, tout en maintenant ou en améliorant, aujourd'hui et demain, leurs capacités et leurs avoirs, sans toutefois amoindrir la réserve de ressources naturelles.

Cette définition est importante, car elle démontre que le bien-être des populations repose sur des ressources à la fois tangibles et intangibles. Si l'accroissement des revenus des ménages est traditionnellement au cœur des projets de développement, les approches sur les moyens d'existence mettent les biens financiers sur un pied d'égalité avec quatre autres types de biens, appelés « capitaux », soit le capital social, naturel, physique et humain. Ces capitaux sont souvent représentés sous la forme d'un pentagone.

De même, les approches sur les moyens d'existence présentent les populations visées par

---

1. Robert Chambers et Gordon R. Conway. *Sustainable Rural Livelihoods: Practical Concepts for the 21st Century.* Brighton, Institute of Development Studies, 1992.

Figure 67.1
Le pentagone des capitaux

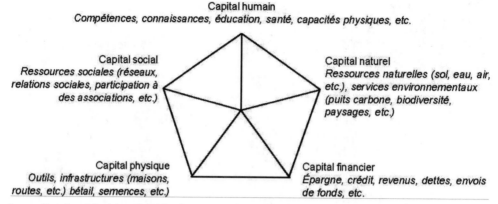

Capital humain
Compétences, connaissances, éducation, santé, capacités physiques, etc.

Capital social
Ressources sociales (réseaux, relations sociales, participation à des associations, etc.)

Capital naturel
Ressources naturelles (sol, eau, air, etc.), services environnementaux (puits carbone, biodiversité, paysages, etc.)

Capital physique
Outils, infrastructures (maisons, routes, etc.) bétail, semences, etc.

Capital financier
Épargne, crédit, revenus, dettes, envois de fonds, etc.

Source: Department For International Development. *Notes d'information sur les moyens d'existence durables.* Londres, DFID, 1999.

les projets de développement comme des agents actifs plutôt que comme les récipiendaires passifs du développement. Les « pauvres » déploient en effet des stratégies pour composer avec les imprévus et profiter d'opportunités nouvelles en fonction de critères et de rationalités souvent bien différents de ceux qui sont proposés dans les projets de développement. Afin de cerner ces priorités, les chercheurs mettent l'accent sur la recherche de terrain ethnographique et participative[2]. Cette analyse à l'échelle micro rompt avec les pratiques du milieu du développement, dont les impératifs, les échéanciers, et la capacité de conjuguer avec les particularismes locaux et le cas par cas sont bien différents de celles des chercheurs[3].

Impacts sur le milieu du développement

Le gouvernement anglais a enchâssé à la fin des années 1990 la « création de moyens d'existence durables pour les pauvres » dans un livre blanc sur le développement international[4]. Il s'agit d'un signal politique fort qui confirme l'adoption des approches sur les moyens d'existence par les praticiens du développement. La notion de durabilité, dont l'influence n'a eu de cesse de s'accroître depuis la publication du Rapport Brundtland[5], est mise à l'avant-plan.

Par la suite, différentes organisations ont peaufiné leur propre modèle d'analyse SLA (« Sustainable Livelihood Approaches »). Selon le modèle du DfID (figure 67.2), l'accès des individus et des ménages à différents capitaux est régi par le contexte de vulnérabilité (chocs et pressions externes) et à des structures et processus de transformation tant formels qu'informels (cadre institutionnel, contexte socioculturel). Ces circonstances influencent à leur tour les stratégies de subsistance que les individus et les ménages déploient pour consolider leurs moyens d'existence et bénéficier de nouvelles opportunités. Mieux comprendre comment ces variables se manifestent dans une région donnée

2. Ian Scoones et John Thompson. *La reconnaissance du savoir rural: savoir des populations, recherche agricole et vulgarisation.* Paris, Éditions Karthala, 1999.
3. Norman Long. « Du paradigme perdu au paradigme... retrouvé? Pour une sociologie du développement orientée vers les acteurs ». *Bulletin de l'APAD*, n° 7 (1994).

4. Department For International Development. « Eliminating World Poverty: A Challenge for the 21st Century ». Londres, DFID, 1997.
5. Gro Harlem Brundtland et Commission mondiale sur l'environnement et le développement. *Notre avenir à tous.* Montréal, Éditions du fleuve, 1998.

Figure 67.2

Cadre des moyens d'existence durables

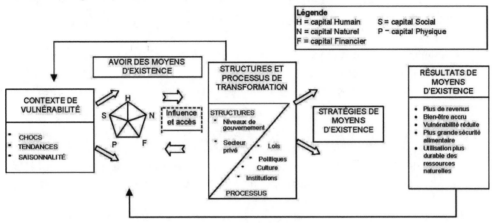

Source : Department For International Development. *Notes d'information sur les moyens d'existence durables.* Londres, DFID, 1999.

permet d'optimiser les stratégies d'intervention et leurs impacts sur les moyens de subsistance des populations.

Comme toutes les approches conceptuelles et pratiques vouées à mieux comprendre les processus de développement, les SLA ont suscité plusieurs débats. Du côté des praticiens du développement, les principales critiques ont trait aux défis rencontrés lorsque vient le temps de convertir les connaissances sur les moyens d'existence en politiques de développement concrètes. La pondération de la mesure dans laquelle différents capitaux interviennent simultanément dans les stratégies de subsistance des individus et des ménages entraîne aussi son lot de défis. Dans d'autres milieux, on accuse les SLA d'accorder une trop faible attention au fait que les facteurs socioculturels, ethniques et les relations de genre influencent les moyens de subsistance et les significations que les individus et les ménages attribuent à ces mêmes moyens.

Conclusion : désengagement, et retour en force

Ces critiques ont incité les chercheurs à peaufiner leurs analyses et à davantage élucider les interactions entre les dynamiques sociales observées à l'échelle micro et les structures et phénomènes qui se manifestent à d'autres échelles.

À l'heure actuelle, les approches sur les modes de vie sont au cœur des travaux sur la vulnérabilité et les stratégies d'adaptation aux changements climatiques. Les changements climatiques sont un phénomène global par définition, mais leurs impacts n'en varient pas moins d'une société à l'autre, voire entre les ménages d'une même société. Comprendre les critères qui influencent la vulnérabilité aux changements climatiques, de même que l'efficacité de différentes stratégies d'adaptation déployées par les ménages, figure parmi les principales priorités des communautés du développement et des chercheurs qui y sont associés.

Objectifs d'apprentissage

- Élucider les liens et influences entre communauté scientifique et praticiens du développement.
- Comprendre le contexte qui a mené à l'élaboration des approches sur les moyens d'existence.
- Démontrer l'importance de changer la perception des populations visées par les programmes de développement.

Questions de réflexion

- Dans quelle mesure les actifs inclus au pentagone des capitaux se manifestent-ils dans le mode de vie d'un fermier d'un pays du Sud global? Dans celui d'un étudiant universitaire?
- Pourquoi la diversité des moyens d'existence complique-t-elle l'élaboration de projets de développement ou d'adaptation aux changements climatiques?
- En quoi la recherche académique peut-elle contribuer à réconcilier ces aspects?

Pour en savoir davantage

Bennett, Gavin et Nasreen Jessani. *La boîte à outils sur l'application des connaissances.* Ottawa, CRDI, 2011.

Carden, Fred. *Des connaissances aux politiques: tirer le meilleur parti possible de la recherche en développement.* Ottawa et Québec, CRDI et Presses de l'Université Laval, 2009.

Gabas, Jean-Jacques, Vincent Ribier et Michel Vernières. «Introduction: la mesure du développement: comment science et politique se conjuguent». *Revue Tiers Monde 1*, nº 213 (2013), 722.

Géronimi, Vincent, Irène Bellier, Jean Jacques Gabas, Michel Vernières et Yves Viltard. *Savoirs et politiques de développement: questions en débat à l'aube du XXIᵉ siècle.* Paris, Éditions Karthala et GEMDEV, 2008.

Ndiaye, Abdoulaye. *Chercheurs et décideurs d'Afrique: quelles synergies pour le développement?* Ottawa, CRDI, 2009.

68

Les défis de la gestion de projet

Sophie Brière et Stéphanie Maltais

Résumé

La gestion de projet de développement international est un processus complexe en raison du contexte dans lequel les projets sont mis en place et de la multitude d'entités impliquées. Ce chapitre expose les spécificités de ce type de projets, les bases de la composition d'un document de projet, ainsi que les différentes étapes du cycle de vie d'un projet.

Introduction

L'aide internationale passe généralement par la réalisation de projets de différente envergure et touchant des secteurs variés (santé, environnement, droit, gouvernance, etc.). La gestion de projet, à la fois reconnue pour ses méthodes rigoureuses, mais critiquée pour son manque de souplesse, s'impose aujourd'hui comme un processus indispensable à l'acheminement de l'aide internationale. Un projet constitue un effort complexe et singulier, limité par des contraintes techniques, de temps et de budget, ainsi que par des spécifications d'exécution conçues pour répondre aux besoins d'une organisation[1]. Les projets ont un cycle de vie[2] composé de différentes étapes, notamment la conception (identification et définition), la planification opérationnelle, la mise en œuvre, la clôture et l'évaluation.

Un environnement complexe

La gestion de projets de développement se fait dans un environnement complexe qui nécessite de prendre en compte une multitude de facteurs. L'une des particularités des projets est qu'ils sont confrontés à des contraintes locales souvent fluctuantes, et qu'ils comprennent de nombreux acteurs aux besoins diversifiés. Ils sont également axés sur les résultats et la reddition de comptes aux donateurs et autres parties prenantes clés. La figure 68.1 présente l'environnement interne et externe des projets de développement international.

Le succès des projets de développement dépend de plusieurs facteurs, notamment : une

1. Bernard-André Genest et Tho Hau Nguyen. *Principes et techniques de la gestion de projets*. Québec, Éditions Sigma Delta, 2015.

2. Sophie Brière, Yvan Conoir et Yves Poulin. *La gestion de projets de développement international et d'action humanitaire*. Québec, Presses de l'Université Laval, 2016.

Figure 68.1
L'environnement des projets en développement international

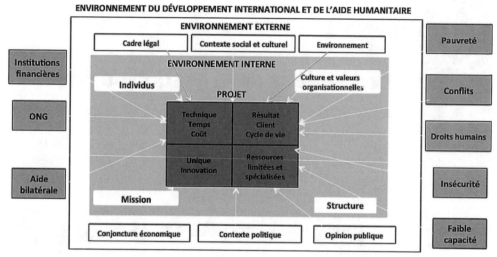

Source : Sophie Brière et Stéphanie Maltais

planification réaliste, l'implantation de mécanismes de rétroaction et de contrôle, une bonne
gestion des risques, la participation des parties
prenantes à toutes les étapes du cycle de vie du
projet, la valorisation du savoir local et la durabilité des changements.

La conception

La phase d'identification et de conception
du projet comporte plusieurs étapes, soit

l'élaboration de la problématique et du cadre
logique d'intervention, l'identification des
risques liés à l'environnement, la prise en
compte des thèmes transversaux de développement, l'analyse de la faisabilité et de durabilité du projet et les mesures de suivi du
rendement et de gestion du projet. Les parties
prenantes (tout individu, groupe, organisation
concernée par la réalisation du projet) doivent
être consultées, dès le début du projet, afin
de bien cerner leurs besoins, leur influence
sur le projet et leur niveau de participation

Figure 68.2
La méthode de l'arbre à problème

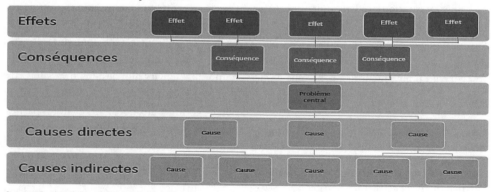

Source : Sophie Brière et Stéphanie Maltais

Figure 68.3
Le cadre logique

	Logique d'intervention	Indicateurs objectivement vérifiables	Sources de vérification	Hypothèses
Objectif global				
Objectif spécifique				
Extrants				
Activités				

Source : Sophie Brière et Stéphanie Maltais

attendue. Des stratégies concrètes pour tenir compte de ces parties prenantes doivent aussi être identifiées, notamment leur participation à certaines instances de gestion du projet. Lors de la conception, il importe de déterminer les causes et les conséquences du problème que le projet devra résoudre. La méthode de l'arbre à problèmes est fréquemment utilisée pour bien définir la problématique dans le document de projet.

L'établissement de la problématique permet de définir le cadre logique, soit les objectifs et stratégies d'intervention dans le cadre du projet. Même si le cadre logique est souvent critiqué pour son caractère rigide, sa complexité pour les acteurs locaux et son inefficacité à s'adapter à

Figure 68.4
Stratégie de gestion des risques

Facteur de risque	Détection				Mesure d'atténuation			
	Événement déclencheur	Date ou période probable d'occurrence	Moyen de détection	Responsable de la détection	Mesure préventive	Plan d'urgence		
						Mesure de secours	Responsable	Mesure de suivi
Impact								
Effets								
Extrants								
Activités								

Source : Sophie Brière et Stéphanie Maltais

différents contextes, il demeure un outil essentiel dans la gestion de projets.

La méthode la plus utilisée par de nombreux bailleurs de fonds vise à fixer l'objectif global (objectif à long terme auquel le projet contribuera), les objectifs spécifiques (ce que le projet permettra d'atteindre), les extrants (produits de la réalisation des activités) et les activités (actions réalisées dans le cadre du projet). Cette logique verticale reprend essentiellement la chaîne de résultats. Si les activités sont réalisées, des extrants sont produits. Si ces extrants sont réalisés, l'objectif spécifique est atteint et ainsi de suite.

Une logique horizontale permet également de mesurer les résultats, les sources de vérification où seront collectées les données et les hypothèses de risque, comme le démontre la figure 68.3. Après avoir finalisé le cadre logique, il faut identifier les risques et les mesures d'atténuation (figure 68.4).

Pour chacun des risques, on identifie un événement déclencheur, la période probable d'occurrence, le moyen de détection et le responsable de la détection au sein de l'équipe. Une mesure préventive pour chaque risque est déterminée, ainsi qu'un plan d'urgence, comprenant une mesure de secours, le mandat du responsable et des mesures de suivi. Certes, les risques ne sont pas tous de la même importance. Néanmoins, une stratégie de gestion des risques permet de mieux contrer des effets indésirables liés à l'environnement du projet. En développement international, les risques au niveau politique sont particulièrement importants. Le document de projet de développement doit contenir des stratégies transversales, telles que la réduction de la pauvreté, l'environnement et l'égalité entre les genres. Ces thématiques intersectorielles, qui s'inspirent des objectifs de développement durable (ODD), doivent être abordées dans l'ensemble du document de projet.

Selon le contexte, une analyse de la faisabilité du projet sur les plans technique, géographique, politique, légal, socioculturel, environnemental, organisationnel, économique et financier est requise pour définir les hypothèses et les conditions de succès. Elle permet de cibler, concrètement, la possibilité de produire l'extrant d'un projet dans une dimension spécifique. Par exemple, dans la faisabilité géographique, on se demande si le site sera accessible par les moyens de transport, s'il est desservi par les réseaux de communication, etc. Le projet doit nécessairement comporter une stratégie de durabilité qui vise à expliquer comment « les stratégies, les structures et les processus de gestion favorisent la participation des intervenants, le renforcement des capacités et l'appropriation des résultats par les bénéficiaires[3] ».

Une fois le cadre logique complété, « le suivi d'un projet est une activité continue qui recueille les données de façon systématique afin de fournir aux responsables et parties prenantes des indications sur l'utilisation des ressources et la réalisation des activités[4] ». C'est dans le cadre de mesure de rendement (figure 68.5) que sont compilés les résultats escomptés, les indicateurs, les cibles et les méthodes de collecte de données.

La dernière partie de la conception du projet concerne les modalités de gestion, notamment l'organigramme qui détermine les rôles et les responsabilités de chacun des membres de l'équipe, ainsi que la composition et les mandats des différents comités. Sous la forme de différents tableaux, ces modalités de gestion sont très importantes, puisque les aspects humains dans un contexte international représentent le défi majeur lié à la durabilité des projets.

La planification

Une fois le projet défini, il doit être planifié. La première dimension est technique. Elle permet le fractionnement du travail et l'affectation des ressources.

---

3. Sophie Brière, Yvan Conoir et Yves Poulin. *La gestion de projets de développement international et d'action humanitaire*. Québec, Presses de l'Université Laval, 2016.
4. *Ibid.*

Figure 68.5
Cadre de mesure du rendement

Résultats escomptés	Indicateurs	Données de base	Cibles	Sources de données	Méthodes de collecte des données	Fréquence	Responsabilités
Impact							
Effets							
Extrants							
Activités							
Ressources							

Source : Sophie Brière et Stéphanie Maltais

Figure 68.6
Structure de fractionnement du travail

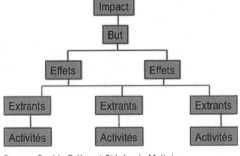

Source : Sophie Brière et Stéphanie Maltais

Figure 68.7
Tableau d'affectation des ressources

Activité/tâche	Gestionnaire de projet	Chargé de projet spécial	Responsable des finances	Formateur	...
Projet	✓				
Effet 1	◁	✓	★		
Extrant 110		✓	◁		
Activité 111			◁	✓	
Tâche 1111		★		+	
Tâche 1112	◁	✓		×	
Activité 112					
...					

Légende : ✓ Responsable × Exécute + Soutien ◁ Doit approuver ★ Doit être consulté

Source : Sophie Brière et Stéphanie Maltais

Ce schéma est accompagné d'un tableau d'affectation des ressources humaines (figure 68.7). La première colonne reprend la logique d'intervention du cadre logique et les autres colonnes représentent les ressources humaines impliquées dans le projet. Dans l'exemple de la figure 68.7, les titres de postes doivent être remplacés par les ressources propres au projet.

Après avoir déterminé «qui fait quoi», il est important de noter dans un autre tableau (figure 68.8), le niveau d'effort que devra mettre chacune des ressources.

Ce tableau expose activités, durée, date de début et de fin, ainsi que le niveau d'effort de chacune des ressources.

Une fois la dimension technique élaborée, la durée et l'ordonnancement des activités sont présentés dans la dimension temps sous la forme d'un calendrier de réalisation du projet (figure 68.9).

La détermination des coûts et du budget constitue la troisième dimension de la

Figure 68.8
Fiche d'activité

Extrant:					
Activité:					
Livrable:					
Ressources humaines:					
Durée, niveau d'effort :					
Date :					
Type de dépenses	**Type d'unité**	**Nombre d'unité**	**Coût unitaire**	**Niveau d'effort**	**Total**

Source : Sophie Brière et Stéphanie Maltais

Figure 68.9
Diagramme de Gantt – Exemple de la coopération canadienne

Activités	Mois 1				Mois 2				Mois 3				Mois 4			
	s1	s2	s3	s4	s1	s2	s3	s4	s1	s2	s3	s4	s1	s2	s3	s4
Activité 1																
Activité 2																
Activité 3																
Activité 4																
Activité 5																

Source : Sophie Brière et Stéphanie Maltais

planification du projet. La dimension coût expose le budget du projet qui comprend les contributions en nature de l'organisation et des partenaires (qui ne nécessite pas d'être financées en matière d'argent, mais qui sont comptabilisées dans le budget), les imprévus (entre 5 et 10 % du budget total) et les frais généraux liés à l'organisation (pourcentage permis dépend des bailleurs de fonds). Il existe différentes façons de présenter le budget. Cela peut être fait par activité, ce qui indique le coût pour chacune des activités du projet ; par ressource, c'est-à-dire par rapport au coût de chacune des ressources affectées au projet ; ou par période de temps, ce qui signifie le coût pour chacune des périodes du projet. Que le budget soit présenté d'une façon ou d'une autre, le coût total sera toujours le même.

Mise en œuvre

La mise en œuvre d'un projet nécessite différentes étapes : les activités de démarrage du projet (démarches administratives), la formation et la gestion de l'équipe de projet, la coordination des activités ainsi que le suivi des activités liées à la performance du projet. Les différentes stratégies de gestions (risques, parties prenantes, durabilité, aspects transversaux, etc.) doivent également être mises en œuvre. Parmi les démarches administratives, notons, le cas échéant, l'ouverture du bureau du projet, la location de logement, l'acquisition de biens et services, la signature de protocoles avec les partenaires, l'établissement de règles de sécurité, l'élaboration des termes de référence des activités, les demandes de permis aux autorités, etc.

Une attention particulière est portée à la constitution de l'équipe. Dans le domaine du développement, certaines caractéristiques liées à la dimension humaine et comportementale sont recherchées comme l'adaptabilité, les aptitudes relationnelles ou encore le leadership mobilisateur. Le suivi des activités se fait tout au long du projet, selon les modalités prévues dans le cadre de mesure et de rendement. Dans les projets, les écarts entre la planification initiale et le déroulement réel du projet sont régulièrement observés. Les outils de documentation du suivi sont utiles pour répondre aux exigences des bailleurs de fonds et produire les différents rapports de progrès.

Clôture et évaluation

La clôture du projet se fait lorsque les extrants ont été produits. Cependant, il peut survenir une clôture prématurée pour différentes raisons, comme une catastrophe naturelle ou une perturbation importante au niveau politique et social dans un pays.

L'évaluation finale du projet est primordiale pour les bailleurs de fonds, idéalement réalisée par un évaluateur ou une évaluatrice externe pour en assurer l'impartialité. Elle sert à vérifier la pertinence, l'efficience, l'efficacité, l'impact et la durabilité du projet. Elle est complémentaire au suivi et peut se faire à mi-parcours ou à la fin du projet. Dans ce cas, elle permet de tirer des leçons d'expérience pour les autres projets à venir.

Conclusion

Il appert essentiel de maîtriser les bases de la gestion de projet avant de se lancer dans la conception, la gestion et le suivi d'un projet de développement international, qui, par ses dimensions géographiques et culturelles, demeure complexe. Cela dit, la gestion de projets demeure une expérience enrichissante dont les nombreux défis méritent d'être relevés par tous ceux et celles qui croient en un développement durable et inclusif.

Objectifs d'apprentissage

- Saisir les spécificités d'un projet dans un contexte de développement international.
- S'initier ou approfondir ses connaissances en gestion de projet.
- Comprendre le cycle de vie d'un projet, de la conception à l'évaluation.

Questions de réflexion

- Quels éléments distinguent les projets de développement international des projets standards?

- Comment tenir compte des aspects humains dans un projet?
- Comment concilier le processus de gestion avec les différentes spécificités des pays et changements qui surviennent sur le terrain?

Pour en savoir davantage

Brière, Sophie et Denis Proulx. «La réussite d'un projet de développement international : leçons d'expérience d'un cas Maroc-Canada». *Revue internationale des sciences administratives 79*, n° 1 (2013), 171-191.

Giovalucchi, François et Jean-Pierre Olivier de Sardan. «Planification, gestion et politique dans l'aide au développement : le cadre logique, outil et miroir des développeurs». *Revue Tiers Monde 198*, n° 2 (2009), 383-406.

Gray, Clifford F. et Erik W Larson. *Management de projet*. Montréal, Éditions Chenelière Éducation, 2014.

Ika, Lavagnon A. «Project Management for Development in Africa: Why Projects Are Failing and What Can Be Done About It». *Project Management Journal 43*, n° 4 (2012), 27-41.

Proulx, Denis et Sophie Brière. «Caractéristiques et succès des projets de développement international : que peuvent nous apprendre les gestionnaires d'ONG». *Revue canadienne d'études du développement 35*, n° 2 (2014), 249-264.

69 Où sont les résultats sur le terrain ?

Robert M. David et Nailya Okda

Résumé

Depuis quelques décennies, les gouvernements des pays du Nord ont importé dans la gestion publique des méthodologies utilisées dans le secteur privé et mises en forme par plusieurs écoles de gestion. Ainsi, la gestion axée sur les résultats (GAR) a été adaptée par la plupart des agences de développement international et des entités à l'œuvre dans le domaine. La GAR offre un certain nombre d'outils conceptuels et méthodologiques sous diverses formes et selon des adaptations multiples, tout en conservant un certain nombre d'éléments communs. Dans ce chapitre, nous voulons examiner et discuter cette méthode qui s'applique aux projets de développement, à l'échelle micro ou à l'échelle macro, et mieux comprendre leur rationalité, leurs impacts et leurs limites.

La gestion axée sur les résultats (GAR)

Dans le cadre de la GAR, l'idée fondamentale est de déterminer a priori les résultats que l'on veut atteindre à long terme dans des projets de développement international, de définir la stratégie et les résultats à court et moyen termes pour y arriver, et de choisir et entamer les activités qui mèneront à ces résultats. C'est ce qu'on appelle la chaîne de résultats. Il s'agit ensuite de surveiller l'avancement du projet en recueillant certaines données selon des indicateurs choisis. Si en cours de route, ces indicateurs laissent croire que le projet n'atteindra pas les résultats escomptés à long terme, l'organisme et ses partenaires doivent déterminer les raisons de cet échec, revoir leurs activités et possiblement leur stratégie, et leur

apporter des changements. Un projet construit selon la GAR établit un modèle logique qui permet d'élaborer, confirmer et rappeler de façon sommaire la stratégie adoptée, soit la relation de cause à effet entre les activités choisies et les résultats espérés, et ses diverses composantes.

Par exemple, à partir d'un certain nombre de ressources, un organisme s'engage à réaliser deux activités connexes : la construction de 10 puits d'eau potable et la formation d'équipes locales qui entretiendront ces puits. Les extrants sont les 10 puits construits et les 20 individus formés. Les résultats immédiats sont un meilleur accès à l'eau potable et l'entretien des puits. Le résultat intermédiaire est la réduction des maladies infantiles en provenance d'eaux contaminées et le résultat ultime est la réduction du taux de mortalité infantile.

Figure 69.1
Chaîne de résultats 1

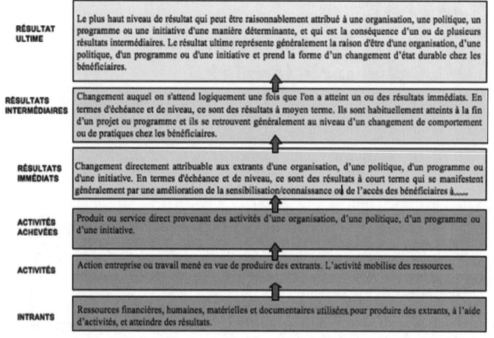

Source : Agence canadienne de développement international. *Énoncé de politique de la gestion axée sur les résultats.* Ottawa, ACDI, 2008.

Figure 69.2
Chaîne de résultats 2

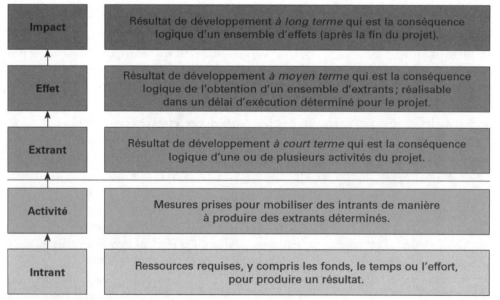

Source : Agence canadienne de développement international. *Énoncé de politique de la gestion axée sur les résultats.* Ottawa, ACDI, 2008.

Figure 69.3
Exemple d'une chaîne de résultats

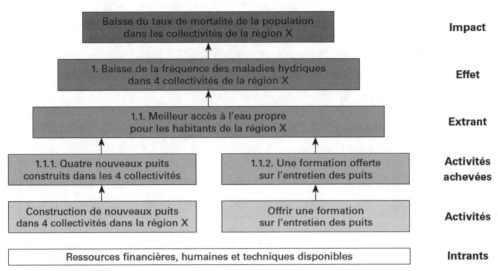

Source : Robert M. David et Nailya Okda

Ces résultats qualitatifs et quantitatifs doivent, autant que possible, remplir cinq critères : être spécifiques, mesurables, atteignables, pertinents et limités dans le temps. C'est ce qu'on appelle «modèle SMART» (voir figure 69.4).

Le cadre de mesure de rendement (CMR)

Une fois les résultats déterminés, il faut démontrer l'efficacité de l'intervention, d'où l'utilisation d'indicateurs de rendement. L'indicateur est une unité de mesure qui se veut objective et qui précise ce qui doit être mesuré et selon quelle échelle, sans pour autant spécifier l'orientation

Figure 69.4
Modèle SMART pour l'impact et les effets

Modèle «SMART» pour l'impact et les effets	
S	**Spécifique (*Specific*)** L'incidence, les effets et les produits doivent utiliser la langue du changement – ils doivent décrire une situation précise dans l'avenir.
M	**Mesurable (*Measurable*)** Les résultats, qu'ils soient quantitatifs ou qualitatifs, doivent disposer d'indicateurs mesurables qui rendent possible l'évaluation de leurs succès ou de leurs échecs.
A	**Réalisable (*Achievable*)** Les résultats doivent correspondre aux capacités des partenaires.
R	**Pertinent (*Relevant*)** Les résultats doivent contribuer aux priorités définies dans le cadre du développement national.
T	**Limite dans le temps (*Time-bound*)** Les résultats ne sont jamais illimités dans le temps – une date est prévue pour leur accomplissement.

Source : Programme des Nations unies pour le développement. *Guide de la planification, du suivi et de l'évaluation axés sur les résultats du développement.* New York, PNUD, 2009.

Encadré 69.1 Ce que vise la GAR

- L'importance de définir des attentes réalistes au regard des résultats escomptés, en désignant clairement les bénéficiaires et en adaptant les interventions à leurs besoins.
- Le suivi des progrès à l'aide d'indicateurs appropriés, parallèlement à une bonne gestion de risques.
- Renforcement des capacités des gestionnaires hiérarchiques et des partenaires à mesurer le rendement et à prendre les décisions qui s'imposent.
- La valeur ajoutée que procure le recours à des spécialistes indépendants de la vérification interne et de l'évaluation.
- La participation constructive des parties intéressées (la bonne entente).
- La transparence des rapports sur le rendement (résultats atteints, ressources utilisées).

Source : Robert M. David et Nailya Okda

---

ou le changement désiré. Par exemple, le nombre de, la fréquence de, le % de, ou le rapport entre x et y. Le CMR spécifie les indicateurs, les cibles, les sources et les méthodes de collectes de renseignements, et qui en est responsable. Ces indicateurs doivent nous aider à mesurer les résultats énoncés, recueillir et présenter les données ventilées, analyser celles-ci et évaluer les tendances positives et négatives.

Le suivi, l'évaluation, l'ajustement

Une fois le projet entamé, vous et votre partenaire devez suivre et analyser l'avancement du projet en utilisant divers indicateurs afin de vérifier régulièrement si vous vous dirigez dans la bonne direction et si les résultats que vous vous êtes fixés pourront être atteints. Vous continuez alors d'informer et de consulter les parties prenantes selon le mécanisme établi et de collecter les données sur l'avancement du projet, notamment sur la durabilité des apprentissages et des gains. Si les consultations et les indicateurs démontrent après une période d'essai que vous ne vous dirigez pas vers l'atteinte des résultats désirés, vous discutez des mesures de correction appropriées et apportez les modifications nécessaires selon les besoins. Ces ajustements peuvent toucher un ou plusieurs éléments à la fois, tels que les priorités, la stratégie, les activités, l'échéancier,

les opérations, les responsabilités ou le budget. Ils peuvent également requérir le consentement des bailleurs de fonds.

Dans l'exemple ci-dessus, il se pourrait que la qualité du ciment utilisé ou du travail dans la construction des puits ne réponde pas aux normes établies, ce qui nécessiterait un changement de fournisseur de ciment, de technique de travail ou de compagnie de construction à la limite. Du côté des équipes d'entretien, des ajustements pourraient devoir être apportés au niveau de la direction des équipes ou des incitatifs pour retenir le personnel formé pendant des années.

Limites et contradictions de la gestion axée sur les résultats

La GAR peut selon le contexte et les circonstances aider à la gestion des projets :

- Elle facilite la planification itérative sur une base systématique.
- Elle fournit aux partenaires la latitude dont ils ont besoin pour modifier et réorienter leurs initiatives de façon à obtenir les résultats escomptés.
- Ce sont des documents « vivants » que l'on peut (doit) réviser pendant la mise en œuvre.

Cependant, il se peut que la GAR constitue un cadre trop contraignant, mal adapté aux besoins des partenaires, surtout du Sud :

- Les plans sont souvent faits par les agences du Nord ou des consultants, sans beaucoup de consultation.
- Sorte de jargon, la GAR est très exigeante pour les partenaires et bénéficiaires, en plus l'information est peu disponible (ou même occultée).

- La capacité (ou le manque de capacité) d'identifier les résultats change le but/ objectif du projet, surtout les projets itératifs.
- Il y a une tendance à préférer des indicateurs quantitatifs plutôt que qualitatifs, ce qui mène trop souvent à privilégier des projets aux résultats concrets, comme la construction de puits, au lieu de changement d'attitude, par exemple envers les femmes.

Figure 69.5
Approche du cycle de vie de la gestion axée sur les résultats

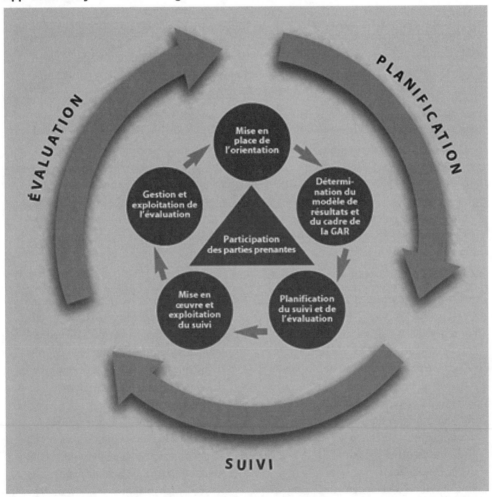

Source : Programme des Nations unies pour le développement. *Guide de la planification, du suivi et de l'évaluation axés sur les résultats du développement.* New York, PNUD, 2009.

Conclusion

La GAR est utile si elle est bien faite. C'est une méthodologie « intelligente » et itérative, et non pas une « recette » simpliste. Elle permet de « visualiser » la planification, mais elle a des limites. Elle peut nuire au processus du développement si elle n'est pas maniée avec intelligence et respect de tous les acteurs, à commencer par les partenaires. Elle n'est jamais un substitut à un travail serré et minutieux avec les partenaires sur le terrain, en conformité avec les principes éthiques qui sont censés être à la base des projets : traitement des gens du Sud en tant qu'égaux, respect des droits humains, souci de l'environnement, égalité de genre, etc. Un « bon » projet bien géré peut se faire si les conditions le permettent : un environnement social et politique facilitateur, des partenaires bien organisés et autonomes. Un « mauvais » projet peut être géré en conformité avec la GAR, mais il n'atteindra pas les objectifs du développement, par exemple, si ses finalités ne sont pas conçues pour combattre la pauvreté, si l'État ou les autorités gouvernant le projet ne sont pas démocratiques, etc.

Objectifs d'apprentissage

- S'initier à la gestion axée sur les résultats en développement international.
- Savoir utiliser la GAR afin d'atteindre les objectifs d'un projet de développement.
- Comprendre les côtés néfastes de la GAR dans la gestion de projets.

Questions de réflexion

- Quelle approche adopterez-vous avec votre partenaire si vous devez utiliser la GAR ?
- Quelle est l'utilité de la gestion axée sur les résultats et quelles en sont les limites ?
- Les gouvernements des pays du Sud, les OCI et les OSC, qui dépendent de fonds d'agences du Nord, sont-ils libres d'utiliser le système de gestion de leur choix ?

Pour en savoir davantage

Affaires mondiales Canada. *La gestion axée sur les résultats appliquée aux programmes d'aide internationale : un guide pratique.* Ottawa, Affaires mondiales Canada, 2016.

Comité d'aide au développement-Organisation de coopération et de développement économiques. *Évaluation des activités de développement : 12 leçons du CAD de l'OECD.* Paris, OCDE, 2013.

Comité d'aide au développement-Organisation de coopération et de développement économiques. *Évaluer la coopération pour le développement : récapitulatif des normes et standards de référence.* Paris, OCDE, 2010.

Des, Gasper. « Carences et aléas du cadre logique : pourquoi le cadre logique n'est-il utilisé que lorsque des sources extérieures de financement l'exigent ? » *Revue Antipodes*, n° 9 (2006).

Wone, Issa, Anta Tal Dia et Mohamed Nedhirou Hamed. « Gestion axée sur les résultats et stratégies de développement sanitaire en Afrique ». *Santé publique 24*, n° 5 (2012), 459-464.

70 Stages d'initiation à la solidarité internationale

Katina Binette, Marie Brodeur-Gélinas et Sarah Charland-Faucher

Résumé

Depuis déjà plusieurs années, des ONG et d'autres organisations impliquées dans la coopération et la solidarité internationale organisent des stages où des individus intéressés et motivés peuvent s'investir sur le terrain pour apprendre et aider. Les stages sont généralement exigeants en termes d'implication, de compétences et de qualités personnelles, dont la tolérance et la détermination. Les stages en fin de compte peuvent être la première étape d'une démarche à long terme où on comprend que l'aide extérieure est un maillon d'une grande chaîne au centre duquel se trouvent les populations concernées.

Introduction

Pourquoi participer à un stage d'initiation à la solidarité internationale ? La question sous-entendue est sans aucun doute : Pourquoi s'impliquer dans un projet de solidarité internationale ? Y répondre remet les pendules à l'heure.

La solidarité internationale est nécessaire parce qu'il existe de criantes inégalités mondiales et que nous sommes tous et toutes interdépendants sur cette planète, la seule et unique maison de chacune et chacun d'entre nous. Elle est nécessaire parce que les causes de ces inégalités et de l'exploitation des humains et de la nature sont historiques et systémiques et que nous faisons toutes et tous partie de ces systèmes. Nous faisons partie du problème, la plupart du temps involontairement. Il n'y a qu'un pas à franchir pour dire que nous devons faire partie de la solution. Faire partie de la solution :

éviter de poser des gestes qui maintiennent les inégalités et l'exploitation, dénoncer les causes de celles-ci, et participer à changer les systèmes qui les créent et les rendent possibles. Jusqu'à présent, rien n'indique dans cette suite logique qu'un séjour dans une communauté du Sud puisse participer à éradiquer les injustices ou l'exploitation sans réserve du vivant et des ressources et de la planète. Le glissement vers la notion d'aide est facile. On a plus de moyens qu'eux – logique implacable – on va mettre la main à la pâte ! Ce faisant, nous sous-entendons la nécessité d'intervenir, en tant que mieux nantis issus de pays favorisés par les systèmes injustes.

Mais quels genres d'interventions peuvent briser le cycle historique de l'exploitation ? Une grande prudence s'impose, doublée d'une humilité plus que nécessaire. Aucun individu ne peut prétendre s'attaquer aux causes des problèmes

– auxquels il appartient – en séjournant dans un autre pays. C'est même le contraire ! Nous avons beaucoup à apprendre des autres.

Alors quelles motivations devrions-nous avoir en envisageant de participer à un stage d'initiation à la solidarité internationale ?

Nous fonctionnons dans un monde compétitif, basé sur la performance. Où placer ce type d'expérience dans ce paradigme ? La présenter comme un atout sur son CV ne renforce-t-il pas le rapport de force inégal entre la communauté qui nous accueille et nos propres privilèges ?

Posons la question de front : les stages d'initiation à la solidarité internationale peuvent-ils avoir une fonction utilitaire ? Il nous semble que non. Ce qui ne signifie pas qu'ils ne peuvent avoir de fonction éducative – ce qu'on appelle l'éducation à la citoyenneté mondiale – et, de là, une puissante fonction transformatrice. Je m'éveille, tu t'éveilles, nous nous transformons.

Que désirerions-nous observer chez les gens après les formations préparatoires au séjour, pendant les formations de retour et même dans les mois et les années suivant un projet à l'international ?

Les stages d'initiation : un engagement citoyen

- Des participantes et des participants qui ont renforcé leur estime et leur connaissance d'eux ou d'elles-mêmes, leur confiance en soi et en leurs prochains :

   Pourquoi ? Parce que l'estime de soi et la confiance sont des bases essentielles pour entrer en relation avec les autres et le « monde extérieur », sans peur, de façon saine et pacifique. Parce que se connaître permet d'identifier les valeurs qui nous constituent et qui entreront inévitablement en conflit avec d'autres au cours de notre exploration du monde.

- Des participantes et des participants qui ont du plaisir à travailler en équipe et à se soutenir mutuellement :

   « Tout seul, on va plus vite, mais ensemble on va plus loin » peut devenir plus qu'un dicton lorsqu'on l'expérimente concrètement, dans la joie autant que possible ! Pourquoi ? Parce que l'esprit d'équipe et de communauté est une base pour développer des projets plus grands que soi, chercher des résultats collectifs, mais aussi pour permettre à un sentiment d'appartenance d'émerger. Sans ce dernier, aucune solidarité n'a l'habitude de germer. Or, la solidarité est un ingrédient crucial pour co-créer une société plus juste et harmonieuse.

- Des participantes et des participants qui s'intéressent à l'histoire qui les précède et qui reconnaissent leurs privilèges :

   Pourquoi ? Parce que la connaissance du passé permet de mieux comprendre les réalités actuelles, de diminuer les jugements et de changer certains comportements pour ne pas reproduire les mauvaises expériences. Parce que reconnaître ses privilèges peut ouvrir la porte à une plus grande humilité, et à une écoute et une sensibilité à l'égard de celles et ceux qui en ont peu ou pas ou qui n'ont pas les mêmes.

- Des participantes et des participants plus à l'écoute, curieux, ouverts et plus tolérants à l'ambiguïté :

   Pourquoi ? Parce que le monde est complexe, les cultures et les sensibilités, multiples. Si l'écoute et la curiosité pour l'autre ne se concluent pas automatiquement sur une compréhension mutuelle, il est possible de demeurer ouvert et tolérant malgré ce qu'on ne comprend pas et qui nous paraît étrange. Cela permet aussi de diminuer les jugements trompeurs ou les interprétations erronées tout comme la violence et le racisme qui peuvent en découler.

- Des participantes et des participants qui explorent et apprivoisent le sentiment de coresponsabilité et non de culpabilité :

  Pourquoi ? Parce que découvrir l'histoire, les injustices, le pillage et l'exploitation des personnes comme des ressources naturelles peut engendrer beaucoup de culpabilité pour les personnes qui réalisent comment s'est accumulée la richesse et se sont développés les privilèges dont elles jouissent en Occident. La culpabilité est rarement un moteur de changement durable et peut mener à différents mécanismes de défense : repli, indifférence, cynisme, dépression,

gestes charitables occasionnels pour se déculpabiliser. Le sentiment de coresponsabilité nourrit la volonté de se solidariser et la motivation à travailler en équipe pour trouver des solutions.

- Des participantes et participants qui veulent participer à une transformation positive du monde et s'engager dans leur milieu ou à l'international tant sur le plan personnel que professionnel :

  Pourquoi ? Parce qu'on en a drôlement besoin, vous ne croyez pas ? Certains diront : « Ce n'est qu'un court stage-séjour de 2-3 semaines, voire de 2-3 mois. Pourquoi se donner tant de mal alors que le financement d'une telle expérience demande déjà tellement d'énergie » ? Les projets

---

Encadré 70.1 En bref, comment faire un stage ?

Qui s'engage ? Toute personne qui est motivée ! Oui, il y a beaucoup de programmes jeunesse, mais aussi plusieurs possibilités de projets pour des gens de tout âge !

Qui organise les stages ? Seulement au Québec, une soixantaine d'organismes regroupés sous l'AQOCI qui se dédie à la solidarité internationale dont plus d'une vingtaine réalise des stages : AQOCI (répertoire des membres) : www.aqoci.qc.ca / CCCI (répertoire des membres) : www.ccic.ca

La durée ? De 2 semaines à 6 mois, il y a une panoplie de projets de durées différentes. Il est possible de :

- S'initier avec un projet de 2-3 semaines (par exemple stages, séjours solidaires, voir le répertoire de membres de l'AQOCI, plusieurs organismes : Mer et Monde, Comité de solidarité de Trois-Rivières, Jeunesse Canada Monde, etc.).
- Participer à un stage plus long de 2-3 mois (par exemple projets d'initiation à la solidarité internationale comme Québec sans frontières, voir www.quebecsansfrontieres.com).
- S'engager comme volontaire avec un profil spécifique recherché dans des stages internationaux de 6 mois (par exemple programme de stages internationaux pour les jeunes www.international. gc.ca section Canada et le monde et section Étude, travail et voyage partout dans le monde).

Se préparer ? Les organismes offrent un encadrement pour vous aider à vous préparer, aucun stage sérieux ne se fait sans formation prédépart (pays, communication interculturelle, projet, éthique du participant, enjeux internationaux, éducation à la citoyenneté mondiale, santé à l'international, prévention sécurité, etc.)

Au retour ? Une formation ou une rencontre bilan pour faire avec les personnes une rétrospection, une analyse de l'expérience vécue et sur les possibilités d'implications au retour. Après un premier stage réalisé, un parcours peut continuer de se tracer dans le monde de la solidarité internationale et il est possible d'entrevoir par exemple des emplois dans le réseau, postes de coopérants long terme (2 ans), etc.

Bon à se souvenir : L'expérience est un cycle, l'avant et l'après sont aussi importants, voire plus importants que le projet terrain lorsqu'il est question d'un stage en solidarité internationale !

de séjours internationaux dans les milieux scolaires par exemple peuvent être des outils pédagogiques influents puisqu'ils sont portés par un désir commun des élèves. Ils sont donc une occasion précieuse, hors du cadre scolaire habituel, de développer des connaissances, un savoir-être et un savoir-faire qui permettent d'agir comme citoyennes et citoyens du monde et de mettre en pratique les valeurs humanistes à partir desquelles nous souhaitons voir modelés le présent et l'avenir.

Ne pas s'impliquer dans la formation préparatoire et de retour, ne pas se préoccuper que le séjour ne soit ou ne devienne qu'un «trip» à consommer, qui n'apporterait principalement qu'un lot de beaux souvenirs et des bonus sur un CV, c'est passer à côté – comme participant, comme personne accompagnatrice, comme organisme, institution scolaire ou partenaire du projet – d'une opportunité pédagogique incroyable qui permet de participer à la formation des actrices et acteurs de changement dont le Monde a besoin.

Conclusion

Au retour d'un stage, par solidarité avec les populations rencontrées, l'expérience se poursuit – doit se poursuivre! – sur les plans politique, économique, social, communautaire et environnemental. Désormais témoins actives et actifs des enjeux du monde à travers une expérience locale de solidarité internationale, les personnes de retour ne sont pas qu'elles-mêmes et eux-mêmes transformés; elles et ils transforment le monde par leurs réflexions, gestes et projets citoyens. C'est ainsi que nous renonçons à la fonction utilitaire du stage pour revendiquer haut et fort son potentiel transformateur.

Objectifs d'apprentissage

- Comprendre la place et l'importance des stages dans une démarche d'implication dans la coopération internationale.
- Prendre connaissance des étapes qui sont nécessaires pour la préparation et la participation aux stages.

Questions de réflexion

- Comment les stagiaires peuvent aider des partenaires du sud sachant que leur rôle est nécessairement très modeste?
- Quelles sont les motivations exigées pour des personnes qui veulent participer à un stage d'initiation à la solidarité internationale?
- Dans quelle mesure les stages peuvent inciter les personnes impliquées à s'engager dans des actions de coopération et de solidarité à long terme?

Pour en savoir davantage

Affaires mondiales Canada. *Participer au développement international*, 2018.

Arteau, Marcel. *De l'illusion d'aider à la solidarité*. Montréal, Collectif québécois d'édition populaire, 2008.

Chouinard, Alexandre. *Stagiaires sans frontières : le guide du stage en solidarité internationale*. Montréal, Éditions Ulysse, 2007.

David, Robert. *Comment obtenir un emploi en développement international*. École de Développement international et mondialisation (ÉDIM), Université d'Ottawa, 2014.

Ministère des Relations internationales du Québec. *La solidarité internationale, un engagement du gouvernement du Québec*, 2008.

71 Enjeux éthiques du développement international

Ryoa Chung

Résumé

La notion contemporaine du développement international est apparue dans le contexte de reconstruction suivant la Seconde Guerre mondiale et de la naissance de l'ONU. Le développement a dès lors été associé à l'approche des droits, telle qu'illustrée par la Déclaration universelle des droits humains (1948). Plus récemment, les huit objectifs du millénaire pour le développement (2000) ont été l'occasion de repenser les priorités et finalités du développement international, notamment en ce qui a trait à l'importance cruciale de surmonter les inégalités reliées au genre. Bien que les obligations internationales du développement face à la pauvreté, les enjeux climatiques, les conflits armés et les crises des réfugiés soient impératives, des perspectives critiques nous rappellent également les écueils politiques et idéologiques qu'il faut éviter. Dans le cadre de ce chapitre, nous voulons discuter les obligations morales d'entraide internationale et celles de leur finalité, d'où surgissent des enjeux éthiques concernant les problèmes du paternalisme, les nouveaux visages de l'impérialisme politique et de l'hégémonie culturelle, ainsi que les problèmes de l'égoïsme national et de l'indifférence morale à l'échelle mondiale.

La question des obligations morales

Les travaux en philosophie politique contemporaine portant sur les enjeux éthiques en relations internationales se distinguent des approches dans le domaine de la science politique. L'angle d'analyse des recherches en science politique est plus empirique et descriptif, tandis que les perspectives philosophiques sur les relations internationales interpellent davantage des questions au sujet de principes fondamentaux qui ont une dimension morale.

Ce type de réflexions en philosophie occidentale contemporaine a été introduit principalement chez les auteurs anglo-américains au début des années 1970. Le philosophe P. Singer a contribué à cette recherche, en particulier sur l'éthique des relations internationales par le biais de son article notoire « Famine, Affluence and Morality[1] ». Au cœur de ce champ de recherches se trouve le problème de la pauvreté

---

1. Peter Singer. « Famine, Affluence, and Morality ». *Philosophy and Public Affairs 1*, n° 3 (1972), 229-243.

et des inégalités à l'échelle mondiale, ainsi que des obligations morales qu'elles suscitent. La problématique du développement est interrogée sous l'angle des questions philosophiques concernant la justification, ou non, des devoirs d'entraide humanitaire. La position de Singer promeut un idéal cosmopolitique, c'est-à-dire un idéal moral d'entraide humanitaire sans frontière, qui remet en cause l'indifférence morale face à la pauvreté mondiale ainsi que la justification traditionnelle de l'égoïsme national au fondement de la conception étatiste (plutôt qu'humanitaire) du droit international moderne et contemporain.

De ce point de vue, les contributions philosophiques en éthique internationale soulèvent des questions au sujet des obligations morales entre les individus et les populations, au sujet du statut et du contenu des droits humains fondamentaux, ainsi que sur les prérogatives traditionnelles des États souverains. En effet, selon une certaine conception dominante en science politique dite « réaliste », le point de vue moral n'est pas pertinent pour comprendre objectivement les comportements des acteurs.

Dans le système capitaliste dominant, les États constituent les acteurs fondamentaux en relations internationales. Ils sont mus par la poursuite de leurs intérêts nationaux (selon l'interprétation des élites au pouvoir) et la protection de leurs prérogatives parmi lesquelles la sauvegarde de l'intégrité territoriale et de la souveraineté politique, le contrôle des ressources naturelles et de l'attribution de la citoyenneté.

Politique et moralité sont-elles conciliables?

L'égoïsme moral des États est radicalement remis en cause par Singer et d'autres philosophes pour qui ce sont les droits des individus à l'échelle mondiale qui doivent être au fondement d'une conception cosmopolitique de la justice globale. Le « cosmopolitisme institutionnel » désigne une approche en éthique internationale selon laquelle il faut réformer les institutions internationales dans le but de favoriser la défense des droits humains universels, la coopération et le partage plus équitable des ressources. Certains ont proposé d'appliquer un principe de justice distributive à l'échelle internationale. H. Shue[2], pour sa part, a développé une conception des droits de base, c'est-à-dire les droits de subsistance et de sécurité, qui constituent les conditions de possibilité de l'exercice de tous les autres droits civils et politiques. À défaut d'une théorie de justice distributive à l'échelle globale, les principes de politique extérieure des démocraties libérales dans les États mieux nantis de ce monde doivent contribuer à la réalisation de ces droits de base qui échappent, par ailleurs, à toute controverse culturelle.

Pour l'économiste Amartya Sen[3], économiste du développement de renommée internationale, c'est par le biais de l'approche des capabilités (1999) que l'on doit orienter notre compréhension de l'aide internationale au développement. La perspective des capabilités se distingue du langage des droits et des ressources en ce qu'elle tente d'identifier concrètement ce que l'on doit être capable d'être ou de faire pour réaliser sa liberté de choisir. En raison de son approche contextuelle plus sensible aux spécificités culturelles, l'approche de Sen, qui a également contribué à renouveler les indices de mesure des inégalités en matière de *qualité de vie*, a été influente au sein des programmes de développement des Nations unies.

Dans le domaine de l'éthique des relations internationales, le défi consiste à donner sens au concept même de communauté internationale et à développer des arguments pour critiquer l'indifférence morale face à la pauvreté, pour contester le paradigme de l'État souverain replié sur soi et pour dénoncer les inégalités injustes produites et maintenues à l'échelle mondiale.

---

2. Henry Shue. *Basic Rights: Subsistence, Affluence, and U.S. Foreign Policy*. Princeton, Princeton University Press, 1980.
3. Amartya Kumar Sen. *Un nouveau modèle économique: développement, justice, liberté*. Paris, Éditions Odile Jacob, 2000.

Toutefois, il faut également inscrire les enjeux éthiques du développement dans une histoire mondiale déterminée par les violences du colonialisme et de l'impérialisme économique et politique. Par conséquent, les perspectives critiques du développement doivent également nommer les problèmes suivants de manière explicite.

Les perspectives critiques

Dans le contexte contemporain, le discours de l'aide au développement peut reconduire une version perfide de l'argument civilisateur que des philosophes, tels que Hegel, ont invoqué pour justifier le colonialisme. Nul doute que des formes de paternalisme occidental caractérisent la manière dont l'assistance humanitaire se déploie dans certains contextes. Certains ont décrié cette conception de l'aide au développement comme une émanation de l'impérialisme et de l'hégémonie culturelle que l'Occident exerce toujours à l'échelle mondiale. Le discours des droits humains et la réalisation de certaines finalités sociales désirables ont parfois justifié des velléités de changement de régime qui ont d'ailleurs été dénoncées par certaines ONG. L'ONG Médecins sans frontières, par exemple, tient un discours critique virulent contre les défenseurs de la doctrine R2P (Responsabilité de protéger) dans le but de dénoncer la militarisation de l'aide humanitaire qui, selon MSF, repose sur des rapports de pouvoir très problématiques en relations internationales.

Qui plus est, l'aide au développement au nom de l'émancipation des femmes des pays défavorisés a également été vivement critiquée par des féministes de pays non occidentaux comme un véhicule d'idéologie eurocentriste. Parmi les voix les plus percutantes de ces féministes postcolonialistes, Chandra Talpade Mohanty[4] a étudié les manières perverses dont les études en développement ont reconduit une représentation infantilisante des femmes des pays du «tiers-monde» dénuées de toute capacité de se constituer en agents de leur propre changement. Des travaux plus récents identifient également les «lignes de couleur», pour emprunter l'expression notoire de Du Bois, qui dessinent les fractures profondes d'inégalités raciales à l'échelle mondiale[5].

Conclusion

Pour terminer, il importe de retenir que la justification des obligations d'entraide internationale a été défendue pour condamner l'égoïsme moral des États au cœur de la doctrine de la souveraineté, laquelle est le fondement de la conception étatiste du droit international moderne. Toutefois, l'ordre international a été profondément façonné par des inégalités économiques et politiques. Par conséquent, les dominations racistes et sexistes, ainsi que les violences historiques découlant du colonialisme, ont eu un impact profond qui persiste. Il serait naïf de ne pas voir que les modèles et les discours de l'aide au développement reconduisent des rapports de pouvoir et des injustices structurelles dont il faut être particulièrement critiques.

Cela dit, ces problèmes critiques ne justifient pas pour autant le repli sur soi des États. Au contraire, le défi est de mieux comprendre comment des aspirations universellement valables doivent orienter la coopération internationale face aux enjeux transnationaux que représentent la pauvreté mondiale, les conflits armés, les crises des réfugiés et les changements climatiques. Plus concrètement, les approches contemporaines du développement international devront être véritablement à l'écoute des spécificités culturelles dans l'interprétation des biens publics globaux et des besoins fondamentaux dont doivent jouir tous les êtres humains.

4. Mohanty Chandra Talpade. «Under Western Eyes: Feminist Scholarship and Colonial Discourses». *Feminist Review*, n° 30 (1988), 61-88.

5. Alexander Anievas, Nivi Manchanda et Robbie Shilliam. *Race and Racism in International Relations: Confronting the Global Colour Line*. Londres, Routledge, 2014.

L'assistance internationale en matière de développement durable doit viser des formes de coopération et de partenariat qui permettent de tels dialogues continus dans le but de faciliter l'autodétermination des peuples et des individus.

Objectifs d'apprentissage

- Comprendre l'évolution de la pensée éthique dans le domaine du développement.
- Identifier les obstacles que représente la réconciliation entre les principes éthiques, les politiques et les pratiques.
- Décrypter les débats qui traversent le monde du développement face aux questions éthiques.

Questions de réflexion

- Est-ce que le discours et les pratiques du développement peuvent respecter les normes éthiques découlant de la Déclaration universelle des droits?
- Les valeurs de l'éthique ont-elles place dans notre monde contemporain où dominent des puissances exerçant des formes d'impérialisme et de colonialisme?

Pour en savoir davantage

Droit, Roger-Pol. *Éthique expliquée à tout le monde*. Paris, Éditions du Seuil, 2009.

Jeangène Vilmer, Jean-Baptiste et Ryoa Chung. *Éthique des relations internationales*. Paris, Presses universitaires de France, 2013.

Mattéi, Jean-François. *L'humanitaire à l'épreuve de l'éthique*. Paris, Éditions Les Liens qui libèrent, 2014.

Mestiri, Soumaya. *Décoloniser le féminisme : une approche transculturelle*. Paris, Éditions Vrin, 2016.

Rawls, John. *Paix et démocratie : le droit des peuples et la raison publique*. Montréal, Éditions du Boréal, 2006.

Notes

Partie 5

Conclusion

72 Du « développement » à l'action politique

Gilbert Rist

Admettons qu'à l'origine le « développement » soit né d'une bonne intention. Elle a mobilisé la générosité d'innombrables personnes regroupées dans de multiples ONG, suscité la création de ministères de la Coopération dans les pays considérés comme riches et conduit d'importantes organisations internationales à contribuer à sa réalisation. Soixante ans plus tard, il est temps de tirer le bilan de tous ces efforts. Il est catastrophique. Si certains pays (asiatiques notamment) ont globalement amélioré leur niveau de vie, ils ne le doivent pas à la solidarité internationale, mais à des sacrifices collectifs imposés par des régimes autoritaires. Quant à la plupart des autres (en Afrique ou en Amérique latine) qui ont « bénéficié » de multiples initiatives menées au nom du « développement », ils se sont considérablement transformés au fil des décennies sans que, pour autant, la majorité de leur population ne connaisse aujourd'hui un sort beaucoup plus enviable qu'autrefois. À une relative frugalité, collectivement partagée – qui n'empêchait pas l'existence de nombreuses fêtes rituelles à l'occasion de mariages, de baptêmes ou de funérailles –, a succédé non seulement une croissance extraordinaire des inégalités sociales, un accroissement vertigineux de l'endettement public, mais aussi des guerres ou des guérillas fratricides pour accaparer le pouvoir et les bénéfices financiers démesurés qui lui sont associés. Comme le dit Majid Rahnema : « La misère a chassé la pauvreté[1]. »

De l'idéologie du développement

Faut-il imputer tous ces maux à ce que l'on a appelé « l'aide au développement » ? Sans doute pas, car les sommes qui y ont été consacrées (et qui ont été parfois détournées de leur objectif) ont toujours été dérisoires, si on les compare aux flux commerciaux et aux investissements privés de la même période. On sait en effet que « l'aide » internationale n'a jamais atteint le 0,7 % du PIB des pays de l'OCDE, comme cela avait été recommandé par la CNUCED en 1964 déjà. Chiffre d'autant plus ridicule qu'il est inférieur à ce que n'importe quel supermarché comptabilise au titre de la « démarque inconnue », c'est-à-dire le vol à l'étalage...

Si la situation est aujourd'hui si préoccupante, c'est parce que l'idéologie du « développement » s'est rapidement traduite, dans le langage des économistes, par celle de la croissance. Comment les pays du Nord sont-ils devenus « développés » ? Tout simplement parce qu'ils ont transformé les relations sociales et la nature en biens marchands, parce qu'ils ont généralisé le salariat, que les loisirs autrefois

---

1. Majid Rahnema. *Quand la misère chasse la pauvreté.* Arles, Éditions Actes Sud, 2003.

gratuits sont organisés par des voyagistes, que les plages naguère publiques ont été privatisées, qu'il faut désormais payer pour pêcher dans les rivières ou pour utiliser l'eau qui provient du barrage construit par un consortium privé. On pourrait multiplier les exemples : la mère porteuse qui se fait rémunérer, l'espace public qu'il faut louer pour garer sa voiture, la crèche qui remplace les grands-parents, le coût d'un logement éloigné du bruit et de la pollution... Désormais, il faut payer pour tout et la société de marché est devenue un marché sans société.

Tel est le modèle qui s'est propagé dans les pays du Sud, sans les garde-fous que les luttes sociales avaient imposés au Nord. Au nom du « développement », c'est le capitalisme mondialisé qui a triomphé avec une brutalité inouïe. D'où la progressive marginalisation de celles et ceux qui, jusqu'alors, pouvaient vivre (presque) sans argent et qui se sont entassés dans les villes pour s'en procurer, les luttes farouches pour le contrôle des richesses naturelles (pétrole, minerais, terres arables, etc.) à travers des contrats conclus entre les despotes et les multinationales (ou certains gouvernements étrangers) au mépris des populations locales et de leur savoir-faire agricole auquel on veut substituer de nouvelles semences génétiquement modifiées, sans oublier le délabrement progressif des infrastructures routières, scolaires ou sanitaires. On croyait autrefois que le Sud était couvert d'une jungle peuplée de bêtes féroces qui menaçaient les « indigènes ». L'ancienne jungle imaginaire est aujourd'hui en voie de déboisement et les animaux sauvages sont décimés par des braconniers. Mais la jungle actuelle se trouve dans les villes où l'insécurité domine, sauf dans les quartiers protégés où des milices privées ont remplacé les forces de l'ordre officielles qui, privées d'un salaire régulier, « se débrouillent » en franchissant souvent les frontières de la légalité.

Enfer ou paradis ?

Ce sombre tableau dépeint, en la généralisant, une réalité largement répandue. Mais il est sans doute excessif. Comme si la vie, dans les pays du Sud, était un enfer quotidien. Paradoxalement, en dépit de cette détresse collective, les relations personnelles sont souvent relativement apaisées. Dans les oasis, les hommes s'assemblent pour forer des puits à la manière traditionnelle, d'autres se partagent une parcelle commune : l'un récoltera les dattes qui mûrissent sur les hauts palmiers, un autre bénéficiera des amandes de l'étage intermédiaire et un troisième fera brouter ses chèvres sur l'herbe qui recouvre le sol. Ailleurs, les cérémonies rituelles sont l'occasion d'une importante redistribution des richesses. À moins d'être un « orphelin social » – sans parents ni amis, ce qui est rare –, le « pauvre » sera secouru par ses proches tandis que le « riche » – s'il n'est pas acoquiné aux prédateurs internationaux – sera contraint de partager dans la mesure de ses moyens sous peine d'être mis au ban de la communauté. En Afrique, le chef de terre redistribue périodiquement les terres arables selon les besoins des villageois, car la propriété privée ne fait pas partie de la tradition. Quant aux parentés à plaisanterie qui permettent de brocarder parfois outrageusement un quelconque membre d'une autre ethnie, elles entretiennent en les neutralisant les différences culturelles. Que de pratiques remarquables dont nous pourrions nous inspirer !

Alors, les pays du Sud : enfer ou paradis ? Tous les deux sans doute, selon qu'on les considère d'un point de vue politique ou macro-économique, ou qu'on se situe au plus près de la vie quotidienne, à la manière des anthropologues. Cela dit, après soixante ans de « développement », près d'un milliard de personnes vivent toujours dans ce que les organisations internationales qualifient d'« extrême pauvreté », soit un revenu journalier inférieur à 1,25 $ US ; 2,8 milliards de personnes doivent de contenter de 2 $ US par jour ; 30 000 enfants de moins de cinq ans meurent chaque jour faute d'hygiène, de soins ou de nourriture. On peut évidemment multiplier ce genre de statistiques dramatiques qui, hélas, sont loin de rendre compte de la misère réelle dans laquelle vivent ces populations. Car la pauvreté ne se réduit pas à des chiffres : elle est d'abord vécue comme un rapport social : on n'est pauvre (ou riche) que par rapport à un autre.

Que faire ?

Les institutions internationales proposent tantôt d'« éradiquer » la pauvreté, comme s'il s'agissait d'une mauvaise herbe qui envahit une belle pelouse, tantôt – avec des accents martiaux – de « lutter contre la pauvreté » tout en imaginant qu'on pourrait y parvenir en faisant mieux fonctionner les marchés au bénéfice des pauvres. Bien entendu, pour faire droit aux revendications écologiques, les Nations unies ont promulgué en 2015 les Objectifs du développement durable, qui doivent orienter l'action de la communauté internationale jusqu'en 2030. Sur les 17 objectifs – adoptés après de longues négociation –, on trouve d'abord celui-ci (n° 1) : « Éliminer la pauvreté sous toutes ses formes, partout ». Comment ne pas approuver ? Ensuite (n° 3) : « Assurer une vie saine et promouvoir le bien-être pour tous à tous les âges ». C'est exactement le vœu que je formulais à l'occasion du Nouvel An à l'intention de mon voisin âgé... Certes, l'engagement n° 13 propose avec raison de « lutter contre le changement climatique et ses effets », mais il est contredit par l'objectif n° 8 qui vise à « promouvoir une croissance économique soutenue, durable et inclusive » qui devrait s'élever à 7 % par habitant...

La liste des inconséquences et des contradictions qui caractérisent le « développement durable » (depuis son invention par la Commission Brundtland en 1987) est sans fin. On l'aura compris, le « développement durable » est une autre manière de faire durer le « développement » comme l'a ingénument reconnu la Banque mondiale.

Revenons aux chiffres : 20 % de la population mondiale détient 90 % des richesses disponibles. Et si l'on faisait la guerre à la richesse (et à sa répartition) plutôt qu'à la pauvreté ? Ce serait sans doute plus difficile, mais aussi plus efficace. Pourquoi les pauvres sont-ils pauvres ? Non pas parce qu'ils ne savent pas comment sortir de leur condition misérable, mais parce qu'on les empêche de le faire. Parce que leurs terres ont passé sous la tutelle d'entreprises étrangères qui les exploitent en anticipant, pour le compte de leurs gouvernements, une crise alimentaire dans un pays lointain. Parce qu'on leur impose des semences transgéniques qui coûtent cher au lieu de leur permettre de disposer de semences indigènes. Parce que la guerre s'est installée dans leur région, riche à leur insu, et que des milices armées par des consortiums privés – dont certaines sont soutenues par leur propre gouvernement – se disputent la richesse de leur sous-sol. Parce que certains potentats kleptocrates ont confondu leurs comptes privés avec ceux de la nation. Parce que des sociétés transnationales corrompent les puissants et réalisent des bénéfices considérables qui enrichissent leurs actionnaires. Une fois encore, la liste est sans fin.

Tout doit changer

Il faut donc oublier les mirages du « développement » qui a permis – et parfois justifié – l'exploitation des pauvres des pays du Sud et passer à autre chose, si l'on veut conserver l'intention fondatrice : la justice sociale. Mais cela implique un changement radical de perspective : la bienveillance, la compassion et la générosité ne suffisent plus. Il faut passer à l'action politique. Ce retournement est d'autant plus considérable qu'il froisse les sentiments de tous ceux et celles qui pensent toujours en matière d'« aide » et qui sont émus par les images d'enfants mal nourris ou de jeunes femmes ployant sous la charge des branchages destinées à faire cuire le prochain repas. Mais entre-temps, les enfants sont devenus des soldats, enrôlés par une mine diamantifère pour la protéger de l'exploitation concurrente d'individus déterminés et les femmes sont régulièrement violées sur le chemin. Tout a changé. Il faut donc changer aussi.

Comment ? En prenant courageusement des positions politiques pour dénoncer – et si possible traîner devant les tribunaux – les grandes entreprises qui exploitent non seulement les richesses du pays, mais aussi la main-d'œuvre locale, ainsi que les gouvernements qui ont privatisé leur pays et l'ont transformé en propriété privée pour satisfaire des goûts de luxe démesurés (et, parfois, distribuer de larges sommes d'argent aux partis politiques des pays du Nord afin de s'acheter une impunité). Bien entendu, chacun est censé savoir qu'en droit international, le respect de la souveraineté nationale constitue un principe intangible. Les dictatures sont bien sûr moralement condamnables, mais l'ingérence l'est tout autant, dit-on. Vraiment ? Ne connaît-on aucun exemple de gouvernements renversés par une intervention étrangère plus ou moins bien camouflée ? Il est vrai que les coups d'État fomentés de l'étranger se font le plus souvent « dans le mauvais sens », en remplaçant un régime démocratique par une dictature plutôt que l'inverse. Mais il n'est pas interdit de rêver...

Sans aller jusque-là, ne peut-on pas imaginer que l'opinion publique, à travers de larges coalitions, rende certains chefs d'État infréquentables, et conduise les gouvernements démocratiques à suspendre leurs relations diplomatiques avec les États accusés de graves violations des droits humains, de corruption ou de répression à l'égard de leurs opposants politiques ? Cela rendrait les accords commerciaux ou les investissements directs beaucoup plus difficiles pour les sociétés qui profitent de leur proximité avec le pouvoir. Pourquoi ne pas s'engager pour élargir les délits prévus dans les lois de compétence universelle (qui, jusqu'ici, ne concernent que les crimes de guerre, les crimes contre l'humanité et le génocide), lesquels pourraient être dénoncés par simple constitution de partie civile, sans considération de l'immunité dont jouit l'accusé dans son propre pays ? Bien entendu, cela ne se fera pas du jour au lendemain, mais les choses ne peuvent changer qu'à travers les luttes. Auxquelles il faut assigner des objectifs clairs.

Restent les grandes sociétés multinationales qui exploitent à la fois les richesses naturelles et les populations des pays du Sud, souvent en totale contradiction avec les principes qu'elles prétendent respecter. Certaines ONG, naguère consacrées à l'« aide au développement », se sont désormais associées à d'autres, plus « politiques », à l'échelle internationale, pour dénoncer – souvent avec succès – des pratiques douteuses ou clairement répréhensibles au regard de la loi. Dans ce domaine, le travail est considérable, mais il connaît d'importants succès. Parmi les multiples sujets qui font déjà l'objet de campagnes ou de dépôts de plainte devant les tribunaux, on mentionnera : les brevets déposés sur des médicaments qui – à cause de leur prix excessif – privent de soins des populations entières ; les pesticides répandus sur les cultures qui mettent en danger les populations locales ; les magasins de vêtements ou de chaussures qui s'approvisionnent dans des pays aux salaires de misère ; les négociants de matières premières qui corrompent les dirigeants locaux et blanchissent leurs profits ; les avoirs personnels, d'origine illicite, des despotes destitués qui doivent être rendus aux États qui en font la demande au terme de procédures d'entraide judiciaire. Les sujets de mobilisation collective, pour réclamer la simple application de la loi, ne manquent pas. Pour qu'elles atteignent leur but et que les tribunaux se déclarent compétents et tranchent, il faut de longues et patientes enquêtes, et surtout beaucoup d'argent. Mais les succès de ces initiatives sont probablement plus significatifs, pour les populations locales, que la fourniture de cahiers d'école, le financement de panneaux solaires villageois ou la création d'un élevage collectif de poules.

L'injustice sociale, le respect de la biosphère, le droit à une vie décente, à l'éducation et aux soins constituent désormais un problème global. À l'ancienne dichotomie entre pays

« développés » et « sous-développés » a succédé la mondialisation. Il faut en prendre acte. Les problèmes auxquels nous devons désormais faire face (le changement climatique, les inégalités, l'exploitation effrénée de la nature et l'effritement des relations sociales) sont désormais communs à tous les habitants de notre planète, qui sont aussi tenus de la conserver pour la transmettre, tel qu'ils l'ont reçue, à leurs descendants. Aucune « aide » à quiconque ne permettra d'y faire face. Seul le combat politique pourra – s'il est généralisé – faire revivre l'espoir. Le temps presse.

Notes

Tout doit changer

Naomi Klein[1]

Face à l'ampleur des inégalités générées par le capitalisme débridé, face à l'urgence écologique que représente le dérèglement climatique, « tout peut changer », assure Naomi Klein[2]. À condition de ne pas « céder au désespoir », car « trop de vies sont en jeu », et de « se battre pour construire un système économique plus juste ». L'essayiste et militante altermondialiste canadienne est connue pour ses ouvrages critiques du capitalisme : *No Logo* dénonçait la tyrannie des marques. *La stratégie du choc* décryptait la brutalité des réformes néolibérales. Elle pointe désormais l'impunité totale dont bénéficient les grandes entreprises pétrolières et gazières qui font peser une menace mortelle sur la planète.

Nous savons ce qui va arriver si nous ne faisons rien contre le dérèglement climatique – un désastre écologique et humain – et pourtant rien ne se passe. Comment expliquer ce déni dans lequel nous vivons ?

Le problème n'est pas que nous ne faisons rien, mais que nous nous engageons activement dans les mauvais choix. Notre système économique repose sur une croissance infinie. Toute expansion est considérée comme positive. Nos émissions de CO_2 augmentent beaucoup plus

1. Extrait de Naomi Klein. *Si nous conjuguons justice sociale et action pour le climat, les gens se battront pour cet avenir.* Entretien réalisé par Agnès Rousseaux et Sophie Chapelle. Basta, 2015.
2. Naomi Klein. *Tout peut changer : capitalisme et changement climatique.* Arles, Éditions Actes Sud, 2015.

rapidement que dans les années 1990. Dans la dernière décennie, le prix très élevé du pétrole a incité le secteur énergétique à se tourner vers de nouvelles formes d'extraction, plus coûteuses et plus polluantes, comme le pétrole des sables bitumineux et la fracturation hydraulique [gaz de schiste]. Nous avons encouragé les multinationales à produire à moindre coût, avec une main-d'œuvre bon marché et des ressources énergétiques à prix bas. On ne peut pas dire que nous ne faisons rien : nous faisons empirer le problème !

La question climatique est angoissante pour beaucoup de gens. Vous estimez au contraire qu'elle constitue une opportunité pour tout changer, que la transition énergétique représente un défi exaltant. Comment changer l'état d'esprit de celles et ceux qui le vivent comme une contrainte et avec anxiété ?

Nous payons les conséquences de deux décennies de politiques climatiques qui n'étaient pas basées sur la justice. Résultat : la facture de la transition écologique pèse sur notre consommation quotidienne et sur les travailleurs. Les gens associent désormais les actions contre le changement climatique à l'augmentation du coût de la vie, au fait de payer un supplément pour des produits « verts » ou des énergies renouvelables. Ils ont commencé par accepter cette logique. Puis la crise économique est arrivée, les gens ont payé pour renflouer les banques et se demandent pourquoi ils devaient aussi payer pour les grandes entreprises polluantes. Non seulement celles-ci ne sont pas pénalisées, mais elles réalisent d'énormes profits. Cette injustice a provoqué des réactions. Nous devons construire une vision claire et ambitieuse de ce que peut être une transition basée sur la justice. Une transition dont la facture sera payée par ceux qui sont responsables de cette crise, et non par ceux qui n'en ont pas les moyens. Cela ne veut pas dire qu'il n'y aura pas des sacrifices. Mais les gens seront beaucoup plus disposés à faire ces changements s'ils constatent que les normes sont appliquées avec justice, que l'on demande aussi aux plus grands pollueurs de changer.

Certaines multinationales pétrolières, comme ExxonMobil, BP ou Shell, ont déclaré la guerre à la planète, écrivez-vous...
Le modèle économique de ces entreprises les pousse à chercher sans cesse de nouvelles réserves de combustibles fossiles – charbon, pétrole et gaz. Une étude publiée par Carbon Tracker il y a trois ans montre à quel point cela va à l'encontre de ce que nous devons faire : l'industrie mondiale des énergies fossiles a aujourd'hui en réserve cinq fois plus de carbone que ce que peut absorber l'atmosphère, si nous voulons maintenir le réchauffement climatique en deçà de 2 °C. Deux degrés, c'est un seuil déjà très dangereux. C'est l'objectif que se sont fixé nos gouvernements lors de la conférence sur le climat de Copenhague [en 2009]. Cela nous donne un «budget global» de carbone : nous savons combien de carbone peut être brûlé pour avoir une chance sur deux d'atteindre cet objectif. Or, ces entreprises possèdent des réserves de carbone cinq fois plus importantes que ce budget global. Ce qui explique pourquoi elles se battent avec tant d'ardeur contre la diffusion d'une information scientifique juste et honnête sur le climat, pourquoi elles financent les responsables politiques et les organisations qui nient le réchauffement climatique, pourquoi elles s'opposent à toutes les mesures de

lutte contre le changement climatique, que ce soit une taxe sur le carbone ou le soutien aux énergies renouvelables.

Pourquoi ces entreprises bénéficient-elles d'une telle impunité, malgré la menace qu'elles font peser sur la planète ?
Ces industries, notamment pétrolières, sont les entreprises les plus puissantes au monde. Nos gouvernements ont mené des guerres pour protéger leurs intérêts. Les énergies fossiles, par nature, sont concentrées géographiquement. Leur extraction, leur transport, leur traitement coûtent très cher. Ce qui entraîne une concentration de richesse et de puissance entre les mains d'un petit nombre d'entreprises, publiques ou privées. Une concentration de pouvoirs qui facilite la corruption, légale ou illégale – les responsables qui font des allers-retours entre entreprises et milieu politique, les énormes quantités d'argent qui servent à payer des campagnes politiques –, pour ne parler que des processus légaux. Voilà pourquoi ces multinationales bénéficient d'une totale impunité.

Pour reprendre la main, devons-nous démanteler le pouvoir de ces entreprises transnationales ? Qu'est-ce que cela signifie concrètement ?
Nous devons d'abord ne pas augmenter leur pouvoir. Ce qui implique de bloquer les nouveaux accords de libre-échange. Ces accords donnent de nouveaux pouvoirs aux entreprises multinationales pour défier les gouvernements en matière de politique climatique. Un exemple : la société suédoise Vattenfall conteste la transition énergétique allemande, en affirmant qu'elle lui a fait perdre 4,7 milliards d'euros (à cause de l'abandon du nucléaire). Un énorme montant, pour lequel elle poursuit le gouvernement allemand (grâce à des clauses relatives aux droits des investisseurs). De quoi inquiéter les autres gouvernements, car la transition énergétique allemande est l'une des tentatives les plus audacieuses de transition vers les énergies renouvelables. Cette pression sonne donc comme un avertissement pour les gouvernements : «Si

vous suivez cette voie, vous serez poursuivis ». Autre exemple : la fracturation hydraulique. Le Québec l'a interdite, le gouvernement français a adopté un moratoire. Mais au Canada, en vertu de l'accord ALENA, une entreprise états-unienne conteste cette interdiction, affirmant que cela viole ses droits au forage de gaz. Ne donnons pas à ces multinationales des pouvoirs supplémentaires pour défier nos gouvernements, avec de nouveaux accords de libre-échange !

Il faut aussi les dépouiller de leurs pouvoirs actuels. Aux États-Unis, il faut contester le fait que les entreprises sont traitées comme des personnes devant la loi et que leurs dépenses de lobbying sont assimilées à de la liberté d'expression ! Une réglementation beaucoup plus stricte est nécessaire concernant le financement des campagnes de lobbying par les entreprises. Ces entreprises ont un modèle économique profondément immoral. Les bénéfices qu'elles ont gagnés sont illégitimes. Les gouvernements ont donc le droit de réclamer ces bénéfices, pour financer la transition pour sortir des énergies fossiles.

Que dire aux salariés de ces entreprises polluantes, qui risquent de perdre leurs emplois ? Quelles alliances sont possibles ?
La réponse au changement climatique doit être fondée sur la justice. Et c'est loin d'être une évidence ! Nous devons d'abord définir ensemble ce qu'est une transition juste. Ce principe doit être intégré dans nos revendications. Concrètement, cela signifie que les travailleurs du secteur des énergies fossiles qui perdraient leur emploi se verront offrir d'autres emplois, notamment dans le secteur des énergies renouvelables. Les énergies renouvelables, l'efficacité énergétique, les transports en commun créent 6 à 8 fois plus d'emplois que les investissements dans le secteur extractif. Mais si les emplois du secteur extractif sont les seuls emplois existants, le mouvement syndical va se battre pour ces emplois. Une alliance entre le mouvement syndical et le mouvement de justice climatique

est pourtant nécessaire. Nous en voyons les prémices : l'alliance syndicale au Royaume-Uni demande par exemple la création « d'un million d'emplois pour le climat ». C'est le bon moment pour construire ce type d'alliance : le compromis entre les travailleurs, les syndicats et ces multinationales a été rompu, car ces dernières ne créent plus de nombreux emplois. Elles licencient même à cause du faible prix du pétrole. Ce ne sont pas les écologistes qui volent les emplois des travailleurs du secteur des énergies fossiles ! Ces dernières années, à cause de la chute du prix du pétrole, plus de 100 000 emplois ont été perdus dans le secteur pétrolier et gazier aux États-Unis. Une preuve qu'il est extrêmement risqué de tout parier sur une matière première, comme le pétrole et le gaz, dont le prix oscille sans cesse. Le moment est opportun pour construire une économie plus stable. L'avantage du vent et de l'énergie solaire, c'est qu'ils sont libres, au même prix tout le temps, ils ne sont pas soumis de la même façon à ces cycles d'expansion et de ralentissement.

Les mobilisations ont montré que s'opposer n'est pas suffisant. Nous avons besoin d'une vision claire de ce qui doit remplacer le système actuel, écrivez-vous. Qui va construire ce projet, cette vision ?
Cette vision doit être construite dans un processus démocratique, non uniforme. Un projet qui fonctionne en France ne sera pas le même au Canada ou en Inde. Nous devons diffuser des exemples de ce qui marche, à tous les niveaux – local, régional ou national. Comme ce grand combat sur la côte ouest des États-Unis près de Bellingham, dans l'État de Washington. Dans cette ville très verte, un projet de construction d'un énorme terminal d'exportation de charbon donne lieu à une importante bataille, très dure, entre les écologistes et les travailleurs. Puis il y a eu des alliances entre le mouvement contre la mine de charbon, mené par les peuples autochtones de l'État de Washington, et les syndicats, qui ont proposé un plan différent de réaménagement du front de mer. Ce plan va créer des

emplois pour les travailleurs, mais avec un développement vert et non pas l'exportation de combustibles fossiles vers l'Asie. On voit là une façon de sortir de cette impasse entre travailleurs et écologistes. Le processus est différent dans chaque endroit. L'essentiel est d'amorcer ces discussions. Je suis étonnée de notre incapacité à faire des liens entre des mobilisations contre la hausse des tarifs dans les transports publics et le changement climatique. Ou bien des grèves des travailleurs ferroviaires en lutte contre la privatisation, dans lesquelles il n'est jamais question du climat. Nous échouons à créer ces connexions, à mener ces combats en commun.

Vous évoquez aussi les nombreuses luttes locales pour le climat. Quel est ce « nouveau territoire » que vous nommez « Blockadia » ?

C'est un type d'action contre le changement climatique. Ce « mouvement de résistance aux énergies fossiles » est né dans la lutte contre le pipeline Keystone XL aux États-Unis : un énorme oléoduc que l'entreprise TransCanada veut construire depuis les sables bitumineux de l'Alberta jusqu'au golfe du Mexique. Le pétrole des sables bitumineux est l'un des plus polluants. Quand la construction du pipeline a débuté, les opposants se sont enchaînés aux clôtures, sont montés dans les arbres, ont construit un camp, qu'ils ont appelé Blockadia. Ce terme a été repris partout où les gens se battent contre des projets d'extraction, contre une mine, un terminal d'exportation, la fracturation hydraulique. C'est un « espace » transnational : les techniques audacieuses de Blockadia viennent de l'hémisphère sud. Le mouvement a pris naissance dans les années 1990 lors de la lutte victorieuse du peuple Ogoni au Nigeria pour chasser le géant pétrolier Shell de leur territoire.

Que dites-vous aux gens qui veulent faire quelque chose « dans leur vie quotidienne » en faveur d'un changement ?

Nous savons ce que nous pouvons faire pour réduire notre empreinte carbone. Beaucoup d'entre nous le font déjà. C'est bon pour nous et pour notre santé, cela réduit les dissonances dans nos vies. Mais certains ressentent un découragement, car ils ont adopté ces changements individuels et constatent que cela n'entraîne pas de changements structurels. Vouloir tout changer en même temps est écrasant. C'est pourquoi je trouve encourageant le mouvement de désinvestissement des énergies fossiles (mouvement qui appelle les investisseurs à se désengager financièrement des secteurs pétroliers, gaziers et du charbon) : ces étudiants qui exigent que leurs universités ou leurs villes se désinvestissent des énergies fossiles, ces travailleurs qui réclament que leurs fonds de retraite, s'en retirent. C'est important dans une perspective d'éducation populaire : ce sont des actions collectives importantes, mais pas écrasantes. Par ailleurs, cette injonction qui nous fait demander « Que puis-je faire en tant qu'individu ? » est vraiment un symbole du triomphe de la logique du marché. Car cette bataille ne peut être menée que collectivement.

Voyez-vous la « décroissance » comme une solution ?

Ce terme est utile pour le diagnostic : nous devons sortir d'un système économique dont le référentiel est la croissance. Nous devons réduire notre utilisation des ressources, et plus généralement, notre consommation – du moins dans les endroits du monde où il y a surconsommation. Mais considérer la décroissance comme un but est une erreur. Le fait que la croissance soit le cœur du problème ne signifie pas que la décroissance doive être la solution. Si le problème est lié au fait de mesurer le progrès à travers la croissance, alors changeons notre manière de mesurer le progrès. Chaque contexte est différent, mais à un moment où les gens connaissent une implacable austérité, il me semble que parler de décroissance n'est pas une stratégie de communication efficace.

Que pensez-vous des solutions technologiques contre le réchauffement climatique ? Les réponses ne peuvent-elles être que politiques ?

C'est une combinaison. Les énergies renouve-lables sont des technologies. L'agroécologie est une combinaison de connaissances anciennes et de technologies modernes. Il ne faut pas rejeter par principe tout ce qui est technologique. Mais se concentrer sur des solutions technologiques donne cette fausse impression que nous n'avons pas à changer quoi que ce soit, à l'exception de nos sources d'énergie. Les solutions techniques comme la géo-ingénierie sont de la science-fiction : cette idée qu'il existera une formule magique nous permettant de cacher le soleil pour arrêter le réchauffement de la planète... C'est précisément ce type de vision arrogante du monde qui est à l'origine du problème.

Se battre pour le climat implique-t-il nécessaire-ment de lutter contre le capitalisme et de changer de système économique ?

Il n'y a pas d'autre moyen. Il y a encore une tendance au sein du mouvement écologiste à penser que l'on va trouver un moyen d'avancer sans offenser ceux qui ont aujourd'hui le pou-voir. Une sorte de voie médiane à trouver. C'est franchement une mauvaise stratégie. De plus en plus de gens comprennent que ce système économique est un échec. Il y a aujourd'hui des débats sur les inégalités massives qu'il a engen-drées. Si le mouvement pour la justice climatique montre qu'agir pour le climat est la meilleure chance que nous ayons de construire un système économique plus juste, avec plus d'emplois et de meilleure qualité, plus d'égalité, plus de services sociaux, de transports collectifs, toutes ces choses qui améliorent la vie quotidienne, alors les gens se battront pour ces politiques. Cela est crucial. Le problème est que nous avons des ennemis. J'utilise ce mot à dessein, car les industries basées sur les énergies fossiles se battent comme des diables pour protéger leurs intérêts, elles font tout ce qu'elles peuvent pour gagner. Et puis vous avez les gens qui sont dans le « milieu mou », qui ne participent pas vraiment à la bataille, parce que le résultat est incertain. Lier justice écono-mique et action pour le climat peut permettre de créer une alliance avec tous ces gens, qui se battront pour cet avenir parce qu'ils en bénéfi-cieront directement.

74 Repenser la coopération internationale

Maïka Sondarjee

La coopération internationale dans un contexte de mondialisation néolibérale est en crise. Alors que des mouvements sociaux et des ONG prônent plus de solidarité, certains États se referment sur eux-mêmes dans un nationalisme protectionniste et d'autres louangent les bienfaits d'une coopération minimale basée sur les lois du marché. Ce chapitre passe d'abord en revue trois alternatives proposées au système de coopération internationale actuel: la fin de l'aide au développement, une coopération altermondialiste et une démondialisation. La dernière section propose une alternative sous les traits d'un internationalisme solidaire, qui suggèrent des orientations de politiques claires afin de promouvoir plus de solidarité Nord-Sud.

Le marché va tout régler

Selon l'économiste zambienne Dambisa Moyo[1], l'aide internationale est inefficace. Afin de libérer les pays emprunteurs de la dépendance à l'aide, elle propose un retour au fondamentalisme de marché. Selon elle et une panoplie d'économistes néolibéraux, les pays africains doivent ouvrir leurs frontières, attirer les investisseurs étrangers, intégrer davantage leurs économies aux marchés mondiaux, favoriser les exportations et remplacer les emprunts à Banque mondiale par les apports des marchés internationaux de capital. Cependant, ces solutions font fi des recherches qui démontrent que pour des économies peu industrialisées, ce n'est pas le libre-marché qui produit de la croissance économique, mais le protectionnisme. Par exemple, la Grande-Bretagne et les États-Unis se sont plutôt développés en protégeant leurs industries stratégiques et en utilisant des politiques dirigistes, donc par des politiques protectionnistes[2]. Le Consensus de Washington des années 1980, qui forçait une ouverture aux marchés, de la libéralisation et de la privatisation agressive aux économies du Sud n'a d'ailleurs jamais porté ses fruits. Même les économistes de la Banque mondiale et du FMI s'entendent aujourd'hui pour dire que trop de néolibéralisme n'apportera pas une croissance continue et équitable.

Altermondialismes

L'altermondialisme, un «mouvement de mouvements[3]», a pris forme dans les années 1990,

---

1. Dambisa Moyo. *L'aide fatale: les ravages d'une aide inutile et de nouvelles solutions pour l'Afrique*. Traduit par André Zavriew. Paris, Éditions JC Lattès, 2009.

2. Ha-Joon Chang. «Du protectionnisme au libre-échangisme, une conversion opportuniste». *Le Monde diplomatique*. 2003.

3. Donatella Della Porta. «L'altermondialisme et la recherche sur les mouvements sociaux: quelques réflexions». *Cultures & Conflits* 2, n° 70 (2008), 13-31.

notamment avec la révolte des communautés autochtones au Mexique, ainsi que lors de grandes manifestations contre l'ALENA, l'OMC ou le Forum économique de Davos. Parmi les altermondialistes se retrouvent des groupes autochtones, féministes, environnementaux, paysans ou syndicaux, ainsi que des ONG et des groupes citoyens. Au-delà de son hétérogénéité, le mouvement altermondialiste se reconnaît autour de valeurs telles que la démocratie participative, la justice économique et sociale, les droits des peuples à l'autodétermination, la protection de l'environnement et les droits humains. À travers des événements comme les Forums sociaux mondiaux (FSM), les altermondialistes prônent plus de solidarité entre les peuples et réfléchissent ensemble à un autre monde possible. Selon Raphaël Canet[4], le Forum est « l'utopie portée par une mouvance hétérogène d'acteurs sociaux, souhaitant construire un monde émancipé du néolibéralisme et de l'impérialisme, reposant sur une conception horizontale des rapports de pouvoir et une vision positive de la diversité ». L'organisation du FSM se veut décentralisée, inclusive, non hiérarchique et non représentative. De ce fait découlent la force et le problème de l'altermondialisme. En effet, bien que la non-hiérarchie et la démocratie radicale soient essentielles à un système de coopération solidaire global, la décentralisation des prises de décisions entrave les altermondialistes dans leur capacité de proposer des solutions concrètes au problème de la coopération internationale dans un contexte de mondialisation néolibérale.

Démondialisation

L'idée de la démondialisation vise à créer une rupture avec les institutions internationales et avec la mondialisation afin de favoriser la coopération entre les peuples. La restauration de la souveraineté nationale par le protectionnisme est la pierre angulaire du projet démondialiste, puisqu'il s'agit du seul moyen de contrer le pouvoir des multinationales[5]. Le terme est cependant galvaudé. Plutôt que de remettre en cause les principes néolibéraux de concurrence et de profits, certains veulent démondialiser pour redresser la compétitivité et prioriser le marché national. Par exemple, la présidente du Regroupement national (un parti radical de droite en France) Marine Le Pen se réfère au « patriotisme économique » plutôt qu'à une plus grande solidarité avec les autres peuples[6], ce qui veut dire aussi une réduction drastique de l'immigration et un nationalisme de droite.

Pour un internationalisme solidaire

Les prémisses d'une position axée sur la coopération et l'entraide devraient partir de valeurs altermondialistes et aller à contre-courant des tendances néolibérales, tout en proposant des solutions claires et en évitant un repli nationaliste. Cela veut dire adopter un internationalisme méthodologique, qui revient à intégrer une solidarité pour l'Autre dans la conception même du politique, plutôt que de hiérarchiser l'international et le national en priorisant ce dernier. Certes, il ne s'agit pas d'oublier les frontières dans une conception naïve d'une société internationale, mais de se concevoir comme citoyen *dans* le monde (plutôt que citoyen *du* monde)[7]. Deuxièmement, il faut renforcer un nouveau modèle de coopération démocratique. ONG, organisations régionales et gouvernements peuvent travailler de concert, afin de créer un système de solidarité Nord-Sud basé

---

4. Pierre Beaudet, Raphaël Canet, et Marie-Josée Massicote. « Introduction. Du néolibéralisme à l'altermondialisme ». Dans *L'altermondialisme : forums sociaux, résistances et nouvelle culture politique*, 8-18. Montréal, Éditions Écosociété, 2010.

5. Aurélien Bernier. « Ce que démondialiser veut vraiment dire ». *Revue Relations*, n° 793 (2017), 17-19.

6. Ludovic Lamant et Marine Turchi. « L'OPA du FN sur la "démondialisation" ». *Mediapart*. 2011.

7. Isabelle Delpla. « Cosmopolitisme ou internationalisme méthodologique ». *Raisons politiques* 2, n° 54 (2014), 87-102.

sur la redistribution de la technologie, le partage de connaissances et de ressources, la lutte commune contre les inégalités, les changements climatiques, la guerre et les violences basées sur le genre. Il s'agit de changer le système de coopération actuel en un système basé sur la redistribution, l'équité, le féminisme et l'écologisme.

Un tel réalignement exige de faire de la pression sur les gouvernements afin qu'ils adoptent une fiscalité réellement juste et équitable et des règles de commerce solidaire, tout en assurant le respect du droit international. Un internationalisme solidaire implique souvent moins de mondialisation (néolibérale), mais aussi plus de mondialisation (solidaire), c'est-à-dire plus de régulations, de règles et d'institutions orientées vers la solidarité internationale.

Notes

Pour ne pas conclure : le développement international... dans tous ses états

Pierre Beaudet

Le développement international, nous l'avons constaté dans cet ouvrage, est un vaste champ multidisciplinaire apparu au lendemain de la Seconde Guerre mondiale. Certes, le concept de développement n'est pas surgi du néant. Il a été construit sur un vaste corpus théorique et politique au moment de l'ascendance du capitalisme et de ses critiques issues des mouvements sociaux et des théories post-capitalistes. Il a subi l'influence des crises systémiques de la première moitié du xxe siècle et des grandes luttes pour refonder un monde décolonisé.

La première vague (les années 1950-1960)

Sur ces fondements contestés, l'idée a émergé qu'une nouvelle architecture du monde était non seulement nécessaire, mais possible, sous l'influence de Keynes et des théories de la modernisation d'une part, impulsée, d'autre part, par les théories critiques produites du point de vue de ce qu'on appelait à l'époque des années 1950-1960 le « tiers-monde » (dans ce qui a été en gros l'école de la dépendance). Parallèlement, la mise en place d'un vaste système international chapeauté par l'ONU et de ses diverses agences, de pair avec les institutions financières comme la Banque mondiale et le Fonds monétaire international (FMI), devait permettre le « décollage » économique et la souveraineté politique. Ces deux piliers qui ont été à la base des premières théories du développement, ont alors fait appel à l'économie, la sociologie, la géographie, la science politique, de même qu'aux sciences de la gestion et de l'ingénierie, tout cela dans une grande effervescence de laquelle ont émergé de nombreux acteurs étatiques, multilatéraux et privés, comme on l'a constaté un peu partout dans le monde.

La crise globale (les années 1970-1980)

Au tournant des années 1970 cependant, ce « modèle » a subi plusieurs chocs, dont les conséquences ont été l'aggravation des écarts (dont la persistance de la pauvreté mondiale), les conflits commerciaux non gérables entre les États, tant au « Nord » qu'au « Sud[1] », l'incapacité de nombreuses régions du monde d'acquérir les pouvoirs pour s'autotransformer, ainsi que l'essor de nouveaux mouvements sociaux, notamment ceux impulsés par les jeunes, les femmes, les minorités de toutes sortes. Des nombreuses

---

1. Le « Nord » et le « Sud » sont moins des réalités géographiques que l'expression de rapports inégaux entre le petit nombre d'États qui exercent une influence prépondérante sur les affaires du monde et la majorité des États qui restent dans une situation de dépendance. Le sociologue philippin Walden Bello préfère parler du « Nord » global et du « Sud » global, ce qui reflète le fait que les fractures en question se retrouvent partout.

conflictualités qui ont alors marqué cette crise du « modèle », un processus de restructuration s'est alors échafaudé dans les années 1980, principalement sous l'égide des États-Unis, à travers ce qui est devenu la principale référence contemporaine, le néolibéralisme. Tout en renforçant l'hégémonie des États-Unis et de ses alliés, cette restructuration qualifiée alors de « Consensus de Washington » a propulsé plusieurs crises sociales, politiques, économiques, alors que le monde commençait à prendre conscience du sérieux défi environnemental. Néanmoins, durant cette période, le tournant s'est imposé autour des concepts de la libéralisation commerciale et financière, la dérégulation (retrait de la partie de l'État des champs de compétence réclamés par les entreprises) et la privatisation (contraction du secteur public et des services publics).

À la recherche de nouveaux paradigmes (les années 1990-2000)

Les années 1990 ont alors marqué un autre tournant.

- Les limites du « consensus de Washington » ont imposé aux puissances et aux institutions internationales de chercher à rétablir des équilibres, permettant à l'État de se réinsérer dans la régulation sociale et économique, et préparant le terrain pour une relance du développement international sous l'égide de l'ONU), d'où le nouveau consensus autour des Objectifs du millénaire du développement (2000).
- Parallèlement, de nouvelles générations de mouvements sociaux, particulièrement en Amérique latine, ont repris l'initiative pour repenser un développement en faveur des couches populaires. Cet élan latino-américain a donné naissance à de nouveaux espaces de débats sur le développement, entre autres le Forum social mondial.

- C'est aussi dans ce paysage contrasté qu'apparaissent les pays dits « émergents », qui viennent du Sud, mais qui affirment leur volonté et leurs capacités d'influer sur l'avenir de la planète, ce qui est visible en Chine, en Inde, au Brésil et ailleurs.
- Enfin, l'écologie a fait une bruyante irruption dans la sphère du développement, compte tenu des avancées scientifiques sur les changements climatiques et les impacts négatifs du développement, compte tenu également des rencontres fructueuses entre mouvements sociaux et environnementaux.

La crise des crises (le début du millénaire)

Alors que de nouveaux efforts étaient mis de l'avant pour confronter les problèmes identifiés au départ dans l'« aventure » du développement, l'histoire a été précipitée par une série de crises imbriquées les unes dans les autres, qui structurent notre monde contemporain.

- Le monde est devenu très instable au moment où les États-Unis et leurs alliés sont entrés dans une période de déclin complexe, caractérisé par des crises économiques à répétition (dont celles de 2007-2008 qui perdurent jusqu'à aujourd'hui). Cette situation a permis la relance d'un impérialisme militarisé (notamment dans un vaste ensemble qui traverse l'Asie et l'Afrique dans ce qu'on appelle l'« arc des crises »), ainsi que de nouvelles confrontations entre des superpuissances établies (États-Unis) et montantes (Chine). La gouvernance mondiale est ainsi marquée par des politiques militaristes et régressives, associées généralement à l'État américain, ainsi qu'à des systèmes étatiques de plus en plus «austéritaires» en Europe, en Asie, en Afrique et dans les Amériques. D'autre part, les adversaires réels ou présumés du bloc dominé par les États-Unis accélèrent leurs efforts pour élargir leur puissance économique, scientifique et militaire.

- La crise écologique n'est plus un cauchemar relayé par de petits groupes écologistes, mais le grand défi des prochaines décennies. Malgré de très nombreuses initiatives internationales plus ou moins sous l'égide de l'ONU, aucun consensus réel n'est en place alors que l'urgence est reconnue par tous. La reconversion économique et énergétique (le «New Deal» vert) évoquée par plusieurs semble faire du sur place à part quelques exceptions, européennes principalement. Le compte à rebours est commencé au niveau d'un réchauffement qui pourrait menacer les conditions de survie de la planète alors que se multiplient les catastrophes prenant diverses formes.

- Des phénomènes qu'on pourrait qualifier de «morbides» sont en hausse, ce qui inclut la prolifération de catastrophes qui la plupart du temps n'ont rien de «naturel», comme on l'observe dans l'«arc des crises», mais aussi en Amérique centrale et dans les Caraïbes, et le long des frontières les plus contestées entre le «Nord» et le «Sud». On assiste également à la prolifération d'idéologies réactionnaires, ressuscitant sous diverses formes les traditions du colonialisme, du racisme, de la haine des «autres», que semblent pouvoir capter des projets politiques autoritaires.

L'après-développement

Dans ce paysage troublé, on peut parfois avoir un sentiment de découragement. Mais la force de la vie est telle que, dans les crises, apparaissent des bifurcations, des potentialités que la sagesse traditionnelle chinoise a captées dans l'idéogramme qui exprime ce que nous appelons la crise.

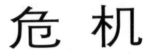

DANGER   OPPORTUNITÉ

De nouvelles explorations sont donc en cours pour repenser le développement ou ce qu'on appelle de plus en plus, l'après-développement. Des hypothèses théoriques, des expérimentations pratiques, des débats et des recherches, sillonnent le monde à travers une myriade d'initiatives, le plus souvent locales (ou d'envergure modeste), qui viennent souvent de secteurs traditionnellement marginalisés, comme les peuples autochtones, les communautés paysannes, les habitants de cette vaste «planète des bidonvilles», et où prennent une place de plus en plus importante les femmes, les jeunes (y compris les jeunes scolarisés), les groupes marginalisés. De cela émerge encore d'une manière embryonnaire une «autre» économie, ou devrait-on dire, une autre «écologie», qui déchiffrent les chemins escarpés d'une nouvelle sociologie des savoirs, selon l'expression du chercheur Boaventura de Sousa Santos[2].

---

2. Boaventura de Sousa Santos. «Épistémologies du Sud». *Études rurales*, n° 187 (2011), 21-50.

Notes

Liste des collaborateurs et collaboratrices

Auteur	Fonction	Université
Abraham, Yves-Marie	professeur	École des hautes études commerciales, Université de Montréal
Aguiton, Christophe	chercheur	Université Paris Est Marne La Vallée
Alalouf-Hall, Diane	doctorante	Université de Québec à Montréal
Allina, Éric	professeur	Université d'Ottawa
Arnaud, Aurélie	conseillère	Ville de Montréal : Relations gouvernementales et municipales
Audet, François	professeur	Université de Québec à Montréal
Barry, Mamadou	chercheur	Université d'Ottawa
Beaucage, Pierre	professeur	Université de Montréal
Beaudet, Pierre	professeur	Université du Québec en Outaouais
Bello, Walden	professeur	Université d'État de New York
Benhmade, Abdelhamid	doctorant	Université d'Ottawa
Bertrand, Marie-Éve	consultante	—
Binette, Katina	chargée de programmes	Association québécoise des organismes de coopération internationale
Boulianne, Manon	professeure	Université Laval
Bousquet, Marie-Pierre	professeure	Université de Montréal
Boussichas, Matthieu	chargé de programmes	Fondation pour les études et recherches sur le développement international
Brière, Sophie	professeure	Université Laval
Brodeur-Gélinas, Marie	chargée de programmes	Association québécoise des organismes de coopération internationale
Brown, Stephen	professeur	Université d'Ottawa
Canet, Raphaël	professeur	CEGEP du Vieux-Montréal
Caouette, Dominique	professeur	Université de Montréal
Celis, Leila	professeure	Université de Québec à Montréal
Chantal, Roromme	professeur	Université de Moncton
Charland-Faucher, Sarah	coordonnatrice	Carrefour international bas-laurentien pour l'engagement social
Chiasson-Lebel, Thomas	chercheur	Université York

Chung, Ryoa	professeure	Université de Montréal
Collombat, Thomas	professeur	Université du Québec en Outaouais
Conradi, Alexa	auteure	—
David, Robert	professeur	Université d'Ottawa
Dembélé, Demba Moussa	président	Association africaine de recherche et de coopération pour l'appui au développement endogène
Diaz, Carmen	professeure	Université Jésuite de Guadalajara
Dufour, Pascale	professeure	Université de Montréal
Durand-Folco, Jonathan	professeur	Université Saint-Paul
Fournier, Philippe	professeur	Université de Montréal
Gaulard, Mylène	professeure	Université Grenoble Alpes
Hainzelin, Étienne	professeur	Université d'Ottawa
Hamel-Charest, Laurence	doctorante	Université de Montréal
Haslam, Paul	professeur	Université d'Ottawa
Husson, Michel	économiste	Institut de recherches économiques et sociales
Jasmin, Pierre	professeur	Université de Québec à Montréal
Jourde, Cédric	professeur	Université d'Ottawa
Klein, Juan Luis	professeur	Université de Québec à Montréal
Klein, Naomi	auteure	—
Lamarche, Lucie	professeure	Université de Québec à Montréal
Leblond, Jean-Philippe	professeur	Université d'Ottawa
Leroux, Marie-Pierre	professeure	Université de Québec à Montréal
Levesque, Rino	chercheur	Idée éducation entrepreneuriale
Levy, Charmain	professeure	Université du Québec en Outaouais
Lobato, Alejandro Marreros	chercheur	Comité contre le projet minier d'Almaden Minerals à Ixtacamaxtitlán
Maltais, Stéphanie	doctorante	Université d'Ottawa
Massiah, Gustave	professeur	École nationale supérieure d'architecture de Paris-La Villette
McGavin, Samantha	chargée de programmes	Interpares
Mestrum, Francine	chercheur	Centre Tricontinental
Montambeault, Francoise	professeure	Université de Montréal
Munro, Lauchlan	professeur	Université d'Ottawa
Nagels, Nora	professeure	Université de Québec à Montréal
Ndoye, Mamadou	ancien ministre de l'Éducation	Gouvernement du Sénégal
Nguyen, Amélie	coordonnatrice	Centre international de solidarité ouvrière

Niyonkuru, Deogratias	secrétaire général	Appui au développement intégral et à la solidarité sur les collines
Okda, Nailya	chercheure	—
Panitch, Leo	professeur	Université York
Paquerot, Sylvie	professeure	Université d'Ottawa
Pellerin, Hélène	professeure	Université d'Ottawa
Perron-Dufour, Mathieu	professeur	Université du Québec en Outaouais
Pidoux, Flora	doctorante	Université de Montréal
Plihon, Dominique	professeur	Université Paris XIII
Polet, François	chercheur	Centre Tricontinental
Raymond, Ghislaine	chercheure	Réseau pour la justice fiscale du Québec
Régnier, Philippe	professeur	Université d'Ottawa
Rist, Gilbert	professeur	Université de Genève
Rousseau, Jean-François	professeur	Université d'Ottawa
Sogge, David	chercheur	Transnational Institute
Sondarjee, Maïka	doctorante	Université de Toronto
Song-Naba, Florent	professeur	Université Ouga II
Svampa, Maristella	professeure	Université nationale de La Plata
Taddei, Emilio	professeur	Université de Buenos Aires
Talbot, Geneviève	responsable de programmes	Développement et Paix
Thérien, Jean-Philippe	professeur	Université de Montréal
Toussaint, Éric	chercheur	Comité pour l'abolition des dettes illégitimes
Warschawsk, Michel	chercheur	Alternative Information Center de Jérusalem
Yaya, Sanni	professeur	Université d'Ottawa
Zacharie, Arnaud	professeur	Université de Liège
Ze, Albert	économiste	Institut de recherche pour la santé et le développement

Index

A

accaparement des terres 110, 359-360, 411, 415-416, 418-419

Accord de libre-échange nord-américain (ALENA 21

Accord de Paris 173-174

Accord multilatéral sur l'investissement 278

Accords de partenariat économique (APE) 291

acculturation 432

acteurs de développement 138, 431, 471

action humanitaire xlv, 252, 319, 347, 349, 351, 353, 567, 570

Active Learning Network for Accountability and Performance 351

Afrique xliv, 11-17, 23-24, 28, 31, 38-39, 53, 58, 63, 75-76, 92, 97, 101, 104, 106, 111, 127, 160, 172, 174, 200, 209, 224, 228-231, 236, 238, 242-244, 251-252, 259, 261-265, 278, 291, 297, 310, 325-327, 330, 335, 347, 370-371, 377-378, 380, 384, 393-394, 398, 407-413, 415, 421, 443, 445, 451, 453-460, 463, 483-484, 497, 499, 510, 521-523, 530-531, 533, 564, 582, 599, 600, 611, 616-617

Agence française de développement 58, 455

Agence multilatérale de garantie des investissements (AMGI) 217

Agenda 2030 53, 63-70

agenda anti-narcotique 343

agriculture 16, 29, 84, 94, 110, 137, 156-157, 163, 165, 170-172, 174, 189, 211, 252, 279, 291, 296, 361, 409-411, 416-418, 421, 437, 476, 510-511, 522

Agriculture soutenue par la communauté (ASC) 189, 423

aide au développement 3, 32, 55, 60, 67, 91, 209, 223-226, 228, 231, 233-238, 243, 249, 251, 253, 263, 298, 348-349, 352-353, 393, 407, 441, 444, 455, 510, 574, 582, 593, 599, 602, 611

aide bilatérale 223-224, 230, 252

aide étrangère 233-237, 242

aide publique au développement xlv, 54, 147, 173, 195, 223, 225, 231, 233, 237-238, 249-250, 378, 455

ajustement structurel 4, 46, 51, 54, 73, 195, 202, 208-209, 216, 219, 284, 291, 376-377, 457, 531, 536

altermondialisme 154, 164, 286-287, 292, 611-612

American International Group (AIG) 120

Amérique du Sud 75, 310, 357, 369, 371

Amérique latine 8, 17, 28, 31, 35, 37, 38-39, 41, 45, 48, 53, 63, 73, 79, 96, 127-132, 135, 167, 182, 200, 209, 212, 215, 219-220, 228, 245-247, 251, 263, 278, 280, 289, 299, 320, 335, 342, 358-359, 361-362, 370, 375-379, 392-394, 431, 438, 456, 459, 496, 510, 521, 523, 529, 533, 537, 549-550, 599, 616

antimilitarisme 481, 486

approches sur les moyens d'existence 561-562, 564

après-développement 180, 312-313, 617

Armée de libération nationale 341, 343

armes nucléaires 482

Asie 7, 11, 13, 17, 28, 31, 39, 45, 47-48, 63, 75, 92, 97, 101-102, 157, 160, 200, 202, 205, 215, 219, 228, 242-243, 245, 251, 263, 278, 310, 325-327, 347, 370, 377, 384, 393-394, 396, 405, 441, 454-456, 459, 510, 523, 530, 608, 616, 617

Assemblée nationale des personnes affectées par l'environnement (ANAA) 358

Association internationale de développement (AID) 217

Association québécoise des organismes de coopération internationale 619 associations 196, 211, 235, 257, 269, 275, 279-280, 404-405, 446, 485, 490, 508-511

austérité 24, 111, 122, 219, 279, 284, 371, 386-387, 457, 475, 532, 536, 608

Autochtones 40, 139, 196, 309-313, 357, 432

autocrédit 409

autonomisation économique 471, 501-503

autoritarisme 39, 245, 285, 324, 327, 530

B

BAII (Banque asiatique d'investissement dans les infrastructures) 7, 242-243

bailleurs de fonds 59, 223-224, 227-231, 243, 253, 297-300, 351, 409, 516, 570, 572-573, 580

Banque asiatique de développement 309

bataille de l'eau 164

BEPS (érosion de la base d'imposition et le transfert de bénéfices) 388

biodiversité xliii, 58, 67, 157, 170-171, 283, 304, 357

BIRD (Banque internationale pour la reconstruction et le développement) 216-217

BIT (Bureau international du travail) 263, 410

BM (Banque mondiale) 46, 82, 208-209, 391-394, 396-397

Bretton Woods 54, 81, 124, 129, 208-209, 215-218, 241

BRIC (Brésil, Russie, Inde, Chine) 8, 22, 299

BRICS (Brésil, Russie, Inde, Chine et Afrique du Sud) 76, 92, 97, 111, 127, 243, 415

budget participatif 203, 489, 491

buen vivir 8, 182, 190, 286, 360, 424

Bureau de la coordination des affaires humanitaires des Nations unies (OCHA) 347

C

CAD (Comité d'aide au développement) 224, 228, 243, 455, 582

CAD-OCDE (Comité d'aide au développement-Organisation de coopération et de développement économiques) 455

CADTM (Comité pour l'annulation de la dette du tiers monde) 110, 113, 376, 379

Campagne internationale pour l'abolition des armes nucléaires (ICAN) 482

CANAFE (Centre d'analyse des opérations et déclarations financières du Canada) 388

capitalisme 2, 11, 13, 19-24, 27-33, 36-40, 78, 92, 109, 114, 117-118, 124-125, 153-154, 160, 181, 183, 185, 188, 190, 203, 215, 245-246, 261, 264, 272, 283, 285-286, 303, 305, 312, 358-360, 367-369, 371, 373, 402, 478, 536, 600, 605, 609, 615

capitalisme cognitif 360

capitalisme global 22

capital social 372, 561

Caraïbes 13, 35, 212, 228, 251, 263, 377-378, 383-384, 392-393, 553, 617

CCCI (Conseil canadien pour la coopération internationale) 587

CDEC (Corporations de développement économique communautaire) 368

CEA (Commission économique pour l'Afrique des Nations unies) 38

Centre de recherches pour le développement international 259, 262, 311

CEPALC (Commission économique pour l'Amérique latine et les Caraïbes) 35, 37, 40, 48

CEPAL (Commission économique pour l'Amérique latine) 35, 48, 73, 212, 392

chaînes de valeur 109, 111, 409, 507

chaînes de valeur mondiales 109, 111

chaînon manquant 263

changement climatique xlv, 60, 110, 165, 166, 169-171, 173-174, 260, 283, 352, 402, 404, 601, 603, 605-608

Charte africaine des droits de l'homme 334

Chine xliii, 7-8, 13, 22, 24, 31, 54, 68, 75-76, 79, 82, 84, 86-87, 95, 97, 109-114, 127, 129, 132, 147, 156, 159, 173, 196, 201, 208, 217-218, 224, 241-246, 299, 310, 323, 327, 330, 375, 377, 394, 396, 415, 463, 465, 482-483, 616

choc pétrolier de 1973 376

CIRDI (Centre international pour le règlement des différends relatifs aux investissements) 217

CISO (Centre international de solidarité ouvrière) 516

citoyenneté 138, 334, 336, 404, 418, 452, 586-587, 592

civilisation 1, 14, 16, 179, 182, 185, 283, 286, 289, 360, 426, 431

clivage Nord-Sud 67, 68, 73, 76, 78-79, 190

CMED (Commission mondiale sur l'environnement et le développement) 53

CMR (cadre de mesure du rendement) 579-580

CNUCED (Conférence des Nations unies sur le commerce et le développement) 20, 59, 73, 82, 94, 208, 510, 599

colonialisme 2, 11, 13-14, 16-17, 32, 36-39, 92, 303, 305, 419, 452, 511, 536, 542, 593-594, 617

colonisation 7, 11, 13, 40, 110, 137, 305, 377, 412, 458, 529

commerce équitable xlv, 4, 67, 182, 370, 397, 459, 472, 507-512

commerce international 22, 47, 75, 81, 83-84, 94, 97, 208, 441, 507

Commonwealth 13, 96

communautés paysannes 77, 407, 410, 419, 617

complexe militaro-industriel-médiatico-académique-humanitaire 481

Conférence mondiale sur les droits de l'homme 334

Conseil de l'Europe 96

Conseil des droits de l'homme 165

Conseil économique et social (ECOSOC) 208

consensus de Beijing 241-242, 246

consensus de Washington 7, 46, 48-50, 54, 75, 96, 112, 129, 180, 201-202, 208, 219, 241-242, 616

construction de la paix 341, 344-345

coopération internationale xlv, 1, 3, 7, 59, 69, 94, 113, 149, 236-237, 253, 298, 394, 529, 531-532, 588, 593, 611-612, 619

coopératives 257, 264, 279, 311, 368, 369, 371, 502, 509, 511

coûts de production 371, 377

crise alimentaire 347, 415-416, 601

crise américaine 23

crise de la démocratie 489, 492-493

crise écologique 154, 179, 289, 421, 424, 617

crise économique 24, 27, 29, 77, 109, 114, 199, 209, 245, 279, 373, 376, 471, 477, 605

crise environnementale 70

crise financière 23, 58, 76, 82, 117, 121, 123, 125, 180, 202, 221, 260, 352, 368, 457

crise humanitaire 229, 352, 553

croissance économique xlv, 27, 30-31, 39, 45, 46, 58, 68, 82, 149, 153-154, 164, 171, 185-188, 190, 200-201, 219, 236, 252, 258-260, 309, 319, 326, 360, 392, 394, 417, 423-424, 452, 464, 495, 498, 522, 535, 601, 611

croissance inclusive 258

croissance infinie 185, 189, 421, 605

croissance verte 185, 260

Croissant-Rouge 348, 351

Croix-Rouge 348, 351

CSI (Confédération syndicale internationale) 531-532

D

Davos, forum de 95, 289, 475, 612

DAWN (Development Alternatives with Women for a New Era) 138

Déclaration de Paris sur l'efficacité de l'aide 253

Déclaration du Millénaire 67, 393

Déclaration et Programme d'action de Vienne 334

Déclaration sur le droit au développement 74, 209

décolonisation 15, 28, 40, 63, 73, 96, 132, 139, 141, 199-200, 207, 311, 336, 544

décroissance xlv, 4, 8, 125, 154, 158, 180, 182, 185, 187-189, 190-191, 608

défi climatique 113, 169, 173

déforestation 157-158, 165, 172, 417

dégradation écologique 426

démocratie xliv-xlv, 3, 7, 70, 75, 96, 138, 182, 199, 202, 204, 210, 235, 276, 279, 283, 286, 297, 319, 323-325, 328-330, 336, 357, 396, 401, 407, 425, 436, 458, 477-478, 481, 489-493, 495, 498, 504, 517-518, 594, 612

démocratie participative 182, 235, 489-491, 495, 498, 504, 612

démocratie représentative 489, 492

démocratisation 38, 189, 203, 235-236, 286, 291, 297, 319, 326-327, 361, 370, 471, 489, 492, 498

démondialisation 611-612

dépendance 7, 20, 35-41, 73, 75, 127, 130, 132, 139, 158, 167, 229, 235, 245, 298, 300, 312, 362, 409-410, 412, 415, 611, 615

dépendance alimentaire 415

dépenses publiques 75, 129, 219, 375, 377

déplacement forcé 157, 547

désarmement 342, 344, 471, 484-486

désindustrialisation 130, 132

dette 45-48, 54-55, 67, 82, 85, 110, 113, 120-123, 129, 138, 153, 159, 217, 219-220, 224, 291, 319, 375-379, 380, 388, 475

développement communautaire 271, 311, 313, 319, 496

développement durable xliv, 1, 4, 8, 50, 53, 55-59, 63-71, 76, 78, 87, 153, 160, 167, 169, 173, 185, 190, 195, 208-209, 211, 217, 260, 265, 272, 296-297, 314, 319, 336, 360, 369, 371, 373, 391, 405, 418, 424-425, 437, 444, 447, 451, 460, 476, 478, 507, 511, 570, 573, 594, 601

développement inclusif 258, 264, 398

développement local 264, 319, 371, 458

développement par la base 529

développement participatif 471, 495-496, 498-499

développement rural 94, 343, 407-408, 413

DFID (Department for International Development) 561-563

dignité paysanne 407, 412-413

DIH (Droit international humanitaire) 348, 351

donateurs 95, 196, 211, 223, 225, 227, 230, 245, 253, 297, 351, 445, 455-456, 553, 567

droit à l'eau 165-166

droit à l'éducation 451

droit au développement 74, 209, 338

droits de propriété 258, 442, 476

droits de propriété intellectuelle 442, 476

droits des personnes en situation de handicap 333

droits humains 68, 94, 96, 150, 167, 211, 235, 242, 271-272, 296-297, 333-338, 342, 360-361, 393, 397, 458, 477, 515-517, 537, 582, 591-593, 602, 612

DSCRP (Documents stratégiques pour la croissance et la réduction de la pauvreté) 393

DSP (Développement du secteur privé) 259

durabilité écologique 24, 418

durabilité économique 451

E

échanges internationaux 159, 217, 441, 508

École communautaire entrepreneuriale consciente 459

économie circulaire 185

économie informelle 263-264, 295

économie mondiale 4, 38, 77, 84, 109-110, 113-114, 117, 125, 208, 219, 221, 258, 384

économie populaire 371

économie privée 296, 367, 369

économie publique 367

économies autochtones 312

économie sociale 180, 182, 264, 311, 319, 367-370, 372-373, 511

économie verte 360

ECOSOC (Conseil économique et social) 208, 211

écosystème planétaire 283, 284, 401

écotourisme 157

éducation xliv-xlv, 15, 48, 54-55, 57, 67, 94, 96, 130, 137, 187, 200, 203, 211, 219, 244, 252, 259, 270-271, 280, 296, 304, 320, 335, 379, 391, 393, 425, 442, 444, 451-460, 467, 517, 522, 537, 586, 587, 602, 608, 620

égalité 54, 67, 95, 136, 137, 139, 185, 199, 203, 252, 259, 272, 283-285, 304-305, 325, 334, 360, 404, 423-424, 465, 490, 503, 516, 535-536, 541-542, 561, 570, 582, 609

égalité des sexes 54, 67, 139

émancipation 36, 104, 138, 289-290, 303, 319, 371, 431, 433, 472, 496, 501-503, 593

empowerment 203, 352, 392, 472, 491, 498, 501-504, 510, 536

endettement 46, 58, 74, 118, 120-122, 209, 289, 375, 380, 386, 536, 599

énergie 29, 55, 109-110, 154, 156, 170, 182, 304-305, 361, 421-422, 523-524, 587, 607, 609

engagement citoyen 418, 586

enjeux éthiques 591, 593

entrepreneuriat 257-258, 263, 312, 372, 459, 536

entreprises autogérées 368, 370

entreprises communautaires 369

environnement xliv, 53-54, 65, 68, 73, 76-78, 94-96, 105, 153-154, 157, 160, 166-167, 174, 210-212, 241, 252, 257-260, 263, 296, 303, 320, 337, 357-360, 365, 401-403, 405, 410, 423-424, 426-427, 435, 437, 451, 459, 472, 496, 508, 516, 562, 567-568, 570, 582, 612

équité 4, 56, 120, 245, 388, 451, 459, 460, 507, 613

érosion de la base d'imposition et le transfert de bénéfices (BEPS) 388

esclavage 12, 412

espérance de vie 210, 393, 442

ÉSS (économie sociale et solidaire) 367, 369-371, 372, 373

État 2, 4, 7, 13, 19, 21, 24, 28-30, 35-39, 45-48, 50, 54,
    63-64, 66, 69, 71, 75, 82, 94, 102-105, 110, 112-
    113, 121-122, 128-129, 137, 149, 155, 189, 195,
    199-205, 208, 217, 219, 231, 23-235, 237, 245,
    260-261, 269, 271-272, 275-277, 279, 283-284,
    286, 296-297, 299, 303, 306, 323-325, 327, 333,
    335, 342, 344, 348, 360-361, 367, 370-372, 376,
    378, 380, 383, 386-388, 409, 416, 418, 432-434,
    436-437, 444-445, 455, 478, 490, 495, 498, 502,
    529-531, 541, 582, 592, 602, 607, 616, 619
État développeur 200-201, 204-205
État moderne 275
État-nation 110, 203
État néolibéral 201
État providence 199-200, 204
État social 112-113, 204, 283
États-Unis xliii, 11, 13, 19, 21-24, 28-31, 36, 39, 45,
    47, 84, 91-92, 95-97, 101-105, 110-112, 114, 120,
    122, 124, 127, 129, 148-149, 173, 196, 208, 215-
    219, 225, 228-230, 233-238, 243, 246, 277, 310,
    324, 327, 329, 376-378, 383, 385, 388, 394, 438,
    465, 481-484, 492, 509, 529, 547, 607-608, 611,
    616, 617
Europe xliv, 1, 12, 14, 16, 19, 28, 29-30, 48, 96, 101-
    102, 111, 121, 124, 127, 167, 182, 199, 217, 219,
    228, 233, 242-243, 251, 278, 327, 348, 370, 378,
    384, 386, 387, 393, 419, 442, 456, 484, 509,
    522, 529, 531-532, 550, 617
évasion fiscale 111, 271, 387-388, 476
exclusion 96, 338, 371, 401, 417, 423, 442-443
exploitation minière 110, 165, 300, 358, 361
expropriation territoriale 431
extractivisme 163, 165, 358-362, 437, 517, 537

F

facteurs de production 258
Fairtrade International 508-509
FAO (Organisation des Nations unies pour
    l'alimentation et l'agriculture) 94, 157, 211,
    416, 510
FAQ (Femmes autochtones du Québec) 541-543
FARC (Forces armées révolutionnaires de la
    Colombie) 341-343
FATCA (Foreign Account Tax Compliance Act) 388
FED (Réserve fédérale des États-Unis) 378
féminisme autochtone 542-543

féminisme décolonial 139
Femmes xl, 212, 305-306, 535-536, 541-544
femmes autochtones 140, 472, 541-544
FFQ (Fédération des femmes du Québec) 541-543
FIDA (Fonds international de développement
    agricole) 408
financement du développement 59, 216, 243
financements publics 58, 259
finance mondiale 117, 476-477
finance solidaire 369, 370
financiarisation 21, 111, 117-120, 125, 283, 284, 383,
    401, 404, 475
firmes multinationales 8, 109, 257-258, 260-262
FLO (Fairtrade Labelling Organizations
    International 509
flux financiers 81-82, 264
FMI (Fonds monétaire international) 4, 46, 53,
    75-76, 82, 93, 112, 208-209, 215-220, 233, 235,
    243, 245, 263, 276, 291, 298, 376, 391, 393-394,
    397, 412, 455, 611, 615
Forum de Davos 475
FSA (Forum social africain) 291
FSI (Fédération syndicales internationales) 532
FSM (Forum social mondial) 276, 289-291, 612

G

G7 75, 215, 219, 242, 386, 389
G8 76, 245, 278, 298
G20 76, 122, 215, 220, 278
G77 78, 97
GAFA (Google, Apple, Facebook et Amazon) 523
GDNU (Groupe de développement des Nations
    unies) 211
genre 8, 135-136, 138-141, 181, 204, 303, 306, 463,
    503-504, 516, 531, 535-538, 563, 582, 591, 601,
    613
GES (gaz à effets de serre) 157, 169-173
gestion axée sur les résultats 3, 472, 577-578,
    580-582
gestion de projet 349, 472, 567, 573
GIEC (Groupe d'experts intergouvernemental sur
    l'évolution du climat) 170,-173, 402
globalisation 24, 33, 306, 368, 371-372, 478, 518
gouvernance xliii, 8, 51, 55-56, 58-59, 66-68, 73,
    75-76, 78, 93, 124, 150, 167, 195-196, 209, 212,
    216-218, 220-221, 241, 245, 252, 260, 267,

269-271, 297, 311, 313, 336, 350, 370-371, 405, 409, 445, 447, 452, 467, 489-491, 502, 508-511, 567, 616

gouvernement représentatif 489

grandes entreprises privées 97, 261

Groupe de développement des Nations unies (GDNU) 211

GSEF (Global Social Economy Forum) 369

Guerre froide 2, 7-8, 27-28, 32, 75, 96, 180, 212, 230, 235, 246, 257, 326-327, 341, 530

H

HAP (Humanitarian Accountability Partnership) 351

HCR (Haut-Commissariat des Nations unies pour les réfugiés) 94, 348, 484, 547, 550

humanitaire d'État 348

humanitaire S2.0 348

I

IBSA (Inde, Brésil, Afrique du Sud) 75

ICAN (Campagne internationale pour l'abolition des armes nucléaires) 482

identité autochtone 311, 431, 433

IDEP (Institut africain de développement économique et de planification) 38

IDH (Indice de développement humain) 54, 171-172, 210, 393, 421

IDS (Institute of Development Studies) 561

IFAT (International Federation of Alternative Trade) 509

IFI (institutions financières internationales) 215, 217-221

impérialisme xliii, 7, 11-14, 19, 24, 38, 73, 103, 105, 109, 113, 238, 291, 483, 591, 593-594, 612, 616

impérialisme contemporain 24

inclusion sociale 203, 369

inclusivité 472, 529

indépendance 17, 38, 73, 96, 127, 201, 208, 261, 299, 375-376, 421, 431, 436, 458, 464, 530

indice de la pauvreté multidimensionnelle 393

industrialisation 2-3, 7, 20, 31, 35-36, 40, 45, 47-48, 67, 77, 84, 109, 128, 131, 200-201, 219, 326, 329, 401, 423-424, 426, 463-464, 530

inégalités xlv, 7-8, 20, 28, 32, 40-41, 46-48, 50, 56, 60, 68, 84, 86, 91, 111, 113, 124, 129-130, 138, 140-141, 147, 179-180, 186-187, 195, 203, 211, 215, 219, 234, 241, 259, 277, 283-285, 305, 325, 335, 343, 360, 367, 371-372, 377, 387, 391, 394-396, 401, 418, 423, 426, 427, 442, 444, 447, 451, 472, 495, 498, 501-503, 516, 524, 536, 538, 542, 561, 585, 591-593, 599, 603, 605, 609, 613

inégalités sanitaires 447

inégalités socioéconomiques 186, 277, 335, 343, 418, 451

initiative Good Humanitarian Donorship 349, 351

injustices 326, 343, 411, 422-423, 472, 515-516, 542, 585, 587, 593

innovation 2, 27, 48, 67, 120, 208, 258, 260, 270, 277, 369, 372, 413, 444, 460, 463, 464-465, 467, 491, 522

innovation sociale 369, 372, 464

institutions multilatérales xliii, 3, 8, 95-96, 195, 224, 233, 243, 496

intelligence artificielle 463, 466-467

Internet 465, 521, 523

intervention humanitaire 350-351

investissements 13-14, 20-22, 30, 46, 48, 50, 59, 75, 83, 110, 112, 118, 123, 147, 173, 196, 200, 202, 209, 217, 224-225, 235, 243-245, 258, 261, 271, 371, 389, 415, 417, 419, 464, 561, 599, 602, 607

ITF (Fédération internationale des ouvriers du transport) 532

J

Journée internationale des femmes 535

justice écologique 320, 360, 421-424, 426-427

justice sociale 4, 181, 196, 234, 291, 296, 319, 333, 336, 380, 418, 423-424, 427, 459, 472, 491, 503, 529, 549, 601, 605

L

laisser-faire 2, 260, 264

LGBTQ 485, 549

libéralisation 3, 7, 21, 82-86, 117, 129, 146, 149-150, 154, 219-220, 377, 442, 611, 616

libéralisation financière 117, 129, 219

libre-échange 21, 196, 243, 278, 357, 375, 388, 490, 516, 537, 606-607

lutte contre la pauvreté 58, 68, 135, 172, 195, 202, 208, 236, 272, 309, 319, 336, 371, 391, 394, 397-398, 444 luttes collectives 136

M

mal-développement 91, 180

malédiction des ressources 326

marché 4, 7, 19, 21, 23-24, 28-29, 32, 46, 48, 57-58, 64, 82, 84-85, 94, 112, 121, 123, 129, 136-137, 147, 149, 154, 157-158, 164, 169, 199-204, 219, 224, 258, 270, 275, 289, 304, 313, 335, 341, 360, 369-372, 377, 388, 392, 394, 396, 411, 442, 463, 471-472, 477-478, 502-503, 508-510, 512, 522, 531, 600, 605, 608, 611, 612

marché de la maladie 442

Marche mondiale des femmes 280-281, 303-306, 535-536, 537, 542

marché social 371

matières premières 2, 13, 36-37, 48, 74-75, 84, 110-111, 129-130, 160, 246, 376-378, 602

MCC (Millennium Challenge Corporation) 235-236

Médecins sans frontières 348, 484, 593

métissage culturel 431

microcrédit 138, 271, 297, 409, 502

microentreprises informelles 263

microfinance 230, 264, 370-371, 409

migration 85, 145-147, 149-151, 169, 401, 403, 421, 548-549

militarisme 138, 236, 471, 481, 483, 485-486, 517, 538

mines 165-166, 342, 358, 361, 484

MNA (Mouvement des non-alignés) 208

mobilisation citoyenne 357, 387-388

modèle de développement 114, 167, 179, 201, 242, 418, 421, 426-427, 444, 477, 495, 529

modèle néolibéral 180, 204, 442, 498, 501-502

modèle occidental 245, 407, 412

modèle radical 501-502

modèle SMART 579

modèle social-libéral 501-502

modernisation écologique 360

monde paysan 415

mondialisation xliv-xlv, 4, 7-8, 17, 21-22, 60, 70, 75, 78, 81, 84-87, 109-114, 119, 125, 138, 139, 146, 153, 180, 183, 195, 196, 203, 210, 237, 257, 267, 277-278, 285, 289, 292, 306, 347, 352, 353, 380, 396-397, 401-402, 419, 441-442, 447, 467, 471, 475-477, 478, 510, 518, 523, 533, 536, 538, 589, 603, 611, 612-613

mondialisation financière et commerciale 475, 478

monnaies sociales 371

mouvement altermondialiste 285, 475-476, 485, 491, 612

mouvements de réfugiés 548

mouvements indigènes 357

mouvements sociaux xlv, 39, 41, 95, 281, 284-287, 289, 291, 298-300, 303, 305, 311, 337-338, 343-344, 357, 361-362, 397, 405, 471, 485, 491, 499, 517-518, 521, 531, 536, 550, 611, 615-616

Moyen-Orient 8, 13, 85, 101-103, 105-106, 228, 235, 242, 251, 259, 278, 377, 384, 454, 483

multilatéralisme 8, 59, 67, 77, 91-93, 96-98, 174, 212, 237, 485

mutuelles 257, 368-369, 411

N

néocolonialisme 13, 16-17, 127, 139

néolibéralisme 3-4, 7, 19-20, 46-48, 51, 64, 114, 129, 132, 141, 154, 201, 208, 220, 238, 283, 285-286, 300, 360, 367, 401, 472, 490, 504, 531, 536, 611-612, 616

New Deal 617

NOEI (Nouvel ordre économique international) 208

Nord xliii-xliv, 8, 11, 29, 47, 56, 64, 67-70, 73-79, 82, 85-86, 106, 121, 127, 138-139, 141, 147, 153-154, 157-158, 160, 165, 169, 171, 190, 195-196, 201, 208, 218, 223, 228, 242, 251, 253, 259, 264, 267, 278, 280-281, 289, 296-297, 299, 311-312, 349, 360, 367, 370, 373, 376-378, 380, 384, 412, 415-416, 431, 442, 452, 456, 459, 472, 482-484, 502, 507, 509-512, 515, 522, 524, 529, 531-533, 535-536, 547, 549, 551, 561, 577, 581-582, 599-600, 602, 611-612, 615, 617

Nouvelle banque de développement 243

nouvelles routes de la soie 242

NPI (nouveaux pays industrialisés) 47-48

O

OCDE (Organisation de coopération et de développement économiques) 22, 54, 96, 130, 145-146, 151, 196, 202, 224, 234, 237, 243,

257-258, 260, 263, 265, 269, 272, 345, 391, 455, 464, 582, 599

OCHA (Bureau de la coordination des affaires humanitaires des Nations unies) 347

OCMAL (Observatoire des conflits miniers en Amérique latine) 358

OCS (Organisation de coopération de Shanghai) 483

ODD (Objectifs de développement durable) 1, 3, 53, 56-60, 63-71, 172-173, 211, 336, 445, 451, 570

OEA (Organisation des États américains) 96

OGM (organismes génétiquement modifiés) 154

OIF (Organisation internationale de la Francophonie) 96

OIG (organisation intergouvernementale) 350, 446

OIM (Organisation internationale pour les migrations) 150, 403

OIT (Organisation internationale du travail) 94, 211, 396, 433, 475-476, 478

OMC (Organisation mondiale du commerce) 4, 22, 75-76, 93-94, 215, 276, 278, 291, 298, 442, 476, 612

OMD (Objectifs du millénaire pour le développement) 1, 3, 8, 53-54, 55-58, 60, 63-67, 298, 393, 441, 455

OMS (Organisation mondiale de la santé) 94, 155, 442, 444-445, 448, 554

ONG (organisation non gouvernementale) xlv, 3, 68, 70, 77, 157, 196, 211-212, 225, 267, 269, 271, 279, 280, 295-300, 311, 329, 350-352, 354, 357, 358, 371, 397, 416, 418, 446, 482, 484, 496, 502, 509, 516, 518, 554-555, 574, 585, 593, 599, 602, 611-612

ONUAA (Organisation des Nations unies pour l'alimentation et l'agriculture) 157

ONU (Organisation des Nations unies) xliii-xliv, 35, 53, 56, 59, 60, 63, 64, 65, 66, 67, 68, 91, 92, 93, 94, 95, 97, 98, 138, 150, 157, 179, 195, 207, 208, 209, 210, 211, 212, 213, 220, 223, 228, 231, 237, 243, 269, 276, 298, 304, 310, 348, 352, 391, 392, 393, 394, 396, 403, 441, 442, 451, 471, 481, 482, 484, 485, 486, 501, 502, 531, 535, 544, 548, 591, 615, 616, 617

organisations multilatérales 50, 91, 96, 223, 235, 496

organisations paysannes 138, 409, 411, 418

organismes internationaux 75, 431

OSCE (Organisation pour la sécurité et la coopération en Europe) 96

OSI (organisations syndicales internationales) 531-532

OTAN (Organisation du traité de l'Atlantique Nord) 481-484

OXFAM 348, 509

P

Pachamama 182

paludisme 54, 446

PAM (Programme alimentaire mondial) 94

paradis fiscaux 112, 114, 123, 383-386, 387, 388-389, 475

paradis judiciaires 384

paradis réglementaires 384

partenariats public-privé 69, 258

participation démocratique 418

pauvreté xliv, 1, 4, 7, 28-29, 47-48, 50, 54-56, 58, 63-68, 77, 85, 94-95, 121, 129-130, 135, 153, 155-156, 172-173, 195, 200, 202-203, 208-210, 219, 230, 234-236, 245, 252, 258, 260, 263-264, 269, 271-272, 296-299, 304-305, 309, 319, 327, 336, 343, 352, 367-368, 371-372, 391-394, 396-398, 402, 407-408, 410, 412, 441, 444, 451-452, 457, 475, 484, 495-496, 502, 504, 508-511, 535-536, 549, 570, 582, 591-593, 599-601, 615

pays à faible revenu 447, 455

pays à revenu intermédiaire 252, 455, 464, 466

pays capitalistes 20, 22, 27, 30-31, 36, 199, 242, 375

pays d'accueil 82, 145, 147-151, 217, 404, 521

pays développés 2, 7, 11, 20, 31, 35, 40, 68-69, 73, 159, 169, 200, 207-208, 219, 260, 263-264, 353, 495

pays d'origine 86, 145-148, 150-151, 251, 296, 521, 548

pays du Nord 68-69, 73-74, 76-78, 82, 85, 169, 171, 208, 223, 264, 296, 376, 378, 547, 549, 561, 577, 599, 602

pays du Sud 46, 54, 63, 68-70, 73-78, 81-82, 85-86, 137, 169, 171-172, 180, 190, 207-208, 215, 218=220, 245=246, 271, 291, 296, 298,

376-377, 380, 394, 415, 419, 444, 446, 463-464, 489, 496, 515, 521-523, 529-532, 535, 547, 564, 582, 600-602

pays émergents 8, 69, 75, 109, 111, 113, 127, 129, 132, 159, 217-220, 242, 260-261, 475, 522

pays industrialisés 3, 7, 47, 74-76, 137, 139, 169, 208, 312, 377, 521

pays les moins avancés 54

PED (pays en développement) 53, 55, 58, 217, 219, 220

pétrole 45, 110, 129, 154, 165, 169, 224, 245, 327, 376, 421, 483, 600, 605-608

peuples autochtones 140, 196, 309-311, 313-314, 358, 361-362, 411, 431-435, 437-438, 537, 541-542, 607, 617

PIB (produit intérieur brut) 20-22, 30, 47, 83-84, 86, 120, 122-123, 129-131, 147, 185, 187, 210, 227, 258, 263, 378-379, 393, 464, 466, 483, 522, 599

piège à revenu intermédiaire 464, 467

Plan Marshall 29, 233, 243

PME (petites et moyennes entreprises) 257-258, 260, 263, 272, 459

PNAC (Project for the New American Century) 102

PNB (produit national brut) 227

PNUD (Programme des Nations unies pour le développement) 54, 65, 67, 95, 155, 187, 209-211, 257, 391-394, 396, 421, 442, 579, 581

PNUE (Programme des Nations unies pour l'environnement) 94, 212, 403

politiques de développement 3, 37, 48-49, 55, 60, 63, 137-139, 141, 253, 261, 281, 309, 338, 411, 413, 416, 431, 535, 563-564

politiques migratoires 145, 147, 149-150

pollution 77, 110, 154-157, 159, 165, 417, 482, 600

populisme 7, 290

Porto Alegre 290, 491

ports francs 384

post-développement 50, 179-182

Première Guerre mondiale 94, 127-128, 207, 348

printemps arabe 104-106, 327

privatisation 95, 149, 154, 196, 219, 235, 237, 283, 304, 360, 387, 412, 442, 608, 611, 616

processus de développement 2, 33, 37, 230, 237, 241, 371, 464, 563

productivisme 153, 187, 283

programmes d'aide au développement 231, 441

progrès 1-2, 14, 16, 29-31, 54-55, 57, 136, 153, 173, 179-180, 186, 207, 209, 211, 245, 260, 333, 392, 394, 401, 423-424, 431, 442-443, 451-452, 456-457, 466, 477, 530, 554, 573, 580, 608

protection sociale 67, 149, 219, 272, 367, 392, 396-397, 410-411, 529, 531

Q

Québec 167, 277, 278-279, 312, 367-371, 492, 515, 536, 541-543, 587, 607

R

rapatriement des bénéfices 378

Rapport Brundtland 53, 562

réchauffement climatique 153, 277, 283, 403, 426, 483, 606, 608

réciprocité 189, 280, 369-370, 372, 426, 516

REDD (Reducing Emissions from Deforestation and Forest Degradation) 157

réfugiés xlv, 94, 148, 171, 224, 250, 279-280, 305, 342, 348, 352-353, 402, 404, 471-472, 484, 547-548, 550-551, 591, 593

régulations multilatérales 471, 475

Réserve fédérale des États-Unis (FED) 45, 378

ressources naturelles 19, 74, 77-78, 132, 157-158, 163, 165, 170-172, 185-186, 219, 242, 260, 300, 305, 320, 326-327, 362, 377-378, 417-418, 463, 496, 524, 536, 549, 561, 587, 592

Revenue Act 383

révolution numérique 66, 521, 524

révolution technologique 412, 481

RIPESS (Réseau intercontinental de promotion de l'économie sociale et solidaire) 370

RNB (revenu national brut) 226-229, 249

robotisation 463, 466-467

Rohingyas 549, 551

RSE (responsabilité sociale des entreprises) 267-272

S

santé xliii-xlv, 54-55, 60, 67, 94, 130, 138, 150, 153, 155, 166, 187, 200, 209, 219, 236, 252, 259, 271, 275, 279, 296, 304, 320, 334-335, 343, 379, 391-393, 410-411, 421, 424, 432, 441-442, 444-448, 567, 587, 608, 621 science xlv, 30-32, 41, 48, 63, 71, 93-94, 182, 199, 275, 286, 320, 327, 442, 452-457, 460, 463-464, 467, 564, 591-592, 609, 615

scolarisation 54, 202, 312, 431, 451, 456-459

scolarisation forcée 431

SDN (Société des Nations) 207

Seconde Guerre mondiale 2, 16, 19, 27-28, 32, 35, 46, 81, 86, 91-92, 96-97, 136, 180, 187, 195, 199, 201, 215-216, 220, 233, 243, 348, 376, 431, 463, 471, 483, 509, 591, 615

secteur informel 263-265, 502, 522, 531

secteur privé 7, 30, 57, 66-68, 167, 195, 200, 212, 217, 224, 235, 252, 257-261, 264-265, 296, 299, 392, 412, 446, 577

seuil de pauvreté 392

SEWA (Self-Employed Women's Association) 502

SFI (Société financière internationale) 217

sida 54, 442, 443, 446

SIPRI (Institut international de recherche sur la paix de Stockholm) 482

SLA (Sustainable Livelihood Approaches) 562, 563

SMC (seuil minimal de compétence) 457

SMI (système monétaire international) 216

socialisme 24, 188, 191, 284, 292, 486, 493, 533

société civile 4, 57, 66-67, 69-70, 75, 173, 195-196, 199, 212, 215, 218, 220, 235, 269, 275-277, 279, 281, 285, 295, 297, 334-336, 343-344, 352, 371, 464, 486, 490-491, 499, 547, 551

société civile mondiale 275-276

sociétés modernes 27, 31, 276

sociétés traditionnelles 27, 30, 31

solidarité internationale xlv, 4, 69, 237, 275, 279-281, 305, 472, 516-518, 529, 532, 585-589, 599, 613

sous-alimentation 416

sous-développement 2, 33, 35-38, 40-41, 48, 58, 73, 87, 137, 145, 150, 271, 372, 441

spéculation 23, 114, 415

SRAS (Syndrome respiratoire aigu sévère) 441

stages d'initiation 472, 586

Sud xliii-xliv, 1-2, 8, 11-13, 17, 19-21, 24, 29, 33, 39, 45-48, 53-54, 56, 63-64, 67-70, 73-79, 81-82, 85-86, 91, 97, 102, 104, 106, 109, 111, 119, 121, 127, 137-141, 153, 155, 157-160, 169, 171-174, 180, 190, 195-196, 200-201, 204, 207-208, 215, 218-221, 223-224, 228, 230, 242, 243, 245-246, 251, 253, 263, 267, 271, 280-281, 289, 291, 296, 298, 299-300, 303, 310, 325, 335, 347, 349, 357, 360, 367, 369-371, 373, 376-378, 380, 384, 389, 393-394, 407, 415-416, 419, 421, 431, 442, 444, 446, 452, 454-456, 459, 463-464, 472, 484, 489, 496, 502, 507-508, 510-512, 515, 521-523, 529-533, 535, 544, 547-548, 561, 564, 581-582, 585, 599-602, 605, 611, 612, 615-617

Sud global 11, 19-21, 45, 63, 489, 496, 515, 532, 564

Sumak Kawsay 182, 360, 424-426

surutilisation des ressources 157

syndicalisme moderne 529

syndicats 47, 257, 280, 327, 472, 529-533, 607

T

taux d'intérêt 45-46, 124, 224, 243, 375-378, 409

TBI (traités bilatéraux d'investissement) 21

technologie 2, 30, 66-67, 109, 186, 410, 463-464, 467, 472, 613

technologies perturbatrices 465-467

terre 77, 140, 170, 179, 189, 211, 230, 304-305, 343, 347, 357, 359, 401-404, 411, 415-419, 424, 432, 434-435, 471, 502, 553-554, 600

territoires 12-14, 33, 101, 103, 157, 165, 167, 209, 228, 279, 285, 304-305, 309, 311-312, 314, 319, 360-362, 371, 386, 388, 405, 432, 438, 496, 536-537

théorie de la modernisation 27, 32, 36-37, 45, 145, 208, 234

théories du développement 7, 27-28, 32, 46, 50, 615

théorie structuraliste 35-36, 40-41, 45

TIC (technologies de l'information et de la communication) 459, 524

tiers-monde 8, 19, 45, 74, 199, 242, 291, 444, 448, 593, 615

Tiers Secteur 297

Tigres asiatiques 8

TIPNIS (territoire indigène et parc national Isidoro-Sécure) 358

tournant écoterritorial 359

transition 8, 20, 27, 31, 56, 154, 179-183, 188-189, 202, 217, 286, 326-327, 329-330, 416, 422, 460, 464, 471, 475-477, 605-607

travail xliv-xlv, 16, 19-20, 23, 27-29, 36, 40, 64-66, 68, 81, 84, 94, 98, 110-111, 124, 137-139, 145-149, 151, 170, 172-173, 182, 188-189, 199, 203,

211, 263-264, 271, 279-280, 283-284, 290, 295-296, 299, 303,-305, 310, 335, 369, 379, 387, 392, 396, 423, 426, 433-434, 454, 472, 475, 477, 497, 502, 508, 510-511, 517-518, 522-523, 529, 531-532, 535-538, 543, 549-550, 554-555, 570-571, 580, 582, 587, 602

trente glorieuses 119, 201

U

UNESCO (Organisation des Nations unies pour l'éducation, la science et la culture) 12, 94, 212, 452-457, 460, 467, 484

UNFPA (Fonds des Nations unies pour la population) 94, 211

UNICEF (Fonds des Nations unies pour l'enfance) 54, 94, 209, 211, 223, 395, 442, 454, 484

Union européenne 21, 96, 112-113, 121, 196, 220, 251, 276, 392

Union soviétique 28-29, 92, 199, 230, 233, 235, 310

urbanisation 1, 201, 326, 358, 401, 411-412

URSS (Union des républiques socialistes soviétiques) 92, 209, 483

USAID (Agence des États-Unis pour le développement international) 233, 235, 236-237

V

Via Campesina 4, 280, 305, 357, 419

ville durable 401-402

W

WFTO (World Fair Trade Organization) 508-509

WID (Women and Development) 137, 141

Z

zone Asie-Pacifique (accord régional de libre-échange) 243

zones franches 384

MIXTE
Papier issu de
sources responsables
FSC® C100212

Achevé d'imprimer
en août deux mille dix-neuf
sur les presses de l'imprimerie Gauvin,
Gatineau (Québec), Canada.